细说汉字源流 感受汉字之美

别字之辨

bié zì zhī biàn

吴永亮 著

辨析
别了 别字先生
常见别字

济南出版社

图书在版编目（CIP）数据

别字之辨 / 吴永亮著 . -- 济南：济南出版社，
2025.1（2025.6 重印）. -- ISBN 978-7-5488-6895-8
Ⅰ . H124.1
中国国家版本馆 CIP 数据核字第 2025HQ2658 号

别字之辨
BIEZI ZHI BIAN

吴永亮　著

出 版 人　谢金岭
特约编审　戴梅海
责任编辑　袁　满　王东勃
封面设计　胡大伟

出版发行　济南出版社
地　　址　山东省济南市二环南路 1 号（250002）
总 编 室　0531-86131715
印　　刷　济南康如印务有限公司
版　　次　2025 年 1 月第 1 版
印　　次　2025 年 6 月第 2 次印刷
开　　本　170mm×240mm　16 开
印　　张　45.75
字　　数　860 千字
书　　号　ISBN 978-7-5488-6895-8
定　　价　128.00 元

如有印装质量问题 请与出版社出版部联系调换
电话：0531-86131736

版权所有　盗版必究

代序 / 别了，别字先生

尊敬的读者，别人家的序您看不看我管不了，本书序，请您一定读一读，原因是只有读了本序，才能对本书撰写的缘由，本书的框架、体例、特点等有个大致了解，这对于您查找某组别字或进行别字辨析会带来相当大的便利。

有的朋友说，你咋不请一位"德高望"专家学者给你贴贴金？其实我想过，但我胆怯、害羞，怕"德高望"嫌书稿质量粗粝，婉言拒绝，那不就"打脸"了；请同年龄段朋友写，又怕全是溢美之词，把我拔高到珠峰，吓了自己也吓跑了读者，得不偿失；请年轻人写，估计人家也不敢接这个烫手的山芋。思来想去，还是自己来吧，毕竟自己对自己的"娃"了如指掌。再一个，从经济学的角度讲，为出版社抑或我个人，都划算，不说您也懂得。

笔者上小学四年级的时候，从南京下放的张老师给我们讲了一个故事，那故事五十年，忘不下。故事说，一位知青到东北"内嘎达"插队，给远在城里的父亲写了一封信，大意是：一切都好，放心吧。住在大狼（娘）家，睡在坑（炕）里边，这里经常下雨没有命（伞），望家里寄点线（钱）来。

故事虽然好笑，但现在想起来，一点儿也笑不出。

回头看看走过的六十多年，我想人的一生就是伴随着与错别字不断较劲儿走过来，而且是终身制，直到生命别离这可爱的世界。

我们常把错别字绑在一起讲。其实，错字就是错字，别字就是别字，两者隔着很远的距离。有时，人们为了省略，就把"错别字"省作"错字"，把常写别字的人冠以"别字大王""别字先生"的雅号。您说说，这种雅号是多么有内涵，让您接受这两顶桂冠中的任何一顶，都会鼻歪口斜。

错字，其实本身不是个字；别字是个字，只是应该用甲却写成了乙，说白了就是用的不是个地方。

笔者个人认为，别字造成的危害往往远远大于错字。错字时，人们会去猜测正确的字是什么，然后判断表达的意思。别字则不同，人们会当作正确用字去理解，从而造成小则博得人们一笑，大则损失家庭财产、企业利益甚至国家利益的后果。如20世纪80年代初，乌鲁木齐一家面粉厂从日本制作了一批包装袋，结果把乌写成了"鸟"，损失了好几百万。这是别字的害。

别字还有利，我老家就有这样的故事，说的是旧社会，某财主强买村民的几十亩山地，该村民哀求，说门前有一棵柿子树不卖，留作日后的念想。财主为了早点吞下山地，只好无奈地答应了。起草契约的秀才出于同情弱者，有意将"门前柿树不卖"写成"门前是树不卖"，结果几年后村民凭一别字要回了本该属于自己的山林。

当代诗人孔孚的题为《峨眉·古德林漫步》的诗在某刊上发表后，他收到样刊一看，自己诗中的"字间杂有鸟语"竟被改成了"字间染有鸟语"。孔孚拍案叫绝："改得好，改得好，胜我多多矣；一个'染'字，既可听鸟语，也染得绿色满纸了。"结果呢，刊方来信说是排错了，因"杂"与"染"形近，特向孔孚道歉。孔孚大笑，说："天下奇事，别字竟然比我原来的用字高明。"

现在，我们手写汉字时，可能会出现错字，如把"冒"上面那两横与左右贴边；但是在电脑输入时，错字出现的可能性极小，除非电脑字库闯进了病毒。

错字，要放在特定时代进行确认是否属于错字。古时，臣民不得直书尊者之名，否则就是大不敬。于是古人发明了增减笔画（减笔为常用）的办法。这种缺笔，一般是省去该字的最后一笔或两笔，如清朝时把康熙皇帝玄烨的"玄"改为玄。这种做法起于唐代，盛于宋代，传至明清。古时，木刻造字，这种办法使用起来很方便，而放在当下用电脑、手机打字，恐怕就有点麻烦了。在特定年代里玄就不能算错字。

错字，还要看是否属于书法作品。如林则徐题写的"碑林"的"碑"字右上就少一撇，按理讲是错字，但是在古籍及碑刻上曾经有这种写法，后人只好将其称为"碑"的异体字。书法家笔下的字，有的的确是写错了，如把"张"字中间加了撇，有的是故意而为之，如曲阜"鲁壁"不仅将"土"字移到壁字左下方，还在"土"上加点，莫非暗示后人鲁壁内有珍贵书籍？

错字，还有一种原因是自行简化造成。如噹，汉字简化时，直接简为"当"，但有些读者根据"當"简化为"当"，就把"噹"类推简化为"呌"。世上无"呌"啊！这类现象还有不少。

最为奇葩的错字，大概要算第一次汉字简化时，将"毂"简化为"毂"

了。我们知道，"殻、殼、毂、穀、彀、縠、榖、皵、觳、糓、轂"这组汉字中都有"殳"。第一次简化时，唯独"轂"字要类推简化，可能是铸字工大意，抑或有意，将"轂"简化为"毂"，左中一横给减掉了，令人痛心疾首。2013年《通用规范汉字表》发布前，曾想加上那一横，结果受到广泛诟病，只好将错进行到底。

错字问题，由于汉字输入电脑字库时，经过严格检查，可谓错字无处藏身，应该讲通过电脑输入、排版，错字已经不成为问题了。因而，我们下面重点来谈谈别字。

别字的种类，大致分为形近而误和音近而误两大类。

形近而误。汉字的成分是多种多样的，其中有许多近似的成分，很容易引起书写上的错误。

形近主要是指一些部首或偏旁非常相近，如冫与氵、攵与辶、土与士、弋与戈、己与巳、巳与日与曰、夂与攵、木与禾、衤与礻，等等。

部首相近的字本就十分容易混淆，如果相近部首又分别与同一个字组合构成新字，则更容易造成别字，如冷与泠、杆与秆、衻与祍，等等。

音近而误。有些形近而误的别字，同时也是音近而误，如班与斑、侯与候、辨与辩。不过很多情况下，它们的字形并不近似，只因读音相同或相近，也易造成误写，特别是拼音输入时这种错误比例较高，若是拼音输入外加盲打则更会出现这种情况。例如（连接号前面为正确）部署—布署、安装—按装、首饰—手饰。

音近而误，多半是由于没有了解字的意义。如英雄气概，有的读者错写成"英雄气慨"，误以为气概是一种精气神层面的气质，所以误用竖心旁。其实，气概的"概"是一种概尺，古时候量米、面都用斗，量的时候堆得尖尖的，最后用尺子沿斗口一刮。这种尺子就是概尺。概尺制作时要求木材不会因潮湿而变形，还要求其刚直，于是由此引申出英雄气概一词。知道了这些，您想错都难啰。

除了上面两大类原因之外，还有一些小原因值得摆摆龙门阵。

受上下字的影响而造成的别字。汉字组词，特别是两个字组成的词语，通常部首相同，如玲珑、愉悦、拂拭等。所以，容易把锦绣错写成"锦锈"或"绵绣"，把宣泄错写成"渲泄"。

想当然，是产生别字的重要原因之一。如脱贫攻坚，有读者想当然地认为，贫困自然艰苦，于是就出现了"脱贫攻艰"的错误写法。

掎角之势，指作战时分兵牵制或合兵夹击的形势。有读者想当然认为，这与牛两只长长的弯弯角形成合围是一样的，于是就错成了"犄角之势"。

还有就是学习不及时，汉字简化、异体字整理等新规出台后没有与时俱进，自然就会落伍，错用别字就在所难免。如二次汉字简化时将"像"简化为"象"，1986年《简化字总表》发布时，将"像"恢复了，若再把"好像"写作"好象"，就会折射出您没及时更新知识的缺陷。

历史上部分两字或多字相互转注、假借等，也是造成别字泛滥的原因。如历史上先有"帐"，后又出现"账"，于是两个字就交叉使用。现在语言文字规范，要求尽量避免交叉，于是凡是与金钱有关的就用"账"，若再把账本、账号写作"帐本""帐号"就不合时宜了。

粗心大意造成的别字。一旦输入别字，如果第一次校对没有揪出来，那就很难了。第一次校对，一般还是兴奋度较高的时候，此时常能发现自己的别字。等到第二次尤其是第三次校对，审美疲劳外加自信作祟，通常会出现别字在自己眼皮底下晃晃悠悠走来走去也察觉不到的情况。

造成别字的原因还有很多，说一千道一万，怪只怪自己对汉字知识掌握得还欠火候。

要想从根本上解决这个问题，就得从每个字的源头找起，这也是编写此书的初衷。

1995年《咬文嚼字》创刊，从此我成为追刊一族，从第一期开始一期不落，每年订一套，来年再买上合订本。2006年，我还自费到上海参加《咬文嚼字》杂志社主办的学习班，向业界各位大咖零距离请教。《咬文嚼字》杂志创始人郝铭鉴老师，是我的偶像。我多次聆听他讲课，现在我外出主讲，风格就来自郝老师。郝老师每出一本书，我都第一时间买回来，认真读、仔细记。

从《咬文嚼字》创刊开始，我把每一期的目录都整理存入电脑，把重要文章摘进资料库中，这样查找起来很是方便。

我还坚持循着《现代汉语词典》（以下简称《现汉》）从第1版至如今第7版，尤其是第6版，读了三遍，并提出很多建设性意见，对一些词的注释提出不同想法。我将这些意见一并呈给了《现代汉语词典》第6版主修人江蓝生先生，她逐字逐句逐条审阅，并给予"同意""不同意""再商榷"三种意见。我征求江先生同意后，在大众日报社主管主办的《青年记者》上开辟"我读《现汉》"专栏，将《现汉》第6版某个词条注释、我的建议、江先生答复一并刊登。《现汉》第7版采纳我近二十条建议，这让作为草根的我感到无上光荣。

除此之外,《汉语大字典》第1、2版先后进家,《辞海》从1979年第3版至2019年第7版,列队站在我家并不宽敞的书架上,《大辞海》《中国大百科全书》等大部头工具书在我身后默默注视……

在学习、工作中,我不断积累经验,更多的是总结教训。后来,又协助出版社、报刊社看校样或成品审读,积累了大量素材。于是我在《中学生读写》等报刊开设专栏,并在全国和省内的编辑培训中以《孪生汉字》《别上想当然的当》等为题进行讲解,在《循着地名去认字》网络直播中进行阐述,受到读者和听众的好评。于是,我就想,与其这般散散地讲、泛泛地写,不如系统地出一本书,尽自己之力,将别字捉对厮杀,一一进行辨析。于是,经过十几年的努力,一点点聚沙成塔,终于成就本书。

以上是自我表扬,大家可以匆匆一瞥;下面是讲本书的一些体例,敬请关注。

要想找到避免别字的途径,了解字的本义,才是根本大法。本书力求在这方面有所突破。

全书,每组易造成别字的字按照《现汉》拼音排序,靠前的排在第一位,如"哎·哀·唉",以此类推,便于大家查检。但也不是全部按照这个顺序排列,如"的·地·得",按《现汉》词条首次出现的顺序应该是"得·地·的",但考虑到人们的习惯,故排为"的·地·得"。还有就是把一组含有共同部件的汉字合到一起,如"骞·搴·褰·蹇·謇","骞、搴、褰"在《现汉》(第7版)第1040页,而"蹇、謇"在第638页。考虑到"骞"字的知名度高一些,所以就按"骞·搴·褰·蹇·謇"这个顺序排列。说这些,就是想告诉大家,您在"J"下查不到"蹇、謇",可到"Q"下方查询,说不定有惊喜。当然,也不是所有汉字都列入目录之中。

单音字头,先列读音,再列"六书"类别,如象形字等。接着展现汉字的演变过程(如果有甲骨文,尽最大努力展现出从甲骨文至楷书的整个字形的演变),指出本义并简明扼要点到现在义项。

字头为多音字,先列出"多音字",再讲"六书"类别,指出本义,接着按每个读音分别注释。

我们知道,甲骨文、金文有时会有多个字形出现,本书尽量挑选有代表性的予以呈现,个别时候也会列出多个字形供大家参考。各字篆文照搬《说文解字》(以下简称《说文》)。

全书对字除了以甲骨文、金文、小篆、楷书进行解释,个别还用到籀(zhòu)

文、古文。籀文亦称"籀书""大篆",因著录于《史籀篇》而得名。春秋战国间通行于秦国。本书中"古文"是指不宜归入甲金、小篆的古代字形。

仅以"龙"为例：

龙 lóng　象形字。甲骨文 [字形]、金文 [字形] 均象传说中的龙形。小篆 [字形]。隶定后楷书写作龍。今简化为龙（依据草书字形 [字形] 而楷化）。本义为传说中的神异动物。

书中对象形字注释,采用"象×××形"而不是"像×××形"。原因在于,世上本来只有"象"字,后因"象"承担不了社会生活发展所赋予的重任而另造"像"来分担"象"的压力。《说文》中采用"象形字",而不是"像形字"。另外,古文字学中使用"象"字表示(某象形字)取象于(某物、某形)。如"龙"字的甲骨文、金文象传说中龙的侧立形,即"龙"字甲骨文、金文是取象于龙的侧立形而产生的。这里的"象"并不是表示某字与某物某形相像,而是指此字是从某物某形抽象而来的。

隶定,指把篆文等古文字字形楷化,以今文字之结体方法书写,而非描摹古文字字形。

对一组汉字分别进行有序的解释,然后对它们之间的关联进行辨析,选取报刊、图书等例子进行有针对性的探讨。用事实说话,刺激读者大脑产生联想。

本书词条注释以《现汉》第7版为主（如不特别指出版别就是指第7版）,知识性内容以《辞海》第7版为主。一部分范例从"学习强国"和《咬文嚼字》《青年记者》及小张咬文嚼字公众号、木铎书声公众号、传媒茶话会等吸取营养,在此深表感谢。如果牵扯到版权,请与我们联系,确定后呈上样书和稿酬。

字形演变大都采自"象形字典""汉典"等网站,通常电脑中打不出的汉字采用"字海网"组字,一并表示感谢。

本书还有特色二。一是偶尔穿插一些图片,想让大家在图文并存的情况下,减少疲惫。二是采用 [符号]、[符号]、[符号] 3个符号,前者为"链接"符号,将上下五千年、纵横八万里的与此书有关联的知识进行嫁接,拓展读者视野;中者带有"字"的木铎,目的是警示、提醒,让读者的眼睛瞪一下,书中此处可能有"陷阱";后者乃窃笑、会心一笑,为读者的阅读之旅添加些许轻松、愉快。

最后还要提醒大家,除了错字、别字,还有一类字需要大家重视,那就是旧字形。我在报刊、图书审校过程中,偶尔会发现一些旧字形隐藏其间,稍不留神，就会被蒙混过了关。如一篇文章，把没有错成"沒有"，把骨折错成"骨折"。

还有就是别让异体字出现在非研究性的文章之中，如把沉默错成"沉嘿"。"嘿"是默的异体字，您若把"嘿"救活了，使其不再沉默，那质检部门就不会沉默无语了。

再就是繁简字不能混用。当然，有的读者会提出《现汉》全称中"现、語、詞"是繁体，而"汉"是简体，这该怎么讲？《现汉》答复，当年郭沫若题写书名时"汉"已经简化了，而"现、语、词"尚未简化，于是就出现了这种情况。

为了有利于大家对别字的辨识，本书在正文之后附以一些相关资料和自己的粗陋见解。所以笔者有一个不成熟的建议，那就是看完本序后，接着去看看附录。附录里有宏观层面的《〈国家通用语言文字法〉简介》《新中国汉字简化简介》《〈通用规范汉字表〉简介》，又有微观层面的异体字、异形词梳理。看了附录之后，您对涉及我们撰写、编辑文字方面的法律法规会有整体了解，这样对于您绝对有好处，不信您去翻一翻看看再说。

拉拉杂杂，说了些王婆卖瓜的话。

由于自己学识肤浅——不是客套话，真的——我只是一名汉字爱好者，没有跨入大学语言文字类专业的门槛，全靠自己的一点点积累，斗胆编写本书，自然错误之处少不了，别字恐怕也有，那就请各位读者朋友大胆将其敲打出来，以便我红红脸，出出汗，从而离"别字先生"这顶桂冠远一些。

别了，别字先生。但很难。但我们必须死磕到底。

读者朋友，您说呢。

目 录

A

哎·哀·唉 /1
哀·衰·衷 /1
挨·捱 /2
骏·呆 /2
毐·毒 /3
蔼·霭 /3
艾·爱 /4
爱·瑷 /4
媛·嫒 /5
瑷·瑷 /5
暖·暖 /6
嗳·嗳 /6
隘·谥·溢 /6
安·按 /7
氨·胺 /7
谙·暗·喑·愔 /8
揞·按 /8
按·案 /9
暗·黯 /9
卬·卯·印 /9
昂·昻 /10
枊·柳 /11
鳌·鳌 /11
鳌·鳌 /11
聱·赘 /12
鏖·鏊 /12
麈·麈 /12
袄·袄·袄 /13
媪·妪 /13

B

粑·屘 /14
粑·炉 /14
粑·粑 /14
拔·拨 /15
鲃·鲅 /15
鲅·鲅 /16
钯·耙·笆 /16
刮·掰·摆 /17
擘·臂·擎 /17
擘·檗 /18
掰·扳 /18
败·拜 /19
扳·搬 /19
班·斑·玨 /19
稗·俾 /20
班·搬 /20
瘢·癍 /21
阪·坂 /21
板·钣 /21
板·版 /22
拌·绊·桦 /23
邦·帮 /23
邦·梆 /24
哪·梆 /24
棒·捧 /24
磅·镑 /25
包·保 /25
胞·袍 /25
炮·爆 /26
薄·簿 /26
保·爆 /27
保·葆 /28
堡·铺 /28

报·抱 / 28	敝·蔽 / 39	宾·殡 / 48
抱·暴 / 29	萆·篦 / 39	宾·傧·嫔 / 49
暴·爆 / 29	裨·禆 / 39	彬·杉 / 49
曝·爆 / 30	裨·脾 / 40	屏·摒 / 50
杯·抔 / 31	辟·避 / 40	秉·禀 / 50
卑·婢 / 31	箅·篦 / 41	禀·廪 / 51
背·揹 / 32	箅·篦·滗 / 41	钵·帛 / 52
备·倍 / 32	滗·潷 / 41	泊·舶 / 52
倍·番 / 33	碧·璧 / 41	泊·驳 / 53
倍·辈 / 34	壁·璧 / 42	毫·亳 / 53
奔·犇 / 35	砭·贬 / 42	博·搏 / 54
贲·偾 / 35	编·篇 / 43	播·博 / 54
迸·蹦 / 36	蔫·篇 / 43	铍·钹 / 55
甏·瓮 / 36	采·采 / 44	搏·抟 / 55
笔·苤 / 36	变·便 / 44	搏·膊 / 56
秕·纰 / 37	辫·辨·辩 / 45	哺·哺 / 56
鄙·敝 / 37	标·表 / 46	不·不 / 56
必·毕 / 38	标·镖 / 47	步·部 / 57
荜·筚 / 38	骠·膘 / 48	埔·浦 / 57
陛·狴 / 38	别·蹩 / 48	

C

擦·搽 / 59	屌·屦 / 63	叉·钗 / 69
磔·磔 / 59	仓·苍 / 64	茶·荼 / 69
才·材 / 59	仓·舱 / 64	查·察 / 69
材·裁 / 60	掺·搀 / 65	侪·跻 / 71
采·彩 / 60	掺·参 / 66	蚕·蛋 / 72
参·苍 / 61	操·捉 / 66	觇·觇 / 72
鳌·鳑 / 62	厕·侧 / 67	婵·蝉 / 72
残·惨 / 62	岑·苓 / 67	禅·禅 / 73
灿·粲 / 62	叉·岔·差 / 68	谗·谄 / 73
灿·璨 / 63	叉·扠·杈 / 68	谗·馋 / 74

铲・抢 /74	弛・驰 /87	蠢・蠹 /100
长・常 /74	坻・砥 /87	刺・剌 /100
场・埸 /76	持・恃・峙 /88	辍・缀 /101
场・厂 /76	齿・耻 /88	词・辞 /101
尝・赏 /77	齿・龀 /89	瓷・磁 /102
尝・偿 /77	豉・鼓 /89	鹚・鸶 /103
钞・抄 /78	袘・虢 /89	次・顺・秩 /103
焯・淖 /78	敕・敖 /90	凑・奏 /104
焯・炒 /79	冲・充 /90	殂・徂 /104
巢・窠 /79	崇・祟 /91	卒・猝 /105
掣・擎 /79	俦・铸 /91	猝・瘁 /106
掣・挚 /80	畴・愁・筹 /92	蹴・蹙 /106
澈・辙 /80	筹・寿 /92	汆・氽 /106
嗔・瞋 /80	刍・诌 /93	撺・蹿 /107
辰・晨 /81	除・锄・祛・去 /93	篡・纂 /107
尘・麈 /81	楮・褚 /94	窜・篡 /107
尘・沉 /82	怵・憷 /95	催・摧 /107
衬・称・秤 /83	黜・黩 /95	萃・粹 /108
趁・乘 /83	揣・撅 /96	啐・晬 /109
榇・梓 /84	川・穿 /96	啐・淬 /109
成・承 /84	穿・串・窜 /96	瘁・粹 /109
成・城 /85	椽・掾 /97	皴・浚 /110
成・乘 /85	扐・扨 /98	寸・时 /110
铖・钺 /86	垂・唾 /98	磋・蹉 /111
哧・嗤 /86	搥・棰・椎・槌・锤 /99	矬・锉 /111
笞・苔 /86	纯・淳・醇 /99	

D

打・沓 /113	迨・殆 /114	旦・但 /116
沓・杳 /113	带・戴 /114	疍・胥 /116
待・代 /113	贷・怠 /115	当・挡 /117
汏・汰 /114	殚・瘅・惮 /115	挡・档 /118

丞·凼 /119　　谛·缔 /126　　兜·蔸·篼 /134
刀·刁 /119　　踮·垫 /126　　陡·徒 /135
刀·刅 /119　　甸·淀 /126　　度·渡 /135
叨·叼 /120　　坫·玷 /127　　端·瑞 /136
捯·倒 /120　　吊·唁 /127　　段·断 /136
导·岛 /121　　吊·铞·铫 /127　　煅·锻 /137
导·道 /121　　调·掉 /128　　对·兑 /137
到·道 /121　　迭·叠 /129　　敦·钝 /138
倒·到 /122　　谍·牒 /130　　碓·椎 /138
的·地·得 /122　　喋·蹀 /131　　墩·撤·蹾·蹲 /139
镫·蹬 /124　　牒·碟 /131　　褡·缀 /139
氐·氏 /124　　盯·钉 /131　　铎·锋 /140
籴·粜 /125　　钉·订 /132　　堕·坠 /140
柢·蒂 /125　　顶·鼎 /132
第·笫 /125　　订·定 /133

E

恶·噁 /141　　恶·厄·噩 /142　　二·贰 /143
厄·卮 /141　　而·尔 /143

F

发·酸 /145　　犯·范 /151　　风·凤 /158
伐·阀 /145　　防·妨 /151　　风·疯 /158
伐·法 /146　　仿·彷 /152　　风·锋 /159
法·砝 /146　　飞·非·菲·蜚·斐 /152　　峰·锋 /159
幡·翻·旛 /147　　非·匪 /153　　市·巿 /160
烦·繁 /147　　扉·肺 /153　　肤·浮 /160
氾·汜 /149　　菲·霏 /154　　伏·服 /161
反·犯 /149　　废·费 /154　　跌·蚨 /161
反·返 /149　　分·份 /154　　跌·趺 /162
返·还 /150　　奋·忿·愤 /156　　扶·抚 /162
犯·患 /150　　丰·豐·酆 /157　　孚·负 /162

弗·拂·绋 /163
苻·符 /163
服·副 /164
符·副 /164
服·福 /165
服·复 /165

垺·垾·抙 /165
袚·衭 /166
幅·辐 /166
幅·副 /167
父·傅 /167
付·副·傅 /168

负·副 /169
负·赋 /169
赴·仆 /170
复·覆 /170

G

旮·旯 /172
胳·骼 /172
嘎·嘎 /172
轧·压 /173
丐·匄 /174
赅·骇 /175
概·慨 /175
干·杆·秆·竿 /176
干·乾 /177
苷·酐 /178
扦·讦 /178
扦·扞 /178
冈·岗 /179
岗·纲 /180
刚·钢 /180
篙·蒿 /180
藁·槁 /181
戈·曳·弋 /181
个·各 /182
硌·铬 /183
隔·膈 /183
庚·赓 /183

工·功 /184
工·公 /185
公·功 /187
公·翁 /187
公·攻 /187
弓·恭·躬 /188
宫·恭 /189
贡·供 /189
勾·沟·钩 /190
诟·垢 /192
觳·觳·穀·
　觳·觳·觳 /193
菇·茹 /194
骨·股·鼓 /194
觚·瓢 /195
觚·弧 /196
汩·汨 /196
鹄·鹘 /196
牯·怙·祜 /197
蛊·蛊 /198
固·故 /198
古·故 /199

故·顾 /199
刮·剐 /200
乖·怪 /200
关·官 /201
关·观 /201
官·倌 /202
冠·贯 /202
管·菅 /203
贯·惯 /203
惯·掼 /203
犷·旷 /204
归·规·轨 /204
鲑·鳜 /205
诡·鬼 /205
癸·揆·暌·睽 /206
刽·侩 /206
衮·兖 /207
郭·聒 /207
果·裹 /208
果·猓 /208

H

颔·憨 / 209
颔·颟 / 209
含·衔 / 209
函·涵 / 210
含·涵 / 210
汉·瀚 / 210
捍·撼·憾 / 211
颔·颌 / 211
翰·瀚 / 212
冘·吭 / 212
薅·蓐 / 212
号·嗥·嚎 / 213
昊·吴 / 213
浩·皓 / 214
颢·灏 / 214
和·合 / 214
合·阖 / 217
合·盒 / 217
和·及·暨 / 217
赫·溢 / 218
褐·黑 / 218
很·狠 / 219
亨·烹·享 / 219
烘·洪 / 220
弘·红·宏·洪·鸿 / 220
泓·洪 / 220
红·藦 / 221
侯·候 / 221
鲎·鲎·鲎 / 222
烀·糊·煳 / 222
壶·阃·壸 / 223
笏·芴 / 224
怙·祐·佑 / 225
划·画 / 225
圜·寰 / 226
化·画 / 226
宦·宦 / 226
涣·焕 / 227
涣·滮 / 227
肓·盲·育 / 228
荒·谎 / 228
荒·慌 / 228
皇·黄 / 229
皇·隍 / 231
皇·遑 / 231
潢·璜 / 231
袆·祎 / 232
晖·辉 / 232
挥·㡓 / 233
徽·微·徵 / 233
回·迴 / 234
悔·诲 / 234
汇·会 / 234
讳·韪 / 235
烩·脍 / 236
彗·慧 / 236
惠·慧 / 237
浑·混·诨 / 237
火·伙·夥 / 238

J

几·机·概 / 239
击·激 / 239
芨·笈 / 240
机·戟 / 240
戬·戟 / 240
其·奇 / 241
屐·屦·屣·履·躧 / 241
基·墼 / 242
期·纪 / 242
赍·赉 / 243
掎·掯 / 243
稘·稽 / 243
缉·辑 / 244
畸·倚 / 245
跻·挤 / 245
箕·萁 / 245
齑·虀 / 246
及·即·暨 / 246
及·急 / 247
岌·汲 / 247
汲·吸 / 247

级·届·界 / 248	减·简 / 265	锦·竟 / 284
极·竭 / 248	睑·脸 / 265	锦·景 / 284
极·急 / 249	饯·践 / 266	谨·景 / 284
即·既 / 249	建·健 / 266	进·近 / 285
亟·急 / 250	剑·箭 / 266	进·晋·觐 / 285
瘠·脊 / 250	鉴·签 / 268	进·敬 / 285
藉·籍 / 250	交·缴 / 268	茎·菁 / 286
藉·借 / 251	娇·姣·骄·佼 / 269	菁·箐 / 286
己·巳·已 / 252	教·叫 / 270	菁·精 / 286
纪·济 / 252	角·脚 / 270	睛·镜·晴 / 287
计·记 / 253	娇·矫 / 272	井·阱 / 287
纪·记 / 253	绞·铰·搅 / 272	颈·胫 / 288
伎·技 / 254	剿·缴 / 273	儆·警·敬 / 288
计·技 / 255	徼·缴 / 273	径·胫 / 288
记·忌 / 255	醮·蘸 / 273	径·经 / 289
忌·祭 / 255	节·结 / 274	径·迳 / 289
忌·跽 / 256	接·结 / 275	净·静 / 289
及·忌 / 256	接·截 / 275	竞·竟 / 290
疾·嫉·忌 / 256	桔·橘 / 276	究·就 / 290
偈·谒 / 257	羯·蝎 / 277	鸠·鸡 / 290
冀·翼 / 257	介·届 / 277	冏·囧·囧 / 291
夹·浃 / 258	届·任 / 278	纠·赳 / 291
佳·嘉 / 259	斤·金 / 278	阄·阉 / 292
佳·隹 / 259	金·荆 / 279	酒·洒 / 292
家·价 / 260	金·矜 / 279	灸·炙 / 292
奸·间 / 261	衿·矜 / 279	韭·韮 / 293
坚·艰 / 262	禁·经 / 280	咎·绺 / 293
鹣·鲽 / 262	仅·尽·竟 / 280	狙·阻 / 293
枧·碱·硷 / 263	尽·到 / 281	雎·睢 / 294
笺·栈 / 263	尽·精 / 281	掬·鞠 / 295
笺·签 / 264	筋·劲·精 / 282	巨·钜 / 295
拣·捡 / 264	筋·筯 / 283	巨·邼 / 296
笕·苋 / 264	锦·旌 / 283	卷·锩·蜷·鬈 / 296

卷·券 / 297	决·抉 / 299	均·钧 / 301
倦·绻 / 297	诀·绝 / 299	峻·浚·竣 / 301
撅·噘 / 298	军·钧 / 300	
决·绝 / 298	军·君 / 300	

K

喀·咯 / 302	烤·焅·燺 / 305	窟·库 / 310
看·勘 / 302	科·课 / 305	苦·若 / 310
勘·堪·戡 / 302	棵·稞·颗 / 306	挎·扛 / 311
坎·侃·砍 / 303	搕·嗑·磕·瞌·溘 / 307	圹·矿 / 311
崁·嵌 / 303	克·剋 / 308	框·眶 / 311
闶·阆 / 304	空·箜 / 308	匡·筐 / 312
炕·坑 / 304	口·叩 / 309	喟·渭 / 312
考·拷 / 305	抠·扣 / 309	篑·蒉 / 312

L

拉·剌 / 314	冷·泠 / 324	栗·粟 / 333
拉·落 / 314	礼·李·理 / 324	傈·僳 / 334
腊·蜡 / 315	离·蓠·篱 / 325	俩·两 / 334
蜡·镴 / 316	里·裹·裡 / 326	哩·呢 / 335
瘌·癞 / 317	里·理 / 326	连·联 / 335
癞·赖 / 317	力·律 / 327	痢·疟 / 336
来·耒 / 317	力·历 / 327	帘·练 / 336
赖·籁 / 319	力·利 / 328	敛·殓 / 337
兰·蓝 / 319	力·立 / 329	殓·殄 / 337
蓝·篮 / 319	历·厉 / 330	练·炼 / 337
览·揽 / 320	厉·励·砺 / 330	凉·晾 / 339
烂·滥 / 320	丽·俪 / 331	梁·粱 / 339
啷·郎·锒 / 321	例·列 / 331	粮·粱 / 339
琅·朗 / 321	疠·疬 / 332	亮·靓 / 340
酹·酎 / 322	砺·粝 / 332	寥·廖 / 340
棱·楞·愣 / 323	砺·礪 / 333	了·寥 / 340

了·瞭 /341	铃·羚 /346	茏·笼 /353
潦·缭 /341	零·另 /347	娄·蒌·篓 /353
尥·撂 /342	陵·棱 /347	镂·缕 /353
撂·撩 /342	棂·棱 /347	漏·露 /354
列·烈 /342	溜·熘·瞜·蹓·遛 /348	陆·录 /355
邻·临 /343	溜·绺 /348	勠·戮·戳 /356
林·陵 /344	流·榴 /349	律·率 /356
林·零 /344	流·镏·鎏 /349	李·栾·挛 /357
林·坛 /344	留·流 /350	掠·略 /357
临·凌 /345	龙·拢 /351	伦·纶 /358
○·零 /345	龙·笼 /351	伦·轮 /358
鳞·麟 /346	龙·砻 /352	啰·罗 /359
凌·陵 /346	咙·昽·胧·眬 /352	罗·箩 /360

M

吗·嘛 /361	眉·嵋·媚 /369	绵·锦 /378
蚂·马 /362	媒·禖 /370	勉·冕 /378
买·卖 /362	沫·沬 /370	湎·缅 /379
谩·漫 /363	妹·妺 /370	乜·也 /379
漫·慢 /363	昧·味 /370	蔑·篾 /379
苘·茼 /363	门·们 /371	岷·汦 /380
曼·蔓·漫 /364	蒙·曚·朦 /372	名·明 /380
忙·盲 /365	蒙·懵 /373	冥·暝·瞑 /381
尨·厖 /365	迷·谜 /373	摹·募 /381
毛·蝥 /365	弥·祢 /374	摩·磨 /382
茂·荗 /366	弥·弭 /374	殁·殒·陨 /382
末·未 /366	弥·密 /374	茉·莱 /383
末·陌 /366	箷·篾 /375	墨·默 /383
冒·贸 /367	糜·靡 /375	牟·谋 /384
卯·峁 /367	麋·麇 /375	牡·牝 /384
卯·铆 /368	秘·密 /376	拇·姆·踇 /384
么·幺 /368	密·蜜 /377	沐·枾 /385
枚·张 /369	绵·棉 /377	

N

那・哪 / 386
奈・耐 / 386
挠・扰 / 387
馁・绥 / 387
泥・拟 / 387
兒・兒 / 388
倪・睨 / 388
睨・阋 / 389

匿・腻 / 389
蔫・焉 / 390
粘・黏 / 390
鲇・鲶 / 391
捻・稔 / 391
辇・碾・蹍 / 391
孽・蘖 / 392
孽・糵・蘖 / 392

宁・寜・甯 / 392
扭・忸 / 393
纽・钮 / 393
浓・秾 / 394
弩・弩 / 394
诺・偌 / 395

O

沤・怄 / 396

讴・呕・怄 / 396

P

趴・爬 / 397
排・牌 / 397
爿・盘 / 398
爿・片 / 398
判・叛 / 399
拚・拼 / 399
泮・畔 / 399
袢・鎜・襻 / 400
泡・炮 / 400

泡・疱 / 401
刨・跑 / 401
胚・坯 / 402
帔・披 / 402
怦・砰・嘭 / 402
棚・蓬・篷 / 403
澎・膨 / 403
批・披 / 404
圮・坯 / 404

翩・便 / 404
翩・蹁 / 405
骈・胼・跰 / 405
漂・飘・缥 / 405
瓢・瓢 / 406
薲・苹 / 407
平・凭 / 407
坪・枰 / 408

Q

期・其 / 409
芪・岐 / 409
芪・苠 / 410
岐・歧 / 410

祈・祁 / 411
祇・祗・祇・衹 / 411
崎・峙 / 412
启・起 / 412

气・汽 / 413
綮・肇 / 414
讫・迄 / 414
葺・茸 / 415

器·嚣 /415
憩·息·歇 /415
掐·劙 /416
掐·抔·卡 /416
洽·恰 /416
迁·牵 /417
谦·欠·歉 /417
歉·嫌·赚 /418
骞·搴·褰·
　蹇·謇 /418
钤·钦 /419
黔·黚 /419
遣·谴 /420
抢·戗 /420
呛·戗 /421

戕·戗 /421
墙·樯 /422
缲·撬 /422
橇·撬 /423
跷·翘 /423
怯·祛 /423
亲·青 /424
勤·擒 /424
青·清 /425
青·轻 /425
轻·清 /426
倾·顷 /426
情·晴 /427
罄·馨 /427
蛩·跫 /428

丘·邱 /428
虬·道 /429
泅·洇 /429
逑·遒 /429
区·曲 /430
曲·屈 /430
驱·趋 /431
阒·阗 /431
缺·阙 /432
阙·阆 /433
阙·厥 /433
却·卸·邰 /433
雀·鹊 /434
裙·群 /435
群·麇 /436

R

然·燃 /437
禳·瓤 /437
穰·瓤 /438
人·仁 /438
忍·韧 /439
仞·韧 /440
仞·印 /440
韧·牣 /441

牣·牣 /441
日·曰 /441
茸·绒·氄 /441
溶·熔·融 /442
蓉·榕 /444
熔·镕 /444
柔·揉·鞣·糅·
　糙·踩·鞣 /444

如·若 /445
儒·孺 /445
孺·乳 /446
缛·褥 /446
若·箬 /446
箬·篛 /446

S

仨·三·弍·叁 /448
撒·洒 /448
撒·杀 /449
撒·杀·煞 /450

靸·跋 /450
腮·鳃 /450
塞·赛 /451
伞·散 /451

搔·骚·臊·瘙 /452
臊·潲 /453
森·生 /453
杀·刹·煞 /453

杀·弑 / 454	师·私 / 468	暑·署 / 481
沙·砂 / 455	施·实 / 469	属·数 / 481
刹·霎 / 456	蓍·筮 / 469	戍·戌·戎 / 482
晒·哂 / 456	实·试 / 470	述·叙 / 483
芟·删 / 456	识·式 / 471	树·竖 / 483
姗·珊 / 457	使·示 / 471	竖·庶 / 484
扇·煽 / 457	示·事 / 472	摔·甩 / 485
闪·睒 / 458	士·仕 / 472	拴·栓 / 485
疝·疴 / 458	士·土 / 473	朔·溯 / 485
善·擅 / 458	示·誓 / 473	朔·籁 / 486
赡·瞻 / 459	世·事 / 473	丝·蛳 / 486
殇·觞 / 459	世·市 / 474	厮·撕 / 487
上·尚 / 460	仕·侍 / 475	忪·松 / 487
梢·稍 / 460	式·势 / 475	肆·肄 / 488
邵·邰·劭 / 460	式·示 / 475	淞·凇 / 488
畲·畬 / 461	似·是 / 475	夙·怂 / 488
赊·舍 / 462	事·是 / 476	讼·颂 / 489
摄·慑 / 462	侍·伺 / 476	诵·颂 / 489
身·生 / 462	试·是 / 477	诵·咏 / 489
深·孙 / 464	试·拭 / 477	搜·蒐 / 490
甚·胜 / 464	势·事 / 477	夙·宿 / 490
甚·盛 / 465	嗜·噬 / 477	隋·随 / 491
升·昇·陞 / 465	手·首 / 478	随·遂 / 491
升·生 / 466	受·授 / 479	隧·邃 / 492
生·声 / 466	抒·纾 / 479	孙·逊 / 492
甥·孙 / 467	纾·纡 / 480	飧·飱 / 493
圣·胜 / 467	殊·孰·熟 / 480	隼·榫 / 493
失·食 / 468	毹·氍 / 481	所·索 / 494

T

他·它·她 / 495	溻·褟 / 496	苔·薹 / 497
塌·踏·蹋 / 496	褟·褐·禢 / 497	台·臺·颱 / 497

摊·滩 / 498	提·题 / 504	瞳·曈·幢 / 512
坛·壇 / 498	啼·涕 / 505	桶·筒 / 513
谈·谭 / 499	题·体 / 505	头·投·骰 / 513
坦·袒 / 499	天·夭 / 506	凸·突 / 514
炭·碳 / 500	恬·觍·腆·靦·舔 / 506	徒·徙 / 514
蹚·趟 / 501	舔·掭 / 507	推·退 / 515
溏·糖 / 501	挑·佻 / 507	退·褪 / 515
塘·膛 / 501	挑·调 / 507	退·蜕 / 516
膛·螳 / 502	朓·眺 / 508	蜕·脱 / 516
帑·努 / 502	帖·贴 / 508	煺·褪 / 516
掏·淘 / 502	汀·町 / 510	屯·囤 / 516
腾·滕 / 502	廷·庭 / 510	托·拖 / 517
腾·䐱 / 503	蜓·蜒 / 510	托·脱 / 517
滕·藤 / 503	挺·梃·铤 / 511	拖·脱 / 517
誊·誉 / 503	通·统·筒 / 511	柝·析 / 518
縢·藤 / 504	童·僮 / 512	籜·箨 / 518

W

凹·凹·圵·洼·㽲·窊 / 519	微·薇 / 524	窝·蜗 / 530
歪·喎 / 519	韦·苇 / 524	兀·乌 / 530
歪·崴 / 520	为·维 / 525	污·诬·侮 / 531
弯·湾 / 520	围·闱 / 525	巫·诬 / 531
玩·顽 / 520	围·尾 / 525	无·毋·勿 / 532
宛·莞 / 521	桅·栀 / 526	芜·荒 / 533
网·罔 / 521	唯·惟·维 / 526	唔·晤 / 533
枉·罔·惘 / 521	维·纬 / 527	捂·焐 / 533
枉·妄 / 522	位·味 / 527	五·伍 / 534
妄·忘 / 522	温·瘟·愠 / 528	伍·武 / 534
旺·望 / 522	文·纹 / 529	婺·鹜·鹜 / 535
危·厄 / 523	闻·吻 / 529	鹜·鹜 / 535
	涡·蜗 / 530	

X

矽·硒 /536
奚·豀·谿 /536
晰·晳·皙 /537
嘻·嬉·喜 /537
榍·须 /537
潟·泻 /538
匣·柙 /538
遐·瑕·暇 /538
仙·先 /539
弦·旋·漩 /539
弦·舷 /540
舷·旋·悬 /540
显·现 /541
现·献 /542
燹·爕 /542
限·线 /542
相·想·象·像 /543
厢·箱 /545
襄·飨 /545
详·祥 /546
庠·痒 /546
肖·孝 /546
肖·萧 /547

肖·消·屑 /548
枭·削 /548
消·宵 /548
消·销 /549
萧·箫·潇 /550
宵·霄 /550
筱·莜 /550
揳·楔 /551
楔·榫 /551
禊·褉 /552
邪·斜 /552
胁·挟·携 /552
偕·携 /553
谐·谑 /553
泄·泻 /554
血·雪 /554
泄·瀣·懈 /554
泻·亵 /555
心·芯 /555
心·馨 /556
芯·信 /556
信·讯 /556
薪·星 /557

猩·腥 /557
刑·型 /558
行·形 /558
饧·醒 /559
形·型 /559
省·醒 /560
休·修 /561
修·脩 /561
须·需 /562
序·叙·绪·续 /562
响·晌 /563
续·絮 /563
宣·渲 /564
萱·楦 /564
喧·暄 /564
玄·悬 /565
炫·眩 /566
趲·蜒 /566
熏·窨·薰 /567
旬·巡·循 /567
寻·循 /568
循·徇 /568
训·驯 /569

Y

丫·桠 /570
压·轧 /570
压·押 /571
压·哑·雅·亚 /570

鸦·雅 /572
牙·衙 /573
殷·胭·嫣 /574
烟·煙·菸 /574

淹·湮·掩 /575
淹·腌 /575
延·沿 /576
燕·雁 /576

闫·阎 / 577	诣·脂 / 594	忧·尤 / 608
沿·檐 / 578	轶·帙 / 594	幽·黝 / 608
筵·宴 / 578	轶·秩 / 594	幽·悠 / 609
俨·酽 / 579	弈·奕 / 594	由·有 / 609
掩·堰 / 579	因·姻 / 595	尤·犹 / 610
厣·餍 / 580	阴·荫 / 595	邮·油·游 / 610
魇·餍 / 580	荫·隐 / 596	游·圝 / 611
蝘·偃 / 580	荫·茵 / 596	囿·宥 / 611
殃·秧·怏 / 580	银·荧 / 597	於·于 / 611
赝·膺 / 581	莹·萤 / 597	淤·瘀 / 612
扬·杨 / 582	引·隐 / 598	于·与·予 / 613
炀·烊 / 583	引·迎 / 598	迂·遇 / 614
洋·漾 / 583	隐·瘾 / 598	余·馀 / 614
腰·勒 / 583	隐·影·映 / 599	鱼·渔 / 615
徭·傜·猺·瑶 / 584	印·映 / 599	竽·芋 / 616
叶·页 / 585	应·映 / 600	瑜·玉 / 616
曳·拽 / 585	荧·萤 / 600	浴·欲 / 617
依·倚 / 586	盈·营·赢 / 601	育·誉 / 617
依·以 / 586	颍·颖 / 601	预·愈 / 617
夷·黄 / 587	拥·涌 / 602	域·阈 / 618
仪·怡 / 587	育·哟·唷 / 603	愈·越 / 618
饴·怡·贻 / 587	佣·用 / 603	冤·怨 / 618
怡·宜·易 / 588	邕·甬 / 604	渊·源 / 619
宜·益 / 588	镛·牖 / 605	元·园·圆·圜 / 619
贻·颐 / 589	咏·泳 / 606	员·原·圆 / 621
遗·佚·轶·逸 / 589	涌·踊 / 606	原·源 / 622
疑·嶷 / 590	优·悠 / 606	园·源 / 622
已·以 / 590	优·忧 / 607	缘·源 / 623
义·意 / 591	优·幽 / 607	怨·愿 / 623
亦·抑 / 593	优·攸·悠·游 / 607	云·芸·纭 / 623

Z

扎・挓・夯・揸 / 625
扎・扗 / 625
哑・咋・乍 / 625
仔・崽 / 626
再・在 / 627
臧・藏 / 627
赃・脏 / 627
凿・灼 / 628
凿・浠 / 628
噪・燥・躁 / 628
则・责 / 629
择・摘 / 629
仄・辙 / 629
夯・炸 / 630
甑・甄 / 630
诈・榨 / 631
沾・粘 / 631
沾・黵 / 631
沾・蘸 / 631
沾・玷 / 632
斩・崭 / 632
展・辗 / 632
战・颤 / 633
张・章 / 633
张・涨・胀 / 634
长・掌 / 634
仗・杖 / 634
帐・账 / 635
帐・幛 / 636
招・召 / 636

招・诏 / 637
招・着 / 637
着・著 / 638
折・斫 / 639
蜇・蛰 / 639
帧・祯 / 639
珍・胗 / 640
真・箴 / 640
葴・箴 / 640
阵・镇 / 641
振・震 / 641
征・徵 / 642
正・政 / 642
正・整 / 642
征・症 / 643
征・证 / 644
怔・症 / 644
铮・诤 / 644
之・知 / 645
知・智 / 645
知・执・挚 / 645
支・只・枝 / 646
支・吱 / 646
只・止 / 647
织・蒂 / 647
脂・酯 / 647
执・值 / 648
值・殖 / 648
植・殖 / 649
止・至 / 649

止・制 / 650
纸・字 / 650
祇・祉 / 651
至・致 / 651
志・致 / 652
志・识 / 652
制・治 / 653
制・置 / 653
质・置 / 654
鸷・鹫 / 654
痔・痣 / 654
中・终 / 655
中・仲 / 656
忠・衷 / 656
钟・衷 / 656
鐘・鍾・锺・钟 / 657
终・踪 / 657
种・宗 / 658
州・洲 / 658
舟・州 / 660
绉・皱 / 661
诛・株 / 661
潴・渚 / 662
主・住 / 662
住・驻 / 662
柱・炷 / 663
著・箸 / 663
铸・筑 / 663
拽・转・跩 / 664
妆・装 / 665

奘·壮 / 666
椎·锥 / 667
逐·涿 / 667
灼·卓 / 667
姿·恣 / 668
兹·资 / 668

子·仔 / 669
子·籽 / 669
坯·枞 / 669
诹·陬 / 670
咀·嘴 / 670
嘬·撮 / 671

作·做 / 671
左·佐 / 672
佐·作 / 673
坐·座 / 673
坐·做 / 674

附录一　《国家通用语言文字法》简介　/ 675
附录二　新中国汉字简化简介　/ 677
附录三　《通用规范汉字表》简介　/ 680
附录四　异体字简介　/ 685
附录五　异形词简介　/ 698
主要参考资料　/ 701

A

哎·哀·唉

哎 āi　后起形声字。楷书哎从口从艾（表声），本义为打嗝儿。现在主要义项是，表示惊讶或不满意，如"哎，没想到他这次编校大赛拿了冠军"；表示提醒，如"哎，大家注意了，我强调三点"。

哀 āi　形声字。小篆 从口从衣（表声）。隶定后楷书写作哀。本义为悲伤，如哀叫、哀鸣、悲哀。笔者以为，以衣捂口，也是人们悲伤至极的表现。

唉　多音字。形声字。小篆 从口从矣（表声）。隶定后楷书写作唉。本义为应答的声音。

读 āi 时，义为应答，如"唉，我知道了"；表示叹息，如"唉，有什么好办法呢"。

读 ài 时，表示伤感或惋惜，如"唉，差一点儿就能得满分"。

【唉声叹气】因伤感、烦闷或痛苦而发出叹息的声音。

唉、哀、哎相比，哀的悲痛程度大于唉、哎，"叹气"与"唉声"配合比较熨帖。"哀声"要么放声，要么抽泣，是叹不出气来的。"哎"，本义与叹气毫不搭界。

哀荣，语出《论语·子张》：其生也荣，其死也哀，如之何其可及也？后指生前死后都受到荣宠。后来，哀荣也可特指死后的荣誉，即哀悼、殡葬等告别仪式隆重。

哀容，古时指致哀之声从容，也有说是致哀时稍有容饰。后也形容悲伤的容色。

哀·衰·衷

哀　详见本页"哎·哀·唉"。

衰　多音字。象形字。金文 象人披蓑衣形。小篆 。隶定后楷书写作衰。本义为用草编织的雨衣，即蓑衣。是蓑的本字。蓑衣大都为败草编成，后引申指败落。

读 cuī 时，古通缞，即丧服上衣。所谓"斩衰"是古代丧葬礼制"五服"中最重的一种丧服。同理，"齐(zī)衰"是另一种稍轻的丧服。"斩哀""齐哀"都说不通，历史上从无这种说法。衰，误为"哀"恐是形近致误。

读 shuāi 时，指衰弱。

衷 zhōng　会意兼形声字。小篆 从衣从中（表内里，兼表声）。隶定后楷书写作衷。本义为贴身内衣。引申指内心，如衷心、衷肠。

衰与衰（cuī）义互有联系，再加上字形相似，所以我们要格外小心，否则悲上加悲。另外，衷与哀、衰字形也非常相似，衷心提醒大家认真对待。

衰与裒（póu）也要注意区分。裒，会意字，楷书裒从衣从臼（双手），本义为聚集。裒辑，指辑录。裒多益寡，义为取有余，补不足。

📎 贺知章《回乡偶书》（其一）
少小离家老大回，乡音无改鬓毛衰。
儿童相见不相识，笑问客从何处来。

有人讲，诗中衰应该读 cuī，但词典中衰读 cuī 时没有减少、衰弱的意思，只有读 shuāi 时才有。各位亲，我们在朗诵时可以变通，不能太死板。

挨 · 捱

挨 多音字。形声字。小篆 𢪃 从手从矣（表声）。隶定后楷书写作挨。异体作捱。本义为靠近。

读 āi 时，义为靠近，紧接着；还作介词指顺着（次序），如"挨家挨户安全检查"。

读 ái 时，义为遭受，忍受，如挨饿；表示困难地度过时光，如"挨到天亮就不疼了"；表示拖延，如"不挨到晚上十一点，他不睡觉"。

捱 ái 是挨读 ái 时的异体字（挨读 āi 时没有捱这个异体字）。既然是异体字，自然在我们书写时是捱不到纸面或电脑页面上的，但某位古人名叫李捱，那就不要改为"李挨"了。

异体字相关资料，详见 685 页《异体字简介》。

骀 · 呆

骀 ái 后起形声字。楷书騃从馬从矣（表声）。今简化为骀。书面用语，义为傻，如痴骀。

呆 dāi 会意字。呆字古文 🈶 是甲骨文保（🈶，人背负孩子）的省略，是省去了手只留下子和臂的变形。隶定后楷书写作呆。曾读 ái。由国家语委、国家教委和广电部于 1985 年 12 月发布的《普通话异读词审音表》将"呆"统读 dāi。

📎 【呆板】dāibǎn（旧读 áibǎn）形 死板；不灵活：这篇文章写得太~｜别看他样子~，脑子倒很灵活。

在河南信阳话中，办事磨叽、反应慢、不灵活等称为 ái，如"这个人真 ái"。放在 1985 年 12 月之前，就用"呆"，如今应该用"骀"了。建议《现汉》在骀的注释中应该增加"死板、不灵活"的释义。

毐·毒

毐 ǎi　会意字。小篆 𣎆 从士（男性生殖器）从毋（无，也有专家说毋是母的变形），整字会男子性侵女性之意。隶定后楷书写作毐。引申指男子品行不端。两千多年来，此字主要安在秦国人嫪毐（Lào' ǎi）头上。

毒 dú　会意兼形声字。小篆 𣎴 从屮（初生小草形）从毐（表祸害，兼表声），会有害之草之意。隶定后楷书写作毒。由本义引申指毒害、罪恶等义也就不足为奇了。

✍ 嫪毐（？～前238），战国末期秦国人。秦始皇母亲赵姬之情人。嫪毐受秦国丞相吕不韦之托以宦官身份（实际是伪宦官）入宫，与秦王嬴政之母、太后赵姬私通并生两子，继而备受太后宠信，被封为长信侯。后来因事情败露，发动叛乱失败而被秦王嬴政处以车裂（五马分尸）极刑。这大概也是始皇不立皇后的原因之一吧。

从以上可以看出，嫪毐大概是后人根据其恶行而起的名字。万一文章写到嫪毐时，万万不可写作"嫪毒"也，虽然其人毒性甚强。☺

蔼·霭

蔼 ǎi　会意字。《说文》无。楷书藹从言从葛（千万注意不是从艹从谒），会言语如蔓葛娓娓道来之意。异体作藹，今简化作蔼。蔼蔼，可以用来形容草木繁盛。大自然的这种生机蓬勃的景象，自能让人赏心悦目，所以蔼可以用来表示亲切、和气。

霭 ǎi　会意兼形声字。小篆 𩆝 从雨从藹省（茂盛，藹省去艹以谒表声）。隶定后楷书写作靄。今简化为霭。本义为云雾气。常见词有云霭、暮霭等。

霭，和待人接物无关。和蔼，绝对不能错写成"和霭"。

✍ 宋氏家族无"霭龄"

宋氏家族在中国近代的影响力深而大。大姐宋霭龄、二妹宋庆龄、三妹宋美龄和弟弟宋子文。

据资料记载，宋氏三姐妹的得名与一个人有关。三姐妹的父亲宋耀如，曾留学美国，崇拜解放黑奴、拯救美国的林肯，于是便给三个女儿分别取名为爱琳、庆琳、美琳。琳与林同音。1904年，宋爱琳陪父亲去拜访97岁的沈毓桂老人。沈毓桂曾任《万国公报》主笔，满腹经纶。当得知宋爱琳的名字时，沈老说："'爱琳'是洋人的名字，我们中国人啊，应该有中国式的名字。"宋耀如请他另起名字。沈曰："女性的名字，当然应该文雅些，不若改'爱'为'霭'，改'琳'为'龄'。"从此，"爱琳"改名霭龄。大姐名字一改，下面两个妹妹的名字也相应改为庆龄和美龄了。

宋霭龄，若错写成"宋蔼龄"，岂不是从云天掉到草地了呢？

艾·爱

艾 ài 形声字。小篆 从艸从乂(表声)。隶定后楷书写作艾。本义为艾蒿。艾叶上有层白霜，引申指灰白色，加之老人头发苍白如艾，故引申指五十岁的人。由艾用于灸治，故艾(艾从乂，乂为剪刀形)也有了治好即尽的意思，如方兴未艾。

爱 ài 会意兼形声字。小篆 从夊(脚)从㤅(爱的异体字，兼表声)，会心有所系而行动迟缓之意。隶定后楷书写作愛，俗作爱。俗体楷书 愛 依据草书字形 爱 而来。爱原从心从夊，含有心与行动结合；现在爱下为友(表友好)也是非常有味道的。

早期，我国的报刊、图书等，确实称某病为"爱滋病"，人们也非常认可这种写法，原因在于人们认为此病就是西方一部分人性爱泛滥造成的。其实，这种理解不够准确。在一些艾滋病暴发区，主要是贫困卖血导致的。请看《现汉》的解释。

【艾滋病】 名 获得性免疫缺陷综合征的通称，是一种传染病。病原体是人类免疫病毒，通过性接触或血液、母婴等途径传播，侵入人体后，使丧失对病原体的免疫能力。蔓延迅速，死亡率高。

由"艾"字，我们可以联想到《诗经·小雅·鹿鸣》中的"呦呦鹿鸣，食野之蒿"，进而延伸到屠呦呦多年从事中药和中西药结合研究，突出贡献是创制新型抗疟药青蒿素和双氢青蒿素。2015年10月，屠呦呦获得诺贝尔生理学或医学奖。

那么，艾蒿与艾滋病会不会冥冥之中有着天然的联系？但愿人们能从艾蒿中提取良药，从而让"艾滋病"变为"艾治病"。

红丝带是对HIV(免疫缺陷病毒)和艾滋病认识的国际符号，1991年在美国纽约第一次出现。它代表了"关心"，这一标志被越来越多的人佩戴，用来表示他们关心那些活着的HIV感染者，关心那些受艾滋病影响的人。

也许是巧合，红丝带造型与"艾"字(尤其是艾字下半部分)有着说不清道不明的联系。

爰·爱

爱 详见本页"艾·爱"。

爰 yuán 会意字。甲骨文 上边象一只手(爪)持棍或绳形，让下边的人用手(又)抓住，将其缓慢拉引上去之状。金文 。小篆 。隶定后楷书写作爰。

本义为拉引。当是援的本字。现用作书面语中疑问代词。另作姓。

郢爰，常被错成"郢爱"。郢（yǐng），是楚国都城的名称，位于今湖北省荆州市荆州区。爰，有多个义项，其中一个是指古代的一种货币单位或重量单位。

郢爰，指在楚国都城郢铸制、在楚地流通的黄金货币，也叫爰金，又名印子金，或称金钣、金饼，是我国现存最早的黄金货币。这种金钣大多呈方形，少数呈圆形，上面钤有小方印。

✎ 除爰与爱容易混淆外，还要注意由爰与爱这两个常用字繁衍出来的汉字的微弱差别，如嫒与媛、瑷与瑗、暧与暖、嗳与喛等。

嫒·媛

嫒 ài　后起会意兼形声字。楷书嫒从女从愛（可爱，兼表声）。今简化为嫒。本义为敬辞，称对方之女。令嫒，也作令爱，对朋友女儿的爱称。

媛　多音字。会意兼形声字。小篆𡡗从女从援省（援省去手，兼表声）。隶定后楷书写作媛。本义为美女。

读 yuán 时，婵媛，同婵娟，指姿态美好，多形容女子；还指牵连，相连，如垂条婵媛。

读 yuàn 时，指美女。

因为嫒与媛，都与"女"有关，外加字形极为相似，所以提请大家注意，别让美女晃了眼。☺

瑷·瑗

瑷 ài　后起形声字。楷书瑷从王从愛。今简化为瑷。常用于地名瑷珲。

瑗 yuàn　会意兼形声字。小篆瑗从玉从爰（引，兼表声）。隶定后楷书写作瑗。本义为大孔的璧，即孔大边小的璧。

瑷珲古城，别称"黑龙江城"，满语称"萨哈连乌拉霍通"。瑷珲亦作艾浒、艾虎、艾呼、艾浑、爱珲、爱辉，皆为满语的不同汉语音译，本意为母貂。

瑷珲还因《瑷珲条约》给国人留下痛楚：1858 年（咸丰八年）5 月 28 日，奕山在瑷珲被迫同穆拉维约夫签订了不平等的中俄《瑷珲条约》。

1858 年后始出现"瑷珲"（今简作"瑷珲"）。瑷珲城（黑龙江城）是中国清代的军事重镇之一。为了便于大家识读书写，1956 年改为爱辉。

2015 年 5 月，黑龙江省政府批准将黑河市爱辉区爱辉镇行政区名称用字恢复为瑷珲。但国务院没有批准"爱辉区"改名为"瑷珲区"，于是就有了"黑河市爱辉区瑷珲镇"的奇怪现象。当然，在爱辉区"瑷珲机场"等牌匾比比皆是。

暧·暖

暧 ài 形声字。楷书暧从日从愛(表声)。今简化为暧。本义指昏暗不明的样子。暧昧，本指光线昏暗、模糊不清，引申指态度、用意等含糊，不明朗；还指行为不光明正大，不可告人，如关系暧昧。

暖 nuǎn 形声字。小篆煖从火从爰(表声)。隶定后楷书写作煖。异体作暖，从日从爰(表声)。今暖为正体字。本义是暖和，也可作动词，义即使变温暖，如暖心话、暖酒等。

暧暧即迷蒙隐约的样子。"暧暧远人村，依依墟里烟"，描绘的是远观山村的朦胧美。

暖暖，生活中常用于"快用热水袋暖暖手"等。

暧暧与暖暖，"温差"还是比较大的，稍加注意即可区别。

《现汉》中，煖除作"暖"的异体字外，还另出字头，读作 xuān，专用于书面语言，义为温暖。主要用于古籍传承和古人名。

《通用规范汉字表》中，"煖"只作"暖"的异体字。

嗳·嗳

嗳 多音字。《说文》无。后起形声字。楷书嗳从口从愛(表声)。今简化为嗳。本是哎的异体字。

读 āi 时，同"哎"。

读 ǎi 时，表示不同意或否定，如"嗳，不是这样的"。还有打嗝儿、吐的意思。嗳气，指胃里的气体从嘴里排出，并发出声音，通称打嗝儿。

读 ài 时，表示悔恨、懊恼，如"嗳，早知如此，何必当初"。

嗳 多音字。《现汉》未收此字。有 huàn、yuán 等读音，有恐惧、哀等义。

既然《现汉》都不待见"嗳"，所以除了在古籍用字等特殊场合下，我们一定要"敬而远之"。

隘·谥·溢

隘 ài 会意兼形声字。小篆䦥从門(狭窄通道)从益(咽喉，兼表声)，会狭小之意。籀文䧢。隶定后楷书分别写作䦥、隘。今规范用隘。隘从左耳(阝左是由"阜"演变而来的，指土堆，引申指高)从益(表声)。本义为狭窄。常见词有狭隘、关隘、要隘、隘口、隘路。

谥 shì 会意兼形声字。小篆一䘹从言从益(兼表声)，表示根据人的行迹另加称号之意。小篆二谥从言从兮（乐声悠扬）从皿（表声），表示喜乐之意。隶定后楷书分别写作谥与谥。自古二字已相混。今皆简化为谥。本义为谥号，即君主时代帝王、贵族、大臣等死后，依其生前所作所为给予的称号。大致分三类：含褒义的，有文、武、昭、惠等；含贬义的，有灵、厉、幽、炀等；表同情的，有哀、怀、愍、悼等。

溢 yì　会意兼形声字。小篆溢从水从益（兼表声）。隶定后楷书写作溢。是益加旁分化字。本义指水等液体满而流出。

三字都从益，但形旁和读音各不相同，因而区分难度不大，若错用就"多多"不"益善"了。

安·按

安 ān　会意字。甲骨文安、金文安和小篆安皆从女坐在宀（房屋）下之状，表示静如处女之意。隶定后楷书写作安。本义为女人入室即安。原始社会生产力低下，黎民（尤其是女子）只有在房子里才有一点安全感。显而易见，这个"安"字是形容性的，按其本义构成的词有安全、安宁、安适、安静、安稳等。"安"也可作为动词，构成的词有安装、安置、安排、安顿等。动词"安"和形容词"安"隐隐有某种因果关系：以动词"安"为手段，以形容词"安"为目的，即通过安装、安置、安排、安顿，使杂乱的器物、纷繁的人事达到安全、安宁、安适、安静、安稳的结果。

按 àn　会意兼形声字。小篆按从手从安（安稳，兼表声）。隶定后楷书写作按。本义为用手或手指往下压。此义，按与摁基本相通。参见8页"揞·按"。

"按"与用作动词的"安"意义不同。如"帮我按一下电灯（口语中常省去'开关'二字）"，是指帮"我"打开或熄灭电灯，如果"按"改为"安"，则成了帮"我"安装电灯了。按兵不动、按强扶弱中的"按"，义为停止、压迫，也是从按"以手抑之"的本义引申出来的。

"安"要按一定的设计要求，用一定的技术手段来进行施工、操作，不是用手"按"一下、"撅"一下、"摁"一下就能解决问题的。所以，安装队不能写成"按装队"。

氨·胺

氨 ān　近代新造字。形声字。楷书氨从气从安（表声）。本义是氮和氢的无机化合物，是有刺激性臭味的无色气体，易溶于水。

胺 àn　形声字。小篆餲本从食从曷（表声）。隶定后楷书写作餲。异体胺从肉（月）从安（表声）。如今规范用胺。本义为肉类腐烂变质。胺是氨分子中部

分或全部氢原子被烃基取代而成的有机化合物，大部分具有弱碱性，能和酸形成盐。古汉语中，胺读作 è，如今胺读作 àn，

三聚氰胺是一种三嗪类含氮杂环有机化合物，白色，几乎无味，常在化工领域使用。对身体有害，不可用于食品加工或食品添加物。2008 年，三鹿奶粉中发现化工原料三聚氰胺，是震惊全国的食品安全事件。

氰胺，应读 qíng'àn，但不少人误读为 qīng'ān。

氨和胺，一个是无机物，一个是有机物，两者属性大相径庭，不可混为一谈。

谙·暗·喑·愔

谙 ǎn　形声字。小篆 𧩮 从言从音（表声）。隶定后楷书写作 諳。今简化为谙。本义为熟悉，知晓。常用词有谙达、谙练、谙熟、不谙世情、不谙水性等。

暗 àn　形声字。小篆 暗 从日从音（表声）。隶定后楷书写作 暗。本义光线不明，与明相对。

喑 yīn　会意兼形声字。小篆 喑 从口从音（声音，兼表声）。隶定后楷书写作 喑。本义为小儿泣不止，引申出哑义，如喑哑。清代龚自珍《己亥杂诗》曰：九州生气恃风雷，万马齐喑究可哀。我劝天公重抖擞，不拘一格降人才。

愔 yīn　形声字。《说文》无。楷书 愔 从心从音（表声）。本义指安详和悦的样子。愔愔，形容安静无声的状态。

谙、暗、喑、愔，从形旁可以轻松区别开来，但读音差别较大，一定要发准音啊！

🖋 失音，指由喉部肌肉或声带病变引起的发音障碍。患者说话时声调变低，声音趋弱，严重时甚至发不出声音，亦称失声。传统中医中称暴喑，但不写作"失喑"。

揞·按

揞 ǎn　形声字。《说文》无。楷书 揞 从手从音（表声）。本义为掩藏。引申指用手把药面儿等敷在伤口上。

按　详见 7 页"安·按"。

揞，是指手指在水平方向上滑行；按，是指手指在垂直方向上的动作。因而，"敷上药后，再按上一会儿"不能写作"敷上药后，再揞上一会儿"。但做敷的行为时，要用揞，一般不用按。

🖋 揾，读 wèn，义为用手指按（揾与按相通），还指擦（揾与揞相异，揾是擦，揞是抹），如揾泪。

按·案

按 详见7页"安·按"。

案 àn 形声字。小篆 🔲 从木从安（表声）。隶定后楷书写作案。本义为上食物时用的有足木盘。举案齐眉，是指送饭时把托盘举得跟眉毛一样高，形容夫妻间互相敬重。后引申指案板。由于官府文书要放在奏案上，故引申指材料、文书等，如案卷、案头、备案等。再引申案件、提案（政协委员提"提案"）、议案（人大代表提"议案"）、方案、教案等。

按、案读音一致，按常用于动词，案常用于名词，二者本来没有什么纠缠，但在查考、核对（如有原文可按）、编者、作者等加按语时，按、案相通，如编者按（编者案）、按语（案语）。详见698页《异形词简介》。

暗·黯

暗 详见8页"谙·暗·喑·愔"。

黯 àn 形声字。小篆 🔲 从黑从音（表声）。隶定后楷书写作黯。本义为深黑色。

暗、黯读音相同，都可形容光线微弱昏暗。如既有暗淡，也有黯淡，且两词意义大差不离。暗、黯主要有两点区别：一是在现代汉语中，黯字一般不单独使用，如月明星暗，不得写作"月明星黯"。二是"黯"可引申指心情的沮丧低落，如黯然泪下、黯然神伤、黯然失色，这些都是定形词，坚决不能写作"暗然泪下""暗然神伤""暗然失色"。"暗"则可引申指手段的不公开、不光明，如明查暗访、明争暗斗等。

综合分析可知，黯，书面语言味道重一些，虚化一些；暗，口头语言常用字，实指多一点。

《现汉》中只有黯黑、黯然，没有"暗黑""暗然"。

卬·卯·印

卬 áng 会意字。小篆 🔲 从人从跪坐之人，会翘首仰望之意。隶定后楷书写作卬。本义为仰望。是仰的本字。用于书面语言，指人称代词，同昂（除姓外）。还用作姓。

卯 mǎo 象形字。甲骨文 🔲 象将一物中分形。金文 🔲。小篆 🔲。隶定后楷书写作卯。作偏旁时写作卩。主要用作地支第四位，还指卯眼、姓。

印 yìn 会意字。甲骨文 🔲 上从爪（覆手）下从卩（跪人），会用手按一人使其跪下之意。金文 🔲。小篆 🔲。隶定后楷书写作印。本义将人摁倒在地。是抑、摁的本字。引申为往下摁，印刷、印章之印就来自此。

遇到这组字中的任何一个，校对时要依据字形字义来把握。

✍ 天干地支共同组成了中国古代传统历法纪年。《辞源》里说，"干支"取义于树木的"干枝"。

甲、乙、丙、丁、戊（wù）、己、庚、辛、壬、癸（guǐ）称为十天干，子、丑、寅、卯、辰、巳（sì）、午、未、申、酉、戌（xū）、亥（hài）为十二地支。天干地支没有繁体字。有人会说丑的繁体字为醜，其实作地支之"丑"是没有繁体字的，而"醜"今作"丑恶、丑陋"之"丑"的繁体字。"辛丑年"要是写作"辛醜年"，那就丑到家了。

十天干与十二地支顺序相配，组成甲子、乙丑……癸亥，以六十为周期用以纪日、纪年。

天干：甲、乙、丙、丁、戊、己、庚、辛、壬、癸

地支：子、丑、寅、卯、辰、巳、午、未、申、酉、戌、亥

特别提请大家注意的是，天干奇数位只与地支奇数位相配、偶数位只与偶数位相拥，也就是说，甲、丙、戊、庚、壬只与子、寅、辰、午、申、戌搭班子，万不可出现甲丑年、丙卯年等，若真如是写了那就是乱点鸳鸯谱。

地支纪月就是把冬至所在的月称为子月，下一个月称为丑月，以此类推。地支纪时就是将一日均分为十二个时段，分别以十二地支表示，子时为23～1时，丑时为1～3时，以此往后排，称为十二时辰。

点卯（5～7时），古时上朝签到时间，现指做事应付，不认真；寅吃卯粮，指寅年（寅年是卯年前一年）就吃卯年的粮食，比喻经济困难入不敷出，预先借支、挪用。

昂·昴

昂 áng　会意兼形声字。小篆 从日从卬（仰的本字，兼表声），会仰头望日之意。隶定后楷书写作昂。本义为抬起头来。由仰起头（昂首阔步），引申指高等义，后特指价钱升高、高涨，如东西昂贵。最终指振奋的样子，如气宇轩昂、斗志昂扬、慷慨激昂等。

昴 mǎo　形声字。小篆 从日从卯（表声）。隶定后楷书写作昴。本义为星名，二十八宿（xiù）之一。

中国古代天文学家把天空中可见星分成二十八组，也叫二十八宿（xiù），东南西北四方各七宿。东方青龙七宿是角、亢、氐、房、心、尾、箕；南方朱雀七宿是井、鬼、柳、星、张、翼、轸；西方白虎七宿是奎、娄、胃、昴、毕、觜、参；北方玄武七宿是斗、牛、女、虚、危、室、壁。印度、波斯、阿拉伯人古代也有

类似中国二十八宿的说法。

昴，又称为留（昴字下部与留字上部相同），留有簇拥、团聚之意。例如：果实子多而聚为榴，细胞病变而聚积为瘤。昴宿正是由一团小星组成的，目力好的人能分辨出七颗来，希腊神话中称它们为七姐妹。古人还用昴宿来定四时，《尚书·尧典》中"日短星昴，以正仲冬"，指的是如果日落时看到昴宿出现在中天，意味着冬至到了。

我们不难看出，昂与昴，一撇之差。前者在地上，后者在天上，共同拥有一个太阳。

编校时，用于星宿的应该毫不犹豫地用"昴"。如"夜晚，我昂起头，寻找昴的身影"。

枊·柳

枊 àng　后起形声字。楷书枊从木从卬（表声）。本义指拴马桩。常用于书面语。

柳 liǔ　形声字。甲骨文 𣏽 从木从卯（表声）。金文 𣓹 大同，木移至左边。小篆 𣓴。隶定后楷书写作柳。本义为柳树。现主要用于柳树或二十八宿之一。还用作姓。

枊、柳，都从木，外加形近，所以易混，但两字音义相差甚远，因而编校时稍加小心就能避免差错。

螯·蜇

螯 áo　会意兼形声字。《说文》无。楷书螯从虫从敖（狂放，兼表声）。本义为螃蟹、虾等节肢动物第一对脚，像钳子，用来取食或自卫。

蜇 shì　形声字。小篆 𧖟 从虫从敖（表声）。隶定后楷书写作蜇。本义为蜂、蝎等有毒腺的虫子用毒刺蜇人。蜇针是指蜜蜂等尾部的毒刺，尖端有倒钩。

螯与蜇，相似度极高，但前者粗后者细，前者合而夹之，后者单针刺扎，琢磨琢磨还是可以分得开的。

鳌·鳌

鳌　详见本页"螯·蜇"。

鳌 áo　形声字。小篆 𪚏 从黾从敖（表声）。隶定后楷书写作鼇。俗作鰲。今简化为鳌。本义为传说中海里的大龟或大鳖。皇宫大殿前石阶上刻的鳌头，状元可踏在上面。独占鳌头，比喻占首位或取得第一名。

螯、蜇、鳌等是从敖表声，且都是上下结构，非常迷惑人，需要从形旁加以辨析。

"敖包"一词常被人们误解为蒙古包，笔者曾是其中一员。

敖包是指蒙古族人做路标和界标的堆子，用石头、土、草等堆积而成。旧时，曾把敖包当神灵的住地来祭祀。也译作鄂博。

蒙古包是蒙古族牧民居住的一种房子，适于牧业生产和游牧生活。

《敖包相会》是电影《草原上的人们》的插曲，因旋律优美、节奏明快、歌词清新而受到人们喜爱。许多人以为是男女青年围着蒙古包载歌载舞，其实不然。读到这儿，不说大家也该明白了。

聱·赘

聱 áo 会意兼形声字。小篆 𦕼 从耳从敖（狂傲，兼表声）。隶定后楷书写作聱。本义为不接受别人的意见。后又有不顺畅、文辞艰涩之义。佶屈聱牙，文章读起来不顺口（佶屈指曲折，聱牙指拗口），常用来形容文辞艰涩难读。也作诘屈聱牙。

赘 zhuì 会意字。小篆 𧶠 从敖（放出）从贝，会放出财物而后取回之意。隶定后楷书写作贅。今简化为赘。本义为以物抵押换钱。现在主要指多余的、无用的，如累赘、赘言；入赘（指上门女婿，俗称倒插门）；方言，使受累赘，如"债务多了真赘人"。

"赘牙"尚可理解为"多余的、无用的牙齿"，但"诘屈赘牙"讲不通。还有就是"债务多了真赘人"不要写作"债务多了真坠人"，"呱呱坠地"可不能写作"呱呱赘地"。

鏖·鏊

鏖 áo 形声字。小篆 𨯎 从金从麀（yōu，匕是雌性标志，麀古书指母鹿，此处表声）。隶定后楷书写作鏖。俗简作鏖。今规范用鏖。本义是一种温器，也指用慢火煮烂肉物。由熬煮引申指激烈地战斗。鏖兵，即激烈的战斗。

鏊 ào 形声字。《说文》无。楷书鏊从金从敖（表声）。鏊子，是制作烙饼的一种器具。

从两个字本义可以看出，前者为凹（盆或锅），后者为平板稍凸；前者为熬炖，后者为煎摊。如今，鏖主要用于引申义，而鏊仍然干着老本行。自然，用于战争那就想到鏖吧，用于饮食则非鏊不可。

麈·塵

麈 详见本页"鏖·鏊"。

塵 "尘"的繁体字。详见81页"尘·塵"。

繁体字环境中，麈与尘容易打得尘土飞扬、蓬头垢面。不过，擦亮眼睛，认准土与金的五行相生关系，还是能分得清的。

袄·祆·袄

袄 ǎo 形声字。小篆 ❀ 从衣从奥（表声）。隶定后楷书写作襖。今简化为袄，改为从夭表声。本义为皮衣。现在主要指有里子的上衣，如棉袄。

祆 xiān 形声字。小篆 ❀ 从示从天（表声）。隶定后楷书写作祆。祆教，即拜火教。公元前7世纪末起源于古波斯的宗教，认为世界有光明和黑暗（善和恶）两种神，把火当作光明与善的象征来崇拜。西域谓神为祆，关中谓天为祆。古代"天"可以读"显"，这个音一直保留在"祆"的偏旁里。后来才另加义符"示"写作祆。

袄 通"妖"。《现汉》未收录。古人称反常怪异的事物为袄，如袄异（反常怪异的现象）、袄讹（怪诞虚妄）。袄怪指反常、怪异的事物与现象。

袄，从衤（衣，表明袄的性质）从夭（声旁）；祆，从礻（表明宗教性质）从天（是天不是夭，说明声旁取天，天也是宗教经常对话的对象）。

袄与祆，前者从夭，后者从天，稍不注意，就容易出错。如果错成"袄教"，就容易被误为邪教了。

📎 祆教——琐罗亚斯德（前628～前551）创立的东方宗教，曾盛行于波斯，对犹太教、基督教和伊斯兰教以及希腊哲学都曾产生过深远的影响。

该教是世界十大宗教之一，也是至今仍流行的、世界上最古老的宗教之一。目前的伊朗、印度以至欧美、东非等地都有信徒。

我国历代官方因该教既崇拜火，又崇拜天体、日月星辰，所以俗称其为"拜火教"或"火祆教"。南北朝时传入中国，称祆教。唐贞观时敕令长安等地建寺，并置"祆正"以司其事。唐后在我国逐渐消亡。

媼·嫗

媼 ǎo 形声字。小篆 ❀ 从女从昷（表声）。隶定后楷书写作媼。本义为对老年妇女的尊称。

嫗 yù 形声字。小篆 ❀ 从女从區（表声）。隶定后楷书写作嫗。今简化为妪。本义为母亲，引申指年老的女人，如老妪。

媼、妪字形字义相近，主要区别在于读音。媼妪，也指年老的女人。这样的称呼，说句实话，尊重不够，对年老妇女的尊称是娭毑（āijiě），说起来动听，听起来亲切，但写起来难。另外，娭毑还特指祖母。

B

粑·屄

粑 bā　后起会意兼形声字。楷书粑从米从巴（似蛇趴下，兼表声）。本义为饼类食物。常用于方言，如糍粑、玉米粑粑。

屄 bǎ　后起形声字。用于方言，指屎或粪便，也指拉屎。字形、读音都比屎来得文雅一些，难怪生活中人们对小宝宝常用"屄"。屄屄，轻俏，舒坦。

某报标题中的"粑粑"虽然加了双引号，但仍然逃脱不了错误的责任。

📎"把"字有一义项：从后面用手托起小孩儿两腿，让其大小便，如把屎把尿。把屄屄，虽说味道臭烘烘，但情意暖融融。

粑·烂

粑　详见本页"粑·屄"。

烂 pā　后起形声字。楷书烂从火从巴（表声）。常用于方言，指食物等烂熟，软和；引申指软弱，如烂耳朵。我国西南地区人民爱用烂，主要意思是指食物煮得软烂，如"老牛筋炖烂了""饭煮烂了"（指水放多了，饭太软）。引申指由硬变软，如"他的态度比以前烂多了"。

2006年，中央电视台春节联欢晚会上，小品《烂耳朵》以怕老婆为故事主线，通过诙谐幽默的表演，得到广大观众的好评。不过，最初央视春晚上的字幕以及随后网络上该节目名称标注的都是《粑耳朵》。后来，经《咬文嚼字》杂志指出，《烂耳朵》逐渐代替了《粑耳朵》。看来，"粑"遇到烂也是会怕的。

粑·耙

粑　详见本页"粑·屄"。

耙　多音字。会意兼形声字。小篆𨮯从金从罷（表声）。隶定后楷书写作鑼。异体作耀。俗作耙，从耒从巴（爬行，兼表声）。今以耙为正体。

读 bà 时，义指平整土地的农具；还用作动词，指用耙弄碎土块。

读 pá 时，一指耙子，如钉耙；二指用耙子聚拢和散开柴草、谷物等或平整土地。

仔细揣味，耙的两种读音，表达意思基本一致，只是不同地方读音不同罢了。

粑与耙，形近易错。不过一个从米，一个从耒（lěi，农具），还是蛮好分清的。

拔·拨

拔 bá　形声字。小篆 𤼽 从手从犮（表声）。隶定后楷书写作拔。今规范写作拔。本义为拽，连根拉出。常见成语有拔苗助长（最初说是揠苗助长）。由拔出引申将热量引出，如"你赶紧把西瓜放在凉水里拔一拔（也可以说沁一沁）"。

拨 bō　形声字。小篆 𤼽 从手从發（表声）。隶定后楷书写作撥。今简化为拨。常用字，无须更多解释。

拔贡，是明清贡入国子监的生员的一种。"拨贡"查无此"人"。

拔与拨，一小撇的差别。两个都是常用字，摆在一起谁都能辨别清楚。不过有时候，"拔"与"拨"拨弄不清。因此，读者朋友遇到"选拔干部""拨电话""海拔"时，可得长个心眼儿，看看是不是错成"选拨干部""拔电话""海拨"了。要不然，无论是提升知识水平还是职务升迁那就难了。☺

✎ 海拔，即平均海平面起算的高度。

我国平均海平面选在青岛。青岛验潮站于1900年开始验潮，1904年正式建立。青岛因此拥有了中国唯一的水准零点——中华人民共和国水准零点，拥有了中国唯一的、以中国海拔测绘零点为核心的主题公园——中华人民共和国水准零点景区。

我国1987年规定将青岛验潮站于1952年1月1日至1979年12月31日所测定的黄海平均海水面作为全国高程的起算面，并推测得青岛观象山上国家水准原点高程为72.260米。也就是说，海边零点景区只是供游人参观的象征性符号，真正计算高程是以观象山为准。

根据该高程起算面建立起来的高程系统，被称为1985国家高程基准。按照国际通行的海拔零点标志位于新疆吐鲁番亚尔乡巴村境内。

这里特别提请大家注意的是，知识一定要及时更新，否则就会贻笑大方，尤其是一些著名山峰的海拔高度，如珠穆朗玛峰。2005年5月22日，中国精确测量珠峰高度，珠峰的岩面高为8844.43米，中华人民共和国登山队于1975年测定海拔8848.13米停止使用。2020年12月8日，中国国家主席习近平同尼泊尔总统班达里互致信函，共同宣布珠穆朗玛峰的最新高程为8848.86米。

鲃·鲅

鲃 bā　后起形声字。楷书鲃从魚从巴（表声）。今简化为鲃。一种淡水鱼，体侧扁或呈圆筒形。

鲅 bà　形声字。小篆 𩷏 从魚从犮（表声）。隶定后楷书写作鲅。今简化为鲅。本义为鱼摆尾而游的样子，后指一种海水鱼，学名马鲛，也叫鲅，类似而小于鳍。

在胶东，尤其是青岛，每年春天送鲅鱼孝敬岳父岳母已是久传的风俗。岛城开埠之前，传说有一个名叫小伍的孤儿，他被一位忠厚慈善的老妈妈收养，待长大成人后，老人将自己的女儿许配给了他。

有一年春天，正值鱼汛期，老人突然病倒，垂危之时想吃鲜鱼。可天公不作美，天天刮大风，小伍只好冒险出海了。女儿守在母亲身边不停地说："娘啊娘，小伍一会儿就回来了。"老人听后点了点头："好孩子，难为小伍了，罢了，罢了……"不久，小伍拿着一条大鱼跑了回来，可老人已经去世了，夫妻只好把鲜鱼做熟后供在老人的灵前，并按老人死前口中念叨"罢了，罢了"的哀叹为这种鱼起名为"罢鱼"，即现在的鲅鱼。

区别鲃鱼和鲅鱼，一是根据它们生活在淡水还是海水里，二是依据它们的体形。

鲅·鲅

鲅　详见15页"鲃·鲅"。

鲅 bō　后起形声字。楷书鱍从魚从發（表声）。今简化为鲅。

鲅鲅，书面用语，拟声词，形容鱼跳跃或摆尾的声音。

鲅、鲅，一小撇之差，稍不留意就会被鱼刺扎到了。

钯·耙·筢

钯　多音字。形声字。小篆鈀从金从巴（表声）。隶定后楷书写作鈀。今简化为钯。本义为兵车。

读 bǎ 时，金属元素，符号Pd。银白色，化学性质不活泼，能大量吸附氢气。可用作催化剂，也用来制特种合金等。

读 pá 时，旧同"耙"（pá）。

耙　详见14页"耙·耙"。

筢 pá　会意兼形声字。《说文》无。楷书筢从竹（⺮）从把（抓，兼表声）。搂草的工具。搂草的筢子一般都是竹制，但也有金属制成的。

倒打一耙，在《西游记》中猪八戒常用回身倒打一耙的战术打败对手。民间"猪八戒倒打一耙"，多指不仅不接受对方的意见而反咬一口指责对方。筢子固然也可打人，但与耙相比，差距还是蛮大的。

现在许多耙子的主要部件是用金属制作的，人们容易联想写作"钯子"。但《现汉》明确规定"钯"在读pá时，旧同"耙"。旧同，也就是说以前同，现在不同了。

耰，旧同"耙"（bà）。

齀（bà），方言用字，义为牙齿外露。万不可因为耙子都是带齿的而错用"齀"取代耙。

杷，不能想当然地认为耙子大都是木制而错写成"杷子"。杷只用作枇杷。

朳，读 bā，书面用语，无齿的耙子。

小小搂草的工具，道道还真不少。☺

✐ 钼靶（mùbǎ）常用于乳腺检查。其装置是一种特殊的 X 线机。X 线机产生射线的主要部分是球管，阳极接受阴极发出的高速粒子轰击的部位叫"靶面"。钼靶机器的特殊之处在于，它在球管阳极靶面用的是金属"钼"，这是为了产生更适合检查乳房软组织的射线。钼靶，有的医院错写成"钼钯"，看来这些医院查体之前先要好好问一问"别字先生"。

刮·掰·摆

刮 bāi　后起形声字。楷书刮从刂（刀）从百（表声）。《现汉》只收"刮划"。

掰 bāi　新造会意字。楷书掰从双手从分，会两手将东西分开之意。是擘的近代口语新造字。所以《现汉》在"擘"读 bāi 时，注明"同'掰'"。义指用手分开或折断，如掰玉米；方言，指情谊破裂，如俩人闹掰了；还指辩论或说，如瞎掰。

摆 bǎi　形声字。楷书擺从手从罷（表声）。今简化为摆。现在还用作襬的简化字。襬指衣服前后幅的下端。

【刮划】bāi·hua（口语里多读 bāi·huai）〈方〉动 ❶ 处置；安排：这件事你别管了，就交给他去～吧。❷ 修理；整治：电子钟叫他给～坏了。

【摆划】bǎi·hua〈方〉动 ❶ 摆弄①（反复拨动或移动）：你别瞎～！❷ 处理，安排：这件事真不是太好～。❸ 整治；修理：这个收音机让他～好了。

通过以上两组词的对比，我们不难发现，刮划与摆划，读音相近，意思相似，在表示"处置，安排；修理，整治"义项时，"刮划"与"摆划"通用。采用反复拨动或移动时，只能用"摆划"。如果想表达 bāi·huai 口语读音时，只能用刮划。不管咋说，我们不能想当然写出"掰坏""摆坏"。这里还要注意的是，"拜"读 bái，组词"拜拜"。"拜拜"除了再见，还有一个义项就是结束某种关系，如"小明和小红因一件小事拜拜了"。此时，拜拜与闹掰了，有点纠葛。不过"拜拜"常出双入对，"掰"则常常单打独斗，稍加辨识还是能够摆得清爽的。

擘·臂·擎

擘　多音字。会意兼形声字。小篆擘从手从辟（剖割，兼表声）。隶定后楷书写作擘。是掰的本字。本义为分开、剖裂。

读 bāi 时，同"掰"。

读 bò 时，大拇指。用于书面语言，如巨擘（比喻在某一方面居于首位的人物）。擘画，义为筹划，布置；也作擘划。请注意：擘画与壁画不同。

臂　多音字。形声字。小篆𦦬从肉（月）从辟（表声）。隶定后楷书写作臂。本义为胳膊。

读 bei 时，指胳臂，即胳膊。

读 bì 时，指臂膀。

擎 qíng　形声字。《说文》无。楷书擎从手从敬（表声）。异体作撒。今规范用擎。本义为往上托举，如高擎着红旗、擎天柱。

巨臂，字面意思是巨大的胳膊，汉语中没有这个词。"巨臂"应为"巨擘"。

擘析，即分析。擘肌分理，剖析肌肉的纹理，比喻分析精密。

高臂，应是"高擎"的误写。

臂力，指臂部的力量。膂（lǚ）力，表示体力，指全身的力气。

臂力，用于一般人物即可，膂力放在英雄人物身上好一些。《三国志》中说吕布"膂力过人"，可见他不是一般人儿。

擘·檗

擘　详见 17 页"擗·臂·擎"。

檗 bò　形声字。小篆𦝫从木从辟（表声）。隶定后楷书写作檗。异体作蘗、𣐊。今规范用檗。本义是一种落叶乔木，即黄檗，也称黄柏。

古人写字、篆刻时，为求字体大小匀整，便在写字前以横直界线对载体进行分格，术语叫作"擘窠"。窠指框格，而"擘"就是划分的意思。由于划定了框格，再写出来的字就比较整齐、饱满，所以在碑刻、牌匾等需要写大字的场合常要先进行"擘窠"，而"擘窠"与写出来的字一起又合称"擘窠大字"。由于写大字必"擘窠"，所以后世也可以直接用"擘窠"来借指大字。

"擘窠"误写成"檗窠"，可能是两字都读 bò 且字形又很相近的缘故。其实，两者很好分别。"擘"从手，指大拇指，有词"擘指"。我们赞扬一个人时常竖起大拇指，所以古代用"巨擘"来表示大人物、带头人。而我们平时掰东西，常常要用到大拇指，所以"擘"又有掰、把东西分开的意思。这样一思考，就很好理解划分框格为什么要使用擘而不能使用"檗"了。

掰·扳

掰　详见 17 页"刮·掰·摆"。

扳　多音字。会意兼形声字。《说文》无。楷书扳从手从反（反拉，兼表声）。扳是攀的异体字。本义为攀缘，攀附。

读 bān 时，义为使位置固定的东西改变方向或转动，也指把输掉的赢回来。

读 pān 时，同"攀"（除姓外，即攀可用作姓）。

掰手腕是一种民间游戏，率先把对方手腕扳倒的一方即获胜。北方人常写作掰手腕，南方人往往写作扳手腕。两者可视为近义词，分不出胜负来。

败·拜

败 bài 会意字。甲骨文一🔣从🔣（鼎）从🔣（攴，持械敲打），表示毁鼎破尊。甲骨文二🔣从🔣（钱财）从🔣，表示毁坏财产。金文🔣用两个贝强调毁坏程度。小篆🔣。隶定后楷书写作敗。今简化为败。本义为毁坏。引申出失败等义。

拜 多音字。会意字。金文🔣左从麦右从手，会手持庄稼祈祷好收成之意。小篆🔣。隶定后楷书写作拜。本义为拔起禾麦祭神。

读 bái 时，拜拜，指再见等。

读 bài 时，主要用作致敬、礼拜等义。还用作姓。

"下风"即风向的下方。"上风"和"下风"常用来比喻有利和不利，优势和劣势。"甘拜下风"即自愿迎风站在不利、劣势地位，向对方行礼参拜，表示心悦诚服地认输。这里的"拜"是一种礼节，表明自己的态度。因为这一成语只用于失败者、技不如人者，在特定意义的暗示下，有人把"拜"误写成了同音的"败"，是不是很失败啊。

扳·搬

扳 详见 18 页"掰·扳"。

搬 详见 20 页"班·搬"。

两者的区别在于，扳使位置固定的物品改变方向或转动，但并没有离开原来位置；搬通过行动使物品离开原来的位置。"扳"需要的力量相对"搬"来讲，略小一些，同时前者所需技术含量略胜于后者。

"扳道、扳道工"，是万万不可写作"搬道、搬道工"的；同理"搬运、搬家"也不能写作"扳运、扳家"。

班·斑·珏

珏 jué 会意字。甲骨文🔣是两串相并的玉。金文🔣改为从玉从🔣（表声）。小篆🔣、🔣。隶定后楷书写作珏、瑴。今规范用珏。以珏为义符的字有班，以珏为声符兼义符的字有斑。生活中，夫妇都姓王的家庭生下孩子后起名首先想到"珏"，其寓意挺有趣的。为了更好说明"班""斑"，特将"珏"调前说明。

「20」 别字之辨

班 bān　会意字。金文 ![字形] 从两玉，中间为刀，比喻用刀将玉分开。小篆 ![字形]。隶定后楷书写作班。本义为分剖瑞玉，引申指部队调动换防，如班师回朝。用作名词，由分开引申出按工作、学习需要分编成的组织，这个不说大家也明白，那就是学校有班级，工厂有班组，部队有班排……也指按规定一天之内工作的一段时间，如上班、夜班、加班，还有就是值班、当班。上班也好，值班也罢，都是按照一定程序将工作进行分类处理；打破常规、不按套路出牌要么是创新，要么就是蛮干。定时开行的有班车、班机。旧时，还指戏曲演出的团体，如徽班、戏班、科班出身。科班出身，现在引申义为正规的教育或训练。

斑 bān　会意兼形声字。小篆 ![字形] 本作辬，从文从辡（两相交，兼表声）。隶定后楷书写作辬。俗改作斑。斑从班省（班省去刂，表音）从文（表义，花纹，古时文与纹相通）。斑本义为杂色花纹、花点，如"斑竹一枝千滴泪，红霞万朵百重衣"；另外还有斑斓、斑驳、斑马、斑白等词组。斑，还用作姓。

古时候，班通斑。斑白也可以写作班白、颁白，指头发、胡子等花白，如两鬓斑白。现在，班与斑分得还是蛮详细的。请大家遇到"班"与"斑"时，要凝视一番，不能错闯斑马线。☺

【斑斓】〈书〉形 灿烂多彩：五色～｜色彩～的玛瑙。也作斒斓。
【斒斓】同"斑斓"。

稗·俾

稗 bài　会意兼形声字。小篆 ![字形] 从禾从卑（低次，兼表声）。隶定后楷书写作稗。本义为稗子。长在稻田里或低湿的地方，形状像稻，果实可酿酒、做饲料。因为稗子的果实小，故"稗"有微小、琐碎之义。稗官是古代的一种小官，专给帝王搜集街谈巷语，道听途说，以供省览。后来，就称小说或小说家为稗官。稗官野史就是记载轶闻琐事的文字。

俾 bǐ　会意兼形声字。金文 ![字形] 用卑表示。小篆 ![字形] 改为从人从卑（卑贱，兼表声）。隶定后楷书写作俾。本义当为门役，看门的人，引申指使达到某种效果。

稗与俾，从形旁上可以辨清类别。但稗草与秧苗则不太好分。笔者小时候在水稻田里经常承担拔稗子的任务，开始时分不太清，后来掌握了一个小技巧，那就是水稻叶子与主秆的分叉处是毛茸茸的，而稗子叶子与主秆处则是光溜溜的。

班·搬

班　详见19页"班·斑·珏"。

搬 bān　会意兼形声字。小篆 ![字形] 从手从般（般本义指转动制盘成形之意，后引申指移动，兼表声）。隶定后楷书写作擎。俗作搬。今规范用搬，是般的加旁分化字。本义为手拳握不正。

班师回朝中的"班"即"还"，意思是调回出征的军队或出征的军队胜利归来。现还可比喻完成任务后全部返回。

搬，指移动物体的位置，如搬砖、搬运。师，指军队。"搬师"，汉语中没有这个说法，搬不动啊。

瘢·癜

瘢bān　形声字。小篆𤸎从疒从般(表声)。隶定后楷书写作瘢。俗称疤。如今，瘢与疤都在用，但读音不同，前者用于书面语，后者用于口语。本义指疮口或伤口好了之后留下的痕迹，如瘢痕。

癜diàn　形声字。《说文》无。楷书癜从疒从殿(表声)。本义指皮肤上长紫斑或白斑的病，常见有白癜风。

白癜风不要写成"白瘢风"，更不能错写成"白癜疯""白癫疯"。

阪·坂

阪bǎn　形声字。小篆𨸏从阜(阝左)从反(表声)。隶定后楷书写作阪。用同坂。今阪、坂有分工。本义为斜坡。大阪，日本地名。

坂bǎn　形声字。《说文》无。楷书坂从土从反(表声)。异体作岅。本义为斜坡，成语"如丸走坂"形容迅速。

因阪同坂，故历史上通用就不足为奇了。但用于地名还得有板有眼，不可混用。

达坂城区位于乌鲁木齐和吐鲁番之间，是乌鲁木齐市的一个县级区。达坂城历史悠久，自古就是联系南、北疆的咽喉之地，因民歌《达坂城的姑娘》而闻名于世。"达坂"不是汉语，是一个音译词，突厥语意为"山口"，蒙古语意为"山口""山岭"，维吾尔语意为"高山峡道"。在西北地区，高海拔的达坂很多，如西藏的红土达坂、新疆的库地达坂。大阪是日本第二大城市，位于本州岛西南部，濒临大阪湾，市内河道纵横，有"水都"之称。

中国的"达坂城"和日本的"大阪"，是不能混为一谈的。当然，达坂城也不可以写作"达板城""大坂城"。

板·钣

板bǎn　形声字。《说文》无。小篆版本作版，从片(筑墙用的夹板)从反(表声)，后分化出"板"。也就是说，先有版，后才有板。板，本义为片状的木板，后泛指钢板、玻璃板等。引申指打节拍用的乐器（用木或象牙做成，由八片连缀而成），再引申指音乐和戏曲中的节拍（其中强拍叫板，次强拍和弱拍叫眼），如有板有眼。由板眼，引申指不灵活，少变化，如死板、呆板。另外，板还用作"老闆"的闆的简化字。也就是讲，除老板的"板"有繁体字，其他的板没有繁体之说。木板，如果写作"木闆"，那您可得挨板子了。☺

钣 bǎn　形声字。《说文》无。楷书钣从金从反（表声）。今简化为钣。本义为饼状金银块。

📌 提到"钣金"，得先说说"冷作"。冷作，是指利用手工工具或机械（如弯板机、校平机等）对金属钣料、型材和管件等进行加工以制成各种机械制品。这种机械制作不需要加热，是在常温下进行的，所以称为"冷作"。从事这种工作的人称为"冷作工"。"钣金"是"冷作"的一类，由于主要是对钢板、铝板、铜板等金属钣材进行加工，故名"钣金"。从事这种工作的人称作"钣金工"。

"钣金"不得写作"板金"，也不能写作"扳金"。

板·版

板　详见 21 页"板·钣"。

版 bǎn　形声字。小篆版从片从反（表声）。隶定后楷书写作版。是片的加旁分化字。本义为筑墙的夹板。后引申指用于印刷书刊图画的底片，有木版、石版、铜版、铅版等，一般是"整"的，不分"块"。

板与版，在板块、版块，木板、木版，版画、板话等一起出现时，容易产生交叉。

板块，本是一个地理学名词，指地球岩石圈的构造单元，全球共由六大板块组成（欧亚、太平洋、美洲、非洲、印澳和南极洲板块），后来比喻某些具有共同特点或联系的各个组成部分。如"本著作分诗歌、散文、小说、报告文学四大板块"。

《现汉》第 7 版"板块"注释参照第 6 版，但后面加注：注意▶用于报刊、节目等时一般作"版块"。

【木板】❶ 名 板状的木材。❷ 同"木版"。

【木版】 名 上面刻出文字或图画的木制印刷板：～水印。也作木板。

由此可以看出，木版年画也可写作木板年画，但以木版为推荐词条。不过，《现汉》只列出"木版画"，没有"木板画"的身影，敬请关注。

"版画"是美术创作的一种形式，《现汉》对"版画"的解释："用刀子或化学药品等在铜板、锌板、木板、石板、麻胶板等板面上雕刻或蚀刻后印刷出来的图画。"如天津杨柳青、苏州桃花坞、潍坊杨家埠等地的年画，就属于木刻版画。

"板话"的"板"显然指的是"快板"（我国曲艺的一种，特点是语言合辙押韵，说唱时伴有竹板打节拍，节奏较快。有些地方叫顺口溜、练子嘴），切不可因同音与"版画"混淆。人民文学出版社出版的《李有才板话》（赵树理著），书中李有才带领小字辈，以"快板诗"为武器，同敌对势力进行智斗，并取得胜利。作品采用有说有唱、夹叙夹议的板话形式，生动活泼。如果写成《李有才版画》，很多人会找您理论"版权"的。☺

拌・绊・柈

拌 bàn 后起字。形声字。楷书拌从手从半（表声）。本义（读 pān）为舍弃，引申指摧残，再引申指耗费。此义后作拚（pàn），今用拼。现在，拌只读 bàn，指搅和，如搅拌、拌匀、凉拌菜。由搅拌引申指争吵，如拌嘴。

绊 bàn 形声字。小篆 絆 从糸从半（表声）。隶定后楷书写作絆。今简化为绊。本义是用绳子把马足系住，引申指走路时被东西挡住或缠住，后指用腿绊倒对方的一种招数，也比喻害人的手段。

柈 bàn 形声字。《说文》无。楷书柈从木从半（表声）。是槃（盘）的异体字。本义为古代盛水供盥洗用的器皿。此义已经淘汰。现在，柈专用于方言，即柈子。

拌蒜，方言，指走路时两脚相互磕碰，如"他又喝多了，走起路来两脚直拌蒜"。绊有绊手绊脚的意思，所以拌蒜容易误写作"绊蒜"。

柈子，指大块的劈（pǐ）柴。

绊子，指摔跤的一种招数，用一条腿别着对方的腿使其跌倒，也指系在牲畜腿上使不能快跑的短绳。半子，书面用语，指女婿。

邦・帮

邦 bāng 会意字。邦与封同源。甲骨文 丰 下从田，上有植树，会植树为界之意。金文 邦 在甲骨文的基础上另加义符邑（阝右，城邑），以突出封国之义。小篆 邦。隶定后楷书写作邦。古时邦大国小。现在常用词有联邦、邦联、邦交等。邦，也用作姓。

帮 bāng 形声字。《说文》无。楷书幫从帛从封（表声）。后简化为帮。本义为鞋帮，引申泛指物体两旁或周围立起来的部分，如船帮。再引申指给予支援或替人出力，如帮助。还特指群伙等，如帮会。还用作量词，如一帮强盗。

邦与帮本无多少纠葛，但在本帮菜还是本邦菜上，有点众口难调，如《舌尖上的中国》（第三季），其中一集字幕显示"知不知道有名的苏帮菜是什么呢"。

《咬文嚼字》前社长郝铭鉴对此发表自己的看法。《中国食经》一书说：民国时期，随着不同地方风味餐馆在大城市的设置，餐饮业出现了"帮口"的称谓。

这些"帮口"自然具有"行帮"的特点，同时又会逐渐影响地方餐饮习惯，形成独特的地方饮食文化。它是近代中国城市发展的重要特征，也是中国烹饪繁荣的显著标志。地方菜称"帮"而不称"邦"应该与此有关系。

《现汉》从第 6 版开始收入"本邦菜"词条：具有本地风味的菜肴，特指上海菜。对此，郝铭鉴先生持反对意见，他说：第一，这种写法在民国以来的烹饪史料中找不到依据；第二，扬帮菜、杭帮菜等都已定型，"本邦菜"的写法违背了词语的系统性原则；第三，最重要的，是抹杀了这个词语本应有的"行帮"色彩。

维扬菜即扬州菜。维扬菜以扬州为中心，做工精细，口味南北皆宜，乃淮扬菜的重要组成部分。《尚书·禹贡》曰："淮海维扬州。"意思是淮海一带就是扬州。后便用"维扬"指代扬州。故而扬州菜又称维扬菜。维扬菜与淮扬菜，既有联系又有区别，外加"维"与"淮"亲如手足，稍不注意就会写错菜谱。

邦·梆

邦　详见 23 页"邦·帮"。

梆　详见本页"哨·梆"。

邦与梆，容易产生误会的是：硬邦邦（不能写作硬梆梆、硬帮帮），梆梆硬（不要写作邦邦硬、帮帮硬）。

哨·梆

哨 bāng　后起形声字。楷书哨从口从邦（表声）。义指敲打木头的声音。常用词有哨嘡。

梆 bāng　形声字。《说文》无。楷书梆从木从邦（表声）。本义为树木名。引申指打更等用的梆子，还指用棍子等敲打，也指敲打木头的声音。

哨与梆，都有敲打木头的声音义项，前者以哨嘡组合出声，而梆常以"梆梆梆"三字重复出现。

棒·捧

棒 bàng　形声字。小篆 𣛗 从木从音（表声）。隶定后楷书写作㯶。俗作棒。今规范用棒。本义为棍子。

捧 pěng　会意兼形声字。《说文》无。楷书捧从手从奉（兼表声）。是奉的后起加旁分化字。本义为双手掬起，用手托着。

棒杀，即用棍棒打杀。

捧杀，义为过分地夸奖或吹捧，使人骄傲自满，停滞、退步甚至堕落、失败。

棒杀、捧杀都是"杀",但前者实,后者虚,两者的态度大不相同。

磅·镑

磅　多音字。形声字。《说文》无。楷书磅从石从旁（表声）。本义为形容石头坠落的声音。

读 bàng 时,义指英美制质量单位（1 磅合 0.4536 千克）；磅秤；用磅秤称东西,如磅体重。

读 páng 时,常见词有磅礴。

镑 bàng　形声字。《说文》无。楷书镑从金从旁（表声）。今简化为镑。本义为砍削。现主要用作英国、埃及等国的本位货币的音译。

磅（读 bàng 时）与镑音同形似,所以易错用。我们知道,《百万英镑》是美国作家马克·吐温创作的中短篇小说,讲述了美国一个穷困潦倒的办事员在英国伦敦的一次奇遇。当初《百万英镑》电影引进中国时,很多电影海报误写作《百万英磅》。磅为质量单位,镑为钱也,两者至少有好几毛钱的距离。

包·保

包 bāo　象形兼会意兼形声字。甲骨文 象腹中有子形。金文 。小篆 。隶定后楷书写作包。本义为怀孕。"勹"好似孕妇用手护着胎儿,"巳"为所怀孩子。后引申出包裹、包容等。

保　详见 27 页"保·爆"。

"包修"与"保修"虽是一字之差,含义却大不相同。"保修"的意思是保证修理,但没有是否付费的明确含义；而"包修"却不仅有负责修理的意思,同时还包含承担修理或调换等全部费用的意思。因此,"包修"比"保修"的内涵更全面。有些厂商用"保"字来调换"包"字,实际上损害了消费者的利益。

胞·袍

胞 bāo　会意兼形声字。小篆 从肉（月）从包（胎衣包裹,兼表声）。隶定后楷书写作胞。是包的加旁分化字。本义为胎衣。引申指胞衣（胎衣）；同父母所生的,嫡亲的,如胞兄；同一个国家或民族的人,如侨胞、台胞。

袍 páo　会意兼形声字。小篆 从衣从包（包裹,兼表声）。隶定后楷书写作袍。本义为有夹层、中间絮有丝绵的中式长衣。

《诗经·秦风·无衣》："岂曰无衣,与子同袍……岂曰无衣,与子同泽。"这里的"泽"指内衣、衬衣。"袍""泽"都是中国古代的传统衣着。同袍、同泽表现了军伍中的战友情谊。故后世"同袍""袍泽"常用于军人互称。再后来也引申用在夫妻、兄弟、朋友、同僚之间。

同胞，指同一父母所生的兄弟姊妹。

同袍的引申义与同胞相近，但战友之间只能用同袍，不得用同胞。

🖊 孢子与胞子是异形词，孢子为推荐用词。孢子，指某些低等动物和植物产生的一种有系列作用或休眠作用的细胞，离开母体后就能形成新的个体。

孢子粉，是灵芝发育后期弹射释放出来的种子，集中起来后呈粉末状，通称灵芝孢子粉。虽然"孢子"与"胞子"是异形词，但"孢子粉"不得写作"胞子粉"。

狍子，是东北地区常见的野生鹿科动物。狍子对不断更新的陷阱总是好奇，会自投罗网；危急时刻会把头钻进雪地里，竟自以为安全；逃离遇险的地方后，居然折返回来"旧地重游"；在同伴被猎杀后不思逃逸，反而聚众围观……据此，狍子傻。傻狍子，东北方言。不讲您也懂得。

炮·爆

炮 多音字。会意兼形声字。小篆 ⿰火包 从火从包（兼表声）。隶定后楷书写作炮。异体作礮（从石从毁表声）、砲（从石从包表声）。今规范以炮为正体。本义为把带毛的肉用泥包裹后放在火上烧烤。礮，本义为抛石机所发的机石。火炮出现后，遂用"炮"代替"礮、砲"。

读 bāo 时，义指烹调方法，用锅或铛在旺火上迅速炒（牛羊肉片等）；烘焙。

读 páo 时，指炮制中药的一种方法，把生药放在热铁锅里炒，使它焦黄爆裂。还指烧或烤食物。

读 pào 时，指火炮，炮仗。爆破土石、建筑物等在凿眼里装上炸药后叫作炮。

爆 bào 会意兼形声字。小篆 ⿰火暴 从火从暴（灼热，兼表声）。隶定后楷书写作爆。本义为火星四溅，引申爆炸等义。也是一种烹调方法，在滚油中炸一下或放在开水中煮一下，如爆羊肉、爆猪肚。

从炮（bāo）、爆（bào）的读音中我们不难听出，用于烹调方法时，前者较轻，后者较狠。各位读者，您听出弦外之音了吗。

🖊 口径在2厘米以上，能发射炮弹的重型射击武器，火力强，射程远，称之为炮。口径在2厘米以内，称为枪。

薄·簿

薄 多音字。会意兼形声字。小篆 ⿱艸溥 从艸从溥（散布，兼表声）。隶定后楷书写作薄。本义是草木密集的地方。

读 báo 时，义指距离小（跟厚相对）；感情冷淡；味道不浓；土地不肥沃；家产不厚实。

读 bó 时，义指轻微，如广种薄收；不强壮，如单薄；不厚道，不庄重，如轻薄；土地不肥沃；味道不浓；看不起，如菲薄；姓。还用作书面语言，义为迫近，如日薄西山。

读 bò 时，专指薄荷。

看看吧，小小"薄"字，音多义厚。

簿 bù　形声字。小篆 从竹（𥫗）从部（表声）。隶定后楷书写作簿。俗作簿，改为从竹（𥫗）从溥（表声）。今规范用簿。本义指书写词的册子。从竹，是因为古时没有纸，竹子剖开刮削烘制后便成为当时的"纸"。

官府文件是簿册所记载的，因此"簿"也常专指文状。掌管簿书的官吏便被称为簿曹、主簿。在古代狱讼制度中，状子、审讯记录、判决书，都少不了"簿"。"对簿"是受审的意思（因为受审的时候要根据状子逐条核对事实，故称对簿）。"公堂"则是指官吏受理案件的地方。"对簿公堂"本义为"受审"，后来表示打官司。簿还用作姓。

常见差错有，将"意见簿、登记簿"错写成"意见薄、登记薄"。

薄、簿都可用作姓。对此，可千万不要整错了，要不然，本来深厚的情谊可就薄了去了。

🔸 孔子读《易》"韦编三绝"，说的便是竹简因为翻动次数太多，以至于牛皮绳都被磨断了好几次。

汗青，指代史书，以"杀青"表示文章完工等，也都与古代制作竹简的工艺有关。汗青是指古时在竹简上记事，先以火烤青竹，使水分如汗渗出，再刮去青皮，便于书写，避免虫蛀，故称汗青，也叫杀青。

文天祥《过零丁洋》有"人生自古谁无死，留取丹心照汗青"的名句。

保·爆

保 bǎo　会意字。甲骨文 象人背负孩子形。金文 。小篆 从人从呆（孩子的象形，呆头呆脑令人不爽）。隶定后楷书写作保。本义为负子于背。后引申养育，再引申指保护、保卫等义。

爆　详见 26 页"炮·爆"。

🔸 "宫爆鸡丁"是一道名菜。不少人误以为此菜出自宫廷，以其烹饪方式是爆炒，因而得名"宫爆"。其实，正确的写法应是宫保鸡丁，它的得名和清代山东巡抚丁宝桢有关。此人曾官封太子少保，被尊称为"丁官保"。据说，丁宝桢的家厨擅长花生米炒鸡丁，后来这道菜由丁府传到民间，因此得名"宫保鸡丁"。

如今，许多饭店菜单上依然能见到"宫爆鸡丁"，对此，我们只能会心一笑，只要炒得味道妙，也就不必追究了。

保·葆

保 详见 27 页"保·爆"。

葆 bǎo 会意兼形声字。小篆 从艸从保（保有，兼表声）。隶定后楷书写作葆。本义为草茂盛的样子。现主要义项：保持，保护，如永葆青春；姓；草茂盛。

保常用于口语，葆多用于书面语言。保养、保持、保护等，请不要写作"葆养、葆持、葆护"。"永葆青春"不能写作"永保青春"。

堡·铺

堡 多音字。会意兼形声字。《说文》无。楷书堡从土从保（保护，兼表声）。异体作垛。今规范用堡。本义为土石筑的小城。

读 bǎo 时，义为堡垒，如碉堡、桥头堡；姓。

读 bǔ 时，常用于地名，如吴堡（在陕西）、柴沟堡（在河北省张家口市怀安县）。堡子，指围有土墙的城镇或乡村，泛指村庄。

读 pù 时，多用于地名。五里铺、十里铺等的"铺"字，有的地区写作"堡"。济南七里堡位于市东部，济南人就把七里堡的堡念 pù。

铺 多音字。会意兼形声字。小篆 从金从甫（展布，兼表声）。隶定后楷书写作鋪。异体作舖。今规范用作铺。

读 pū 时，义为把东西展开或摊平，如铺床、平铺直叙。方言作量词，用于炕，如一铺炕。

读 pù 时，义为铺子（店铺），还指床铺。古驿站（多用于地名），如五里铺（在湖北）。

瓦窑堡，是陕北名堡，享有"天下堡，瓦窑堡"之誉。1935 年 12 月 17～25 日，中共中央在此召开政治局会议，确定了关于建立抗日民族统一战线的路线和策略，史称"瓦窑堡会议"。瓦窑堡的堡应念作 bǔ。

报·抱

报 bào 会意字。甲骨文 、金文 ，左边是一个刑具，右边一只手抓住一个人给其加上刑具之状，会治人之罪的意思。小篆 。隶定后楷书写作報。今简化为报。本义为按法律判决罪人。审问时，嫌犯自然得如实回答，这就是报告、汇报原始出处。汉唐时，地方长官在京师设邸，相当于现在的办事处。邸中传抄诏令奏章等传给地方，故又引申指邸报。这就是现代意义报纸的由来。报，有回应义，如以德报怨，即以仁德回报别人的怨恨。报道与报导是一组异形词，现在"报道"兴而"报导"几为舍弃。

抱 bào　会意兼形声字。小篆 ᙟ 从手从包（环抱，兼表声）。隶定后楷书写作抱。本义为以手包围，如"犹抱琵琶半遮面"。由实指引申出虚指，指心中存有，如抱恨、抱歉、抱屈。

以下三组词值得揣摩。

【报怨】动 对所怨恨的人做出反应：以德~。
【抱怨】动 心中不满，数说别人不对；埋怨：做错事只能怪自己，不能~别人。
【抱冤】动 感到冤枉。

除了报怨、抱怨之间恩恩怨怨，还要小心"抱冤"与"抱怨"之间的微弱之别。"抱冤"更多是放在心中，"抱怨"更多是放在嘴上。

"抱憾"不要写作"报憾"。所谓"抱憾"，是心中存有遗憾，不是回报别人遗憾。

"抱负"与"报复"读音相同，含义不一样。"抱负"，本谓手抱肩负，引申作名词用，指所抱负的东西，常喻指心里持守的远大志向，如抱负不凡。"报复"，义为打击批评自己或损害自己利益的人，如受到报复、报复情绪。"有理想有抱负"的人可大大重用，"有理想有报复"之人还是避而远之吧。

临时抱佛脚，若错写作"临时报佛脚"，估计佛会发笑。☺

抱·暴

抱　详见28页"报·抱"。
暴　详见本页"暴·爆"。

成语自暴自弃出自《孟子·离娄上》："言非礼义，谓之自暴也；吾身不能居仁由义，谓之自弃也。""自暴"即自己糟蹋自己，"自弃"即自己抛弃自己。孟子的这句话是说，一个人的言行若背离仁义道德标准，就等同于自甘堕落。这里的暴、弃都具有明显的消极倾向。自暴自弃的"暴"，就是暴殄天物的"暴"。而"抱"虽然和"暴"同音，但这是一个以手相围的动作，和"暴"表达的意思没有丝毫关系。

暴·爆

暴　多音字。会意字。小篆一 ᙟ 从日从出从廾（双手）从米，会日出来后双手举米晾晒之意；小篆二 ᙟ 从日从出从廾从夲（上举），会白天出手有所击之意。

隶定后楷书分别写作暴、曓。俗混皆写作暴。今以暴为规范正体。本义指晒。后引申指"暴露""暴虐""猛烈""突然"等义。后来又引申指突然发财得势，谓之"暴发户"。

读 bào 时，义指突然而且猛烈，还指凶狠、残酷等义。

读 pù 时，书面用语，同"曝"。

爆 bào 会意兼形声字。小篆爆从火从暴（灼热，兼表声）。隶定后楷书写作爆。本义为火迸裂。引申指猛烈地出现，如爆发，即猛烈地发生、发作。再引申指突然、令人意外地出现，如爆冷门，即指在某方面突然出现了让人意想不到的事情。

"暴发"和"爆发"的区别在哪里？有人说前者强调的是速度，后者强调的是力度。

华夏出版社田娟华编审告诉我们一个辨析方法："暴发"和"爆发"的区别在于一个"火"字。凡是和火有关的，一律用"爆发"：火山爆发，熔岩喷浆，地火奔突，用的是"爆发"；战争爆发，枪炮齐鸣，弹火纷飞，用的是"爆发"；夫妻吵架，疾言厉色，心火燃烧，用的还是"爆发"……可见，无论是自然之火、社会之火，还是有形之火、无形之火，只要能称为"火"的，用"爆发"无疑。

与火无关的，比如山洪，用"暴发"；各种传染病流行，用"暴发"。新冠疫情出现初期，媒体多用"爆发"，后来逐渐改为"暴发"，这是对的。田编审的辨析方法，可谓抓住了关键点，合理而又可行。

另外，还要注意"火暴"与"火爆"之间异形词关系。请看《现汉》：

【火暴】❶形 暴躁；急躁：～性子。也作火爆。❷同"火爆"①。

【火爆】❶形 旺盛；热闹；红火：牡丹开得真～｜这一场戏的场面很～｜日子越过越～。也作火暴。❷同"火暴"①。

曝·爆

曝 多音字。会意兼形声字。《说文》无。楷书曝从日从暴（兼表声）。是暴的加旁分化字。本义为晒。本读 pù。常用词有曝光（即使照相底片或感光纸感光），成语有一曝十寒。但广大读者常把曝光念成 bào 光。于是有关专家学者以服务人民为中心，将"曝"增加一个读音 bào，专用于"曝光"（也作"爆光"）。"一曝十寒""曝露""曝晒"等普及率不高的成语、词组的"曝"仍然读 pù，保持文化的传承，意义非凡。

爆 详见 29 页"暴·爆"。

料，本指材料、原料，引申指内情。"曝料"即让不光彩的内情显露出来；"爆料"即让内情突然、出人意料地显露出来，所涉及的事既可以是不光彩的也可以是光彩的（不光彩居多）。而"爆料"中"突然""令人意外"的含义，是"曝料"所不具有的。可见，"爆料"可以涵盖"曝料"，难怪《现汉》只收"爆料"，释义为"发表令人感到意外或吃惊的新闻、消息等"。而"曝料"未见辞书收录。因此，我们主张用"爆料"。

🔗 汉语中还有"报料"一词，意思是向媒体提供新闻线索。这个词显然与"爆料"的含义不一样。

杯·抔

杯 bēi　形声字。籀文⬛从匸从不（表声）。小篆⬛从木从否（表声）。隶定后楷书写作桮。俗省作杯。异体有盃与匜。今规范以杯为正体。本义是盛汤食的小型器皿。桮作姓时不属于杯的异体字，属正字。在杯子、奖杯等义项上，盃是杯的异体字。港澳台在各种比赛中，喜欢用"某某盃"。现在除了酒杯、茶杯、奖杯之外，那就是各种体育比赛，如世界杯。还有就是金杯银杯不如老百姓的口碑，杯与碑谐音转换，显现中国汉字魅力无穷。

抔 póu　形声字。《说文》无。楷书抔从手从不（表声）。本义为用手捧取。抔是个冷僻字，因为字形和"杯"相似，误写者往往读 bēi。《康熙字典》在注文中曾强调指出："抔，谓手掬之。今学者读为杯勺之杯，非也。"不仅误读，还常常把"抔"误写为"杯"。

"抔"从手，"杯"从木，两者的形符是不同的。"抔"本是动词，意思是用手捧东西。"一抔"就是一捧。"一抔黄土"出自司马迁的《史记·张释之冯唐列传》："假令愚民取长陵一抔土，陛下何以加其法乎？"长陵是汉高祖的墓地，后人便用"一抔黄土"作为坟墓的代称。

卑·婢

卑 bēi　会意字。金文⬛象左手持一粗酒器形，会执酒器做事之意。小篆⬛。隶定后楷书写作卑。由本义引申出位置低、地位低下、品质低劣等义。但"位卑未敢忘忧国"之"卑"实为高大上。

婢 bì　会意兼形声字。甲骨文⬛从女从卑（卑下，兼表声）。小篆⬛。隶定后楷书写作婢。本义为古代罪人的眷属入官署服役的人。婢女，旧时有钱人家雇用的年轻女仆。奴婢，即男女奴仆（请注意包含男性）。奴颜婢膝，即奴仆在主人面前谄媚讨好、屈膝逢迎之态。后来形容卑躬屈膝谄媚奉承的样子。

虽然，卑与婢读音不同，但都有地位低下之意，因此，奴颜婢膝容易错写成"奴颜卑膝"，卑躬屈膝错写成"婢躬屈膝"。真写错了，那就可"卑"了。

📎 **病起书怀**　宋·陆游
病骨支离纱帽宽，孤臣万里客江干。
位卑未敢忘忧国，事定犹须待阖棺。
天地神灵扶庙社，京华父老望和銮。
出师一表通今古，夜半挑灯更细看。

背·揹

背　多音字。会意兼形声字。小篆 𦠤 从肉（月）从北（人相背，兼表声），用人相背之处会脊背之意。隶定后楷书写作背。是北加旁分化字。本义为脊背。

读 bēi 时，义即用脊背承载，如背负、背包、背带、背包袱、背着老人蹚过河。

读 bèi 时，指躯干的一部分，部位跟胸和腹相对，如后背。还可用作姓。

揹 bēi　仅作背（bēi）的异体字。也就是说，揹不是后背的背（bèi）的异体字。

📎 备不住：方言，说不定、或许，如"这事他备不住给忘了"。也作背不住。也说担不住。

背搭子，指出门时用来装东西的布袋。也作被褡子。

背时，形容不合时宜，也指倒霉。也作悖时。

备·倍

备 bèi　象形兼会意字。甲骨文 𰀀 象箭 𰀀 在箭筒 𰀀 中。金文 𰀀。小篆 𰀀。隶定后楷书写作備。俗体楷书字形备。今以备为规范字。本义盛箭的器具。引申出战事即将开始，一切皆要谨慎行事。再引申预先筹划，如有备无患、预备、准备、筹备、备课等。再引申出安排，防御，如防备、完备、戒备等。用作副词，表示范围，相当于尽、皆，如关怀备至、备尝艰辛、备受欢迎。

倍 bèi　会意兼形声字。金文 𰀀、小篆 𰀀 皆从人从咅（义为否定，兼表声），会人背过面反向之意。隶定后楷书写作倍。本义为背弃，背叛。引申指背向，背着，再引申指背诵（人与书籍不照面，原来写作"倍诵"）。不过这几项意思后用"背"替代了"倍"。一正一背则有两面，又引申指增加的倍数。用作副词，相当于越发，更加，格外。

备，侧重指完全、周遍，"备受"是说"受尽"，例如备受赞赏，是说受到各方面的赞赏。求全责备：求、责，均指要求；全、备，指完备、完美。意思是苛责别人，要求完美无缺。"备"做副词用时，表示完全，侧重范围上的加大。

倍，侧重指数量加倍，如勇气倍增，是指数量、程度的成倍增加。"倍"最初是"照原数相加"，如倍增、事半功倍、倍道兼程、倍数、倍率，等等。做副词用时，表示"深"，侧重程度上的加深。

备感还是倍感？"每逢佳节倍思亲"不能写作"每逢佳节备思亲"。"倍思亲"是更加、格外思念亲友。量的增加是"程度"上的，而不是"范围"上的。走进校园"bèi 感亲切"，笔者以为"倍感""备感"均可。

备加还是倍加？备加的意思是"全方面给予"，强调"范围"上的加大；倍加的意思是"更加、加倍"，强调"程度"上的加深。备加呵护意思是全方位呵护，着眼于"范围"；倍加思念意思是更加、加倍思念，着眼于"程度"。

备受还是倍受？备受欢迎是"到处受到欢迎""各方面受到欢迎"；倍受欢迎，就是"格外受到欢迎""空前受到欢迎"。备受煎熬，意思是各种煎熬都经受了；倍受青睐，意思是更加受到青睐、格外受到青睐。在大多数情况下，"备受"说得通，"倍受"也说得通。

🔔 是"艰苦备尝"而不是"艰苦倍尝"，是"关怀备至"而不是"关怀倍至"。

倍·番

倍 详见32页"备·倍"。

番 多音字。象形兼会意字。番是采（参见44页"采·采"）的加旁字。由于采（金文）做了偏旁，于是金文另加义符田，更清楚地表示是踩在田中的兽蹄印。小篆。隶定后楷书写作番。本义是兽蹄印。是"蹯"的本字。

读 fān 时，一指外国或外族，如番邦、番茄。二为量词：一是表种、样，如别有一番天地；二是用于心思、言语、过程，如一番话；三是指次数、遍数，如三番五次。

读 pān 时，番禺，地名，在广东。还用作姓。

倍与番，本来纠葛不多。但在20世纪80年代，番字一夜爆红。

邓小平在1987年4月会见西班牙时任副首相格拉时说：我们原定的目标是，第一步在80年代翻一番……达到500美元。第二步是到20世纪末，再翻一番，人均达到1000美元。从此，"翻一番"翻着跟斗来到我们生活之中。

倍与番，不是一个概念，均属于数学范畴，但在文字表述中，常常出现不应有的错误。"番"不指"倍"，"翻一番"指成倍增加一次，"翻两番、翻三番"不是增加两倍、增加三倍，而是成倍增加了两次、成倍增加了三次。

下面用通用数式来表示：当数值 M 增大到 N，人们用"N 是 M 的 K 倍"来表示（由4增加到20，即20是4的5倍）。

从 M 到 N，翻了 K 番：$N = M \times 2^k$

以3为基础，增加到2倍：$3 \times 2 = 6$

以 3 为基础，增至 2 倍：$3 \times 2 = 6$

以 3 为基础，增加 2 倍：$3 \times (1+2) = 9$

以 3 为基础，增加了 2 倍：$3 \times (1+2) = 9$

以 3 为基础，翻了一番：$3 \times 2^1 = 6$

以 3 为基础，翻了两番：$3 \times 2^2 = 12$

"翻一翻"表示一个短促的动作，指"翻一下"，如"拿起书本翻一翻"。请注意"翻一翻"与"翻一番"的区别。

倍和番只能用在数值增加的场合，不能用在减少的地方。如"减少了两倍"就是错误的，应该说"减少了50%"或"减少了1/2"，也可以"减少了百分之五十"或"减少了二分之一"。但也有专家说减少可以用倍，笔者不赞成这种观点。

从境外引进物品名称大都冠以"番"等字。

番，本义是兽蹄印。对境外称之为"番"，既表示边远，还带有一定歧视的态度。如番菜、番瓜、番茄、番薯等。

西，西芹、西瓜、西葫芦、西红柿、西兰花。国人常以东自居，西就有点偏远的感觉。

洋，如洋油、洋碱（肥皂一类）、洋火（火柴）、洋葱、洋伞、洋灰（水泥）、洋房、洋布。可能是受此类物品漂洋过海而来的缘故。随着我国经济条件改善，外加国产能力增强，此类物品的洋被"脱掉洋装了"，但洋葱等少数依然如故。

胡，如胡瓜、胡桃（核桃）、胡萝卜、胡椒。胡，本义牛颔下的垂肉。后引申指胡子。因古代西北地区的少数民族多长胡子，借指少数民族地区。再引申指外国人。胡瓜因忌胡人，改称黄瓜，其实黄瓜通常是绿的。

茼蒿、茉莉、芫荽（香菜）和荔枝等，就是汉代之后由国外引进的品种，写法就是音译以后加个艹字头。菠菜由"波斯菜"简化而来。萝卜，汉代人称白萝卜为"芦萉"，宋代人称萝卜为"萝蔔"，到了明代才变为"萝卜"。

倍·辈

倍 详见 32 页"备·倍"。

辈 bèi 会意兼形声字。小篆 辈 从车从非（两翅分开，兼表声），会战车百辆分列之意。隶定后楷书写作輩。今简化为辈。本义为分成行列的百辆战车。引申指类别、等级，后用于人的等级，如小字辈、老一辈。

倍与辈，都是常用字，含义有明显区别，本不该有什么纠缠，但还得提一提。

辈出，指人才一批一批地连续涌现，如英雄辈出、新人辈出。此时，有的读者会想当然地认为，不断涌出，那就成倍，于是错写成"英雄倍出""新人倍出"。其实，"辈出"中一批一批来自一辈一辈的引申。

▲ 倍数与辈数区别。倍数是数字之间的关系；辈数是指辈分。

奔·犇

奔 bēn 会意字。金文 ✕，上为甩手快跑的人形，下边是三止（脚），三表多，会狂跑之意。小篆 ✕ 变成从夭（人形）从卉（草地）。隶定后楷书分别写作 奔 和 奔。异体作犇。今规范用奔。

犇 bēn 2013年6月5日，《通用规范汉字表》将犇列为规范用字，但规定只能用于姓氏人名。也就是说，"奔腾"不可以写作"犇腾"。详见685页《异体字简介》。

笔者知道犇这个字是因为电影《牧马人》。电影是由谢晋导演，朱时茂、丛姗、牛犇等人主演。牛犇扮演剧中郭𠮨子。

2018年5月31日，83岁的牛犇光荣加入中国共产党。2018年6月25日，习近平总书记给牛犇去信，祝贺他加入党组织。

贲·偾

贲 多音字。会意兼形声字。小篆 ✕ 从贝（装饰物）从卉（花叶繁盛，兼表声），会文饰繁盛之意。隶定后楷书写作 贲。今简化为贲。本义为文饰繁盛。

读 bēn 时，用于贲门（胃与食管相连的部分，是胃上端的口儿，食管中的食物通过贲门进入胃内）；虎贲，古代指勇士、武士；还用作姓。

读 bì 时，书面用语，指装饰很美的样子。贲临，即光临。

偾 fèn 形声字。小篆 ✕ 从人从贲（表声）。隶定后楷书写作 偾。今简化为偾。本义指向后仰倒。《说文》偾与僵互训。引申指死亡。又引申指失败。还表示亢奋，如偾兴、偾发等。今主要义项为毁坏、败坏，如偾事（把事情搞砸了）；还用作姓。

"血脉贲张"应写作血脉偾张。血脉偾张，偾指亢奋，偾张指扩张突起。

《汉语大字典》收录了"偾张"的两个义项：其一，表示扩张突起，这是本义。其二，表示激奋，这是其引申义。

有人引经据典认为可以写作"血脉贲张"，并在网上搜索一下，与"血脉贲张"相关的网页比"血脉偾张"多出数十倍。

笔者以为，还是"血脉偾张"为好。

"血脉偾张"能不能写成"血脉喷张"呢？血脉喷张字面意思大概就是血管张裂鲜血喷射。如真有此话，小命儿都没了，还谈什么激动、亢奋？

迸·蹦

迸 bèng　形声字。小篆 𨒋 从辵（辶）从并（表声）。隶定后楷书写作迸。本义为奔散，逃散。引申指涌出、喷射。

蹦 bèng　后起会意兼形声字。楷书蹦从足从崩（崩起，兼表声）。本义为双脚并拢跳，也泛指跳。

迸出一句话，动作的发出者是人，是说从嘴中向外喷射出一句话，强调说话的语气之强烈。

蹦出一句话，指某句话的出现是带有突然感的。

迸出强调语气，蹦出侧重的是突然，不管咋样，两者都是不礼貌的。

甏·瓮

甏 bèng　形声字。《说文》无。楷书甏从瓦从彭（表声）。方言用字，指瓮或坛子。

瓮 wèng　形声字。小篆 瓮 从瓦从公（表声）。隶定后楷书写作瓮。本义为一种盛东西的器皿，腹部较大，如水瓮、酒瓮等。还用作姓。瓮城，指围绕在城门外的小城。常用成语瓮中捉鳖。

在济南大街小巷，经常能见到"甏肉干饭"这样的招牌，此招牌常常附着"济宁"字样，想必"甏肉"源于济宁一带。人们对此，一是念不准，二是不知甏是啥东西。

甏与瓮，都是盛物的器皿，但两者读音与含义不是一个级别，请注意正确使用。

✎ "司马光砸缸"的事情家喻户晓。宋朝时期的司马光在七岁的时候砸缸救人，其机智果敢的行为被后世广为流传！然而，收藏家马未都老师在某电视节目中对此事的真实性提出过质疑，大意是：司马光生活的年代，无法烧制出能淹没一个人、直径达到一米的大瓷缸。马未都讲应该称司马光砸瓮。后来，许多专家予以否定，认为瓮古时也称为缸。

笔·芼

笔 bǐ　会意字。小篆 筆 从竹（𥫗）从聿（手持笔形），会用竹子做的书写工具之意。隶定后楷书写作筆。今简化为笔（从竹从毛，符合毛笔之形义）。本义为书写、绘画、制图的工具。

芼 mào　形声字。小篆 芼 从艸（艹）从毛（表声）。隶定后楷书写作芼。本义为草铺地蔓延。引申义为拔取菜或草。也指掺杂在肉汤里的菜。

芼羹是用菜和肉做成的羹。笔是写字绘图的工具，不能吃，更不能掺杂在肉里做成羹，没有"笔羹"一说。

🖋 这里附带说一下，中国汉字绝大多数情况下，"竹""艹"成双成对出现，如符与苻、竽与芋、笕与苋、笨与苯、笞与苔……因此，每每写到带竹字头的汉字，要提醒一下自己是不是应该写草字头，反之也是。

秕·纰

秕 bǐ　形声字。小篆 𥝫 从禾从比（表声）。隶定后楷书写作秕。指中空或不饱满的谷粒。秕谷的特点是"中空或不饱满"。瘪（biě）谷，也指不饱满。

纰 pī　会意兼形声字。小篆 𥿚 从糸从比（相并，兼表声）。隶定后楷书写作紕。今简化为纰。本指衣冠或旗帜上的镶边。由于边缘风吹日晒水淋，容易破烂，故引申为布帛、丝缕等破败、披散，从而又引申有疏忽、错误之义。纰漏，就是指因粗心而产生的差错。南朝宋刘义庆《世说新语》、孔平仲《续世说》均有《纰漏》篇，记谬误不合之事。

如果把纰漏写成"秕漏"，那真是出了不大不小的纰漏了。😊

鄙·敝

鄙 bǐ　会意兼形声字。甲骨文 𠲴，上从口（表范围）下从粮仓形，会郊外收藏谷物地方之义。金文 𠲴。小篆 𠲴、𨚍。隶定后楷书写作啚、鄙。郊外露天仓库为啚，住宅区域内粮仓为仓廪。由于啚做了偏旁，于是本义只好加 阝 造鄙。古代称五百家为鄙，是王公子弟、大夫的封地，离国都较远。鄙国之人常自谦称为鄙人，也就是说自己是乡野之人。作为谦辞，用于自称，如鄙人、鄙意、鄙见。

敝 bì　会意兼形声字。甲骨文 𢁕 从巾（绢布，兼表声）从 攴（攴，手持器械）。本义衣服受外力或其他原因而破旧。有的甲骨文 𢁕 在巾上加指事符号，代表巾帛的碎片。小篆 𢁕。隶定后楷书写作敝（🖋 左边中间那竖上下贯通）。本义为衣服破烂、破旧。如坏了的鞋称敝屣。谦辞，用于称跟自己有关的事物，如敝姓、敝校、敝舍、敝处等，都谦指其破旧。

【鄙人】名 ❶〈书〉知识浅陋的人。❷谦辞，对人称自己。

【敝人】名 对人谦称自己。

有人认为"敝人"的"敝"是个别字，因为人不能称为破人、烂人；但考之语用实践，"敝人"的用法还是有的。

🖋 "鄙人"和"敝人"都可用作谦称。鄙人、鄙意、鄙见……"鄙"都是直接讲述自己；敝校、敝室、敝帚……则是讲述和自己有关的事物。

俾，读 bǐ，意思是使（达到某种效果），如俾众周知，就是让大家都知道；俾有所悟，就是使有所悟。

没有"俾人"一词，我们不能看到"俾"从亻（人），外加"俾"读 bǐ，就想当然舍"鄙人""敝人"而错写成"俾人"。

必·毕

必 bì　会意兼形声字。金文 ᗡ 从弋（木橛，兼表声）从八（表示分），表示分界的木橛。小篆 ᗡ。隶定后楷书写作必。本义为分界的木橛。木橛是固定的，边界也是固定的，必继而引申出固定、坚定、一定、肯定。古时"必"又通"毕"。

毕 bì　象形兼会意字。甲骨文 ᗡ 象在田野里用一网打尽猎物（如鸟）形。金文 ᗡ。小篆 ᗡ。隶定后楷书写作畢。今简化为毕。本义为捕尽。捕尽，自然就是全，如完毕。再引申就有了毕业、毕生、毕竟等。

因为古时"必"通"毕"，成语里的"必"或"毕"都作为程度副词的使用，表示十分或完全的意思。两个词语音相同，词性相同，词义相通，故可以互代用。所以毕恭毕敬可写作必恭必敬。

"毕竟"是同义词"毕"和"竟"组成的联合式合成词，在表达上做副词用，意即到底，终归，究竟，表示追根究底所得的结论。从唐宋直到清末，"必竟"的用例相当多，但到了现代，只见"毕竟"不闻"必竟"。

荜·筚

荜 bì　形声字。《说文》无。楷书荜从艹（艸）从畢（表声）。今简化为荜。本义为荜茇。多年生藤本植物。引申指用树枝或竹子等做成的篱笆、门等遮拦物。蓬，是古书上说的一种草，干枯后根株断开，遇风飞旋，故又名"飞蓬"。"蓬荜"即"蓬门荜户"，指用草、树枝等做成的门户，形容穷苦人家所住的简陋房屋。"蓬荜生辉"的意思是，使简陋的房屋增添光辉，大多用作谦辞，也说"蓬荜增辉"。

筚 bì　会意兼形声字。小篆 ᗡ 从竹（⺮）从畢（似网，兼表声）。隶定后楷书写作篳。今简化为筚。本义指用荆条、竹子等编成的篱笆或其他遮拦物。

筚路蓝缕（筚路：柴车；蓝缕：破衣。形容创业的艰辛），也作荜路蓝缕（不能错写为"毕路蓝缕"）。推荐用词为筚路蓝缕。但蓬荜生辉不得写作"蓬筚生辉""篷筚生辉"。

陛·狴

陛 bì　会意兼形声字。小篆 ᗡ 从阜（阝左）从坒（台阶，兼表声）。隶定后楷书写作陛。是坒的加旁分化字。本义为帝王宝座前面的台阶。大臣们有事面奏帝王，只能通过陛下(台阶下面)的卫士转告。久而久之,陛下就成了皇帝的专门称谓。殿下、阁下与陛下大致相当。足下,来自晋文公。面对介子推与他老母亲相拥而被烧死的大柳树,晋文公下令砍下树干,做成木屐,穿在脚上,以便时时牢记介子推。

狴 bì 形声字。小篆𥜆从非(罪人)从陛省(表声)。隶变后楷书写作狴。俗简化作狴。本义为牢狱。狴犴(àn),传说中的一种走兽,古代常把它的形象画在牢狱的门上。还借指监狱。

话说徐骏给雍正皇帝上奏折的时候,把"陛下"写成"狴下"。但皇帝并没有立即杀他,而是进行调查,让他死个明白。搜查中发现了"清风不识字,何得乱翻书""明月有情还顾我,清风无意不留人"等诗句后,认为"清风"是暗讽大清政府,于是判为斩立决。

墀,读 chí,指台阶上面的空地,引申指台阶。丹墀,古代宫殿前涂成红色的台阶或台阶上的空地。

敝·蔽

敝 详见 37 页"鄙·敝"。

蔽 bì 形声字。小篆𦿸从艸(艹)从敝(表声)。隶定后楷书写作蔽。本义为小草。小草铺满地面,故引申为覆盖、遮挡,再引申有涵盖、概括之义。

"一言以蔽之",就是用一句话来概括它。语出《论语·为政》:"《诗》三百,一言以蔽之,曰:'思无邪。'"

一言以蔽之,万不可写作"一言以敝之"。否则那只能"敝帚自珍"了。

蓖·篦

蓖 bì 形声字。小篆𦻻从艸(艹)从毗(表声)。隶定后楷书写作蓖。异体作䔠。俗作蓖。今以蓖为正体。本义为蒿类植物。

篦 详见 41 页"箅·篦"。

蓖麻是一种一年生或多年生草本植物,种子为蓖麻子,可榨油。原产非洲。

蓖为植物,篦为器物,两者不能混为一谈。

裨·裨

裨 多音字。会意兼形声字。金文𧙃从衤(衣)从卑(低次,兼表声)。小篆𧙃。隶定后楷书写作裨。本义为补缀衣物。引申指补助、补益等义。

读 bì 时,义为益处。常用词裨益。

读 pí 时,义为辅佐的,副,如副将。裨将,古代指副将。

裨　裨的讹字。《汉语大字典》给其留下位置，并称通"裨"。电脑一般打不出来。所以，不要给裨露脸的机会。

裨・脾

裨　详见39页"裨・裨"。

脾 pí　形声字。小篆 𦜈 从肉（月）从卑（表声）。隶定后楷书写作脾。本义为人和高等动物的内脏之一，作用是制造新的血细胞与破坏衰老的血细胞，产生淋巴细胞与抗体，贮藏铁质，调节脂肪、蛋白质的新陈代谢等。

"裨益"也就是益处。"大有裨益"就是大有益处。脾益，那只能靠吃保健品或药品了。这里只是开个玩笑。说益脾马马虎虎，"脾益"摆不到纸面上来，真写出"脾益"估计读者会发"脾气"的。

辟・避

辟　多音字。会意字。甲骨文 𨐧 从 卩（跪人，指犯人）从 辛（辛，刑具），会行刑砍头之意。金文 𨐧，增加口，可能是宣读判决书。小篆 𨐧。隶定后楷书写作辟。本义为行刑执法。辟还用作闢的简化字，此义读 pì，指开辟等义。

读 bì 时，书面用语，指君主，如复辟；姓；书面用语，指排除，如辟邪。还同"避"。

读 pī 时，"辟头"同"劈头②（一开头；起首）"，如"他劈头就问考得怎么样"。劈头为推荐词条。

读 pì 时，指开辟；指透彻，如精辟；指驳斥或排除（不正确的言论或谣言），如辟谣。书面用语，指法律，法，如大辟（古代指死刑）。

避 bì　会意兼形声字。甲骨文 𨖤 从彳从人从辛（平头刀），会人躲避刑罚之意。小篆 𨖤 另加义符止（脚），成为从辵（辶）从辟（兼表声）会意。隶定后楷书写作避。本义为躲开。

古往今来凡属文辞雅驯的文献资料，都只讲"辟邪"，不讲"避邪"。正因为如此，所以很多大中型辞书没有"避邪"这个词条。

但《现汉》将两者均列入：

【辟邪】bì // xié 动 避免或驱除邪祟。

【避邪】bì // xié 动 用符咒等避免邪祟。

"避邪"的主体是被动的，而"辟邪"的主体是主动的；"避邪"口语成分大，"辟邪"书面语气重。

箅·篦

箅 bì　形声字。小篆 箅 从竹（⺮）从畀（表声）。隶定后楷书写作箅。本义指蒸锅中的竹屉。箅子，有空隙而能起到间隔作用的片状器物，它既可通气或漏水，又能起隔挡物体的作用，如竹箅子（用于蒸食物）、炉箅子、铁箅子（用于下水道）等。

篦 bì　会意兼形声字。小篆 篦 从竹（⺮）从毘（相并，兼表声）。隶定后楷书写作篦。本义为梳理鬓发的用具。篦子，用竹子等制成的梳头用具，中间有梁，两侧有密齿（通常梳子一侧有疏齿）。篦，还可用作动词，如篦头。

箅子与篦子有不小的区别。道路上的只能是箅子，不能用篦子。

箅帘即箅子。农村里人家蒸馒头、蒸年糕、蒸包子，都会用到箅帘。有时也会用它放置饺子、馒头等。如果用篦子盛饺子，可能是饺子如黄豆般大小（恐怕吉尼斯总部会找上门来登记了）。

箅·篦·滗

箅　详见本页"箅·篦"。
篦　详见本页"箅·篦"。
滗 bì　形声字。《说文》无。楷书 滗 从水从筆（表声）。今简化为滗。本义为挡住渣滓或泡着的东西，把液体倒出，如"你把汤药滗出来"。

滗与箅都有阻隔作用，但两者用途相差甚远，前者通常是把液体留下，后者主要是把液体流走。篦与滗，相差更远，但音相同，也得注意区别。

滗·潷

滗　详见本页"箅·篦·滗"。
潷 bì　《现汉》未收。《古代汉语词典》"潷浡"的释义是泉水涌出的样子。

"把汤 bì 到碗里"只能用"滗"，不能用"潷"。《现汉》都把"潷"给"毙"了，咱们就当它"毕业"了吧。😊

碧·璧

碧 bì　会意兼形声字。小篆 碧 从石从珀（琥珀，兼表声），会似琥珀的玉石之意。隶定后楷书写作碧。本义为青绿色的玉石，泛指青绿色或淡蓝色。常见词有金碧、碧绿、碧空等。

璧 bì　会意兼形声字。金文 璧 从玉从辟（表声，辟邪、阻挡）。小篆 璧。本为一种玉石。后指玉器。通常呈圆形，扁而平，中间有一小孔。据《尔雅·释器》称，其边宽是圆孔直径的两倍（边宽与圆孔直径相等为环，边小孔大为瑗）。最初是贵族的礼器，后来成了流行的装饰品。

金碧是指金黄和碧绿的国画颜料。而"金璧"指黄金和碧玉。

金碧辉煌，金碧指颜色，辉煌指光辉灿烂，整个成语比喻陈设华丽。形容建筑物装饰华丽，光彩夺目。这个成语比较特殊，金碧是名词，辉煌是形容词，这种组合搭配非常少见奇特，自然效果非凡。"金璧辉煌"，从字面上看就是说用黄金、玉石打造的屋子，历史上没太听说，故不要用。

壁·璧

壁 bì 会意兼形声字。小篆 𡋢 从土从辟（避风、阻挡，兼表声）。隶定后楷书写作壁。本义是墙。"家徒四壁"就是家里穷得只有四面站立的墙壁。古代的墙多以土垒成，所以"壁"从"土"。"壁"的声符"辟"是个多音字，这里应该读 bì，它兼有表义作用。辟者，消除也，驱赶也。"辟御风寒"，正是壁的主要功能。

古代的军营筑有围墙，"壁"因此可指营垒，如壁垒森严。站在墙头上四处观望，叫"从壁上观"（现演化为"作壁上观"）。"壁"还可引申指陡峭的山崖，因其垂天直立，具有墙壁一般的特点。林则徐便有一副以"壁"为喻的名联："海纳百川，有容乃大；壁立千仞，无欲则刚。"

璧 详见 41 页"碧·璧"。

壁与璧，可从形旁（一为土，一为玉）来区别。

拱璧，即大璧。后用以比喻极其珍贵之物。"拱壁"，可理解为"拱形的墙壁"，好像没人去这么写。

📖 我国县以上地名中，带"璧"的地名：安徽省灵璧市、重庆市璧山区；带"壁"的地名：河南省鹤壁市、湖北省赤壁市、新疆维吾尔自治区呼图壁县。

另外还有：贵州省铜仁市碧江区。

砭·贬

砭 biān 形声字。小篆 𥐚 从石从乏（表声），隶定后楷书写作砭。本义指古人用来治病的石针。古籍中提及的"药石"，其中"石"就是指"砭"。针砭，本是古代的医疗手段，用石头制成的针状物刺穴位治病。这一治疗过程古人便称为针砭。后引申出有的放矢地批评、批判的意思，于是就有了"针砭"。针砭可作名词，如痛下针砭；也可作动词，如针砭时弊。

贬 biǎn 会意兼形声字。小篆 𧴢 从貝（贝）从乏（减少，兼表声）。隶定后楷书写作贬。今简化为贬。本义减损，即价值上的降低、减少。引申指给予低的评价，如贬低、贬抑、贬损。

针砭皆有批评义，贬低、贬抑、贬损也有这方面意思，外加有人以为对时弊、缺陷、失误所作的负面评价，于是便想当然地将"针砭"错写作"针贬"。这种错误写法应该给予针砭。

✎ 陕西省带"砭"字的地名特别多，知名度最高的当数青化砭。

青化砭战役是解放战争时期，中国人民解放军西北野战兵团在陕西延安青化砭地区对国民党军进行的伏击战。

此次战役是西北野战军撤出延安后取得的第一个大胜仗，沉重打击了胡宗南集团的气焰，极大地鼓舞了陕北解放区军民的斗志。

编·篇

编 biān　会意兼形声字。小篆 编 从糸从扁（编制，兼表声）。隶定后楷书写作编。今简化为编。本指串起竹简的皮条或绳子，后指由多篇文章或多个章节所组成的书籍。

篇 piān　会意兼形声字。小篆 篇 从竹（⺮）从扁（编写，兼表声）。隶定后楷书写作篇。本义为简册（书）。古代文章写在竹简上，为保持前后完整，用绳子或皮条编集在一起称为"篇"。后世对有首有尾一篇完整的文章，就称为"篇"。现在"篇"还是用于单篇文章的量词。

编指一部书或书里相对独立的部分；篇则指文章或一部书的基本单元，篇下可再分章。

《管锥编》是钱锺书先生的一部古文笔记体的巨著。该书堪称"国学大典"，是钱锺书先生主要学术代表作之一。此著作是钱锺书先生 20 世纪六七十年代写作的。该书 1979 年 8 月由中华书局出版一套四册。后钱锺书先生又出了一套《管锥编增订》增加改正原来的内容。前后共五册，均为中文繁体版本。

"管锥"二字，出自《庄子·秋水》。在《韩诗外传》中有："譬如以管窥天，以锥刺地——所窥者大，所见者小，所刺者巨，所中者少。"钱先生以"管锥"为自己的著作命名，有自谦之意。

《管锥编》万万不能错写成"管锥篇"啊，否则您就等着挨锥子吧。☺

萹·篇

萹　多音字。后起形声字。楷书萹从艸（艹）从扁（表声）。

读 biān 时，萹蓄，指一年生草本植物，全草可入药。

读 biǎn 时，萹豆，同"扁豆"。

篇 详见43页"编·篇"。

萹与篇，可以从草字头和竹字头区分开来。

釆·采

釆 biǎn 象形字。甲骨文 ✦ 象兽爪形。又可读 biàn，义为辨别、区分。古人在狩猎时，常常需要通过辨认（这也是釆读音与辨相近的原因）兽爪印来确定兽的种类、兽龄以及数量等相关信息，从而确定捕猎的方法、方式等。由于釆做了偏旁，辨别之义则借"辨"来表示。兽蹄之义另造"番""蹯"来表示。《现汉》未收录"釆"。

采 详见60页"采·彩"。

釆是部首，部首内有悉、釉、番、释。

釆，上为撇，下为米；采，上为爫（爪，手）下为木。请务必细细辨认。

变·便

变 biàn 形声字。小篆 䜌 从攴从䜌（表声）。隶定后楷书写作變。今简化为变。本义为更改，改换。

便 多音字。会意字。金文 𠆢 从人从一种带疙瘩的鞭形，会使人服帖之意。小篆 便 从人从更（指烙饼时不断翻动按压，使饼与鏊子平贴），会熨帖、安适之意。隶定后楷书写作便。本义为妥帖、安适。

读 biàn 时，义为方便，便利，还引申出大小便。

读 pián 时，主要用于大腹便便，还有就是便宜。

节，节制；顺，顺应；变，变故，旧时指父母去世。节哀顺变的意思是父母之死是极大的悲伤，但要节制悲哀，顺应变故。后来用"节哀顺变"作吊唁慰问友人遭亲丧时安慰生者之辞。

顺便，即乘方便做另外的事，如"你下班顺便买些菜来"。"节哀"与"顺便"不能搭配。

🔖 焖炉烤鸭技艺独树一帜的"便宜坊烤鸭店"建于1416年（明永乐十四年）。据说明代嘉靖年间，兵部员外郎杨继盛吃了这里的烤鸭等酒菜，认为此店"方便宜人，物超所值"，于是给这家字号题匾时，书写了"便宜坊"三个字，意思是方便、随意、合适。新中国成立后，周恩来总理到便宜坊宴请外宾，听说店名来历后笑着说：该念 pián 宜坊，价格便宜，老百姓才能进来品尝。从此，便宜坊就定了读音。

辡・辨・辩

辡 biàn　会意字。小篆󠄀从二辛，会部分之意。隶定后楷书写作辡。辛，象形字，甲骨文󠄀，象实施黥（qíng，在人脸上刺字并涂墨）刑的刑具形。刑具是用于有罪之人的，"辛"以具体代抽象，辛最初义是罪。辡由二辛，本义是辩解、争辩。

辨 biàn　会意兼形声字。金文󠄀从󠄀（剖分）从丿（刀）。小篆󠄀。隶定后楷书写作辨。本义区分，分别。引申指辨认，辨别等。是辡的加旁分化字。

辩 biàn　会意兼形声字。小篆󠄀从言从辡（剖分，兼表声）。隶定后楷书写作辯。今简化为辩。本义治理。引申指提出某种治理理由，继而引申指争论。是辡的加旁分化字。

辩与辨古汉语中可通假，如今二者已分工，但有些词中有交叉。

【辩白】也作辨白。

【辨证】¹ 同"辩证①"。

【辨证】² 动 辨别症候：～求因｜～论治。也作辨症。

【辩正】也作辨正。

【辩证】❶ 动 辨析考证：反复～。也作辨证。❷ 形 合乎辩证法的：～关系｜～的统一。

辨证施治，中医药学中的一个术语，一称辨证论治。辨，即辨别。辨证，即根据中医药学理论，运用"四诊""八纲"等方法，辨别各种不同的症候，从脏腑、经络等整体出发，分析病人个体反应，从而作出确切的诊断。施治，即根据辨证得出结果，确定治疗方法。

辩，即辩论；辩证，哲学术语，源出希腊语 di-a lego，意为谈话、论战的艺术。

在专业术语中"辨"与"辩"不能混为一谈：中医学中的"辨证施治"不能写作"辩证施治"，哲学中的"辩证法"也不能写成"辨证法"。

答辩，指答复别人的指责、控告等，为个人的行为或论点辩护，不能写成"答辨"。

瓣 bàn　会意兼形声字。小篆󠄀从辡（剖分，兼表声）从力（力气）。实际上，辦是由辨分化出来的一个字。辨本义为剖分，引申指办理，小篆遂改刀为力。隶定后楷书写作辦。今简化为办，用两点代替辡。本义处理。

瓣 bàn　会意兼形声字。小篆󠄀从辡（剖分）从瓜（分开，兼表声）。隶定后楷书写作瓣。本义为瓜类的籽实。注意花瓣不得写作"花半"。

辫 biàn　会意兼形声字。小篆󠄀从辡（双方，兼表声）从糸（头发）。隶定后楷书写作辮。今简化为辫。本义将头发分股交结成绳状。

标·表

标 biāo　会意兼形声字。小篆 ![] 从木从票（上升，兼表声）。隶定后楷书写作 標。今简化为标。本义为树梢，末梢。由于树梢居高，故引申指标志和标记等义。由末梢引申指事物非根本性的方面，表面的，这就是标本兼治。由高，引申出标杆、目标、标准、指标、达标等。参见 47 页"标·镖"。

表 biǎo　会意字。表与求（裘）同源。甲骨文 ![] 是象形字，本是毛朝外的皮衣形（把皮毛朝外，可能是古人诱捕动物习惯的延续或者是纪念。把皮毛的花纹展现出来，美！还能突显粗犷、豪爽、不羁的性格；皮毛向内显得很臃肿，像个气球般难看）。小篆 ![] 改为从衣从毛，会皮袄之意（皮袄快读就是"表"）。隶定后楷书写作 表。同时，也是錶的简化字（计时的器具，如怀表、手表、秒表、电子表，除此之外"表"没有繁体字，务必记住）。

近几年来，对标、对表蹿红。还有就是治表、治本，引申出标本兼治等词。

《现汉》只收"标本兼治"（对事物的枝节和根本都加以治理），而未收"表本兼治"，但收录了"表里""表里如一"。对此，我们持观望态度。

对标，就是对照标杆找差距，这个比较好理解。

对表是一个动宾结构的复合词语。顾名思义，对表的本义是强调时间观念，现实生活中是指人们要根据北京时间校对钟表误差。对表也常作为军事用词出现，我们经常从银幕上看到军事行动前，一号首长要求大家掏出表，统一时间，这就叫对表。另外，《解放军报》常说的"对表"就是要求言行一致、向条令看齐，如《解放军报》2015 年 5 月 18 日发表的《让说的和做的精准"对表"》。对表，经国家语言资源监测与研究中心等机构专家审定，入选 2010 年年度生活类新词语，并收录到《中国语言生活状况报告》。

对表作为政治经济生活用词，其大量出现还是近几年的事。如，习近平总书记在十八届中央纪委七次全会上发表重要讲话，强调"党的高级干部要自觉经常同党中央'对表'，校准自己的思想和行动"（《人民日报》2017 年 1 月 9 日）。

可见，"对表"的"表"内容越来越宽泛。现在意义上的"对表"与"对标"契合度越来越高，但用在"对标、对表"时，两者侧重点还是存在不同点。

除此之外，"标"与"表"组成几组词也要大家对照一下。

标尺与表尺

【标尺】名 ❶ 测量地面及建筑物高度等或者标明水的深度用的有刻度的尺。❷ 比喻衡量、判断事物的标准：群众满意不满意是考察干部的重要~。❸ 表尺的通称。

【表尺】名 枪炮上瞄准装置的一部分，按目标的距离调节表尺，可以提高命中率。通称标尺。

通称就是通常叫作，或通常的名称。标尺只有第3个义项与表尺相通。

标格与表格
标格：品格；风格。表格：按项目画成格子，分别填写相关文字和数字。

标明与表明
标明：做记号或写文字使别人知道。表明：表示清楚，如表明态度、表明决心。

标示与表示
标示：标明显示。表示：用言语行为显出某种思想、感情或态度等。事物本身显出某种意义或者凭借某种事物显出某种意义。

◎ 北京时间来自哪里

北京时，中国通用的标准时。即以东经120°子午线为标准的标准时。实际上不是北京的地方时，而是北京所在的东八时区的区时。平时人们习称的"北京时间"，实际上就是"北京时"。北京时间来自陕西省西安市临潼区的中国科学院国家授时中心。杭州位于东八区中心位置，实际上北京时间某种意义上与杭州重合。

标·镖

标 详见46页"标·表"。

镖 biāo 会意兼形声字。小篆 𨬌 从金从票（漂动，兼表声）。隶定后楷书写作鏢。今简化为镖。本义为刀剑鞘末端的铜饰物。此义今不再使用。明清以来指形状像长矛的头，投掷出去杀伤敌人。镖局，旧时保镖的营业机构。镖客（不要写作镳客），旧时给行旅或运输中的货物保镖的人，也叫镖师。

标，后来也指我们先祖发明的一种狩猎格斗武器，最初把木杆或竹竿一端削尖，狩猎或族群争斗时用于戳刺或投掷。人类发现并使用金属后，就打制了杀伤力更大的一尖两刃的利器装在标杆上，这种梭形利器，似梭，故称梭标。现在体育项目中的标枪，即由梭标演化而来。交锋中可刺可挑可投掷。古代又称矛、枪。

战斗中，使用梭标的士兵被称为标兵，传统相声中就有磨炼嘴皮子功夫的绕口令"八百标兵奔北坡"。久而久之，标兵成了阅兵开始前第一项"标兵就位"。

梭镖，原是指类似于梭标枪头的一种远距离投掷武器。少林寺武僧演练的大都是绳镖。另一种徒手投掷的镖两三寸长，形制也与梭标的金属枪头相似，在武林中属暗器，一般为正派武林中人所不齿。

"梭镖"历史短于"梭标"。《汉语大词典》以"梭标"为正条，把"梭镖"作为它的异形词。《现汉》中只收"梭镖"，释为"装上长柄的两边有刃的尖刀"。

"梭标""梭镖"都应算对。

镳，读 biāo，马嚼子的两端露出嘴外的部分，常用成语分道扬镳。镳，旧同"镖"。铜，参见449页"撒·杀"。

骠·膘

骠 多音字。会意兼形声字。小篆 ⿰馬票 从馬从票（飞动，兼表声）。隶定后楷书写作驃。今简化为骠。本义为一种黄毛夹杂着白色斑点的马，即黄骠马。

读 biāo 时，黄骠马。

读 piào 时，形容马快跑，还指勇猛，如骠勇。

膘 biāo 形声字。小篆 ⿰肉票 从肉（月）从票（表声）。隶定后楷书写作膘。本义为牲畜小腹两边的肉。引申指肥肉，多用于牲畜。用于人则含有戏谑或贬义。

黄骠马是少见的宝马良驹。据说此马即使喂饱了草料，肋条也显露在外，所以称之为"透骨马""透骨龙"。

黄骠马不能错写成"黄膘马"。黄骠马身上很少有膘，能够说得通。

别·蹩

别 多音字。会意字。甲骨文 左从刀右从骨，会用刀剔骨上的肉之意。小篆 ⿰冎刀。隶定后楷书写作剮。俗作别。今规范用别。本义为分解肉和骨。

读 bié 时，义项很多，其中有一义项是指用腿使绊儿把对方摔倒。还指两辆车朝同一方向行驶时，一辆车故意使另一辆不能正常行使，如别车。

读 biè 时，繁体为彆，今简化为别。彆，会意兼形声字，小篆 ⿱敝弓 从弓从敝（不顺，兼表声）。隶定后楷书写作彆。本义为弓末反曲处，引申指不顺。方言用字，义为改变别人坚持的意见或习性（目的就是让不顺变为顺），如"他太拗了，一般人别不过他"。还常见有别扭、别嘴。

蹩 bié 会意兼形声字。小篆 ⿱敝足 从足从敝（残疾，兼表声）。本义为跛。常用于方言，指脚腕子或手腕子扭伤，如"走路不小心，蹩痛了脚"。

综上，我们不难发现，别，绝大部分是主观行为；蹩，是客观造成。这大概是区分"别"与"蹩"关键点吧。

宾·傧

宾 bīn 形声字。甲骨文 从屋从人，表示家中来了客人。金文 加 （贝，财礼），表示带财礼到他人家里做客。小篆 ⿱宀賓。隶定后楷书写作賓。今简化为宾。古人称访者为客，称贵客为宾。宾与主相对。还作用姓。

殡 bìn　会意兼形声字。小篆 𣨶 从歹（尸骨）从賓（客，对死者尊重，兼表声）。隶定后楷书写作殯。今简化为殡。本义停放灵柩；把灵柩送到火化或安葬的地方。如殡仪馆、出殡等。

宾天，为委婉语，特指帝王之死。升天，去当天帝的宾客。还可作"上宾"，即升上天做天帝的宾客。"宾天"还可用来泛指尊者之死。死，人们都很忌讳，现在口语里一般不说某某人死了，而说某某人"归天"了。

宾天，不能太扩大使用范围，把一般人去世称为宾天。更不能想当然写作"殡天"。如今，宾天一词在日常生活中大概也算是"归天"了。

宾・傧・嫔

宾　详见48页"宾・殡"。

傧 bīn　会意兼形声字。甲骨文 𠬝 从宀从一立人一跪坐之人从止（趾），会迎客人到来之意。金文 𡩟 用宾来代替。小篆 𠊋 承接甲骨文将立人移到屋外并整齐化，成了从人从賓（宾客，兼表声）。隶定后楷书写作儐。今简化为傧。是宾的加旁分化字。本义为接引宾客。

嫔 pín　会意兼形声字。甲骨文 𡪡 从女从賓（宾服，兼表声）。小篆 𡣍。隶定后楷书写作嬪。今简化为嫔。本义为古代柔顺妇女的美称。后指皇帝的妾或皇宫中女官。常见词有嫔妃。

傧相，指古代称接引宾客的人，也指赞礼的人；举行婚礼时陪伴新郎新娘的人，如男傧相、女傧相。另外，需要注意的是：傧相，不得写作"宾相"，更不能把女傧相写作"女嫔相"。否则，那会遭伴娘白眼儿的。☺

彬・杉

彬 bīn　会意兼形声字。古文 𣓙 从彡（文采）从焚省（焚省去火，含光彩义，兼表声），会文质兼备之意。小篆 𠈌 改为从人从分（兼表声），会文质相半分备之意。隶定、隶变后楷书分别写作彬和份。俗也写作斌（所以《现汉》在"斌"词条注：同"彬"），用文武会文质兼备之意。如今规范化，以彬为正体，斌主要用作人名、汉字组字部件（如赟）。"份"更是离"彬"而去，从事"份内"的工作。现在，彬主要指彬彬有礼。还用作姓。

杉　多音字。形声字。小篆 𣚦 从木从杴（表声）。俗简作杉。今以杉为正体字。本义为树木名。

读 shā 时，杉篙，指杉（shān）树一类的树干（削去枝叶），用作搭脚手架或撑船；杉木，指杉（shān）树的木材。

读 shān 时，杉树。还用作姓。

杉，字形简练，但读音挺拿人。

彬与杉，形似但音远，务请大家注意，否则就会彬彬"无"礼了。

说到彬，我们不得不提到陕西咸阳所属的彬县。

商朝，为豳国。豳（bīn），小篆 ![字形] 从山从豩（野猪奔跑，兼表声）。由此，豳实乃荒芜之地形象描述。

唐朝，乾元元年改为邠（bīn）州。邠，会意兼形声字。小篆 ![字形] 从份省（份省去亻，分开，兼表声）从邑（阝右）。异体为豳。隶定后楷书写作邠与豳。

1964年9月，经国务院批准，邠县改为彬县。主要是从汉字认读角度考虑的。

2018年5月，经国务院批准，同意撤销彬县，设立县级彬州市。

湖南的郴（chēn）州市，不要写成陕西的彬州市，否则就会南辕北辙了。

屏·摒

屏 多音字。会意兼形声字。古文借 ![字形]（并）表示。并为并联义，物联成片则起遮蔽作用。小篆 ![字形] 另加义符尸（房屋，尸是广"yǎn"的变体），会遮挡门户的照壁之意，并也兼表声。隶定后楷书写作屏。本义为照壁，即大门外（或内）对着大门起遮挡作用的小墙。

读 bīng 时，屏营，书面用语，指惶恐的样子（多用于奏章、书札）。

读 bǐng 时，指抑止呼吸，如屏着呼吸；除去，排除，如屏除、屏弃。

读 píng 时，指屏风或形状像屏风的东西，如屏幕、孔雀开屏；遮挡，如屏蔽。

摒 bìng 会意兼形声字。《说文》无。楷书摒从手从屏（兼表声）。是屏的加旁分化字。本义为排除。

通过上面，我们不难发现，当屏读 bǐng 时，"除去，排除"义项与"摒"相近或者说相同。因而，造成一组近义词。

屏（bǐng）除与摒除，都指排除，除去；屏（bǐng）弃与摒弃，都指舍弃。但笔者建议还是用"摒除""摒弃"为好。

秉·禀

秉 bǐng 会意字。甲骨文 ![字形] 从又（手）从禾，会手持一禾之意。金文 ![字形]。小篆 ![字形]。隶定后楷书写作秉。本义是一把禾束，并由此引申出"执，持"的意思，如秉烛就是持烛，秉笔就是执笔。进一步引申，"秉"还可以与抽象的对象搭配，如秉公（依照公认的道理或公平的标准）、秉正（秉持公正）、秉政（掌握政权，执政）、秉国（执掌国家权力）等。秉，还用作量词，古代容量单位，一秉合十六斛（hú，旧量器，方形，口小底大，本为十斗，后来改为五斗）。秉还用作姓。

禀 bǐng　会意字。金文一 ⿱米㐭 上从米下从㐭，金文二 ⿱㐭米 上从㐭下从米，会仓廪之意。小篆 禀。隶定后楷书写作禀。俗作稟，禾变为示。今规范用禀。本义为粮仓。引申指赐人以谷。再引申出了"赋予"义，如禀施，即给予；禀赋，即上天给予的资质体性。又引申出了"承受"义，如禀命，即受命；禀承，即承受、听命。承受之命，必得反馈，于是"禀"又引申出了"向上报告"的义项，如禀告、禀报，是指向上级报告；禀请，是向上级请求；禀安，是向尊长请安；禀奏，则特指向帝王陈述、说明。向上级、长辈等汇报只能用"禀"，不得用"秉"。

秉承与禀承是异形词，秉承为推荐词条。

秉性，指性格，如秉性淳朴、秉性各异。

禀性，指本性，如禀性淳厚；江山易改，禀性难移。

秉性与禀性非常相近，但在"江山易改，禀性难移"这种固定词组中，还是保持惯用字词，不可轻易变更。

秉烛而学？炳烛而学！

炳烛而学见于汉代刘向所编的《说苑·建本》。晋平公在老年时突然萌发了学习的念头，又担心学习为时太晚。于是，师旷打了学习的比喻：少而好学，如日出之阳；壮而好学，如日中之光；老而好学，如炳烛之明。炳烛之明，孰与昧行乎？

意思是说，年轻时喜欢学习，好像初升的太阳；壮年时喜欢学习，好像中午的阳光；老年时喜欢学习，好像点燃蜡烛的光亮。蜡烛的光亮虽然比不上太阳，但不是比黑暗中走路强许多吗？

炳，本义为明亮，引申作动词，义为点燃。

炳烛，即点燃蜡烛。后因师旷劝学晋平公的故事深入人心，"炳烛"可用来比喻老而好学。

秉烛而学，也能讲得通。但于师旷劝学晋平公故事，必须用"炳烛"。

《现汉》只收"秉烛"。

禀·廪

禀　详见50页"秉·禀"。

廪 lǐn　象形兼会意兼形声字。甲骨文 ⿱𠆢𠆢 好似简易的粮仓形状。金文 㐭 繁化并加禾，即㐩。小篆 廩 以㐩为基础，另加义符广（带广的汉字大致是指简陋的房子），成了从广从㐩会意，㐩兼表声。隶定后楷书写作廩。异体作廪。今规范用廪。本义为粮仓。仓廪，即贮藏米谷的仓库。《管子·牧民》："仓廪实而知礼节，衣食足而知荣辱。"此话可从多角度理解。

禀与廪,虽然古时曾相通,但"廪生"不得写作"禀生"。同理"仓廪"也不能写作"仓禀"。

廪生是科举制度中生员名目之一,又称廪膳生,明清两代指由公家给予膳食的生员。明代最初规定,府、州、县所有生员每月都给廪膳（膳食津贴）。其后名额增多,规制出现变化:称初设食廪者为廪膳生员,简称"廪生";称增加者为增广生员,简称"增生",地位次于廪生,无米;额外再增取的生员附于诸生之末,称为附学生员,简称"附生"。后来初入学者都称附生,如果在岁、科两试取得高等第,可往上补为增生、廪生。清代基本沿袭明制。

钵·帛

钵 bō　形声字。小篆 从皿从犮（表声）。隶定后楷书写作盋。异体作鉢。又异体作缽。今以钵为正体,并简化为钵。本义为一种似盆但小的敞口器皿。

帛 bó　会意兼形声字。甲骨文 从巾从白（白色,兼表声）,会白色未染之缯之意。金文 。小篆 。隶定后楷书写作帛。本义为未染的白色丝织品。引申指丝织物的总称,如布帛、财帛、玉帛。古时在帛上书写,始于春秋,西汉时普遍使用。

衣帛,即穿丝织衣服。此处的"衣"是动词,指穿着。

衣钵,原指佛教僧尼的袈裟与饭盂。佛家以衣钵为师徒传授之法器,于是衣钵就引申指师传的思想、学问、技能等。

衣帛与衣钵,音近但义远。不过稍加注意区分还是不难的。

帛金。在广州,遇到亲友家有丧事,一般要送上礼金以表慰问。礼金数通常在一个整数后面加上 1 元钱,如 501 元,1001 元。加"1"元,有使"祸丧单行"之义。

为什么叫帛金。一种认为"帛"和"金"是同义关系,都是指财;第二种认为"帛"是白色的丝织品,因为这种礼金是包在白包里的,所以称之为帛金。

也有专家认为,"帛金"正确写法应该是"赙金"。赙,读 fù,作动词时,一般指赠送财物协助丧家办理后事。赙,在广州一带读音发生讹变,继而出现易写好读又直白的"帛金"。

泊·舶

泊　多音字。形声字。小篆 从水从百（表声）。隶定后楷书写作洦。俗作泊。今以泊为规范。本义指浅水,因"浅水易停",故"泊"有停靠义。原来仅指停船,在某些方言中也指停车,现"泊车"的说法已呈蔓延之势。

读 bó 时，指船靠岸，停船，如停泊；停留，如漂泊；停放车辆，如泊车；姓。另引申指恬静，如淡泊名利。

读 pō 时，指湖，多用于湖名，如湖泊、梁山泊（在山东）、罗布泊（在新疆）。

舶 bó　形声字。《说文》无。楷书舶从舟从白（表声）。本义为大船。用船舶从海外运来的，泛指从外国进口或引进的，如舶来。旧时从国外进口的物品，多用大船从海上运来，故称"舶来品"。

"泊"字的水旁，容易让人联想到海及海上运输，于是把舶来品误为"泊来品"。还有就是"窗含西岭千秋雪，门泊东吴万里船"不得将"泊"写作"舶"。

泊·驳

泊　详见 52 页"泊·舶"。

驳 bó　会意兼形声字。甲骨文 从馬从爻（交叉，兼表声）。小篆 。隶定后楷书写作駁。异体駮。今以驳为正体，并简化为驳。本义为马毛色不纯。引申出驳杂、斑驳。混杂就需要清理，清理需要说明，于是就有驳斥、反驳、辩驳等。又特指在岸与船、船与船之间转运的小船，其运输称为驳运。驳船一般本身无自航能力，需拖船或顶推船拖带的货船。其特点为设备简单、吃水浅、载货量大。方言中，指把岸或堤向外扩展、加固，如"这条塘埂要用石头驳一下，否则就会垮塌了"。"驳壳枪"的名字来历与音译有关，其得名是因为那个木制枪套，"驳壳"（早年曾译作"卜壳"）正是英文中"盒子"（box）的音译。

泊，读 bó 时义为停留。"驻"和"泊"同义，"驻泊"可指居留某地、军队屯驻等。汉语中无"驻驳"一词。

亳·毫

亳 Bó　会意兼形声字。甲骨文 从高省（高省去口）从毛（草从地面生出，兼表声），整字会寄住地之意。金文 。小篆 。隶定后楷书写作亳。本义为古邑名。几千年下来，很多带亳的地名已经消失了。保留下来且熠熠生辉当属今安徽省亳州市。亳州是享誉中外的药都，最为重要的是东汉末年杰出的政治家、军事家、文学家、书法家曹操的家乡。

毫 háo　形声字。《说文》无。楷书毫从高省（高省去口，表声）从毛（表形）。是豪的分化字（就是"毫"本从"豪"，后来"豪"引申义太多负担不了，古人只好另造"毫"）。本义为细而尖的毛。引申泛指细毛，如秋毫无犯（鸟兽秋天新换的绒毛，较正常毛更为细柔，比喻极细微的东西也不占有或丝毫不侵犯人民的利益），羊毫，狼毫。又特指毛笔，如挥毫泼墨。由细毛引申指细微，如"合抱之木，生于毫末"。由于细小、微弱，容易被忽视，自然就能用于否定式，如毫不动摇、毫无办法、毫无诚意等。由细小，又用作量词，表示较小的量，指市制长度单位：度之所起，起于忽。欲知其忽，蚕吐丝为忽。十忽为一丝，十丝为一毫，十毫为一厘，十厘为一分，十分为一寸。常用词有：失之毫厘，差之千里；一丝一毫；不差分毫。还用作数词，指某些计量单位的千分之一，如毫米、毫克、毫升、毫安等。

毫与亳，五笔字型输入法进行到第三笔时同时出现，外加字形长得差之分毫，所以提请大家注意哦。

看电视广告的人们会发现，安徽亳州出现在画面上时，往往在"亳"字后括注"Bó"，究其原因，在于人们经常将亳读作毫。

博·搏

博 bó　会意兼形声字。甲骨文 [图]、金文 [图] 和小篆 [图]，皆从十（四方中央齐备）从尃（fū，甫是圃，寸为手，指用手在苗圃里种植）。隶定后楷书写作博。本义是大、广、多，如博爱、渊博、地大物博、博闻强识（zhì）。引申指知道得多，如博古通今、博士。博又通"捕（bǔ）"，指谋取、读取，如聊博一笑、博得同情、博取芳心等。簙（簙作为异体字合并到博字）在古代还特指一种叫"六博"的下棋游戏，通过游戏，参与者可以赢得彩头，博因此引申指赌钱之类的活动。由赢得彩头，博又引申出换取、取得的意思，于是"博"与"捕""簙"达成高度一致，从而"博"由全心全意的褒义兼顾一些贬义了。

搏 bó　形声字。金文 [图] 从手从尃（表声），或 [图] 从戈从尃（表声）。小篆 [图]。隶定后楷书写作搏。本义是对打。左边是"手"，表示的是身体的一种活动，即相互对打，如肉搏、拼搏。搏本是指双方身体的争斗、扭打，可以比喻奋力斗争和冲击。中国第一个乒乓球世界冠军容国团有一句名言："人生能有几回搏！""放手一搏"就是解除顾虑和限制而大胆地搏击，表现的正是一种勇气与决心。

"赌博"的"博"（簙）绝无对打的意思，表示对打的应该是"搏斗"的"搏"。"博取"也不能写作"搏取"（"拼搏后取得"不简作为搏取，大概是怕与博取撞车）。

🔖 簙，读 bó，是一种古老的掷彩下棋的游戏。六簙，即六簙棋，由棋子、簙箸、簙局（棋盘）三种器具组成。比赛时，投六箸，行六棋，故为六簙。注意，簙已被博取代。另外，簙不能与簿相混。

播·番

播 bō　会意兼形声字。金文 [图] 从采（兽足印，参见44页"采·采"）从支，会人们用手中武器驱赶野兽后留下散乱足印之意。古文 [图] 从番从支。小篆 [图] 从手从番（采与田组合，采为野兽足迹，番义为田野中散乱的兽足印，兼表声）。隶定后楷书写作播。本义指撒种，如春播、播种。再引申指传布，传扬，如传播、广播、播音等。

博　详见54页"博·搏"。

✐ 博客即为blogger，指写网络日志的人，更具体地说，是指使用特定的软件，在网络上张贴个人文章的人。blog是英文weblog的缩写，意为网络日志。博客作动词用，则是指一种交流方式，它是继电子邮箱（E-mail）、留言板（BBS）、好友聊天（QQ）之后互联网发展的第四个阶段。

blog行为始于1997年末的美国，约恩·巴格尔（Jorn Barger）运行的"机器人智慧博客"（Robot Wisdom Weblog）网站，第一次使用Weblog这个正式的名字。

2002年blog被引入中国。由于是音译，起初媒体上的译名五花八门，但"博客"用得最多。

2005年，从"博客"又发展出了"播客"，通俗地说，播客实质上是声音版本的博客。

"播客"让普通人能够用语言记录下自己生活的点滴和感受。有了"播客"，任何人都可以自己制作音频甚至视频节目，并将其传到网上与网友分享；也可以选择或订阅别人提供的节目，并下载到播放器中随时收听，或者在电脑上收听收看。如今，短视频风行世界。

钹·镲

钹 bó　形声字。《说文》无。楷书鈸从金从犮（表声）。今简化为钹。本义为铃。现指一种打击乐器，是两个圆铜片，可以穿绸条或面片，两片合起来拍打发声。民间称镲。

镲 pō　形声字。小篆𨬍从金从發（表声）。隶定后楷书写作鏺。今简化为镲。常用于方言，义指用镰刀、钐（shàn）刀等抡开来割（草、谷物等）；一种镰刀。这种镰刀柄长，使用时可减少弯腰的程度，但挥割时要求注意前后左右，以免伤到他人。

钹，最初流行于西域，南北朝时期传入内地。铙，读náo，是和钹形制相似的打击乐器，只不过中间隆起的部分较小。铙的声音较为浑厚，钹的声音相对脆亮一些。铙出现时间较钹晚，但铙钹相和为我国传统音乐之一。

钹，除了容易与镲相混外，还有就是钹的读音会错念成"拔"。

搏·抟

搏　详见54页"博·搏"。

抟 tuán　会意兼形声字。小篆𢮬从手从專（转，兼表声），义为捏聚成团状，如神话传说中的女娲"抟土为人"。隶定后楷书写作搏。今简化为抟。本义为双手团转把散碎的东西揉成团。后用作量词,相当于捆、束,如"凡受羽,十羽为审(审,一束),百羽为抟,十抟为缚"。

搏、抟就字形来说,判然有别;但繁体字的搏与抟却极其相似,在抄录古籍时,稍一不慎,便会出错。

另外,团弄与抟弄为异形词。

【团弄】〈方〉动 ❶ 用手掌搓东西使成球形。❷ 摆布;蒙蔽。❸ 笼络。‖ 也作抟弄。

搏·膊

搏　详见54页"博·搏"。

膊 bó　会意兼形声字。小篆 从月(肉)从尃(铺布,兼表声)。隶定后楷书写作膊。本义指薄切曝肉,又指切成块的干肉。动物的肩肉最好,故后专用以表示肩以及整个手臂。自然就有了胳膊一词。膊由动物成为人的专用。"膊"是名词,指人的胳膊、肩膀,"赤膊"即赤裸上身。

"脉搏"是一种生理现象,当心脏收缩时,由于输出血液的冲击,引起动脉的跳动,于是便称之为"脉搏"——脉的搏动。可能有人会受"脉"为月(肉)字部首影响,将脉搏错写成"脉膊",那是"肉"吃多了,小心血脂升高!

晡·哺

晡 bū　形声字。《说文》无。楷书晡从日从甫(表声)。晡时就是申时,即下午3点钟到5点钟的时间。又引申泛指傍晚。

哺 bǔ　形声字。小篆 从口从甫(表声)。隶定后楷书写作哺。本义为喂养不会取食的幼儿,如哺乳、哺育。古时,哺同餔(bū),指申时吃晚饭,这个义项上,哺与晡还真有点亲戚关系。

"哺时"只能解释成"哺乳"或"哺育"之时,显然不通,正确写法应该是"晡时"。哺食,大致能行得通。

不·丕

不 bù　象形字。甲骨文 象朝下的花萼(è)之柎(fū,萼托)形。金文 和小篆 大同并整齐化。是柎的本字。由花朵还未开,遂借用作动词,同"无"。继而表示"非;否"。后"不"引申义越来越广泛。

不 dǔn　方言用字,不子,指墩子(矮而粗大的整块石头、木头);特指砖状的瓷土块，是制造瓷器的原料。

不与朩，两字外形很像，故而需加倍小心，别让朩字说不。

步·部

步 bù 会意字。甲骨文 为一前一后两止（脚），会行进之意。金文 。小篆 。注意"步"下方不是"少"，是比"少"还少一点。凡从步取义的字皆与行走、行动有关，如陟、涉、歲（岁）。

部 bù 形声字。小篆 从邑（阝右）从咅（表声）。隶定后楷书写作部。本是汉代的地名，地域约在今甘肃省天水、清水、秦安、两当、礼县、徽县等一带，引申指古代划分出的地方行政区，如"方六里命之曰暴，五暴命之曰部"。进而引申泛指分出的一部分，部门，如部落、部队、局部、财政部、门市部等。引申指古代军事编制单位，后泛指军队、军队的领导机构或其所在地，如司令部、政治部、后勤部、装备部等。用作量词，用于书籍、影片，如一部著作、一部电影等。

步与部，在"三部曲"与"三步曲"中有些让人困惑。

据专家考证，"三部曲"源自古希腊，本是艺术专用词语，后由戏剧进入小说，由文学进入非文学，成为一般词语。

"三步曲"又源自"三部曲"，但究竟始于何时，最初是误写还是仿造，有点说不清楚。从社会运用情况来看，"三部曲"占主导地位，"三步曲"影响力也不低。

由"三部曲"到"三步曲"，这是语言的变异现象。如果指三部内容各自独立又相互联系的艺术作品，理应用"三部曲"。

如果指三个阶段、三个步骤，从目前语言应用的实际情况来看，可以用"三部曲"，也可以用"三步曲"。相比之下，"三步曲"的意义更显豁一点。这也许正是"三步曲"存在的理由。两者是否为异形词呢，让我们拭目以待吧。

埔·浦

埔 多音字。后起形声字。今篆 。楷书埔从土从甫（表声）。本义为河边的沙洲。

读 bù 时，大埔，地名，在广东。大埔中"大"指其地广阔，"埔"指平旷的适宜种瓜果蔬菜等的土地。

读 pǔ 时，黄埔，地名，在广东。方言"埔头"，指码头。

浦 pǔ 会意兼形声字。小篆 从水从甫（苗圃，指土地，兼表声）。隶定后楷书写作浦。本义为水滨。现在主要义项：水边或河流入海的地方（多用于地名），如南京浦口、浙江省平湖市乍浦镇；姓。

埔指河边的沙洲，浦指水滨或大河与小河汇合处。二者都用于地名，但不能互换，尤其是上海的黄浦江与广州的黄埔。

黄浦江是长江下游支流，旧称黄浦。浦在这里是指河流入海处。相传，黄浦因战国时楚春申君黄歇疏浚而得名，别称黄歇浦（简称歇浦）、春申江（简称申江）。黄浦区因黄浦江而得名。

黄埔位于广州市东部，因历史上成立过黄埔军校而闻名。黄埔军校，全称为"中国国民党陆军军官学校"，是国共第一次合作时期，孙中山在共产国际和中国共产党的帮助下创建的军事政治学校。因校址在广州黄埔长洲岛（又名黄埔岛），所以称为"黄埔军校"。

C

擦·搽

擦 cā 形声字。《说文》无。今篆 🗌。楷书擦从手从察（表声）。本义摩擦、用布等把东西擦干净，引申指涂抹，如擦油、擦粉、擦红药水。

搽 chá 后起形声字。楷书搽从手从茶（表声）。古时原用涂，表示涂饰。后来音变读 chá，于是便借用"茶"来表示，再后来又另加手字旁写作搽。搽，是涂的音变分化字，是茶的后起加旁分化字，指用粉末、油类等涂（在脸上或手上等），如搽粉、搽碘酒、搽护手霜。

在"涂抹"这个义项上，擦与搽具有共性。但笔者建议，如果是有意涂在脸上或其他部位，用搽更好一些，因为擦给人的感觉更多是擦掉。

礤·磣

礤 cā 后起形声字。楷书礤从石从察（表声）。礓礤，方言，指台阶。

磣 cǎ 形声字。《说文》无。楷书磣从石从蔡（表声）。本义为粗石。古时，利用粗石上的沟槽擦丝（后来制作内壁带槽的陶器），故从石。磣床儿，指把瓜、萝卜等擦成丝儿的器具，在木板、竹板等中间钉一块金属片，片上凿开许多小窟窿，使翘起的鳞状部分成为薄刃片。磣床儿通常为板状，所以也叫"磣板"。

生活中，人们易将磣板错写成"礤板"或"叉板"。"叉"指的是一端有两个或更多长齿的长柄器具，如渔叉。作动词指用叉取东西。除了礤与磣容易混淆外，还要分清"用磣床儿把萝卜擦成丝"中的"擦"与"磣"。"擦"是动词，读 cā，有个义项就是将蔬菜、瓜果刨成丝状；"磣床儿"是名词，读 cǎchuángr。

才·材

才 cái 象形字。甲骨文 ✝ 象草木初生（也有的说是似房梁）形。金文 ✝。小篆 ✝。隶定后楷书写作才。本义指初生的草木。引申指木料或木料之质性。慢慢引申到人才等义。"才"后来用作"纔"的简化字，指副词。指才能或从才能方面指某类人（如奇才、庸才、通才）、姓时，"才"没有繁体字；除此之外"才"才有繁体字"纔"。

材 cái 形声字。小篆 🗌 从木从才（表声）。隶定后楷书写作材。材，是才的加旁分化字，本义为木料等。

才与材为古今字。才后来引申专指人的能力或有能力的人，如人才、才能、将才、口才、贤才等。材，本义为有用的木头，后来指其他的原料、材料，如木材、钢材、药材等。有时，也用于指称某种人，是一种比喻用法，如栋梁之材、贤材、良材等。

在人的能力方面，才与材有相似之处，如人才与人材、高才生与高材生是异形词，首选是人才、高才生。材从木，实指成分多一些；才，书面成分大一丁点。

材·裁

材 详见 59 页"才·材"。

裁 cái 会意兼形声字。小篆 𢍰 从衣从戈（剪割，兼表声）。隶定后楷书写作裁。本义为剪或裁制。由裁剪自然引申出衡量之义，如裁决、裁判、仲裁、总裁、独裁、制裁等。裁衣要衡量、剪辑，引申指取舍、安排，如别出心裁、裁员、裁军等。由裁衣的样式引申出体裁。

体裁，文学作品的表现形式。根据结构可分为诗歌、小说、散文、戏剧等。

题材，构成文学和艺术作品的材料，即作品中具体描写的生活事件或生活现象，如历史题材、现实题材。体裁不得写作"体材"，题材也不得写作"题裁"。

体裁与题材，都围绕文学打圈圈，外加"体"与"题"、"裁"与"材"音相近，所以经常会发生一些纠缠，给汉字辨析带来了素材。这就考验您的裁判能力了。

采·彩

采 多音字。会意字。甲骨文 𤓽 从爫（爪）从木，会从树上采摘果实之意。金文 𤓽。小篆 𤓽。隶定后楷书写作采。因而在作动词时，一般人都不会错。后来，动词"采"曾写作採（採是采的异体字），不过简化时"採"又恢复到采。采后来引申指选用、搜集、挖掘等。

读 cǎi 时，义指摘；开采，如采煤；搜集，如采风；选取；取，如采购。还指精神；神色，如神采、兴高采烈。姓。旧同"彩"部分义项（旧同，现在语境下不同了）。

读 cài 时，采地，指古代诸侯分封给卿大夫的田地（连同耕种土地的奴隶），也叫采邑。若把采邑读作 cǎi 邑，那您就有点儿"菜"了。☺

彩 cǎi 会意兼形声字。小篆 𢒠 从彡从采（神采，兼表声）。隶定后楷书写作彩。异体为綵。今规范用彩。是采的加旁分化字。本义为各种颜色构成的花纹。引申义很广泛。还用作姓。

采与彩，差在三撇上。彡，象形字，多音字。读 shān 时，指须毛及饰画的花纹；指毛长；指毛发貌。读 róng 时，指商代一种祭祀名称，今用肜表示。读 xiǎn 时，用作古羌族复姓"彡姐"。用作部首时，读作三撇儿。彡，甲骨文 彡 三撇表示击鼓而祭。据此，彡当鼓声之象征符号。后将胡须、光影、声响、外形等归于其中。古时,三表多,自然彡也表示光影、声响等繁多而驳杂。

在古史典籍中,彩本来写作采。据说是后人模仿"彣彰"的写法而加上三撇的。古人为了表示对文字敬仰,特意将"文章"写作"彣彰"。"彣彰"后来被恢复成"文章",但"彩"保留下来。也有专家说,上古时采借指"色彩"。由于人的心情、精神状态的变化也常会引起面部"色彩"的变化,如害羞时脸上会泛红、生气时面上会发青等,所以"采"也引申指"神态"即人的精神状态,如神采、风采等。这样一来,"采"就有了两个意义序列的含义,负担过重。为了"减负",古人另造"彩"字分担"采"的"色彩"及其引申意义,表示"采摘"及其引申义时用"采",表示"色彩"及引申义时用"彩"。实际运用中,表示"色彩"及引申义时既有人用"采"也有人用"彩",乱成一片。

在表示色彩时,采、彩容易混淆。但认真研究分辨,还是能从采、彩看出形、神之别的。偏于形的(具体、可见)用彩,如剪彩(彩绸),彩排的彩是指化妆,挂彩的彩是指流血,中彩的彩是指博具的用色。偏于神的用采,如文采、风采、丰采、无精打采、兴高采烈等。光彩,如果指流光溢彩,偏于形的,写作光彩;如果指面子上有光彩,偏于神的,可以写作光采。

除此之外,彩与采形成好多组异形词:【丰富多彩】(丰富多采)、【光彩】(光采)、【喝彩】(喝采)、【喝倒彩】(喝倒采)、【精彩】(精采)、【五彩缤纷】(五采缤纷)、【神采】(神彩)。不难看出,除神采为推荐词条外,其他异形词组中都是带"彩"的为推荐词条。

参・苍

参 多音字。会意字。甲骨文 从人从头上有三星,会参宿三星之意。金文 另加义符彡,表示星光闪射。小篆分为繁简二体 、 。隶定后楷书分别写作 和参。今皆简化为参。本义为二十八星宿中的参宿三星。

读 cān 时,义指加入,参加,如参军;参考,如参阅;进见,谒见,如参拜。古代还指弹劾,如参他一本("本"指奏章)。又指探究并领会(道理、意义等),如参透。

读 cēn 时,常见词为参差(cī),形容长短、高低、大小不齐,如参差不齐。参差经常被人错读为 cān chā。

读 shēn 时,是人参、党参等的统称,通常指人参。还指二十八宿之一,参商(参和商都是二十八宿之一,两者不同时在天空中出现,故比喻亲友不能会面或感情不和叫作参商之阔、兄弟参商)。

苍 详见 64 页"仓・苍"。

"参天"指高悬或高耸于天空,"苍天"即上天、上苍、老天爷。"参天大树"指的是高耸在天空中的大树。错成"苍天大树",则不知所云。

鲹·鲹

鲹 cān 后起形声字。楷书鲹从餐省（餐省去食）从魚。今简化为鲹。本义为一种淡水鱼。即鲦，体小，侧扁，呈条状，灰白色，生活于淡水中。笔者小时候，大人告诉我，只要有淡水的地方就有鲹鲦。的确如此，哪怕山顶上一个水凼都有其身影。

鲹 shēn 形声字。楷书鲹从魚从参（表声）。今简化为鲹。本义为腥味。后指鱼类的一科，身体侧扁，侧面呈卵圆形，鳞细，尾柄细小，种类繁多，盛产于海中。

因人们有时候误把鲹读作 cān，从而造成两种鱼混为一谈。前者体形小，生活在淡水中；后者体形大，畅游在海里。鲹鲦也不得写作鲹条。

鲹字不在《通用规范汉字表》内，按理讲不能进行类推简化为鲹，但《现汉》还是简化了。《辞海》却没类推简化，在"鲹"词条下，出现"鲹鲦"。备存一说。

残·惨

残 cán 会意字。小篆 从歹（歺，剔肉酷刑）从戔（双戈相杀，兼表声）。隶定后楷书写作殘。今简化为残。本义用利器伤害、折磨人的身体，引申出残疾、残废。通常指由完整变为非完整，如残杯冷炙、残编断简、残部。

惨 cǎn 形声字。小篆 从心从参（表声）。隶定后楷书写作慘。今简化为惨。本义狠毒、凶恶。

残与惨，都有凶狠等义，因而也就造就一批音近义近词，值得细细研究。残败：形容残缺衰败。如一片残败景象。惨败：动词。惨重失败，如"某足球队客场以零比五惨败"。残毒：形容凶残狠毒，如生性残毒。还指作物等上面残存的农药等。惨毒：形容残忍狠毒，如手段惨毒。

惨不忍睹，指悲惨得叫人不忍心看下去，形容极其悲惨，与恶毒、缺损、剩余无关。故不得写作"残不忍睹"。

灿·粲

灿 càn 会意兼形声字。小篆 从火从粲（精米，兼表声）。隶定后楷书写作燦。今简化为灿。本义为鲜明洁净、光彩耀眼，如灿若云锦、灿若星汉。

粲 càn 会意兼形声字。小篆 从米从奴（破碎，兼表声）。隶定后楷书写作粲。本义为舂出来的上等精米。叔，甲骨文 ![字形] 左面是枯骨，右面是手，表现的是钻凿卜骨的场景（左下两点是钻后的碎片）。原来，它是残的最初写法。

《说文》对"粲"字的解释："粲，稻重一柘为粟二十斗，为米十斗曰毇，为米六斗大半斗曰粲。"段玉裁认为此处有漏字，"为米十斗曰毇"应为"为米十斗曰粝，为米九斗曰毇"。整段话的意思是：稻一柘（shí，重量单位，即石。石读担），也就是粟二十斗，可舂成十斗米，但其米甚粗；舂成九斗米，则称之为毇（huǐ），这是细米；舂成六斗多，则称之为粲，这是精米。精米是专门用来供祭祀等重要场合用的。

"粲"由此引申出鲜明、洁白的义项。人在笑的时候总会露出牙齿，牙齿的色泽很容易让人联想到精米的色泽，于是，"粲"又可用来形容笑的样子。所谓"博君一粲"，就是"博君一笑"也。

"粲"突出的是白，"灿"突出的是亮，牙齿用"粲"堪称传神，用"灿"恐怕吓人。何况，在汉字历史上，也没有"一灿"的用法。注意粲与燦（灿）的区别。

灿·璨

灿 详见62页"灿·粲"。

璨 càn 会意兼形声字。小篆 ![璨] 从王（玉）从粲（光亮，兼表声）。隶定后楷书写作璨。是粲的加旁分化字。本义为玉的光泽。

"璨"和"璀"（珠玉的光泽）构成"璀璨"一词，形容珠玉等光彩夺目。但有读者把"璀璨"错写成"璀灿"。

"璨"和"灿"读音均为càn，又都有鲜明、耀眼的意思，但两者的习惯用法是极为不一样的。"灿"和"烂"可构成"灿烂"一词。"灿烂"的使用范围较"璀璨"为广，星光可以灿烂，笑脸也可灿烂，明珠灿烂不如明珠璀璨效果好。

燦简化为灿，但璨则保持原貌。所以，说汉字有点难不是客套话。

孱·羼

孱 多音字。会意字。金文 ![孱] 从人从孨（三子），会产子多，母亲自然身体会弱。小篆 ![孱] 从尸（也指人）从三子。隶定后楷书写作孱。本义为弱小。

读càn时，孱头，方言用字，指软弱无能的人（骂人的话）。

读chán时，瘦弱，软弱。

羼 chàn 会意字。小篆 ![羼] 从屋省（屋省去至）从羴（三，表多），会群羊聚集在羊圈内。隶定后楷书写作羼。本义为群羊杂处在一起。羼杂就是指掺杂。

孱与羼，两者意思差老鼻子远了，如果连"子"和"羊"都分不清，那您得尽快到眼科看看了。☺

仓·苍

仓 cāng 象形字。甲骨文 🖼 上为仓盖，中为仓门，下为仓体。金文 🖼。小篆 🖼。隶定后楷书写作倉。今简化为仓。本义为存粮的建筑物。提到仓，首先我们会想到仓颉造字。"仓颉"就是"创契"的谐音，契暗示刻的动作。"创契"就是指创造性地在木板、岩石等材料上刻制文字图案。

仓颉也写作"苍颉"等，取其仰观苍穹之意。颉，小篆 🖼 从頁（头）从吉（表挺立、吉祥、吉利，兼表声），本义为颈项挺直。还有学者讲，由于仓颉造字，劳苦功高，黄帝赐其姓为倉（仓）。倉，"君上一人"，即为仓颉之上，只有黄帝，表示此姓唯黄帝所赐；倉，"人下一君"，指黄帝之下明君也。还传说，仓颉连连推辞，不敢当也。黄帝不许，仓颉只好在"倉"上加"艹"成了"蒼"，把自己贬为一介草民，于是史书中也就有了"蒼頡（苍颉）"的写法。颉，除了读 jié（仓颉专用此音）外，还读 xié，义为鸟往上飞，还当姓用。颉颃，指鸟上下飞，也指不相上下，相抗衡。

笔者以为，仓颉之所以取"仓"，可能还有一层意思，那就是仓颉具有丰厚的知识储备。

苍 cāng 形声字。小篆 🖼 从艸（艹）从倉（表声）。隶定后楷书写作蒼。今简化为苍。本义为植物的青色（深蓝色）。如"天苍苍，野茫茫"，引申指天或天空，如上苍、苍穹。还指灰白色，如苍白。还用作姓（大概来自仓颉）。

仓与苍，有异形词需要辨析。

【仓皇】匆忙而慌张：～失措｜神色～。也作仓黄、仓惶、苍黄。

【苍黄】¹ ❶ 形 黄而发青；灰暗的黄色：病人面色～｜时近深秋，竹林变得～了。❷〈书〉名 苍指青色，黄指黄色，素丝染色，可以染成青的，也可以染成黄的。借指事物的变化。

【苍黄】² 同"仓皇"。

从以上我们不难看出，仓皇与苍黄是异形词，仓皇是推荐词条。但"苍黄"有两大义项，在【苍黄】¹ 义项下，仓皇不可写作"苍黄"，除此之外，仓皇才可写作"苍黄"。

仓·舱

仓 详见本页"仓·苍"。

舱 cāng 后起会意兼形声字。楷书舱从舟从倉（仓房，兼表声）。今简化为舱。是仓的加旁分化字。本义指船舱，后引申范围越来越广。现代飞行器上载人或装货的部位，如太空舱、头等舱、机舱。

由于仓与舱本是同源，自然有扯不清的关系。以下几个词就能说明这一点。

仓位，指仓库、货场等存放货物的地方。还指投资者所持有的证券、期货等的金额占其资金总量的比例。也叫持仓量。

舱位，船、飞机等舱内的铺位或座位。

仓门，仓库之门。

舱门，飞机、飞船等飞行器上供人员以及货物和设备出入的门，或舰船上在各通道间的舱壁、船舷壳板上开设的用以保证人员以及车辆和物资通过的门。

电池仓，例如数码相机、手机等放电池的地方。

电池舱是用在航天飞机和潜艇等方面的。

弹仓，从《中国大百科全书》我们了解到"19世纪下半叶出现弹仓枪"。《军事大辞典》对"弹仓"进行了解释：枪械上用于容纳射击备用枪弹，并能以其弹簧力将枪弹逐发输送到预备进膛位置的容器。弹仓一般分为固定式和分离式两种。

弹舱，又称武器舱，在早先的军用航空器中主要是指轰炸机上专门用来装载炸弹的舱。现代战斗机多采用专用的武器舱，把原先通常挂在机翼和机身外挂架上的弹药装在舱内，以提高隐身性能。设计在机身内部靠近飞机重心处的弹舱，专业术语叫内埋弹舱。弹舱主要用于潜艇、战斗机等，而"弹仓"多用于枪械和榴弹炮等。

仓单，是仓储保管人收到存货后给存货人开付的提货凭证。因此，仓单上记载的内容是存货人与仓储保管人双方的权利和义务。

舱单，是船舶运载集装箱货物的证明，是船舶办理进出口报关手续的必要单证，也是码头做好装卸船准备的业务单据。

在2020年武汉战"疫"中，那些由体育馆等场所改建的方舱医院，用"舱"而不用"仓"。由于方舱医院是临时性的，具有流动性，所以写作方舱。

出仓，期货交易可概括为建仓、持仓、平仓或实物交割。股票卖出也叫出仓。

出舱，宇航员在太空中，走出航天舱外。2008年9月27日下午4点43分许，中国神舟七号载人飞船航天员翟志刚顺利出舱，实施中国首次空间出舱活动。

总体分析可以看出，容量小的是仓，容量大的是舱。两者的区别：仓用于陆地上，通常为固定的，如仓房、仓库等；舱，一般是指交通运输工具（如船、飞机、火箭）中的空间，如机舱、船舱、驾驶舱等，通常是移动的。

掺·搀

掺 多音字。形声字。《说文》无。楷书**掺**从手从參（表声）。今简化为掺。本义为执持，握持。

读 càn 时，义同参，古代一种鼓曲，如渔阳掺。参鼓，指击打三次。

读 chān 时，把一种东西混合到另一种东西里去，如掺杂等。

读 shǎn 时，书面语言用字，义为握持，如掺手。

搀 chān　形声字。小篆 [篆] 从手从毚（表声）。隶定后写作搀。今简化为搀。本义为刺、插入。搀和、搀兑等。不知什么原因，掺的握持义给了搀，搀的插入义给了掺，"掺"与"搀"就有些混搭了。旧同"掺"。

旧同"掺"，也就是说现在不同了，若还错作"搀沙子"那就是"瞎整"了。☺

掺侧重于混合，搀侧重于搀扶。但，由于历史原因，掺与搀形成一批异形词。

【掺兑】（搀兑）、【掺和】（搀和）、【掺假】（搀假）、【掺杂】（搀杂）。谁主谁次，一目了然。

掺·参

掺　详见 65 页"掺·搀"。

参　详见 61 页"参·苍"。

参合（cānhé），表示参考并综合。在古书中，参合还有验证相合、符合、并列、综合观察等含义。

掺和（chān·huo），含义有二：一是掺杂混合在一起，如"把黄土和石灰掺和起来"；二是参加进去（多指搅乱、添麻烦）。

操·捉

操 cāo　形声字。小篆 [篆] 从手从喿（表声）。隶定后楷书写作操。本义为把持、握持。

捉 zhuō　形声字。小篆 [篆] 从手从足（表声）。隶定后楷书写作捉。本义为握着、拿着。

操与捉，本义相通，两者把持的动作力度稍有轻重缓急，但一般也不会出现误差。误差就差在操刀与捉刀（说也巧，五笔字型输入 rkvn 出现操刀与捉刀两组词，冥冥之中有着某种天然勾连）。

"捉刀"的故事出自刘义庆《世说新语·容止》。话说三国时曹操部下中有一个武官叫崔琰，长得仪表堂堂，连曹操都觉得自叹不如。有一次，曹操要接见匈奴的使者，为了"雄远国"，让外国使者见而生畏，就让崔琰假冒自己去接见，而自己却持着刀，装作崔琰的侍卫。接见完毕，曹操叫人暗中问匈奴使者："魏王何如？"使者回答说："魏王雅望非常，然床头捉刀人，此乃英雄也。"后来人们便称"代替别人做文章"为"捉刀"，请人代写文章就叫"请人捉刀"，而替人写文章的人就叫"捉刀人"。

操刀，手里拿着刀，比喻亲自做或主持某项工作。

捉刀，书面，文雅；操刀，口语，凶狠。

厕·侧

厕 形声字。小篆 厕 从广（敞屋）从则（表声）。隶定后楷书写作厕。俗作厕，改为从厂（与广义同）。今简化为厕。本读 cì，后误读 cè，今读 cè（将误读进行到底）。

厕，义指厕所。书面用语，义指夹杂在里面，参与，如厕身。

侧 多音字。会意字。甲骨文 从斜身之人，从日会日仄之意。金文 改为从人从则（表声）。小篆 隶定后楷书写作侧。今简化为侧。当与昃同源。本义为向旁边倾斜。

读 cè 时，跟"正"相对，还指向旁边歪斜。

读 zè，同仄（仄声）。

读 zhāi，常用于方言，义指倾斜，如侧歪。

厕所一般修在正屋一角，故引申指"侧"。所以，厕与侧就有了交叉，其中有一组词需要辨析。

【厕身】cèshēn〈书〉动 参与；置身（多用作谦辞）：～士林｜～教育界。也作侧身。

【侧身】cèshēn ❶（－//－）动（向旁边）歪斜身子：请侧一侧身｜他一～躲到树后。❷ 同"厕身"。

【厕足】cèzú〈书〉动 插足；涉足：～其间。也作侧足。

【侧足】cèzú ❶〈书〉动 两脚斜着站，不敢移动，形容非常恐惧：～而立。❷ 同"厕足"。

笔者以为，厕让人联想不美。所以，能用"侧"则尽量少用"厕"。

岑·芩

岑 cén 形声字。小篆 从山从今（表声）。隶定后楷书写作岑。本义为小而高的山。因山高而显得沉寂，故而岑寂即形容寂静、寂寞。还用作姓。

芩 qín 形声字。小篆 从艸（艹）从今（表声）。隶定后楷书写作芩。本义为古书上指芦苇一类的植物。还用作姓。

岑与芩，都可作姓，注意哦，不要写错也不能读错。

黄芩，中药名，性寒，味苦，主治温病发热、痈肿疮毒、肺热咳嗽等症。"黄岑"说不通，中药中也无此名。

与岑、芩字形相近的字：笒、棽。

《简化字总表》："岭：不作岑，免与岑混。"

叉·岔·差

叉 多音字。指事字。小篆 ᕒ 在手指缝中加一点,指明手指分开相互交错之意。隶定后楷书写作叉。本义双手手指交叉表示敬意。后引申指鱼叉、刀叉等。叉笔画很少,但多达四个音,且阴平、阳平、上声、去声一个不落,这一现象实属罕见。

读 chā 时,义指一端有两个以上的长齿而另一端有柄的器具,如钢叉;用叉取东西,如叉鱼。用作叉形符号(×),如"老师给小红第一道数学题打了个叉"。叉号也是乘号。另外,我们在隐去部分数字时,常用叉号代替,如手机号码:135××××4350。但现在媒体常错成 135XXXX4350。

读 chá 时,方言用字,义为挡住、卡住。

读 chǎ 时,义为分开成叉形,如"她叉着腿,很不雅"。

读 chà 时,条状物末端的分支,如"她的头发开叉了"。

岔 chà 后起会意字。楷书岔从分从山,会由主山脉分出的支山脉之意。本义由主山脉分出的支脉。

差 多音字。会意字。金文 䇫 从來(小麦)从左(表示两手相搓),会用手搓麦粒之意。小篆 䇫。隶定后楷书写作差。本义为用手搓麦。

读 chā 时,减法运算中,一个数减去另一个数所得的数。

读 chà 时,形容不相同,不相合,如差得远。还形容不好等义。

读 chāi 时,常见义项为公差,差事。

读 chài 时,书面用语,同"瘥"(病愈)。

读 cī 时,常见词参差和参差不齐。

从以上可以看出,叉与岔有些义项上有交叉,差与叉、岔读音相近,所以在"隔三 chà 五"上容易出现差错。隔三岔五,也作隔三差五,但没有"隔三叉五"。还要注意"隔三"不要写作"隔山"(属性词,指同父异母的兄弟姐妹)。

叉着腰,不要写作"岔着腰"。

叉·扠·杈

叉 详见本页"叉·岔·差"。

扠 chā 后起形声字。同叉(chā),用叉取东西,如叉鱼。

杈 多音字。会意兼形声字。小篆 𣏾 从木从叉(叉开,兼表声)。隶定后楷书写作杈。本义为树干上树枝分岔。

读 chā 时,指一种农具,用来挑(tiǎo)柴草等。

读 chà 时,杈子,即植物的分枝。

本着节约笔画的原则，我们尽量不用"扠"。做工具，金属类的尽量用"叉"，木质类的尽量用"杈"。

叉·钗

叉 详见 68 页"叉·叅·差"。

钗 chāi 会意兼形声字。小篆 从金从叉（插，兼表声）。隶定后楷书写作钗。今简化为钗。本义为古代妇女的首饰。

叉子，是一端有两个或更多的长齿，另一端有或长或短的便于手握之柄的器具。

钗子是一种首饰，由两股簪子交叉组合而成。一般用它来绾住头发，也有人用它把帽子别在头发上。汤盘里捞海带，用钗子捞不起来，再说多不卫生啊！

茶·荼

茶 chá 形声字。茶与荼本为一字。小篆 从艸（艹）从余（表声）。隶定后写作荼。中古时荼（tú）减了一横，写作茶（音也变成 chá）。如今茶、荼分工明确。茶，现专指茶树、茶叶等。

荼 tú 形声字。本义为一种苦菜，引申指苦痛。又指茅草、芦苇一类的白花。如火如荼，指像火那样红，像荼那样白，形容军容之盛，现用来形容旺盛、热烈或激烈。由如火如荼，不由想到名列前茅。荼，还指花卉名，落叶小灌木，茎绿色有棱生刺，初夏开花，白色，有香气，是很好的蜜源，也可提炼香精油。古人把荼花开之时当作一年花季的终结。

虽然茶从荼演变而来，但如今生活中两者很少往来。因此，喝茶不要写作"喝荼"，如火如荼也不能写作"如火如茶"。

查·察

查 多音字。会意兼形字。小篆 从木从且（雄性生殖器，象砍剩下木桩形，兼表声）。隶定后楷书写作柤。柤后来字形发生变异，左面的"木"移到了上面，"且"也讹变为"旦"，于是便出现了现在的"查"。本义为残桩。根据木桩的用途，后来又引申出新的义项。比如，木桩绑在一起，可用作水上航行的器具，所以"查"可以指木筏，此义现用槎。木桩排列在一起，便成了阻拦通行的关卡，所以"查"又可以指栅栏。"查"在现代汉语中的主要意义，也许和栅栏有关。栅栏是人为设置的，用途只有一个：查。

读 chá 时，主要用于检查、调查、查找。

读 zhā 时，一是用作姓，二是用于山查（是山楂的异形词，推荐词为山楂）。

察 chá　会意兼形声字。小篆 ![字形] 从宀（房子）从祭（庙祭，兼表声）。隶定后楷书写作察。因庙祭重要而神圣，各项事情都要仔细认真，这便是察的本义。

查与察，都有观看、辨别等义，但通过细细研究，可知"查"和"察"有以下几点细微的区别：

第一，查是一个过程，察是一种状态。审查干部，审查项目，都有一整套的程序。开会审查提案、议案、方案，审查计划，必须列入会议议程，经过提议、讨论、表决等各个环节才行。"察"通常是"查"的一个环节，是一种认真审视的状态。"察言观色"说的是高度关注对方的言谈和脸色，用"察"而不用"查"。

第二，查是深度介入，察则保持一定的距离。查不仅要用眼睛看、用嘴巴问，还要有一系列的核查措施。比如公安部门的"侦查"，除了调阅相关案宗，查看证据，还要搜查犯罪地点，抄查犯罪材料。这体现了"查"的特点。"侦察"是出于军事需要进行的侦探活动。侦察中，一般并不和敌人直接接触，有时还要通过化装，躲过敌人的注意。这是"察"的特点。

因而，牵扯到"查"与"察"的词常给我们制造麻烦。不信，您看看下面几组：

考查和考察

一是身份不同。考察一般没有特殊的规定，作为单位派出人员，可以到某地进行考察，回来后写出考察报告；而作为某个个人，只要条件许可，同样也可以确定自己的考察项目。考查，一般来说，是上对下的一种考核行为。比如，老师考查学生的成绩等。平级考查，必须由更上一层机构作出特殊的考查使命才行。

二是方法不同。考察的"察"，主要是指观察、调查、研究；而考查的"查"，则是指检查、核查、审查。前者主要是靠眼睛，结论是在考察之后形成的；而考查不仅靠眼睛，还要有预定的优劣标准，如用人部门有德才兼备的干部要求等。

三是目的不同。考察往往是了解情况，学习经验，找出自身不足，继而改进自己的工作；考查则需要根据"查"的情况，对考查对象作出判断，然后采取下一步的措施。比如用人部门可以根据群众的评议，判断干部的实绩和人品，作为任免依据。

侦查与侦察

侦，暗中察看、调查。侦查指公安机关、国家安全机关和检察机关为了确定犯罪事实和证实犯罪嫌疑人，被告人确实有罪而进行的调查。"侦查"是司法术语，如侦查员、侦查案情、立案侦查等。其重点在"查"，即调查、检查、搜查。

侦察是军事术语，是指为察明敌情及其他有关作战的情况而进行的侦察活动。

侦查员用于公安系统，是负责调查各种犯罪活动的；侦察员用于军事领域，是负责搜集军事情报的。

侦查与侦察有三点区别。一是对象不同。侦查的对象不是敌人，而侦察的对象肯定是敌人。二是目的不同。侦查的目的是确定犯罪事实，而"侦察"的目的是探明敌人情况。三是密级不同。侦查通常需要保密，但不害怕自己的行为被发现，有时为了获得证据，可以直接进行正面查抄。侦察时不希望自己的行为被发现。

检查与检察

一是检查的对象可以是他人，也可以是自己；检察的对象只能是他人。二是检查的目的是判断是否存在问题，检察的目的是了解实际情况如何。三是检查往往要依据一定的规章制度，或成文，或不成文，而检察多数要坚决依照标准。

对照这三条，自我"检chá"，只能用"检查"，如果写作"检察"那就有点不知天高地厚了。我们国家检察机关是人民检察院，检察机关的领导人称为检察长（不称作检察院院长），检察院工作人员称为检察员（即检察官）。

查看与察看

两者都有仔细看的意思，但使用有别。查看是以检查为目的，如查看库存、查看账目等。察看是以观察、考察为目的，如察看汛情、察看地形等。留党察看，指保留被处分者党籍，观察其是否改正错误。《中国共产党纪律处分条例》中是万万没有"留党查看"说法的，如果不信，可以去查一查。

查验与察验

【查验】动 检查验看：～证件。【察验】动 察看检验：～物品的成色。

从以上，我们很难验得明白了。查验要通过手的动作进行，察验大致用眼即可。笔者以为查验用于口语，察验的书面语成分多一些。

勘查与勘察

两者场合的区别：勘查是对不确定对象的研究和探索，勘查的工作成果是为了探究有没有。勘察是特定对象的察明与描述。而勘察成果一定是有用的。

两者成果的区别：勘查不一定有想得到的结果，它主要是调查有无矿产（包括固体、液体、气体）资源的存在，有无开发和利用价值等，勘查结果的输出产品成果一般为"勘查咨询报告"。勘察是要获得"已客观存在"的调查对象的量的大小、质的优劣或客观事实，它一定是存在和有成果的，如勘察报告等。

侪·跻

侪 chái 会意兼形声字。金文 ![] 从人从齊（齐同，兼表声）。小篆 ![]。隶定后楷书写作侪。今简化为侪。本义为同辈或同类的人。

跻 详见245页"跻·挤"。

吾侪（我辈）、侪辈（同辈）、同侪（辈分相同）。

一是侪的读音，二是吾侪、侪辈、同侪不要错写成"吾跻、跻辈、同跻"。

虿·趸

虿 chài　会意字。小篆 𧍙、𧍘 从萬从蚰或从萬从虫。隶变后楷书分别写作蠆、䖝。今皆简化为虿。本义为蝎子一类的爬虫。

趸 dǔn　会意字。《说文》无。楷书䗪从萬从足，会大数买进之意。今简化为趸。本义为整批。

虿，引申比喻佞人。还可指蜻蜓的幼虫，因形如蝎，故名。

趸，作副词，义为整批，如趸买。也可作动词，表示整批买进（准备卖出），如趸货。拥趸，指演员、运动员或运动队等的支持者。支持某一学说，可称某学说的"拥趸"，不必说"拥趸者"，因为"拥趸"本就指人。

觇·乩

觇 chān　会意兼形声字。小篆 覘 从见从占（视察，兼表声）。隶定后楷书写作覘。今简化为觇。本义为窥视，观测。觇标，测量标志，标架设在被观测点上，作为观测的目标。

乩 jī　会意兼形声字。小篆 卟 本从口从卜。隶定后楷书写作卟。后另加声符乚写作乩。如今二字表义有分工。本义为扶乩。旧时求神降示的一种方法，由两个人扶着一个丁字形的架子，人移动架子，棍儿便会在沙盘上留下类似文字的笔画，占卜师根据笔画字形来为人决疑治病，预示吉凶，此谓"扶乩""断乩"。乩，有预测义。

觇与乩，音义相去甚远，但因字形相近，常造成错误，需要引起我们重视。

婵·蝉

婵 chán　形声字。小篆 嬋 从女从單（表声）。隶定后楷书写作嬋。今简化为婵。本义为姿态美好。仅用作联绵词。婵娟，书面用语，多形容女子姿态美好。指月亮，如"千里共婵娟"。

蝉 chán　形声字。小篆 蟬 从虫从單（表声）。隶定后楷书写作蟬。今简化为蝉。本义为蝉科动物的通称，俗名知了、知了猴。由蝉翼薄而透明，故用以借指古代的一种薄绸子，又指蝉冠。由蝉声连续不断，用作蝉联（异形词蝉连）。

《三国演义》中貂蝉出现在汉代，古人认为"貂"与"蝉"都是美好的事物，因此用来作美女的名字。貂蝉，都是由动物组成，记住这一点就错不了。"婵"可以形容女子姿态美好，但人名"貂蝉"是不能写成"貂婵"的，否则小心"貂"因找不到"蝉"伴会跟您急。另外，蝉翼不要写作蚕翼。

禅·襌

禅 多音字。形声字。小篆 禅 从示从單（表声）。异体为墠。如今规范为禅。本义为祭天之名。由于天地一体，故也引申指祭地（墠，从土）。

读 chán 时，佛教用语。佛教传入我国后，禅借用作佛教语，即梵语"禅那"的略称，指静坐默念，后引申指与佛教有关的事物，如禅师、禅椅、禅房、禅杖等。禅衣，即僧衣。佛教传入中国内地的时间，一说在西汉哀帝元寿元年（前2），一说在东汉明帝永平十年（67）。

读 shàn 时，指禅让（帝王把帝位让给别人）。

襌 dān 后起形声字。楷书 襌 从衣从單（表声）。襌有异体褝，不在《通用规范汉字表》内，严格说来不得类推简化。《现汉》收录，并类推简化为裩。《辞海》收录"襌"和"襌衣"，均未类推简化。本义为单层的衣服。《释名·释衣服》："（衣）有里曰复，无里曰襌。"可见"襌衣"即无里的单层衣服。《中华字海》在补遗里称：裩同"襌"。日本常用裩替代襌。

1974年，我国考古工作者在湖南长沙东郊马王堆的汉墓中，发掘出一件丝织文物，名叫"素纱襌衣"，虽然距今已有两千多年历史，但保存完好，整件衣服只有49克。"素纱"系指该丝织物没有任何花纹；"襌衣"即穿在外面仅此一层的罩衣。襌衣价值连城，而"禅衣"世界上并不存在。另，注意襌的读音不要受"禅"的影响哟。

刘备见诸史书的有四个儿子：大儿子（养子）刘封；亲生的三个儿子刘禅、刘永和刘理。因为禅是个多音字，有读者遇到刘禅就不敢读。其实您把刘封、刘禅名字连起来就是：封禅！封为祭天，禅为祭地。封神，是古代帝王在改朝换代等重要时节举办，且以在泰山举行封禅为最高大典。如果把刘备四个儿子的名字连起来，"封禅永理"，其实也藏着不少秘密，那就是永远称王。这样的要求算不算太多？☺

谗·谄

谗 chán 形声字。小篆 讒 从言从毚（表声）。隶定后楷书写作讒。今简化为谗。本义在别人面前说某人的坏话。

谄 chǎn 形声字。小篆 諂 从言从臽（表声）。隶定后楷书写作諂。异体作讇。今简化为谄。本义指奉承、讨好、献媚。

谗语即谗言，是为陷害别人或挑拨离间而说的诽谤的话。谄语指低三下四、巴结奉承、讨好别人的话。谄语如云，极言巴结奉承的话多得像天上的云彩。

谗言与谄语意思好像相近，其实不在一条道上，务必提请大家耳朵根子要硬。

谗·馋

谗 详见 73 页"谗·谄"。

馋 chán 会意兼形声字。《说文》无。楷书 饞 从食从毚（兼表声）会意。今简化为馋。本义为贪吃。

谗与馋，字形相似度极高，外加读音一致，所以要格外小心哟。

铲·抢

铲 chǎn 形声字。小篆 鏟 从金从產（表声）。隶定后楷书写作鏟。异体作剷。今皆简化为铲。鏟（铲）俗也用剗（划）表示，如今二字表义分工。用作名词时是一种用具；用作动词时，义为用锹或铲撮取或削除。

抢 多音字。形声字。《说文》无。楷书 搶 从手从倉（表声）。今简化为抢。抢（qiāng）本义为迅速地撞碰。元、明以后引申指强夺，此义项时"抢"增加一个读音 qiǎng。

读 qiāng 时，书面用语，义为触，撞，如呼天抢地。同"戗"（qiāng）部分义项：方向相对，逆，如戗风可写作抢风。

读 qiǎng 时，义为争夺、突击等义。还指刮掉或擦掉物体表面的一层，如"把锅里的锅巴抢下来""摔了一跟头，膝盖抢下一块皮"。

"磨剪子来抢菜刀"，是现代京剧《红灯记》开场的一句台词，也是革命者利用磨刀人的身份做掩护前来接头的暗号。这一声吆喝，给 20 世纪六七十年代带来了说不清的激情。"磨剪子抢菜刀"能使变钝的菜刀刀刃重新锋利起来。"铲菜刀""戗菜刀""炝菜刀""呛菜刀"都不合情理，有违实际。单从字面看，"抢菜刀"还有从对方手里抢下菜刀的意思，需要从上下文中确定。

呼天抢地，向天呼喊、用头撞地，形容极度悲痛，与"呼天叩地""触地号天"等同义。有人写作"抢天呼地"，怎么可能呢？地可呼，天如何"抢"？

长·常

长 多音字。象形字。甲骨文 象头发飘散拄着拐杖的老人形，一横表示发簪。古人认为"身体发肤，受之父母，不敢毁伤"，自然长发成为老人的象征。金文 突出了人的头发、手及拐杖。小篆 加 （手）。隶定后楷书写作長。今简化为长。本义为年长发长。

读 cháng 时，义项主要有表示距离大、长度、长处；还用作姓。

读 zhǎng 时，义项主要有生长、成长、长辈、首长等。

常 cháng　形声字。小篆 ![常] 从巾从尚（表声）。隶定后楷书写作常。是裳的本字。本义为下裙。"常"为生活习用之物，故引申指平时的，如平常、经常、时常。再引申指常规、常法、三纲五常等。古"常"通"长"。由于"常"引申义太多，古人只好另造裳。

常与长，都能表示时间长，不同在于："常"与"恒"同义，侧重指恒常，即事物保持某种状态延续不变，如常绿植物。专业术语"常量"也叫"恒量"。汉时为避汉文帝刘恒的讳，将"恒山"改成"常山"，这也从另一个侧面证明"常"与"恒"的同义关系。"长"侧重于时间的距离长，即存在的时间长。冬夏常青是指"冬夏季节在变，但绿色不变"；万古长青是指"千年万年永远苍翠、碧绿"。

常鸣是说经常鸣叫，鸣的次数多，以不断地提醒人们注意危险，防止遗忘疏忽。

长鸣是指长时间地鸣叫，既指鸣响的时间长，如"火车汽笛长鸣以示默哀"；又可虚指，如警钟长鸣。

【长年】❶副 一年到头；整年：~在野外工作。❷〈方〉名 长工。❸〈书〉形 长寿。

【常年】❶副 终年；长期：山顶上~积雪｜战士们~守卫着祖国的边防。❷名 平常的年份：这儿小麦~亩产五百斤。

长年突出了时间跨度大、全年的意思。长年累月，形容经历很多年月。常年突出了始终如一、长时间不变的意思。战士们常年守卫在祖国的边防，表示状况从没改变。

【长川】❶名 长的河流。❷同"常川"。

【常川】副 经常地；连续不断地：~往来｜~供给。也作长川。

常川与长川是异形词，但在长的河流义项上，长川不得写作"常川"。

【长性】同"常性"①。

【常性】名 ❶能坚持做某事的性子：他无论学什么都没~，学个三五天就不干了。也作长性。❷〈书〉一定的习性。

长性与常性不是全等异形词，请注意区别。

长效机制，是指能长期保证制度正常运行并发挥预期功能的制度体系。

常态，指正常的状态（跟"变态"相对）。常态化，是形成一种固定机制，不是一阵风似的。

长效与常态，经常出现在生活中的角角落落，所以不得有误。

"常盛不衰"，是指在万事万物盛衰变化中，保持兴盛的态势，永不变化。

长盛，字面意思就是长期旺盛，翻遍词典难寻其芳踪。

【长子】zhǎngzǐ 名 ❶排行最大的儿子。❷地名，在山西。

山西省长治（Chángzhì）市，是地级市。长子县隶属长治市，因尧王长子丹朱受封于此而得县名，是炎帝桑梓、尧王故里、丹朱封地、精卫之乡、西燕国都、千年古县。因而山西省长治市长子县，可得读准了。

"警钟长鸣"其实本是一种文学语言，一种比喻。"报警的钟声会长时间地鸣叫"说法其实不合事理。钟可鸣，鸣有声，即为钟声。钟声的本质是声音，声音由发声体产生，不是声音本身鸣叫。如同说鸟鸣叫而不说鸟声鸣叫一样。

场·場

场 多音字。形声字。小篆 場 从土从昜（yáng 陽的古字，表声）。隶定后楷书写作場。异体后俗作塲。今皆简化为场。本义为古代祭祀用的平地。后指翻晒农作物和脱粒的平坦空地，后引申指处所及多人聚集或事情发生的地方。

读 cháng 时，指平坦的空地，还指集市（如赶场），还用于量词，如一场大雨。

读 chǎng 时，指适应某种需要的比较大的地方，如会场、操场、广场。也用于量词，如三场比赛。近些年，广场也发生了变化，如财富广场，不是指平坦的地方，而是指某个楼盘。

塲 yì 会意兼形声字。小篆 場 从土从易（指做起来不费事、容易，也指改变、交换，到了边界就意味着往前一步该变化主人了，兼表声）。隶定后楷书写作塲。本义指田间的边界，也泛指边境。

简化字颁布实施后，"昜"作为可以类推简化的偏旁简化成了"𠃓"。所以，以"昜"为偏旁的"杨、場、湯、腸"等字被简化成了"杨、场、汤、肠"等。而"易"并没有被简化，自然"塲"没有丁点变化。

疆場与疆塲

祭神时筑起的土堆叫"坛"，辟出的空地叫"场"。而"場"的本义是田界。

"疆"和"塲"的区别是：大的田界叫"疆"，小的田界叫"塲"，因此只能"疆塲"连用，而不能连用作今天的"疆場"。

"疆塲"是一个同义联绵词，本义田界、田边，引申为两国的边境。再引申为战场。大约从元代开始，出身市民阶层的作家们开始"眼花"，把"塲"字看成了"場"字，"疆塲"也就自然而然变成了"疆場"，一直误用到了今天。目前，港澳台一般还是用"疆塲"。

场·厂

场 详见本页"场·場"。

厂 多音字。象形字。甲骨文 厂 象山崖形。金文 厂。小篆 厂。隶定后楷书写作厂。今又用作廠的简化字。廠是厂的异体字。本义为山崖。作为廠的简化字，引申出厂房等义。

读 ān 时，同庵，多用于人名。

读 chǎng 时，指工厂，还用作姓。

场通常指市场、广场、操场、机场等。当然随着时代变迁，有些进屋的仍带场，如商场、剧场。厂，通常在屋内，有技术，有机器设备。

盐场便是制盐的场所，制盐需要日照，故多为海滩露天空地，故不得写作盐厂。但将粗盐进行加工升级为精盐，那这个该称作盐厂了。

工厂，指直接进行工业生产活动的单位，通常包括不同的车间。

工场，手工业者集合在一起生产的场所。厂房，不要写作场房。

尝·赏

尝 cháng　形声字。金文🔸和小篆🔸皆从旨（好吃的）从尚（表声）。隶定后楷书写作嘗。今简化为尝。本义是以口舌"辨别滋味"。吃一点试试。"卧薪尝胆"等词语中的"尝"，用的就是本义。引申指试探，如尝试；又指经历，如艰苦备尝；还作副词，指曾经，如未尝。

赏 shǎng　会意兼形声字。赏与商同源。甲骨文🔸是一个酒器形。古代对有功之臣常设宴赐酒，故借用商（酒器）代赏字。金文🔸另加义符贝，从商（表声）从贝。小篆🔸。隶定后楷书写作賞。今简化为赏。

尝、赏读音不同，字义有别，本是两个互不相干的字。也许因为"補償"的"償"简化为"偿"，于是有人误以为"賞"简化为"尝"，"欣赏"便常常误写为"欣尝"。为此，1986年10月10日《简化字总表》重新公布时，特地注释："尝：不是赏的简化字。赏的简化字是赏。"另外，由于品尝需要用嘴，所以很多人想当然就写作嗆，其实不对。的确，尝有一异体字嚐，但嚐与"未尝""何尝"及用作姓的"尝"没有繁简关系，切记。

尝·偿

尝　详见本页"尝·赏"。

偿 cháng　形声字。小篆🔸从人从赏（表声）。隶定后楷书写作償。今简化为偿。本义是归还。引申指抵值，如杀人偿命。又指回报、酬报，如报偿；再引申指满足、实现，如得偿所愿。

"得不偿失"的"偿"指抵值，即所得的利益抵偿不了所受的损失，自然应用"偿"而不能用"尝"。

钞·抄

钞 chāo 会意兼形声字。小篆 𨨛 本从金（工具属性）从少（匙、叉取的食物不会太多好少，兼表声）。隶定后楷书写作鈔。今简化为钞。俗作抄，改为从手从少（表声）。本义为叉取。后来，钞的叉取、掠夺、誊写、抄袭等义都由"抄"来表示，钞主要用作钞票、书名。

抄 chāo 见上文"钞"。

《说文》中有"钞"而无"抄"，钞字释义为"钞，叉取也"。叉取自然离不开手，所以"钞"字问世不久，"抄"字就接踵亮相。文字学界一般把"钞"看作正体，把"抄"看作俗体。在古汉语中，"钞""抄"的出现频率不相上下。在汉字的发展历史上，俗体在一定程度上，反映了大众的用字习惯和选择倾向。

由叉取，引申强取的劫夺。在古代典籍中，"钞掠""钞家""包钞"比比皆是。现在此类义项均使用"抄"。

"钞写"就是从一个文本复制出来另一个文本。如果这是偷窃别人的劳动成果，就是"钞袭"。

"钞"或者"抄"也可以用作名词，指誊写的成果。我国古代书名用字中，"钞"是一个常用字，如《骈体文钞》《清稗类钞》等。今天"诗钞"和"诗抄"皆存，但以"诗钞"居多。这可能和源远流长的用字习惯有关。

"钞"现在主要用于指纸币。"大钞"是大面额的纸币，"会钞"即付账。"钞票"原是清代"大清宝钞"和"户部官票"的合称，如今可用来泛指钱。

现在文字工具书，将"钞""抄"做了明确分工，做动词表示"抓""取""誊写"等义时用"抄"，而做名词表示集子名称等义时用"钞"。比如，用作动词表示摘要抄录用"摘抄"，用作名词表示书名、篇名则用"摘钞"。

钞关：明清内地税关的一种。最初用大明宝钞交税，故名。明宣德四年（1429）起，先后设置漷县、济宁、徐州、淮安、扬州、临清等钞关，丈量来往船只的大小、长宽、路程远近，分等征收船料，唯临清、北新两关兼收货税，派御史及户部主事监收。清沿明制，因系户部管辖又称户关。鸦片战争后另设海关，原有户关改称常关。

焯·淖

焯 多音字。会意兼形声字。小篆 𤈦 从火从卓（高显，兼表声）。隶定后楷书写作焯。本义为明亮。

读 chāo 时，作动词，指把蔬菜等放在开水里略微煮一下就捞出来。

读 zhuō 时，书面用语，义为明白、明显。

淖 nào　形声字。小篆 𣶏 从水从卓（表声）。隶定后楷书写作淖。本义为烂泥、泥坑，如泥淖、污淖。

把菠菜放开水里一焯，有的读者想到放进热水，于是就用"淖"代替了"焯"。如果"淖一下"，等于蘸上了污泥，还能下得去嘴吗。☺

焯·炒

焯　详见 78 页"焯·淖"。

炒 chǎo　形声字。小篆 𤎆 从䉼（锅冒气）从芻（表声）。隶定后楷书写作䰞。俗简作炒，从火从少（表声）。本义是一种烹调方法，指的是把东西放在热油锅中翻着使熟。后引申指炒作，如炒新闻、炒房地产。还用作炒鱿鱼，指解雇。

焯（chāo）的义项详见 78 页。

中华美食制作工艺非常讲究，比如煎、煮、炝、炸、焖、爆、烩、烤等各有各的特色。"炒"和"焯"是比较常见的烹调方法，不能混同。

巢·窠

巢 cháo　象形字。小篆 巢 下面是树木，中间为鸟窝，上面好像三只（表多）嗷嗷待哺的雏鸟。金文 巢。隶定后楷书写作巢。本义为鸟窝。

窠 kē　形声字。小篆 窠 从穴从果（表声）。隶定后楷书写作窠。本义为鸟窝。

窠其实也是巢，但《说文》认为两者有位置的不同："穴中曰窠，树上曰巢。"即洞中做窝是"窠"，树上做窝是"巢"。

窠臼，字面意思为动物的窝和舂米的臼，比喻一成不变的老套路、老格式。"不落窠臼"便是能自成一体，独具风格。窠、巢虽然意思接近，但历来只有"窠臼"，未见"巢臼"。

掣·擎

掣 chè　会意兼形声字。小篆 𢯰 从手从瘛省（瘛省去心，表声）。隶定后楷书写作瘛。异体作掣，改为从制（制止，兼表声）。今规范用掣。本义为拽、拉、抽等义。引申指快速闪过，掣电即闪电，风驰电掣形容像疾风闪电一样迅速。

擎 qíng　形声字。《说文》无。楷书擎从手从敬（表声）。本义为往上托、举。擎天柱，指传说中能支撑住天的柱子，现多用来比喻能够支撑局面的人或团体；高擎着红旗往前冲。

掣肘，义指拉住胳膊，比喻阻挠别人做事。写成"制肘"就没有这个意思了。

写成"擎肘"按字面就是高举或高托胳膊肘的意思，看着就费劲。

掣·挚

掣 详见 79 页"掣·擎"。

挚 zhì 会意兼形声字。小篆 🔲 从手从执（握，兼表声）。隶定后楷书写作挚。今简化为挚。本义为握持。

"挚签"犹如现今的抽签。挚由本义握持引申为诚恳，可组成真挚、挚友等词。但"挚签"于情于理都讲不通。

澈·辙

澈 chè 《说文》无。楷书澈从水从敇（表声）。本义为水澄清。

辙 zhé 会意兼形声字。小篆 🔲 从车从敇（兼表声）。隶定后楷书写作辙。今简化为辙。本义为车轮轧出的痕迹。

澈与辙，本来是两股道上的事，一个在水中一个在地面，但有人把北宋名家苏辙错写成"苏澈"，就有点对不住前人了。

北宋苏洵和他的两个儿子苏轼、苏辙，一起名列"唐宋八大家"，人称"三苏"。

苏洵曾作《名二子说》一文讲述取名的缘由，其中写道：

轮辐盖轸，皆有职乎车，而轼独若无所为者。虽然，去轼则吾未见其为完车也。轼乎，吾惧汝之不外饰也。天下之车莫不由辙，而言车之功，辙不与焉。虽然，车仆马毙而患亦不及辙。是辙者，善处乎祸福之间也。辙乎，吾知免矣。

翻译过来大致如下：车轮、车辐条、车顶盖、车厢四周横木，都对车上有其职责，唯独作为扶手的横木，却好像是没有用处的。即使这样，如果去掉横木，就不能称其为一辆完整的车了。轼儿啊，我担心的是你不会隐藏自己的锋芒。天下的车没有不顺着辙走的，但谈到车的功劳，车轮印从来都不参与其中。即使这样，车毁马亡，也不会责难到车轮印上。这车轮印，是能够处在祸福之间的。辙儿啊，我知道你是能让我放心的。

苏洵给苏轼、苏辙取名是希望他们能免于灾祸。车轼露在外面，这也吻合苏轼性格过于直率，锋芒毕露，希望轼儿能够收敛处世。事实是，苏轼和苏辙的命运果然如此，真是知子莫若父啊。了解到这儿，您还会写错"苏辙"的名字吗？

嗔·瞋

嗔 chēn 形声字。小篆 🔲 从口从真（表声）。隶定后楷书写作嗔。异体作謓。今规范以嗔为正体。本义为气势盛大。引申指怒、生气，还指对人不满，生别人的气。常见词有嗔怪、嗔怒。

瞋 chēn　形声字。小篆瞋从目从真（表声）。隶定后楷书写作瞋。本义为睁大眼睛。引申指发怒时睁大眼睛，如瞋目而视。

《第一批异形词整理表》，将"瞋"作为"嗔"的异体字淘汰，现为规范字。一个从口一个从目，虽然都有生气、发怒的意思，但是两个器官，各司其职。详见 685 页《异体字简介》。

注意瞋与䐜（chēn，义肿胀）的区别。

辰·晨

辰 chén　象形字。甲骨文字形很多，其中象用手挖出藏在地下、躯体蜷曲的某些害虫形。也有人说甲骨文好似人扶着犁铧。金文突出手挖之意。小篆整齐化。隶定后楷书写作辰。本义惊蛰到来，害虫蠢蠢欲动，人们开始一年春耕。故引申用作日、月、星的总称，如星辰；再引申指时刻，如时辰。后借以表示地支的第五位，与天干相配用于纪年、月、日、时。凡从辰取义的字（耨、薅、震、振、晨等）皆与农事（农的繁体字農）、时日、震动等义有关。

晨 chén　会意兼形声字。甲骨文上从双手下从辰（河蚌类工具，兼表声）。说明古人晨起耕作，引申指早晨，也泛指半夜以后到中午以前的一段时间。金文另加止（脚）表示前往耕作。小篆、、。隶定后楷书写作晨。后省作晨。本义为农耕。后引申出星名、时间等。还用作姓。

"寥若辰星"应为"寥若晨星"。星辰，是星星的总称。辰星，我国古代指水星。晨星是早晨天空中的星星。"寥若晨星"是一个比喻。"寥"是少的意思，太阳出现以后，原本稠密的夜空中的星星，会因阳光强烈而相应黯淡，变得又稀又少。只有用"晨星"才能和"寥"呼应，用"辰星"或"星辰"就犯顶。还要注意"寥"不要写作"廖"，"若"不要写作"如"。

尘·塵

尘 chén　会意字。籀文从三鹿（表示群鹿）从二土，会群鹿飞奔尘土飞扬之意。可是䴢要写 39 笔，无论是过去还是当下，简直就是一场苦役。于是我们看到了一个逐步简化的过程：小篆先是将金文中去掉一个"土"字写成"麈"或"䴢"，后来又去掉两个"鹿"字写成"塵"（今作尘的繁体字）；民间又出现了俗体字"尘"。今以"尘"为规范字。本义为细的灰土。"小土为尘"（小还不带钩，又省了些），何等聪明！它凝聚着我们祖先的智慧，也记录着汉字发展的轨迹。引申指行迹、踪迹，如望尘莫及、前尘往事、步人后尘等。又指现实世界、世俗，如红尘滚滚、尘世等。

麈 zhǔ　形声字。小篆 麈 从鹿从主（表声）。隶定后楷书写作麈。本义为驼鹿，俗称四不像。也指古书上说的鹿一类动物。其尾毛可以做拂尘。

拂尘是古时人们闲谈时用来掸拭尘埃、驱赶蚊蝇的生活用具，有一个长柄（这也是"话柄""话把子"的由来），柄的一端绑着数缕麈毛或其他兽毛，也称"麈尾"。后来古人清谈时手拿麈尾成为时尚，麈尾也制作得越发讲究，以至成为名流雅器，不谈时也常拿在手上。"挥麈"成了文人雅士的特定形象。

"麈谈"颇有来历。魏晋时名士喜好清谈，又常手持麈尾，因此后人就称客座清谈为"麈谈"了。过去写信，把对方的谈话称作"麈谈"，表示尊敬的意思。

挥麈、麈谈为什么会误为"挥尘""尘谈"呢？除因主字底的"麈"和土字底的"尘"（尘）高度形似外；再者，不是学问不到，就是眼神儿不济。

尘·沉

尘　详见 81 页"尘·麈"。

沉 chén　会意兼形声字。甲骨文 从水从牛，会将牛投入水中，本是古代祭祀水神的仪式。金文 从 （河川）从 （尢，人被套上枷锁），表示用死刑犯代替牲畜祭奉河神。小篆 从水从尢（罪犯，兼表声）。隶定后楷书写作沈。后又讹作沉。

沉，本指没入水中，与浮相对。引申为沉埋、埋没。戟，是古代的一种兵器。"折戟沉沙"出自唐代诗人杜牧《赤壁》诗："折戟沉沙铁未销，自将磨洗认前朝。东风不与周郎便，铜雀春深锁二乔。"这是杜牧经过赤壁古战场时有感而作。"折戟沉沙"即戟折断了埋没在泥沙里，成了废铁，形容惨重的失败。"折戟沉沙"错写成"折戟尘沙"，无解。

🔆 与"沉"联系紧密的几个字

湛，从水从甚，表示沉没。现在，湛主要用于清澈义。广东有湛江市。民国三十四年（1945）九月，设市级建置，定名湛江市。因历史上曾属椹川县，境内曾设椹川巡检司，又因天然内海湾似一条湛蓝的大江，故得名。

瀋，从水从審（表声），义为汁水。墨沈（瀋）未干，常用于谴责对方在作出书面的协议或声明之后，很快就违背了诺言。沈阳原为瀋（shěn）阳，后简化为沈阳。由于沈阳地处沈水（浑河）之北，以中国传统的"山北为阴，水北为阳"方位论，故为沈阳。

尢，从一从人，会人被套上枷锁。枷锁重也，于是尢引申出"沉重"。

沈，从水从尢。是尢加旁分化字。沈读 chén 时，旧同"沉"。沈读 shěn 时，用作姓，没有繁体字瀋。

衬·称·秤

衬 chèn　会意兼形声字。《说文》无。楷书襯从衣从親（亲近，兼表声）。今简化为衬，从衣从寸（距离近，兼表声），符合文字发展规律。本义指外衣内的单衫，引申指附在衣服鞋帽里的布，如帽衬、鞋衬、领衬等。再引申指衬托，如"白雪衬红梅""红花尚需绿叶衬"。由衬衣、衬里引申出衬托等义。

称　多音字。会意兼形声字。甲骨文从（人手持东西）从（再，用鱼笼捕鱼），表示用鱼笼反复捕鱼。金文承接甲骨文。小篆讹为从禾从再，表衡量轻重（称重时一般要反复几次以保准确）。称东西需要举起，引申指推举与赞扬，如称颂、称许、称赞等。再引申叫好，如称呼、称号、职称等。另外，由衡量引申指相当，符合，如称心如意、匀称、对称等。

读 chèn 时，义为适合，相当，如称职。

读 chēng 时，义为叫作（如自称）、名称、说（如称快，连声称好）、赞扬（如称叹、称赏）。还用作姓。

读 chèng 时，旧同秤。也就是说现在"称"不同于"秤"了。

秤 chèng　会意兼形声字。《说文》无。楷书秤从禾从平（公平，兼表声）。是"称"的草书楷化而成的换旁分化字。本义为称量物体轻重用的工具。

因"称"无衬托义，故"映衬"不能写成"映称"。

秤从称中分化而来，过去两者可通用，现分工明确。称主要用作动词，秤主要用作名词。"用秤称一称东西"，可得掂量掂量啊。

📎 寸，用于方言时，形容凑巧，如"你来得可真寸"。

【称心】（趁心）chèn xīn 形 符合心愿；心满意足：~如意。

【寸心】cùn xīn〈书〉名 ❶指中心；内心：~如割（形容痛苦不堪）｜得失~知。❷微小的心意；小意思：聊表~。

称心与趁心是全等异形词，且以称心为推荐词条。寸心，与称心并不是一条"心"，务请注意区分。成心，指故意，如成心捣乱。存心，义为怀着某种念头，如存心不良；还指有意、故意，如"你存心让我下不了台"。诚心，义为诚恳或诚恳的心意，常见词有诚心实意、诚心诚意。

趁·乘

趁 chèn　形声字。小篆从走从㐱（表声）。隶定后楷书写作趂。本义为行走困难的样子。后主要表示追赶。引申指充分利用时间、机会，如趁热打铁。还用于方言，指拥有，如"趁几个钱不知姓什么了"；还指富有，如"他们特别趁钱"。

乘　详见85页"成·乘"。

趁与乘意义上有相同之处，都可以表示利用机会、时间等。它们分别组词后，有时意思相同，可以互相替换，如趁便与乘便。

有的部分互换，如趁机与乘机（乘坐飞机简称不可以互换）、趁势与乘势（趁势倾向于利用优势，褒义词；乘势，在利用优势时，可与趁势互换，但在凭借权势如乘势欺人时，那就不能与趁势互换了）。

有的不能替换，"乘凉"指天热纳凉，"趁凉"指抓住天凉的机会；"趁早"有提前时间采取行动的意思，而"乘早"却少见。

最不能替换的当属成语。如与"趁"搭配的有趁火打劫、趁热打铁等，与"乘"组成的成语有乘风破浪、乘龙佳婿、乘人之危、乘虚而入、乘兴而来等。成语的形式具有较强的固定性，一般不能随意改换其中的字词。即便两种或两种以上写法都可行，在一篇文章或一部著作中还是统一为好。

榇·梓

榇 chèn　会意兼形声字。小篆 从木从亲（接近，兼表声）。隶定后楷书写作櫬。今简化为榇。本义为贴近尸体的棺木。古代棺木，天子四重（棺套棺，共四层），诸公三重，诸侯两重，大夫一重，士不重。后称空棺为榇，再后用来泛指棺材。因古时多用梧桐木做棺材，也作梧桐的别称。灵榇，即灵柩。

梓 zǐ　形声字。小篆 从木从宰省（宰省去宀，表声）。隶定后楷书写作梓。本义为梓树。木名，落叶乔木。嫩叶可食，皮可入药，木材可供建筑及制作家具、乐器等用。古代家宅常栽桑树和梓树，故用作"桑梓""梓里"指代故乡。梓木由于其吸墨与释墨性能好，还可以用作印刷刻板，故又用以表示把梓木板刻成印书的版印刷，如付梓，即今"出版"之谓。

古时确有梓木制作棺材的，但不能将棺材称为"灵梓"，正确写法是灵榇。

成·承

成 chéng　会意兼形声字。甲骨文 似以斧劈物之状，表示斩物为誓以定盟之意。金文 文字化。小篆 整齐化，遂将"戌"讹为"戊"，将所劈之物讹为丁声，成了形声字。隶定后楷书写作成。"丁"讹变为横折弯钩。本义指完成，如落成、成功。

承 chéng　会意字。甲骨文 象双手捧着一个席地而坐的人形。金文 。小篆 。隶定后楷书写作承。本义指承托、捧着。引申指接受、承受，又指接续、继承。

相辅相成指两件事物互相配合、辅助，互相促成，其中"辅"指辅助，"成"指促成。若错成"相辅相承"，恐怕是成功不了了。

成·城

成 详见84页"成·承"。

城 chéng　会意兼形声字。金文 ![字形] 左从章（即郭，城墙高楼）右从成（人可以居住，兼表声）。小篆 ![字形] 将左边简化为土（筑城用土）。隶定后楷书写作城。本义为城墙。

守城，就是守卫城池，保卫领地。

守成，它是古汉语中的常用词，用来形容保持前人创下的成就和业绩。

唐太宗李世民提出"创业与守成"的命题。最终唐太宗的结论是"创业难，守成更难"。

守城与守成，区别还是蛮明显的。如果守城成功，那就会给后人留下"守成"的机会与可能。

武城与成武

山东省德州市武城县。战国时期属赵国，因地处赵国东境边塞，地形平阔，为防御齐国侵犯，筑城备武，武城因此得名。

山东省菏泽市成武县。夏朝时，楚人移居于今曹县东境梁堌堆（位于今成武县城西南约十五公里），名以楚丘。商汤驱赶楚人南去，占有楚丘，伐夏前于楚丘告天会盟诸侯，称"吾甚武"。以武力行天之罚，灭桀而代之，此地遂名武城。明初名城武县，明洪武十八年"以城武为武成"（《清史稿·地理志·山东·曹州府》），后改称城武县。1958年，改称成武县。

武城与成武，一南一北，一城一成，挺绕人的。

成·乘

成 详见84页"成·承"。

乘 多音字。会意字。乘与桀是由同一个字分化出来的。甲骨文 ![字形] 从木从人，会人两脚登上树之意。金文 ![字形]。小篆 ![字形]。隶定后楷书写作乘。本义为人两脚蹬在树上。乘字中禾是木的演变，北是两只脚的变形。由登高，引申出乘法，乘积肯定比因数大，所以借用登高的乘。除（本义台阶），每登高一个台阶，离宫殿前大门就近了一步，正整数除法中的商比被除数要小，所以借用了除。

读chéng时，借助交通工具或牲畜出行（如乘船、乘高铁），利用机会等（如乘势而上），佛教的教义（大乘、小乘）。还用作姓。还有乘法。

读shèng时，春秋时晋国的史书叫"乘"，后来泛指一般史书（史乘、时乘）。

作量词，古代称四匹马拉的车一辆为一乘，如千乘之国。

《太平广记·四·萧史》引《列仙传拾遗》中说，秦穆公根据女儿弄玉的一个梦，派人去太华山找到了吹箫水平极高的萧史（萧与箫似乎藏着什么关联），把弄玉许配给了他。一段时间后，萧史告诉弄玉，自己是天上的神仙，现在该是回天官的时候了。话毕，萧史乘龙，弄玉骑凤，双双飞往仙界。后人用"乘龙快婿"指本领高超，让岳父母满意的女婿。

俗语有"望子成龙""成龙配套"，但没有"成龙快婿"。

铖·钺

铖 chéng　后起形声字。用于人名。

钺 yuè　会意兼形声字。小篆 鉞 从金从戉（兵器，兼表声）。隶定后楷书写作鉞。今简化为钺。本义为古代兵器，形状像板斧。黄钺，以黄金为饰的斧。古代为帝王所专用，或特赐给专主征伐的重臣。

铖与钺，虽然读音相去甚远，但字形却极为相似，因此务请注意，不得逾越各自字义范围哟。

哧·嗤

哧 chī　形声字。《说文》无。楷书哧从口从赤（表声）。本义为怒斥声。现主要用作拟声词，哧溜形容迅速滑动的声音。还形容笑声或撕裂声。

嗤 chī　会意兼形声字。《说文》无。楷书嗤从口从蚩（蠢动，兼表声）。是蚩的加旁分化字。本义为嘲笑，讥笑，如嗤之以鼻。

哧、嗤都有笑意，但前者是如实本能的反应，后者多倾向于嘲笑。

笞·苔

笞 chī　形声字。小篆 筲 从竹（⺮）从台（表声）。隶定后楷书写作笞。本义为用鞭、杖或竹板等抽打。

苔　多音字。形声字。小篆 蕾 从艸（艹）从治（表声）。隶定后楷书写作薱，俗省作苔。本义青苔。

读 tāi 时，指舌苔。

读 tái 时，苔藓植物的一类。

一是笞的读音，不要念成 tāi、tái。二是笞与苔，分别从竹从艹，注意区分。2018 年 2 月 16 日晚，央视《经典咏流传》播出支教老师梁俊带领贵州山区孩子演唱由他改编清朝袁枚创作的《苔》，在全国引起强烈反响。反响源于山区孩子身世与《苔》的高度契合。从此，沉寂多年的《苔》传颂于大江南北。

📎 袁枚《苔》
白日不到处，青春恰自来。苔花如米小，也学牡丹开。

弛·驰

弛 chí　会意兼形声字。小篆 𢐫 从弓从也（弦松如蛇屈，兼表声）。隶定后楷书写作弛。本义是为了保持弓的弹性，在不用时应把弓弦解开。由此引申出缓、松、散、懈等义。

驰 chí　形声字。小篆 𩢲 从馬从也（表声）。隶定后楷书写作馳。今简化为驰。本义使劲赶马快跑。由疾驶又引申出传播迅速、广远义，如驰名天下、驰誉海外。还可用来比喻一种情绪状态，这种情绪犹如车马疾驶奔赴目的地一样，表示出一种急切的向往，如意动神驰。

松弛是由两个同义词根构成的复合词，所以不能写作"松驰"。既放松，又疾驶，是说不通的。

"弛"和"张"倒是相对的。"弛"是放松弓弦，"张"则是绷紧弓弦，故两字皆从弓。《礼记》中：一张一弛，文武之道也。文、武，分别指周文王和周武王。这句话的原意是指治理国家要刚柔相济、恩威并施，现在则常用来比喻生活中的劳逸结合或文艺作品中的舒卷相间。

奔驰、松弛，只要认真看看"也"前面的形旁，就能分得清"马"乎"弓"乎。

坻·砥

坻　多音字。形声字。小篆 坻 从土从氐（表声）。隶定后楷书写作坻。本义为水中的小洲或高地。

读 chí 时，水中的小块陆地。

读 dǐ 时，地名用字。宝坻，在天津。

砥 dǐ　形声字。小篆 砥 从石从氐（表声）。隶定后楷书写作砥。本义为质地细腻的磨刀石。"细石曰砥，粗石曰砺"，可以构成"砥砺"一词，现在"砥砺前行"已然成为常用词。中流砥柱，比喻坚强的、能起到支柱作用的人或集体，就像立在黄河激流中的砥柱山（在三门峡）一样。

坦荡如砥是一种比喻的说法，强调的是宽广平坦，不能错写成"坦荡如坻"。

🏛 坻带点。坻不带点，是堤的异体字。参见 330 页"厉·励·砺"。

持·恃·峙

持 chí　会意兼形声字。金文 🔲 作寺,表示操持。小篆 🔲 另加义符手,以突出操持之意,成了从手从寺（操持,兼表声）。隶定后楷书写作持。本义为拿着、握着。后引申出掌握、控制、主管、料理等义,如把持朝政、主持、操持等。

恃 shì　形声字。小篆 🔲 从心从寺（表声）。隶定后楷书写作恃。本义依赖、倚仗的意思（请注意一个是依,一个是倚）。古人认为"依""倚"是一种心理的需求,也是一种心理上的感觉,于是从忄(心)。《诗·小雅·蓼莪》："无父何怙,无母何恃?"古人把失去父亲称为失怙,失去母亲称为失恃。常用成语有恃才傲物、恃强凌弱等。

峙　多音字。会意兼形声字。《说文》无。楷书峙从山从寺（站立,兼表声）。本义是稳固而高高地立起。引申指对抗、抗衡,比如两军对峙。

读 shì 时,繁峙,地名在山西。

读 zhì 时,指耸立、屹立,如对峙。

自恃,表示仗着自己某方面的特长、技能,是及物性的,通常为贬义;自持,主要表示自我控制、约束,是不及物的,常为褒义。自持,现在我们也还说"某某喝了几杯小酒便不能自持"。

有恃无恐强调的是一种自以为有靠山的心理状态,理应用"恃"而不用"持"。

对峙,相对而立,两山对峙,两军对峙（相持不下）。不要错成"两军对恃",不然双方都有"恃"无恐、僵持不下,那这仗得打到猴年马月啊！

齿·耻

齿 chǐ　象形兼形声字。甲骨文 🔲 象口腔中上下相对的门牙形。金文 🔲 加声旁 🔲（止）。小篆 🔲。隶定后楷书写作齒。今简化为齿。古人称口腔前部上下相对的两排咀嚼器官为齿,称口腔后部上下交错的咀嚼器官为牙（如犬牙交错）,后人将牙、齿混用。

耻 chǐ　会意兼形声字。小篆 🔲 从心从耳（心羞之情现于耳红之意,兼表声）。隶定后楷书写作恥。俗改作耻。今以耻为规范字。本义羞惭。

不耻,是不以为耻,即并不感到可耻的意思。"不耻"是个常用词,意思是"不以……为耻""不认为……有失体面"。如不耻下问、不耻最后,都是褒义,意思是向地位、学问不如自己的人虚心请教,而不认为有失体面。不耻下问不能说自己,只用作对别人的赞扬。而不认为这是让人羞愧的事。不耻最后是赛马时不因跑在最后而感到羞耻,比喻做事在于坚持而不在于快慢,只要持之以恒，就能实现目标。

不齿，是不与同列（由于牙齿通常排列有序，故引申指并列、同列），表示鄙视，是不值得一提或连说一说都感到可耻的意思。常用词语有人所不齿、不齿于人类（千万不要写成"不耻于人类"）等，多是贬义词。不齿还经常用在被动结构中，不齿可以和"所""为……所"结构连用，表示被动，构成"（为）……所不齿"，如"他的言行为大家所不齿"。

无耻，形容某些人不顾羞耻、不知廉耻，如无耻吹捧、无耻之尤等。

无齿，就是没有牙齿，要么是幼童未长出，要么是老掉牙了。☺

齿 · 雌

齿　详见 88 页"齿 · 耻"。

雌 cí　形声字。甲骨文 𣲵。古文 𣲶。小篆 雌 从此（表声）从隹。隶定后楷书写作雌。本义为母鸟。引申指生物中能产生卵细胞的（跟"雄"相对），如雌性、雌花、雌鸟。

雌黄为橙黄色的矿物，可作褪色剂用。古人抄书、校书有了差错，常用雌黄涂改。雌黄本是一个中性词，后慢慢变成了贬义词。信口雌黄，就是说话不顾事实，不负责任，满嘴跑火车。

"齿黄"的字面意义是牙齿发黄。如写成"信口齿黄"，离挨批不远了。

豉 · 鼓

豉 chǐ　形声字。小篆 𧯚 本从尗（豆子）从支（表声），俗改为 豉 从豆从支（表声）。隶定后楷书分别写作 䜴 与豉。今规范用豉。本义为豆豉。

鼓　详见 194 页"骨 · 股 · 鼓"。

豆豉是指一种常见的豆制食品，做法就是把黄豆或黑豆等浸透煮熟后，进行发酵而成。豆豉有咸、淡两种，多供调味之用，也可直接食用，淡的豆豉亦可入药。有一种酒叫"豉酒"，就是用豆豉浸渍而成的，具有药用价值。在我国，制作豆豉具有悠久的历史。

若生造"豆鼓"一词，那字面意思就是豆子受潮或被水浸泡后鼓胀起来，就怕您消化不了了。☺

褫 · 虢

褫 chǐ　会意兼形声字。小篆 褫 从衣从虒（剥虎皮，兼表声）。隶定后楷书写作褫。本义为剥去衣物。泛指夺去、解脱。褫夺为书面语，指夺取、剥夺。

虢 guó　会意字。金文 ![字形] 左边从两只手，右从虎，会双手持工具剥虎皮去毛之意。小篆 ![字形] 隶定后楷书写作虢。本义为制革，又因宰杀虎充满挑战、极具刺激，于是虢引申指猛烈、暴烈，又被借用为周代诸侯国名。也用作姓。虢，左侧孚（上为爪形，寸是手变形）。凡是汉字中具有孚，都可以联想手的动作，如捋、酹、埒等。虢国，大家可能不太记得，但《虢国夫人游春图》想必家喻户晓。

唐玄宗召杨玉环进宫后，并分别封她的三个姐姐为韩国夫人、虢国夫人和秦国夫人。据说，虢国夫人经常素面朝天，唐玄宗却对她宠爱有加。素面朝天的"天"本指天子，现在此成语语义扩大了，许多女性称自己不愿打扮或忙于工作没空修饰，常自嘲"素面朝天"，按理说有点过了。不过，过了过了就不算过了。这也是语言发展的普遍规律。

敕 · 赦

敕 chì　会意兼形声字。金文 ![字形] 从束（整理挑选）从攴（操作），会整饬治理使其严整之意。小篆 ![字形] 改为从束（整理捆束，兼表声）从攴。隶定后楷书写作敕。本义整治，引申为告诫。汉代尊长或长官对子孙或僚属进行告诫，就叫敕。到了南北朝，"敕"开始专指皇帝的诏令。"敕令"即由皇帝下达的命令。

赦 shè　形声字。金文 ![字形] 从攴（手持棍）从亦（表声）。小篆 ![字形] 改为从赤（表声）从攴。隶定后楷书写作赦。本义舍弃，放置。引申有宽免罪过的意思，如赦免、赦罪。赦令指旧时君主发布的减免罪犯刑罚或赋税徭役的命令。

"敕令"和"赦令"，虽然都由君王下达，但适用场合完全不同，不能混为一谈。前者多是好事儿；后者嘛，嗯，也算是好事儿。

冲 · 充

冲　多音字。会意兼形声字。甲骨文 ![字形] 从水从中（旗飘动，兼表声）。金文 ![字形]。小篆 ![字形]。隶定后楷书写作冲。俗省作冲。今以冲为正体，其繁体字作"衝"，异体字作"冲"。冲本义指向上涌流,引申指直接向上,如一飞冲天;也指冲洗、冲刷。衝的本义为通衢大道。

读 chōng 时,指通行的大道,如要冲、首当其冲;还用作动词,如冲茶、冲鸡蛋茶、冲洗;还用作方言,如冲田,指山区的平地,如韶山冲(毛主席故乡)。有请注意的是,作为冲田的冲没有繁体字(即不能繁体写作衝),只有异体字冲。

读 chòng 时,主要用于口语,如"酒味很冲""水流得太冲""他干活儿真冲""他的房子冲着长江";还用作动词,如冲压等。冲眈儿与眈眈儿是异形词,眈眈儿是推荐词条。请注意的是,冲读 chòng 时只有繁体字衝,没有异体字。

充 chōng 象形字。充与允同源,都是由甲骨文 ![] (一个长大、肥硕的大猩猩形)简化来的,借以表示长大、肥实之意。小篆 ![] 讹为从儿从育省(育省去月,表声)。本义当为长大、肥实。引申可指数量众多。

充斥指充满,到处都是,其中的"斥"也是众多的意思。现在经常见到"充值""充电桩"等。请务必小心不要误为"冲值""冲电桩",真那样,可能就"冲"到别人家去了。

崇·祟

崇 chóng 会意兼形声字。小篆 ![] 从山(似古代祭祀中神主牌之形)从宗(高大殿堂,兼表声)。隶定后楷书写作崇。是嵩的分化字。本义是指山大而高,如崇山峻岭。引申指重视、尊敬,如崇本抑末,即注重根本轻视枝末。推崇即崇敬、尊重。

祟 suì 会意字。小篆 ![] 从示(神灵)从出,会神灵出现为害之意。隶定后楷书写作祟。本义指鬼神出来作怪,贻祸人间。古人把天祸称为灾,人祸称为害,神祸称为祟。鬼、祟有内在的逻辑联系,所以可以重叠连用,表达一种不光明正大的行为,如鬼鬼祟祟。

作祟本指鬼神跟人为难,比喻坏人或坏思想意识捣乱,妨碍事情顺利进行。作祟错成"作崇",推崇错成"推祟"是人为造成的,不可赖在"神"的身上。

俦·铸

俦 chóu 形声字。小篆 ![] 从人从壽(表声)。隶定后楷书写作儔。今简化为俦。是疇的换旁分化字。本义为华盖,古代车上像伞一样的遮盖物。现在主要指伴侣,如俦侣。还指等、辈,如俦类(即同辈的人或同类)。无俦,意为没有能够与之相比。

铸 zhù 会意兼形声字。甲骨文 ![] 象双手 ![] 将鼎鬲 ![] 中的熔液灌注到另一个作为模子的器皿 ![] 中。金文 ![] 加声符 ![]。小篆 ![] 改为从金从壽(表声)。隶定后楷书写作鑄。今简化为铸。本义指把金属溶化后倒入砂型或模子里,冷却后凝固成为铸件。

　　唐代白居易《李都尉古剑》曰："至宝有本性，精刚无与俦。"翻译过来就是：最珍贵的宝物自有它的本性，那份精纯和坚刚，尘世无俦。若将精刚无俦错成"精钢无铸"，那您就真要"无助"了。

<h2 style="text-align:center">畴 · 愁 · 筹</h2>

畴 chóu　象形字。甲骨文 🔣 象已经耕耘过的田地的纹路形，表示已耕作的田地。小篆 🔣 加义符田，突出田畴之义。隶定后楷书写作 畴 与 畴。随着 畴 演变为 寿，畴 俗也繁化为 畴。今简化为畴。本义为已经耕作过的田地。引申指田地的分界、事物的类型等。

愁 chóu　会意兼形声字。小篆 🔣 从心从秋（愁苦，兼表声）。隶定后楷书写作愁。本义忧虑、担忧。

筹　详见本页"筹 · 寿"。

　　一筹莫展中的"筹"是计策，即一条计策也想不出来。一筹莫展的确会让人发愁，但此"愁"是结果，彼"筹"才是原因，不能筹、愁不分。

　　🔖 范，原指制作器物的模子，如钱范即铸钱的模子。引申指规范、法度等意思。"范畴"本自《书 · 洪范》："天乃赐禹洪范九畴。"洪，大、根本。这句话的意思：上天赐给大禹治理天下的根本大法有九种类型。后来从中提炼出"范畴"一词，表示某事所属的类型，再引申指领域、范围，各个学科的基本范畴是人的思维对客观事物本质的概括反映。"筹"没有范围的意思，"范筹"进入不了规范名词范围内。参见444页"熔 · 镕"。

<h2 style="text-align:center">筹 · 寿</h2>

筹 chóu　形声字。小篆 🔣 从竹（⺮）从寿（寿，表声）。隶定后楷书写作筹。今简化为筹。本义是指古代用竹、木等制成的记数和计算的用具，故其字从竹。也指古代投壶所用的矢。"投壶"最后要数壶中箭矢的多少，多者取胜，后来"筹"引申出"算计"义。再进一步引申出策划、筹措、算筹等意思。

寿 shòu　会意兼形声字。金文 🔣 从老省（老省去匕）从 畴（耕耘过的田地的纹路，似老人脸上的皱纹，兼表声）。小篆 🔣 从老省（老省去匕）从 畴（表声）。隶定后楷书写作 寿。今简化为寿。本义为人活得长久。

　　如果有人提出，中国汉字中哪一个字写法最多，估计绝大多数人都会说是"寿"字。由于"寿"的特殊地位，从古至今，"寿"字写法可以论百、论千计，说句不中听的话就是"寿"字您想怎么写都是对的，只要您真心实意写。

山西乔家大院大门对面的照壁上，刻有砖雕百寿图，一字一个样，字字有风采。照壁两旁是清朝大臣左宗棠题赠的一副意味深长的篆体楹联：损人欲以复天理，蓄道德而能文章。楹额是"履和"。

山东青州云门山，位于城南2公里处，是我国AAAA级景区。云门山上以巨大"寿"字闻名于世。寿字结构严谨，端庄大方，坐南朝北，通高7.5米，宽3.7米，单是下部的"寸"字就高2.22米，为大个头的汉子所不及，故当地有"寿比南山""人无寸高"之说。

寿，吉祥之语常用字，但对死亡，有时候也采用寿字，如寿衣、寿材（棺材）、寿盒（骨灰盒）、寿穴（生前营造的墓穴）等。

成语海屋添筹，也写作海屋筹添，出自苏轼《东坡志林·三老语》。一次，苏轼路遇三位老人，问他们年岁。其中一人说："海水变桑田时，吾辄下一筹，尔（迩）来吾筹已满十间屋。"大意是，每次沧海变成桑田时，我就拿筹子记录，现在筹子已堆满十间屋了。后把这位老人所说的话提炼为典故"海屋添筹"，表示长寿，后作为祝寿之词。

海屋添筹，不能想当然地错写成"海屋添寿"。

刍·诌

刍 chú　会意字。甲骨文 从又（手）从艸，会以手拔草之意。金文 小篆 。隶定后楷书写作 。今简化为刍。本义就是拔草。引申指割草。又可指割草之人。

诌 zhōu　形声字。《说文》无。楷书 从言从刍（表声）。今简化为诌。本义为小声私语。引申指信口胡说，如胡诌乱扯。

刍荛（ráo，柴火），指割草伐薪之人。古时，割草打柴者地位非常低贱，故刍荛可泛指草野之人，也指浅陋的见解，多作谦辞。由此，刍荛之议、刍议也是谦辞，指自己的言论浅陋、不成熟。刍议错成"诌议"，只能是谦虚过头了。

除·锄·祛·去

除 chú　会意兼形声字。小篆 从阜（地穴上下的地窝子，阝左）从余（房舍，兼表声）。隶定后楷书写作 除。本义为宫殿前面的台阶。"大扫庭除"，这里"庭"指院落，"除"就是指台阶。慢慢地"大扫庭除"减为"大扫除"。大扫除之"除"本义还是指台阶，不过现在人们都理解成"除去"之"除"。语言发展就是这样，不过我们了解本义也是件很有意义的事情。

除夕,即农历年最后一天晚上。古人把宫殿前长长的台阶称作"除",每过一天,就好像登上一个台阶,等到一年最后一天的晚上,好似到了宫殿前最后一个台阶。踏上之后,新一年开始轮回。也有讲"除"义为去除、清除。古人认为,旧岁至此夕而除,次日即新岁,故称"除夕"。后来,"除夕"也指一年的最后一天。

"除法"之"除",是后起之义。汉朝《九章算术》里称被除数为"实",除数为"法",所除结果为"商"(因为除法过程大都是一个估算的过程,其结果称"商量"的"商"不足为怪)。过去,古人大都采用整数相除,因此"商"都比"实"来得小,也符合每登上一个台阶离宫殿距离越近的道理。参见85页"成·乘"。

锄 chú　会意兼形声字。小篆 鉏 从金从且(表声)。隶定后楷书写作鉏,俗作锄。异体作耡。现规范用锄。是助的加旁分化字。本义为锄头。

祛 qū　会意兼形声字。《说文》无。楷书祛从示从去(离去,兼表声)。本义为祭神以求消祸除灾。古时,医术掌握在巫师(巫婆指女巫师;觋,读xí,指男巫师)手中,听由他们解说,所以治疗疾病从示,即祛。

去 qù　会意字。甲骨文 从大(人)从口(地穴口),会人从地穴走出去之意。金文 。小篆 。隶定后楷书写作去。本义为离开。

除去,指去掉、除掉,如除去杂草、除去弊端。还指除了,如"他除去上班,全部精力都用来撰写书稿"。

锄除(字面义是用锄头铲除杂草)、祛除(除去疾病、疑惧、邪祟等,如祛除风寒、祛除紧张心理)、去除(除掉;除去,如去除污迹、去除顾虑)。有的治疗痦子广告,用语为"祛除痦子",也有的用"去除痦子""除掉痦子"。"祛除痦子"是不是有点太讲究了。

锄奸,就是铲除通敌的内奸,锄奸队就是锄奸的组织。锄奸,不得写作除奸,也不得写作祛奸、去奸。锄强扶弱,义为铲除强暴,扶助弱者。除恶务尽,消除坏人坏事或邪恶势力必须彻底。

楮·褚

楮 chǔ　形声字。小篆 从木从者(表声)。异体 从木从宁(贮,表声)。隶定后楷书分别写作楮与柠。今规范以楮为正体,柠为"檸"的简化字。楮,木名,即构树(也称榖树,榖读gǔ),其叶如桑,其皮可制桑皮纸,因以为纸的代称。"毫"与"楮"连用,指笔和纸。苏轼《书鄢陵王主簿所画折枝》诗之二:"若人富天巧,春色入毫楮。"

褚　多音字。会意兼形声字。小篆 从衣从赭省(赭省去赤,表红色,兼表声)。隶定后楷书写作褚。本义为古代对士兵的称呼,因为古代士卒着赭衣。后来亭长着绛衣，兵卒以绛缘衣边，皆其遗制。

读 chǔ 时，姓。

读 zhǔ 时，义为在衣服里铺丝锦，还指丝锦衣服，也指口袋。

褚没有一个义项指纸，与文房四宝无关，故不能与"毫"构成"褚毫"的用法。

参见 193 页"縠·轂·榖·穀·毂·觳"。

🔖 褚是褚的讹字。见《汉语大字典》第 5 册 2569 页。

山东省威海市荣成市有东楮岛，因遍植楮树得名。现以海草房为主要特色，被授予中国历史文化名村。

褚字虽然生僻，但在《百家姓》中却位于第十一位，是一个很奇怪的现象。一种观点是说，根据合辙押韵需要；另一种观点，《百家姓》是江浙一带某位读书人所作，唐朝褚遂良是杭州人，编者仰慕其声望，而有意将"褚"靠前排。

怵·憷

怵 chù 形声字。小篆 𢤱 从心从术（表声）。隶定后楷书写作怵。本义为恐惧、害怕。

憷 chù 会意兼形声字。《说文》无。楷书憷从心从楚（痛楚，兼表声）。本义痛苦，此义现在用楚表示。现在主要用于害怕、畏缩。常用于方言，如"这个孩子憷见生人"。

怵与憷，二字音同义近，都有害怕之义。不同在于："怵"侧重指恐惧，含义较宽；"憷"侧重指畏缩，不表示警惕、利诱等义。怵场、怵头、发怵、打怵，也作憷场、憷头、发憷、打憷，这是本着节约汉字笔画的原则来决定异形词推荐问题。

🔔 怵目惊心，同触目惊心。

怵惕，书面语言用词，义为恐惧警惕，如怵惕不宁。怵惕不可写作"憷惕"。

黜·黩

黜 chù 会意兼形声字。小篆 𪒠 从黑（墨刑）从出（表斥退，兼表声）。隶定后楷书写作黜。本义贬降、罢免、革除之义。如黜免，义为降官或革职；黜昏启圣，义为贬退昏庸之辈，开启圣明。罢黜有两义，一是废除排斥，西汉武帝在思想文化领域听从董仲舒推行的"罢黜百家，独尊儒术"，即废除其他学派思想，尊奉儒家学说。还有一义即罢免、去官。

黩 dú 形声字。小篆 𪐷 从黑从賣（表声）。隶定后楷书写作黷。今简化为黩。本义为污秽。引申指玷污或滥用、轻率、轻举妄动，如穷兵黩武，即滥用武力，肆意发动战争。

黜与默字形相近，若把罢黜错成"罢默"，就该"黜免"您优秀编辑的称号了。

揣·搋

揣 多音字。会意兼形声字。小篆 从手从耑（长出来幼苗，兼表声）。隶定后楷书写作揣。与搋同源。本义为心胸宽、度量高，引申指衡量轻重。

读 chuāi 时，义指手或物品放在衣袋等里面，还指揣手儿（两手交错放在袖子里）。方言用字，指牲畜怀孕，如"骡马揣上驹了"。

读 chuǎi 时，义为估计，如揣测、揣度、揣摸、揣摩、揣想等。

读 chuài 时，常见词有囊揣（指虚弱，懦弱，多见于早期白话；还指猪胸腹部肥而松软的肉）；挣揣（即挣扎）。

搋 chuāi　会意兼形声字。《说文》无。楷书搋从手从虒（剥虎皮，兼表声）。本义为剥虎皮。是虒的加旁分化字。引申指以手用力压和揉，如搋面。搋子，即疏通下水道的工具。

由于揣与搋同源，历史上曾经混用过，但现在分工明确。揣用力方向是向内，搋用力方向则向外。搋主要指搋子，还指搋面，其他义项搋给"揣"了。

带"虒"的汉字有：傂、搋、褫、榹、磃、螔、謕、鷈、鼶。

川·穿

川 chuān　象形字。甲骨文 象河中流水形，两边为岸。金文 、小篆 承续甲骨文字形。隶定后楷书分别写作川与巛。今巛用作偏旁。本义为河流。引申指平地、平野，如一马平川；还专指四川，如川马、川菜、川妹子。

穿 chuān　会意字。小篆 从牙（指擅长打洞的鼠牙）从穴，会穿通之意。隶定后楷书写作穿。本义为用牙齿咬啮东西使其通透为洞。现主要用作动词，如穿破、穿透、穿戴等。

孔子以"川流不息"感叹时光的飞速流逝，后多用来比喻连续不断。然而，无论是古义还是今义，都以"川"为喻体。把"川"误解成"穿"，那玩的不是穿越，而是"穿帮"。

另外，川后因平地之意，引申出道路、旅途等义。"川资"指旅途的费用，或称"盘川（缠）"。

穿·串·窜

穿 详见本页"川·穿"。

串 chuàn　象形兼指事字。串与毌同源。甲骨文 象以绳或棍穿物形。古文𦅚。金文𠂤。小篆𠔌。隶定后楷书写作毌。俗又由古文分化出一个"串"字。本义把相关的事物连贯起来成为整体。

窜 cuàn　会意兼形声字。小篆𥥍 从穴从鼠（鼠逃入穴中，兼表声），以洞穴中的老鼠会意。隶定后楷书写作竄。今简化为窜。本义为鼠逃入穴中。抱头鼠窜常形容像老鼠一样张皇逃走的狼狈相；流窜指盗匪或敌人到处流动、转移或逃跑；窜犯指盗匪或敌人流窜进犯；窜扰指盗匪或敌人流窜骚扰。窜还可指改易、更动，如窜改，即改动文字，其对象多为文章、古籍、成语等，也多含贬义。参见107页"窜·篡"。

"穿""窜"两字都有跑动的意思，最大区别是："穿"是有目标地跑，如"小张穿过这片林子就到家了"；而"窜"则是没目标地跑，如"敌人四处流窜"之类。

行人过马路是有着明确的目标的，用穿过马路。"乱穿马路"，乱穿者虽然行为不妥，但还是知道自己往哪里去的。

串，可作名词，如羊肉串。可用作动词，如电话串线了、走街串巷、串味儿。还可用作量词，如一串珍珠、两串儿糖葫芦。

"请帮我穿上十串羊肉串儿"。穿，就是用绳或签子将物体连贯起来。《咬文嚼字》2020年第6期《烤肉上的头发丝》一文中，就有"我把肉丁一个个串到竹签上"。看来，"串"与"穿"也可以互换。

【贯穿】guànchuān 动 ❶ 穿过；连通：这条公路～本省十几个县。❷ 贯串①：团结协作的精神～在整个工程的各个环节。

【贯串】guànchuàn 动 ❶ 从头到尾穿过一个或一系列事物：这部小说各篇各章都～着一个基本主题。❷ 连贯：这篇文章前后的意思～不起来。

贯穿与贯串，在"从头到尾穿过一个或一系列事物"义项是一致的，由于"穿"与"串"读音声调不同，于是错过部分义项上异形词的机会。建议横向、实在的连接用贯穿，纵向、虚无的连接用贯串。

椽·掾

椽 chuán　形声字。小篆𣛮 从木从彖（表声）。隶定后楷书写作椽。本义为椽子，是一种安放在房梁上支架屋面和瓦片的木条。有一句俗语"出头的椽子先烂"，提醒人凡事不要冲在前头。如椽大笔是说像椽子一般粗大的笔，可省作"椽笔"，用来称颂别人的文章或写作才能。大手笔与如椽大笔有关联。相传东晋书法家王珣曾梦见一人，授以如椽大笔，并称："此当有大手笔事。"次日，王珣果然被叫去为晋孝武帝写祭文。于是就有了"大手笔"典故。

掾 yuàn　形声字。小篆 🔣 从手从㒸（表声）。隶定后楷书写作掾。本义为佐助。掾吏，为官府中佐助官吏的通称。

椽是建筑材料，掾是官场中人，两字虽然形似，但意思风马牛不相及。

上计是战国、秦、汉时地方官府定期向中央呈报施政情况，作为官员考评依据的制度。上计掾就是佐理上计事务的官吏。

文学掾，或称"文学史"，省称"文学"。汉代于州郡及王国置"文学"，为后世教官之由来。魏晋以后有"文学从事"之名。

世上只有"掾吏""掾佐"，没有"椽吏""椽佐"之官职。

㧢·㩳

㧢 chuāng　后起形声字。繁体㩪从手从從（表声）。今简化为㧢。书面语言用字，义为用手或器具撞击物体，如㧢钟鼓。

㩳 sǒng　后起形声字。楷书㩳从手从双（表声）。本义为挺立、挺起，如㩳身；还用于方言，义为推，他从后面㩳了一把。

㧢与㩳，音义均不同，前者用于书面语言，后者多用于口语、方言。

㩳身是整个身体，包括肩膀；耸肩只指双肩耸动。

垂·唾

垂 chuí　象形字。甲骨文 🔣 象草木花叶下垂形，如垂头、垂柳、垂钓、垂帘等。金文 🔣 加义符阜（⻖左）。小篆承之并整齐化，分为简繁二体 🔣、🔣。隶定后楷书写作垂与陲。垂为陲的本字，现两字分工明确。古时，垂还常用于敬辞，表示对方可以居高临下，如垂顾、垂听、垂示、垂青。垂自上而下，是需要时间过程的。所以，垂也就有了由空间向时间方向的转化，如永垂不朽。

唾 tuò　会意兼形声字。小篆 🔣 从口从垂（下垂，兼表声）。隶定后楷书写作唾。异体作涶。今以唾为正体。本义为唾液。唾，本是名词，后来借作动词，指吐唾沫。唾弃、唾骂都是以"唾"表示极其厌恶、鄙视。

有人误把唾读成垂，这也是造成垂与唾错用的因素之一。

垂、唾二字，音义均不同，不能混用；但"唾手可得"由于以讹传讹，也可写成"垂手可得"。唾手（《现汉》没有列出该词条），把唾味吐在手上，"唾手可得"义为只要动手，事情就能轻松办成。垂手，是人体的一种自然状态，比喻不必动手也能把事办成。《现汉》列"垂手"，指下垂双手，举例"垂手肃立，垂手而得（形容非常容易得到）"。

垂涎三尺，形容口水往下直流，不可写作"唾涎三尺"。垂帘，即放下帘子，可指闲居无事；也用以指女后辅佐幼主临朝听政，如垂帘听政。垂怜，敬辞，即赐予怜悯，用来称对方（多指长辈或上级）对自己的怜爱和同情。

捶·棰·椎·槌·锤

捶 chuí　会意兼形声字。小篆 从手从垂（向下，兼表声）。隶定后楷书写作捶。异体作搥。今规范以捶为正体。本义为用棍棒或拳头击打。

棰 chuí　会意兼形声字。是捶的异体字。小篆 从手从垂（向下，兼表声）。俗写作桘。今捶与棰有分工。

椎　详见667页"椎·锥"。

槌 chuí　形声字。小篆 从木从追（表声）。隶定后楷书写作槌。本义为搁架蚕箔的木柱。此义古时读 zhuì。后用作"棰"，指敲打用的器具。

锤 chuí　会意兼形声字。小篆 从金从垂（下垂，兼表声）。隶定后楷书写作錘。今简化为锤。本义为古代重量单位。一说八铢，一说六铢，还说十二两。后借用为锤子。

捶、棰、椎、槌、锤，你中有我，我中有你，很难区分。捶专用于敲打，椎在读 chuí 时同"槌"和"捶"。另外，锤，侧重指金属制成的兵器，也用作敲打、锻造的工具；棰侧重指短木棍（一尺之棰，日取其半，万世不竭），也表示用棍子打；槌，侧重指木制的敲打工具，如鼓槌、棒槌（洗衣服的工具，山东个别地方称玉米为棒槌，还有的指头脑简单等）。

法槌，是法官在开庭、休庭或宣布判决、裁定及维护法庭秩序时用来敲击的槌子，作用相当于古时的惊堂木。我国法槌是木制的，槌身圆柱形，槌顶镶嵌法徽，配有方形底座。法槌，是固定词组，不得改写为法棰、法锤、法捶等。

纯·淳·醇

纯 chún　会意兼形声字。甲骨文借 （屯）表示。金文一 、金文二 加义符糸。小篆 从糸从屯（初始，兼表声）。隶定后楷书写作純。今简化为纯。本义为生蚕丝。引申指纯净、纯洁、单纯等。还用作姓。

淳 chún　会意兼形声字。小篆 从水从𦎫（炖羊肉，兼表声）。隶定后楷书写作湻。今简化为淳。本义羊肉淳厚。

醇 chún　会意兼形声字。小篆 从酉从𦎫（味道，兼表声）。隶定后楷书写作醇。本义为没有掺水的酒质深厚的酒。

纯指同一颜色的丝织品，引申指单一，再引申指质朴；淳作为醇的借用字，由味道浓厚，引申指淳厚，再引申指质朴。在这个意义上纯与淳二字相同，即淳朴也可写作纯朴。但纯还有纯粹、纯正、纯净、单纯、纯洁等义，这些词中的"纯"

就不能写作淳。

【纯美】形 纯正美好；纯洁美好：风俗~｜心灵~。

【淳美】形 厚重美好：音色~｜~的艺术享受。

【醇美】形 纯正甜美：~的嗓音｜酒味~。

【纯朴】形 单纯朴实：他来自农村，人很~。

【淳朴】形 诚实朴素：民风~。

【纯正】形 ❶纯粹①（不掺杂别的成分的）：他说的是~的普通话。❷纯洁正当：动机~。

【醇正】形 （滋味、气味等）深厚纯正：酒味~。

【淳厚】形 淳朴：风俗~。也作醇厚。

【醇厚】❶形（气味、滋味等）纯正浓厚：香味~。❷同"淳厚"。

气味、滋味、酒味等用"醇"，如醇美、醇正、醇厚等。民风民俗倾向于用"淳"，形容人的倾向于用"纯"。不过，纯、淳、醇使用时，还是要多查一下《现汉》，尽量以《现汉》为纯正的标准。

蠢·蠹

蠢 chǔn　会意兼形声字。小篆 𧎡 从䖵从春（春到万物萌动，兼表声）。隶定后楷书写作蠢。本义为虫类从冬眠中苏醒过来开始慢慢爬动。常见词有蠢蠢欲动。

蠹 dù　会意兼形声字。小篆 𧍜 从䖵从橐（处于木中，兼表声）。隶定后楷书省写作蠹。本义为蛀虫。蠹鱼，虫名，即蟫，又叫蠹虫，体小，因其身体有银白细鳞，尾分二歧，似鱼，故称。

这种虫子常蛀食衣服、书籍，亦称书鱼、纸鱼、衣鱼等。后来用蠹鱼指啃书本，或称那些死啃书本的读书人。错词"蠢鱼"，当是形近致误。

刺·剌

刺　多音字。会意兼形声字。小篆 𣌶 从刀从朿（尖刺，兼表声）。隶定后楷书写作刺。本义用尖利的东西扎。

读 cī 时，主要用于拟声，形容撕裂声、摩擦声等，如"花炮刺刺地直冒火星"。刺啦，形容撕裂声、迅速萌动声，如"刺啦一声，衣服被撕了个口子"。刺棱，形容动作迅速，如"猫刺棱就蹿到树上去了"。刺溜，形容脚底下滑动的声音或东西迅速滑过的声音，如"刺溜一下，我摔倒了"。

读 cì 时，由本义引申为刺激，如刺眼、刺耳、刺鼻等。刺字叠用为"刺刺"，辞书释为"多言貌"。刺刺不休，指说话没完没了，唠叨。

剌　多音字。会意字。甲骨文 🈺 从刀从束，会用刀将捆绑割开之意。金文 🈺，小篆 🈺。隶定后楷书写作剌。本义为将捆绑割开。捆上又割开，前后行为悖谬，于是引申出乖戾，如剌戾，就是指言语行为等不合情理。

读lá时，同拉(lá)。义为刀刃与物件接触，使其割开，如"手上剌了一个口子"。

读là时，常见词乖剌。剌字重叠成"剌剌"用为象声词，形容风声、拍击声、破裂声，亦可用来形容燥热。

刺与剌，用放大镜才能看出微小差别，所以逼得我们遇到两字一定小心为上。刺刺与剌剌，都能连用，也得注意。

刺史，又称刺使，职官。"刺"是检核问事的意思，即监察之职。"史"为"御史"之意。刺史，不得写作"剌史"。

说了刺史，再来谈谈剌王。剌为恶谥，与"厉""丑""炀"一样，是批评某人违背礼义的恶行的。剌王，不可写作"刺王"，否则就是想刺杀大王了。😊

辍·缀

辍 chuò　会意兼形声字。小篆 🈺 从車从叕（表连缀，兼表声）。隶定后楷书写作輟。今简化为辍。本义指车队行列间断又连接起来，此义现在已不用。引申指车停下来，再引申指停止。辍笔指写作或作画中途停笔，辍学指中途停止上学。

缀 zhuì　会意兼形声字。小篆 🈺 从糸从叕（连接，兼表声）。隶定后楷书写作綴。今简化为缀。本义是用线缝合，如"我给的你扣子再缀上两针"。引申指联结、组合。由于写文章是把单个的字句连接成篇章的，故而也可称"缀"，如缀文。还引申指装饰，如点缀。

不辍，即不止、不绝、连续不断。弦歌不辍，指弹琴唱歌声音不断，也用以指称教学活动一直没有间断。笔耕，即以笔代耕，指以笔墨著述谋生。后引申指写作、画画等。笔耕不辍，意思是写作、画画不停止。笔耕不辍，不能错写成"笔耕不缀"。

词·辞

词 cí　会意字。小篆 🈺 从言从司（主管），表示意主于内而言发于外之意。隶定后楷书写作詞。今简化为词。是辞的分化字。本义当为发语，吐辞。

辞 cí　会意字。金文一形 🈺 从𤔔（梳理丝）从司（掌管），用辨理刑狱会讼辞之意；二形 🈺 另加义符言与辛（刑罰），以突出辨析刑狱之意；三形 🈺 省为从辛从台（表声）。古文 🈺、小篆一 🈺 承接金文并整齐化，小篆二 🈺 从受从辛，用接受刑罚人将拒绝会不受之意。隶定后楷书分别写作嗣、辞、辭、辤。俗又承接金文二形省作辞。今规范以辞为正体。本义为讼词，口供。

词与辞的区别。先有"辞",后分化出"词"。

用于言语,"词"指词语、词汇,"辞"指言辞、话语,如歌词、名词、词组等中的词不能写作"辞",有些传统意义上用"辞"的地方,现在也多用作"词",如致词、答词、悼词。用作文体,"词"指诗词,"辞"指楚辞。

在言辞、文辞、文学体裁等方面,二者可互换,于是形成一大组异形词。

辞赋,也作词赋。　　辞令,也作词令。　　辞藻,也作词藻。
辞章,也作词章。　　敬辞,也作敬词。　　谦辞,也作谦词。
婉辞,也作婉词。　　猥辞,也作猥词。　　文辞,也作文词。
虚辞,也作虚词。　　言辞,也作言词。　　诔辞,也作诔词。
致辞,也作致词。　　词讼,也作辞讼。　　贺词,也作贺辞。
遣词,也作遣辞。　　托词,也作托辞。　　挽词,也作挽辞。
微词,也作微辞。　　谢词,也作谢辞。　　祝词,也作祝辞。

夸大其词,也作夸大其辞。义正词严,也作义正辞严。振振有词,也作振振有辞。

瓷·磁

瓷 cí　会意兼形声字。小篆 从瓦从次(次表第二,指陶坯第一次入窑,炼制成粗瓦器,再涂釉绘彩后二次进窑,出来就是瓷,兼表声)。隶定后楷书写作瓷。本义为瓷器。用高岭土等烧制成的材料,质硬而脆,白色或发黄,比陶质细致。瓷是陶器中质地紧、色泽美的。后来,瓷与陶分隔开来。但陶器与瓷器合称陶瓷。我国陶都在江苏宜兴丁蜀镇,瓷都在江西景德镇。

磁 cí　会意兼形声字。《说文》无。楷书本作礠从石从慈(母爱具有强烈吸附性,兼表声),俗省作磁,改为从石从兹(表声)。本义为磁石,即吸铁石。

汉朝,就将"磁"与"瓷"二字看成了两个不同的概念,分别表示两种不同的物质。唐朝,就出现了"磁"与"瓷"混用的现象。宋朝是我国生产瓷器的鼎盛时期,史料上亦有"磁"与"瓷"同用的现象。元代以后,"磁"与"瓷"混用的现象更多。为何磁、瓷不分,原因在于磁州窑。磁州窑在今河北磁县,宋代属磁州。磁州窑产品畅销,时人称之为磁器(磁州生产的瓷器)。由于磁和瓷音相同,于是磁、瓷不分了。

北京磁器口因瓷器扎堆而得名,但路牌上却是磁器口。重庆磁器口古镇位于重庆市沙坪坝区嘉陵江畔,因瓷器闻名于世,后称之为磁器口古镇,属国家AAAA景区。磁窑镇,泰安市宁阳县东部,磁窑因唐宋时期古磁窑址(属磁州窑传承)而得名。因位于南京和北京中间,又称"中京"。

如今《现汉》在"磁[2]"释义为:旧同"瓷"。因而磁砖将退休歇息了。带有磁性用磁，属于高岭土烧制的用瓷。但在地名用字上，还是要沿用历史上的称呼。

瓷器与磁器是异形词，瓷器为推荐词条。

磁漆，漆的一种，用清漆、颜料等制成，用来涂饰机器、家具等，也作瓷漆。

鹚·鹭

鹚 cí 形声字。小篆 从鸟从兹（表声）。隶定后楷书写作鹚。今简化为鹚。鸬(lú)鹚，羽毛黑色，有绿、蓝、紫色光泽，嘴扁而长，暗黑色，上嘴的尖端有钩。喉下囊袋，名之曰鸬鹚袋。通称鱼鹰，有的地方叫墨鸦。

鹭 sī 会意兼形声字。《说文》无。楷书 从鸟从丝（毛如丝，兼表声）。今简化为鹭。鹭(lù)鸶，嘴直而尖，颈长，飞翔时缩着颈，生活在水边。鹭鸶，江南民间称"长脚鹭鸶"。因其腿长，善涉水捕食小鱼虾而得名。因其羽毛白色，又名白鹭。羽毛灰色的则称灰鹭。

鸬鹚与鹭鸶都抓鱼，但前者为主人劳作(主人偶尔犒赏一下)，后者为自己生活奔波。

次·顺·秩

次 cì 象形兼会意兼形声字。甲骨文 、 象人张口连连打喷嚏形。金文 。小篆 将口讹为三缕气，将口水讹为二，遂变成从欠从二会意，二也兼表声。隶定后楷书写作次。本义为连连打喷嚏。本义读 zì，引申指放纵，此义后写作"恣"。喷嚏自然有前后，遂引申指排在前项之后的，读音也改为 cì。

顺 shùn 会意字。金文 从页（头）从巛（川），会人的思路好似水流一样顺畅。小篆 整齐化。隶定后楷书写作顺。今简化为顺。本义当作依从。

秩 详见 594 页"轶·秩"。

【次序】名 事物在空间或时间上排列的先后：按照~入场｜这些文件已经整理过，不要把~弄乱了。

【秩序】名 有条理、不混乱的情况：~井然｜遵守会场~。

【顺序】❶名 次序：~紊乱｜~颠倒。❷副 顺着次序：~前进｜~退场。

【顺次】副 挨着次序：~排列｜~入座。

次序从实具体，秩序虚化抽象。次序做得好，秩序自然就不会乱，可以说次序是秩序的前提。顺序可与次序互换，顺次只作副词，与顺序副词项相近。

次序是人为的一种行为，如"按职务高低排序""姓名笔画排序""按一至五年级依次入场"。"排名不分先后"，这种表达是无序的。既然排了就存在前后，是按先来后到排，还是根据什么的，总得有个理由。本来想不得罪所列单位或个人，结果还是令人不满。

凑·奏

凑 còu　会意兼形声字。小篆 🉂 从水从奏（奏献新禾，兼表声）。隶定后楷书写作凑。俗简作凑。本义为人在水边聚集、汇合。引申指碰、赶，如凑巧、凑热闹。再引申接近，如"他往前凑了凑"。

奏 zòu　会意字。甲骨文 🉂 是双手持禾奉献给神祖尝新之意。金文 🉂。小篆 🉂。隶定后楷书写作奏。本义为进献神祖。引申指臣子对帝王陈述意见或说明事情，如启奏、奏议、奏上一本。再引申指演奏，如合奏、伴奏、奏唱国歌。

"奏效"源自《战国策》中苏秦用连横之策游说秦惠王："以大王之贤，士民之众，车骑之用，兵法之教，可以并诸侯，吞天下，称帝而治，愿大王少留意，臣请奏其效。""奏"是陈述的意思，"奏其效"即陈述其功效。后用"奏效"指收效、见效以及发生预期的效果。

"凑"有会合、接近、碰、赶等义，与"效"组成"凑效"说不通，更无从谈效果。

"黄肠题凑"是我国古时的一种丧葬制度，是帝王陵墓中的重要组成部分。《汉书·霍光传》："柏木黄心致累棺外，故曰黄肠。木头皆向内，故曰题凑。""黄肠"是指用去皮后的柏木黄心累积于棺外，以木色淡黄而得名。"题凑"中的"题"指的是柏木的头，"凑"，以头向内。黄肠题凑，切莫错写成"黄杨题凑"。

辏，读 còu，义为车轮的辐集中到毂上，如辐辏；引申指聚焦，如辏集、辏石累卵。腠，读 còu。腠理，中医指皮肤等的纹理和皮下肌肉的空隙。

殂·俎

殂 cú　形声字。古文 🉂 从歹从乍（表声）。小篆 🉂 从歹从且（表声）。隶定后楷书写作殐与殂。今规范以殂为正体。是徂的换旁分化字。本义为死亡。

俎 zǔ　会意字。俎与宜同源，后因表义侧重点不同，分化为两个字。甲骨文 🉂 从且（雄性生殖器）从多（两块肉），会在神祖前的几案上摆放牛羊等祭品进行祭祀之意。金文 🉂 为了强调几案，便给"且"加出腿并将肉移至"且"右侧。小篆 🉂。隶定后楷书写作俎。本义为古代祭祀时放置祭品礼器。

俎与豆（形似高足盘）合称俎豆，祭祀礼器。俎也作食器，与盛酒"樽"合称为樽俎，泛指盛酒食之器。俎后来引申指切肉用的砧板，如"俎上肉"（比喻任人宰割）。

俎常用词有俎逝、俎殒。刀俎即刀和砧板，是宰割的工具，亦喻宰割者。"刀殂"是想当然后的组合，语意不通。

🖊 《酉阳杂俎》，唐朝段成式（今淄博临淄区人）撰写。前集二十卷，分玉格、贝编、物异、诺皋记、广动植等三十篇；续集十卷，分贬误、寺塔记等六篇。所记奇且繁，或录秘藏，或叙异事。

《酉阳杂俎》乃段成式随父入蜀时所撰，"以二酉山多藏奇书而蜀在大酉之阳"，故冠名如此。湖南沅陵有大酉、小酉二山，相传为黄帝藏书之所，而段家"多奇篇秘籍"，亦堪比二酉。书名的酉阳，并非今重庆市之酉阳土家族苗族自治县，而是指蜀地。

在《酉阳杂俎》自序里，段成式谦称"无若诗书之味大羹，史为折俎，子为醢醢。炙鸮羞鳖，岂容下箸乎？""炙鸮羞鳖"（炙鸮就是烤猫头鹰，羞鳖见下文），自嘲小册子上不了台面，所以只敢叫"杂俎"。

在周礼中，羹分级别。清水炖肉，叫作"大羹"，用来祭祀先祖，以示不忘本来；折俎，原指在祭祀时将祭品肢解放到礼器上，后引申为"从关节处拆开的大块肉"；醢醢，肉酱。段成式将"经"比作大羹，"史"比作正菜，"子"比作肉酱。

"羞鳖"出自《国语·鲁语下》：一天，鲁国大夫公父文伯请客，上了道炖鳖，鳖很小，但公父文伯仍然殷勤招呼大家尝尝。不料，有位客人忽然起身离席，冷冰冰道："看来来得不是时候，等这些鳖长大了我再来吃吧！"说完愤愤离席。公父文伯好一顿尴尬，吃完饭后就跑去跟母亲抱怨，没想到母亲大怒："你怎么能给客人吃小鳖呢！有没有点礼貌了？我没有你这样的儿子！"把公父文伯赶出了家门。后来，羞鳖就引申出母教子的意思。

卒·猝

卒 多音字。会意字。甲骨文 🈯 从衣从一或二个×（象征衣上标记），会带有标记的衣服之意。这是古代隶役穿的一种衣服，用标记以示区别。金文 🈯 将标记简化为一斜道。小篆 🈯 整齐化。隶定后楷书写作卒。本义就是古代供隶役人员穿的带标记的衣服。引申指服役的士兵，如中国象棋黑方5个棋子"卒"。

读 cù 时，同"猝"。常用词为卒中，通称中风。

读 zú 时，指本义以及引申出来的义项，如兵（小卒，马前卒）；差役，如走卒；姓。还指完毕、结束、到底、终于，也指死，如生卒年月。

猝 详见106页"猝·瘁"。

🖊 卒与士的异同。二者都指军人，不同在于，卒指步卒，作战时徒步行进；士则在战车上。

猝·瘁

猝 cù　形声字。小篆 𤜵 从犬从卒（表声）。隶定后楷书写作猝。古时也借"卒"表示。本义为犬从草丛中突然冲出来追赶人。引申为突然、立即之义，如猝然、猝不及防。

瘁　详见 109 页"瘁·粹"。

瘁读 cuì 时，有劳累、忧愁等意思。尽瘁，就是竭尽心力之义。鞠躬尽瘁，是说恭敬谨慎，竭尽心力。

猝与瘁，可从形旁加以区分。鞠躬尽瘁，断断不能写作"鞠躬尽猝"，否则本是赞扬的成语改成诅咒之语了，后果自负。☺ 参见 295 页"掬·鞠"。

蹿·窜

蹿 cuān　后起会意兼形声字。楷书躥从足从竄（即窜，兼表声）。今简化为蹿。本义为向前或向上纵跳。蹿，本是窜的后起字，主要分担"窜"字的"逃跑""奔跑"义。近代此义已基本不用，现代汉语中蹿常指"向前或向上跳"。也喻指"向上猛长"（蹿个儿）。也指"迅速上升"（蹿升）。现在蹿还指往上冒、喷射等，如蹿火，即冒火；蹿血，即冒血。

窜　详见 96 页"穿·串·窜"。

蹿是窜加旁分化字，故两者打断骨头连着筋。但两者现在分工日趋明确，窜的字义重在"逃"，蹿的字义重在"跳"。蹿是向前或向上，窜是平面或向下。如"猫一下子蹿到树上，随后又窜下树来，再窜进下水道"。

窜（竄）本义与老鼠有关，用"窜"的词语，其行为动作往往带有躲躲藏藏的特征，就像老鼠一样不想让人知道。窜带有贬义色彩。窜入，大致相当于"逃入"，是一种被动行为。蹿入，大致相当于"跳入"，是一种主动行为。

汆·氽

汆 cuān　后起会意字。楷书汆从入从水。本义是一种烹调方法，把食物放到沸水里稍微一煮，如汆丸子、汆汤。俗语中将那些尽耍嘴皮子不办真事叫作片儿汤汆丸子。汆子，烧水用的薄铁筒，细圆柱形，可以插入炉子口里，使水开得快。

氽 tǔn　后起会意字。楷书氽从人从水，表示漂浮，常用于方言，如"木板在水上氽"。引申出另一个义项就是烹调方法，即用油炸，如油氽花生米。

汆与氽，相似度 99%，所以，稍不留神，就会混了。汆网是用来将泡发好的线粉放入沸水里稍微煮一下的厨具，当然不能用"氽"。

撺·蹿

撺 cuān 形声字。《说文》无。楷书㩃从手从竄（表声）。今简化为撺。本义指抛、扔，如撺箱（宋元时期官府用箱子接纳状纸，告状人把状纸投入箱中，称撺箱），还可指怂恿、唆使别人干坏事，如撺哄（怂恿、哄骗）。撺掇也称撺弄，指鼓动、怂恿。还指匆忙地做，如临时现撺。方言中还指发怒，如"她一听这话就撺儿了"。

蹿 详见 106 页"蹿·窜"。

撺与蹿，一个从手一个从足，可从形符上进行区分。

✍ 镩，读 cuān，一种凿冰的工具，头部尖，有的有倒钩，如冰镩。还用作动词，指用镩凿冰。

篡·纂

篡 cuàn 会意兼形声字。小篆篡从厶（私的本字）从算（算计，兼表声）。隶定后楷书写作篡。本义夺取。古代多指臣子夺取君主的地位，也可指为了一己之私利，用作伪手段来改动文件或典籍。

纂 zuǎn 形声字。小篆纂从糸从算（表声）。隶定后楷书写作纂。本义指赤色的丝带。凡丝带皆按一定的规则编织而成，由此引申出编排整理的意思。编纂，既可指出版意义上的编辑，也可指写作意义上的撰修。

纂是中性词，篡是贬义词，在感情色彩上不能混为一谈。

参见本页"窜·篡"和 96 页"穿·串·窜"。

窜·篡

窜 详见 96 页"穿·串·窜"。窜主要义项有两个：一是乱跑、逃亡，如抱头鼠窜；二是改动（文字），如点窜。窜改，指文字上有所改动，有贬义色彩，改动的是具体的文字，多用于文章、古籍、账目、成语等。

篡 详见本页"篡·纂"。

窜改与篡改都有改动的意思，但涉及的对象不同。窜改，具体地，小改；篡改，抽象地，大改。

催·摧

催 cuī 形声字。小篆催从人从崔（表声）。隶定后楷书写作催。本义就是催促人赶快行动起来。

摧 cuī 会意兼形声字。甲骨文从（攴，手持棍棒）从隹（短尾鸟，兼表声），会扑打鸟之意。小篆 摧 改为从手从崔（表声）。隶定后楷书写作摧。本义为推挤，也表示挤压、击打而毁坏。

"悲催"大致出现于 2010 年，但当年用例尚不多，到 2011 年"悲催"呈激增乃至"井喷"之势。悲催，从字面上来看意思是"悲惨得催人泪下"，一般表示不称意、不顺心、失败、伤心、悔恨等意思。

"悲摧"一词古已有之。古诗《孔雀东南飞》里，刘兰芝被休回娘家，"兰芝惭阿母：'儿实无罪过。'阿母大悲摧"，"悲摧"即哀伤。

随着"悲催"在互联网上的流行，一度休眠的古语词"悲摧"被重新激活。就在这个大背景下，《现汉》第 7 版开始收录悲催、悲摧两个词。

【悲催】形 ❶悲情而催人泪下的：～的故事结局。❷倒霉；不幸：刚买的手机就丢了，真～。

【悲摧】〈书〉形 悲伤：心中大～。

萃·粹

萃 cuì 形声字。小篆 萃 从艸（艹）从卒（表声）。隶定后楷书写作萃。本义为草木丛生的样子。引申指聚集，如荟萃、集萃、萃聚、群英萃聚，再引申指聚在一起的人或事物，如文萃、出类拔萃（形容人的品德、才能超出同类之上）。萃取，指在混合物中加入某种溶剂，利用混合物的各种成分在溶剂中溶解度不同而将它们分离。萃还用作姓。

粹 cuì 形声字。小篆 粹 从米从卒（表声）。隶定后楷书写作粹。本义纯净无杂质的米。引申泛指纯净，不掺杂别的成分，如纯粹、粹白（指纯白，如粹白之裘），粹而不杂。又引申指精华，即美好的东西，如精粹、国粹。国粹指的是一个国家固有文化中的精华。中国京剧、中国画、中国医学，被世人称为中国三大国粹。

从以上我们不难看出，萃字组成的词或成语皆为褒义，但褒义程度远不及粹。

"精粹"误为"精萃"。"精""粹"都是名词，两者并列，引申指提炼出的好东西。"萃"常用义为集聚，是动词，如荟萃、集萃等，没有精华的意思。经常见到的"精萃"组合，完全是拉郎配。

有一家出版单位编辑发行了《时文选粹》资料，还有一家出版单位出版了《中国汉画像石粹编》图书。粹为精华，"选粹"义为选出的结果，还是指选出的过程呢？《时文选粹》好像指选出的结果，那与粹本身就是选出的精华有点叠床架屋。"粹编"有点模仿萃聚，似乎也不在理。读者朋友，您怎么看？

啐·晬

啐 cuì　形声字。小篆 ![xx] 从口从卒（表声）。隶定后楷书写作啐。本义是尝、小饮。后来意义逆向转移，由"入口"转指"出口"，即用力从口中吐出。引申指向人吐唾沫或发出吐唾沫的声音，表示鄙视或愤怒。

晬 zuì　后起形声字。楷书晬从日从卒（表声）。义为婴儿满百日或满一岁。旧俗婴儿满周岁时，用盘子盛弓箭、纸笔、玩器、针线等让婴儿抓取（也称抓周），以卜其一生的志趣。这就是"试儿晬盘"。

"晬语"，谦辞，意谓自己的诗论零碎无章。

《说诗晬语》是清代诗人沈德潜的诗话。作者在该书题记中说："命曰晬语，拟之试儿晬盘，遇物杂陈，略无诠次也。"若误为"说诗啐语"，那会遭世人啐的。

啐·淬

啐　详见本页"啐·晬"。

淬 cuì　形声字。小篆 ![xx] 从水从卒（表声）。隶定后楷书写作淬。异体为焠。现规范用淬。本义是一种古老的锻造工艺，即把烧红的金属工件浸入冷却剂（如油、水）中，急速冷却，以增强硬度，称为淬火。这种传统工艺，在现代加工业中得到了继承。"淬"引申指锻炼（淬砺、淬炼）等义。淬炼即是指淬火和冶炼，比喻不断精进以求完美。

淬炼，不得写作"粹炼""萃炼"。啐唾沫，不得写成"淬唾沫"。

瘁·粹

瘁 cuì　形声字。《说文》无。楷书瘁从疒从卒（表声）。本义为病困。引申指劳累，如心力交瘁（精神和体力都极度疲劳）。鞠躬尽瘁形容弯下身子，恭敬、谨慎地费尽了心力，忠诚于某一事业，以此作为人生的全部追求。它还与死而后已连起来用，表示"鞠躬尽瘁"直到死后才停止，且死而无悔。历史上最著名的范例，莫过于诸葛亮对蜀主的"鞠躬尽瘁，死而后已"。

粹　详见 108 页"萃·粹"。

粹与米有关，与劳累毫不相干，写成"鞠躬尽粹"天理难容。"瘁"与"粹"音同义异，切不可混用。参见 295 页"掬·鞠"。

皴·浚

皴 cūn　形声字。小篆 ![字形] 从皮从夋（表声）。隶定后楷书写作皴。本义为皮肤因受冻或风吹而粗糙起皱或裂口。

浚　详见 301 页"峻·浚·竣"。

皴染，中国画技法中的皴法和渲染。皴法是表现山石、峰峦和树身表皮的脉络纹理的画法。画时先勾出轮廓，再用淡干墨侧笔画出山石的纹理和阴阳面。渲染，是指以水墨或淡彩涂染画面，以烘染物像。

表现山石的主要有长短披麻皴（其状如麻披散而错落交搭，故曰披麻皴）、大小斧劈皴（如刀砍斧劈，故称为斧劈皴。笔线细则为小斧劈，反之则为大斧劈）等。这里的"披"与"劈"不能混淆。皴染，不能错写成"浚染"。

寸·吋

寸 cùn　指事字。小篆 ![字形]，从又（手）从一（指明寸脉所在之处），表示寸口。隶定后楷书写作寸。古人将寸口至手腕定为一寸，可以说是古时最小长度单位。寸由长度单位引申出极小等意思来，如一寸光阴一寸金、谁言寸草心、手无寸铁、鼠目寸光、寸步不离。方言还指真凑巧，如"真寸，上午刚洗了车下午就下雨了"。寸作为部首，相当一部分与手的动作、尺寸或标准等义有关，某种意义上寸就是手的形象代言人。（寸的又音 cǔn，通忖。《现汉》未收。可能与其已分化专用为"忖"有关）

吋 cùn　又 yīngcùn　后起复音字。复音字，主要是指部分计量单位名称旧译名中特造的。如吋、哩、呎等。这些复音字，违反了一个汉字一个音节的规律。如果读成单节，如把"吋"读成 cùn，则容易与我国市制的"寸"相混。《现汉》：量 英寸旧也作吋。

众所周知，"寸"是市制计量单位。为了实现计量单位名称统一化，我国有关部门 1959 年确定以米制（即公制，常见有千米、米、分米、厘米、毫米）为国家基本计量制度。1984 年 2 月 27 日，国务院《关于在我国统一实行法定计量单位的命令》指出，市制计量单位"可以延续使用到 1990 年，1990 年底以前要完成向国家法定计量单位的过渡"。不过直到今天，报刊上的长度单位常用"寸"来表示，对此我们要辩证看待。一是在官方发布文件中，应该坚决使用法定计量单位；二是生活中人们毕竟受到几千年来传统计量单位影响，所以我们没有办法也没有权力去阻止人们使用"丈、尺、寸"，报刊上如果是刊登百姓说的话或生活场景，那"丈、尺、寸"就应该有其位置。

另外，我国在提到某些境外的人或物，或从境外引进设备器材时，习惯上使用英制计量单位。电视机的大小是根据电视机屏幕对角线的尺寸来确定的。例如29英寸的彩电，其对角线长度就是29英寸。电脑、照片也是如此。

当"英寸"引入我国时，翻译用的字便是"吋"，以区别于我国原有的市制"寸"。这个"吋"字古已有之，读音为 dòu，意思是呵斥声，故其字从口。

1977年7月20日，中国文字改革委员会和国家标准计量局下发《关于部分计量单位名称统一用字的通知》，淘汰了20个旧的译名用字，其中选定用"英寸"取代"吋"。不过，被淘汰的"吋"字，至今仍活跃在媒体特别广告上。这里要提请商家，做广告时，该写英寸不能省作寸或吋。

磋·蹉

磋 cuō 会意兼形声字。《说文》无。楷书磋从石从差（磨搓，兼表声）。本义指加工象牙。古人同样表示加工，因材质不同而用字不同：骨谓之切，象谓之磋，玉谓之琢，石谓之磨。因磨制东西需来回反复，又引申出研究、讨论的义项。"切磋""琢磨"即反复研讨、商量。

蹉 cuō 会意兼形声字。小篆䠱从足从差（错开，兼表声）。隶定后楷书写作蹉。本义为跌跤。引申为失误。一般不单用，组词成"蹉跎"，意思是时光白白耽误过去，如蹉跎岁月、日月蹉跎。

1982年，笔者从叶辛长篇小说《蹉跎岁月》改编成电视剧之后，才认识"蹉跎"一词，尤其是听了关牧村演唱的《蹉跎岁月》主题歌，对"蹉跎岁月"有了更深的理解。

磋与蹉，从形旁石和足可以轻松搞定。

✎ 差，给人感觉不爽，但组字功能一点不差。

瑳，读 cuō，玉色明亮洁白，也泛指颜色洁白。

嵯，读 cuó，嵯峨，形容山势高峻。

瘥，读 cuó 时，书面用语，义为病；读 chài 时，书面用语，义为病愈。

矬·锉

矬 cuó 《说文》无。楷书矬从矢从坐（兼表声）。古代度量长短以矢作为尺度，故从矢。本义为身材短小。

锉 cuò 形声字。小篆銼从金从坐（表声）。隶定后楷书写作銼。今简化为锉。本义为一种小锅。后借用作"挫"，表示挫败。再后来又指一种磨削金属或竹木的钢制工具。也称锉刀、锉子。通常为条形，多刃。按横剖面不同，可分为扁锉、方锉、三角锉等。

锉子，指身材短小的人。俗话中有"锉子里面拔将军"，意思大概是将就，非文明用语。如把锉子错成"矬子"，那就大错特错了，反之也不该。

古时，矢是有严格规制的，长度通常是一致的，且并不长。所以古人把矢作为随身携带的尺子使用。矢部首内汉字大都不高，如短、矮、锉等。

据说，有一天武则天看着"射"与"矮"两个字发愣，随后叫来大臣说："射，一个身子只有一寸高，那不是矮吗？矮，矢就是箭，委有抛出的意思，那不是射吗？"在场大臣们为武则天惊天大发现点头称赞，但一位大臣却提出不同意见。他搬出"射"的金文 𰀀、小篆 𰀀，说"身"是由弓箭演变的，寸是由"射"金文手变化而来；"矮"小篆 𰀀 从矢从委（萎缩就短小）。

一番解释之后，武则天并没坚持己见，要不然"矮击""小射人"准会让您丈二和尚摸不着脑袋瓜子。

D

打·沓

打 多音字。会意兼形声字。小篆从手从丁（钉子，兼表声）。隶定后楷书写作打。本义为手持工具敲打钉子。

读 dá 时，量词。12 个为一打。外来词，英语 dozen 音译的省略。如一打铅笔就是 12 支铅笔，两打毛巾就是 24 条毛巾。

读 dǎ 时，由本义引申出很多义项。如殴打、攻打、打毛衣、打针等。

沓 多音字。会意字。小篆从曰从水，会废话多如流水滔滔不绝之意。隶定后楷书写作沓。本义为话多。

读 dá 时，量词。用于重叠起来的纸张和其他薄的东西（一般不很厚）。如一沓子钞票。沓只表示量不多而不表示确数，如一沓信纸是多少张不能确定。

读 tà 时，由本义话多引申开来。话多则易重复，并且往往杂乱，所以"沓"引申出重复、杂乱等意思。杂沓，即杂乱。纷沓，即纷繁杂乱。纷至沓来意思是纷纷地、接连不断地到来。

"一打钱"照字面讲，是 12 张。但笔者认为，钞票不是以"打"来计数的。"一打钱"应改为"一沓钱"。纷至沓来，不得写作"纷至踏来"。"踏来"，让人联想到踏歌而来，没有"踏来"这个词。

沓·杳

沓 详见本页"打·沓"。

杳 yǎo 会意字。甲骨文上木下日，会幽暗之意。小篆。隶定后楷书写作杳。太阳落到树下，光线昏暗不明，本义为幽暗、深幽、昏暗。后引申为看不见踪影。杳无音讯、杳无踪迹、音信杳无、音信杳然，其"杳"都是"不见踪影"的意思。这里注意音讯与音信是有区别的。

沓与杳，不要受"幽暗"影响哦。

待·代

待 多音字。会意兼形声字。小篆从彳（街道）从寺（表声，也表侍立之意）。隶定后楷书写作待。本义为等待。

读 dāi 时，待也作呆。如"你在济南待了几年？"也可写作"你在济南呆了几年？”从感情的角度看，对方肯定愿意您写“待”几年。当然，“哪儿凉快上哪儿呆着去！”恐怕用“呆”更能表达说话者的心声。

读 dài 时，义为对待、等待。

代 dài　形声字。小篆从人从弋（表声）。隶定后楷书写作代。本义为替换，如新陈代谢、代课、代办、取代、替代等。引申义很多，诸如临时管理，如代校长、代理。还指朝代等。

以逸待劳，指两军争战时采取守势，养精蓄锐，等待敌人疲劳时再出击。而“代”的本义为更迭、代替，没有等候的意思。以“代”换“待”，是代替不了的。

汏·汰

汏 dà　参阅下文“汰”。本义是洗洗涮涮。常用于方言。汏头就是洗头，汏衣裳就是洗衣裳。

汰 tài　会意兼形声字。小篆是一人双手撩水洗浴形，或简化为从水从大（兼表声）会意。隶定后楷书分别写作泰与汏。汏俗作汰。本义指洗澡。引申指淘洗米、豆等。再引申指淘汰。

汏石子，现代建筑常用的类似天然石材的外墙装饰。先用水泥、颜料和细如米粒的石子，加水拌和，涂抹于墙面上，待水泥浆半凝固时，洗刷去面层上的水泥浆，使石子外表裸露，硬结后即成。也叫水刷石。

汏，方言词，上海方言里有“买汏烧”，特指买菜洗菜做饭的过程。上海方言还利用谐音，把心灵手巧、善于持家的主妇称为“马大嫂”。

买汏烧不要写作“买汰烧”，不然谐音成“埋汰嫂”，“马大嫂”会挠您的。

迨·殆

迨 dài　形声字。《说文》无。楷书迨从辵（辶）从台（表声）。本义为相及，赶上，达到。

殆 dài　形声字。小篆从歹从台（表声）。隶定后楷书写作殆。本义为危险。如“知彼知己，百战不殆”。引申出几乎，差不多。如“财产损失殆尽”。

学养不迨常用于谦辞，指自己学养还达不到。而“学养不殆”讲不通，真这么写，说明您学养的确有较大差距。

带·戴

带 dài　象形字。甲骨文象系佩之形。金文。小篆。隶定后楷书写作带。本义为系在腰间的带子，用皮、布等制成的长条状饰物。《说文》解释是古代士大夫束衣的腰带，故象系佩之形。绅士一词便由此而来。由带的形状、功用，引申出提携、引领等义，如带领。

戴 dài 形声字。異，甲骨文中 ![figure] 为人头上戴物，两手奉之之形。異，简化字为异，是戴的本字。头上戴物，相当于化装，于是就有了变化，变化就是异也。小篆 戴 从異从𢦏（表声）。本来戴仅指头上戴，后来发展颈上可以戴项链，胸前可以戴大红花，手上可以戴手表……由于戴的本义是加之于头，因而又引申出尊奉、崇敬等义，如爱戴、拥戴、感恩戴德等。还用作姓。

作为单音词，戴、带较易区分，如戴帽、戴花，不能写作带帽、带花；带电、带兵，不能写作戴电、戴兵。1980年，由于洋执导的《带手铐的旅客》在全国引起强烈反响。最初片名用的是"带"，给人感觉这位旅客是带着手铐的警察，其实是被冤害的"犯人"。后来有观众提出疑问，如今许多网站都改为《戴手铐的旅客》。

现在，专家们基本倾向于，有固定位置称之为戴，除此之外用带，如"你带把手枪"（这把手枪既可以别在腰上，也可悬挂在胳肢窝里）。还有戴常于固定，而带则有动的感觉。由于戴有顶在头上之义，故"披星戴月"优于"披星带月"。

《咬文嚼字》编辑部发布"2020年十大语文差错"，其中第二条"戴口罩"误为"带口罩"。戴口罩是有效的防疫措施，在相关宣传中常被误为"带口罩"。"戴"指把物品加在能发挥其功用的身体某一部位，"带"指随身携带、拿着某物品。戴口罩指将口罩正确地加于口鼻之上，"带口罩"即随身携带、拿着口罩。

贷·怠

贷 dài 形声字。有两个来源。小篆一 贷 从贝从代（表声），小篆二 貣 从贝从弋（表声）。隶定后楷书分别写作贷与貣。今皆简化为贷。本义为施予、给予。貣本义向人求物。引申指借出，又指借入，如贷款。由施予，又引申指宽恕，如严惩不贷。再引申指推卸，如责无旁贷。

怠 dài 形声字。小篆 怠 从心从台（表声）。隶定后楷书写作怠。本义为轻慢、不恭敬。引申指懒惰、松懈等，如懈怠、怠惰。

严惩不贷指严厉惩罚，决不宽恕。"严惩"和"不贷"在逻辑上是前后呼应的，是媒体的高频用词，常被误成"严惩不怠""严惩不殆""严惩不待"等。

殚·瘅·惮

殚 dān 形声字。小篆 殫 从歹从單（表声）。隶定后楷书写作殫。今简化为殚。本义为极尽、用尽、竭尽的意思。

瘅 多音字。形声字。小篆 癉 从疒从單（表声）。隶定后楷书写作癉。今简化为瘅。本义因劳苦而病。

读 dān 时，瘅疟，中医指疟疾的一种。

读 dàn 时，义为由于劳累而得的病。还指憎恨，如彰善瘅恶（表扬好的，憎恨坏的）。

惮 dàn　形声字。小篆惮从心从單（表声）。隶定后楷书写作憚。今简化为惮。本义怕、畏惧。不惮就是不惧怕；肆无忌惮就是任意妄为，毫无顾忌。

殚精竭虑是一个并列式的联合短语，在语法结构上，"殚精"与"竭虑"都是动宾式，意思是用尽精力，费尽心思。旧时殚曾通瘅，又通惮。但现在分工明确，殚精不得写作"惮精"。

肆无忌惮，错写成"肆无忌瘅"，那是令人"苦不堪言"的一件事情。殚精竭虑错成"瘅精竭虑"说明病得不轻。☺

由于"單"（单）本义为狩猎的工具，所以"单"的组字功能特别强大，以下带"单"汉字需要大家关注辨别，以免"误伤"了自己。

以"单"作声符兼义符的字：戰（战）、弹、掸。

以"单"作声符的字：俥、郸、婵、阐、禅、襌、蝉、箪、觯、鞭。

旦·但

旦 dàn　指事字。甲骨文从日下为日影，是海上日出的景象，表示日出天亮之意。金文日影填实。小篆文字化，日影讹为一，成了日出地平线上了。隶定后楷书写作旦。本义是早晨，也可指一天。

但 dàn　会意兼形声字。甲骨文从人从旦（露出，兼表声）。小篆但。隶定后楷书写作但。是襢的异体字，是袒的本字。本义为裸露上身。引申可作连词，表示不过、可是；也可作副词，表示只、仅仅。

一旦，可以指一天之间，形容时间很短，如毁于一旦；也可作副词，即有朝一日，表示不确定的时间，如"一旦学会了就一辈子忘不了"。汉语中没有"一但"之词。

疍·胥

疍 dàn　形声字。小篆从虫从延（表声）。隶定后楷书写作蜑。本指我国古代南方的少数民族。俗改为疍，从疋（小腿）从旦（表声），表示经常卷起裤腿露出小腿的水上居民。"疍民"即指生活在福建和两广沿海一带的水上居民。"疍民"又作"蜑人""蜑户"。《辞源》对"蜑户"解释：古代南方的水上居民。在长期封建社会中，疍民受统治阶级的侮视，世世以船为家，自为婚姻，不得陆居。雍正七年（1729），准许他们上岸居住，跟一般民户一齐编列户口。《现汉》称"疍户""疍民"为水上居民的旧称，也就是说现在即便有水上居民也不能称其为"疍户"或"疍民"。表示禽类或龟蛇等所产的卵，本借"弹"表示，因卵很像弹丸。随着"疍"出现，改为"蛋"，再俗改为蛋。

胥 xū 会意兼形声字。小篆 𦙫 从肉（月）从疋（足，兼表声），会蟹（多足）酱之意。隶定后楷书写作胥。本义为蟹酱。又因蟹足多，故胥用以表示古代的小官吏。还用作姓。还表示范围，如齐、皆，万事胥备。

疍民与胥吏，都属于底层生活的人们，但两字却断断不可互换。

伍子胥（？～前484），名员（yún），字子胥，楚国人，春秋末期吴国大夫、军事家。以功封于申，故亦称申胥。伍子胥之父伍奢为楚平王子建太傅，因受费无极谗害，和其长子伍尚一同被楚平王杀害。伍子胥从楚国逃到吴国，成为吴王阖闾重臣，是姑苏城（今苏州）的营造者。至今苏州有胥门。

吴王夫差时，劝吴王拒绝越国求和并停止伐齐，渐被疏远。后被吴王赐剑自杀。伍子胥死后九年，吴国为越国所灭。

当·挡

当 多音字。形声字。小篆 𩂁 从田从尚（表声），表示两块田地大小、优劣相当。隶定后楷书写作當。今简化为当。本义为田与田相值。引申出对等义，如门当户对、旗鼓相当；又引申出面对义，如首当其冲、当仁不让；再引申出担当义，如人们常说的当权、当政以及敢作敢当、愧不敢当等。除此以外，"当"还有一个义项：抵住、拦住。这个义项同样是从"田相值"来的，有势均力敌的意思，只是后来它加义符"手"写成了"挡"。可见挡是当的加旁分化字。

读 dāng 时，由本义引申出相称、担任、承当、阻挡等义。还用作姓。另外作拟声词，形容撞击金属器物的声音。详见本文后链接内容。

读 dàng 时，主要义项是合适（如恰当、妥当）、当作（如安步当车）、指事情发生的时间（如当天），还指用实物做抵押（如当铺）等。

挡 多音字。会意兼形声字。《说文》无。楷书擋 从手从當（阻挡，兼表声）。今简化为挡。本义为阻拦。是当的加旁分化字。

读 dǎng 时，由本义引申出遮蔽，如挡风挡雨。还作排挡的简称，如挂挡、倒挡。

读 dàng 时，义为搭档（也作搭挡）。摒挡，指料理、收拾，如摒挡行李。

"当"可以表示担当，而"挡"则表示阻拦，一个是接受，一个是抗拒，不能混为一谈。独当一面的"独"指单独，"当"指担当，是说单独担当一方面的重要任务。兵来将挡，对方用什么计，我就出什么招来阻挡，不让你的计谋得逞。

势不可当、一夫当关、锐不可当、螳臂当车等中的"当"表达的都是"挡"的意思，用的却是"当"字。原因何在呢？凡是历史上已经定型的词或成语，往往稳定性较强，并不轻易随后来的用字变化而变化。前面这几组成语就属此类。

当然，在"挡"字出现以后，不可能对"当"字没有影响。势不可当、螳臂当车也有人写成了"势不可挡""螳臂挡车"。许多工具书都予以采纳。请看《现汉》：

【势不可当】shìbùkědāng 来势迅猛，不可抵挡。也说势不可挡。

【势不可挡】shìbùkědǎng 势不可当。

一般人认为，这两者完全可作为异形词处理，为何用"也说"不用"也作"呢？原因在于"当"与"挡"读音不同，一个是阴平，一个是上声。同样的道理，螳臂当车也说螳臂挡车。

◎ 世上无"啙"字。报刊上常见有咣啙、哐啙、响啙啙、叮叮啙啙，其实世上没有"啙"这个字，纯属是想当然硬生生造出来的"四不像"。

生活中，凡象声词大都有个"口"字，如叮、咚、叭、咕、嘟、喵、吱、叽、咯、啪……但要注意不能绝对化。比如，砰砰砰不能写成"呼呼呼"，刷刷刷更不宜写成"唰唰唰"。咣啙的"啙"字，繁体字本作"噹"，确实是有"口"的；因为"當"简化为"当"，而"当"字又是一个可以类推的偏旁，于是有人把"噹"字写成了"啙"。但查《简化字总表》可知，當、噹二字均简化为"当"，"咣噹"只能写成"咣当"。我们在写"钟当当作响"时，不要写作"钟啙啙作响"，但可以写作"钟铛铛（dāngdāng）作响"。

由于电脑相关软件日趋"聪明"，造字便成了点点鼠标的小事，于是错字就层出不穷。这些错字大致可分为三种情况：一是扩大"类推简化"范围。《简化字总表》共有三个表，其中只有第二表中的字和偏旁可以类推简化，而造字者无视此规定。比如"濮"姓，某书便根据"僕"可以简化为"仆"而类推出一个"氵仆"字，其实"仆"在《简化字总表》"第一表"中，根本不能用于类推。二是异体字简化。1955 年，有关部门曾公布过《第一批异体字整理表》（详见 685 页《异体字简介》），凡表中收列的异体字，皆在淘汰之列，不再是简化对象。比如"註解"的"註"字是个异体字，规范字形应该是"注"，某刊却把它简化为"注"（《汉语大字典》竟然收录此字，将"註"类推简化，有点不够严肃）。三是原稿本身便是一个错字，编辑未能觉察，一路绿灯。把染多写了一点成了"染"，结果堂而皇之地出现在印刷品中。

挡·档

挡　详见 117 页"当·挡"。挡在读 dǎng 时，有一个义项是排挡的简称，即汽车、拖拉机等用来改变牵引力的装置，以改变行车速度或倒车。也指某些仪器和测量装置用来表示光、电、热等量的等级。可以说，凡是涉及机械运转速度大小的，都用"挡"。电风扇一般都设有几个挡次，挡号不同，风力大小就不一样。

档 dàng　后起形声字。楷书檔从木从當（表声）。今简化为档。本义为带有格子的架子或橱。引申指产品、商品的等级，如高档货；也指货摊、摊子，如鱼档、排档（设在路旁、广场上的售货处）。

有的店家将"大排档"错写成"大排挡"，原因是多方面的，可能最主要的原因是受"排"提手旁影响而将"档"误作"挡"。参见397页"排·牌"。

氹·凼

氹 dàng　同凼。多用于地名，如澳门的氹仔岛。

凼 dàng　后起会意字。楷书凼从水从凵会意。异体作氹。方言用字，本义为水坑，如水凼。田地里沤肥的小坑，如粪凼。

这里提请大家注意的是，虽然"氹同凼"同，但在做地名时，该用氹时就得用氹，该用凼时则用凼。

刀·刁

刀 dāo　象形字。甲骨文、金文具体化。小篆整齐化。隶定后楷书写作刀。本义为古代一种兵器。刀是部首，有两种写法，一为"刀"二为"刂"。前者有"刃、分、切、召、初、券、剪、劈"等，后者有"列、刖、刺、刻"等。刀除了常用义外，还作量词，计算纸张的单位，通常一百张为一刀。

刁 diāo　象形字。刁与刀本为一字。用作姓时，俗写作刁，为了与刀相区别。现实生活中，也有刀姓。

刀与刁，本为同根，但现在基本上一刀两断，书写这两个字时要小心加小心。

刀·鱽

刀　详见本页"刀·刁"。

刀鱼，也称刀鲚（jì），生活在海洋中，每年4～6月进入江河产卵，然后返回。口语中，常称作带鱼。

鱽 dāo　会意兼形声字。小篆从鱼从此（表声）。隶定后楷书写作鮆。俗改为鱽从鱼从刀（因此鱼形如刀，兼表声）会意。今简作鱽（古书上指身体形状像刀的鱼）。

鲚，体小侧扁，头小而尖，尾尖而细，银白色。生活在海洋中，有的春季或初夏到河中产卵。种类较多，常见的有凤鲚、刀鲚等。

从以上我们可以看出，刀鱼、鱽、鲚、带鱼，你中有我，我中有你，使用时得格外小心，要不然叨一口受不了哇！笔者建议，口语用刀鱼，方言用带鱼，鱽用在古书籍中，现在语境中鱽就不用了。

叨·叼

叨　多音字。形声字。金文 ![字] 从口从刀（表声）。小篆 ![字]。异体 ![字] 改为从食从號（号，表声）。隶定后楷书分别写作叨与饕。二字本为一字，后表义有分工。饕读 tāo，义为贪财、贪食，常见词有老饕（贪食的人）；饕餮（tiè），如饕餮盛宴。

读 dāo 时，义为没完没了地说，即唠叨、叨叨、叨唠、叨念、念叨等。

这里特别把《现汉》关于叨登与倒腾、捣腾罗列如下。

【叨登】〈口〉动❶翻腾：把箱底的衣服～出来晒晒。❷重提旧事：事情已经过去了，还～什么！

【倒腾】〈口〉动❶翻腾；移动：把粪～到地里去。❷调换；调配：人手少，事情多，～不开。❸买进卖出；贩卖：～牲口｜～小买卖。‖也作捣腾。

【捣腾】同"倒腾"。

读 dáo 时，方言用字，指小声絮叨，如"她一边整理方案一边叨咕"。

读 tāo 时，相当于"忝"，用作自谦之辞，表示承受某种好处，得到某种荣耀，内心有愧。叨光，客套话，指沾光。叨教，指受到指教表示感谢。叨扰，客套话，指打扰，常用于受到款待后表示感谢。叨名即空有虚名。叨陪末座即对自己也能参加宴会的谦虚说法，通常表示承蒙邀约，自感身份不称而勉力在末席作陪。叨陪末座在特定的语境下还借指受到牵连。

叼 diāo　现代新造字。形声字。楷书叼从口从刁（表声）。本义为用嘴衔住物体一部分。如"他嘴里叼着一根香烟"。

由于叨与叼字形极为相近，所以叨教会错写成"叼教"、叼着烟卷错写成"叨着烟卷"。"叼陪"难以索解，汉语中没有这个词。

捯·倒

捯 dáo　会意兼形声字。小篆 ![字] 从手从舀（表声）。隶定后楷书写作揭。异体作擣。俗作捯从到（到来，兼表声）。今规范以捯为正体。本义击捣。常用于方言，指两手替换着把线或绳子拉回或绕好。

倒　多音字。形声字。小篆 ![字] 从人从到（表声）。隶定后楷书写作倒。本义为人倒下。引申指失败，如倒台等。

读 dǎo 时，由本义引申指转换、转移等，如倒班、倒买倒卖等。

读 dào 时，指上下颠倒或前后颠倒，如倒影。

捯饬，方言，指修饰，打扮。捯气儿，指临死前急促、断续地呼吸，也指上气不接下气。注意，捯气儿不能写成"倒气儿"。倒吸一口凉气是正确的。

导·岛

导 dǎo 会意字。金文 ✦ 从行(街道)从又(手)从首，会手在头前引领前行之意。小篆 ✦。隶定后楷书写作導(寸也是指手)。今简化为导。本义为引领，带领。

岛 dǎo 会意兼形声字。小篆 ✦ 从山从鸟，会水中有山可以供鸟栖之意。隶定后楷书写作島。俗省作岛。今简化为岛。本义指岛屿。

胰岛是胰脏的内分泌部分，是许多大小不等和形状不定的细胞团，散布在胰脏的各处。胰岛素是由胰脏内的胰岛 B 细胞受内源性或外源性物质(如葡萄糖、胰高血糖素等)刺激而分泌的一种蛋白质激素。它的主要功能是调节代谢，是人体中唯一降低血糖的激素。胰岛素分泌减少时最终会引起血糖升高以致糖尿病。中国于 20 世纪 60 年代人工合成牛胰岛素。世上无"胰导素"。

导·道

导 详见本页"导·岛"。

道 dào 会意字。金文 ✦ 从彳(行，表路)从 ✦ (首，代人)从 ✦ (止，义走)。小篆 ✦。隶定后楷书写作道。本义是引导人们行走。还有一种说法，"道"指母亲生育孩子的产道。

导的繁体字是導，是道的加旁分化字。导与道同源。但现在早就分道扬镳了。

如今问题出在"报导"与"报道"上，当前倡导用"报道"弃"报导"，所以每每遇到此词时，尽量用"报道"。

到·道

到 dào 会意兼形声字。金文 ✦ 从人从至，会人到达之意。小篆 ✦ 讹为从刀表声。隶定后楷书写作到。本义为抵达于某一地点。曾借用作道，表说，如念到。

道 详见本页"导·道"。道有一义项就是说。

"道"和"到"读音相同，外加两者都有说的义项，于是就会出现将"说道"和"说到"混淆现象。"说道""写道"中的"道"，沿用了古代"道"表"说"的意思，"说"和"道"在这里是同义联用；而"说到""写到"中的"说""写"和"到"是两个意义不同的词(或叫语素)的组合。

提请大家注意"老道"与"老到"。老道，指道士。老到，指做事老练周到，还指功夫精深(某人文笔老到)。精到，指细致周到。《现汉》无"精道"(可让人联想到精子通道的缩写)之说。

参阅 282 页"筋·劲·精"。

倒·到

倒 详见 120 页 "捯·倒"。

到 详见 121 页 "到·道"。

倒底的"倒"不是别字。倒底是一个副词，有总要、终究、究竟等义项。明清以来包括五四时期的文学作品多用"倒底"，《红楼梦》等小说中也有大量用例。从 20 世纪 40 年代以后多用"到底"，两者构成了异形词关系。由于"到底"还有到最后的动词性意义，因此"到底"包含"倒底"。外加"到"比"倒"省两笔画，所以"到底"渐渐胜出。《汉语大词典》两词兼收，但在解释"倒底"时，特地强调"现多作'到底'"。《现汉》等规范性工具书则只收"到底"。

的·地·得

的 多音字。形声字。小篆 昒 从日从勺。隶定后楷书写作旳，俗作的。本义明亮。

读 dī 时，名词，指的士，泛指运营用的车，如打的、的哥、的姐等。

读 dí 时，义为真实，实在，如的确。的确良，涤纶的纺织物。

读 dì 时，指箭靶中心，如目的、有的放矢、众矢之的。鹄读 gǔ 时，义为箭靶子。

读·de 时，作助词，另外旧同"得"（·de）部分义项。

地 多音字。会意兼形声字。金文 㘯 与队同源，是一豕从高崖坠地形。小篆 坤 改为从土从也（表声）。隶定后楷书写作墬与地。今以"地"为规范。本义为大地。是土的加旁分化字。

读 dì 时，主要用作名词，如地球、土地、地方等。"小心地滑"，本来是提请人们地面湿滑，行走时要注意安全。但有朋友将其改为"小心地——滑"，指滑冰时教练提醒，此处的"地"该读·de。聊备一乐。

读·de 时，作助词，表示它前边的词或词组是状语，如"天渐渐地热了"。

得 多音字。会意字。甲骨文一 𠭯 从又（手）持贝（钱币），会有所得之意；甲骨文二 徎 另加义符彳（街道），表示行有所得。金文 徳。小篆 得 贝讹为见。隶定后楷书写作得。本义为获得财物。

读 dé 时，作动词，与失相对。还用于完成、表示同意。另常用于口语或方言。

读 děi 时，作助动词，常用于口语或方言。

读·de 时，作助词。

"的、地、得"，不仅音异，且义项上时有交叉（尤其是"的"与"地"、"的"与"得"），准确运用起来是非常复杂的，这里仅能就一般性问题进行尝试性解释，敬请方家指正。

有的同志提出，"的、地、得"通用，有的甚至提出用"de"来替代读轻声时的"的、地、得"，此言不太科学。大多数专家、学者认为，它们三者之间有所分工比较好，这样做便于语言表达的精准化。下面例子足以证明这一点。

"我家的地得扫了"，如果写作"我家的的的扫了"，您绝对得晕倒在地的。

"全面的计划"指已经制订的计划内容全面，是计划制订完毕后肯定；"全面地计划"指在制订计划过程中要全面，是计划尚未完成。如果例句中"的"与"地"统一为"的"或地"，那就会掩盖甚至抹杀了本来意思。

愉快的工作、愉快地工作，前者是强调工作的性质，后者是强调工作的过程。

"的、地、得"中，"的、地"最容易混淆。经大家讨论，得出"的、地"使用初步意见：定语和中心语之间肯定用"的"；状语和中心语之间不一定用"地"。

充当谓语的状中结构，中心语是动词的，基本上用"地"，极少用"的"；中心语是形容词的，有的用"的"，有的用"地"（程度副词作修饰语的大多用"的"）。

充当主语或宾语的原"状中结构"，倾向于多用"的"，少用"地"。

"的""地"的区分不是机械的，如果实在难以分辨时，倾向用"的"。

也有一些，"的"与"地"可以交换使用："由衷地敬佩"和"由衷的敬佩"都正确，只有把这两个短语放到具体的语境中才能看出二者的差别和对错。"我由衷地敬佩他"，由衷是状语限制词，状语的标志性结构助词是"地"，所以正确。"向他表示由衷的敬佩"，由衷是定语，定语的标志性结构助词是"的"，所以也正确。

"得"字用在补语前面，强调前面动词或形容词的结果或程度。

"事情未必像你想得那么简单"，正确应该是"事情未必像你想的那么简单"。"你想得那么简单"是合乎语法，但不能放在"像"的后边。

"得以"，可作助词、动词，不能单独回答问题，没有否定式。"我们不能脱离组织而单独得以解决就业问题"，这里的"得以"应该改为"得到"。

有几组，"的、地、得"不在词的最前面的词，值得关注：

端的，副词，果然，的确（多见于早期白话）。笔者建议，现在尽量少用，要不然大家会发蒙。伍的，助词，义为等等，之类，什么的。没的说，指没说的。有的是，强调有很多。

不由得，一作动词，义为不容，如"他讲得这么明白，不由得你不信服"；二作副词，义为不禁，如"她讲到动情处，不由得流下了眼泪"。

"千淘万漉虽辛苦，吹尽狂沙始到金"，注意不要错成"始得金"。

张君秋先生代表剧目《西厢记》中的《琴心》有一句唱词："莫不是步摇动钗头凤凰，莫不是裙拖得环珮玲珰……"后一句意思是裙子摇摆带响了头上、身上佩戴的金、银等饰物。此处"裙拖得"不能想当然改为"裙拖地"。

🖋 底，读·de 时，旧同"的"（·de），"定语和中心词之间是领属关系"。

在五四时期至 20 世纪 30 年代用于领属关系，如 "我底母亲""作家底感情"。现在已经不这么用了，但我们在阅读那个时代作品时，要知道本义。

镫·蹬

镫　多音字。会意兼形声字。小篆 镫 从金从登（升登，兼表声）。隶定后楷书写作鐙。今简化为镫。本义为古代盛熟食的器皿，形似高足盘。

读 dēng 时，指古代盛肉食的器皿。因其外形似灯，故同"灯"，指油灯。

读 dèng 时，指挂在马鞍两旁供骑马人蹬脚的东西，多用铁制成。

蹬　多音字。形声字。小篆 蹬 从足从登（表声）。隶定后楷书写作蹬。本义为走路不稳或迷路时艰难行进的样子。

读 dēng 时，指腿和脚向脚底的方向用力，如蹬水车、蹬三轮儿；或指踩、踏，如"她蹬在窗台上擦玻璃"；还有穿的意思，如"她脚蹬长筒靴"。口语中，指一方把另一方抛弃，如"小张把他女朋友蹬了"。蹬腿，除伸出腿外，在方言中常用于人死亡。

读 dèng 时，蹭蹬，书面用语，形容遭遇挫折，不得意，如仕途蹭蹬。

由于历史上"蹬"曾代指镫，所以造成一些混乱。不过，现在蹬与镫虽音同而义殊，故要小心区分和使用。

氐·氏

氐　多音字。指事字。氐与氏本是一个字。氐在甲骨文 里象种子萌芽长根形。由于氏引申为姓氏专用字，金文 在其根处加一横指明根扎到这里，遂成氐字。小篆 。隶定后楷书写作氐。本义根柢。此义现在用柢。

读 dī 时，指二十八宿之一。还指我国古代民族，居住在今西北和四川西部一带。

读 dǐ 时，指事物的根源或最重要的部分。

氏　多音字。象形字。氏与氐同源。本义根柢。上古时代姓是族号，氏是姓的分支，用以区别子孙之所由出。人们的姓氏标志着祖宗的来源，也是一种根柢，故引申指古代贵族表示宗族系统的称号。最初，男子称氏，女子称姓（女生也，母系社会印迹）。后来，姓氏不太分了。现在人们常遇到"按姓氏笔画为序"问题。其实，同一个姓时，还要按名字再排，所以很多地方已经改为"按姓名笔画为序"。

读 shì，指姓。如姓氏、王氏兄弟（姓王的兄弟）。对名人、望族的称号，如张氏家族。

读 zhī 时，阏（yān）氏，指汉代时匈奴称君主的正妻。月氏，汉朝西域国名。

氐与氏，一点之差，加上本来就是同根生，所以，我们还是要睁大眼睛，从根柢（底）上探寻差别。

籴·粜

籴 dí 会意字。小篆 籴 从入从耀（从米，翟声，谷名），会买入粮食之意。隶定后楷书写作糴。今简化为籴。本义为买进粮食。与"粜"相对。

粜 tiào 会意兼形声字。小篆 粜 从出从耀（谷名，兼表声）。隶定后楷书写作糶。今简化为粜。本义为卖出粮食。

籴与粜，义相反，音难辨，我们一定要三思而后下笔，要不容易做亏本买卖。

柢·蒂

柢 dǐ 会意兼形声字。小篆 柢 从木从氏（根，兼表声）。隶定后楷书写作柢。本义为树的粗主根。根指旁根，较细，四处深扎在土层里。后柢、根不分，而且根逐渐取代了柢，泛指树根，如根深叶茂。柢，还指古代祭祀所用的牲体。

蒂 dì 会意兼形声字。小篆 蒂 从艸（艹）从带（盘结，兼表声）。隶定后楷书写作蔕。异体作蒂，改为从帝表声。如今规范用蒂。本义为瓜、果等跟茎、枝相连的部分，如并蒂莲、瓜熟蒂落、根深蒂固。由蒂的盘结，引申指心中的嫌隙或不快，如"说开了，两人再无芥蒂"。

成语根深柢固，与我们常用的根深蒂固是一组异形词，义为根基深厚牢固，不可动摇。这里要注意，指树木要用根深柢固，指水果类则用根深蒂固。要是说某个人在某个地方经营多年，则两者皆可，但倾向于根深柢固。

第·笫

第 dì 会意兼形声字。《说文》无。楷书第从竹（⺮）从弟省（弟省去两点，兼表声），是弟的加旁分化字。弟，会意字。弟甲骨文 弟 从弋，好似系箭的生丝绳缠绕于弋（箭杆）上，会次第缠绕之意。缠绕有顺序，引申出次序、次第。兄弟之生有先后，故又引申出兄弟之弟。也有专家说，弟本义为竹节的层次，遂泛指次序。"次弟"即"次第"。弟后被借用为兄弟的"弟"，一借不还，古人便另造出个"第"字。

第又可指房屋，如府第、门第、宅第。源于古代帝王赐给大臣的房屋，有甲乙次第之分，后来称大的住宅为"第"。第还可指封建科学考试的等第，凡在录取线以上的称及第，反之就是落第。

笫 zǐ 形声字。小篆 笫 从竹（⺮）从㡵（表声）。隶定后楷书写作笫。异体作簀。今二字表义分工明确。本义为床上竹编的席子，所以又可作床的代称。床笫常用来指闺房之内或夫妻之间的隐秘，这便是床笫之私。据《扬子方言》记载："床，齐鲁之间谓之簀，陈楚之间或谓之笫。"

由于"第"与"笫"字形相似度极高,床笫之私、床笫之秘、床笫之间中的笫常被写成"第"。自古以来,没有"床第"一词。

落第与落地。落第,指封建社会科考未能录取。落地可以指物体落在地上,也可以指婴儿出生、声音停止等。

"笫"下部的"朿"音 zǐ,多用作声符字,从"朿"得声的字多读 zǐ,如姊妹的"姊",秭归(地名,湖北省宜昌市,屈原故里)的"秭",干胏(带骨的肉)的"胏";个别也有读作他音的,如沸水(即"济水")的"沸"音 jǐ。

谛·缔

谛 dì 会意兼形声字。小篆 䛍 从言从帝(神,兼表声)会意。隶定后楷书写作諦。今简化为谛。本义为详审,细察。引申指仔细(看或听),如谛视、谛听;在佛教中指真实而正确的道理,泛指道理,如真谛。

缔 dì 会意兼形声字。小篆 締 从糸从帝(结扎,兼表声)。隶定后楷书写作締。今简化为缔。本义为系结得很牢固,不可解开。引申指结合、订阅,如缔交、缔结、缔盟。

谛侧重于道理,缔形容结交,交叉点很少。稍加注意,还是能分得清楚的。

踮·垫

踮 diǎn 后起形声字。楷书踮从足从店(表声)。本义为提起脚跟,用脚尖着地。踮,也作点,如"他踮起脚",也可写作"他点起脚"。

垫 diàn 形声字。小篆 墊 从土从執(表声)。隶定后楷书写作墊。今简化为垫。本义为土地下陷。下陷需要填充,于是引申出用东西填补,再引申垫付等义来。

踮脚,方言,指一只脚有病,走路只能前脚掌着地。

垫脚,口语,指铺垫牲畜棚、圈的干土、碎草等。也指桌子等不平时,用薄木片、瓦块等垫在桌子腿下,使其平稳。垫脚石,是比喻借以向上爬的人或事物。

踮脚与垫脚,前者真与人和动物的脚关联,后者则由脚引申开来。

甸·淀

甸 diàn 会意兼形声字。金文 甸 从田(兼表声)从人表示人耕治之田。小篆 甸,表示围绕都城五百里内的天子之田。隶定后楷书分别写作佃与甸。如今二字有了明确分工。甸本义为古代的王田,引申指郊外的地方。

淀 diàn 形声字。小篆 澱 从水从殿(表声)。隶定后楷书写作澱。澱本义为沉淀,如淀粉。楷书淀从水从定(表声),本义为浅水湖泊。如今"澱"简化为"淀"。也就是说,淀粉的淀有繁体字澱。用于地名的如河北省白洋淀、上海市淀山湖的淀是没有繁体字的。按理说，部分上海人把"淀山湖"读作"dìng山湖"也是不正确的。

沉甸甸，形容物体重量大。沉淀，指溶液中难溶解的固体物质从溶液中析出，也指这种下沉的物质，引申指积累、凝聚。汉语中没有"沉淀淀"这个词。

坫·玷

坫 diàn　会意兼形声字。小篆 坫 从土从占（商品摆放占有地方，兼表声）。本指古代在室内放置食物、酒器等的土台子。商业兴起以后，商贾们将所售之物堆在土台子上供人选购，"坫"就成了柜台的初级形态。后来，土字旁演变成了广字头，"坫"俗变成了"店"。商店便是由此而来的。店还用于地名，如河南的驻马店、北京的周口店、山东的张店。《现汉》单设"坫"（古时放置食物、酒器等的土台子）。《通用规范汉字字典》在"坫"注释为："用于地名：蒋~（在江苏）。"

玷 diàn　形声字。《说文》无。楷书 玷 从玉从占（表声）。本义指白玉上面的污点。后引申指使有污点，如玷污人格、玷辱名誉等。

坫虽然带土，但与玷污无关。如果把玷污错写为"坫污"，那您书写字词就会留下污点。

吊·唁

吊 diào　会意字。甲骨文 𠀤 从人从带绳子的箭，会人用带绳子的箭射猎之意。金文 𠀤。小篆 𠀤。隶定后楷书写作吊。俗作吊。今规范以吊为正体。本义为用生丝系箭射鸟。引申指悬挂，如提心吊胆、吊桥、吊环、吊灯。带绳子的箭目的就是拉回猎物，引申出收回，如吊销。还用于量词，如旧时钱币一般是一千个制钱为一吊。吊还用于祭奠死者或对遭到丧事的人家、团体给予慰问，如吊丧。

唁 yàn　会意兼形声字。小篆 唁 从口从言（慰问，兼表声）。隶定后楷书写作唁。本义为对遇到丧事者表示亲切慰问。

吊，即吊丧，祭奠死者；唁，指慰问遭遇丧事活着的人。唁电是发给死者家属的、唁函是写给死者家属的信。吊唁，祭奠死者并慰问其家属，吊指对死者，唁是对死者家属。这样一说，大家都会明白了。

吊·铞·铫

吊　详见本页"吊·唁"。

铞 diào　形声字。《说文》无。楷书 铞 从金从吊（表声）。今简化为铞。钌铞儿，指扣住门窗等的铁片，一端钉在门窗上，另一端有钩子钩在屈戌儿（qū·xur）

里，或者有眼儿套在屈戌儿上。

屈戌儿，钢制或铁制的带两个脚的小环儿，钉在门窗边上或箱、柜正面，用来挂上钌铞儿或锁，或者成对地钉在抽屉正面或箱子侧面，用来固定 U 字形的环儿。

铫　多音字。形声字。小篆 ⿰金兆 从金从兆（表声）。隶定后楷书写作銚。今简化为铫。本义为大锄。

读 diào 时，铫子，即煎药或烧水用的器具，口大有盖，旁边有柄。也作吊子。

读 yáo 时，义为古代一种大锄，还用作姓。铫期，东汉人。

在 diào 读音上，吊、铞、铫义项上有交叉，请大家务必重视，不要放错了位置。

调·掉

调　多音字。形声字。小篆 ⿰言周 从言从周（表声）。隶定后楷书写作調。今简化为调。本义为配合、和谐。

读 diào 时，义为调动、调查、调换等。还指腔调、论调、曲调等。

读 tiáo 时，由本义引申指调解、调整、调笑、调拨等。

掉 diào　形声字。小篆 ⿰扌卓 从手从卓（表声）。隶定后楷书写作掉。本义为摇动、摆动。

在"调"读 diào 时，"调"与"掉"拉扯不清。一组异形词令人眼花缭乱，稍不注意，就会"调"与"掉"不知怎么就"换防"了。

【调包】diào // bāo 动 暗中用假的换真的或用坏的换好的：～计｜他的东西叫人调了包。也作掉包。

【调过儿】diào // guòr 动 互相调换位置：这两件家具～放才合适｜你跟他调个过儿，你就看得见台上的人了。也作掉过儿。

【调换】diàohuàn 动 ❶ 彼此互换：～位置｜咱们俩～一下，你上午值班，我下午值班。❷ 更换：～领导班子｜这根木料太细，～一根粗的。‖也作掉换。

以上三组，首选、次选一目了然。

【调转】❶ 动 调动转换（工作等）：他的～手续已经办好了。❷ 同"掉转"。

【掉转】动 改变成相反的方向：～船头。也作调转。

调转与掉转，不是全等异形词。当调动转换工作时，只能用调转；方向改变成相反，调转、掉转都可，但掉转是推荐词条。

【调头】diào // tóu 同"掉头"②。

【调头】diào · tou 〈方〉名 ❶ 调子。❷ 语气。

【掉头】diào // tóu 动 ❶ （人）转回头：～一看，果然是他｜他掉过头去，装作没看见。❷（车、船等）转成相反的方向：～车｜胡同太窄，车子掉不了头。也作调头。

调头中"头"有阳平、轻声之分,自然意思也就有了变化。当调头与掉头都读作diàotóu,还要考虑车船等转成相反的方向,此时掉头也作调头。当人转回头时,只能掉头,不得写作调头。从情理角度讲,掉头让人联想很恐惧,建议调头与掉头作为全等异形词,并以调头为推荐词条,逐渐淘汰掉头。另外还建议《现汉》增加"调头"(tiáotóu),因为人们口语中特别在开车时,常讲到前面调头(tiáotóu),避讳讲掉头。尤其是新手上路,在高架桥上,遇到警示牌上写作"前方桥下掉头",想想都后脊梁冒冷汗。

以下三组也要细细品味、琢磨,主要在读音上下功夫。

【调拨】diàobō 动 ❶调动拨付(多指物资):~款项|~小麦种子。❷调遣:人员都听从他的指挥和~。

【调拨】tiáobō 动 挑拨。

【调侃儿】diào // kǎnr〈方〉动 同行业的人彼此说行话。也作调坎儿。

【调侃】tiáokǎn 动 用言语戏弄;嘲笑。

【调配】diàopèi 动 调动分配:劳动力和工具~得合理,工作进行就顺利。

【调配】tiáopèi 动 调和,配合(颜料、药物等)。

另外,调羹(tiáogēng)也叫羹匙,通俗讲就是匙子,不要想着匙子从碗里挑出、挖出食品而写作"挑羹"。

迭·叠

迭 dié 形声字。小篆 从辵(辶,行进)从失(表声)。隶定后楷书写作迭。本义交替,更换,轮流。更迭必为前后相承,由此又引申出接连的意思,如风波迭起、英才迭出。"迭"的前面可加否定副词"不",构成"不迭",义为跟不上,来不及,如忙不迭、笑不迭等。

叠 dié 会意字。小篆 从晶(星群,表众多)从宜(砧板上堆积肉食),会多而重叠之意。隶定后楷书本写作疊。据传王莽时以为疊从三日太盛,改为三田,遂写作疊。俗讹作壘。现规范并简化为叠。无论哪种写法,都可从字形上看出重叠的意思来。叠罗汉、层峦叠嶂、叠床架屋、叠印、叠影……都和叠的本义有关。

1964年,原中国文字改革委员会编印《简化字总表》,将"叠"作为"迭"繁体字处理,于是"叠"被深藏。1986年10月10日,经国务院批准重新发表《简化字总表》,新表对原表四个半字做了调整:叠、覆、像、啰不再作迭、复、象、罗的繁体字处理。瞭字读liǎo(了解)时,仍简作了;读liào(瞭望)时作瞭,不简化了。

由于有人思维还停留老表中,自然造成叠与迭混在一起,出现不应有的混乱。

迭，是前后相承，重点从时间概念来讲，强调的是轮换、赶上，如更迭、忙不迭、花样迭出、高潮迭起；叠则为上下相加，着重从空间角度来说，常作动词，表示一种动作，如折叠、重叠、叠衣服、叠翠。叠还可作量词，与摞相同，如一叠报纸。叠韵、叠句、叠字中的叠本该用迭，但现在规范用叠，读者朋友可得小心啊，要不就会叫苦不迭了。

迭起是指一次又一次地兴起，迭代是指不断循环、不断替代。这里"迭"不要用"叠"。

中国古代乐曲中有《阳关三叠》。这里"叠"是量词，指咏唱的次数。据说这首乐曲就是王维的《渭城曲》，因其中有"劝君更尽一杯酒，西出阳关无故人"名句，遂成了乐府送别的传统曲目。为何称作三叠，有的讲是全诗重复咏唱三次；苏轼在《论三叠歌法》中则称见到了《阳关》的古本，他的观点，除"第一句不叠"外，其余三句都重复咏唱。

"二叠纪"。通过测定地层岩石的年龄，可以推知我们生存的地球诞生大致年代。地质学认为，地壳是由不同地质年代的地层重叠而成，先形成的地层在下，后形成的地层在上。通过测定各地层岩石的年龄，结合各地层中的生物化石状况，可以把漫长的地质年代划分成不同的时间段。二叠纪是古生代的最后一个纪，始于2.99亿年前，止于2.52亿年前。最早在俄国彼尔姆地区研究此纪地层的地质特征及古生物化石，因而被命名为彼尔姆纪。后来又在德国发现，这个时期的地层明显由白灰岩层和红色岩层上下重叠而成，我国便据此翻译成二叠纪。

谍 · 牒

谍 dié　形声字。小篆 䚟 从言从枼（表声）。隶定后楷书写作諜。今简化为谍。本义指刺探军事情报。引申指刺探情报的人，如间谍。

牒 dié　会意兼形声字。小篆 牒 从片从枼（薄叶，兼表声）。隶定后楷书写作牒。本义为古代书写用的木片。引申指广收或证件，如通牒、度牒。古代书写用的木片，"长大者曰椠（qiàn），薄小者曰札、牒"，"厚者为牍，薄者为牒"（段玉裁《说文解字注》）。牒引申指簿籍，如史牒；又指公文，如公牒。还指簿册、书籍，如谱牒。度牒，也叫戒牒，古代僧道出家时由官府发给的凭证，因僧道不纳税，不服兵役、劳役，历代都限额颁发。一般由尚书省祠部司颁发，故也称祠部牒。唐宋时，官府可出售度牒，以充军政费用。

通牒，政权之间通知并要求对方限时答复的文书；最后通牒，特指要求对方必须接受，否则使用武力等手段强制实施的外交文书。

古时，"谍"通"牒"，而今界线划得清清楚楚。

喋·蹀

喋 多音字。会意兼形声字。《说文》无。楷书喋从口从枼（表多，兼表声）。本义为说话多，啰唆。又表示流血的样子。

读 dié 时，常见词有喋喋不休、喋血。

读 zhá 时，唼（shà）喋义为成群的鱼、水鸟等吃东西的声音。

蹀 dié　形声字。《说文》无。楷书蹀从足从枼（表声）。本义为踩踏、顿足。蹀躞（xiè），指小步走路、颤抖等。

【**喋血**】（蹀血）diéxuè〈书〉动 践血，形容杀人多而血流遍地（喋借作"蹀"：踏；踩）。由此可以看出，喋血之"喋"本应写作"蹀"，而现在"喋血"成为推荐词条，有点让人不太好理解。注意：喋血之"血"，主要是指被害人的血。

牒·碟

牒　详见 130 页"谍·牒"。

碟 dié　形声字。《说文》无。楷书碟从石从枼（表声）。是鞢的异体字。本义为揉治（鞣制）皮革。现在借用指盛菜肴或调味品的小盘子。还指视盘或光盘。

世上没有"度碟""祠部碟"一物。

✎ 有一组从枼表声的汉字要注意区别。

堞，读 dié，义为城墙上凹字形的矮墙。

揲，读 dié 时，义为折叠；读 shé 时，指古代用蓍草占卦时，数蓍草的数目，把它分成几份儿。

惵，读 dié，书面语言用字，义为恐惧、害怕。

楪，读 dié，用于地名，如广东楪村。

蝶，读 dié，蝴蝶的简称。

鲽，读 dié，一种鱼。

盯·钉

盯 dīng　后起会意兼形声字。楷书盯从目从丁（钉住，兼表声）。本义为直视。即注视，把视线集中在一点上。也作钉。盯紧，紧盯不放。

钉　详见 132 页"钉·订"。钉劲，即紧追不舍，像钉子钻进木头一样的劲头，努力不懈的精神。

盯梢，也作钉梢。《现汉》中，盯也作钉，钉旧同"盯"，前后有点矛盾。因为钉旧同"盯"，那就意味着现在不同了，但"盯"却标注也作钉。

【盯防】动 球类比赛中指紧跟着不放松地防守：重点~对方的前锋。

钉❷动 紧跟着不放松：小李~着对方的前锋，使他没有得球机会。

同一场球类比赛，盯防用盯，钉着对方用钉，笔者有点快钉不住了。

笔者通过观察分析，总的趋势，钉主要用于金属器物及相应的动作，其他的让"盯"去干活吧。

钉·订

钉　多音字。会意兼形声字。甲骨文□、金文🐂原本作丁，象钉子的俯视和侧视形。为分化字义，小篆 鈣 借钉来表示，成了从金从丁会意，丁也兼表声。隶定后楷书写作釘。今简化为钉。是丁的加旁分化字。

读 dīng 时，义为钉子，还指紧跟着不放松，还指督促、催问，旧同"盯"。"钉是钉，铆是铆"，同"丁是丁，卯是卯"。

这里很有必要谈谈"钉子户"在《现汉》第 4~7 版注释的变化。

【钉子户】指在城市建设征用土地时，讨价还价，不肯迁走的住户。（第4版）

【钉子户】名 指长期违规办事，难以处理的单位或个人。（第5版）

【钉子户】名 指难以处理的单位或个人，多指由于某种原因在征用的土地上不肯迁走的住户或单位。（第6版）

【钉子户】名 指由于某种原因在征用的土地上不肯迁走的住户或单位，也泛指拒绝配合某项工作而成为障碍的单位或个人。（第7版）

第 4 版释义为中性，第 5 版趋向贬义，第 6 版又走向中性，第 7 版又往贬义方向发展。由此可以看出，《现汉》对"钉子户"钉得蛮紧的，这也是没有办法的办法。

读 dìng 时，指把钉子捶打进别的东西里，还指用针线把带子、纽扣等缝住。

订　详见 133 页"订·定"。

订书机中的"订"指装订，不要以为订书机是金属制作，还有钉子，就想当然写作"钉书机"，那就错了。裁纸后订成一个本子，也不能写作"钉成一个本子"。

顶·鼎

顶 dǐng　会意兼形声字。小篆 顶 从頁（头）从丁（钉头，兼表声）。隶定后楷书写作頂。今简化为顶。本义指头顶。顶与颠互训，均为天。引申泛指物体最上部，如顶点。又引申指用头支撑，如顶天立地。又泛指用物体撑抵，如顶梁柱。还用作副词，指程度最高，如顶好，用法类似于"最""极"。引申指承受、支撑、承担、迎着、用言语顶撞等义。

鼎 dǐng　象形字。甲骨文 ❐ 象鼎形。金文 ❐。小篆 ❐。隶定后楷书写作鼎。本义是一种古器物，常见的为圆腹三足两耳，也有方形四足的，用金属或陶土等制成，盛行于商周。用于煮、盛物品，或置于宗庙作铭功记绩的礼器。相传夏禹铸九鼎，历商至周，为传国重器。后遂以鼎指王位或国家政权，如问鼎。再引申又指显赫、盛大，如鼎族（即豪门贵族）、鼎贵（即显赫尊贵的人）、鼎力（即"大力"，是对人表示感谢的敬辞。如"感谢鼎力相助""多蒙鼎力协助"）等。

鼎革，由"革故鼎新"缩减而来，指除旧布新，指改朝换代。革故鼎新常被错写成"鼎故革新"，但想想"革"就是革命、铲除，"鼎"就是指盛举。"鼎故革新"字面意思是盛举旧的，革除新的，与"革故鼎新"本来意思背道而驰。但大家还要注意的是"革新"一词，本义是革除旧的，建立新的，如技术革新。

鼎鼎，指盛大，形容词，大名鼎鼎指声名显赫。

副词"顶"叠用为"顶顶"，与"最最"类似，无法与名词"大名"搭配。

订·定

订 dìng　会意兼形声字。小篆 ❐ 从言从丁（钉住，兼表声）。隶定后楷书写作订。今简化为订。订与定同源。本义为评议、评定。

定 dìng　会意字。甲骨文从 ❐ 从宀（房屋）从足（后演变为正，表前往），会到房中休息之意。金文 ❐。小篆 ❐。隶定后楷书写作定。本义为止息。引申指平定、稳定、固定，再引申指决定、规定、一定等。

通常情况下，凡要经双方或多方商协或要按一定程序办的事用"订"，凡单方面确定的事用定，如定价、定金。

【订单】（定单）

【订户】（定户）

【订婚】（定婚）

【订货】（定货）

【订阅】（定阅）

【订购】也作定购。

【定购】❶ 动 国家对某些产品预先确定价格、数量等，统一收购：~棉花。❷ 同"订购"。

"定购"与"订购"原来是异形词，现在出现了分化：商家之间约定购买某物，发生变化的可能性很大，所以用"订购"；国家对某些产品预先确定价格、数量等，统一收购，一般不会发生变化，所以用"定购"。

【定式】 名 长期形成的固定的方式或格式：心理~｜思维~｜创作没有~。

也作定势。

【定势】❶ 名 确定的发展态势。❷ 同"定式"。

定式也作定势,但在"确定的发展态势"义项上只能写作定势。

【订金】 名 预付款。

【定金】 名 一方当事人为了保证合同的履行,向对方当事人给付的一定数量的款项。定金具有担保作用和证明合同成立的作用。

我国的《民法通则》和《担保法》赋予"定金"法律意义:给付定金的一方不履行约定,无权要求返还定金,收受定金的一方不履行约定,应双倍返还定金。"订金"没有担保债权的作用,仅相当于预付款,如当事人主张相关权利,法院不予支持。这样一来,"定金"与"订金"就分化成两个词。这也促成了"定"与"订"含义的分化:"定"强调确定、不易更改;"订"则强调有一定的不确定性、有可能发生变化。这个分化,主要带来了两个结果。

【制订】 动 创制拟定:~工作计划。

【制定】 动 定出(法律、规程、政策等):~宪法 | ~学会章程。

"制订"是并列结构,"制定"是动补结构。"制定"与"制订"本来是异形词,现在分化成两个词:国家方针、政策、法律、制度等,通常用"制定";而一般的工作计划、方案等,建议用"制订"。也可以说,大政方针用"制定"的多,具体条文用"制订"的多。

兜·蔸·篼

兜 dōu 象形字。小篆 兜 在儿左右加护物,象头上戴有起遮护作用的帽子形。隶定后楷书写作兜。本义为头盔。兜现在主要用于名词,口袋一类的东西,如布兜、网兜等。再引申指绕,如兜抄、兜击。再再引申指招揽,如兜售。继而引申指承担或包下来,如"有问题我来兜底"。《现汉》中,兜同"篼",也同"蔸"。但篼、蔸词条后没有注明同兜。由于兜的引申义太多(快兜不下了),头盔之义便多用胄来表示。

蔸 dōu 后起形声字。楷书 蔸 从艸(艹)从兜(表声)。本义指某些植物的根和靠近根的茎。还用作量词,相当于棵或丛,如一蔸树、两蔸葱、三蔸地瓜。

篼 dōu 会意兼形声字。小篆 篼 从竹(艹)从兜(兜住,兼表声)。隶定后楷书写作篼。本义为器具。竹、藤、柳条等编织的盛东西的器具,如背篼。

本来,问题很简单,但由于历史上这三字曾经相互替代,于是出现混乱。这就要求我们在日常运用中,既要区分好篼、蔸,还要限定篼、蔸的使用范围,尽量不要与它们兜圈子。

陡・徒

陡 dǒu　形声字。《说文》无。楷书陡从阜（表示山，阝左）从走（表声）。本义指山势陡峭。近于垂直，如陡壁、陡崖、陡坡等。后引申指顿时、突然，如陡变，即突然改变或变化。

徒 tú　会意兼形声字。金文𢓊和小篆𨑒皆从辵（辶，脚走路）从土（地，兼表声）。隶定后楷书写作徒。本义指步行，如徒步。周代打仗用战车，车上的兵称甲士，车后跟着步行的兵称徒。后引申指同一类或同一派别的人，如学徒、党徒、教徒、门徒、叛徒。

地位低贱的也称徒，如歹徒、匪徒、无耻之徒。徒，又可指裸、光、空，如徒手，即空手。徒，还作副词，指仅仅，如徒有虚名、徒有其表。

陡然，指突然、骤然。徒然，指枉然、白白地。

陡然与徒然，不能混为一谈，否则两者皆枉然。

度・渡

度　多音字。会意兼形声字。小篆𢈉从又（手）从庶省（庶省去四点，表声兼表义）。隶定后楷书写作度。本义为伸张两臂量长短。

读 dù 时，义为计量长短、表明物质的有关性质所达到的程度等常用义。还用作姓。

读 duó 时，推测、估计，如揣度、测度、度德量力（衡量自己的品德能否服人，估计自己的能力能否胜任）。

渡 dù　会意兼形声字。小篆𣵽从水从度（度表由此及表，兼表声）。隶定后楷书写作渡。本义通过河流。渡是度的加旁分化字，主要用于空间。

2006 年，笔者到《咬文嚼字》杂志社举办的培训班学习，一位上课老师幽默地说：想过不想过，都得过，那就用"度"；想过就过，不想过就不过的用"渡"。凡用"度"都是不以人的主观意志为转移的，不想度也得度；凡用"渡"则必须通过主观努力，否则就渡不过去。如渡河，过不过您说了算；在"难关"面前，您是想渡过想渡过还是想渡过呢！

有几组词要格外小心：

过渡，指事物由一个阶段或一种状态逐渐发展变化而转入另一个阶段或另一种状态，如过渡时期、过渡地带、过渡政府、过渡内阁。过渡时期，是一种比喻，指通过这段时间就像渡河一样。

过度，超过适当的限度，如过度疲劳、过度兴奋、悲伤过度、过度放牧。

三十六计中，明修栈道，暗度陈仓。按理讲应该写作"暗渡陈仓"。由于古时"渡""度"相互借用，早期连环画采用"暗渡陈仓"，后来有专家说保持最初版本中的字形，宜采用"暗度陈仓"。

欢度国庆节不得写作"欢渡国庆节"。度假、度假村中的度不得写作"渡"。

庶，甲骨文 ![字形] 好似在屋檐下生火做饭的场景，后来几经演变楷书写作庶。"庶"字中"广"为屋檐变形，"廿"如同悬挂盛食物的器皿，"灬"是火的讹变。在屋檐下做饭的人自然就是平民百姓，于是"庶民"一词就问世了。度(庶省+又，"又"是手的变形)，说白了就是广大老百姓的手。古时候，特别是在秦始皇统一中国之前，度量衡器都是用身上的构件丈量：寸(拇指横在手腕处，穴位为寸口，此间距离为寸)、拃(拇指与中指张开的距离)、尺(手腕到肘部之间的距离)、庹(tuǒ，成人平伸双臂时的最大距离，约合5尺)。由于手的丈量功能，于是度就引申出计量、计算。由于手的测量，是大约的数，自然引申出度量、揣测、忖度、揣度。度量由此及彼，就有了跨越，由空间过渡到了时间，如虚度光阴、度日如年。后凡是能用一定标准计量或揣测的都叫度，如温度、湿度、密度、浓度等。古人常把手、胳膊当作量具，于是"度"引申出计量标准，如广度、高度、长度、深度等。计量自然要由此及彼，继而引申出通过(度过)、跨越(春风不度玉门关)。由计量标准引申为行为规则(制度、法度)、程度(知名度、透明度)。度本为空间，后来慢慢改行为表示时间为主业了。

端·瑞

端 duān　会意兼形声字。小篆 ![字形] 从立从耑(物体一头，兼表声)。隶定后楷书写作端。是耑的加旁分化字。本义为人的姿势或物体正直。

瑞 ruì　会意兼形声字。小篆 ![字形] 从玉从耑(端，兼表声)。隶定后楷书写作瑞。本义为玉制的信物，相当于后来的印信凭证。引申指好的预兆，如祥瑞、瑞雪。

端与瑞，字形相近，所以我们在编校时，一定要注意不要让"端雪"飘落纸间，也不能让"瑞正"立于眼前。

端午与端五是异形词，且端午是推荐词条。

段·断

段 duàn　会意字。金文 ![字形] 从殳(手持锤)从厂(山崖)从两点(敲下石块)，会手持锤敲击取石之意。小篆 ![字形]。隶定后楷书写作段。是锻的本字。本义为锤击。引申指事物或时间的一截，如分段、时段、三段等。

断 duàn　会意字。甲骨文 ![字形] 从刀从丝，会用刀切割丝之意。金文 ![字形] 增加纺锤。小篆 ![字形] 从绝从斤(即斧子)，表示截断开来。引申出断绝、间断、拦截、判断等义。

段，作量词用，指长条形的东西分成的若干部分，如两段木头；断，作动词用时，指把长条形的东西断开。也就是说，断是段的起因，段是断的结果。

桥段译自英语中的 bridge plot。Bridge，指"桥"，引申义指"起桥梁作用的东西"和"过渡"；plot 则有情节、策划等义项。这两个单词合起来，表示被借用的（或借鉴的）电影经典情节或精彩片段。这种被"借用"或"化用"的表现手法都可称为桥段。

桥段，带给人们艺术欣赏；若错成"桥断"，必将带给人们一场灾难。

煅 · 锻

煅 duàn 后起形声字。楷书煅从火从段（表声）。本义为烧炼、炼制。即将金属材料加热到一定温度后锤打成形并改变其部分物理性质。还指一种中药制法，指把药材放在火里烧，以减少烈性，如煅石膏、煅龙骨。另外，煅同"锻"。

锻 duàn 会意兼形声字。小篆从金从段（兼表声）。隶定后楷书写作鍛。今简化为锻。是段的加旁分化字。本义指打铁。常见词锻造、锻炼。

煅同锻，但现在分工还算明确，尤其是已经定型的词不要去改变，如不要把锻炼写成"煅炼"，也不要把煅烧写成"锻烧"。

✎ 由段表声的汉字

塅，读 duàn。方言。指面积较大的平坦的地区，多用于地名。

缎，读 duàn。缎子，如绸缎。

瑖，读 duàn。书面用语，像玉的石头。

椴，读 duàn。树名。

碫，读 duàn。砺石，即粗磨刀石。

对 · 兑

对 duì 会意字。甲骨文从又（手）从丵（一种齿状仪仗形），会高举显扬之意。金文左下变为从土，右变为从寸（也是指手）。小篆承接金文并整齐化，分为二体，其一另加义符口，专用以表示对答；其二为。隶定后楷书分别写作對、对。今皆简化为对。本义为高举显扬。仪仗皆为两相对应，故引申指相当，相配。

兑 duì 会意字。甲骨文从人从口从八（分开），会人咧开嘴嘻笑之意。金文、小篆。隶定后楷书写作兑。是悦的本字。本义为喜悦。引申指交换，特指以票据换取现金或其他某物。由于兑做了偏旁，喜悦之义便另加义符言写作"說"来表示，因喜悦常表现在言辞上；"說"又被借义所专用，便又改换义符为心造了"悦"来表示。

挤兑，是一个金融术语，原指银行券持有人争相向发行银行兑换现金的现象。现多指货币信用危机暴发或严重通货膨胀时，存款人争相向银行提取存款。后引申指挤占等义。新冠疫情肆虐之下，西方国家准备严重不足，而新冠病例不断增加，有限的医疗资源被疯狂挤占。这与挤兑本义很符合。《咬文嚼字》编辑部发布"2020年十大语文差错"第六条："挤兑"误为"挤对"。

挤对，是一个方言词，本指逼迫使屈从，如"他不愿意，别挤对他了"。引申指排挤、欺负，如"他硬给人挤对走了"。

敦·钝

敦 多音字。会意字。金文𠭥从攴（手持棍，表敲打）从享（醇厚），会怒呵重责之意。小篆𠭥。隶定后楷书写作敦。本义为恼怒。引申指敦促，再引申指厚实、深厚。

读 duì 时，本是古代的一种食器，它由青铜制成，器身和盖子都为半球形，器物整体呈球形。

读 dūn 时，义为诚恳，如敦厚。由于敦器物看上去厚重而实在，因此本为名词的"敦"，引申出了形容词的"敦"（读音也发生了变化），可指情感的诚恳和深厚，汉语中有一批由"敦"构成的词，如敦请、敦促、敦聘等。敦厚由两个同义语素联合成词，包含着正面的情感。还指督促，如敦促。还用作姓。伦敦是英国首都，敦伦则是指夫妻行房。"敦"字意谓勉励；"伦"谓伦常。

钝 dùn 形声字。小篆鈍从金从屯（表声）。隶定后楷书写作鈍。今简化为钝。本义为不锋利。引申指迟钝、愚笨，在词义上是否定的。

温柔敦厚，指温和而宽厚。"温柔钝厚"无解。

碓·椎

碓 duì 形声字。小篆碓从石从隹（表声）。隶定后楷书写作碓。本义为舂米的工具。原理是在臼旁用柱子架起一根木杠，杠端系上石头，用脚踏起另一端，连续起落。后来又有利用水力代替人力的，这便是水碓。古法造纸工序繁多，常利用水碓进行舂捣。

椎 详见667页"椎·锥"。

椎心泣血，指捶打胸膛，哭得眼里出血，形容极度悲伤。这里"椎"一定要读 chuí，还不能错写成"碓"。这叫"椎"是"椎"，"碓"是"碓"。

墩·撴·蹾·蹲

墩 dūn 《说文》无。会意兼形声字。楷书墩从土从敦（厚重，兼表声）。本义为土堆。引申指矮而粗大的整块石头、木头，还可表示用拖把擦地。作量词，用于丛生的或几棵合在一起的植物。

撴 dūn 后起会意兼形声字。楷书撴从手从敦（厚重，兼表声）。本义指把物品重重地放在地上。引申指揪住或拽（zhuài），如"一把撴着他的手不放"。

蹾 dūn 后起会意兼形声字。楷书蹾从足从敦（厚重，兼表声）。异体作撴。今二字分工明确。本义为猛地往下放，着地很重。搬运物品特别是贵重物品，千万不要往地上或车上蹾。

蹲 多音字。会意兼形声字。小篆蹲从足从尊（樽，兼表声），会好似酒樽放着之意。隶定后楷书写作蹲。本义为踞坐，好似犬、虎等动物一样坐在那里。

读 cún 时，方言用字，指脚猛然着地，因震动而使腿或脚受伤。

读 dūn 时，指两腿尽量弯曲，像坐的样子，但臀部不着地。

墩布，指拖把。不能想当然认为拖地需要手，故而错把墩布写成"撴布"。

蹲（dūn）苗，是一种农业措施，指在幼苗拔节时，控制施肥和灌水，进行中耕和镇压，使幼苗根部下扎，生长健壮，防止茎叶徒长。别想当然错写成"墩苗"。

墩由本义土堆引申指状如土墩的坐具。绣墩，形状如鼓，也称"鼓墩"。错成"锈墩"，无人敢坐。

俗语中，常有"我不小心摔了个屁股 dūn"，这个 dūn 应该选用"蹾"，而不能用"蹲"（dūn）。

🖋 㹜，读 dūn，方言用字，指去掉雄性家畜家禽的生殖器。即阉割、劁。

礅，读 dūn，厚而粗大的整块石头，如石礅。有别于石碌（碌碡）。

镦，读 duì 时，同"镈"，指矛戟柄末的平底金属套。读 dūn，一是作动词，指用锤击、加压等方法，使坯料变短、横断面积增大；二是同"㹜"。

褡·缀

褡 duō 会意兼形声字。《说文》无。楷书褡从衣从叕（连缀，兼表声）。本义为缝补，如补褡。直褡，古人在家所着的便服，现在主要指僧道穿的大领长袍。

缀 zhuì 会意兼形声字。小篆缀从糸从叕（连缀，兼表声）。隶定后楷书写作缀。今简化为缀。是叕的加旁分化字。本义为缝合。引申指组合字句篇章，还指装饰，如点缀。

《中国古代服饰》（商务印书馆）中对"直裰"注释："宋代僧道也穿直裰，也称直掇、直身，以素布制成，对襟大袖，衣缘四周镶有黑边。"

直裰，不要写作"直缀"，要不然，僧道们会发怒的。

铎·锋

铎 duó　形声字。小篆 䥟 从金从睪（表声）。隶定后楷书写作鐸。今简化为铎。本义为大铃。《说文》："铎，大铃也。军法：五人为伍，五伍为两，两司马执铎。"徐灏笺注："镯、铃、钲、铙、铎，五者形制皆同。"《群经字诂·四书字诂·上论四》："铎，牛项下铃，亦谓之铎。"以上可知铎就是一种铃。我国古代的一些高大建筑檐角处悬挂着数量不等的风铃。这些金属铃铛被称为檐铃、檐铎、铃铎、铎铃、风铎等。

锋　详见 159 页"风·锋"。

"铎"与"锋"字形似，风铎不要写成"风锋"。

堕·坠

堕　多音字。会意兼形声字。小篆 𡐦 从土从隋（坠落，兼表声）。隶定后楷书写作墮。异体字为堕。本义为堕落。

读 duò 时，常见词有堕落、堕胎等。

读 huī 时，同"隳"（义为毁坏）。

坠 zhuì　会意兼形声字。小篆 墜 从土从隊（豕下落，兼表声）。隶定后楷书写作墜。今简化为坠。本义为从高处落下。引申指丧失，再引申指朝下垂，还指系在器物上垂着的东西，如耳坠子。

堕落：一指思想、行为等往坏里变，如腐化堕落；二指沦落、流落，多见于早期白话，如堕落红尘。

坠落：指落、掉，如"花盆从墙上坠落"。

堕落虚指，坠落实指。

E

恶·噁

恶 多音字。形声字。小篆 𢙒 从心从亞（表声）。隶定后楷书写作惡。今简化为恶。本义为罪过。

读 ě 时，恶（惡、△噁），常用词为恶心，形容有要呕吐的感觉。还指厌恶，如"你做这事，让人恶心"。再就是方言，揭人短处，让其难堪，如"他做事太自私，找个机会恶心恶心他"。（注：△，表示噁还另出字头，单独解释。通俗地讲，就是噁是恶的繁体字，但是还在其他用项上独立成字）

读 è 时，恶（惡），很坏的行为，跟"善"相对，如作恶多端、罪大恶极；还指凶恶、凶狠、凶猛等，如恶战、恶狗；还指恶劣、坏，如恶习、恶意。

读 wū 时，恶（惡）同"乌"部分义项，作疑问代词；还作叹词，表示惊讶。

读 wù 时，义为讨厌、憎恨，如好恶、厌恶、深恶痛绝。

噁（噁）è 专指二噁英。一类有毒的含氯有机化合物，有强烈的致畸和致癌作用。在垃圾焚烧、汽车尾气排放等过程中易产生。中译名来自英文 dioxin，di 是英文的词冠，表示"二"；ox 是英文里"氧"这个词的头两个字母。苯是一种"环状"结构的碳氢化合物，化学式为 C_6H_6。若苯环上的碳原子被其他原子取代，就成了"杂环"。在翻译化学名词时有个约定，即用"噁"来代表"杂环"里的氧。因此，这个加了"口"的"恶"字有专业上的意义，兼有意译成分，并非仅是音译。"英"是 dioxin 一词里"in"的音译，不要给"英"加"口"。读音时，要记得"噁"又是 ox 的音译。

从上面我们可以看出，噁是恶在读 è 时的繁体字，现在将噁简化为噁，实际上是新造的类推简化字。现在的媒体上常见二恶英，其中最主要原因是电脑中打不出来，造字又不方便，于是就找"恶"替代了"噁"。

厄·戹

厄 è 象形字。金文 𠂆 象车辕前边套在牲口脖子上的曲木形，是轭的本字。小篆分为繁简二字 戹 、厄，隶定后楷书分别写作戹与厄。如今规范用厄，戹为繁体字。由于轭是卡在牲口脖子上，引申为灾难、困苦，也指险要的地方。由于厄专用于困苦，于是本义另造轭。汉字中，大凡带 卩（ㄗ）都和人有关，特别是卩象跪坐之人形。如危、跪等字。

卮 zhī　会意字。小篆 卮 从匕（匙）从卪（跪坐之人），用人持匕取饮会酒器之意。隶定后楷书写作卮，俗省作卮。本是古代的一种酒器。漏卮本指底部有孔的酒器。后常用来比喻利权外溢。卮言，卮不灌酒就空仰着，灌满酒就倾斜，没有一成不变的常态，如同说话没有主见或定见。卮言，也指醉后随意的话。于是卮言后常用为对自己著作的谦辞。参见 523 页"危·卮"。

　　由于卮与厄字形相似，所以"漏厄""厄言"就成为错误选项了。另外，桅与栀也属于易错范畴，详见 526 页"桅·栀"。

恶·厄·噩

恶　详见 141 页"恶·噁"。

厄　详见 141 页"厄·卮"。

噩 è　会意字。噩是咢的异体字，是由甲骨文 𠽁（丧）发展来的。从𣦵（众口）从桑，会众口哭于桑枝下之意。古代丧事用桑枝作标志，因桑与丧同音。经过漫长演变，噩成形。本义就是使人惊恐、惊愕。再引申指不吉利。

　　恶运，坏运气。厄运，困苦的遭遇，不幸的命运。噩运，坏的运气。

　　恶，有凶恶、凶狠、凶猛义项；噩，指凶恶惊人的。两者之间有点交叉，但噩用于书面语言，而恶多用于口语。噩运程度远高于恶运，厄运与恶运、噩运不属于一种类型，厄运与命运紧密相连，时间长，而恶运、噩运时间短，通常指具体事情。

【噩耗】名 指亲近或敬爱的人死亡的消息。

【噩梦】名 可怕的梦。

　　噩耗、噩梦，不得写作"恶耗""恶梦"。

　　俗语说："前不栽桑，后不栽柳，当院不栽鬼拍手（刽子手）。"

　　"桑"连着"丧"，宅前栽桑会"丧"事在前。柳树不结籽，房后植柳就会没有男孩后代。说"后柳"（溜）会跑光财气。柳木常常被用来制作像"引魂幡"（丧葬时用以招引鬼魂的旗子）、"哭丧棒"（长辈发丧时的仪仗品）之类的葬礼用品。

　　杨树遇风，叶子哗哗啦啦地响，好似"鬼"拍手。另外，叶子响不易辨别门外动静，不利于防盗等。

　　刽子手是指桃树，桃实桃花都是血红色的，民间认为桃树的血红色容易招惹邪气，所以禁忌在院中栽桃树。

　　桃与逃同音，在兵荒马乱的年代，人们一旦将桃树与逃荒联系起来，自然也没有谁愿意在院子里栽桃树了。

而·尔

而 ér　象形字。甲骨文 🗚 象下巴上的长须形，胡须是而的本义。金文 🗚、小篆 🗚。隶定后楷书写作而。本义为胡须。现主要用作连词，表示并列，相当于和，如少而精等。还用作副词、代词、介词、结构助词、语气助词等，可以说胡子眉目都被"而"所抓。"而"部首内汉字大都与胡须、颊毛有关，如耐、需、耍等。

尔 ěr　象形字。甲骨文 🗚 象蚕开始吐丝结茧形。隶定后楷书分别写作爾和尒，俗作尔。如今尔为正体。由于尔为借义所专用，古人另造繭（茧）代表本义。

而与尔，其实是相距十万八千里，但"而后"与"尔后"常让人二乎。

而后，连词，指然后（接着），如"确有把握而后动手"。

尔后，连词，指从此以后，如"前年见他一面，尔后就不知他的去向了"。

而后，是指接着做，时间较短；尔后，从此以后，时间相对来讲长。

二·贰

二 èr　指事字。甲骨文 二、金文 二 和小篆 二 都是两个筹码或画的两道，指明是数目二。二本指等长的两画，与一短一长的古文 二（上）或一长一短的古文 二（下）不同。为了书写匀称，另加声符弋写作弎。《现汉》在"弎"后注"同'二'"，也就是说弎不是二的大写。同理，弌同"一"，弎同"三"。楷书阶段就有貳、貮、弎三种写法。颜真卿就书写貳，由此可见颜老先生早有先见之明。

贰 èr　会意兼形声字。金文 🗚 从鼎从弋（兼表声），会二鼎相匹配之意。小篆 🗚。隶定后楷书写作貳。今简化为贰。本义为相比并，相匹配。

"贰"虽是"二"的大写字，但是"贰"的许多义项"二"是没有的，如"副职；再，重复；怀疑，不信任；背叛，有二心；两属；不按规则，变易无常；姓"等义项。

贰臣是指在前一朝代做了官，投降后一朝代又做官的人。这里的"贰"就是"两属"的意思。封建君主常常瞧不起"贰臣"。清高宗乾隆皇帝下诏编《贰臣传》时，为了提倡忠于一姓的封建道德，把降清的明朝官员，如刘良佐、钱谦益、洪承畴等人都编入《贰臣传》。在编撰《贰臣传》数年后，乾隆四十八年，又编撰《逆臣传》。

二心与贰心是异形词，二心（不忠实的念头；异心；不专心）为推荐词条。

新中国先后发行五套人民币。其中第三套有二元券,将贰字中的"二"移到上面。有的学者说贰是贰的异体字,有的称之为二的大写变种。其实,这是错字。只是发行量太大,历史较长,所以也就不了了之了。从第四套人民币二元券起,改为贰。

✐ 二乎,方言,用于胆怯、畏缩、心里狐疑,指望不大(如"我看这件事二乎了"),也作二忽。二黄与二簧是异形词,二黄(戏曲声腔之一,用胡琴伴奏。跟西皮合称皮黄)为推荐词条。

F

发·酦

发 多音字。由發（fā）、髪（fà）两个繁体字合为一个简化字。

读 fā 时，繁体为發。金文 ![字形] 从弓从癹（表声）。小篆 ![字形]。隶定后楷书写作發。根据草书简写作发。本义为射箭，故其字从弓，如百发百中；引申指发射，如弹无虚发。

读 fà 时，繁体为髪。金文 ![字形] 从髟（biāo，长发飘舞的样子）从犮（表声）。小篆 ![字形]。隶定后楷书写作髪。今简化为发。

发对应两个繁体字，所以，再将"发"返回繁体字一定要仔细对待。"美髪廳"误为"美發廳"，想表现自己传统文化底蕴深厚，结果适得其反。"名典發藝"出来的女士，大概头发都会直撅撅向天"发射"。

酦 多音字。形声字。《说文》无。楷书酦从酉从發（表声）。今简化为酦。本义为再酿酒。

读 fā 时，酦酵与发酵是异形词，发酵是推荐词条。

读 pō 时，即为本义，指重（chóng）酿酒。

注：《通用规范汉字字典》只给酦标注一个读音：pō。

伐·阀

伐 fá 会意字。甲骨文 ![字形] 从戈置人颈之上，会以戈砍杀人之意。金文 ![字形]。小篆 ![字形]。隶定后楷书写作伐。本义为击刺、砍杀。后引申敲打、攻打、征讨、功劳等义。讨伐即征伐，征讨。北伐即向北方进军征讨，也特指 1926~1927 年国民革命军的北伐战争。

阀 fá 会意兼形声字。小篆 ![字形] 从门从伐（功劳，兼表声）。隶定后楷书写作閥。今简化为阀，是伐的分化字。伐指由征伐取得的功劳，所以阀的本义也为功劳。引申指旧时有功劳的世家或有权位的门第望族，如门阀。阀阅，即仕宦人家自序功状而竖立在门外左右两边的柱子（通常左为阀记载征战等经历，右为阅即受到表彰等简历。古时拜访主人，首先要认真拜读这两根柱子上的内容，自然就引申出"阅读"一词）。引申指功绩、仕宦门第等。又引申指在某方面有支配势力的人物、家庭或集团，如军阀、财阀。又用作英语 valve 的译音，指活门，即机器或管道上起调节、控制作用的装置，如阀门。

汉语中只有"学阀"，没有"学伐"。"学阀"是一个贬义词。《汉语大字典》的释义为"凭借势力把持教育界或学术界的人"。

筏，指用竹木、牛羊皮等制成的水上简易交通工具。木筏，即用长木材并排编扎而成，也叫木筏子。木筏断断不能错写成"木阀"，真那样，河是别想渡了。

伐与征、侵、袭异同。在古代汉语中，伐是中性词，指出师有名、公开宣布、大张挞伐（挞伐不能写成"鞑伐"）的战争行为。征是褒义词，特指有道进攻无道，上进攻下。后来征、伐连用，词性词义就整合了。侵，指金鼓不鸣，直接进行军事进犯。袭，指不宣而战，进行突然袭击，简称突袭。

"拧紧安全阀"提法错误。安全阀是一种特殊的阀，通常处于关闭状态，当设备内压力超过规定数值时，即自动开启，放出容器中的一部分流体，使压力下降；当压力下降到正常数值时即自动关闭。高压锅安全阀就是最典型的例子。所以提到安全生产时，不要再提"拧紧安全阀"。否则，拧紧了安全阀，那危险自然就会紧紧跟上您了。

伐·法

伐 详见 145 页"伐·阀"。

法 fǎ 会意字。金文 𤪺 从 𠮛（上为人下为口，口读围，表居住地）从 𣲙（水）从 廌（鹿、牛一类动物），会人们带着牛羊逐水而居之意，是游牧生活的真实写照。小篆一 灋，小篆二 𢒟（省去 廌）。隶定后楷书分别写作灋与法。灋，古代传说中的神兽，据说它能辨别真假，在审理案件时，它会用角去触理屈的人。

作伐，语出《诗经·豳风·伐柯》："伐柯如何，匪斧不克；取妻如何，匪媒不得。"大意是说：如何砍柴？非得用斧头不可；如何娶妻？非得有媒人不可。后因此把"作伐""伐柯""执柯作伐"等用为做媒的典故。

作法，旧时指道士施行法术，还指作文的方法，如文章作法。制作物品或处理事情的方法叫做法，也说作法。作法自毙，指自己立法反而使自己受害。

"作法"与"作伐"，虽是音近，语意却相差甚远。

法·砝

法 详见本页"伐·法"。

砝 fǎ 形声字。《说文》无。楷书砝从石从法省（法省去水旁，表声）。异体作珐，省作砝。如今规范用砝。本义为硬。

砝码，初也作"法马""法码"。指天平上作为质量标准的物体，通常为金属块或金属片，可以称量较精确的质量。借指分量、条件。如今已经规范，砝码不得写作"法马""法码"。

幡·翻·皤

幡 fān 形声字。小篆 幡 从巾从番（表声）。隶定后楷书写作幡。今又借用来表示"旛"的含义。本义有二说。一说为擦拭写字板的布；二说为旗帜。幡儿旧俗出殡时兴的窄长像幡的东西，多用白纸剪成。也叫引魂幡。幡在空中转动较快，所以幡通翻，幡然是很快地彻底地改变，后也作"翻然"。

翻 fān 会意兼形声字。小篆 翻 从羽从番（反复变动，兼表声）。隶定后楷书写作翻。本义为鸟飞。引申指翻转、推翻、翻山越岭、翻译等。

皤 pó 形声字。小篆 皤 从白从番（表声）。异体改为从頁（头）从番。隶定后楷书分别写作皤和頿。今规范用皤。本义为老人头发白的样子。由于肚皮常发白，故又表示大腹的样子，如皤腹。皤然，即白貌，多指须发。

2014年中国汉字听写大会，江苏连云港市新海实验中学陈柯羽凭借"皤腹"一词夺得冠军。

幡然也作翻然；但皤然与幡然、翻然有着本质区别，千万不要混同，要不然负责审读的同志会翻脸不认人的。

烦·繁

烦 fán 会意字。小篆 烦 从頁（头）从火，会头发热得像火烧一般。隶定后楷书写作烦。今简化为烦。本义为头痛发热。我们知道，在汉字中"頁"（除"葉"简化为"页"等极个别外）代表头，头上冒出火来，可见是发热的症状。而头上的火其实来自内心的火，是情绪无法得到正常宣泄的一种状态，故"烦"多用来指心情的苦闷，如心烦意乱、烦躁不安、眼不见心不烦、烦恼等。

繁 多音字。会意兼形声字。金文 繁 从每（妇女头上饰物）从糸，会用丝巾维系头上复杂的饰物之意。小篆一 繁 承接金文，小篆二 繁 增加攴（手持棍使其更乱，也有说是——挑给别人欣赏）。隶定后楷书写作緐与繁。今以繁为正体。本义为女性头上饰物多。繁花似锦、繁星满天、繁弦急管（形容各种乐器同时演奏的热闹情景）、繁文缛节，用的都是"繁"的本义。

读 fán 时，体现的是本义及由本义引申出的意义。

读 pó 时，用作姓。主要生活在河南开封一带。繁塔，开封市东南的古迹。因其兴建于繁台之上，俗称繁塔。繁塔是开封地区兴建的第一座佛塔，也是开封地区现存最古老的建筑之一，为四角形佛塔向八角形佛塔过渡的典型，是全国重点文物保护单位。

繁、烦二字并不难区分："繁"是繁多，"烦"是心烦。前者是客观的，是一种数量上的强调；后者是主观的，是一种情绪上的渲染。但在现实生活中，繁、烦有着割不断的联系：外界的事物往往会影响人的精神世界，客观的繁会引起主观的烦。"繁"是"烦"的原因，"烦"是"繁"的结果。这样一来，"烦"在古代便可借用作"繁"，繁、烦二字自然成了一对剪不断、理还乱的"冤家"，一大批的异形词正是因此而产生的。

那么，究竟怎样解开这一疙瘩呢？最好的办法就是各就各位。凡是和数量有关的，用"繁"；凡是和情绪有关的，用"烦"。

【烦苛】〈书〉形（法令等）繁杂苛细。也作繁苛。

【烦乱】❶形（心情）烦躁不安：心里~极了，不知干什么好。❷同"繁乱"。注：烦乱在第1义项时，与繁乱不是异形词关系。

【烦冗】形❶（事务）繁杂。❷（文章）烦琐冗长。‖也作繁冗。注："冗"，按《说文》的解释，是"人在屋下，无田事"。游手好闲，无所事事，于是引申出多余的意思。繁是多，冗也是多，本应以"繁冗"作为首选词形，但《现汉》将烦冗作为首选词形。另外，"冗"由本义引申出繁忙的事，如"请拨冗出席"。

【烦琐】形 繁杂琐碎：手续~｜~的考据。也作繁琐。

【烦言】〈书〉名❶气愤或不满的话：啧有~｜心无结怨，口无~。❷烦琐的话：~碎辞。也作繁言。注：繁言指的是琐碎的言辞，如烦言赘语，说得明白一点，就是啰唆；而烦言则是指不满或气愤的言论，如啧有烦言，无疑是一种牢骚的流露。烦言在第1个义项时，与繁言不是异形词关系。

【繁乱】形（事情）多而杂乱：头绪~。也作烦乱。注：繁乱指的是事物头绪繁多以致显得混乱，这是一种客观描述；而烦乱其实就是心烦意乱，是一种情绪状态。

【繁难】形 复杂困难：工作~｜遇到了~的事。也作烦难。注：繁难的"繁"，是纷繁的繁，它揭示的是事物本身的复杂性；烦难的"烦"，则是麻烦的烦，它显示的是精神上面临的压力。

【繁衍】（蕃衍）动 逐渐增多或增广：子孙~｜~生息。

【繁杂】形（事情）多而杂乱：内容~｜~的家务劳动。也作烦杂。

《现汉》收录"烦扰"，指搅扰，还形容使人心烦或厌烦，未收"繁扰"。

《汉语大词典》中收有"繁扰"，释为"繁杂纷扰"。

"扰"的古字右边为一猴类动物，让人联想到打扰、骚扰的意思；而"烦"同样也是情绪受到干扰。

"繁"和"烦"，说起来不简单，运用起来更不容易。但愿大家避繁就简，少些烦恼吧。

氾·汜

氾　多音字。形声字。氾与泛同源。小篆 ![字形] 从水从㔾(表声)。隶定后楷书写作氾。本义为水泛滥。

读 Fán 时，《通用规范汉字表》将其调整为规范汉字，可用作姓氏人名。

读 fàn，仍作为"泛"在某些义项上的异体字，废止不用。

参见 685 页《异体字简介》。

汜 sì　形声字。甲骨文 ![字形] 从水从巳(表声)。小篆 ![字形]。隶定后楷书写作汜。本义为由主流分岔流出后又流回主流的水。汜河，水名，在河南。

氾与汜字形相似，故易混淆。《氾胜之书》系汉成帝时议郎氾胜之所撰农书，若错写作"汜胜之书"可能会误了农时。

反·犯

反 fǎn　会意字。甲骨文 ![字形] 从又(手)从厂(山崖)，会以手推转山石之意。金文 ![字形]。小篆 ![字形]。隶定后楷书写作反。本义即翻转(如易如反掌)，引申指调转、颠倒、返回、归还、回报、报复等，与"正"相对，如适得其反。进一步引申指违背。再引申指对立，如反对；指抵制，如反抗；指违背，如反常。还指返回，此义后加旁分化作"返"。

犯 fàn　形声字。小篆 ![字形] 从犬从㔾(表声)。隶定后楷书写作犯。本义即侵犯，引申指突袭、损害、触犯、冒犯等。进一步引申指违背。

违反与违犯，义相近，因而要格外小心翼翼。

【违反】动 不遵守；不符合(法则、规程等)：～纪律｜～政策。

【违犯】动 违背和触犯(法律等)：～法规｜～禁令。

违反和违犯前一个构词语素都是"违"(即"背离""不遵从")，区别在后一个构词语素，前者是"反"后者是"犯"。

在实际生活中，和法律、法规、禁令等搭配时，只用"犯"而不用"反"。比如犯法、犯禁、犯命，而不说"反法""反禁""反命"(古汉语中"反命"是"复命"之义)。和法律、法规、禁令等搭配时，倾向用"违犯"而不用"违反"。其他对象则多用"违反"。如常说违反规律、违反常规、违反习俗等。

反·返

反　详见本页"反·犯"。

返 fǎn　会意兼形声字。小篆 ![字形] 从辵(辶)从反(回归，兼表声)。隶定后楷书写作返。是反的加旁分化字。本义就是回、归，如流连忘返。引申出归还、回转、更换等义，如返还。

因反和返都有回、还义，故在个别词上要区别对待，不要"山重水复疑无路"哟。

反照，指光线反射，也作返照。但回光返照，不得写作"回光反照"。

反季节，指不合当前季节的，如反季节蔬菜，这里不得写作"返季节"。

流连忘返，不得写作"流连忘反"或"流连往返"。

举一反三，本指教导学生一个方面，如果不能推知其他三个方面，就不再教了。举一反三，引申指触类旁通，其中"反"指类推，与返回、归还无关。

返·还

返 详见149页"反·返"。

还 多音字。会意兼形声字。甲骨文䍐从彳从丁（彳丁原义为道路）从瞏（圆转，表声）。金文㝵加一止（脚），突出返回。小篆還。隶定后楷书写作還。今简化为还。本义为返回原处。

读 hái 时，常作副词，表示现象还在或动作继续进行，如"双休日他还在工作"等。

读 huán 时，由本义引申出归还、回应（如还嘴、还价、还手）等义。还用作姓。

由于返与还，都有返回的意思，所以要认准回家的路。一去不复返不得写作"一去不复还"。有趣的是，"返"与"还"还组合成返还，其义为归还或退还。

《湖南日报》2005年11月1日刊发《"还（huán）"欠款还是"还（hái）"欠款——一字多音多义起纠纷　法院审理断是非》。文章说：被告人在自己出具的欠条上写上"还欠款贰仟整"。到底是"还（huán）欠款"还是"还（hái）欠款"？原告与被告争执不休。

法院审理认为：姚到出具欠条时，欠朱26827.7元，双方没有争议，应予认定。后来，姚于2004年1月19日和1月20日又给付朱共计1000元，双方亦无争议，法院予以认定。对于姚提出的到2004年4月1日止只欠2000元的主张，根据"谁主张，谁举证"的原则，应由姚举证。但姚无法提供充分证据，故法院对姚的这一主张不予支持，认定姚在2004年4月1日写的是"还（huán）"欠款2000元，而不是"还（hái）"欠款2000元。据此，判决姚还应偿付朱23827.7元。

犯·患

犯 详见149页"反·犯"。

患 huàn　会意兼形声字。小篆患从心从串（贯穿，兼表声）。隶定后楷书写作患。本义为忧虑、担心。引申指祸害、灾难，还指害病，如患病、患者。

犯病，是指病重新发作；患病，就是指生病、害病。

犯难，感到为难，如"小张面对高昂的房价犯难了"；患难，困难和危险的处境，如患难之交，同甘苦、共患难。

犯·范

犯 详见149页"反·犯"。

范 fàn 形声字。小篆 从艸（艹）从氾（表声）。隶定后楷书写作范。本义为草。如今又借用作"範、笵"的简化字，表示模子。範，小篆 从車从笵省（笵省去水，兼表声）。本义指竹制的模（mú）子。笵小篆 ，义同範。

范的本义已经被人们遗忘了，但姓范的读者取其本义，所以范姓没有繁体字，千万不要写作範某某，那就犯事了，犯大事了。範，本指浇铸器物的模具（参见444页"熔·镕"），后引申泛指规矩、制度、通例。模指木制模具，模范是两类模具的组合，其意义不说也明。

犯，为动词；范，为名词。就范，就是指内心不情愿的情况下，听从支配和控制，如迫使就范。就范不能写作"就犯"。

防范与防犯，需要警惕。

防，本义指堤坝。堤坝防洪，模具造物。详见本页"防·妨"。

防范，由堤坝本义引申泛指约束物，又进一步引申出防备、戒备的意思。

防犯，有一种是"防止犯罪"的缩写，也可作为"防止对方侵犯"的缩写。

✎ 有一种观点认为，范、範自古即是两个不同的姓氏，无简、繁体之说。现列上供大家讨论。《通志·氏族略三》："范氏，帝尧裔孙刘累之后。" 东汉有范冉、范式，春秋末期有范蠡，战国魏人有范雎。《正字通·竹部》："範，姓。漢範依，宋範昱。"

防·妨

防 fáng 形声字。小篆 从阜（阝左，表高）从方（表声）。隶定后楷书写作防。本义指堤坝。后由堤坝的挡水功能，引申出防备、戒备义。

妨 fáng 会意兼形声字。小篆 从女（男女之房事）从方（表声）。隶定后楷书写作妨。本义会男女之事不加节制容易伤身。引申指伤害、损害，后引申阻碍义，即影响事情的顺利进行。

防，意为防止、预防。妨，意指妨碍、妨害。妨、防作为动词，它们最大的区别是："妨"阻碍他人，"防"提防他人，前者是主动的，后者是被动的。在"妨碍"一词中，"妨""碍"为同义语素。

"不防"（或"冷不防"），是指不希望发生的事情意外地发生了；而"不妨"，则是说对希望发生的事情可以去试着做做。

"提（dī）防"即小心防备，如"对他你要提防着点儿"，不要写成"提妨"。

仿・彷

仿 fǎng　会意兼形声字。小篆从人从方（比拟，兼表声）。隶定后楷书写作仿。本义为相似、类似。引申出仿效、效法、类似等义，常用词有仿佛、仿生学、仿效、仿真等。也指依照范本写的字，如"他写了一张仿"。

彷　多音字。形声字。《说文》无。楷书彷从彳从方（表声）。本义为徘徊。

读 fǎng 时，彷佛。彷佛与仿佛是全等异形词，且以"仿佛"为推荐用词。

读 páng 时，彷徨，义为犹豫不决，不知往哪里走。"彷徨"全等异形词"旁皇"，前者为推荐用词，因"彳"代表道路，与走来走去有着千丝万缕的联系。

《第一批异体字整理表》中，将"彷、髣、俩"作为"仿"的异体字。

后来发现在"彷（páng）徨"一词中，需要"彷"的出现，要不然会"仿徨"（前者从亻、后者从彳）不伦不类。于是"彷"晃晃悠悠地回来了。

《通用规范汉字字典》中"彷"只有一个读音 páng。不知为何存在如此差异。

鲁迅《彷徨》的封面出自陶元庆（鲁迅好友）之手。《彷徨》封面：其底色采用橙红，用了几何线条画三人呆坐椅上，于百无聊赖中负暄闲话，而太阳却是颤颤巍巍的不圆而作落日状，其笔意兼备象征和写实，非常贴切地传达了彷徨的精神状态。当时有人妄评太阳不圆，元庆也颇无奈："我正佩服，竟还有人以为我是连两脚规（注：现称圆规）也不会用。"鲁迅先生对这个封面极为赞赏，称"《彷徨》的书面实在非常有力，看了使人感动"，挺身为元庆辩护说，"你看好笑不好笑，竟有这样不懂艺术的人"。新版《彷徨》封面右下好似一个圆太阳，那效果咋样，不说也罢。

飞・非・菲・蜚・斐

飞 fēi　象形字。小篆象鸟头、颈、两翅展开飞动形。隶定后楷书写作飛。今简化为飞。古时又通"非"。

非 fēi　象形兼会意字。甲骨文象截取飞鸟两个分张的翅膀形，会分张相背之意。金文。小篆。隶定后楷书写作非。本义为违背。

菲　多音字。形声字。小篆从艸（艹）从非（表声）。隶定后楷书写作菲。

本义为葑菜，也叫二月兰。

读 fēi 时，形容花草美、香味浓，如芳菲。还指有机化合物。

读 fěi 时，古书上指萝卜一类的菜。由普通菜蔬，引申指菲薄（多用作谦辞，指微薄），如菲仪（微薄礼物）、菲材（浅薄的才能）、菲酌（不丰盛的酒饭）等。不菲即不少、不低，如价格不菲、待遇不菲。

蜚　多音字。形声字。小篆一 ![字形] 从蟲从非（表声）；小篆二 ![字形] 从虫从非（表声）。隶定后楷书分别写作蠜和蜚。今规范用蜚。本义为草螽、蚱蜢类昆虫。

读 fēi 时，书面语言，同"飞"。

读 fěi 时，古书上指椿象一类的昆虫。蜚蠊，即蟑螂。

斐 fěi　会意兼形声字。小篆 ![字形] 从文从非（表分背，兼表声）。隶定后楷书写作斐。本义为五色相错，有文采的样子。斐然，一指有文采的样子，如斐然成章；一指显著，如成绩斐然。

蜚与斐，字形相近，需要认真甄别。另外还有几组词值得关注。

价格不菲正确，但"成绩不菲"组合生硬，还是"成绩斐然"显得文从字顺。

飞与非都与鸟展翅有关，所以两者之间有联系。但现在两者有点各奔东西了。

飞语，指没有根据的话，如飞语流传，也作蜚语。飞短流长，造谣生事，搬弄是非，也作蜚短流长。菲礼，谦辞，指菲薄的礼物。非礼，形容不合礼节、不礼貌。还指调戏、猥亵妇女。

非・匪

非　详见 152 页"飞・非・菲・蜚・斐"。

匪 fěi　会意兼形声字。小篆 ![字形] 从匚（筐）从非（非正，兼表声）。隶定后楷书写作匪。是筐的本字。本义为一种不方正的筐类竹器。引申为行为不正的人，再引申指强盗、土匪。由于匪从非得声，故又借作"非"，表示否定，如匪夷所思、获益匪浅等。这种用法只保留在一些熟语中，如今不能随意扩大。虽然，匪与非在部分意义上相通，但熟语毕竟是熟语，不得因通可随意改，如匪夷所思、获益匪浅不得写作"非夷所思、获益非浅"。参见 587 页"夷・黄"。

由于匪被借义所用，故本义另加义符竹写作篚。古时，方者称筐，圆者称篚。

扉・肺

扉 fēi　会意兼形声字。小篆 ![字形] 从户从非（像翅，兼表声）。隶定后楷书写作扉。本义指门扇。心扉即心的门扇,喻指人的内心或思想。打开心扉指袒露胸怀、不加掩饰。

肺 fèi　会意兼形声字。小篆 ![字形] 从肉（月）从巿（像枝叶披散形，兼表声。请注意巿中间那竖上下贯通,市为四笔画)。隶定后楷书写作肺。本义是呼吸器官,常与"心"同用,如没心没肺(比喻没心眼儿、不上心)、狼心狗肺(比喻心肠狠毒、贪婪)。

扉与肺音近,肺与心相邻,所以常有人将"敞开心扉"错写成"敞开心肺"。

✎ 宋·叶绍翁　游园不值

应怜屐齿印苍苔,小扣柴扉久不开。春色满园关不住,一枝红杏出墙来。

菲·霏

菲　详见152页"飞·非·菲·蜚·斐"。

霏 fēi　会意兼形声字。小篆 𩁼 从雨从非(鸟二翅,兼表声)。隶定后楷书写作霏。本义是雨雪很盛。霏霏,形容雨雪纷飞、烟云盛多的样子。如雨雪霏霏、云雾霏霏。

可见,能与"春雨"搭配的,只能是"霏霏",而非"菲菲"。菲和雨没有关系,汉语中也没有"雨菲菲"的用法。

废·费

废 fèi　形声字。小篆 𢊊 从广(敞屋)从發(表声)。隶定后楷书写作廢。今简化为废。本义为房屋坍塌不能居住。

费 fèi　会意兼形声字。金文 𧴫 从刀从贝从弗(反背,兼表声)。小篆 𧴨 省去刀,表示花去钱财。隶定后楷书写作費。今简化为费。本义指花去钱财。

费指用得太多、消耗过大,跟"省"相对。废话与费话不得不多说几句。

废话,没有用的话,也指说废话,如少说废话;费话,耗费言辞,多说话,如"他是个明白人,一点就透,用不着费话"。废话,常用于自谦,也用于对别人评价(常为指责);费话,常用于对第三者交流语。

分·份

分　多音字。会意字。最初写作八。《说文》对八的解释:别也,象分别相背之形。东西送人,自然就与自己分别了。八后来借用为数词,一借不还,古人只好另造分(在八下方加了一把刀)。甲骨文 𠔉 从八(表分背)从刀,会以刀分物之意。金文 𠔉。小篆 𠔉。隶定后楷书写作分。本义把整体分割成几部分。"分"由"八"加刀主要是考虑分割兽肉、鱼肉等。引申指辨别,如五谷不分、泾渭分明、分辨、分析。还指从整体中分出来,如分店、分队、分会、分支。分还用作量词,用于时间单位,60秒为1分,60分为1小时(采用60,是考虑到60公约数有2、3、4、5、6、10、12、15、20、30,便于分割时间,如一小时的1/4为一刻即15分钟,一小时的1/2为半小时即30分钟。体育比赛中,秒后面采用百分制,如苏炳添在东京奥运会半决赛中,百米成绩为9.83秒,打破亚洲纪录，成功晋级决赛。同理，弧或角、经度或纬度也都采用60换算）。用于钱币的辅币，壹分、贰分、伍分。也用于成绩单位，满分100分。

分由划分引申指义务、范围、职责，如安分守己、分外要求、本分。引申指机缘、命运，如福分、缘分。又引申指构成事物的不同物质或因素，如成分、水分、养分、盐分。再引申指情谊，如情分。

读 fēn 时，除了作量词外，主要是作动词，其义为分开、离别、分配、辨识、分担等。此时，分与份还是很容易分别开来的。

读 fèn 时，和"份"同音，两字之间便难解难分了。尤其是"分"旧同"份"。

份 fèn 会意兼形声字。小篆 份 从人从分（文质相半分备，兼表声）。隶定后楷书写作份。本义为文质兼备。是"彬"的异体字，古读 bīn。《论语·雍也》："文质彬彬，然后君子。"《说文》引用时便作"文质份份"。从《说文》到《康熙字典》，找不到一条"份"读 fèn 的训文。份读 fèn，是在五四前后才逐步形成的。

《现汉》第7版：份❶整体里的一部分：股～。❷[量]a）用于搭配成组的东西：一～儿饭｜一～儿礼。b）用于报刊、文件等：一～《人民日报》｜本合同一式两～，双方各执一～。❸用在"省、县、年、月"后面，表示划分的单位：省～｜年～。

从以上注释，我们不难看出，自治区、直辖市、市、区都没有与"份"搭配的资格了。"份"可单独使用时，如"到了这份上""这事有我的份吗？"；又用作量词，如一份家业、分成三份；还用于搭配组合成套的食品，如两份盒饭、一份点心。

这里提醒大家：作动词时，用"分"，这点不得含糊。

为了便于区分，"分"在运用中出现了分化，部分义项另立门户，读成了 fèn。这个分化，无疑给使用带来了一定的方便；但问题并未完全解决，因为"分"分化为两个读音以后，两个读音属下的义项还是很多，自然理解、运用的负担并没减轻很多。后来，"分"读 fèn 时又出现了分化，部分义项加单人旁写成了"份"。不过，读 fēn 时并未出现这种分化。所以，凡是读 fēn，都写成"分"。

由于"分"是常用字，不同读音有不同含义，于是为了清晰准确表达，古人将形近的古字"份（bīn）"来分担"分"的一部分任务。结果，好心办了坏事。

几经周折，现在"份"的使用范围越来越小，因而，我们掌握"份"的范围，其他就交给"分"吧。特别遇到拿不准的情况下，一般用"分"。这是符合汉字从简的大趋势。如名分、缘分、情分、天分、养分、成分、福分、辈分、分内、分外、安分、恰如其分、知识分子……以"分"为宜。

以下为全等异形词，括号的前面为推荐词条。

成分（成份）、股份（股分）、身份（身分）。

身份和身分，从使用的历史来看，身分要远远早于身份。五四以前，找不到一点"身份"的影子。1949年,当时香港人开始使用"身份证"。可能受香港影响,1984年内地颁发的也是"身份证",后来二代身份证还是用"份"。如果改为"身分"重新换证那成本忒高了,故只好保持现状。

　　据专家研究,在"文革"前还是"身分"占优势。1978年版《现汉》将"身分""身份"合在一条,而把"身分"列在前面,正反映了这个事实。后来"身份"的使用频率突然高了起来,恐与"居民身份证"用了"身份"有关。1996年版《现汉》做了相应的调整,"身分""身份"都单独出条,在"身份"下注音、释义,而在"身分"下注:同"身份"。显然,"身份"扶正。

【身分】【身份】shēn·fen ❶(人)在社会上或法律上的地位:解放后劳动人民第一次以主人的～登上了政治舞台|他以原告的～要求法庭严惩被告。❷受人尊重的地位:有失～。❸〈方〉(～儿)物品的质量:这布～不坏。

　　2010年2月5日,由华东师大文学研究所、上海市语文学会等举办的"中文危机与当代社会"研讨会上,与会专家严厉批评当下汉语使用的混乱。没想到,一张小小的第二代身份证,竟被汉语言专家们挑出了四个值得商榷的语病。

　　一是"二代证"印有照片的一面有"公民身份"字样,而另一面则印有"居民身份证"五个大字。那么,持证人的身份到底是"公民"还是"居民"?须知,这是完全不同的两个法律概念。二是"公民身份号码"表达不妥,因为"身份"不具有数字性,只有"公民身份证"才能被编成一个个号码。三是用"出生"也属于不规范。"出生"包含了出生地、出生日、出生年代、家庭背景等要素,若要指具体的生日就只能写明是"出生日"。四是持有长期有效身份证的人,其"有效期限"标注为从某年某月某日到"长期",长期是一个过程,不是临界点,没有"到长期"一说。

奋·忿·愤

奋 fèn　会意字。金文🖾从奞(鸟振翅欲飞)从田,会鸟从田间振翅飞起之意。小篆🖾。隶定后楷书写作奮。今简化为奋。本义为鸟振翅飞起。

忿 fèn　形声字。小篆🖾从心从分(表声)。隶定后楷书写作忿。本义为急躁、暴躁。

愤 fèn　形声字。小篆🖾从心从賁(表声)。隶定后楷书写作憤。今简化为愤。本义为心中郁结、郁闷、想不通。

忿与愤，忿旧同愤。"忿"重在怨恨上，"愤"重在因不满而怒而激动上。忿主要用于不忿（不服气）、气不忿儿（方言，指看到不平的事，心里不服气）。

右列两组为全等异形词：【愤愤】（忿忿），【激愤】（激忿）。

下列两组为不全等异形词：

【发奋】❶ 振作起来；奋发：~努力丨~有为。❷ 同"发愤"。

【发愤】决心努力：~忘食丨~图强。也作发奋。

丰・豐・酆

丰 fēng　象形字。丰与封同源。甲骨文 🌲 象一棵生长茂盛的树置于土堆之上形。金文 丰。小篆 丰。隶定后楷书写作丰。本义为草木茂盛。后来（就其树来讲）发展为两方面意思，表示茂盛用"丰"，用植树表示分界用"封"。丰现在用于"豐"（丰富，丰满，高大，姓）的简化字。但请注意在做美好的容貌和姿态等义时，如丰采、丰姿、丰韵时，丰没有繁体字。还要注意：丰年与峰年的区别。丰年，指农作物丰收的年头儿（跟"歉年"相对，"歉年"不要想当然写作"欠年"）。峰年，在一定时期内，自然界中某种活动达到高峰的年度，如太阳活动峰年。

豐 fēng　象形字。甲骨文 豐 象祭器"豆"里盛满两串玉形，表示丰满之意。金文 豐。小篆 豐。隶定后楷书写作豐。今简化为丰。本义为礼品"豆"中祭品丰实。

酆 fēng　形声字。小篆 酆 从邑（阝右）从豐（表声）。隶定后楷书写作酆。本义为古地名，在今陕西省鄠邑区（原户县。1964 年 9 月，陕西省人民委员会通知，经国务院批准，将"鄠县"改为"户县"。2016 年 12 月，经国务院同意户县撤县设区，改为鄠邑区）。又用作酆都县，今作丰都（属重庆市）。酆都城，迷信传说指阴间。笔者曾经到丰都县所在酆都鬼城参观过。酆都县要写作丰都县，但鬼城酆都城不得写作"丰都城"，于是就出现：丰都县有一座酆都城。现丰都县隶属重庆市。

《简化字总表》："四川省酆都县已改丰都县。姓酆的酆不简化作邦。"目的是怕邦与邦相混。仔细阅读上文，丰、豐、酆还是比较好区别的。

✍ 20 世纪五六十年代，我国改换了三十几个用字生僻的地名。

1964 年发布《简化字总表》（第二版）在附录部分特别列出地名变更表。

此次更名，绝大多数得到认可，但也有一些不妥之处。如瑷珲被更名为"爱辉"，只减少了两笔，但却割断了该地名与 1858 年《瑷珲条约》等重要历史事件之间的联系；至 2015 年，经黑龙江省政府批准"爱辉镇"改回了"瑷珲镇"，但"爱辉县"改回"瑷珲县"尚未得到国家民政部门批复。其他很多更改，也是章法混乱。如邠县更名为"彬县"（笔画反而多了）、大庾县更名为"大余县"（理由是"庾"字生僻，但"大庾岭"却又不改成"大余岭"）、沔县更名为"勉县"（理由是"沔"字生僻，但该县之来历于"沔水"

却又不改)、鬱林更名为"玉林"("鬱江""鬱南"当时更名成了"郁江""郁南",独独"鬱林"非要更名为"玉林")、鄱阳县更名为"波阳县",而鄱阳湖这个湖名却不在改换范围之中,2003年12月17日经民政部批准,波阳县恢复鄱阳县名。

风·凤

风 fēng　象形字。甲骨文 ![字形] 象高冠、花翎、长尾的凤鸟形。刮风的"风"难以用字表现,古人借凤起飞众鸟随从而生风兮。小篆分化为两个字:一形 鳳 从虫(古人认为风动虫生)凡声,表示風(风);二形 鳳 从鳥从凡,表示鳳(凤)。隶定后楷书分别写作風和鳳。今分别简化为风和凤。由此看出风与凤本为一字。

凤 fèng　见上文"风"。

《说文》说凤是一种神鸟,产生在"东方君子之国",翱翔于天际,飞过昆仑山,夜幕降临时便落宿于风穴。若看到它,则天下大安。"东方君子之国"便是原始社会少皞部落聚居的地方,少皞部落的各氏族正是以鸟作为自己氏族的图腾。凤本是野鸡一类的鸟,但由于先民对图腾的崇拜,凤鸟也就被想象升华成了神鸟。

本义雄为凤,雌叫凰,常见有凤求凰。如今通称为凤或凤凰。栽下梧桐树引得凤凰来、筑巢引凤。但在龙凤呈祥中,凤趋向雌。攀龙附凤中,龙和凤都是比喻权势,无关乎性别也。

风与凤本为一字,加之两字形极为相似,所以稍不注意,风就不知从何刮来。如凤阁侍郎就常被误写。

武则天光宅元年(684)改中书省为凤阁,中书侍郎遂改名为凤阁侍郎。武则天为何要改中书省为凤阁,可能她认为自己是人中之凤吧。

在地名中,"风""凤"有着严格界限,如陕西省宝鸡市扶风县、凤翔县、凤县,商洛市丹凤县,请大家注意"风""凤"该花落谁家。

风·疯

风　详见本页"风·凤"。

疯 fēng　后起形声字。楷书瘋从疒从風(表声)。今简化为疯。本义为偏头痛。

风、疯,读音相同,又均可作疾病名称用字,故容易出错。麻风虽然也是一种病症,但并不表现为精神失常,临床没有"疯"的症状。按中医学理论,系由属"六淫"(风、寒、暑、湿、燥、火六气太过成为致病邪气的总称)之一的"风"侵入人体所致,开始为皮肤麻木,继而表面结节、毛发脱落直到最后丧失感觉,故称"麻风"。同样,由"风"致病的羊痫风、白癜风等,也不能写错哟。

【风瘫】(疯瘫),指人由于神经功能发生障碍,身体一部分完全或不完全地丧失运动的能力。

【疯魔】义为疯，入迷，入魔，使人迷。也作风魔。

风·锋

风 详见 158 页"风·凤"。

锋 fēng 形声字。小篆 鐄 从金从逢（表声）。隶定后楷书写作鏠。俗省作鋒。今简化为锋。本义为刀剑等兵器锐利的部分、尖端。

下列几组音近词语值得关注。

话锋，话头，也就是谈话的焦点。话风，可解释为说话的习惯、风格。"话锋一转"十分妥帖。"话风一转"可能是转狠了，汉语没有这种说法。

风火墙是我国传统建筑中的一种墙垣形式。它是人字形坡顶房屋两端的山墙，通常要比屋面高出三至六尺，有着防止火灾蔓延的功能。各地风火墙有许多形式，如牌楼式、人字式。徽派建筑以马头墙、小青瓦最具特色。我国著名画家吴冠中先生钟情于马头墙创作。

烽火，是古时边防遇敌人来犯时，为报警而点燃的烟火。为点燃烽火报警而专门造的建筑，我们称之为烽火台。世上不存在"烽火墙"。

"风火墙"是为防火而建，"烽火台"为点火而造。

峰·锋

峰 fēng 形声字。小篆 峯 从山从夆（表声）。隶定后楷书写作峯。异体俗作峰。今规范用峰。本义为高而尖的山头。

锋 详见本页"风·锋"。

峰与锋，字形相近，在人名、地名中一定要认真对待。比如有的媒体把"向雷锋同志学习"错成"向雷峰同志学习"。雷峰塔位于杭州市西湖风景区南岸夕照山的雷峰山上，为吴越忠懿王钱弘俶因黄妃得子建，初名"皇妃塔"，因地建于雷峰，后人改称"雷峰塔"。雷峰塔错成"雷锋塔"，事情就大了去了。

除了峰与锋之外，还有烽、蜂等字形相近，每每遇到人名、地名时，一定要用心查核，不能仅凭自己的记忆而为之。

市·市

市 fú 会意字。金文 ![字形] 是在巾上加一横（皮带），会用带子系住遮挡下身前面的皮革类物品之意。小篆 ![字形]。隶定后楷书写作市。本义为古代遮蔽前面的服饰。实际使用时，多用"市"的通假字"韍""芾"，如赤芾、朱芾、赤韍等。赤芾，红色蔽膝。也可写作赤市，但不能写作赤市。米芾（1051~1107），初名黻，后改芾，字元章，自署姓名米或为芉，湖北襄阳人。北宋书法家、画家、书画理论家，与蔡襄、苏轼、黄庭坚合称"宋四家"。1987年9月5日，我国发行中国艺术节纪念邮票，邮票主票就是米芾草书"艺"字。

市 shì 会意兼形声字。甲骨文 ![字形]。上部为止（足），中间冂是古坰字，下部为及（到）。古时"邑外谓之郊，郊外谓之野，野外谓之林，林外谓之冂"（坰）（见《说文·卷五》）。金文 ![字形]。小篆 ![字形]。隶定后楷书写作市。本义为前往交易场所做买卖。市象征着商贾与货物相聚（交换）的场所。后来逐渐引申为都市、城市之"市"。它与"斗"（鬥，不是量器斗啊）字相组合，成为"闹"（鬧）字，象征市场上激烈的争夺。

市的写法是上面一点一横，下面一个"巾"旁；市的写法是一横一竖（上下贯通）下为冂。由市组成的字，常用的有两个：①柿，shì。柿子树，落叶乔木。也指柿子树结的果实。②铈，shì。金属元素。符号Ce。

市，现在不单用，下面给出由它组成的9个合体字（前5个常用于现代，后4个常用于文言文）：①肺，fèi。指人和高等动物的呼吸器官。②沛，pèi。本为水名。现指盛大：充沛、丰沛。③霈，pèi。雨多的样子。④芾，fú。草木茂盛。⑤旆，pèi。旗帜。旆旌，泛指旗帜。⑥柿，fèi。削木片，砍削木材。⑦怖，pèi。怖怖，愤怒。⑧浡，同沛。⑨狒，bó。（狗）违逆不顺。

徐市，又名徐福（秦朝著名方士），字君房，琅玡（今山东胶南琅琊台西北）人，一说今江苏赣榆人。根据《史记·秦始皇本纪》记载，秦始皇二十八年（前219），徐市上书说海上有蓬莱、方丈、瀛洲三座神山，上面有仙人居住。秦始皇赐徐市童男童女数千人，让他带着一同乘船进海，求取仙药。然而徐市一去不返。

肤·浮

肤 fū 形声字。金文 ![字形] 从肉（月）从盧省（盧省去皿，表声）。小篆 ![字形]。隶定后楷书分别写作膚和臚。如今分别简化为肤与胪，表义也有分工。本义为人体的表皮。肤引申指表面的、浅薄的，如肤浅。

浮 fú 会意兼形声字。小篆 ![字形] 从水从孚（乳的本字，兼表声）。隶定后楷书写作浮。是孚的加旁分化字。本义为漂在水的表面。

肤与浮，都有表面的意思，于是浮皮潦草也说肤皮潦草。肤浅，形容词，学识浅、理解不深，如肤浅的认识。浮浅，形容词，浅薄，肤浅，如内容浮浅。

从上面，我们很难对肤浅与浮浅作出明确区分。笔者以为，肤浅书面一些，而浮浅更适合口语。

伏·服

伏 fú 会意字。金文 ![]从人从犬，会犬趴在地上伺机袭击人之意。小篆 ![]。隶定后楷书写作伏。本义为犬趴下伺机袭击人。引申出屈服、使屈服等义。

服 多音字。会意字。甲骨文 ![]从 ![]（凡，盘）从 ![]（人）从 ![]（又，手），会人持盘操办事务之意。金文 ![]误将 ![]写成 ![]。小篆 ![]。隶定后楷书写作服。俗写作服。本义为做事。服字引申义太多，让人不得不服了。

读 fú 时，指衣服，引申出穿着、吃药（如服药）等义。

读 fù 时，量词，用于中药；剂，如一服药。

服（fú）与伏，都有被迫接受的义项，故形成下列多组异形词。

【服辩】名 古时指罪犯服罪认罪的供状。也作伏辩。

【服帖】形 ❶ 驯服；顺从：他能使烈马变得～。也作伏帖。❷ 妥当；平妥：事情都弄得服服帖帖。

【伏帖】❶ 形 舒适：心里很～。❷ 同"服帖"①。

【屈服】动 对外来的压力妥协让步，放弃斗争。也作屈伏。

【收服】（收伏）。义为制服对方使顺从自己。

【压服】（压伏）。义为用强力制服；迫使服从。

"伏法"指犯人被执行死刑，是一种客观事实；"服法"指犯人服从判决，是一种主观态度。如"王某先被判处8年有期徒刑后，认罪伏法，不上诉"。其中"认罪伏法"应该为认罪服法。

伏为趴下身子，俯为低下头颅。俯仰无愧于心，不得写成"伏仰无愧于心"。

趺·跗

趺 fū 形声字。《说文》无。楷书趺从足从夫（表声）。异体作跗。俗也作呋。如今三字表义各有不同。趺本义是脚背，引申出碑刻等底座的意思。龟趺指石碑、石柱下的龟形石座，又名赑屃、霸下。据明代杨慎《升庵集》记载："俗传龙生九子，不成龙，各有所好：一曰赑屃，形似龟，好负重，今石碑下龟趺是也。"

蚨 fú　形声字。小篆 𧓋 从虫从夫（表声）。隶定后楷书写作蚨。本义为青蚨，古代传说中一种形似蝉的虫子。母子不相离，若偷取其子，其母必知其处，且不管多远必飞来。传说以母血涂钱八十一文，又以子血涂钱八十一文，买东西，或先用母钱留下子钱，或反之，用去的钱皆能自己飞回。因以蚨代称钱，故许多商家用"蚨"作店名，如瑞蚨祥，清同治元年（1862）创建于济南，获称"中华老字号"。

"龟趺"与"青蚨"，不得不服。

趺·跌

趺　详见 161 页"趺·蚨"。

跌 diē　会意兼形声字。小篆 跌 从足从失（失足，兼表声）。隶定后楷书写作跌。本义为放荡不羁，此义现在基本不用。主要用以表示失足失去平衡则摔倒，引申指差错、摔倒（跌跤）、降落（股市暴跌）。

趺，用作动词时，指左右脚交叉盘坐。这是佛教徒的一种常用坐姿，称为趺坐、趺跏（"结跏趺坐"的略称）、跏趺、跏坐等。佛教徒左脚放在右腿上，右脚放在左腿上。据佛经说，这种坐法可以减少妄念，利于集中思想。后也泛指盘腿端坐、静坐。趺，用作名词，可指石碑的底座，如石趺、龟趺等。

趺与跌，虽然只差一小撇，但前者稳坐着，后者跌倒，字义差得很远。

扶·抚

扶 fú　会意兼形声字。金文 扶 右边从手，左边从夫（人，兼表声），会用手搀扶人之意。小篆 扶 改为从手从夫。隶定后楷书写作扶。本义为扶持，搀扶。

抚 fǔ　形声字。小篆 撫 从手从無（表声）。隶定后楷书写作撫。今简化为抚。本义为抚摩。

扶与抚，都有手与身体以及其他物体接触的意思。人与人可搀扶，人也可以扶着墙；人可以抚摩自己，也可以抚摩别人，还可以抚摩栏杆、照片、画作等。

【扶养】动 养活：把孩子~成人。
【抚养】动 爱护并教养：~子女。

扶养、抚养，意思很近，可以说都是上对下，抚养侧重于精神层面，扶养侧重于物质层面。对老人可以用扶养，但感情色彩差，故一般不用，正确应该用"赡养"。

孚·负

孚 fú　会意字。甲骨文 孚 从手从子，会抱子哺乳之意。金文 孚。小篆 孚。隶定后楷书写作孚。本义为抱子哺乳。当是乳的本字。引申指孵化。人生子或鸟孵化皆有定期，另外段玉裁在《〈说文〉注》写道："此即'卵即孚'引申之义也。鸡卵之必为鸡，鹜（同'鸭'）卵之必为鹜，人言之信如是矣。"故孚引申出诚信、信用的意思。后来使群众信服的意思就用"深孚众望"来表达，"不孚众望"就恰恰相反。为了分化字义，后专用孚来表示诚信之义，孚本义另加义符卵写作孵来表示。从这个意义上看，孚也是孵的本字。

负 fù　会意字。小篆 上从人下从貝（货币），会人背有货币就有了依靠之意。隶定后楷书写作負。今简化为负。本义为仗恃。引申出依附等义。

负有背弃、辜负的义项，"不负"是"不辜负"的意思。不负与深孚，意思相近；不负与不孚，那就天壤之别了。

"孚""负"之混淆，不仅在字义，还在字音方面。

弗·拂·绋

弗 fú　会意字。甲骨文 象捆束箭杆使变直之形，会矫正之意。金文 。小篆 。隶定后楷书写作弗。本义为矫正弓箭。引申指违背。后来，弗主要用作副词，相违之义另造拂。

拂 fú　会意兼形声字。小篆 从手从弗（兼表声）。隶定后楷书写作拂。本义为掠击。是弗的加旁分化字。引申指轻轻擦过。

绋 fú　会意兼形声字。小篆 从糸从弗（反背混乱，兼表声）。隶定后楷书写作紼。今简化为绋。本义为乱麻。引申指大绳，特指牵引棺材的绳索。执绋原指送葬时帮助牵引灵柩，后来泛指送殡。

执绋，不得写作"执拂"。

苻·符

苻 fú　形声字。《说文》无。楷书苻从艸（艹）从付（表声）。本义为鬼目草，即白英，可作药用。也指苻（xìng）菜的叶子。借作莩，指芦苇秆子里的薄膜。古时还通符。现在主要用作姓。

符 fú　会意兼形声字。小篆 从竹（⺮）从付（交付，兼表声）。隶定后楷书写作符。本义为古代出使或调兵的凭证，如兵符。开始多为竹制，故从竹；后来也有用青铜等金属制作的。当事人各执一半，当双方"符合"时才有效。战国时魏王宠妃如姬"窃符救赵"的故事想必大家都比较熟悉。

总之，苻、符字形虽然相似，但一是信物，一是植物，虽然古时两字相通，但现在两者是万万混淆不得的。

服·副

服　详见 161 页"伏·服"。

副 fù　会意兼形声字。畐与福同源。在甲骨文中畐 ▯ 象酒樽形。古时候，温饱问题是天下头等大事。偶尔有小酒一酌自然幸福无比。大凡与畐组合的字幸福指数都比较高，如富。连蝙蝠之蝠也跟着沾了不少喜气成分。副的籀文 ▯ 从刀从二畐（盛满酒的樽，畐兼表声），会剖分之意。即将樽剖开，酒分赠大家。此义古时读 pì（中原一带现在还念这个音，《现汉》则没这个音的位置）。现在的湖北方言中还保留这个原义，有"副猪""副鸡"的说法。小篆 ▯ 省去一个"畐"。今规范为副。副的对象本为整体，所以副也用于成套的东西。现在人们所说的"一副象棋""一副碗筷"的"副"，就属于此类。在此基础上发展成为专指成双成对的东西，如一副手套（左手套、右手套）、一副对联（上联、下联）。现在表述面部表情（左脸庞、右脸庞）时，也多用"副"，如一副严肃的面孔、一副迷人的笑脸。还用于嗓音，如一副好嗓子。副，由依存也就引出关系的主次，副指居次要（副产品、副业），辅助的职务（副班长）。"副"为什么会有"贰""位居第二""与'正'相对"的意义呢？清代著名文字学家段玉裁在《说文解字注》中说，把一件物品制成同样的两件，就叫"副"，司马迁写《史记》就抄写了两部，就有"藏之名山，副在京师"的说法。段玉裁进一步说道："周人言贰，汉人言副，古今语也。""言贰"放在当下，就是说"二"，搁在谁身上谁都不愿意。古今相通也。"副"构成的词语有副本、副官、副食、副业、副职、副题等。可见"副厂长""副主席""名副其实"的"副"是不能写作"付"的。1977 年二次汉字简化时，将"副"简化为"付"，虽然后来取消，但在相当一部分人心目中存有"副"与"付"相通的感觉。如果一位副厂长恰好姓付，那就得叫付付厂长，想想都会觉得好笑。☺

服与副，在中草药的问题上，容易产生错误。如某报曾刊登的广告"一副中药的威力"，笔者指出问题后，该报立即改为"一服中药的威力"。另请注意，用于中药时，"服"读作 fù。"一服中药分三次服用"，正确读法是"一服（fù）中药分三次服（fú）用"。

笔者曾到一家著名中医院抓中药，结果打出的条子赫然写作：7 付。对此，您怎么看？这药是抓呢抓呢还是不抓呢。

符·副

符　详见 163 页"苻·符"。
副　详见本页"服·副"。

符与副,都有符合的义项,于是就有了名副其实、名不副实,乃至与事实不符。

《现汉》从1973年发行试用本在"名副其实"词条下明确标注:名称或名声与实际相符合。也说名符(fú)其实。《现汉》从第5版开始在保留原有注释下,另设"名符其实",注释为:名副其实。从而赋予"名符其实"合法地位。

服·福

服 详见161页"伏·服"。

福 fú 会意兼形声字。甲骨文 ![字形] 从 ![字形] (示)从 ![字形] (旗杆一类)从 ![字形] (酉,酒坛)从 ![字形] (双手),本义双手捧着酒坛子置于祭台上。金文 ![字形]、小篆 ![字形],从示从畐(酉的讹变,兼表声)。福,本指祭品,自然祭祀过后也称作福。分享祭品就是享福。

服制本是我国古代以丧服为标志,规定亲属之间亲疏远近的一种制度。五服是古代以亲疏为差等的五种孝服。封建服制把亲属分为五等:斩衰(同缞,读cuī,用粗麻布制成的丧服。斩衰,即用刀将粗麻制成的布斩成衣服形,表明戴孝者与逝者感情斩不断永相连)亲,服丧三年,着不缝边的极粗生麻布丧服(不缝边,表明没有心思,同时暗藏哀思无边);齐衰亲,服丧一年或一年以下,着缝边的次等生粗麻布丧服;大功亲,服丧九个月,着粗熟麻布丧服;小功亲,服丧五个月,着稍粗布丧服;缌麻亲,服丧三个月,着细熟布丧服。

晋朝的法律《晋律》首立"准五服以制罪"的制度。服制不仅确立继承与赡养等权利义务关系,而且确定了亲属犯法时刑罚施用轻重的原则。在刑罚施用上,凡服制愈近,以尊犯卑,处罚愈轻;以卑犯尊,处罚愈重。凡服制愈远,以尊犯卑,处罚变重;以卑犯尊,处罚变轻。"准五服以制罪"的制度是我国封建社会法律儒家化的重要标志之一,影响广远,直至明清。

"出了五服"就是很疏远的亲戚了,同姓男女可以结婚,否则免谈。"五服"与"五福"(寿比南山、恭喜发财、健康安宁、品德高尚、善始善终)相距好几丈远呢。

服·复

服 详见161页"伏·服"。

复 详见170页"复·覆"。

收复,一般指夺回失去的东西,多指夺回失地。收服,意指使投降归顺。

垺·垺·捊

垺 fú 会意兼形声字。小篆 ![字形] 从孚(外加,兼表声)从邑(阝右)。隶定后楷书写作郛。异体作垺。郛,古今义为城外面围着的大城。垺,现用于地名,如天津的南仁埒。郭与埒都是正体字。

说埒，先谈寽。寽是会意字。甲骨文 好似上下两只手轻握一根棍棒，是捋的本字。寽上面为爪的变形、下边为寸都是指手。在埒字，寽充当声部。除了捋、埒外，还有一个酹字值得关注，酹与酎容易出错（详见322页"酹·酎"）。

埒 liè 形声字。小篆 埒 从土从寽（表声）。隶定后楷书写作埒。本义是矮墙。引申指田埂，再引申指边界。由于矮墙、田埂大概模样差不多，所以也引申出等同、相同。这个字，现在用得很少。无锡有河埒街道、河埒中心小学、河埒中学。

捋 多音字。会意兼形声字。小篆 捋 从手从寽（两手捋取，兼表声）会意。隶定后楷书写作捋。是寽的加旁分化字。本义为用手轻轻地摘取。

读 lǔ 时，义为用手指顺着抹过去，使物体顺溜或干净。如捋胡子。

读 luō 时，义为用手握住条状物向一端滑动，如捋榆钱儿、捋虎须（比喻触犯有权势的人或做冒险的事情）。

埒与捋、捋与埒模样差不多少，所以用起来要掂量掂量。相埒（相等义）绝对不能错成"相捋"。

袱·祔

袱 fú 形声字。《说文》无。楷书袱从衣从伏（表声）。本义为妇女的包头巾。引申指包裹、覆盖衣物的布块、布单子。包袱，可指用布包起来的包，引申可比喻某种负担，如思想包袱。相声、快书等曲艺中的笑料也称"包袱"，如抖包袱。

祔 fù 后起会意兼形声字。楷书祔从衣从付（依附，兼表声）。本义指华丽的装束。引申出衣服整齐的样子。还指古代一种祭祀，后死者附祭于神庙。用于书面语，祔指合葬。

背袱荷担，即背着包袱挑着担子。无"背祔"一词。

幅·辐

幅 fú 形声字。小篆 幅 从巾从畐（表声）。隶定后楷书写作幅。本义为布帛的宽度。引申出宽度，如"我国幅员（幅指宽度，员指周围）广阔"。幅度指物体振动或摇摆所展开的宽度，泛指事物变动的大小，如"产品质量有较大幅度提高""振幅（振动物体离开平衡位置的最大距离）较大"。又引申指布帛、衣服的边，如不修边幅。再引申指布帛或纸张，如篇幅。又用作量词，用于布帛及其制成品，如一幅花布、两幅锦缎、三幅窗帘。由布帛借指在纸张所作的字画，如一幅山水画。又引申出景象，如一幅动人的情景。

辐 fú 形声字。小篆 輻 从車从畐（表声）。隶定后楷书写作輻。今简化为辐。

本义为连接车毂（gǔ，车轮中心可以插轴的部分）和车圈的直条，即现在说的辐条。

辐射，即像车辐一样，由中心沿着直线向四周伸展出去。"辐射"误为"幅射"，差得也忒远了些。

幅·副

幅 详见 166 页"幅·辐"。

副 详见 164 页"服·副"。

幅自始至终就是一个整体，而副由一个整体分割开来。

幅、副皆可用作量词，但适用对象不同。

幅本是名词，指布帛的宽度，即幅面。引申作量词用，可以用于计量布帛以及形状上类似于布帛的呢绒、图画等事物，如三幅画。风景、景象是一个视觉形象，某个瞬间的景象，类似于一张图画给人的视觉感受，所以风景、景象也可用量词"幅"来限定。

副作量词的用法，是由动词转来，用"副"计量时词义中也含有"分而合"的成分。"副"作量词用在名词前有两类：一类是用在具体名词前。大致有三种情况：一是可以一分为二、成双成对的，如一副耳环、一副对联、一副担子；二是包括含有二的成分，如一副眼镜（两只镜片）；三是通常称之为成套的，如一副扑克、一副香烛、一副象棋、一副假牙。另一类是用在抽象名词前。这些名词指的是人的容貌、表情、心肠等，如一副嘴脸、一副得意的样子、一副菩萨心肠。上述两类有明显的区别。第一类因为跟具体名词搭配着用，"副"前边的数词不受"一"的限制，也可以说"两副手套""三副扑克"。第二类因为跟抽象名词搭配，"副"前边的数词只能用"一"。

条幅是长长的一条，不能一分为二，因此条幅只能用量词"幅"，而"对联"前则用量词"副"。

父·甫

父 多音字。象形兼指事字。甲骨文 象手持原始石斧形。金文 。小篆 。隶定后楷书写作父。当是斧的初文。本义为手持石斧。石器时代，石斧是重要的生产工具，也是兵器，是力量和权力的象征。引申出对长者的尊称。再专指父亲。由于父后来语音变化，父亲之义便又另加声符耶、多或巴写作爺、爹、爸来表示。斧子本义只好加斤（石锤类）写作斧。爺今简化为爷，常指父亲的父亲。

读 fǔ 时，指老年男子，如渔父、田父。还同甫部分义项，指古代加在男子名或字后面的美称，如孔丘字仲尼，也称尼甫，后来还指人的表字，一般写作台甫。还用作姓。

读 fù 时，指父亲。也指家庭或亲戚中的长辈男子，如祖父、伯父、舅父等。

傅 fù　会意兼形声字。小篆 𢉖 从人从尃（铺开，兼表声）。隶定后楷书写作傅。本义辅助、辅佐。引申为负责教导或传授技艺的人，如师傅。《说文》的释义：相也。"相"即帮也。由此可见，傅本义为辅。引申出教导。古代中有三公，太保、太师、太傅。据《大戴礼记·保傅》对三公职责明确如下：保，保其身体；傅，傅其德义；师，导之教训。这里傅就是辅导。后来"师""傅"联手成了"师傅"。也作姓。古文里"傅"与"附"通用，现在分得清清楚楚，如"皮之不存，毛将焉附"不写作"皮之不存，毛将焉傅"。还指搽，如傅粉（即搽粉），建议少写傅粉，可多写敷粉、搽粉、抹粉。

古时"师傅"主要有5个义项：①对老师的尊称。②对和尚、尼姑、道士等僧道人物的尊称。③对工、商、戏剧等行业中传授技艺者的尊称。④太师、太傅或少师、少傅的合称。⑤对衙门中的吏役的称呼。在现代汉语中，"师傅"的①②④⑤义项消失，只留下③义项。"师父"义同"师傅"的①②③义项，除了"师傅"的④⑤义项外，"师傅"与"师父"是相互通用的。

称呼传授自己技艺的人，旧时多用师父，现在多用师傅；用师父有"一日为师，终身为父"的特殊感情色彩。称呼出家人，即对和尚、尼姑、道士的尊称，最好用师父不用师傅。在现代汉语中，尊称有某种技艺、技能的人或指传授某种技艺、技能的人，"师傅""师父"都可使用。

付·副·傅

付 fù　会意字。金文 𠆢 从人从寸（手），会持物送人之意。小篆 𠊱。隶定后楷书写作付。本义为持物给人，构词如托付、交付、预付、垫付等。古代有付姓。

副　详见164页"服·副"。

傅　详见167页"父·傅"。现在常见于姓氏。

产生傅、付不分的情况，很重要的原因在于1977年第二次汉字简化，当时将傅简化为付。虽然二次汉字简化随后被取消，但由于付的笔画少还是被广泛用于日常生活中，有些本姓傅的同志也为了省事改姓付。

过去，付还用作量词与"副"相通，现在付的量词功能已经退化，《现汉》"付"注释中没有量词义项。

从上可以看出，"傅""付"与"副"三字的本义是风马牛不相及的，由本义而产生的引申义也是各沿各的方向发展，可以毫不客气地讲它们是鸡犬之声相闻，老死不相往来的。

负·副

负 详见 162 页"孚·负"。

副 详见 164 页"服·副"。

副，在作属性词时，义为居第二位的、辅助的（跟"正、主"相对），如副班长。还有一个义项为随带的，如副业、副作用、副产品。

负，在作属性词时，有义项：小于零，跟"正"相对，如负数。电子所带的电，物体得到多余电子时带负电。

副业，主要职业以外，附带经营的事业。

副作用，义为随着主要作用而附带发生的不好的作用。

副产品，制造某种物品时附带产生的物品，也叫副产物。

负面，属性词，指坏的、消极的，反面（跟"正面"相对），如负面影响、负面效果。

"盛名之下，其实难副"也写作"盛名难副"。盛，义为盛大；副，义为符合、相称。指名望大的人实际很难与他享有的声望相称。"盛名难负"说不通。

副作用不要写作"负作用"，同样，负面效果也不要写作"副面效果"。副作用常为药学术语。任何药物的药理作用，都是综合性的，但对于某种具体的疾病来讲，只有部分起治疗作用，而对治疗无效的其他药理作用，就是"副作用"。药物的药理作用，对某种病症有治疗效果的作用俗称为"主作用"，反之为"副作用"。对某种疾病的"副作用"，很有可能对其他疾病有治疗效果，因此先前的"副作用"就会成为"主作用"。如：阿托品对消化性溃疡有非常好的治疗效果，但其"副作用"会引起口腔干燥。而阿托品引起口干的药理作用，对流涎症有奇效。某种药物的"副作用"，常常会伴随肌体的不良反应。对肌体而言，这些作用确确实实是"负面"的，这就是"副作用"常被误作"负作用"的重要原因。

"副作用"是从药物的药理作用角度命名的，"负作用"是从人的肌体反应而言的，二者不在一个层面。这是大家应该引起重视的地方。

负·赋

负 详见 162 页"孚·负"。

赋 fù 形声字。金文 ![字形] 从貝从武（表声）。小篆 ![字形]。隶定后楷书写作賦。今简化为赋。本义为敛取、征收。引申指田地税，如田赋、地赋、赋税。古时，据田赋出兵役，故又指徭役、兵役、军队。进而引申指授予、给予（上对下），如赋予。还指一种文体，盛行于汉魏六朝，是韵文和散文的综合体，如《阿房宫赋》《洛神赋》。用作动词，义为作诗词，如赋诗一首。

"税赋"在古今汉语里的意思不一样。在古代汉语里,"税赋"有两个意思:一是作名词用,指田赋,即旧时按土地征收的赋税。鲁宣公十五年(前594)"初税亩"是我国历史上记载的征田赋之始。以后或称"租",或称"税";二是作动词用,指征收田赋。在现代汉语里,"税赋"是指税收,即国家凭借政治权力,按照法定的标准,向居民和经济组织强制地、无偿地征收用以向社会提供公共产品的财政收入。在现代汉语里,"税负"即纳税负担。

赴·仆

赴 fù 形声字。小篆 从走从卜(表声)。隶定后楷书写作赴。本义特指急速奔向凶险之处或紧急之事。引申指到某个地方去,如赴会。还指在水里游,如赴水。古时,赴还指急走报丧,此义后另作訃(讣),所以古"赴"同"讣"。

仆 多音字。形声字。小篆 从人从卜(表声)。隶定后楷书写作仆。今又做了"僕"的简化字。本义为顿首至地。

读 pū 时,义为向前跌倒,如前仆后继。

读 pú 时,义为仆人,古时男子谦称自己。还用作姓。

【前赴后继】前面的人上去,后面的人就跟上去,形容奋勇前进,连续不断。

【前仆后继】前面的人倒下了,后面的人继续跟上去,形容英勇奋斗,不怕牺牲。

前仆后继,主要用于战争年代或抗震救灾等时刻;前赴后继程度稍逊于前仆后继,主要用于先进集体成员关键时候的动员、号召,也可用于对他们行动、行为的肯定和表彰。

复·覆

复 fù 会意字。甲骨文 从 (象有两个出入口的地穴)从 (夂,读 suī,倒写的止,即脚,表行走),会进出往来之意。金文 加 (行),强调往返。小篆 基本承续金文字形。隶定后楷书写作復。现规范用复。複,小篆 从 (衣)从 (复),表示双层或多层面料制作的衣服。引申指繁复,再来一次,如重复、反复、复习、复辟。现複简化为复。

覆 fù 会意兼形声字。籀文 从 (注意:似西不是西,一正一反义为罩盖,原为部首,现与西字部首合并)从 (復,往返、反转),表示将朝下的罩盖反转朝上。小篆 承续籀文字形。隶定后楷书写作覆。本义为翻转。引申出遮盖、掩蔽,如覆盖。再引申出倒或翻过来、歪倒,如天翻地覆、覆亡。常用词:覆没、覆盆之冤、覆水难收、颠覆、翻来覆去,等等。

新中国成立后，复是復、複、覆的简化字。古时候，覆与复在一定范围内相通，于是1964年编印的《简化字总表》将覆作为复的繁体字把"覆"给灭了。后来使用过程中，发现覆与复不能完全替代，如复国，是指复兴国家呢，还是指国家覆亡？于是乎，1986年10月10日公布的《简化字总表》做了调整，明确"覆"字恢复使用。"覆"字的意思是上下颠倒，如"覆巢之下，岂有完卵？""前车之覆，后车之鉴"。

虽说覆不再是复的繁体字，但两个字之间还是翻来覆去，藕断丝连。

【复信】（覆信）❶动 答复来信：及时～｜收到读者来信后，就立即复了信。❷名 答复的信：信寄出很久了，还没有收到～。

【覆辙】（复辙）名 翻过车的道路，比喻曾经失败的做法：重蹈～。

【答复】（答覆）动 对问题或要求给以回答：～读者的提问｜会给你一个满意的～的。

天翻地覆写作"天翻地复"的那一页已经翻过去了，不要再写。

G

旮·旯

旮 gā　后起形声字。楷书旮从九（表声）从日。是旭的异体字。太阳初升于大地一角，方言遂让旮与旯组成旮旯，表示角落之义。

旯 lá　后起形声字。楷书旯从日从九（表声）。也是旭的异体字。

旮旯儿，方言，指角落，如犄角旮旯。还指狭窄偏僻的地方，如山旮旯儿。

旮与旯这两个字属于双胞胎，容易混在前后顺序上，也就是说"旮旯"不要写作"旯旮"。

胳·骼

胳　多音字。形声字。小篆 𦜘 从肉（月）从各（表声）。隶定后楷书写作胳。异体作肐。今规范以胳为正体。本义为腋窝。

读 gā 时，胳肢窝，口语，即腋窝，也作夹肢窝。

读 gē 时，指胳膊。

读 gé 时，胳肢，方言，在别人身上（特别是腋窝、手心、脚板底处）抓挠，使其发痒发笑。

骼 gé　形声字。小篆 𩨺 从骨从各（表声）。隶定后楷书写作骼。本义为禽兽的骨头。骨骼，人和动物体内或体表坚硬的组织。分两种，人和高等动物的骨骼在体内，叫内骨骼；节肢动物、软体动物体外的硬壳以及某些脊椎动物（如鱼、龟等）体表的鳞、甲等叫外骨骼。通常说的骨骼指内骨骼。

骨骼还是骨胳，这是个问题。

《第一批异体字整理表》中，将"骼"作为"胳"的异体字淘汰出局。因此，骨胳取代了骨骼。1988 年 3 月 25 日在《现代汉语通用字表》发表时"骼"被确认恢复。从此以后，作为骨的统称仍应写作"骨骼"，不再写作"骨胳"。因而，骨骼、骨骼肌不得写作"骨胳""骨胳肌"。

戛·嘎

戛　多音字。会意字。小篆 戛 从戈从百（头）。隶定后楷书写作戛。本义以戈击头。

读 gā 时，戛纳，法国地名。

读 jiá 时，本义为戛，是古代兵器。引申指敲击之义。孔颖达《疏》："乐之初，击柷以作之；乐之将末，戛敔以止之。" 柷（zhù，木制，形状像方形的斗）、敔（yǔ，形如伏虎）都是古代乐器。"乐之将末，戛敔以止之"，是说乐曲将要结束，就击敔使它停止，"戛然而止"就是由此而来，指声音突然停止，引申指事情突然停止。"戛然而止"可略作"戛然"。

嘎　多音字。会意兼形声字。《说文》无。楷书嘎从口从戛（声音，兼表声）。本义为鸟鸣叫。

读 gā 时，形容短促而响亮的声音。象声词，如嘎巴、嘎吱、嘎嘎。

读 gá 时，京剧唱腔里，用特别拔高的音唱某个字，唱出的音叫嘎调。

读 gǎ 时，〈方〉形 ❶ 乖僻；脾气不好：这人～得很，不好说话。❷ 调皮：～小子。

嘎子，方言用语，指调皮的人，有时用来称小孩儿，充满爱意。也作尜子。笔者小时候，《小兵张嘎》电影、连环画给我们当年的生活增添了很多乐趣。

平日里，报刊及有关媒体上常见"嘎然而止"，估计是想当然犯下的错误。嘎，从口，与声音有联系，于是就有了"嘎然而止"这个怪异的成语出现。明白了上面的道理，我们必须将"嘎然而止"给"戛然而止"掉。

🄲 2012年3月第6版《现汉》给"戛" 增加一个读音 gā，专用于法国戛纳。

轧・压

轧　多音字。形声字。小篆 軋 从车从乙（表声）。隶定后楷书写作軋。今简化为轧。本义为碾压、滚压。

读 gá 时，用于方言，义为挤，如人轧人；还指结交，如"小张正在轧朋友""小张特能轧伙人"；也指核算、查对，如轧账。

读 yà 时，义为碾、滚压，如轧棉花、碾轧；排挤，如倾轧；拟声，形容机器开动时发出的声音，如机声轧轧。还用作姓。

读 zhá 时，义为压钢坯，如轧钢。常用词还有轧辊、轧机。

压　多音字。会意兼形声字。小篆 壓 从土从厭（覆盖，兼表声）。楷书写作壓，今简化为压。本义为因崩毁而覆盖。

读 yā 时，义为对物体施压，多指从上往下。引申指压制等义。

读 yà 时，指压板（跷跷板）。还指压根儿，如"我压根儿都不认识她"。

轧与压，都有从上往下施压义，但轧从车，车轮就有滚动之义，所以轧是滚动中的压；而压纯粹是从上往下的压。

如果一个人卷到车轮下，那只能被车轧着了；如果一辆车行驶中从桥上掉了下来砸着人，是用轧还是压呢？笔者以为用压为好。

【轧场】yàcháng 动 用碌碡等轧平场院或滚轧摊在场上的谷物使脱粒。

【压场】yāchǎng 动 ❶ 控制住场面：他说话没人听，压不住场。❷ 在一次演出中把某个节目排在最后演出：～戏｜以他独创的唢呐演奏～。

【轧道车】yàdàochē 名 铁路上巡查或检修用的车，多用电瓶或柴油机做动力。

【轧道机】yàdàojī〈方〉名 压路机。

【压路机】yālùjī 名 用来压实道路或场地的机器，有很重的圆筒形轮子，用蒸汽机或内燃机做动力机。有的地区叫轧道机。

压路机，是靠推动极重滚筒使地面压实、平整，按理讲应该用轧，可能《现汉》编辑们考虑到轧音多、字不熟，所以选用的"压"。

【轧马路】比喻在街道上闲逛（含诙谐意）。

轧马路，不要写作压马路、押马路哟。

有关"压"与"押"，详见571页"压·押"。

丐·丏

丐 gài　甲骨文 从人从亡（目中无珠之形），会盲人求乞之意。金文 。小篆 。隶定后楷书写作匄与匃。俗作丐。匄与匃都是人与亡组合，只不过匃中"亡"有点变形而已。亡本义是逃，由逃引申为失。"人亡"表示人丢失了财物，成了一个穷光蛋，于是走向拮据、潦倒，最后只能靠乞讨度日。

丏 miǎn　象形字。小篆 象小孩捉迷藏形。隶定后楷书写作丏。本义就是遮蔽，看不见。还可用作姓。上面的一横象征额头，中间的一竖代表鼻梁，然后，左面的一画向右拐，右面的一画向下转，表示严严实实地蒙上了两只眼睛。有人猜测"丏"表现的是先民以巾蒙目、相互追逐的游戏。这正是我们儿童时代玩过的捉迷藏。丏、迷二字音、义相通，丏是迷的本字。还用作姓。

从两字来历可以看出，丐与丏，都和眼睛有关，一个是主动遮挡，一个是先天生疾。由于两字字形相似，特别是本该写作丏却写成"丐"，那就是您的双眼被遮住的后果。尤其是面对夏丏尊先生。

夏丏尊（1886~1946），浙江绍兴上虞人。名铸，字勉旃（劝勉时用词，旃是"之焉"的合音。合音就是快读，"之焉"两字快读即为旃也），号闷庵。我国著名文学家、语文学家、出版家和翻译家。他和叶圣陶先生是亲家，两人合著的《文心》，至今仍被奉为语文学习的经典。

夏丏尊和鲁迅、李叔同（弘一大师）在浙江省立第一师范学校共事时过从甚密，思想上、文学上受到鲁迅的影响，对艺术的兴趣受到弘一大师的指导；1920年秋，应聘到湖南第一师范学校任教，与毛泽东同志共事，很受师生崇敬。

1908年，清政府颁布《钦定宪法大纲》，宣布"十年后实行立宪"，并要求各省成立谘议局并举行议员选举。当时，正执教于浙江省两级师范学堂的夏铸先生，由于其德高望重，如参选百分百能被选中。夏先生一贯远离政治，不想因此影响教学工作，在填写时利用本字"勉旃"之谐音改名为"丏尊"，并将其登记到选民册上。选举时，虽然校方做了说明，但许多选民还是将其错写成"夏丐尊"，自然夏铸先生"光荣"落选，从此"丏尊"伴随终身。

✍ 带"丏"的汉字有"沔、眄"。

沔，读 Miǎn，沔水，水名，汉江的上游，在陕西，古代也指整个汉水。还用作姓。崔沔是传统名篇《陋室铭》的真正作者。1964年，经国务院批准，陕西沔县改作勉县（但该县名由来的沔水没改）。

眄，读 miàn，书面用语，如眄视，指斜着眼看。眄还读 miǎn。

赅·骇

赅 gāi　形声字。小篆 𧵅 从人从亥（表声）。隶定后楷书写作侅。俗也作賌。今简化为赅。本义为非常、特殊，是该的后起分化字。赅本义为财货充足，引申义为完备、齐全。言简意赅，指语言简练而意思完备，形容说话或写文章简明扼要。赅，取贝类常将整个身体藏在贝壳之中来表示完整义；亥为声符，兼有表义作用，因为亥为十二地支之末，表完全。故赅有全义。

骇 hài　形声字。小篆 𩡱 从馬从亥（表声）。隶定后楷书写作駭。今简化为骇。本义指马受惊。后泛指害怕、惊惧、震惊。

由于"该"与"赅"同义，过去"言简意赅"也可写作"言简意该"，现在已经不这么写。《现汉》中赅博（渊博）也作该博；另外赅括也同概括。

赅有人误读成 hài（骇），又将骇人听闻的"骇"理解成引人注目、非同凡响，于是，"言简意赅"错成了"言简意骇"。其实，"简"和"赅"是相对的。所谓"言简意赅"，即言语简洁而意思赅括、详备。切莫误作"言简意骇"，难道说语言简单能造成马惊慌失措不成。

概·慨

参见249页"即·既"。

概 gài　形声字。小篆 𣐹 从木从既。隶定后楷书写作槩。异体写作槪。今以概为正体。概原指称量谷物时刮平斗斛用的刮板（所以概从木）。以前，人们到店铺买粮食，店主会将斗里粮食堆得尖尖的（表示慷慨大方），然后用概尺沿斗口轻轻刮平，这样互相不吃亏。一般商家最后再抓上一把，放进斗里再堆一小尖（以示不小气）。一大一小两次尖，故推出无尖不商。后来由于种种原因，出现"无奸不商"，不说也罢。概尺，要求木质好，不因潮湿、干燥变形，同时概尺讲究刚正笔直，自然也就有了气度和节操。再由概尺的正直、量器的气度节操引申出英雄气概。"一概"即一律，其义也由此而来。量器，受条件限制，也只能是大约莫，如大概，引申出梗概、概况、概要。量器，也引出全部义来，如以偏概全、概论、概说、概括等。

慨 kǎi　形声字。小篆 慨 从心（情绪）从既（表声）。隶定后楷书写作慨。本义激愤的样子。引申指激昂、感叹、不吝啬，如慷慨。

按理说，英雄气概也是一种精神层面的事，但古人从概尺借用过来，而且借得理直气壮，所以我们不得将气概写作"气慨"。

概率，旧称几率、或然率。既然是旧称，那现在只能用概率了。

干·杆·秆·竿

干　多音字。象形字。甲骨文、金文、小篆几乎都是 Y 这个模样，象长杈之形。隶定后楷书写作干。本义是指树干，也是农耕时代人们方便制作、随手可操持的武器。于是干戈就成了兵器总称，如大动干戈。因"干"作为兵器使用，自然就有"攻击、冲犯"的感觉。如今，"干扰、干预"大概就来自于此。后来，干的引申义复杂起来，没法，古人又造"幹、榦"分担树干之干，本来简单的汉字，变得复杂起来。好在汉字简化时，"幹、榦"又返璞归真到了"干"。

读 gān 时，义为盾牌，如干戈。姓。引申指冒犯、牵连（干涉、相干）。河堤、江堤是用来防水的，与干盾牌义相近，故干也指水边，如江干、河干。还用于天干。至于"天干、地支"中的"干"，那只是同音假借而来，与"干"本义实乃八竿子打不着。也有的说"天干、地支"犹如说树干与树枝，想想也是蛮有道理的。干与"乾湿"的"乾"是简繁关系，干与乹、乾（请注意，乾与乹左侧不同）是异体字关系。

读 gàn 时，由树干引申指事物的主体或重要部分，如树干、躯干、骨干、主干、干道、干线等。引申指干部。也指做事，如干活。指才干、担任、从事等。此读音，干是幹的简化字，与榦在事物的主体或重要部分义项时是异体字关系。

杆　多音字。会意兼形声字。《说文》无。楷书杆从木从干（树干，兼表声）。异体作桿。本义木名，或指檀木或指柘木。引申指细长的木头或形状类似细长木头的东西，如旗杆、桅杆等。还进一步引申指器物上像棍子的细长部分，如笔杆、秤杆等。

读 gān 时，义为细长的木头或水泥柱等，如电线杆。杆子，方言，指结伙抢劫的土匪，如拉杆子。

读 gǎn 时，义为器物像棍子的细长部分（含中空的），如秤杆、笔杆儿。也作量词，如一杆秤、两杆枪。此音，也可组词杆子，如枪杆子。注意：杆子（gān·zi）与杆子（gǎn·zi）音义存有不同之处。

秆 gǎn　会意兼形声字。小篆 秆 从禾从干（茎，兼表声）。隶定后楷书写作秆。异体作稈。今规范用秆。本义指禾本植物的茎。也指农作物脱粒后剩下的茎。

竿 gān　会意兼形声字。小篆 竿 从竹（⺮）从杆省（杆省去木，兼表声）。隶定后楷书写作竿。本义为竹竿。如"百尺竿头，更进一步""立竿见影"等。后来引申其他材料的，如金属竿。晾衣 gān 怎么写，如果泛指，就用晾衣竿；如果明确是用一根细树干做的晾衣工具，那就用晾衣杆。

秸秆是由两个同义语素组成的合成词（秸也是指农作物脱粒后剩下的茎）。而"秸""杆"一个是禾属，一个是木属，二者硬性搭配是非常别扭的，古今典籍中也从未见过"秸杆"的踪影。

骨干本指长骨的中央部分，比喻在总体中起主要作用的人或事物；躯干指人体除头部、四肢之外的身体主干。

杆没有 gàn 的读音，也没有主干的意思。树干容易错写成"树杆"。笔者以为，一棵树砍伐之前主要部分称树干，砍倒后除去枝丫立马就成"树杆"了，各位您说行不行呢？

干·乾

干　详见 176 页"干·杆·秆·竿"。

乾　多音字。会意兼形声字。籀文 乾 从乙（芽破土而出）从倝（日出旗飘扬，兼表声），会上出之意。小篆 乾。隶定后楷书写作乾。本义为上出，冒出。

读 qián 时，八卦之一，卦形作 ☰，代表天。乾又引申为天、日、君、父、丈夫、男性等，也用来指西北方位。还用作姓。

读 gān 时，是干的繁体字，义为没有水分或水分很少。也引申为空虚、竭尽等意思。

乾读 qián 时，常用词有乾坤、清朝皇帝乾隆，不能用"干"代替"乾"，否则乾隆就会大动肝火了，乾坤就会大逆转了。

长干，建康（南京古时曾用名）的里巷名，其故址在今南京市南。后人也以"长干"来借指南京。长干，不要误写作"长乾"，更不能写作"长千"。

苷·酐

苷 gān 会意兼形声字。小篆 𦭽 从艸（艹）从甘（味甜，兼表声）。隶定后楷书写作苷。本义为甘草。借用表示有机化合物的一类。苷，糖苷的简称，旧称甙（dài）。由糖通过它的还原性基团同某些有机化合物缩合而成。

酐 gān 形声字。《说文》无。楷书酐从酉从干（表声）。本义为苦酒。此义已消失。后借作化学用字，是"酸酐"的简称，是含氧的无机或有机酸缩水而成的化合物。

糖苷多为白色晶体，广泛存在于植物体中，也叫配糖物、葡萄苷或糖苷。英语 glucoside 原来译作"配糖物""配糖体"等。由于"苷""酐"同音，容易引起混乱，后改用甙。现在全国科学技术名词审定委员会规范确定仍用"苷"。

所以"糖苷"与"酸酐"要分得清才行。

扦·讦

扦 多音字。会意兼形声字。小篆 𢴈 从手从干（防卫，兼表声）。隶定后楷书写作扦。异体作捍。新中国成立后，将扦作为捍的异体字，本是正体字的扦连自己的地位都没有捍卫住啊，您说冤不冤！

读 gǎn 时，同擀的用棍棒来回碾，使东西延展变平、变薄或变得细碎义项，如擀面条，也可以写作扦面条。此音此义，《现汉》承认。

读 hàn 时，《第一批异体字整理表》将扦视为捍的异体字惨遭淘汰。《通用规范汉字表》将扦视为规范字，专用于"扦格"（指互相抵触，扦格不入）。笔者以为，不该为了"扦格"救活一个沉睡多年的"扦"，人为地给读者增加负担。《通用规范汉字字典》不承认"扦"有 gǎn 的读音。

讦 jié 会意兼形声字。小篆 𧧌 从言从干（干涉，兼表声）。隶定后楷书写作訐。今简化为讦。本义为斥责别人的过失，揭发别人的阴私，谓之"攻讦"。

扦格、攻讦，是正确写法，"攻扦""讦格"都说不通。

扦·扦

扦 详见本页"扦·讦"。

扦 qiān 形声字。《说文》无。楷书扦从手从千（表声）。异体作攓。今以扦为正体。本义为插，如扦门。引申指金属、竹子等制成的针状物或主要是针状的器物，如铁扦。

因为"扦"与"扦"长得非常像，所以在写"扦格"时可得小心。

冈·岗

冈 gāng　会意兼形声字。小篆 ⿱网山 从山从网（山脊如网之纲，兼表声）。隶定后楷书写作岡。简化为冈。山峰的"峰"是一个点，山冈的"冈"则是一条线——山的脊梁。《释名·释山》中另有一比："冈，亢也，在上之言也。"亢，此处读 gāng，指人的头颈。一个比作脊梁，一个喻为头颈，都是笔直的形象，颇有异曲同工之妙。冈还用作姓。

古人眼中的山，往往会打上人体的烙印。山巅的巅本写作颠，颠从页（人头）指人的头顶。山岭的岭本写作领，山路弯弯，盘旋而上，似"领"也。山梁称之为冈，让人联想到脊背或者头颈。为了让人精准认字，这些字后来都添上了"山"字头：颠成了巅，领成了嶺（简化为岭），冈也成了岗。

古时"大山曰陵，小山曰冈"。山冈通常指的是海拔不高、坡度不大的山。《水浒传》中有一座景阳冈，别人"三碗不过冈"，武松一口气灌下十五碗酒，还能跌跌撞撞地走上冈来，可见这景阳冈高度。井冈山不是以险峻著称吗？井冈山的冈字其实和高低无关，它是一个地名用字，而不是地形用字。

岗　多音字。会意兼形声字。《说文》无。楷书岗 从山从冈（山冈，兼表声），今简化为岗。本义为山脊。是冈的加旁分化字。

读 gāng 时，同"冈"（较低而平的山脊）。

读 gǎng 时，用于高坡。凡隆起的坡地，习惯上可称之为"岗子"。广州有一座黄花岗，因埋葬有七十二烈士的遗骸而名垂青史。士兵或警察值勤时，总要站在高处，这就是"站岗"。他们站立的地方是"岗位"，引申出岗亭、岗楼。"岗位"虚化以后，也可泛指工作的职位。

读 gàng 时，常于方言中的形容词。岗尖，形容极满，如"岗尖一碗米饭啊"。岗口儿甜，形容极甜，如"这个西瓜岗口儿甜"。也有说"岗甜了"。济南地区常说"gàng 赛了""gàng 甜了"，但常写作"杠赛了""杠甜了"。笔者建议，既然《现汉》有了规范，为何不用"岗"而非要用"杠"，严格说来我有点抬杠了。

毛泽东主席的诗词《水调歌头》："久有凌云志，重上井冈山。"这首词的手迹流传很广，凡看过手迹的人都知道，在毛泽东的笔下，井冈山的"冈"字是没有山字头的。

岗字虽然字典上还保留着"同'冈'"的解释，实际上这两个字已经渐行渐远，各奔前程。中国井岗山干部学院题名在当年可以说得过去，现在来看还是规范一点儿为好。阳谷景阳冈风景区大门写作"景阳岡"（景阳冈），但景区内武松途经的山神庙门前却写作"景阳崗"（景阳岗）。估计武松来了，不喝酒也会晕。

岗·纲

岗 详见 179 页"冈·岗"。

纲 gāng 会意兼形声字。小篆 ⿰ 从糸从冈（由冈高起引申引领，兼表声）。隶定后楷书写作綱。今简化为纲。本义为提网的总绳，如提纲挈领、纲举目张。引申指事物的关键，如大纲、纲要等。唐代中期，江河运输中每十船编为一纲，成批编组运货称为纲运。后成批运货的组织亦称纲，如盐纲，就是指大批运盐的编队。北宋"花石纲"因宋徽宗而起，指批量运送花石的船队。

花石纲，不要误写成"花石岗"。

刚·钢

刚 gāng 会意兼形声字。甲骨文 ⿰ 从网（断网，兼表声）从刀。金文 ⿰。小篆 ⿰。隶定后楷书写作剛。今简化为刚。本义为坚硬、坚利。引申出坚强、强毅等。作副词时，有恰好（如刚好）、勉强达到等义。

钢 多音字。后起形声字。楷书鋼从金从冈（表声）。今简化为钢。本义为铁和碳的合金。

读 gāng 时，指本义。钢筋，指钢筋混凝土中所用的钢条。钢精，指制造日用器皿的铝，如钢精锅。也叫钢种。钢筋与钢精，音近，如混用，那就不是钢筋混凝土了。

读 gàng 时，义为把刀放在布、皮、石头等上面磨，使它锋利。还指刀口上加上点儿钢，重新打造，使更锋利，如"您的铡刀该钢了"。

刚与钢，都含硬义，刚为虚指主要用于形容，钢由真实再引申指形容（如钢筋由钢条引申出钢筋铁骨，钢铁由钢和铁合称引申出钢铁战士）。

俗话说，没有金刚钻别揽瓷器活。但这个金刚钻往往被错写作"金钢钻"。金刚（佛教称佛的侍从力士，因手拿金刚杵，古印度一种兵器而得名）、金刚努目（形容面目凶恶，也说金刚怒目）、金刚妙、金刚石（也叫金刚钻）、金刚石婚（西方风俗称结婚60周年或75周年，也称钻石婚），这些词中的刚不要写作"钢"。

《烈火金钢》小说（后改为同名电影），写抗日战争时期八路军指战员在冀中平原坚持斗争的故事。金钢，就是说小说所塑造的英雄们是不怕火炼的真金、百炼成钢的钢铁。这里的金钢不能写作"金刚"。

篙·蒿

篙 gāo 会意兼形声字。小篆 ⿱ 从竹（⺮）从高（高及长，兼表声）。隶定后楷书写作篙。本义为撑船用的粗长竹竿或木杆（请注意，竹竿与木杆，一个为竿，一个为杆）。

还用作姓。

蒿 hāo 会意兼形声字。甲骨文 ![字形] 从艸（艹）从高（丰茂，兼表声）。金文 ![字形]。小篆 ![字形]。隶定后楷书写作蒿。本义为蒿子。也用作姓。2015年10月，屠呦呦因创制新型抗疟药——青蒿素和双氢青蒿素的贡献，与另外两位科学家获2015年度诺贝尔生理学或医学奖。1930年12月30日，屠呦呦出生于浙江省宁波市，是家里5个孩子中唯一的女孩。"呦呦鹿鸣，食野之苹"（一群鹿呦呦鸣叫，在原野吃着艾蒿），《诗经·小雅》的名句寄托了屠呦呦父母对她的美好期待。是天意，更是勤奋使然，屠呦呦登上科学殿堂摘取诺贝尔奖。

篙与蒿，可以讲八竿子打不着，但因两个字形相近，不免"割了三把蒿草""撑篙划船"会错写成"割了三把篙草""撑蒿划船"，那不就乱套了啊！

藁·稾

藁 gǎo 形声字。小篆 ![字形] 从木从高（表声）。隶定后楷书写作稾。也作藁。又作槁（枯木）的异体字。如今以槁为正体，藁专用作地名，藁城，河北省石家庄市所属区。

稾 gǎo 《辞海》第六版、第七版解释均为：同"稿"（稾）。没有举出复词"稾秆"。1989年版《辞海》对稾秆注释如下：作物籽实收获后剩下的茎叶，如稻草、粟秆、麦秆、豆秆等。可作为饲料、褥草、燃料和工业原料等用途。营养特点是粗纤维含量高，可消化营养物质少；矿物质多钾、硅而少磷、钙、钠，维生素含量极微。在饲喂前应加合理调制，如切短、浸泡、碱化或发酵等，以提高适口性和消化率。1999年版《辞海》对"稾秆"注释基本同1989年版，只是最后那句稍有调整：在饲喂前应加合理调制，如切短、浸泡、碱化、氨化或发酵等，以提高适口性、消化率和营养价值。

藁城的"藁"下从木，稾秆的"稾"下从禾，不要木、禾不分哟。

戈·曳·弋

戈 gē 象形字。甲骨文 ![字形] 由 ![字形]（干）![字形]（手）组成，表示手握兵器柄。有的甲骨文 ![字形] 将 ![字形] 写成 ![字形]。金文 ![字形]、![字形]。小篆 ![字形]。隶定后楷书写作戈。本义为有钩刃的长柄兵器。无锋的树杈为干，有刃的称为戈。殳（读作书），多用竹或木制成，有棱无刃。戈，还用作姓。戈壁，蒙古语译音，意为难生草木的土地。

曳 yè 会意兼象形字。小篆 ![字形] 从申（闪电）从厂（拉引，兼表声）。隶定后楷书写作曳。本义为闪电一掣。引申泛指拖拉。由于曳做了偏旁，本义另加义符手写作拽（拽旧同曳，现在读 zhuāi、zhuài，义指扔、抛、拉，还指胳膊有毛病等），牵引义另造拽（今作为曳的异体字被淘汰）。曳光弹，一种弹头尾部装有能发光的化学药剂的炮弹或枪弹，发射后能发出光亮，用以显示弹道和指示目标。

弋 yì　象形字。甲骨文 ✝ 象揳入地中的尖木橛形，用于拴牲畜。金文 ✝。小篆 ⻊。隶定后楷书写作弋。本义为木橛。也有专家说，甲骨文是指缠绕着绳子的箭。射鸟要走来走去，故引出游弋。还用作姓。江西省上饶市弋阳县（据记载："县治在弋水之阳，曰弋者，以水形横斜似弋也。"据《太平寰宇记》："水口有大石，面如镌成弋字，故名。本后汉之葛阳县，隋开皇中，因失印改为弋阳"）。有媒体将江西弋阳写作"戈阳"，惹得弋阳人怒目而视。

《现汉》对"游弋"的解释：（舰艇等）巡逻；泛指在水中游动。《现汉》对"曳"的解释：拖；拉；牵引。"游曳"不成词。

个·各

个　多音字。象形字。籀文 ⻊ 是"竹"的一半。小篆 ↑。隶定后楷书写作个。本义为竹一根。扬州有个园（满园竹子，故名）。为了突出其义，另造箇字小篆 ，从竹（⺮）从固（表声）。由于使用范围扩大，俗又另造個，从人从固（表声）。今個简化为个。箇是个的异体字。

读 gě 时，常见有"自个儿"。"自个儿"也可写作"自各儿"，用于方言，人称代词，指自己。

读 gè 时，常用于量词，如两个苹果等。还指单独的，如个人、个体。

各　多音字。会意字。甲骨文 从夂（suī，义为倒脚）从口（古人穴居的洞口），会到来之意。金文 。小篆 。隶定后楷书写作各。本义为到来，借指代词，用在动词前，指群体中的不同个体，如各司其职、人各有志、各自。又用作指示代词，表示每个，即一定范围中的所有个体，如各家各户、各国、各地、各处等。

读 gě 时，方言，形容词，特别（含贬义），这人真各。可参考183页"硌硬"。

读 gè 时，常用于指示代词，副词。还用作姓。

以下几组词很是有个性，请注意区别。

【个别】gèbié ❶副 单个儿；各个：～辅导｜～处理。❷形 极少数；少有：这种情况极其～。

【各别】gèbié 形 ❶ 各不相同；有分别：对于本质上不同的事物，应该～对待，不应该混为一谈。❷〈方〉别致；新奇：这个台灯式样很～。❸ 特别（含贬义）：这个人真～，为这点儿小事生那么大的气。

【各个】gègè ❶代 指示代词。每个；所有的那些个：～厂矿｜～方面。❷副 逐个：～击破。

硌·铬

硌 多音字。形声字。《说文》无。楷书**硌**从石从各(表声)。本义为山上大石头。读 gè 时，指触着凸起的东西觉得不舒服或受到损伤，如硌牙、硌脚。

读 luò，义为山上大石头。

铬 gè 形声字。小篆 𨧜 从金从各(表声)。隶定后楷书写作**鉻**。今简化为铬。本义为剃发(此义，铬读 luò)。此音此义现在已经被人们淡忘了。现在主要借作金属元素，符号为 Cr，银灰色，有延展性，耐腐蚀。用来制造特种钢等，镀在其他金属上可以防锈蚀。

硌脚，生活中常用词。而铬与脚扯不上关系，说"铬脚"更是令人莫名其妙。

隔·膈

隔 gé 会意兼形声字。小篆 鬲 从阜(阝左)从鬲(表声)，会好似鬲足三分之意。隶定后楷书写作**隔**。是鬲的加旁分化字。本义为阻断(使不能相通)。古时通"膈"，指隔膜，指人或哺乳动物分隔胸腔和腹腔的膜状肌肉。现在不通"膈"。

膈 gé 形声字。《说文》无。楷书**膈**从肉(月)从鬲(表声)。本义为横膈膜，收缩时胸腔扩大，松弛时胸腔缩小。旧称膈膜或横膈膜。旧称即现在不能称了。

2017 年 5 月 13 日，中央电视台综合频道播出《出彩中国人》，其中一位小朋友说她爸爸"gè·ying 人"，字幕显示"膈应人"。我立马翻出身边《现汉》：

【硌硬】gè·ying 〈方〉❶ 形 讨厌；腻味：心里~得慌。❷ 动 使讨厌；使腻味：这种事儿特别~人。

谷衍奎主编的《汉字源流字典》对"膈"注释为：膈 gè 用作"膈应"，也作"硌硬"，指 ❸ 讨厌：你真让人~应。又指 ❹ 使讨厌：他故意~应人。

笔者以为，现在"膈"只有一个读音 gé，无论是为减少一字多音现象，还是从字理直观考虑，均应该依照《现汉》，放弃"膈应人"，大胆起用"硌硬人"。

纵隔分为前纵隔、中纵隔、后纵隔。提请大家注意，隔膜，除了指身体内组织外，还指隔阂等义；膈膜(膈膜、横膈膜虽是旧称，但生活中人们常挂在嘴边)专指体内组织，没有引申义。纵隔膜用"隔"(可能是考虑从阝左本义为高，自然隔代表纵向)，横膈膜用"膈"，这种现象比较少见，敬请注意。

庚·赓

庚 gēng 象形字。庚与康同源。甲骨文 ¥ 象把可摇的响铃一类的乐器形。金文 𧯇。小篆 𧰨。隶定后楷书写作**庚**。本义为响铃。由铃声连续引申出接续。

既可指天干的第七位,也可指年龄(如贵庚、年庚、同庚,同庚即同年)。还用作姓。庚齿,同年庚,指年龄。庚帖,即八字帖。由于庚为借义所用,响铃之义便另加义符用写作庸,后又加义符金写作鏞(今简化为镛),接续之义用賡(今简化为赓)表示。

賡 gēng 会意兼形声字。甲骨文󰀀从贝从庚(铃声,兼表声),会贝声连续之意。小篆󰀀。隶定后楷书写作賡。异体作續。今分别简化作赓和续,表义有分工。本义是连续、继续(多指歌咏、吟诵的接续唱和)的意思。赓续,即继续,如赓续旧好。赓还用作姓。

赓是庚加旁分化字,所以历史上庚与赓相续,为后人使用带来不便。现在,"赓""庚"基本断绝联系,所以"赓续"不得写作"庚续"。

🔔两位著名人士姓名写法。陈嘉庚(1874~1961),著名爱国华侨领袖、企业家、教育家、慈善家、社会活动家。陈赓(1903~1961),中国无产阶级革命家、军事家、中国人民解放军大将。

工·功

工 gōng 象形字。甲骨文󰀀,象一把刃口朝下的斧头之形(也有的甲骨文刃口朝上)。金文󰀀好似一把铡刀的侧面。小篆󰀀。隶定后楷书写作工。工字本义,众说纷纭。有人说是涂饰的刷子,有人说是木工量直角的矩尺。不管咋说,都离不开工具这个角色。由工具引申为使用工具的人。因做工追求的是精益求精,自然称精巧、精致为工,如工整、工巧等。引申出精于、长于,如工诗画、工于心计。做工需要过程,于是工就代指时间,如工夫。

功 gōng 会意兼形声字。功与攻同源,金文󰀀从攴(表操作)从工(似杵,古代盖房,用四块木板组合成一个矩形,往矩形里填土、石子和稻草等,随后用木杵捣实。工兼表声),会意从事盖房等各种各样的工作。小篆󰀀改为从力,突出用力做功。隶定后楷书写作功。本义从事建筑等方面的工作。

工、功,在表示本领、能耐、技术、力量、修养等意思的时候大致相通。不过,工常用于指劳作的人、人的劳作,功常用于指用力做事取得的成果。在历史上,"工夫"与"功夫"是一组异形词。用来指某方面的造诣、本领,既可用"功夫",也可用"工夫",最早的书证都在唐朝,时间相差无几。"下功夫"和"下工夫"都可以理解为施展本领。如今,虽然在能否指称"武术"上,两者有了区别,但在其他义项上,混用仍然普遍。为了减少混乱,《现汉》有意做了引导。

概括地说,《现汉》把它们区分为:"工夫"指时间,"功夫"指本领。因此,"下工夫"可说,"下功夫"亦可说,不过前者是花时间,后者是用本领。

【工夫】名❶时间(指占用的时间):他三天~就学会了游泳。❷空闲时间:

明天有~再来玩儿吧！❸〈方〉时候：我当闺女那~，婚姻全凭父母之命，媒妁之言。

【功夫】名❶本领；造诣：他的诗~很深｜这个杂技演员真有~。❷指武术：中国~。❸(做事)所耗费的时间和精力：下~｜苦~。

【工夫茶】名福建、广东一带的一种饮茶风尚，茶具小巧精致，沏茶、饮茶有一定的程序、礼仪：喝~。也作功夫茶。

传统戏曲的用词中，"工""功"通用的情况更是普遍。比如，演员表演时的身段和姿势，既可作"工架"也可作"功架"；演唱唱腔的技艺，既可作"唱工"也可作"唱功"；表演时的动作和表情，既可作"做工"也可作"做功"。

【工架】同"功架"。

【功架】名戏曲演员表演时的身段和姿势。也作工架。

【唱功】名戏曲中的歌唱艺术：~戏。也作唱工。

【唱工】同"唱功"。

【画工】名❶以绘画为职业的人。❷指绘画的技法：~精细。也作画功。

【画功】同"画工"❷。

【武工】同"武功"❸。

【武功】名❶〈书〉指军事方面的功绩：~赫赫｜文治~。❷武术功夫：他练过~。❸戏曲中的武术表演。也作武工。

【做工】¹动从事体力劳动(多指工业或手工业劳动)：她在纺纱厂~。

【做工】²❶名指制作的技术或质量：这件衣服~很细。❷同"做功¹"。

【做功】¹(~儿)名戏曲中演员的动作和表情：~戏。也作做工。

【做功】²动物理学上指用力使物体朝着与作用力相同的方向运动。

【做功课】❶学生做老师布置的作业。❷佛教徒按时诵经念佛。❸比喻事前做有关准备工作：他为这次演讲做足了功课。

【工力】❶同"功力"❷。❷名指完成某项工作所需要的人力。

【功力】名❶功效：草药的~不能忽视。❷功夫和力量：他的字苍劲洒脱，颇见~。也作工力。

工于心计，指擅长用心谋划。工于：长于；善于。心计：计谋，心里的打算。功的释义中，没有"长于、善于"的义项。攻心是从心理上、精神上瓦解对方。"攻于心计(机)""功于心计(机)"都说不通。

工·公

工 详见184页"工·功"。

公 gōng 会意字。甲骨文，可能为瓮的初文，也就是一个大口瓮的形象，上有盖。金文 ⛁ 。小篆 ⛁ 。隶定后楷书写作 公 。公（瓮）盛的物品，分割时需要公平，于是被假借为公平、公开之"公"了。本义只好增加一个义符瓦，这样"瓮"替代"公"的本义，让"公"一心一意去做它的"公"事了。另一说，从"公"小篆 ⛁ 中不难看出，上为八即分离、背离，下为厶。古人云：厶为勾心向内，为私的本字。两者综合，⛁ 即背离厶，自然就公而忘私了。

工和公音同，下列几组词，容易混淆，请区别。

【工尺】名 我国民族音乐音阶上各个音的总称，也是乐谱上各个记音符号的总称。符号各个时代不同，现在通用的是：合、四、一、上、尺、工、凡、六、五、乙。

【公尺】量 公制长度单位，米的旧称。

【工房】〈方〉名 ❶ 指由国家或集体建造分配给职工或居民的房屋；职工宿舍。❷ 工棚。

【公房】名 所有权属于国家或集体的房屋。

【工分】名 某些集体经济组织计算个人工作量和劳动报酬的单位。

【公分】量 ❶ 公制长度单位，厘米的旧称。❷ 公制质量或重量单位，克的旧称。

【工交】名 工业和交通运输业的合称：～系统。

【公交】名 公共交通：～车辆｜～事业。

【工事】名 保障军队发扬火力和隐蔽安全的建筑物，如地堡、堑壕、交通壕、掩蔽部等。

【公事】名 ❶ 公家的事；集体的事（区别于"私事"）：～公办｜先办～，后办私事。❷〈方〉指公文：每天上午看～。

公事除了与工事区别外，还要仔细辨别与公使、公示、公式等的差异。这件事，不是个好差事。

另外，还要注意工兵是工程兵的旧称。旧称就是不能再称，不过军棋上工兵会依然探索向前。对此，我们还是要包容一点儿吧，因为棋子上都是两个字，单改工兵为工程兵，恐怕其他棋子就会有意见了。☺

🖋 蚂蚁是一种过群体生活的昆虫，内部有着严格的分工。一般在一个蚂蚁群体中有四种不同的蚁型：雌蚁（蚁后）、雄蚁、工蚁和兵蚁。

蚁后是有生殖能力的雌性蚁，也称母蚁，在群体中体形最大。它的主要职责是产卵、繁殖后代和统管这个蚂蚁大家庭。

雄蚁即公蚁，其主要职能是与蚁后交配。绝大多数的雄蚁不参加劳动，仅仅接受同伴提供的食物，等待与蚁后交尾，交尾结束后很快死去。

工蚁是没有生殖能力的雌性蚁，一般为蚁群中体形最小的蚁，其主要职责是建造和扩大巢穴、采集食物、抚育幼蚁和喂养蚁后等。

兵蚁则主要从事战争和防卫工作。

自此，我们知道工蚁不是公蚁，属于雌性蚁（没有生殖能力）。

胡蜂是社会性昆虫，蜂群由蜂王、雄蜂和工蜂组成。蜂王为胡蜂群体中具有生育能力的雌蜂，也称母蜂、蜂后，通常每个蜂群只有一至数只。雄蜂的职责是与蜂王交配借以繁衍后代，每个蜂群往往只有少量的雄蜂。工蜂则是缺乏生殖能力的雌性蜂，负责筑巢和外出觅食饲育幼虫，又称职蜂。

因此，胡蜂中外出寻找食物的是"工蜂"而非"公蜂"。

公·功

公　详见185页"工·公"。

功　详见184页"工·功"。

公，有公共、共同之义。功，有功效、成就、功利等义。

急，义为想要马上达到某种目的而激动不安，也有对众人之事或别人的困难尽快帮助的意思。急公好义，褒义词，形容人热心公益，见义勇为。急功近利，贬义词，义为急于谋求眼前的功利，也作急功好利。形容人急于求成，贪图眼前利益。

急公好义与急功近（好）利，的确有点绕人，千万不要着急啊。

公·翁

公　详见185页"工·公"。

翁 wēng　形声字。小篆 从羽从公（表声）。隶定后楷书写作翁。本义为鸟的浓密颈毛。借作公，指父亲。引申也指男性老人。还用作姓，翁仲，原指铜铸或石雕的偶像，也来专指墓前的石人。

由于"翁"和"公"意义相通，都可尊称老年男子，所以在古代汉语中，"主人公"和"主人翁"意思基本相同。

【主人公】名 指文艺作品中的中心人物。

【主人翁】名 ❶ 当家做主的人：劳动人民成了国家的~。❷ 主人公。

可见，在指文艺作品中的中心人物时，既可以用"主人翁"也可以用"主人公"；在指"当家做主的人"时，只能用"主人翁"，不能用"主人公"。

公·攻

公　详见185页"工·公"。

攻 gōng　会意兼形声字。攻与功同源，详见184页"工·功"。本义为捣

击使其坚固。

攻关：攻，即攻夺；关，即关口。攻关本指攻占敌方关隘，后泛指攻克难关。1977年9月，全国科技大会预备会收到叶剑英元帅撰写的《攻关》诗作，内容为：攻城不怕坚，攻书莫畏难；科学有险阻，苦战能过关。从此，人们将攻克科技难题叫作"攻关"，于是衍生出"攻关小组"等一系列组合。

公关，是公共关系的缩略语，本是西方管理学中的一个概念，指团体、企业或个人在社会活动中的相互关系。西方许多组织机构设置有专门从事公共关系工作的管理部门"公关部"。20世纪80年代以来，我国许多公司借鉴外国做法，纷纷设立公关部。公关一词于是逐渐被人熟知。生活中，人们常有意把"公关"说成或写成"攻关"，诙谐、幽默中，暗指公关难度。

弓·恭·躬

弓 gōng 象形字。甲骨文 、金文 、小篆 。隶定后楷书写作弓。本指弓箭。弓是弯曲的，弯腰也称之为弓腰。由于弓尺度有标准，因而古人常用弓丈量距离，所以后来也就将丈量工具称为弓。弓部首内汉字大都与弓本义有关，如弹、弛、张、弧、弩等。

恭 gōng 会意兼形声字。甲骨文 上从龙（兼表声）下从双手。金文 加 （兄，祝祷），突出崇拜主题。小篆 下加心。隶定后楷书写作恭。本义双手作揖拜神龙。后引申出恭敬义，如洗耳恭听、毕恭毕敬、玩世不恭。再引申指奉行，如恭行。还用作姓。恭是共的加旁分化字。

躬 gōng 会意兼形声字。小篆 从身从吕（脊柱形），会人身之意。小篆异体字 从身从弓（兼表声），会屈身之意。本义是身体。后引申指自身、亲自，如事必躬亲。事必躬亲意思是不管什么事一定亲自去做。躬和亲都表示亲自。事必躬亲也可以写为事必亲躬。

弓有使弯曲义，如弓背、弓着腰、弓着腿坐着。弓，多用于口语，从实从具体形状；躬，多用于书面语言，躬带有恭敬、礼仪。

鞠躬本指弯腰屈体，是恭敬谦虚的样子，后来才指弯腰行礼。朕躬是天子自称，意思是"我"。反躬自责指反过来责备自己。反躬自问指反问自己。躬耕指亲身从事农业生产。躬逢其盛指亲身参加了那个盛举。躬行指亲身实行。躬身下拜的躬是动词，指弯下身子，是名词身体义的转指。以上躬不能写作恭，虽然恭有恭敬之意，但"反恭自责、反恭自问、恭耕、恭逢、恭行、恭身"缺乏理据。

"亲自带头躬耕""亲自躬耕"，属于叠床架屋，画蛇添足。参见295页"掬·鞠"。

宫·恭

宫 gōng 会意兼形声字。甲骨文 ⌂ 从宀（房屋）从多个窗口（兼表声）。金文 ⌂。小篆 ⌂。隶定后楷书写作宫。本义指多窗户的多楼层大型建筑。古人称单窗平房为向，称多窗的大型建筑为宫。引申指皇宫，再引申指神仙的居处，如天宫、龙宫等。又特指子宫（孕育孩子的房子。性生活称为房事，您懂得）。还指古代五音之一，相当于简谱"1"。还用作姓。

恭 详见188页"弓·恭·躬"。

从元代起，科举考场中设有"出恭""入敬"（出恭入敬，即入厕如厕）牌，以防士子擅离座位。士子如厕须先领此牌。因此俗称如厕为出恭，并谓大便为出大恭，小便为出小恭，而"虚恭"则成了"屁"的代称。

出恭、虚恭，误为"出宫""虚宫"，疑为同音所致。

贡·供

贡 gòng 会意兼形声字。小篆 贡 从工（劳作兼表声）从贝（古代货币）。隶定后楷书写作貢。今简化为贡。本义向皇宫敬献财物，如朝贡、进贡、贡献、贡奉。本义为动词，专用于奴隶社会、封建社会中诸侯国或地方向天子进献物品，或者是弱国向强国进献物品。引申为名词，指所贡献的物品。封建时代人民、官吏或藩属国奉献给帝王的物品就叫贡品。贡奉指献给帝王、朝廷、国家财物。凡由"贡"组成的双音词语都有下献上或献与朝廷、国家的含义。

供 多音字。会意兼形声字。小篆 供 从人从共（供设，兼表声）。隶定后楷书写作供。本义是人陈设、摆放某物。引申指陈设财物祭献神灵。再引申指祭祀时奉献的物品。陈设、摆列享用之物，自然是人的一种行为，也是对人或神恭敬，因而以人为形符。伺候父母可以说是供奉，祭祖拜神也可以说是供奉。

读 gōng 时，义为供给、供应，还指按期拿出钱款还贷，如供房、供车，也指提供某种利用的条件给对方使用，如仅供参考。还用作姓。

读 gòng 时，主要用作动词，义把香烛等放在神佛或先辈的像（或牌位）前面表示敬奉，还指陈列有表示虔敬的供品。另指受审者陈述案情，也指口供、供词。

由于贡与供许多地方有交集，以下几组词需要我们好好斟酌一番。

贡奉与供奉

【贡奉】gòngfèng 动 向朝廷或官府贡献物品；进贡。

【供奉】gòngfèng ❶ 动 敬奉；供养：～神佛｜～父母。❷ 名 以某种技艺侍奉帝王的人：内廷～。

贡奉，只作动词；供奉，既可作动词，也可作名词。贡奉固然与帝王有关，但供奉在一定条件下也可与帝王有关；在祭祖先、拜神佛时，绝对不能用贡奉。凡涉及帝王、朝廷、国家时用贡；涉及父母、祖先、神佛时用供。与贡奉、供奉相近的词有敬奉，指恭敬地供奉神佛，还指恭敬地献上，如"敬奉一幅画"。

贡献与供献

贡献今日多用以指称对国家、民族出力，对"父母、祖先、神佛"应该用供献。不过，现在供献一词没了踪影，于是贡献词义范围扩大了，现在贡献也可用于家庭。如《常回家看看》中就有"老人不图儿女为家做多大贡献"。与此同时，还有"敬献"（恭敬地献上）一词值得关注。

贡品与供品

贡品，指封建时代官吏、人民或属国向帝王进献的物品。

供品，供奉神、祖用的瓜果、酒食等的统称。与烧香有关的物品应该是供品。

进贡与敬供

进贡一般释义有两个。一是指古时藩属对宗主国或臣民对君主呈献礼品。二是给人送礼求方便（含讥讽意）。可见进贡的对象通常是指宗主国或上位的人。当以神灵等抽象概念为目标时，表示摆设供品来祭祀，可用"敬供"（《现汉》没列该词），不得使用"进贡"。

勾·沟·钩

勾　多音字。会意兼形声字。甲骨文 从口（语声）从乚（曲折，兼表声），会语调曲折之意。金文 将口移到下边。小篆 。隶定后楷书写作句。为了区分字义，语句之义仍用"句"表示，曲折之义则变作"勾"。本义为语调曲折。引申指招引，如勾引。还指勾结。勾因此可作动词，但组成的词常含贬义（原因在于勾字内为厶，厶是私的本字），如勾搭、勾结、勾引。还用作姓。

读 gōu 时，用笔画出钩形符号，表示删除或截取，如勾销。还指腰或手弯曲成钩形，如勾着腰。我国古代称不等腰直角三角形中较短的直角边（如勾股定理）为勾。还用作姓。

读 gòu 时，同"够"（多见于早期白话）。还用作姓。

勾的两个读音都可用作姓，所以遇到"勾"同学，还得捋捋舌头，问清对方，才好称呼。

沟 gōu　会意兼形声字。小篆 从水从冓（两鱼相遇嘴相接，兼表声）。隶定后楷书写作溝。今简化为沟。本义水道。我国历史上曾有一条"鸿沟"，据说是今河南郑州西郊的贾鲁河，楚汉相争时，以"鸿沟"为界。如今从中国象棋棋盘上还能一睹其风貌。"楚河汉界"指的是河南省荥阳市黄河南岸广武山上的鸿沟。沟口宽约 800 米，深达 200 米，是古代的一处军事要地。

沟因水冲击而成，水因沟顺流而下，通也，于是就有了沟通。

【勾通】 动 暗中串通；勾结。

【沟通】 动 使两方能通连：～思想｜～中西文化｜～南北的长江大桥。

钩 gōu 会意兼形声字。小篆 钩 从金从句（弯曲，兼表声），会弯曲的金属钩子之意。依照句变勾，鉤俗变为鈎，今简化为钩。钩字义项很多，其中有一项为钩形符号：√。打钩千万不可写作打勾，真写作打勾那就一笔勾（不得写作钩）销了。

因钩是勾的加旁分化字，自然在演进中钩织在一起，从而形成一组异形词。

【钩稽】 gōujī〈书〉动 ❶ 查考：～文坛故实。❷ 核算。也作勾稽。

【勾稽】 gōujī 同"钩稽"。

【钩心斗角】原指宫室结构精巧工致，后用来指各用心机，互相排挤。也作勾心斗角。

【钩针】 名 编织花边等用的带钩的针。也作勾针。

凡是名词，大都用钩，这和钩字本义有关。悬物的吊钩、称物的秤钩、钓竿的钓钩、衣服的带钩，自不必说；十八般武器中的 gōu 也应用钩——"男儿何不带吴钩，收取关山五十州"。汉字中的笔画，无论是横钩、竖钩、弯钩、斜钩，既然是名词，用钩没商量。即便本身不是钩，而是以名词钩做语素构词，同样应该用钩，因为这些词都和钩的形状有关，如钩虫、钩针。量词钩是由名词钩演绎而来的，当然也用钩无疑，如一钩新月。

动词复杂一些，但还是可以区分的。凡以钩具实施的动作，一律用钩。因为动词钩所表示的动作，都是由名词钩来完成的。比如用挂钩来钩挂车厢、用铁钩来钩取烤鸭、用钩针来钩织毛衣。只要表达的是钩而取之的意思，也应该首先考虑用钩，常见的有钩沉、钩玄之类。钩显得比勾文化底蕴深沉，常用于书面语。勾，由于人们受勾勾搭搭等影响，带勾的词、成语一般贬义甚浓。

✎ 钩心斗角的演变。钩心斗角现多用来形容各用心机、明争暗斗、互相排挤倾轧的行为，带有贬义色彩。但它的初义却是形容宫殿建筑结构的细巧精致、错落参差的。

钩是动词，指攒聚勾连。心是名词，指宫室的中心。斗是动词，指相间接合。角是名词，指飞檐之角。钩心斗角就是描述宫室四周的檐角相互勾连，接合着中心的主体建筑，表现建筑物的结构错综复杂，精巧工致。语出唐代杜

牧的《阿房宫赋》："五步一楼，十步一阁。廊腰缦回，檐牙高啄。各抱地势，钩心斗角。"（一座座楼阁顺着地势高拔而起。檐角相互勾连，同中心的主体建筑接合在一起）

后来，被文人引申来形容诗文的构思巧妙，句子对仗工整。

再后来，因钩与勾相通，有弯曲、勾引之义；心有心思、思虑之义；斗和角有争斗和角逐之义。又因钩心斗角在表述错综复杂和精巧工致方面同用尽各种复杂微妙的心机有相似和相通处，于是钩心斗角就有了比喻各用心机、明争暗斗、互相排挤倾轧的行为。钩心斗角本义反倒被人淡忘以致消失了。

句与勾

句本读 gōu。古代的国名高句丽，卧薪尝胆的越国国君句践，其中"句"至今仍读作 gōu。如今，句除读 gōu 外，还读 jù（如句号、语句）和 gòu（同勾）。

江苏省镇江市句(jù)容市，属于县级市。汉置句容县，隶丹阳郡。以山取名。明弘治《句容县志》、民国《今县释名》均注明：县内有勾曲山（即茅山），山形似已，勾曲而有所容，故名勾容，又名勾曲。由于古代句勾二字相通，因此逐渐写成句容。

句，甲骨文 的字形从口，从丩。《说文》的解释是："句，曲也。"有人认为，丩音 jiū，甲骨文字形如藤蔓纠缠，自可表示弯曲；有的说口之上下唇的形状是弯曲的，也有的说口之声的语调是曲折的，所以口有弯曲义。《中山大学学报》1983年第4期刊有伍华先生的文章，从句金文 的字形指出，其上部为钓钩形，下部为鱼口形，会鱼口吞钩之意。此说可能更精准一些。

遣词造句的"句"，和古人的阅读习惯有关。古书中没有标点符号，每每读到语意完整处，古人习惯"钩（句）以止之"。于是，句子就产生了。

先有句(gōu)，后俗写为勾（勾比句省写一个笔画），后来句、勾有了明确的分工。句保留了原来的字形，读音由 gōu 增加一个读音 jù，专指用词语构成的、有一定语调的、表意相对完整的语言单位。为什么读音会发生变化呢？刘勰的《文心雕龙》提供了一种解释："句者，局也。"读书时画上的钩，起到了"联字以分疆"的"局"的作用，故"句"有了 jù 的读音，现在人们口语中也常有"句死"。

"勾"继承了"句"字除遣词造句的"句"以外的全部义项。正因出现了这样的变化，同样一个古代人物"gōu 践"，便有了"句践"和"勾践"两种不同的写法，但只有一个读音。

诟·垢

诟 gòu　形声字。小篆 䛯 从言从后（表声）。隶定后楷书写作詬。异体作訽。今统一简化为诟。本义为耻辱、辱骂，如诟病（义为指责）。

垢 gòu　形声字。小篆 垢 从土从后（表声）。隶定后楷书写作垢。本义为污秽、肮脏、脏东西，如污垢。

陈垢，指陈年的污垢。没有"陈诟"这个词。

彀·毂·榖·穀·縠·觳

彀 gòu　形声字。小篆 彀 从弓从㱿（表声）。隶定后楷书写作彀。本义为把弓拉满。彀中，本指箭射出去可能达到的范围，后用以比喻牢笼、圈套。成语"入吾彀中"，指进入"我"的射程范围，比喻进入所设的圈套或在"我"掌握之中。唐太宗李世民有名言"天下英雄尽入吾彀中"。

毂　多音字。会意兼形声字。小篆 毂 从车从㱿（空壳，兼表声）。隶定后楷书写作轂。今简化为毂。本义是旧时车轮中心的圆木，周围与车辐的一端相接，中有圆孔，可以插轴。亦用为车轮的代称，泛指车。

读 gū 时，指毂辘，同轱辘。

读 gǔ 时，指车轮的中心部分，有圆孔，可以插轴。

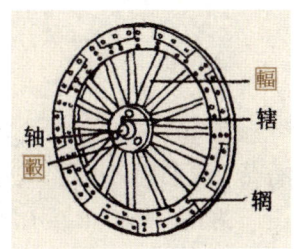

榖 gǔ　形声字。小篆 榖 从木从㱿（表声）。隶定后楷书写作榖。本义是一种落叶乔木，又叫构树或楮（chǔ）。构树具有速生、适应性强、分布广、易繁殖、热量高的特点，其叶是很好的猪饲料，也可喂蚕（一般桑叶不够临时救急）。因为人们喜欢用笔画较少的"构"或"楮"，所以"榖"字使用频率较低。榖是落叶乔木，树皮可制桑皮纸（因榖树叶似桑叶而得名），果实可以入药。由榖组成的词语有榖皮、榖实、榖桑等。

穀 gǔ　会意兼形声字。小篆 穀 从禾从㱿（空壳，兼表声），会带壳的谷物之意。隶定后楷书写作穀。本义为谷物。引申指谷类作物的总称。引申出善、好之义。穀，今简化为谷。但请注意，穀不是完全简化为谷，见本文后面的链接。

縠 hú　形声字。小篆 縠 从糸从㱿（表声）。隶定后楷书写作縠。本义指绉纱一类的丝织品。古时的纱，多是蚕丝制品；縠是有皱纹的纱，即绉纱。纱和縠都属于高档衣料。縠纹指绉纱似的皱纹，常用来比喻水的波纹。

觳 hú　会意兼形声字。小篆 觳 从角从㱿（由壳引申出盛器，兼表声）。隶定后楷书写作觳。本义为量器，大的贮酒器。此义也作斛。现在主要用作联绵词觳觫，义为因恐惧而发抖。

以上这组字，共同部件是㱿（除穀简化时漏掉一短横外），所以字形相近，外加有些字音相似，所以本组是差错率高的汉字。

穀与榖就差一小撇，一个从禾一个从木，稍不注意，禾苗就能攀到树梢上。

谷与穀。谷，会意字。甲骨文 ⿱ 上象溪流形，下似山涧出口，会泉水流出之意。主要是指山谷（也就是说山谷的谷是没有繁体字的）。还用作姓。穀简化为谷，主要是考虑到两字音相同，且谷字笔画较少。但是穀并没有像绝大多数繁体字那样一简了之，而是继续保留其身影，义为善、好，人们称吉日、良辰为穀日，称晴朗美好的日子为穀旦。穀还用作姓。所以，遇到姓 gǔ 的朋友，您一定要搞清楚是姓谷还是姓穀，要不然会五谷不分的。穀梁（不是高粱的梁），复姓。穀梁不得写作"谷梁"或者"谷粱"。

不穀，义为不善。《老子》："故贵以贱为本，高以下为基，是以侯王自谓'孤、寡、不穀'。"不穀不能写作"不谷"。"不谷"，好似不食人间烟火。

菇·茹

菇 gū 形声字。《说文》无。楷书菇从艹（艹）从姑（表声）。常见词蘑菇、香菇、草菇等。也用作姓。蘑菇旧也称蘑菰。

茹 rú 形声字。小篆 ⿱ 从艹（艹）从如（表声）。隶定后楷书写作茹。本义为喂牛马，引申指吃、吞咽，如含辛茹苦。再引申指蔬菜的总名，如秋黄之苏、白露之茹。还用作姓。

茹毛饮血意思是把捕捉到的鸟兽连毛带血地生吃下去（茹就是吃），形容过着像原始人那样的生活，暗指文明程度极低。

茹毛饮血，不能写作"菇毛饮血"。蘑菇，不能写成"蘑茹"。

骨·股·鼓

骨 多音字。象形兼会意字。甲骨文 ⿱ 象动物大块的甲状坚硬器官形。小篆 ⿱。隶定后楷书写作骨。本义为骨头。骨头支撑身体，引申指人的品质、气概，如骨气。如今指未开放的花蕾，如花骨朵。用作"骨碌、骨碌碌"，表示滚动、翻滚。骨部首内汉字大都与骨头相关。骨旧字形为 ⿱。请仔细对照。

读 gū 时，指骨朵儿、骨碌、骨碌碌等。

读 gǔ 时，指骨头，比喻在物体内部支撑的架子（如飞机龙骨），还指品质、气概（如骨气）。

股 gǔ 会意兼形声字。小篆 ⿱ 从肉（月）从殳（大腿外形，兼表声）。隶定后楷书写作股。本义指大腿。古时，股指大腿，胫指小腿；腿开始也是指小腿，后来成为大腿和小腿的总称。股是身体一部分，故引申指事物的分支或一部分。又引申指绳、线等组成部分，如三股线。再引申指某些机关、企业、团体中的组织单位，如总务股。继而引申指集合资金的一部分，如股东、股票等。

鼓 gǔ 会意字。甲骨文 𝕏 从壴(鼓形)从攴(又为手，手持鼓槌)，会手持鼓槌击鼓之意。金文 𝕏。小篆 𝕏。隶定后楷书写作鼓。异体为皷。今规范用鼓。本义为击鼓。后指打击乐器，如腰鼓、手鼓、花鼓。也指形状像鼓的东西，如石鼓、耳鼓。引申指凸起，如"他脸上鼓了一个包"。还用作姓。

一鼓作气出自《左传·庄公十年》"曹刿论战"："夫战，勇气也。一鼓作气，再而衰，三而竭。"意思是说，打仗是要靠勇气的，擂第一通鼓，士兵的勇气振作起来了；擂第二通鼓，士兵的勇气就衰了；擂第三通鼓，士兵的勇气就完了。曹刿善于掌握士气和选择时机，在敌方"三鼓"后才"一鼓"发动进攻，从而把士兵的能量最大限度地发挥出来。后多用"一鼓作气"表示保持高昂士气，乘势出击，一举成事。一鼓作气，若错写成"一股作气"，估计很快就会玩儿完。☺

注意鼓掌与股掌不同。鼓掌为动词，义为拍手，表示高兴、赞成或欢迎。股掌指大腿与手掌，"玩弄于股掌"即放在大腿上、手掌间玩弄，比喻在操纵、控制的范围之内。

弄清悬梁和刺股关系。一个见于《汉书》，孙敬好学，"晨夕不休""及至眠睡疲寝，以绳系头，悬屋梁"。一个见于《战国策》，苏秦"读书欲睡，引锥自刺其股，血流至足"。后用悬梁刺股形容发愤苦读。股，大腿，从胯至膝盖部分。悬梁刺股有两个常见错误，一是把股误解为臀部，二是把股误写为"骨"。

肱骨，即人体上肢最大的长骨，上端与肩部相连，下端与尺骨和桡骨相接。

肱股，也作股肱，本义为手臂和大腿，后比喻左右辅佐得力之臣。也可用作动词，表示辅佐、捍卫之义。

觚·瓢

觚 gū 会意兼形声字。小篆 𝕏 从角从瓜(有瓜棱，兼表声)。隶定后楷书写作觚。本义为古代一种盛酒的器具(长身细腰，口部呈大喇叭形，底部呈小喇叭形，腹和圈足上有棱)，多为青铜器，盛行于商代和西周初期。由觚的棱引申指古代写字用的多棱形木简，可多面书字。操觚即执简，引申为写作之义。也指棱角。

瓢 piáo 形声字。小篆 𝕏 从瓠省(瓠省去夸)从票(表声)。隶定后楷书写作瓢。本义为用熟透的葫芦对半剖开做成的舀水盛酒的器具。后泛指匙、勺之类。

"长亭外，古道边，芳草碧连天……一觚浊酒尽余欢，今宵别梦寒……"这首由弘一大师填词的《送别》(也称《骊歌》)，早在20世纪三四十年代就脍炙人口，自作为电影《城南旧事》的主题歌后，更是变得家喻户晓。但也留有一丝遗憾：不少人把歌词"一觚浊酒尽余欢"误作"一瓢(壶)浊酒尽余欢"来唱(写)。

觚多在文言、半文言或书面语言中使用。瓢为舀水用具，当然也可以盛酒。

瓢饮与觚饮，差大了。不由得想起《论语·雍也第六》，子曰："贤哉回也！一箪食，一瓢饮，在陋巷，人不堪其忧，回也不改其乐。贤哉回也！"翻译过来就是孔子说："贤德的人，颜回啊！吃的是一小筐饭，喝的是一瓢水，住在穷陋的小房中，别人都受不了这种贫苦，颜回却仍然不改变向道的乐趣。贤德啊，颜回！"这是赞美颜回安贫乐道的精神。

觚·弧

觚 详见 195 页"觚·瓢"。

弧 hú 会意兼形声字。小篆 弧 从弓从瓜（圆形，兼表声）。隶定后楷书写作弧。本义为不缚以角的木弓，即没有用兽角装饰的、直接将弦绷在树枝上做成的弓。由弓的弯曲，又引申用作数学名词，指圆周的任何一段，如圆弧、弧形、弧线、弧度、括弧等。

操弧，指持弓发箭，与战争、打猎有关。"操觚"，字面义就是操起酒杯，似乎有些不雅。

汩·汨

汩 gǔ 会意兼形声字。小篆 汩 从水从曰（说话，兼表声）。隶定后楷书写作汩。本义为涌波。常用来形容水流声或水流的样子。由水流迅疾，引申比喻文思通畅，如"笔下汩汩而出"。

汨 mì 形声字。小篆 汨 从水从冥省（冥省去而保留日字，表声）。隶定后楷书写作汨。本义水名。源出湘赣交界处，后与罗水汇合，称汨罗江。战国时楚国三闾大夫屈原，自感报国无门，愤而投汨罗江而殁。从此，这条江在国人心目中有了满满酸楚。

汩、汨古义相近，在古籍中常可通用，但现代汉语中分工明确。

分辨汩、汨，方法极为简便。汩，从水从曰。曰，说也。因而，形容水流声或水流，绝对用汩。而用于水名、地名的，则用汨。

鹄·鹘

鹄 多音字。小篆 鹄 从鳥从告（表声）。隶定后楷书写作鵠。今简化为鹄。

读 gǔ 时，射箭的目标，箭靶子，如中鹄。鹄的，指箭靶子的中心，如"三发连中鹄的"；还指目的。

读 hú 时，指天鹅。鹄立，义为直立，如瞻望鹄立。鹄望，直立而望，形容盼望等待。

鹘　多音字。形声字。小篆𩿨从鳥从骨（表声）。隶定后楷书写作鶻。今简化为鹘。本义为一种小鸠鸟。

读 gǔ 时，鹘鸼（zhōu），古书上说的一种鸟。

读 hú 时，隼的旧称，打猎用的一种猛禽。兔起鹘落：兔子刚开始奔跑，鹘就猛扑下去，谓动作敏捷，常用以比喻写字、作画或写文章，下笔迅速，中无停顿。

鹄、鹘，均有两个读音但又都相同，不过两者意思相差还是蛮大的，务请注意。

另外，鹄的读音是一个不大不小的问题。2018 年某著名大学成立 120 周年庆典上，该大学校长将"鸿鹄之志"读成"鸿 hào 之志"，一时间海内外一片哗然。自然，该校长立马声名鹊"落"了。

牯·怙·祜

牯 gǔ　形声字。《说文》无。楷书牯从牛从古（表声）。本义为母牛，亦指阉割过的公牛，后指公牛，亦泛指牛。现在专指公牛。

怙 hù　形声字。小篆怙从心从古（表声）。隶定后楷书写作怙。本义为依靠，倚仗。《诗·小雅·蓼莪》："无父何怙？无母何恃？"后常以怙、恃分别指代父、母。丧父称失怙，丧母称失恃，父母双亡称失怙恃。怙恶不悛（quān，义为悔改），就是坚持作恶不肯悔改。

祜 hù　形声字。小篆祜从示从古（表声）。隶定后楷书写作祜。本义为大福。这三个字都从古表声，部首字形相似，笔画数相近，因而容易混淆。

失怙，不能错成"失祜"或"失祐"。

古代有用考、妣称在世的父母，如《尔雅·释亲》："父曰考，母曰妣。"晋郭璞注引《仓颉篇》："考妣延年。"后来，古代父死后称考，母死后称妣。语出《礼记·曲礼下》："生曰父，曰母，曰妻；死曰考，曰妣，曰嫔。"汉郑玄注："考，成也，言其德行之成也；妣之言媲也，媲于考也。"古代墓碑上常刻有显考、显妣，先考、先妣。

椿萱即代指父母，父母都健在称为椿萱并茂。"堂上椿萱雪满头"的诗句就是形容父母都老了，头发都白了。椿是一种多年生落叶乔木，古代传说大椿长寿。庄子曾经说过"上古有大椿者，以八千岁为春，八千岁为秋"。古人常把椿比喻父亲。后来为男性长辈祝寿时都尊称对方为椿寿。又因为当年孔子的儿子孔鲤怕打扰父亲思考问题"趋庭而过"（义为快步走过自家的庭院），因此古人称父亲为椿庭。萱草（黄花菜，也叫金针），一种草本植物，古代传说萱草可以使人忘忧。唐朝诗人聂夷写道："萱草生堂阶，游子行天涯。慈亲倚堂门，不见萱草花。"游子出门远行前，常常在母亲居住的北堂的台阶下种上几株萱草，以期让母亲忘记忧愁。

后来就将母亲的居处称为萱堂。再后来为女性长辈祝寿时都尊称对方为萱寿。父亲、母亲，椿庭、萱堂，对仗工整，大美大德啊！

从文字学角度来考察，"失孤"是说不通的。孤，指幼年丧父或父母双亡。孤的意思可等同于失怙，在其前加失字意思就不通了，汉语中不存在"失孤"的说法。

蛊·盅

蛊 gǔ　会意字。甲骨文 ![字形] 从虫从皿。小篆 ![字形] 从蟲从皿。隶定后楷书写作蠱。今简化为蛊。本义为害人的毒虫。古代传说把许多毒虫放在器皿里使互相蚕食，最后剩下不死的毒虫叫蛊，用来放在食物里害人。常见词有蛊惑，指毒害使迷惑（蛊惑人心）。

盅 zhōng　会意兼形声字。金文 ![字形] 从中（中间为空，兼表声）。小篆 ![字形]。隶定后楷书写作盅。本义为空空的器皿。后指没有柄的小杯子，如茶盅、酒盅。

"蛊惑"令人难以索解，恐受"蛊"与"盅"字形相似的影响。

固·故

固 gù　会意兼形声字。小篆 ![字形] 从囗（围，请注意不是口）从古（长久，兼表声）。隶定后楷书写作固。本义为四周地势险要。《说文》解释说"四塞也"，意谓四周被堵塞住，引申指结实、坚固、稳定、顽固等义。

故 gù　会意兼形声字。金文 ![字形] 从古（指前人所做的甲胄）从攴（表操作），以强调使人做事之意。小篆 ![字形]。隶定后楷书写作故。本义为使人做事。引申出的义项很丰富，由已做出的事引申出"原来的、从前的、旧的"。

汉语中原来有"依然"和"故我"这两个词语。"依然"的意思是依旧、照旧，而"故我"原来写作"故吾"，它的意思就是"旧日的我"。到了宋代，由于经常并用，慢慢地"依然"与"故我"逐渐凝固成了一个成语，义为"仍旧是我从前的老样子"，形容情况依旧，没有变化。

"依然故我"也写作"依然故吾""故我依然"等。近义成语有"依然故态"（仍旧是往日的面貌或情况）、"依然故物"（仍旧是昔日的事物，多指国土以及风光景物）、"依然如故"（仍旧像从前一样）等。

《现汉》第 5 版（2005 年 6 月），在第 1604 页收有一个词条"依然固我"，解释是"指人的思想、行为等还是原来的老样子（多含贬义）"。《现汉》第 5 版第 493 页在"故我"后举例为"依然故我"。前后矛盾。经读者提醒后，《现汉》第 5 版立即将"依然固我"改为"依然故我"。由此可见，权威工具书，也来不得半点马虎，否则上对不起仓颉、许慎等先人，下对不起广大《现汉》的亲。

虽然依然故我不得写作"依然固我"，但故步自封可以写作"固步自封"。

古·故

古 gǔ 会意字。金文 ![字] 从甲从口（器皿），会箧中存有先人传下的甲胄之意。小篆 ![字] 讹为从十从口，用十口相传表示久远之意。隶定后楷书写作古。本义表很久以前的事情。

故 详见 198 页 "固·故"。

古时候，古与故、固相通。古还与骨相连，如古董与骨董是异形词，不过现在古董是推荐词条。但有人写骨董，您千万捂着嘴别说人家无知。

故，有原来的、从前的、旧的义项，所以与古是老亲了。故纸堆，是指数量很多并且十分陈旧的书籍、资料等。有的想当然写作"古纸堆"，那就犯了经验主义的错误。另外，从下面几组词也能看出"古"与"故"感情不一般。

【古都】名 古代的都城：～洛阳。
【故都】名 过去的国都。
【古国】名 历史悠久的国家。
【故国】〈书〉名 ❶ 历史悠久的国家。❷ 祖国。❸ 故乡。
【古旧】形 古老陈旧：～建筑。
【故旧】〈书〉名 故友②（义指旧日的朋友；老朋友）总称：亲戚～。
【古人】名 ❶ 古代的人。❷ 人类学上指介于猿人与新人之间的人类。生活在距今约 20 万年至 4 万年间。
【故人】名 ❶ 老朋友；故友②（义指旧日的朋友；老朋友）：过访～。❷ 死去的人：不料一别之后，竟成～。
【古书】名 古代的书籍或著作。
【故书】名 ❶ 古书。❷ 旧书。

笔者建议《现汉》第 8 版出版时，应该将"故人"词条的故友②前面的"老朋友"删除，因为故友②注释为"旧日的朋友；老朋友"，老朋友两次"相遇"就是重复。

故·顾

故 详见 198 页 "固·故"。

顾 gù 形声字。小篆 ![字] 从頁（头）从雇（表声）。隶定后楷书写作顧。今简化为顾。本义为回头看，转头看。

顾名思义，是指看到名称，就联想到它的含义。"顾"是看的意思。

故名，可表示"可以命名""旧名"等。"故名思义"说不通。

刮·剐

刮 guā　形声字。小篆 ![字] 从刀从昏（表声）。隶定后楷书省作刮。本义为用刀子等贴着物体的表面移动，把物体表面的某些东西去掉或取下来，如刮脸、刮下一层皮、刮痧（民间治疗某些疾患的方法，刮皮肤使充血，以减轻内部炎症）等。还用作颳的简化字，指风吹。

剮 guǎ　会意兼形声字。《说文》无。楷书剮从刀从咼（骨，兼表声）。今简化为剐。本义为割肉离骨。封建时代有一种残酷的死刑叫凌迟，即把人的身体割成许多块使其慢慢痛苦而死。常见的成语有千刀万剐等。

"剐"和"杀"都是杀死生命的举措，只是残酷程度有别而已。"刮"并不危害生命，和"剐""杀"一类词的区别很大。"舍得一身剐，敢把皇帝拉下马"是句民间俗语，说的是"剐"而非"刮"。

在此强调一下剐蹭。按《现汉》解释为：物体表面被硬物划破或擦伤（多用于汽车）。由此看出，汽车与汽车、汽车与其他物体之间发生摩擦，都用剐蹭，但现在许多媒体用"刮蹭"（《现汉》没有其位置）。笔者建议统一用"剐蹭"为好。

乖·怪

乖 guāi　会意字。小篆 ![字] 从羊角相背从兆（灼龟裂纹）。隶定后楷书写作乖。兆变北，北为两人背相对。乖本义为违背、不协调。如乖违、乖戾、乖谬等。但这个字有一大特点，那就是引申义向相反方向驶去，如不哭不闹、听话，常见有乖乖、乖巧等。

怪 guài　形声字。小篆 ![字] 从心从圣（kū，表声）。隶定后楷书写作怪。本义为奇异的。引申指跟通常情况不一样的，不常见的。

乖僻和怪癖，仿佛一对孪生兄弟，读音相近，词义相关，实际运用中往往纠缠不清。乖僻和怪癖均可用来表现或说明人的性情和行为。乖僻于是便有了古怪的含义。从构词角度来说，乖僻是联合式合成词；怪癖则属偏正式，"怪"修饰"癖"。癖，从病字头，指一种难于自控的、近乎反常的嗜好，也说成非同一般的脾气、习性、毛病。乖僻和怪癖都是形容词，有专家建议：可以说"他很乖僻"，却不能说"他很怪癖"；可以说"他有怪癖"，却不能说"他有乖僻"。

【乖僻】形 怪僻；乖戾：性情～。

【怪僻】形 古怪：性情～。

乖者，怪也，"乖僻"可写作"怪僻"；僻者，罕见也，难得一见自然也会让人觉得奇怪。从《现汉》注释可以看出两词可以通用。

关·官

关 guān 会意字。金文 ▨ 从門从门闩。小篆 ▨ 改为从門从▨（表声）。隶定后楷书写作關。异体作関。今简化为关。本义为门闩。

官 guān 会意字。甲骨文 ▨、金文 ▨ 和小篆 ▨ 皆从宀（房子）从▨（也有说是帅旗，代表军队）。隶定后楷书写作官。本义为临时驻扎的兵营。引申指军政驻地，再引申指官员。官宦，泛指做官的人，如官宦人家。请务必注意，宦官指君主时代宫廷内侍奉帝王及其家属的人员，后由阉割的男子充当，也叫太监。官宦与宦官，秩序一倒，实乃一个天上一个地下。

由于古时官通关，关又通管，管与官相连，从而影响到今天。

收官，围棋术语，又称作官子，是围棋比赛中三个阶段（布局、中盘、官子）中的最后一个阶段，引申指工作（某项赛事）接近结束、收尾，如"今天这轮比赛是中超收官之战"。

"收关"，可能是人们想当然地认为，关由关门引申出结束的意思，于是乎就有了"收关"之作。"收关"其实应写作"收官"。

1993年4月30日，为了展现中华民族围棋文化的魅力，原邮电部发行一套《围棋》特种邮票，全套两枚，依次为《古人对弈图》《中国流布局》。

关·观

关 详见本页"关·官"。

观 多音字。会意兼形声字。甲骨文 ▨ 和金文 ▨ 借"雚"（瞪着眼的猫头鹰）来表示。后来，金文 ▨ 另加义符见，变成了从见从雚（兼表声）的会意字。小篆 ▨。隶定后楷书写作觀。今简化为观。本义为有目的地认真仔细看。

读 guān 时，指本义。

读 guàn 时，指道教的庙宇。还用作姓。

【关照】guānzhào 动 ❶关心照顾：我走后，这里的工作请你多多~。❷照应：文章的结尾要与前面相~。❸口头通知：你~食堂一声，给开会的人留饭。

【观照】guānzhào 动 原为美学术语，现也指仔细观察，审视：~传统文化｜~现实，正视生活。

关照、观照，都是动词。关照的"照"是照看、照顾、照料、照应等，以具体行动见长；观照的"照"是仔细审查、观察得出一些结论，较为抽象和正式。在术语中，应多用"观照"；口语中则常用"关照"。

官·倌

官 详见201页"关·官"。

倌 guān 会意兼形声字。小篆 ![字] 从人从官（杂役人员，兼表声）。隶定后楷书写作倌。本义为古代主管车乘的小臣。引申指茶坊、饭馆等行业中服杂役的人，如磨倌儿（磨面的人）。也指农村中专管饲养某些家畜的人员，如猪倌儿。方言中表示对老年男性的称谓，如老倌儿。

"新郎guān"是方言的说法。在书面上，"新郎官"和"新郎倌"两种写法都有，但我们倾向于选择"新郎官"。

汉语里新郎的称呼还有新官、新官人、新郎公等。其中的"官"，意思就是官人。官人，就是做官的人、官吏，在汉语中它还有很多义项，既是对男子的敬称，也是妻子对丈夫的称呼。在官本位意识浓厚的社会，将新郎称为"新郎官"，多少带有一种美好祝愿的意味。这里引申一下，郎是由廊引申过来的。过去，达官贵族，特别是皇宫门前长廊里都是站着英俊潇洒的小伙，他们担负着警卫、传达等任务。因为立于廊，所以就称他们为郎了。而"倌"（多作"倌儿"）字是个俗字眼，您写对方为"新郎倌儿"，估计是出力不讨好。

冠·贯

冠 多音字。会意字。小篆 ![字] 从冖（覆盖）从元（人头）从寸（手），会用手将帽子戴在头上之意。隶定后楷书写作冠。本义为帽子。

读guān时，指帽子，如皇冠、怒发冲冠、勇夺桂冠等。还指外形像帽子或在顶上的东西，如鸡冠花、树冠。还用作姓。

读guàn时，作动词用时，义为把帽子戴在头上。古时，男子二十岁举行弱冠之礼，就是将头发盘起，戴上冠，表示成年。女子十五岁举行及笄之礼，将头发挽起来用簪子固定。在这两个礼之前，头发是蓬松、自然下垂。现在男女青年18岁时统一举行成年人礼。引申指超出众人、位居第一。再引申指冠军，如三连冠。卫冕就是上届与本届都是冠军，中间隔了一届都不算。

贯 guàn 会意兼形声字。小篆 ![字] 从毌（贯穿，兼表声）从贝（钱财），会用绳索穿起钱贝之意。隶定后楷书写作貫。今简化为贯。本义穿起钱贝的绳索。引申出贯穿、贯彻、一贯、贯通等义来，再由一贯引申出籍贯。

勇冠三军，义为勇气在整个比赛队伍中是超群的。

"贯"虽有多种含义，但没有第一、位居第一、超群的意思。"勇贯三军"当为勇冠三军。

✏️ 大满贯，源于英语 Grand Slam。最初指桥牌比赛中全赢十三墩牌。之后又用来指棒球的"四分本垒打"，是本垒打的最高得分。后泛指在某项运动，尤指网球、高尔夫球、业余英式橄榄球，一个赛季（通常是一年）中赢得所有锦标赛或重要比赛。现亦引申为在某一领域中取得全胜。

冠，虽然有第一的意思，但"大满冠"不如"大满贯"。

管·菅

管 guǎn 形声字。小篆 管 从竹（⺮）从官（表声）。隶定后楷书写作管。本义为竹管或竹管制成的物品。后泛指管状物。古代钥匙为管状，故引申指钥匙，如掌管。再引申出统辖，指管理。后来，官表声同时也暗表意。管窥、管见是常用的谦辞。

菅 jiān 形声字。小篆 菅 从艸（艹）从官（表声）。隶定后楷书写作菅。本义为野草，草菅人命就是把人命看得如同野草一样，任意残杀。

管、菅二字字形十分相似，但音、义迥然有别。

贯·惯

贯 详见 202 页"冠·贯"。

惯 guàn 会意兼形声字。小篆 遦 从辵（辶）从貫（一贯，兼表声）。隶定后楷书写作遦。俗作惯，改为从心从貫。今以惯为正体，并简化为惯。本义为行走。每个人走路都是自己的特性，故后转指习惯、惯常。

惯性是物理学名词，指物体保持自身原有的运动状态或静止状态的性质。惯性不能写成"贯性"。一贯性指的是思想、作风、政策等始终如一的特点。一贯性，不得写成"一惯性"。

惯·掼

惯 详见本页"贯·惯"。

掼 guàn 会意兼形声字。小篆 掼 从手从貫（惯性，兼表声）。隶定后楷书写作掼。今简化为掼。本义为习惯。近代吴地方言表示扔、掷，如"他把衣服掼在地上"；握住东西的一端而摔另一端，如掼稻（我小时候见过，壮劳力抓着一把水稻，在掼桶一角，用力将水稻砸向桶边，使稻谷从秸秆上脱落下来。掼桶是四方形，底部有两根两头翘起的木条，便于在水田里移动。如图。现在则用水稻收割机脱粒）。还指跌倒、使跌倒，如"小红在

冰面上掼倒了"。近年来，皖苏部分地区兴起掼蛋，即四人用两副扑克牌，两两组合进行比赛。出牌时，常常高高举起，狠狠地砸向桌面，用"掼"很是形象生动。

掼与惯，音同形似，但"习惯"不得写成"习掼"。

犷·旷

犷 guǎng　形声字。小篆 犷 从犬从廣(表声)。隶定后楷书写作獷。今简化为犷。本义指兽类的凶猛不驯。犷犷就是凶狠、狰狞的样子。

旷 kuàng　会意兼形声字。小篆 曠 从日从廣(开朗，兼表声)。隶定后楷书写作曠。今简化为旷。本义指开朗、光明、开阔，如空旷、开旷。也可用于精神层面，如心旷神怡。引申指时间久远，如旷世、旷古未有。再引申耽误、荒废，如旷课、旷工。

粗犷，义为粗野而蛮横，原是贬义词，后逐渐演变为褒义词，形容一种狂放不羁的个性。粗犷，要是写作"粗旷"，不仅不会受人青睐，恐怕还会遭人白眼儿。

犷，读 guǎng，不读 kuàng。

归·规·轨

归 guī　会意兼形声字。甲骨文 归 从帚从𠂤(表声)。金文 归 另加 辶 (彳为街道、止为脚步)，会执帚之人到来之意，也就是女子出嫁。古人认为，女人本是婆家人，女子出嫁就是回归。另外帚本就是女子的代名词。小篆 歸。隶定后楷书写作歸。今简化为归。本义为女子出嫁，古人称之为"于归"。

规 guī　会意字。小篆 規 从夫(成年人)从见。古人认为"女智莫如妇，男智莫如夫；夫也者，以智帅人都也"，故用成人之见会有法度之意。隶定后楷书写作規。今简化为规。本义为成人之见。引申出法度、法则、章程。如规模、规则、规矩、常规、法规、规格、循规蹈矩等。又引申指圆形，古人云：天道成规，地道成矩。这符合天圆地方(无规矩不成方圆)之说。

轨 guī　会意兼形声字。小篆 軌 从车从九(末尾，兼表声)。隶定后楷书写作軌。今简化为轨。本义为车轴两端的轴头。引申指两轮间的距离、车轮碾过留下的辙迹等。引申指约束人们行动的法度、规矩，如正轨、常轨、出轨等。

以下几组词值得读者归置。

【归整】动 归置：～家什。

【规整】❶ 形 合乎一定的规格；规矩整齐：形制～｜规规整整的四合院。❷ 动 整理使规矩整齐：把书柜里的书好好儿～～。

【规正】❶〈书〉动 规劝，使改正；匡正：互相～｜～风俗。❷ 形 规整：他们围坐成一个不很～的圆圈。

注：归整与规整有交叉，规正包含规整。

【归置】动 整理（散乱的东西）；收拾：把东西~~，马上就要动身了。

【规制】名 ❶ 规则；制度。❷（建筑物质）规模形制：天安门虽经多次修缮，但~未变。

注：归置是动词，规制是名词。

【规范】❶ 名 约定俗成或明文规定的标准：语音~｜道德~。❷ 形 合乎规范：这个词的用法不~。❸ 动 使合乎规范：用新的社会道德来~人们的行为。

【轨范】名 行为所遵循的标准。

注：规范与轨范在作名词时，义基本相通；规范在作形容词、动词时，轨范（只有名词项）与规范就不靠边了。

【正规】形 符合正式规定的或一般公认的标准的：~军｜~方法｜不太~。

【正轨】名 正常的发展道路：纳入~｜走上~。

注：正规用于形容词，正轨则用于名词（轨道的实，引申到道路的虚）。

鲑 · 鳜

鲑 多音字。形声字。《说文》无。楷书鲑从鱼从圭（表声）。本义为河豚。

读 guī 时，鱼的一种，身体大，略呈纺锤形，有些生活在海洋中，有些生活在淡水中。种类很多，常见有大马哈鱼。

读 xié 时，古书上指鱼类的菜肴。

鳜 guì 形声字。小篆鳜从魚从厥（表声）。隶定后楷书写作鳜。今简化为鳜。本义为鳜鱼。鳜鱼，体扁，带金黄色、黑点，性凶猛，吃鱼、虾等。生活在淡水中，是我国的特产。有的地方叫花鲫鱼。此鱼鳍锋利、有毒。我老家捉鳜鱼时一旦被鳜鱼刺中，疼痛无比，唯有狗油（最好是獾油）很快能解除疼痛。这叫一物降一物。

安徽菜品中有一道臭鳜鱼，享誉大江南北。闻起来臭，吃起来香，回味无穷。

有一种说法，就是桃花盛开之日，正是鳜鱼最肥之时，因而鳜鱼也叫桃花鳜。还有一种说法，每年桂花飘香正是鳜鱼肥美的时候，因而人们常把鳜鱼写作桂鱼，一来好写，二来好认，三来好联想。写桂鱼不能算作错。

另外，还有一种名叫鳡（guì）的鱼，体侧扁，银灰色，有黑色小点，吻尖，口大。性喜寒冷，生活在溪流中。

诡 · 鬼

诡 guǐ 形声字。小篆诡从言从危（表声）。隶定后楷书写作诡。今简化为诡。本义为责成、要求。后借作恑，表示欺诈。

鬼 guǐ 象形字。甲骨文鬼从田（面具）从大（巫师），象戴着恐怖面具的巫师形。

金文𢌳，小篆𢌳在其右下加上厶（私的本字），表示鬼的阴私特别重。隶定后楷书写作鬼。本义为大猩猩等猿类动物。后引申出鬼怪等。

【诡怪】形 奇异怪诞：行事～。
【鬼怪】名 鬼和妖怪：妖魔～。

诡从言，指言行方面；鬼，是虚拟的，与怪物纠缠一起。

人们常把诡计（狡诈的计谋）、诡计多端写作"鬼计""鬼计多端"，这是想当然地认为鬼狡猾、神出鬼没的，其实鬼是人们自己吓唬自己的产物，什么鬼都是生产不出计谋来的。

癸·揆·暌·瞡

癸 guǐ　象形兼会意字。甲骨文𢆉象两根木棍交叉形。为古代测量工具，类似现在的两脚规。金文𢆉。籀文𢆉讹为癶（bō，两足）从矢会意。小篆𢆉。隶定后楷书承接籀文写作癸（下面天为矢变形）。本义为平整丈量土地。在甲骨文中，癸被假借作天干第十位，且渐为假借义专用，度量之义则另加手旁造"揆"表示。

揆 kuí　会意兼形声字。小篆𢪏从手从癸（测量，兼表声）。隶定后楷书写作揆。本义为测量、考察。引申指估量，如揆度、揆情度理、揆时度势。

暌 kuí　《说文》无。会意兼形声字。楷书暌从日从癸（张开，兼表声）。本义为日落。后本义不用，常用作"瞡"的假借字。故引申指隔离。

瞡 kuí　会意兼形声字。金文𥄎从二目从癸（表声）。小篆𥄎省从一目从癸（张开，兼表声）。隶定后楷书写作瞡。本义为二目不能同视一物。引申指违背、乖离，瞡异即意见不合，瞡离即分离，瞡别即分别，瞡违即不在一起。

瞡，今常用词形是瞡瞡，形容张目注视的样子，最常见成语是众目瞡瞡。

暌，则固定作表示分离的"瞡"的假借字，如今暌离、暌别、暌违，均应作瞡离、瞡别、瞡违。

癸的读音，揆与癸的关系，同时小心暌与瞡的过往今世。

刽·侩

刽 guì　形声字。小篆𠠜从刀从會（表声）。隶定后楷书写作劊。今简化为刽。本义是断或砍断。刽子手，旧时指执行死刑的人，后也泛称以各种方式杀人的凶手。

侩 kuài　会意兼形声字。小篆𠊨从人从會（相合，兼表声）。隶定后楷书写作儈。今简化为侩。本义为说合买卖之间的价钱以成交。旧时指以拉拢买卖从中取利为职业的人，如市侩、牙侩。市侩本指买卖中间人，后指奸商，也指贪图私利、投机取巧的人。牙侩即旧时为买卖双方撮合从中取得佣金的人。

"刽"与"侩"字形有些相近，但语义、用法相差甚远。不少人把"刽"误读为"侩"字之音，把"刽子手"误写成"侩子手"，或与形似有关。

不要把"刽"读作kuài。

曹刿（guì），生卒年不详，春秋时期鲁国人。鲁庄公十年（前684），齐攻鲁，他随庄公战于长勺（今济南市莱芜区东北），待齐军一鼓作气，再而衰，三而竭，使庄公鸣鼓进攻；待齐师战败，视其辙乱，望其旗靡，使庄公下令追击，结果大胜。

刿与刽读音一致，字形相近，请务必注意。

衮·兖

衮 gǔn　会意兼形声字。金文 ⌘ 从衣从公（祭祀大典等公共场合穿的礼服，兼表声）。小篆 ⌘ 。隶定后楷书写作衮。本义为古代天子祭祀时所穿的绣有卷龙的礼服。引申指卷曲。再引申指大水奔流、翻转滚动等。也指古代王公穿的礼服。后以"衮衮诸公"指居高位而无所作为的官僚政客。

兖 yǎn　形声字。金文 ⌘ 从水从允（表声），是沿的变体。古文即作沿。小篆 ⌘ 承接金文并整齐化。隶定后楷书写作沇。异体作渷，后省作兖，俗作兖，兖字的上中部是 ⌘（泉水顺山沟流出形）的变体。今规范用兖。兖州，地名，为古代九州之一，今属山东省济宁市。

衮与兖，其字形较为相似。前者从字面上看主要是着装严谨，后者从字面上看不仅要求着装整齐，更重要的是步履稳健（兖下面就是两脚行动的样子）。所以兖州大力倡导"端信"文化，大概就来自于此。"端，直也"。"信，诚也"。

衮雪，传为曹操所书。现存于陕西汉中博物馆，下署有"魏王"。原镌于褒斜道南端的石门处的崖壁上。褒斜道为古道名，因取道褒水、斜水两河谷而得名，南起褒谷口（今陕西汉中市），北至斜谷口（今陕西宝鸡眉县西南三十里）。"衮雪"之"衮"何意？此处"衮"即"滚"，"衮雪"即"滚雪"。传说，曹操书"衮雪"时，侍从提醒："衮字缺了三点水。"曹操抚髯大笑："一河流水，岂缺水乎！""衮雪"即说此处水沫如雪团上下翻滚。

郭·聒

郭 guō　会意兼形声字。小篆 ⌘ 从邑（阝右）从䧄（城，兼表声）。隶定后楷书写作郭。本义为外城（内城称城）。郭，经过延伸，指物体的外缘，也叫轮廓。古时厚葬死者，大都采用两层棺木，内层为棺，外层为椁。椁也是由郭转化而来的。

郭现在主要用作姓。

聒 guō　形声字。小篆 𦕾 从耳从昏（表声）。隶定后楷书写作聒。俗简作聒。今以聒为正体。本义是喧扰、嘈杂。汉语中有"聒耳"一词，指声音嘈杂刺耳，古今多有用例。

我们知道，头部两侧耳朵的外露部分称耳郭，有汇集声波的作用。也叫耳廓。古汉语中，"郭"从不与"聒"通用。"耳聒"就不知所指了。

耳掴（guāi）子，方言，指耳刮子，如"张三甩了小李三个耳掴子"。耳掴子不要念错了，也不能写作"耳郭子""耳聒子"。

果·裹

果 guǒ　象形字。甲骨文 𣎴 象树上结的果实形。金文 𮑉。小篆 㮈。隶定后楷书写作果。本义指树木所结的果实。大凡果实，皆饱满、充足，所以庄子便用"果"来形容人酒足饭饱、大腹隆起的样子，使"果"多了一个引申义。"腹犹果然"，腹部像树木的果实一样饱足、圆滚滚的（大快朵颐，即腮帮子吃得像花朵般耷拉下来）。而"食不果腹"自然就是吃不饱，它常和"衣不蔽体"连用，描写一种饥寒交迫的贫苦生活。

裹 guǒ　会意兼形声字。小篆 㦮 从衣从果（果实，兼表声）。隶定后楷书写作裹。本义为缠绕、包扎，如包裹之"裹"。也用于夹杂的意思，如裹胁、裹挟之"裹"。衣不"裹腹"倒是可以说的，"食不裹腹"则不知所云矣。

果·馃

果　详见本页"果·裹"。

馃 guǒ　形声字。《说文》无。楷书馃从食从果（表声）。初时只作"果"，后造"餜"。今简化为"馃"。本义为饼子，如煎饼馃子。

【果子】guǒ·zi ❶ 名 指可以吃的果实。❷ 同"馃子"。

【馃子】guǒ·zi 名 ❶ 一种油炸的面食。❷〈方〉旧式点心的统称。‖也作果子。

煎饼馃子可以写作"煎饼果子"，但不能写作"煎饼裹子"（虽然该美食要用煎饼裹住油条）。还要特别注意"馃"与"锞"的区别。

H

预·憨

预 hān　形声字。《说文》无。楷书预从頁（头）从干（表声）。今简化为预。本义为没有头发。方言用字，义指横剖面大（跟"细"相对）。还用作姓。

憨 hān　会意兼形声字。《说文》无。楷书憨从心从敢（蛮干，兼表声）。本义为痴呆、傻。引申指朴实、天真，如憨厚、憨直。还用作姓。

【预实】〈方〉形（物体）粗而结实：把挺~的一根棍子弄折（shé）了。

【憨实】形 憨厚老实。

预实，形容物体，用于方言；憨实，形容人。

预·颥

预　详见本页"预·憨"。

颥 rú　后起形声字。楷书颥从頁（头）从需（表声）。今简化为颥。本义为头部两侧靠近耳朵上方的部位。

颟预（mānhān），即糊涂而又马虎。如"那人太颟预，什么事都做不好"。

颞颥（nièrú），义同颥。

汉语中没有"颠颥"这个词，也说不通。

含·衔

含 hán　会意兼形声字。金文 𠆤 和小篆 𠁥 皆从口从今（饮，兼表声），会将东西放在口中之意。隶定后楷书写作含。本义把东西放在口中，不咽也不吐。

衔 xián　会意字。小篆 𨦫 从金从行（指靠提勒马嚼子来控制马的行走速度、方向等），指金属打制的马嚼子。隶定后楷书写作衔。今简化为衔。本义为横在马口中用来控制马行动方向的嚼子。因为马嚼子是含在马嘴里的，因而"衔"引申出含在口中的意思，如春燕衔泥。又由马嚼子的"含"引申出衔接，再引申出等级，最终引申出"军衔"。

含与衔，本义都是指放在嘴里，所以两字意义上有交叉。用到本义，两字都可，用"含"口语重点，用"衔"高雅一点。但下列词组要稍加区别。

【含恨】动 怀着怨恨或仇恨：~终生｜~离开了人世。

【衔恨】动 心中怀着怨恨或悔恨：~而死。

函·涵

函 hán 象形字。甲骨文 ◯ 象袋中有箭形,表示盛矢器。金文 ◯。小篆 ◯。隶定后楷书写作函。本义为箭匣。引申指匣子,如书函、剑函。古代寄信用木函,后来改为纸质信封,故引申指信件,如来函、公函、函授(以通信辅导为主进行教学)。

涵 hán 会意兼形声字。甲骨文 ◯ 从水从函(洞,兼表声)。金文 ◯。小篆 ◯。隶定后楷书写作涵。俗作涵。今规范用涵。本义指涵洞。是函的加旁分化字。后引申指包含、包容,如涵养。

涵是函的加旁分化字,因此古时两字义相通,现在分得很清楚。如果把涵养写成"函养",那只能说明您的文字"水"平还有待培养。☺

含·涵

含 详见209页"含·衔"。

涵 详见本页"函·涵"。

"含"与"涵"有以下异形词值得辨析。

【含蓄】(涵蓄)❶ 动 包含:简短的话语,却~着深刻的意义。❷ 形 (言语、诗文)意思含而不露,耐人寻味。❸ 形 (思想、感情)不轻易流露:性格~。

【含义】 名 (词句等)所包含的意义:~深奥。也作涵义。

汉·瀚

汉 hàn 形声字。金文 ◯ 上从难(表声)下从河流。有的金文 ◯ 左从河流右从 ◯(披枷套索受刑),会汉江经过艰难险阻汇入长江意。小篆 ◯。隶定后楷书写作漢。今简化为汉。本义指长江支流汉江。由汉江借指银河,如九霄云汉。又用作汉朝,再引申出汉族(刘邦当年为汉中王,建立王朝时称作汉朝,不说您也明白)。古代北方少数民族称汉族男子为汉子,如男子汉、老汉、不到长城非好汉。

瀚 hàn 会意兼形声字。《说文》无。楷书瀚从水从翰(羽毛,兼表声)。本义为北方大湖名,俗称瀚海,也有专家说是贝加尔湖。据说群鸟解羽伏乳于此,故名瀚海。瀚海古也指蒙古高原北边的大山(爱杭山)、大沙漠,或泛指北方及西北少数民族地区。现在瀚海主要指沙漠,如瀚海无垠。浩瀚,指水势盛大,如浩瀚的大海。也形容广大或繁多,如浩瀚的沙漠、典籍浩瀚。

"河汉"本来是黄河与汉水的并称。后引申指银河。古今汉语中从无"河瀚"的说法。

捍·撼·憾

捍 详见 178 页"扞·讦"。

撼 hàn 会意兼形声字。《说文》无。楷书撼从手从感（动，兼表声）。本义写作搣从手从咸（全、都，兼表声），因凡摇动皆全体受到波及。本义为摇动。现流行的"撼"字是后起的俗字。唐诗中有"蚍蜉撼大树，可笑不自量"，《宋史》中有"撼山易，撼岳家军难"的名句。

憾 hàn 会意兼形声字。《说文》无。楷书憾从心从感（心动，兼表声）。本义为怨恨（心中有所缺失，即遗憾的意思）。引申指感到不满足、不满意，内心感到郁闷。遗憾、抱憾，都是一种心理状态。

"震撼"是震动和摇撼的意思。这是由两个具有强烈动感的语素构成的词。"撼"前面讲了，这里再讲一下"震"。"震"的本义是雷，电闪雷鸣、雷霆万钧，由雷引申出来的"震"，该是何等惊心动魄。了解了这两个字的字义，我们能更准确地体会"震撼"的感觉。

"震撼"往往错写成"震憾"。原因是多方面的，主要还不是因为字形，而是用字者的想当然。有人误以为"震撼"是心灵受到冲击，是精神发生颤抖，所以一想到这个词语，脑海里便不假思索地冒出竖心旁的"憾"字。

"撼"是外动于物，"憾"是内感于心，两字词义有明显的区别。

"撼"与"憾"有时候扯不清楚，"捍"与"撼"有时也打得不可开交。捍与撼，都是从手，音相同，所以偶尔也能发生摩擦。

颔·颌

颔 hàn 会意兼形声字。小篆颔从頁（头）从含（口含，兼表声）。隶定后楷书写作頷。今简化为颔。本义为面黄。但在文献中，颔很少指面黄，多指下巴。下巴内收下顿，其实便是点头的动作，"颔"字因此引申指点头，如颔首。

颌 多音字。会意兼形声字。小篆颌从頁（头）从合（开合，兼表声）。隶定后楷书写作頜。今简化为颌。本义为下巴。也有认为颔、颌、颐三字同义，都指下巴，南楚称颔，秦晋称颌，颐则是通用语。

读 hé 时，现代汉语中颌指构成口腔的骨头和肌肉组织，如上颌、下颌。

读 Gé 时，用作姓。

🔔 颔首，不能写作"颌首"。

翰·瀚

翰 hàn　会意兼形声字。古文 ⿳ 从飛从倝（上起，兼表声）。小篆 ⿳。隶定后楷书写作翰。本义为尾羽扬起的天鸡，即锦鸡。古人曾用羽毛做笔，故又指笔，如挥翰、翰墨（笔和墨，借指文章书画等），引申指文章，再引申指文人相聚的地方，如翰林（文翰荟萃的地方。唐宋时为官名，即翰林学士，是皇帝的顾问和秘书官，负责承旨撰拟文告等。清代为翰林院属官的通称）。还用作姓。

瀚　详见 210 页"汉·瀚"。

古时，翰与瀚相通，瀚海也写作翰海。现在翰与瀚分得清清楚楚。翰墨不能联想到墨汁有水，就写作"瀚墨"；也不能想当然地认为翰林知识如海洋，将翰林写作"瀚林"，真那么写只能说明您的文字水平有"水货"之嫌了。

亢·吭

亢　多音字。指事字。甲骨文 ⿳ 从大（人）从一（两腿之间横加着桎，指古代两腿之间的刑具）。金文 ⿳。小篆 ⿳。隶定后楷书写作亢。本义为桎。当是桎的初文。两腿之间有桎，以使其两腿挺直，不便行走。从而引申出身高挺拔，再引申指有志气者，自然是不卑不亢。

读 háng 时，书面用语，同"吭"（háng，义为喉咙）。

读 kàng 时，义为高，如高亢；高傲，如不卑不亢；过度；极；很，如亢奋、亢旱（长久不下雨，大旱）；二十八宿之一；还用作姓。

吭　多音字。会意兼形声字。《说文》无。楷书吭从口从亢（挺直，兼表声）。是亢的加旁分化字。本义为鸟喉咙。泛指喉咙。

读 háng 时，义为喉咙，如引吭高歌。

读 kēng 时，义为出声、说话，如一声不吭。还作为拟声词，如吭哧。

虽然，亢读 háng 时同吭（háng），但实际上还是有严格的区别。如引吭高歌，不要写作"引亢高歌"，否则别人批评您，您可千万不要吭声。小窍门，高歌需要口与喉咙，那就大胆用"吭"吧。

薅·蒿

薅 hāo　形声字。小篆 ⿳ 从蓐从好省（好省去子，表声）。隶定后楷书写作薅。本义为用手拔、去除。引申出揪，如薅头发，"一把把他从椅子上薅起来"。这个字离不开手，但造字的先人恰恰没用手做部首（不过，辱字下方寸是手的代言人），还用了柔弱的"女"加柔软的"草"字头，的确让人联想不到。

蓐 rù　会意兼形声字。甲骨文 🀆、小篆 🀆 均从艸（艹）从辱（辰指农活，寸为手，辱义为手捉农田害虫，兼表声）。隶定后楷书写作蓐。本义为锄过的草又长出来。引申为草席或草垫子，多指产妇的床铺。产妇坐月子叫"坐蓐"。

蓐与薅形似，薅字带女，蓐与女性有关，但两字音义大不相同。如果把薅草写成"蓐草"、将坐蓐写成"坐薅"，当心别人"薅"您的须发。

号·嗥·嚎

号　多音字。会意字。小篆 🀆 从口从丂（拐棍），会被打得大声哭叫之意。隶定后楷书写作号。本义为大声哭泣。如今还用作號的简化字。在古籍中，动物高声呼叫为號，呼天抢地为哭，声泪俱下为涕，无声落泪为泣。也有专家说，号会口吹出声乐之意。

读 háo 时，义为拖长声音大声叫唤，如呼号、号叫、北风怒号；也指大声哭，如号哭、哀号。

读 hào 时，义为名称、信号、记号、号令等。

嗥 háo　会意兼形声字。小篆 🀆 从口从皋（高，兼表声）。隶定后楷书写作嗥。本义为野兽和禽鸟号叫。

嚎 háo　后起形声字。楷书嚎从口从豪（表声）。本义为大声吼叫。

号、嗥、嚎，都有大声叫唤的意思，号和嚎还可形容大声哭，嗥专门用于豺狼等大型动物，号、嚎既可以用于动物也可以用于人类。号叫、嚎叫既指人也指动物，但嗥叫只能指动物。

号哭，也作嚎哭。

号啕，也作号咷、嚎啕、嚎咷。

昊·吴

昊 hào　会意兼形声字。金文 🀆 从日从夰（人踩高跷，兼表声）。小篆 🀆。隶定后楷书写作昊。本义为元气浩大。现在主要指广大无边，也指天。常用于人名，表志向高远。旧时也借用颢来表示昊。

吴 Wú　会意字。甲骨文 🀆 从口从扭动身体，会边舞边唱意。金文 🀆。小篆 🀆。隶定后楷书写作吳。今新字形为吴。本义为歌舞娱乐。是娱的初文。后借作周代诸侯国名。又用作朝代名（三国之一），指江苏南部和浙江北部一带。现在主要用于姓。旧字形吴（动感十足）。

昊与吴，字形相近，就一横之差，书写、校对时要认真，特别是字号较小时，更容易出错。

浩·皓

浩 hào　形声字。小篆 ▨ 从水从告（表声）。隶定后楷书写作浩。本义为水势盛大。也指多，如浩博、浩如烟海。

皓 hào　形声字。小篆 ▨ 从日从告（表声）。隶定后楷书写作皓。俗作皓。今以皓为正体。本义为日出明亮的样子。皓首，由白头引申指老年人。皓首穷经，指钻研经典到老。皓月，指明亮的月亮，如皓月当空。

浩与皓，音同，字形相近，可根据形旁一个从水一个从日（后改为白）来分辨。

颢·灏

颢 hào　会意字。小篆 ▨ 从頁（人头）从景（日光），会人白头之意。隶定后楷书写作顥。今简化为颢。本义为人白头的样子。引申指白色。因颢以景取义，故由日景普照，引申出盛大等义。

灏 hào　会意兼形声字。小篆 ▨ 从水从颢（白色，兼表声）。隶定后楷书写作灝。今简化为灏。本义为豆浆。借作"浩"，指水势浩大。还同皓，指洁白、明亮。

颢与皓义相近，灏与浩本为互借，要认真区分。

和·合

和　多音字。会意兼形声字。甲骨文 ▨ 从龠从禾（好似禾苗一般整齐，兼表声）。金文 ▨。小篆 ▨ 简化，省作从口从禾（表声）。隶定后楷书分别写作龢与咊。俗又改作和。今规范用"和"。在《说文》中，"和"字作"咊"。龢常用于人名，如清末维新派的代表人物、光绪皇帝的老师翁同龢。龢原为"和"的异体字，2013年《通用规范汉字表》将龢列为规范字，只用于姓氏人名。"和"字的"口"是声乐的标志，"龢"字的"龠"则是器乐的标志。龠，音yuè，《说文》："乐之竹管，三孔，以和众声也。"

读 hé 时，同音乐有关，指声音和谐、协调，如和声。引申指平顺，温顺，如和颜悦色、和蔼可亲、随和、谦和、平和、和缓、和气、和善、和顺。再引申指亲睦，融洽，如政通人和、和衷共济、亲和力、和洽、和亲、祥和、和平、和睦、风和日丽、心平气和、五味调和以及"天时不如地利、地利不如人和"。《论语·子路》有曰"君子和而不同、小人同而不和"。继而引申指结束战争或平息争端，如握手言和、和解等。

读 hè 时，指跟着唱或伴奏，如曲高和寡、一唱百和、就和、附和、鸾凤和鸣。在古代文化活动中，以诗歌酬答的一种形式，如唱和、酬和、奉和。曲高和寡，这里的"和"就是跟着唱。古代文化活动中,还有另一种"和":依照别人诗歌的题材和体裁作诗应答。这种文化活动至今余韵犹存,毛泽东主席多有和诗传世。"唱和""酬和""奉和"等词皆由此而来。

读 hú 时,指打麻将或斗纸牌时取得胜利。此音此义常被错写成"胡"。

读 huó 时,指在粉状物中加液体搅拌或揉弄使有黏性,如和面、和泥。

读 huò 时,把粉状或粒状物掺和在一起,或加水搅拌成较稀的东西,如和药。还用于量词,如用于洗东西换水的次数或一剂药煎的次数、如"衣裳洗了两和"、三和药。常见词有和稀泥、和弄（方言,搅拌,挑拨）。

合　多音字。会意字。甲骨文 🔺 上从朝下的盖子,下有朝上开口的盛物器皿。金文 🔺。小篆 🔺。隶定后楷书写作合。异体作閤。今规范用合。本义为合拢,与"开"相对。凡是能合拢的,皆可称为"合",如符合、吻合、契合等。"合"由合拢又引申出汇合义,常用词有聚合、联合、组合、集合等。男女"合"为一家,经常用的祝福语是"百年好合","合"是配合、结合的意思,是老天爷把他们配合成了一对;但如果这种结合违背了社会道德,则有可能被斥为"苟合""野合"。

读 hé 时,指闭、合拢,还指我国民族音乐音阶上的一级（相当于简谱的"5"）。

读 gě 时,义为:❶ 量 容量单位,10勺等于1合,10合等于1升。❷ 名 量粮食的器具,容量是1合,方形或圆筒形,多用木头或竹筒制成。

和、合最大的区别在于:和强调的是彼此间的关系,继而强调关系的协调性;合强调的是彼此间的联系,着眼于结构的一体性。

和,是貌合神没合,如和衣而眠（乍看衣服和人体在一起,其实人和衣服仍是各自独立）、和盘托出（是指连盘子和盘子盛的物品一起端出来,盘子与物品各自为政）,和面、和泥（是水与面或泥融合的过程,要是看结果的话,那应该用合,这里务必小心）；掺和、搅和也是指过程而不是指结果。

合,强调两者或两者以上个体融为一个整体,如合眼（上下眼帘相闭）。不谋而合是事先没有商量而彼此的意思或做法相同。

掌握以上规律,可以写准以下易错的词语。

附和（fùhè）,指言语、行动追随别人,站在一旁帮腔,是一种跟着"唱",多含贬义,这种"和"不是发自内心的,属于貌合神离,所以不能写作"附合"。

天作之合,指上天成全的婚姻,多用于新婚颂词,这里的合是希望新郎新娘无论是言语还是行为都能融合为一体。合卺,旧时成婚时的一种仪式。将匏瓜锯成两个瓢,新郎新娘各执一个饮酒。

凑（本作湊,从水,指水流汇聚处）合本指聚集,由聚集引申指拼凑,又由拼凑引申指将就。"凑合着用吧",就是"将就着用吧"。虽然是"合",但"合"得并不彻底,并不严密,有拼凑之嫌。"一言不合"则往往是因为一句话谈不拢,"合"不上,造成了不良的后果。以下几组词值得关注,不得凑合哟。

六和与六合

六和,它是六种调味品的统称。《礼记·礼运》:"五味、六和、十二食,还相为质也。"郑玄注:"和之者,春多酸、夏多苦、秋多辛、冬多咸,皆有滑、甘,是谓六和。"孔颖达疏:"以四时有四味,皆有滑有甘,益之为六也,是为六和也。"人们还用"六和"比喻多种美味。

六合,指天地和东西南北四方,也就是天下。现在春节时贴对联,横批还有写"六合同春"的。南京有六合区。六合与安徽六安,原读lù,现在统读liù,遭到许多人反对,尤其六合、六安民众。

秦王嬴政用强大的武力灭六国平天下应写作"扫六合"。

百和与百合

百和香是选择多种香料加以配制的香,因此称为"百和香"。

百合是百合科百合属多年生草本球根植物。

百和与百合,既有联系,更有区别。

媾和与媾合

媾,本指结为婚姻,后引申指交合、和好等义。

媾和多指交战双方之间缔结和约,结束战争状态。

媾合,指男女交合,含贬义。

苟,有随便、暂且等义。

苟合,旧时有无原则地附和的意思,现在多指男女之间不正当的结合。媾合,应以"苟合"为推荐词条。

和合二仙

和合二仙是寒山、拾得二位高僧的菩萨化身,又是无锡民间吉祥大阿福的映射,传说他们的宝盒之中装满了金银财宝,和气生财,为千百年来的至理名言,又因为二人形影不离、和睦美满,人们结婚和每年的正月初五迎财神时都会挂上他俩的画像,难怪和合二仙有"欢天喜地"的别称。

和合二仙,一个持盛开的荷花,一个捧有盖的圆盒(或一如意、一宝珠),取和(荷)合(盒)谐和好之意。

提请大家注意,和合二仙不要写作"合和二仙"哟。

紫河车,中药名,也称人胞、混沌衣等,是经过加工干燥后的人的胎盘。中医认为它可以补元气,治身体虚弱、虚劳、喘咳等症。

河车,是道家术语。婴儿降世,其胎衣如同其所乘之车,故借道家术语"河车"而名之。因其色紫,故称紫河车。

紫河车不能写作"紫和车""紫合车"。

我国天宫空间站中的天和核心舱,不能想当然错写成"天河核心舱"。

合·阖

合 详见 214 页"和·合"。

阖 hé 会意兼形声字。小篆 阖 从門从盍(合,兼表声)。隶定后楷书写作闔。今简化为阖。本义为门扇。因门扇有闭合作用,故引申可指闭合这一动作,如"小王的眼皮阖了几阖";房屋的门关闭之后,房屋就成了一个与外界完全隔离的空间,故又引申可指全部、整个,如"阖屋子的人,都笑了起来"。再引申总共、全。阖府,敬辞,称对方全家。

合家、阖家都可以用,但给人感觉"合家"显得通俗、口语化,"阖家"显得典雅、高贵。另外,阖常用作敬辞,用以称呼对方;合一般用于自述,但也可指称对方。

合·盒

合 详见 214 页"和·合"。

盒 hé 后起字。会意兼形声字。楷书 盒 从皿从合(盖合,兼表声)。本义为盘子的盖。引申指盛东西的器物,还指盒饭、盒带等。

藕合,是一种油炸食品。将藕去皮切片(煮七八成熟),每两片不完全切开而成一藕夹,中间填充葱姜肉馅,两片藕合在一起而称藕合。而后挂一些面粉糊,过油之后即成。

有的同志误以为,藕合近似于圆形盒子,于是想当然写成"藕盒""炸藕盒"。《现汉》未给食品"藕合"留下位置,但给非食品"藕合"排上了座位,在"藕合"注释中写作:同"藕荷"。藕荷指浅紫而微红的颜色。

藕合与耦合的区别。耦合,物理学上指两个或两个以上的体系或两种运动形式间通过相互作用而彼此影响以至联合起来的现象。

和·及·暨

和 详见 214 页"和·合"。

及 jí 会意字。甲骨文 从人从又(手),会人手从后面抓住他人之意。金文 ,小篆 。隶定后楷书写作及。本义为赶上抓住。引申指到、达到。小小的及,引申义极为广泛。及与以及,二者都是连词。不同在于,以及除可以连接词语外，还可连接短句，而且前边可以停顿，"及"则不能。

暨 jì 形声字。小篆 暨 从旦从既（表声）。隶定后楷书写作暨。是旦的加旁分化字。本义为日初露微现。借作曁，表示至或到。用作连词时，指和、及、与。还用作姓。

暨与及，作为连词，两者语法功能相同，但主体色彩不同：暨来自上古汉语，是书面语，用于应用文中的贺函、请柬、会标等，带有典雅庄重意味；"及"不具有特定的色彩，一般不能换成暨。

和，作连词时表示并列关系的跟、与，如"工人和农民都是国家的主人"；还表示选择关系，常用在"不论、不管"后，如"不论参加和不参加会议，都要提前告知"。

和、及、暨，三者都可作连词，而且意义相近甚至相同，但"和"更多用于口语，"及"适用于口语与书面语之间，"暨"侧重于书面语。

赫·溘

赫 hè 会意字。小篆 赫 从二赤，会火红之意。隶定后楷书写作赫。本义为火红的样子。引申指显著、盛大，如显赫。还用作姓。

溘 kè 形声字。小篆 溘 从水从盍（表声）。隶定后楷书写作溘。本义为忽然、遽促。

【赫然】形 ❶形容令人惊讶或引人注目：巨幅标语~在目。❷形容大怒：~而怒。

【溘然】〈书〉副 忽然；突然：~长逝。

溘然长逝，不得写作"赫然长逝"。

褐·黑

褐 hè 形声字。小篆 褐 从衣从曷（表声）。隶定后楷书写作褐。本义为粗麻编的袜子。引申指粗布或粗布衣服，再引申指贫贱的人，如褐夫。又引申指像栗子皮的颜色，如褐色、褐铁矿。

黑 hēi 象形字。甲骨文 黑 下从人上从脸，表示脸上有烟灰之类的污点。金文 黑 在甲骨文基础上再加两点指事符号，强调黑点特征。小篆 黑。隶定后楷书写作黑。本义为把脸涂抹成黑色。引申指光线昏暗，如黑夜。常与白对比，用以比喻非或错误，如颠倒黑白；用作黑马，指比赛中出人意料的优胜者或强有力的竞争者。黑是部首，部首内汉字大都与黑色、昏暗不明等义有关。

褐与黑，音相近，义相连，要注意区分。

褐煤，煤的一种，一般为褐色，有的灰黑色，含水分较多。除做燃料外，也用作化工原料。黑煤，通常指黑色的煤。

褐土，即褐色的土壤，是较肥沃的土壤之一。在我国主要分布在陕西、山西、河南及燕山、吕梁山、太行山等地区。黑土，黑色的土壤，腐殖质含量高，养分丰富，是肥沃的土壤之一。在我国主要分布在东北地区，常称作黑土地。

黑与褐两个字能组成黑褐，如黑褐色。黑茶（以较粗而老的毛茶为原料，经过较长时间的堆积、发酵）叶色呈黑褐色。

很・狠

很 hěn　会意兼形声字。小篆 很 从彳（道路）从艮（扭头瞪视，兼表声）。隶定后楷书写作很。本义为不听从、叛逆。是艮的加旁分化字。

狠 hěn　会意兼形声字。小篆 狠 从犬从艮（扭头瞪视，兼表声）。隶定后楷书写作狠。是艮的加旁分化字，后是"很"部分义项上的分化字。

由于很、狠都是艮的加旁分化字，而且"很"原来有凶狠的义项，此项后来交给了"狠"。所以在历史文献中，我们要很好地把握，如"太子痤美而很，合左师畏而恶之"。这里"痤"是人名，此句中"很"义为狠。

"很"常用在作为补语标志的"得"后面，如热得很、好得很。一般不写作"热得狠""好得狠"。"狠"表示程度副词时，与"很"相通，如"小张对《满江红》电影欢喜狠了"。此处也可写作"小张对《满江红》电影欢喜很了"。

"很"常用于正面、褒义，"狠"多用于负面、贬义。

亨・烹・享

亨 hēng　象形字。甲骨文 象高大台基上建有殿堂形，象征祭祖的宗庙。金文 。小篆 、 。隶定后楷书分别写作高、享、亨。今亯只作偏旁，享与亨表义分工明确。亨与享、烹同源。本义为炼制食物祭献神祖，引申泛指奉献，再引申指享用、享受。

烹 pēng　会意字。《说文》无。楷书烹从火从亨（烧制）。古也用亨表示。本义为煮。烹下方四点是火的演变。烹是把生食加工成熟食的总称。烹字产生很晚，较早的《说文》《玉篇》均未收录。宋代的《广韵》："亨，煮也。俗作烹。"

享 xiǎng　同亨。

古书中最早只有"亨"字，它有三个意思：一是通、顺，二是贡献，三是烧煮。《康熙字典》中说："古惟亨字兼三义。后加一画作享，献之。亨加四点作烹，饪之。"到了现代汉语中，"亨""享"才不再混用。"亨"仍保留顺通之义，"亨通""咸亨"都是常见的词。"享"的字义似乎和古代亨换了个角度，由奉献转成了以"享有"和"受用"为主。"烹"现为常用字，烹饪、烹调使用频率很高。

烘·洪

烘 hōng　会意兼形声字。小篆 𤆎 从火从共（与火相共，兼表声）。隶定后楷书写作烘。本义为焚烧草木。后引申出用火等使身体暖和或者使东西变熟、变热或干燥，如烘烤。还指衬托，如烘托。

洪 hóng　会意兼形声字。小篆 洪 从水从共（大小共聚，兼表声）。隶定后楷书写作洪。本义为大水，如洪水、山洪。引申指大，如洪亮、洪钟。还用于姓。

烘炉是一种大火炉或炉灶，砖石砌成，用来烘焙、加热或干燥。

洪炉即大炉子，多比喻陶冶和锻炼人的环境，如革命的洪炉。

烘炉通常是用砖石砌成，增温能力有限，不能用来打铁。

洪炉有风箱，炉壁大都用耐火砖砌成，加温、耐温能力强，可用于打铁。

"烘炉"与"洪炉"虽然都是炉子，彼此不能替代，还要注意两者读音不同。

弘·红·宏·洪·鸿

弘 hóng　指事兼会意兼形声字。甲骨文 弓 在 弓 上加指事符号 丿（开弓时弓弦振动发出的声音）。金文 弘，小篆 弘 将 丿 写成 厶（即左，为古肱字，指大臂，兼表声）。隶定后楷书写作弘。本义将弓拉到最大限度。引申出"大，广大，宽广"等义来（如弘图、弘愿、恢弘）。还用作姓。

红　详见 221 页"红·蕻"。

宏 hóng　形声字。小篆 宏 从宀（房屋）从厷（表声）。隶定后楷书写作宏。本义为房屋深广，说话有回声。引申指大，如宏伟、宏图、宏愿、宽宏等。还用作姓。

洪　详见本页"烘·洪"。

鸿 hóng　形声字。小篆 鴻 从鳥从江（表声）。隶定后楷书写作鴻。今简化为鸿。本义为大雁，如"人固有一死，或重于泰山，或轻于鸿毛"。引申泛指大，如鸿篇巨制。古代有鸿雁传书一说，故又指代书信。又通洪。鸿指大雁，鸿鹄泛指天鹅，鸿雁又指雁。

以上这组字都有大的含义，所以形成你中有我、我中有你的多组异形词。

弘在表大意思所组的词，现多作宏。

【宏论】（弘论）、【宏图】（弘图、鸿图）、【宏愿】（弘愿）、【宏旨】（弘旨）。

泓·洪

泓 hóng　形声字。小篆 泓 从水从弘（表声）。隶定后楷书写作泓。本义为水深且广的样子。也指深潭、湖塘。用作量词，相当于一片或一道，如一泓秋水、一泓清泉。

洪　详见 220 页"烘·洪"。

泓与洪，都从水，读音相同，意思相近，但区别还是蛮大的。泓，平静，诗情画意；洪，广大无边，洪水、洪涝、洪峰等令人不寒而栗。

红·葓

红　多音字。形声字。小篆 紅 从糸从工（表声）。隶定后楷书写作紅。今简化为红。本义为赤中带白的帛，即粉红色的帛。国人酷爱红，所以红字的引申义广泛得很。

读 hóng 时，指像鲜血的颜色，象征顺利、成功或受人欢迎等，还象征革命或政治觉悟高等。还用作姓。

读 gōng 时，指女红。旧时指女子所做的纺织、缝纫、刺绣等工作和这些工作的成品。也作女工。

葓　多音字。形声字。《说文》无。楷书葓从茣从共（表声）。本义为菜薹，即某些蔬菜中心抽出的长茎。

读 hóng 时，指雪里蕻。一年生草本植物，是芥菜的变种。茎和叶子可以吃，通常腌成咸菜。有专家说，在中国北方地区，到了秋冬季节叶子会变为紫红色故名"雪里红"。雪里蕻也作雪里红，除了上面原因，还有就是"红"好认好写吧。

读 hòng 时，义为茂盛（用于书面语言）。方言，指某些蔬菜的长茎，如菜蕻。

侯·候

侯　多音字。象形兼会意字。甲骨文 ，上方象张挂的射布（即靶子）形，右下是矢（即箭），义为射箭用的布靶，引申为射箭。金文 。小篆 又在上方加人，表示人射也。隶定后楷书写作 矦。后俗写作侯。本义为箭靶。上古以善射者为长，自然能给部落射杀野生动物的人就成为首领，故"侯"后引申指尊者，是公、侯、伯、子、男五等爵位中的第二等。后有了侯爵。慢慢地，侯成了君主、君王，如诸侯。又泛指达官贵人，如王侯将相等。

读 hóu 时，为本义，即封建五等爵位的第二等。还用作姓。

读 hòu 时，用作地名，如福建省闽侯。

候 hòu　会意兼形声字。小篆 候 从人从矦（射靶，观望，兼表声）。隶定后楷书写作候。本义表人观望之意。大家知道，狩猎时需要静静观察守候，所以古时候，"侯"也表达了"候"。由于"侯"用于姓和官位，于是古人另造"候"分担"侯"的重任。可以说，候是侯加笔画后分化出来的。由观察到的结果，引申出征候、问候、伺候。古时候，把五天视为一个观察变化的基础，叫候。一年分为七十二候。于是气与候相伴而生出气候。

虞候原指古官名,为掌水泽出产之官,隋代为东宫警卫官,掌管侦察、巡逻等事务。唐代后期,藩镇以亲信武官为都虞候,为军中执法长官。五代时,都虞候为侍卫亲军的高级将官。宋代沿置,元代废止。虞候也泛指在大官府听候差遣或传达命令的人。《水浒传》书中有"陆谦陆虞候",不得错写成"陆虞侯"。陆谦是陆虞候的名。

侯现在主要用于姓,而候也有姓的功能。复姓夏侯,不得写作"夏候"。

"候车室""时候"中"候"那一小竖是万万不能少的。

鲎 · 鲞 · 鲝

鲎 hòu 形声字。楷书鱟从魚从學省(學省去子,表声)。今简化为鲎。节肢动物,头胸部的甲壳略呈马蹄形,腹部的甲壳呈六角形,尾部呈剑状,生活在浅海中。俗称鲎鱼。在方言中,鲎为虹。鲎虫,生活在水田或池沼中,通称水鳖子。

鲞 xiǎng 形声字。楷书鯗从魚从養省(養省去部分笔画,表声)。今简化为鲞。鲞鱼号称海中最鲜的鱼,体侧扁,银白色,鳞片大而晶莹。后来也指剖开后晾干的鱼。鲞与祥音相近,寓意好。在胶东等地,举办宴会时,必不可少一道菜,就是鲞鱼。

鲝 zhǎ 形声字。小篆䰽从魚从差省(差省去工,表声)。隶定后楷书写作鮺。异体作鮓。今分别简化为鲝和鲊,表义有分工。鲝字本义:同"鲊"(一指腌制的鱼。二指用米粉、面粉等加盐和其他作料拌制的切碎的菜,可以贮存,如茄子鲊、扁豆鲊)。又同"苲"(苲草,指金鱼藻等水生植物)。鲝草滩,地名,在四川乐山市五通桥区,根据当地植被命名。

鲎、鲞、鲝三字极为相似,稍不注意上错了菜,不仅食客不满,恐怕咸鱼也会翻身找您评理。☺

烀 · 糊 · 煳

烀 hū 后起形声字。楷书烀从火从乎(表声)。方言用字,本义为一种烹饪方法,把食物放在锅里,加少量水,盖紧锅盖,半蒸半煮,使食物熟,如烀玉米饼子。胶东地区,人们常用"烀"。

糊 多音字。形声字。小篆𪌛从黍从古(表声)。隶定后楷书写作黏(右为古,不是占)。俗作糊,改为从米从胡(表声)。异体也作餬(现为糊的异体字)和粘。现在以糊为正体。本义用黏性物把布、纸等东西粘贴在一起,如糊信封、裱糊等。

读 hū 时,义为用糊状物涂抹缝隙、窟窿或平面,如"他往墙上糊了一层石灰"。

读 hú 时，一为糊的本义，二同"煳"，三为粥类食品。

读 hù 时，义为样子像粥的食物，如面糊、芝麻糊。还指糊弄、糊弄局。

煳 hú　后起形声字。楷书煳从火从胡（表声）。本义为食物经火烤而变焦发黑。也指衣服等其他物品经火变黄、变黑，如"锅巴煳了""衣服烤煳了"。

烀、糊、煳三字音近义近，易让人糊涂（糊涂也可写作胡涂）。需要明确，烀只作动词，是一种烹饪方法，煳也常用于动词，而糊常用于名词。

容易混的是糊与煳，让人迷惑的是，糊读 hú 时同煳。这就坏了一锅粥了。《大众日报》2018年12月7日"丰收"版刊登魏新撰写的《故乡豆粥，一次次温暖我》，文中写道：老家的豆粥，济宁一带叫糊粥，亦称贡粥。其主要原料为小米和黄豆，按一定比例提前用水泡发，黄豆打成浆，小米打成糊，把大铁锅烧热，锅底微红时倒入少量豆浆，炝锅，结一层饹馇，再把全部豆浆倒入，其间需不停搅拌，并用大勺子把豆浆来回扬起，熬到不再起沫时，加小米糊，等充分融合后再开锅，粥已成。最纯正的，是粥中那股糊味，其实是一种烤香……

从文中"炝锅，结一层饹馇""那股糊味"不难看出，此粥因煳味而闻名天下，但作者全篇都写作"糊粥"。笔者以为，虽然《现汉》"糊同煳"，但在东西 hú 了义项上，百分之九十九点九九的人们会写"东西煳了"。笔者建议《现汉》取消"糊同煳"。上文中，"糊味"是指粥的味道，还是指粥带有煳的香气？真让人越来越糊涂。愿读者朋友清楚起来。

此外，生活中常有"hū 了他一巴掌"的说法，《汉语大字典》中有"搰"（hū），音同义近，可用。

壶·阃·壸

壶 hú　象形字。甲骨文 就是一把茶壶、酒壶形。金文 。小篆 。隶定后楷书写作壺。今简化为壶。本义为酒壶。后为容器的名称，如茶壶、冰壶、鼻烟壶等。还用作姓。

阃 kǔn　形声字。小篆 从木从困（表声）。隶定后楷书写作梱。异体为閫。今简化为阃。本义门槛，引申指妇女居住的内室，再引申指宫中的小路，此义与壸相通。

壸 kǔn　象形字。小篆 象宫中小道形。隶定后楷书写作壼。今简化为壸。本义指古代宫中的道路，借指宫内，如壸政。再引申指内室。壸政指宫内事务，也可指家政；壸闱即宫闱，本指后妃所住的居室，泛指妇女所居的内室；壸则指妇女行为的准则、榜样；壸训为妻室者的言行仪范。宫壸指的就是帝王后宫。说到这，壸与女性就紧密联系到了一起。某著名人士母亲墓碑上刻有"壸範足式"。

範（范）指行为，足指完全可以作为，式指规格、标准。"壸范足式"相当于"妇女模范，完全可作为世人楷模"，是赞誉"母亲"之辞。"宫壸肃清"犹言帝王后宫安定太平、法纪严明。

奥，本指屋子的西南角，也泛指房屋的深处。奥是宀（后变形为向的外框）、米（粮食）、大（双手捧着或盛放粮食的垫板）的组合，本义是为祭拜室内西南角的神灵。古人喜欢将粮食藏于房子的西南角，因为这里通风透光。但为了不使人们在屋外看清，因而需要采取各种办法，既保证粮食储存，又不被别人发现，这就形成奥秘（从禾）一词。"壸奥"即屋内深处，后用以比喻事理的精微深奥。宫中的事自不可外泄，故"壸奥"可形容难以猜透的奥秘。"治国理政的壸奥"，可以理解为"治国理政的精深微妙之策略"。

壶与壸只有一笔之差，但一个指容器，一个指内宫，意思大相径庭。茶壶也好，酒壶也罢，通常是男士手中之"握"，自然壶可为男士形象代言。壸也好，阃也罢，都是女士专用。壸与阃相通，但现在《现汉》对阃情有独钟，既讲了本义，又说了引申义，对壸只注"宫里的路"寥寥四个字。

✍ "锡荼壸"

《清稗类钞》中有张之洞的一则逸事。一次，张之洞写了三个字："锡荼壸"，要某候补知府辨认。此人说："此锡茶壶也。"结果那个候补知府落得个被交回原籍的下场。要知道，那三个字根本不是"锡茶壶"，而是"钖（yáng，马额上的装饰物）荼（tú，苦茶）壸（kǔn）"。

笏·芴

笏 hù　象形兼形声字。籀文 ⊌ 象笏形，上屈象椎头形，下象方形物。小篆 𥳑 改为从竹（⺮）从勿（表声）。隶定后楷书分别写作 智 与 笏。今规范用笏。本义为古代君臣在朝廷相见时手中所拿的板子，按品第分别由玉、象牙、竹板等材质制成，用以记事，按现在的话讲就是笔记本。帝王所持的笏为玉笏，其名曰珽。清代废止。笏还有一个作用就是避免大臣与帝王眼睛直视，其作用不说也明白。笏引申指小。潍坊市潍城区"十笏园"，因占地非常少，时人喻之为"十个笏板"，故得此名。

芴 wù　形声字。小篆 𦬆 从艸（艹）从勿（表声）。隶定后楷书写作 芴。本义为一种一年生草本植物。即菲，又叫蒠菜、二月兰。古书上指诸葛菜。也指有机化合物，存在于煤焦油中。用来制染料、杀虫剂和药物等。

笏与芴，前者从竹，后者从艹，只要用心，还是比较好区别的。

祜·祐·佑

祜 详见 197 页"牯·怙·祜"。书面用语，义为福。

祐 yòu 会意兼形声字。甲骨文 𥛜 从示从又（右手，兼表声），有的还加上祭献之物，会手持祭物求神灵保佑之意。金文 𥛜。小篆 𥛜 改为从示从右（兼表声）会意。隶定后楷书写作祐。也有小篆左为"人"即"佑"。"祐"与"佑"通用，今稍有分工，祐主要用于姓氏人名、地名或年号，如广东吉祐。佑现主要用作保佑和姓。

佑 见上文"祐"。

祜、祐、佑这三个字字形相近，非常容易混淆。从汉朝到清代，由于"祐"原指天、神的佑祝，符合统治者预期，所以"祐"在年号中多次出现，如天祐、乾祐、景祐、皇祐、嘉祐、元祐、淳祐、宝祐、德祐、延祐等。年号中没有"佑"和"祜"。东汉安帝名叫刘祜，是帝王号，不是年号。

《嘉祐本草》是宋代仁宗时期（1023~1063）的著作，嘉祐为仁宗赵祯在 1056~1063 年使用的年号。本书以写作年代命名。您若不"义"地错写成"嘉祜本草"或"嘉佑本草"，就别怪仁宗对您不"仁"了。☺

划·画

划 多音字。会意兼形声字。小篆 劃 从刀从畫（兼表声）会意。隶定后楷书写作劃。今简化为划。本义为镰刀。是畫的加旁分化字。汉字简化时将"劃"与"划"合并了。"划"本指划船、划桨，还指划得来、划算等义。

读 huá 时，义为拨水前行、合算，还指用尖锐的东西把别的物品分开或在表面上刻过去、擦过去。此义项时没有繁体字。

读 huà 时，指划分（如划定范围）、划拨、计划等。此义项上有繁体字"劃"。

画 会意字。甲骨文 𦘒 上面是聿为手持笔形，下面是所画图纹。金文 畫、畵。小篆 畫 将下边讹为田及四界。隶定后楷书写作畫。俗作畵。今简化为画。本义为绘出图形。

划早先与画有纠缠，但如今分工比较明确。凡是通过具体动作做出的结果是让人看的，用"画"；凡是通过抽象思维取得的结果用来指导人去做的，用"划"。

《第一批异形词整理表》：笔画—笔划、勾画—勾划、刻画—刻划、指手画脚—指手划脚。计划—计画、筹划—筹画、谋划—谋画、出谋划策—出谋画策。

擘画，指筹划、布置，也作擘划。《第一批异形词整理表》并没有出现"擘画—擘划"的身影，但《现汉》给予确定为异形词。

"笔画"，还可参见 124 页"氏·氐"中"按姓名笔画为序"。

圜·寰

圜　多音字。会意兼形声字。小篆 圜 从口从睘（环绕，兼表声）。隶定后楷书写作圜。本义为天体。本义现在被人们遗忘了。

读 huán 时，常见词有转圜（见下文）。

读 yuán 时，同"圆"。

寰 huán　会意兼形声字。金文 寰 从宀从袁（表声）。小篆 寰 改为睘表声兼表环绕之意。隶定后楷书写作寰。本义为京都周围千里以内的地方。指广大的地域，如寰宇、寰海、寰球等。

转圜本义为转动圆形器物，后代指便易迅速之事。现代汉语中用作动词，表示挽回、调停或斡旋。如"事已至此难以转圜了"。"转寰"一词难以索解。

✍ 睘组字功能比较强大，如阛、澴、嬛、缳、镮、鹮、鐶、鬟、擐、還（还）、環（环）。请读者多加辨别，以免入了连环套出不来。

化·画

化　多音字。会意字。甲骨文 化 从人（正立之人）从匕（倒立之人），会变化之意。金文 化。小篆 化。隶定后楷书写作化。本义为变化。

画　详见 225 页"划·画"。

不管是画妆还是化妆，都是件挺美的事情。这里，"化"用在妆容前后喻整体变化；"画"用在化妆时的具体过程及行为；"妆"指梳妆打扮，也指妆容。

眼线是在上下眼皮边沿画的线条，眼影、腮红是分别涂在眼皮上和腮部的饰色。这些都是用画笔"画"出来的，所以写成画眼线、画眼影、画腮红是正确的。不过，现在"画妆"基本不再出现了。参见 665 页"妆·装"。

宦·宧

在讲"宦"和"宧"之前，我们先来聊聊"臣"和"臣"。

臣 chén　象形字。甲骨文 臣 象竖着的眼睛形，人低头屈服时才有竖目而视的样子，当是被捉后战俘的形象。金文 臣。小篆 臣。隶定后楷书写作臣。本义为战俘。引申出男奴、小官吏等义来。后用作自谦用字，如面对大王称"臣在"。凡从臣的汉字大都与眼睛、俯首、底层官吏有关。卧金文 卧 从臣从卜（人），指人低头垂目顺耳，引申指打瞌睡，再引申指卧倒等义。臧，本从戈从臣，指用戈刺伤俘虏的眼睛使其不敢脱逃，小篆时又加丬（声符），成了从臣从戕。

臣 yí　象形字。甲骨文 臣 象竖起的宽下巴形，以三齿衬托，指咧开嘴笑的下巴。金文 👁。小篆 👁。隶定后楷书写作臣。本义下巴。由于臣做了偏旁，其义遂另加声符巳写作配来表示；配后来也做了偏旁，只好又加义符頁（头）写作頤，今简化为颐。以臣作义符的字有配、赜；以臣作声符的字有姬等；以臣作声符兼义符的字有宦、颐。

宦 huàn　会意字。金文 👁 从宀（房屋）从臣（奴仆），会在贵族家里当奴仆之意。小篆 👁。隶定后楷书写作宦。本义为在贵族家里当奴仆。引申指宫内侍奉的官，即太监。后泛指官吏，如宦海；做官，如仕宦、宦游。还用作姓。

宧 yí　会意兼形声字。小篆 👁 从宀从臣（角落，兼表声）。隶定后楷书写作宧。本义指房子的东北角。古时房子东北角，通常作为厨房，引申指美食，于是古人专造宧这个字。随后就有了大快朵颐、颐养天年、颐和园等。东南角房子叫窔（男女主人住宿处，承担繁衍后代责任，于是从穴从交，这个交既表音还表示性爱。窔读 yào，也深藏很多玄机）。房子西南角称奥（参见224页"奥"）、房子西北角称为屋漏（西北角房子一般光线不好，于是古人在此屋斜坡上加明瓦，使光线能够泄漏下来，因而称为屋漏。当然措施不当，漏光的同时真可能漏风漏雨。明瓦是古人熬制羊角而成，南京新街口附近还保留一处明瓦巷。所以，每每遇到"屋漏"一词，要前后掂量一下，有可能真指屋子漏风漏雨，也可能指屋子西北那间）。

宧与宦，疑似度超高，所以写起来需要格外小心。另外，宦官与官宦稍不小心，也会惹怒相关人家的。

宦官，通称太监，是封建时代专门在皇宫中伺候皇帝及其眷属的男人。他们大都经过阉割，失去了生育能力。官宦，泛指官员。常见词有官宦人家。

涣·焕

涣 huàn　会意兼形声字。小篆 👁 从水从奂（大，兼表声）。隶定后楷书写作涣。今简化为涣。本义为大水漫散，引申指离散。

焕 huàn　形声字。小篆 👁 从火从奂（表声）。隶定后楷书写作焕。今简化为焕。本义为火光鲜明的样子。还用作姓。

【涣然】形 形容嫌隙、疑虑、误会等完全消除：～冰释。
【焕然】形 形容有光彩：～一新。

焕然一新不能想当然写成"换然一新"，否则考卷上的分数是唤不回来的。

涣·漶

涣　详见本页"涣·焕"。

漶 huàn　形声字。《说文》无。楷书漶从水从患（表声）。本义为文字、图像等因磨损或受潮而模糊不清，常见词为漫漶。

可能因"漫"和"涣"都从水，有人就会写出汉语中本没有的"漫涣"。

洇，读音为 yīn，指液体在纸或其他物体上向四周散开或渗透。洇是漫漶的一个原因。漫漶，只能形容事物模糊，不能形容洪水的水势凶猛。

肓・盲・育

肓 huāng　形声字。小篆 肓 从肉（月）从亡（表声）。隶定后楷书写作肓。本义为心脏膈膜之间的部位。古代中医以心尖脂肪为膏，以心脏与膈膜之间为肓，认为这两部分是药力达不到的地方。"病入膏肓"形容病重到不可救药的地步，也形容事态严重到无法挽救。

盲 máng　会意兼形声字。小篆 盲 从目从亡（无眼珠，兼表声）。隶定后楷书写作盲。是亡的加旁分化字。本义指没有眼珠。泛指失明，如盲人。

育　多音字。会意字。甲骨文 育 从每（戴头饰的妇女），从倒子从血水滴，突出孩子出生时血水淋漓之状，会妇女生孩子充满艰辛与危险之意。金文 育。小篆 毓、育、㐬、㐬。隶定后楷书分别写作毓、育、㐬（作偏旁，如流、梳）、㐬（今不单用，从育字上部尚能一窥其遗迹）。本义为生子。育多用于口语，如生育、养育；毓常用于文言，多用于人名、地名（烟台有毓璜顶公园）。

肓、盲、育三字字形相近，非常容易出错。如某网站将"三孩生育政策来了"错成"三孩生肓政策来了"，让人说您啥好呢？！

荒・谎

荒 huāng　会意兼形声字。小篆 荒 从艸（艹）从巟（水广，兼表声），会草长满田地之意。隶定后楷书写作荒。本义为荒芜，即田地杂草丛生不长庄稼。

谎 huǎng　形声字。小篆 谎 从言从巟（表声）。隶定后楷书写作謊。俗作谎。今简化为谎。本义为凭空想象的话。

雌花是指一朵花中只有雌蕊，经传粉受精后可发育成果实；雄花是指一朵花中只有雄蕊，俗称"谎花"，这种花只开花不结果。没有长出果实，像在撒谎似的，因名"谎花"。南瓜、葫芦、丝瓜、黄瓜等都会开谎花。谎花，写作"荒花"或"慌花"，都是不对的。

荒・慌

荒　详见本页"荒・谎"。

慌 huāng　形声字。《说文》无。楷书慌从心从荒（表声）。本义为内心惊惧。荒有杂乱、不合情理之义。荒腔常指演员唱戏时腔调不合标准，或作"黄腔"。

走板一般指演唱戏曲不合板眼（我国传统音乐和戏曲唱腔的节拍。每一小节中的强拍，多以鼓板敲击按拍称"板"；次强拍及弱拍，则以鼓签或手指按拍，称"眼"。合称"板眼"），常用以比喻言行失当。荒腔走板，即演唱戏曲时腔调不准，不合板眼。

了解到这，估计您就不会写出"慌腔走板"这样不着调的词儿来了。

皇·黄

皇 huáng　象形字。金文 象点着的灯形，下边是灯座，中间是灯碗（一点表示里面盛满了油），上边是灯焰，会光焰盛大明亮之意。小篆 整齐化，上边讹为自，下边讹为王。隶定后楷书写作皇。其实，皇既不从自，也不从王，更非从白。由于"皇"后来专用以表示盛大，引申指君王等义，本义另造"煌"。皇是煌的本字。后主要用作皇帝和姓。

黄 huáng　象形字。甲骨文 象佩璜形。上为系，下为垂穗，中为双璜并联状。金文 。小篆 。隶定后楷书写作黄。本义是一种半环状佩玉。古人崇尚璜，原因在于这种玉器多为黄色，故引申指类似丝瓜花或向日葵花的颜色。由于黄被引申义所用，故古人另造"璜"，黄当属璜的本字。黄现在主要用于颜色以及由此派生出来的事物（黄金、扫黄打非）、黄河、姓。

皇与黄，引发出来以下几组词需要大家注意。

黄帝与皇帝

据传说和古书记载，黄帝是我国历史上第一位君主，是中华民族的共同祖先。他原姓公孙，后改姬姓，号轩辕氏、有熊氏。原定居西北高原，后在阪泉（今河北省涿鹿县东南）与炎帝交战，炎帝战败，二部落合并为一。后炎黄二帝并肩协力，在涿鹿一带擒杀蚩尤，黄帝遂被推举为炎黄部落联盟首领。中国人都把自己称作"炎黄子孙"。为了中华民族大团结，现在一般情况下改称华夏儿女、中华儿女。

皇帝是封建社会最高统治者的称号，我国皇帝的称号始于秦始皇，公元前221年才出现，较传说中的黄帝晚约两千多年。（"黄帝"与"皇帝"一字之差，却差了两千多年的历史）

"三皇五帝"是我国古代传说中的帝王，生活于约公元前30世纪初至约前21世纪初。"三皇"通常指伏羲、燧人、神农；"五帝"通常指黄帝、颛顼、帝喾、唐尧、虞舜。三皇五帝，不要写成"三黄五帝"，否则就是大不敬也。

《黄帝内经》又称《内经》，是中国现存较早的医学经典。因古人托黄帝之名所作，故名《黄帝内经》。有学者认为，之所以冠以"黄帝"之名，意在溯源崇本，借以说明中国医学文化发祥之早。古往今来，从无什么"皇帝内经"！

黄陵与皇陵

河北省涿鹿县城东南矾山镇西建有"轩辕黄帝城",陕西省有个黄陵县,县城北桥山上建有"黄帝陵"。

皇陵是皇帝或皇室成员的陵墓,包括陵墓及其附属建筑,合称为陵寝。

黄榜与皇榜

用皇帝名义发布的公告用黄纸书写,故称"黄榜"。

《说文》:"黄,地之色也。"黄色被认为是我们祖先世世代代生生不息的黄土地的颜色。加之黄河是中华母亲河。黄土地与黄河为华夏民族提供了衣食住行的种种便利。根据五色与五行、五方相配的关系(青为东方之色,属木;赤为南方之色,属火;白为西方之色,属金;黑为北方之色,属水;黄为中央之色,属土),黄位居中央,地位显赫,为诸色之最,黄在华夏民族的心目中逐渐取得了一种至高无上的地位,其地位的最后形成在汉朝以后。史书记载,殷商尚白,周朝尚赤,秦人尚黑。汉初高祖时尚赤,《史记》有高祖为"赤帝子"之说。真正尚黄是在汉武帝时董仲舒的影响下才最终形成的。

董仲舒认为,秦原为水德,土则刚好能克水,所以他认为汉应为土德,须尚黄。东汉,尚黄的观念更趋牢固。所以东汉末年黄巾军打出的旗号是"黄天当立"。

黄色专用于帝王始于唐朝。自唐高祖以后,民间就不能随便穿着黄装了。赵匡胤陈桥兵变,黄袍加身,黄袍就是皇位的象征。黄色从此就成了皇家的专用之色。皇帝的话要用黄纸记录下来,叫誊黄;皇帝的诏敕要用黄纸书写,叫黄敕;皇帝的文告必须用黄纸书写,这就是黄榜。还有,皇帝的车盖叫黄屋,皇帝的仪仗叫黄钺,仪仗所用的旌旗叫黄麾,皇帝所住的帝都叫黄图;黄榜上的进士叫作黄甲,为皇家征财赋和徭役的户口册子叫作黄册。

"黄榜"一词与古代的科举关系甚密。古代科举考试分为乡试、会试和殿试三级,结果出来后自然就有了三次发榜。乡试,为初级考试,发榜时正值桂花盛开,故称桂榜。会试于次年春天在京城举行,各地举子会集京师,发榜时正值杏花盛开,故称杏榜。殿试是皇帝主持的考试,黄榜则是殿试之后朝廷发布的录取进士的公告榜,发榜时用黄纸书写,故称黄榜。黄榜近金色,所发黄榜又称金榜。金榜有大小之分。小金榜由奏事处进呈于内,大金榜则由内阁学士加盖"皇帝之宝"的大印后张挂于外。大金榜就是通常所说的黄榜。《神童诗》中有宋代汪洙的《四喜》:久旱逢甘雨,他乡遇故知;洞房花烛夜,金榜挂名时。金榜挂名也作金榜题名。黄榜虽是用皇帝名义发布的,但却不叫"皇榜"。

但也有专家说,皇榜也不能算错。殿试既然以皇帝名义发榜,称为皇榜,还是持之有故的。黄梅戏中就有一个流行的段子《谁料皇榜中状元》,题目及内文皆用的是"皇榜"。对此,您怎么看?

黄历与皇历

皇历，亦作"黄历"。古代朝廷颁发的历书。后亦泛指历本。除载农时节气外，又有迷信的"宜忌"，如某日宜祭祀、某日忌出行、某日喜神在何方等。

"皇历"与"黄历"为全等异形词。《现汉》设"皇历"为推荐词条。

皇·隍

皇 详见 229 页"皇·黄"。

隍 huáng 形声字。小篆 𨹻 从阜（阝左）从皇（表声）。隶定后楷书写作隍。本义为没有水的城壕。有水的为池，如城池。

城隍的"隍"，泛指护城河。城隍被尊为神，据说由"蜡（古读 zhà。古代年终一种祭祀）祭"而来，蜡祭八神，第七为水庸，后被附会为守护城池之神。城隍神通广大，能"剪除恶凶，护国保邦"，能旱时降雨，涝时放晴等。各地为城隍立庙，最早见于记载的为芜湖城隍庙，建于三国吴赤乌二年（239）。

城隍本无姓名，人们多把当地名人、英雄列为城隍之主。如苏州为春申君、镇江为纪信、杭州为文天祥。上海城隍庙中供奉的是元末明初大夫秦裕伯。据说他是秦少游七世孙，元末进士，在上海一带极具威信。城隍，不得写作"城皇"。

皇·遑

皇 详见 229 页"皇·黄"。

遑 huáng 会意兼形声字。小篆 𨕫 从辵（辶）从皇（兼表声）。隶定后楷书写作遑。异体作徨。遑、徨，都是皇的加旁分化字。本义为匆忙不安定。

皇，本义是大。"皇皇"一词，有美盛之意。后以"皇皇"形容盛大、堂皇，如皇皇文告、皇皇巨著等。"皇皇"还指光明、明亮的样子，义同"煌煌"。"皇皇大论"（堂皇的言论），或"煌煌大论"（光明正大的言论），是恭维对方的话。

遑，书面用语，由本义引出反义共存，指闲暇、空闲之义。遑遑形容惊恐匆忙、心神不定。"遑遑"是描写人的神态的，与"大论"不搭。

潢·璜

潢 huáng 形声字。甲骨文 𣲩 从水从黄（表声）。小篆 𣽺 。隶定后楷书写作潢。本义指积水池。

璜 huáng 象形兼会意兼形声字。甲骨文本作黄（参见229页"皇·黄"），象佩璜形，古代玉器名，形如半璧。它一般用于朝见天子或者祭祀、丧葬

等庄重场合。据考证，潢本作黄，黄后假借为表示色彩，古人只好另造潢。

潢指一种特殊的染纸工艺，我国最早的农书《齐民要术》中对其进行了专门介绍。工艺所用的染料，是黄檗树的汁。潢纸就是用这种汁浸染的纸。中国书画习惯用潢纸装裱，故称为装潢。装裱书画除了在背面衬贴潢纸外，还在四周镶以绫绢，远远一眼看去，好似围着一个水池（与潢本义吻合）。装潢，后来慢慢扩而大之，凡商品、器物以至房屋的装饰，都称作装潢。

由于潢、璜音同形近，加之璜又可用于装饰，故常有人把装潢误作装璜。《第一批异形词整理表》中，将装璜作为装潢的异形词保留下来。

🖉 天潢，指的是皇族、宗室的子孙。一说"天潢"即天池，皇族分支，如同源自天池。也有说"天潢"是主管河渠的天潢星的简称。

贵胄，指地位高贵者的后代。天潢贵胄，指皇族宗室的子孙。

祎 · 袆

祎 huī　会意兼形声字。小篆 𧝎 从衣从韋（围，兼表声）。隶定后楷书写作禕。今简化为祎。本义为蔽膝，即王后的祭服，衣上有五彩羽毛的野鸡图案。引申指围在身前的巾。

袆 yī　形声字。《说文》无。楷书禕从示从韋（表声）。今简化为袆。本义为美好。多用于人名。

古时，祎与袆曾相通，今已分工明确。请注意：祎、袆不仅读音不同，而且在"胳肢窝里"还有一点之差。😊

费祎（？～253），字文伟，三国时期蜀汉大臣，为诸葛亮所重。注意，别把"费祎"错成"费袆"。另外，还要注意祎与韨区别。韨，读 fú，指古代祭服前面的护膝围裙，用熟皮做成。韨也指古代系玺印的丝绳。

晖 · 辉

晖 huī　形声字。小篆 暉 从日从軍（表声）。隶定后楷书写作暉。今简化为晖。本义为日光，即太阳的光辉。

辉 huī　形声字。小篆 煇 从火从軍（表声）。隶定后楷书写作煇。俗也作輝。今以輝为正体并简化为辉。本义为闪耀的光。

晖侧重指日光，辉则泛指光耀。《第一批异体字整理表》中将"煇、暉"作为"輝"的异体字。1988年3月25日发表的《现代汉语通用字表》确认"暉"为正体字，并类推简化为"晖"。煇仍是辉的异体字。

晖 huī ❶阳光：春～｜朝（zhāo）～｜斜～。❷同"辉"。

"辉映"与"晖映"是全等异形词，且以"辉映"为推荐词条。

如果"晖"不被救活，那么"报得三春晖"就得写作"报得三春辉"，恐怕孟郊不愿意。☺另外说个悄悄话，那就是诗中"临"与"意"组合与孟郊祖籍山东省德州市临邑县的"临邑"是不是存有联系呢。

挥·裈

挥 huī 形声字。小篆 ▇ 从手从軍（表声）。隶定后楷书写作挥。今简化为挥。本义是舞动、摇动，如挥手、挥旗。引申出用手把眼泪、汗珠等抹掉等义。

裈 kūn 形声字。小篆 ▇ 从巾从軍（表声）。隶定后楷书写作惲。异体作裈。今裈为正体并简化为裈。本指有裆的裤子（有别于无裆的套裤）。现在专指满裆裤，特指内裤。

裈衣，即指衣裤，"挥衣"只能是挥动衣服。

徽·微·徵

徽 huī 形声字。小篆 ▇ 从糸从微省（微省去彳，以糸代之，表声）。隶定后楷书写作徽。本义为绑腿布。可能当初是作为部落、部队符号，因而引申出"标志、符号"的意思来，如校徽等。

微 wēi 会意兼形声字。甲骨文 ▇ 和金文 ▇ 用 ▇ 表示。石鼓文 ▇ 另加义符彳（半条街），以突出行动。小篆 ▇ 从彳从㣲（细小，兼表声），会隐蔽行踪之意。㣲，甲骨文从 ▇（一头长发之人形）从支（卜为物形，又为手形，攴为手持物），会梳理美发之意。头发细密，自然"微"就代表细小。

徵 多音字。会意字。小篆 ▇ 从壬（不是壬，义为挺起）从微省（微省去彳，以壬代之），会事物初起苗头之意。隶定后楷书写作徵。今部分义项上简化为"征"。本义为迹象。

读 zhǐ 时，古代五音（宫、商、角、徵、羽）之一，相当于简谱的"5"。

读 zhēng 时，除"走远路、征讨"之义外，徵是征的繁体字。在写到古人姓名时，通常不将"徵"简化为"征"，如魏徵（唐代政治家）、文徵明（明代画家）不要写作"魏征""文征明"。

"徽""徵"是"微"附产品，三者共同之处是"微"。由于有共同部件，只是中下方有微妙变化，所以这三个字要小心小心再小心。

硕德贻徽一词经常出现在追悼仪式上。硕德就是大德。贻，有遗留义。徽，是美、善的意思。追悼会上的徽是徽范（美好的风范）的省略。硕德贻徽指有大德的年长者，其美好的风范必将遗留后世。

回·迴

回 huí　象形字。回与亘（漩的初文）同源。甲骨文 ⟨图⟩ 象漩涡形。金文 ⟨图⟩。小篆 ⟨图⟩。隶定后楷书写作回。异体作囘、囬等。本义为漩涡。

迴　早在1956年1月，《汉字简化方案》就规定"迴"简化为"回"，同时确定廻是迴的异体字（停止使用）。

按国家现行用字规定，已被简化的繁体字和已停止使用的异体字，均属不规范字。某市回龙桥公交站牌、有关单位门牌上的"迴""廻"，都应改回到"回"。

悔·诲

悔 huǐ　形声字。小篆 ⟨图⟩ 从心从每（表声）。隶定后楷书写作悔。本义为悔恨、懊悔，如悔过自新（指悔改错误，重新做人）、九死不悔（指纵然死很多回也绝不后悔）等。

诲 huì　会意兼形声字。金文 ⟨图⟩ 从言从每（母，兼表声）。小篆 ⟨图⟩。隶定后楷书写作誨。今简化为诲。本义为教导、劝说，如诲人不倦、谆谆教诲。

教诲，指教导训戒，错成"教悔"应该是音形相近致误。

汇·会

汇 huì　汇是由彙和匯两个字简化而来。彙，会意兼形声字。小篆 ⟨图⟩ 上从豪猪形，下为胃袋，本义为刺猬。刺猬之毛丛聚，故引申指聚合、聚焦，如彙总。引申指聚合在一起的东西，如词彙。由于彙被引申义捆绑，古人另造猬。匯，形声字，小篆 ⟨图⟩ 从匚（读fāng，放物器形）从淮（表声），本指古代的一种器物。这种器物大概作"聚集"物品之用。后来"匯"又常指河流相会合。并进一步引申指聚集、综合等。也许正因为常用以指"河流相会合"，后来"匯"中的三点水被移到"匚"的外面，写成了"滙"，"水"成为这个字的形符。汉字简化时，彙、滙被简化成"汇"。汇是形声字，从水从匚（表声）。上海《文汇报》至今依然保留"匯"作报头。

会　多音字。会意字。甲骨文 ⟨图⟩ 下边是仓体，上边是仓顶，中间是仓门。金文 ⟨图⟩。小篆 ⟨图⟩。隶定后楷书写作會。今简化为会。本义为粮仓。

读huì时，指聚集、会合、集合、符合、相聚等义，进一步引申指人与人相遇、会面、聚会、会盟等。后来，人们为一定的目的而成立的团体或组织，也称"会"，如工会、农会、学会，等等。

读 kuài 时，指会计。这是由聚合之义引申而来，指对各款项的总计、合计。用作会稽，指山名，在浙江省东北部。

"汇"和"会"都有"聚集"义。由于人与人见面、碰头、聚集常用"会"，因此在具体的运用中出现了一个倾向：用于"人"时多用"会"，用于"物"时多用"汇"。如"人们从全国各地会聚到北京""四条小溪汇聚成一条大河"等。

以下几组词值得关注：

【汇费】名 银行或邮局办理汇款业务时，按汇款金额所收的手续费。也叫汇水。

【会费】名 会员按期向所属组织交的钱。

【汇合】动（水流）聚集；会合：小河~成大河◇人民的意志~成一支巨大的力量。

【会合】动 聚集到一起：两军~后继续前进。

【汇集】动 聚集：~材料｜把资料~在一起研究｜游行队伍从大街小巷~到天安门广场。

【会集】动 聚集（多用于人）。

【汇聚】动 聚集。

【会聚】动 聚集（多用于人）。

【汇演】同"会演"。

【会演】动 各地或各单位的文艺节目集中起来，单独或同台演出。具有汇报、互相学习、交流经验的作用。也作汇演。

【汇展】动（商品等）汇集在一起展览：南北糕点~｜名牌时装~。

【会展】名 会议和展览：~中心。

融汇与融会存有微小区分。

【融汇】动 整合汇聚：~古今｜把普及科学知识~到群众文化活动之中。

【融会】动 融合：~贯通｜把人物形象的温柔和刚毅很好地~在一起。

【融会贯通】参考并综合多方面的知识或道理而得到全面的透彻的领悟。（注：不要写作"融汇贯通"）

讳·韪

讳 huì 会意兼形声字。金文▨左下从言右上从韋（相违，兼表声）。小篆▨。隶定后楷书写作諱。今简化为讳。本义为避忌。引申指隐瞒、回避，再引申惧怕（如直言不讳），后引申忌讳。旧时不敢直称帝王或尊长的名字，叫讳。不讳，指没有忌讳。也可用作死的委婉说法。还用作姓。

韪 wěi 形声字。小篆▨从是从韋（表声）。隶定后楷书写作韙。今简化为韪。本义是"对""是"。"不韪"即不对、不是。

🖉 "冒天下之大不韪"，出自《左传·隐公十一年》："犯五不韪而以伐人，其丧师也，不亦宜乎？"息国国君息侯不顾五种错误，冒险去征伐春秋初年"小霸"天下的郑国，结果大败而还。后世用"冒天下之大不韪"，指不顾天下人的反对，公然去做天下人都认为是错的事情，也指不顾舆论的谴责去干坏事。

烩·脍

烩 huì　后起会意兼形声字。楷书燴从火从會（混杂，兼表声）。今简化为烩。本义作"调和食物，稍煮即熟"解。烩是后起字，不见于《说文》《康熙字典》等字书。烩常指烹饪方法：指菜炒熟后加芡粉拌和，如烩三鲜、烩虾仁、烩什锦；指把饭和各种菜混在一起煮，如烩饭、大杂烩；指把煮熟的饭食加油和水再煮。"烩"也有比喻义，指把不相关的人或事拉扯在一起。"大杂烩"本指把各种菜合在一起烩成的菜，又用于比喻把各种人或事物胡乱拼凑在一起。

脍 kuài　形声字。小篆𦞦从肉（月）从会（表声）。隶定后楷书写作膾。今简化为脍。本义指细切的肉。"脍炙人口"中的脍指切细的肉（"食不厌精，脍不厌细"可以佐证），炙指烤熟的肉，它们都可用来指代美味。"脍炙人口"，意思是美妙的诗文传诵一时，如同美味一般，受到人们的广泛赞赏。

"脍"字从"月"即肉，而"烩"字从"火"。一个是烹调成品，一个是烹调方法，不是一码子事。"脍"和"烩"是两个形体相似、读音易混淆的字，如果不细加辨别，就会误读、误用。

彗·慧

彗 huì　（旧读 suì）象形兼会意字。甲骨文𢇇象扫帚形。小篆彗上从两个丰（细枝茂盛的草）下从又（手持）。小篆异体篲上加竹。隶定后楷书分别写作彗与篲。今规范用彗。本义手持扫帚。彗现主要用于彗星（像扫帚样的围绕太阳运行的一种天体，如哈雷彗星。可以说是用到本义）。请注意彗字下方中间那横右侧不出头。

慧 huì　形声字。小篆𢤬从心从彗（表声）。隶定后楷书写作慧。本义为聪明、机敏。后引用到佛教，如慧根、慧心、慧眼等。

彗是天体，慧是人的行为，一个在天上，一个在地上，差着十万八千里，只要稍稍用点心，准保错不了。

拥彗，本指手执扫帚清扫道路之义。古人在迎候尊贵的客人时，常常抱着扫帚以示敬意，有拥彗迎门、拥彗扫门、拥彗清道、拥彗迎宾等说法。

"拥慧"，字面意思很美，其实是缺少智慧的错写。

惠·慧

惠 huì　会意字。金文 🔣 从心从叀（纺锤，表一心一意纺线），会专心之意。小篆 🔣。隶定后楷书写作惠。本义为专心纺线。引申指聪明，此义后来给了"慧"。又引申指仁爱、给人好处（惠赠），再引申指实惠。也作敬辞，用于对方对待自己的行动，如惠临、惠顾、惠存。

慧　详见 236 页"彗·慧"。

古时，惠与慧相通，现在分工明确。惠与慧，都可用作姓，因而遇到姓 huì 的同志，还得仔细问问，不然既显得缺乏智"慧"，也不会得到实"惠"。

有的商家打出"惠赠"，那就错了。惠赠，敬辞，是指对方赠予财物等礼品。可能是商家把"优惠"与"馈赠"杂糅了。

"树蕙滋兰"语本屈原《离骚》。"树"为种植、培育的意思；"滋"有培植、滋养之义。"蕙"和"兰"都为香草名。树蕙滋兰，本义为种植、培育香草，后引申比喻精神修行，当然也可以用来比喻培育英才。

学校校庆时常用到树蕙滋兰，但要注意不得错成"树慧滋兰""树惠滋兰"。

浑·混·诨

浑 hún　会意兼形声字。小篆 🔣 从水从軍（军人蜂拥而行，攻城略地，吼声如涛声，兼表声）。隶定后楷书写作渾。今简化为浑。本义为水喷涌声。由于水涌，引申出水不清，再引申指混同。由混同再引申指整个、全部，如浑身上下、浑然一体等。由混浊不清引申指糊涂，如浑浑噩噩、浑小子等。

浑现在主要义项：❶ 形 浑浊：～水｜把水搅～。❷ 形 糊涂；不明事理：～人｜这人真～。❸ 天然的：～朴｜～厚｜～金璞玉。❹ 全；满：～身｜～似。❺（Hún）名 姓。

混　多音字。会意兼形声字。小篆 🔣 从水从昆（昆者，多也，众水共进，混合一统，兼表声）。隶定后楷书写作混。是昆的加旁分化字。本义为水势盛大。

读 hún 时，同"浑"①②。

读 hùn 时，义为掺杂、蒙混、苟且地生活。还指胡乱，如混出主意。

诨 hùn　形声字。《说文》无。楷书諢 从言从軍（表声）。今简化为诨。本义为逗趣、开玩笑。常见词有诨号，也叫诨名，就是外号。

由于"混""浑"都和水流有关，且是众水汇合的洪流，从中都可以引申出混合义、混同义、掺杂义、浑浊义……从造字一开始，就决定了它们难分难解的命运。现在"混""浑"逐渐形成分化的趋势。这种分化大致表现为以下几个方面：一是在描绘某种形态时，"混"偏于乱，"浑"偏于浊。二是在概括事物的特征时，"混"着眼于人为性，"浑"着眼于天然性。三是在作出某种评价时，"混"突出的是无理，"浑"突出的是无知。四是语言性质稍有侧重之分。浑倾向于书面语言，而混则常用于口语、俗语。

基于以上几点，下列几组异形词就有首选和次选之分。

【浑蛋】名 不明事理的人（骂人的话）。现多作混蛋。

【浑球儿】〈方〉名 浑蛋。现多作混球儿。

【浑水摸鱼】（混水摸鱼）比喻趁混乱的时机捞取利益。

由于"诨"与"混""浑"在某些义项上（特别是贬义味道比较重时）非常接近，易混淆，我们可不能犯困打盹。在用于外号时，只写作"诨号""诨名"。

火·伙·夥

火 huǒ 象形字。甲骨文字形 、 象火焰升腾形。金文 。小篆 。隶定后楷书写作火。本义就是燃烧后的火焰。火是部首，其部首内的汉字共性不说大家也能明白，火在汉字底部出现时被写成灬。

伙 huǒ 后起会意兼形声字。楷书伙从人从火（生火做饭等，兼表声）。是火的加旁分化字。

伙（❷-❺△夥）❶伙食：起～｜包～。❷同伴；伙计：～伴｜～友。❸由同伴组成的集体：合～｜成群搭～。❹量 用于人群：一～人｜分成两～｜三个一群，五个一～。❺副 共同；联合：～同｜～办｜几个人～着干。❻（Huǒ）名 姓。

从上我们不难看出，在"伙"❷❸❹❺义项中，"夥"是"伙"的繁体字（也就是说，伙食之伙、姓伙的伙都没有繁体字），那个△表明"夥"还另出字头。

夥 huǒ 形声字。小篆 从多从果（表声）。隶定后楷书写作夥。异体作夥。如今异体成为正体，原来正体夥不知躲到哪里去了。本义为多。是伙的同源字。

《简化字总表》"夥"简化为"伙"，但同时规定："作多解的夥不简化。"

夥：❶〈书〉多：获益甚～。❷见"伙"。

我们还要看到，伙办（共同主办）、合办（联合开办）意思相同，但读音稍有区别。"几个人伙着干"写作"几个人合着干"应该也不能算错吧。

J

几·机·概

几 多音字。象形字。篆书 ⼏ 象茶几形。隶定后楷书写作几。今又用作"幾"的简化字。本义为老人所倚靠的器具。

读 jī 时，指小桌子，如茶几儿。还用作姓。用作副词，表示十分接近；差不多，如"该战斗几乎将敌人全歼"。

读 jǐ 时，常用于疑问代词，如"来了几位"。还用作数词，表示大于一而小于十的不定的数目，如几本书、十几岁。

机 jī 会意兼形声字。小篆一 㯭 从木从幾（精微，兼表声），小篆二 㭓 从木从几（表声）。隶定后楷书写作機，今简化为机，本为树名，后借用指精细，从而由树木走向机器。由于机器等是需要智慧的，所以就有了机智、乘机、良机等义。

概 详见175页"概·慨"。

几率最初是为了翻译近代数学而引进的一个术语，某种事件在同一条件下可能发生，也可能不发生，表示发生的可能性大小的量就叫"几率"。后来，因为"几"字的义项较多，有人误以为"几率"的含义是指"机会"的多少，进而误写成"机率"，数学界就另外取了一个译名"概率"。还有一个"或然率"的称呼。

"或然"即有可能，但不一定；"概"即大略，大致；"几"即接近，差不多。推荐词为"概率"，"几率""或然率"为其旧称。

击·激

击 jī 会意兼形声字。小篆 擊 下从手上从毄（撞击，兼表声）。隶定后楷书写作擊。今简化为击（取其左上角大致轮廓简化为击）。本义为敲打。

激 jī 形声字。小篆 激 从水从敫（表声）。隶定后楷书写作激。本义为水流受阻、震荡而涌腾或溅起。后引申出激动、激怒、激战、偏激等义。

击的本义与水没有特别的联系。激本义包含阻挡和遏制水流，其结果是大大改变水势和流向。击水指拍打水面，也指游泳。激浪，指汹涌急剧的波浪。

"一石激起千层（重）浪"还是"一石击起千层（重）浪"？

"击"（较实）字虽可以用，但以"激"（较虚，夸张）字为佳。石头再重，只能击起几朵浪花，而不可能是"千层浪""千重浪"。用"击"字不如"激"字更能调动想象力，"激"能体现出"千重浪"的气势。

下面两组词值得关注。

【击发】动 射击时用手指扳动扳机将子弹射出。

【激发】动 ❶刺激使奋发：～群众的积极性。❷使分子、原子等由能量较低的状态变为能量较高的状态。

【击赏】〈书〉动 击节称赏；赞赏。

【激赏】〈书〉动 极其赞赏：～不已。

茋 · 笈

茋 jī 形声字。小篆 从艸(艹)从及(表声)。隶定后楷书写作茋。本义为堇草。一指白及(也叫白茋)，兰科，多年生草本植物，紫红色花，可供观赏，中医以其白色块茎入药；一指茋茋草，花淡绿色，可作饲料。

笈 jí 形声字。《说文》无。楷书笈从竹(⺮)从及(表声)。本义是一种盛器，多用竹、藤编织而成，常用以放置书籍、衣物等，引申指书籍、典籍。笈囊指笈与囊，常用作书袋的泛称。负笈义为背着书箱，也指游学外地。

"负笈"写成"负茋"，应是形似音近致误。

机 · 戟

机 详见239页"几·机·概"。

戟 jǐ 会意字。金文 右上从戈左下从矛头。小篆 从戈从榦省(榦省去木)，会有长柄的兵器之意。隶定后楷书写作榦。汉碑省作戟。今规范用戟。本义为一种戈矛一体的兵器，略似戈，长柄一端有枪尖，旁边附有月牙形的利刃，兼有戈之横击、矛之直刺两种作用，杀伤力强于戈、矛。另同"刺激❶(现实的物体和现象作用于感觉器官；声、光、热等引起生物体活动或变化)"。

三叉戟客机是英国德·哈维兰公司研制的中短程三发喷气式民航客机。最初德·哈维兰公司将其命名为 D.H121，后改为"三叉戟(Trident)"。给飞机取名"三叉戟"，据说设计人员的灵感是来源于飞机有三套独立的飞行控制系统和三台发动机。

三叉戟，不能想当然认为它是一种飞机就写作"三叉机"。

戢 · 戟

戢 jí 会意兼形声字。小篆 从戈从咠(聚合，兼表声)，会把兵器收藏起来之意。隶定后楷书写作戢。本义为收藏兵器。引申出停止战争、止息、收敛、

约束等义。戢兵，可指收起兵器，也指停止军事行动；戢鳞，指鱼敛鳞静止不游，比喻蓄志待时。还用作姓。注意：戢中间那横将耳与戈相连。

戟 详见240页"机·戟"。

折戟沉沙，字面意思为被折断的戟埋没泥沙里，成了废铜烂铁，用来形容惨重的失败，不得写作"折戢沉沙"。

其·奇

其 多音字。象形字。甲骨文 象簸箕形。金文 。小篆 。隶定后楷书写作其。本义就是簸箕。其是箕的本字。

读 jī 时，用于人名，郦食其（Lì Yìjī），汉朝人。

读 qí 时，借为人称代词，表示第三人称，相当于他（她、它）的、他（她、它）们的，如各得其所。还用于指示代词，义为那个、那样，如查无其人。还作副词表示揣测、反诘，还表示请求或命令。还用于后缀，如极其、尤其等。别看"其"单薄，盛装的东西可不老少呢。

奇 多音字。会意字。小篆 从大（表人）从可（表示以棍支撑），会拄棍并一只脚站立的瘸人之意。隶定后楷书写作奇。本义为人一只脚站立，引申单数（如奇数），又引申与众不同，如奇异。由于奇的引申义太多，本义便另加义符写作踦。

读 jī 时，单的（跟"偶"相对），如奇数。还指零数，如五十有奇。

读 qí 时，义为罕见的、特殊的、非常的，如奇事、商品奇缺；还指出人意料的、令人难测的，如奇袭、出奇制胜。

出其不意，就字面意义解释，是趁别人没有想到。现泛指出乎意料。这里的"其"是代词。可能是因为其、奇同音而受到了"出奇制胜"的干扰，有人把出其不意写成"出奇不意"，的确有点让人意想不到了。

屐·屦·屩·履·屣

这一组汉字共有屐（尸+彳）。

尸 shī 象形字。甲骨文 象屈膝而坐的人形，是古时代替死者接受祭祀的人，并非死尸。尸位素餐中的尸用的是本义。尸体的尸是由"屍"简化而来。这组汉字中尸代表人们穿鞋时需要屈膝弯腰。

彳 chì 彳是行字的简省，"不单独出门，与其他兄弟姊妹携手"组成如行、往、衍、微等。在这组汉字中，彳表示行动，因为穿鞋就意味着出行。

屐 jī 形声字。小篆 从履省（履省去复）从支（表声）。隶定后楷书写作屐。本义为带齿的木头鞋，用以爬山、踩泥用，可防滑。这种鞋形状像拖鞋，底上装有活动的齿，上山时去掉前齿，下山时去掉后齿，如木屐；后泛指鞋，如屐履。

屦 jù　形声字。小篆 从履省（履省去复）从婁（表声）。隶定后楷书写作屨。今简化为屦。本义为古时用麻、葛等制成的鞋。

屩 juē　形声字。小篆 从履省（履省去复）从喬（表声）。隶定后楷体写作屩。今简化为屩。本义为草鞋。

履 lǚ　会意字。小篆 从尸（人）从彳从夂（脚）从舟（似舟的方鞋），会人穿上像舟一样的方头鞋在街上行走之意。楷书写作履。履也指鞋，如《郑人买履》。由行走，引申出经历，如履历、履行。

屣 xǐ　形声字。小篆 从革从徙（表声）。隶定后楷书写作鞋。俗作屣。今规范用屣。本义指鞋。后指穿鞋不提鞋跟，再往后特指拖鞋，也指拖着鞋。

以上这组字，读音不同，但字形及字义相近，务请瞪大眼睛，万不可张靴李穿。

🔔 古代，鞋被称为足衣。上古时常以兽皮制鞋，因此鞋以及与鞋有关的称呼多以革字为部首。如靪（dīng，补鞋底）、靰鞡（wù·la，同"乌拉"。东北地区冬天穿的一种鞋，用皮革制作，里面垫乌拉草）、靸（sǎ，把鞋后帮踩在脚后跟下，如靸鞋）、靴（来自赵武灵王胡服骑射）、鞋（在唐代以后才逐渐使用）、靿（yào，靴或袜子的筒儿，不要写作腰）……

舄，金文 象喜鹊扇动翅膀大声叫唤形，是鹊的本字。后来借作加木底的鞋。以舄作声符的字有：寫（写）、瀉。

基·墼

基 jī　会意兼形声字。甲骨文 、金文 和小篆 皆从土从其（放在丌架上的簸箕，兼表声）。隶定后楷书写作基。本义为墙脚、墙根。

墼 jī　会意兼形声字。小篆 从土从毄（捣击，兼表声）。隶定后楷书写作墼。本义指砖或未烧的砖坯，也指用泥土或炭屑制成的圆块。

土墼指砖坯，也指石灰窑中烧结的土渣。在方言中还指土坯，就是把黏土和成泥放在模子里制成的土块，可以用来盘灶、盘炕、砌墙。

土基，指用土筑成的台基。土墼与土基，区别还是有的。

🔔 擊简化为击，但墼没有简化。

期·纪

期　多音字。形声字。小篆 从肉（月）从其（表声）。隶定后楷书写作期。本义约定时间见面。

读 jī 时，义为一周年、一整月、一昼夜，古代文献中有期年、期月、期朝(zhāo)。

读 qī 时，指日期、时间。还用作量词，如"某杂志去年全年出版四期"。

等候所约的人（这是"期"的本义），引申指等待或盼望，如期待、期望。

纪 详见252页"纪·济"。

上海市奉贤区当地民间风俗：孩子满一周岁时要做周岁，"俗称'做 jī 岁'"。有的地方称之为抓周。奉贤区"做 jī 岁"，应该写作"做期岁"。

"纪"是记年代的方式，古代"一纪"指十二年，"世纪"指一百年。

"纪岁"显然不能指一周年，"做纪岁"无处索解。

赍·赉

赍 jī 形声字。小篆 从贝从齊（表声）。隶定后楷书写作齎。异体作賫，进而讹为賣，是賷（赍）的讹变。今皆简化作赍，变成与"赉"不同的字。本义为携带着东西送给人。其常用义有二：一是拿东西送给别人。"赍钱"即"送给财礼钱"。赍赏，即赏赐。二是怀抱、怀着。"赍志而殁"，义即"志未遂而死去"。"赍志没地"指怀抱着志愿埋没于地下，即志向未遂而死去。"赍恨"，义即"心怀遗恨"，又指抱恨。"赍恨而亡""赍恨终身"中的"赍"均指"怀着、抱着"。

赉 lài 会意兼形声字。金文 从贝从耒（打麦脱粒，兼表声），会上天赐予之意。小篆 省作从贝从來（来本指小麦，麦本为来去的来，后来两者交换至今）。隶定后楷书写作賚。今简化为赉。本义为赏赐。吉林省有镇赉县（1947年8月，镇东与赉北两县合并为镇赉县），盛产大米。

由于赉是由赍而来，所以两者字形相似，字义相近，但现在分工还是比较明确的。"赉"古时虽也有"赠送"义，但与表示"持送"的"赍"不应混淆。

犄·掎

犄 jī 形声字。楷书犄从牛从奇（表声）。本义为被阉割的公牛。也指牛角或羊角对向的样子。犄角，指物体两个边沿相接的地方，如桌子犄角。还指角落，如屋子犄角、犄角旮旯。

掎 jǐ 会意兼形声字。小篆 从手从奇（偏，兼表声）。隶定后楷书写作掎。本义从旁牵引、拖拉。引申指牵制。掎角之势，指作战时分兵牵制或合兵夹击的形势。

人们容易根据合兵夹击与牛的犄角联想到了一起，于是错把掎角之势写作"犄角之势"。另外，要注意"犄"与"掎"的声调不一样。

嵇·稽

嵇 Jī 形声字。小篆 从山从稽省（稽省去旨，表声）。隶定后楷书写作嵇。本义为山名，在今安徽省宿州以西亳州以东。现在主要用作姓。

稽　多音字。会意兼形声字。本作秜，从禾（象树木曲头止住不上长形）从尤省（尤省去丿），会留止之意。小篆稽另加旨表声。后楷书分别写作秜（禾误为禾）和稽。今以稽为正体。本义为停留、迟延。又借用表示"䭫"的含义。䭫指古代一种跪拜礼，叩头至地停留一会儿再抬起的大礼，主要用于对君主。

读 jī 时，用的是本义，如稽留、稽延。还指查考，如稽查、无稽之谈、有案可稽。还指计较，如反唇相稽。还用作姓。

读 qǐ 时，常用词有稽首，指古时的一种礼节，跪下，拱手至地，头也至地。还指出家人的行礼方式，先举一手至胸前，再俯首至手。

嵇与稽（读 jī 时），都可用作姓，所以面对嵇、稽姓氏时，要稍加甄别。竹林七贤之一的嵇康绝对不能写作"稽康"。另外，稽首读音要注意，读错了就会失礼了。

缉·辑

缉　多音字。形声字。小篆緝从糸从咠（表声）。隶定后楷书写作緝。今简化为缉。本义是把麻搓捻成线，引申指搓捻、缝、继续、搜捕等义。

读 jī 时，指缉拿、缉毒、缉私等。

读 qī 时，缝纫方法，用相连的针脚密密地缝，如缉边儿、缉鞋口。

辑 jí　形声字。小篆輯从車从咠（表声）。隶定后楷书写作輯。今简化为辑。本义是车厢。也可以说本义是车，但不是一般的车。《六书故·工事三》说："合材为车，相得谓之辑。"意思是说车的各部件都要制作得很精准，车辆运行时各部件才能协调一致，达到这种标准的车才称"辑"。《说文·车部》："车和，辑也。"其中的"和"即"协调"。辑后来引申出和谐、收敛、聚集之义。而缉的聚集之义，是南北朝时候的事儿了。

编辑指收集资料或现成作品整理、加工成文章或书籍。与此同时，我们也可以理解要想做一名好编辑，那是要有汗牛充栋（车载马驮书籍）知识做基础的。

可见，"编辑"一个是绞丝旁，一个是车字旁，配合得天衣无缝。笔者曾经从一位朋友手中接过名片，看到其名字后写作"总编缉"，当时我就笑了。我笑了他就慌了。我开玩笑地说：你带两根绳子干吗呢？朋友摊开双手哭笑不得。

畸·倚

畸 jī　会意兼形声字。小篆 畸 从田从奇（偏缺，兼表声）。隶定后楷书写作畸。本义为残田，即不方正不规则的田。引申指不规则，如畸形、畸变。再引申指偏。

倚　详见586页"依·倚"。

畸重畸轻就是偏重偏轻，形容事物发展不平衡或对人对事的态度偏向一个方面。汉语中没有"倚重倚轻"这种说法。

跻·挤

跻 jī　形声字。金文 跻 从辵（辶）从齐（表声）。小篆 跻 改为从足从齐（表声）。隶定后楷书写作𨗇与躋。今以躋为正体并类推简化为跻。本义为上升、登上。

挤 jǐ　形声字。小篆 挤 从手从齐（表声）。隶定后楷书写作擠。今简化为挤。本义为靠近用力推使其后退。引申指拥挤。再引申指挤压，如挤牙膏。再后来就有了挤时间、挤对人。

跻身，指使自己上升到（某个行列或位置），如"跻身世界强国之林"。"挤身"，好像给人感觉是硬往队伍里挤，汉语体系中没有其位置。

箕·萁

箕 jī　参见241页"其·奇"。箕是其的加旁分化字。指竹篾或柳条之类编成的用具。簸箕，一种扬米去糠的器具。还指簸箕形的指纹，也指二十八宿之一，东方苍龙七宿为角、亢、氐、房、心、尾、箕。箕宿有四颗星。还用作姓。

萁 qí　形声字。小篆 萁 从艸（艹）从其（表声）。隶定后楷书写作萁。本义为豆秆或叫豆秸。

古人席地而坐，坐时臀部紧挨着脚后跟。常见成语是正襟危坐（整好衣襟，端端正正地坐着。形容严肃、恭敬或拘谨的样子）。跽坐指两膝着地，小腿贴地，臀部坐在小腿及脚跟上。日本现在还保留跽坐。"箕踞"，指一种坐的姿势，即两腿叉开，像簸箕一样地坐着。在古人眼中，这种坐法是十分放肆的。不仅因为这种坐法不拘礼节，率性而为，而且也和古人的服饰有关。古人上衣下裳，裳类似于今天的裙，里面不穿内裤，靠裳遮掩下体。箕踞则如袒裸，自然为社会道德所不容。河南信阳地区，把一个人做事不地道、好(hào)使坏心眼的人称之为箕坐。

"煮豆燃豆萁"的"萁"，和坐立无关。"萁居"无解。

齑·薤

齑 jī　形声字。小篆 𩐚 从韭从次（表声）。小篆异体 𩐝 改为齊表声。今以齏为正体，并简化为齑。本义指调味用的姜、蒜等碎末。引申指细、碎。齑粉即碎末、细粉。

薤 xiè　形声字。小篆 𧂇 从韭从叡（表声）。隶定后楷书写作 𧂇。俗简作薤。也作䪥。今以薤为正体。本义指多年生草本植物，叶细长中空，开紫色花。也叫藠头（jiào·tou）。

齑与薤，都与植物有关（字中都含有韭），都可以做调味品，所以用到这两个字要格外小心，否则就会串味。

🖉 智差三十里

一日，曹操和杨修经过曹娥墓，曹操指着墓碑上"黄绢幼妇，外孙齑白"题字问杨修："你懂得这八个字吗？"杨修毫不犹豫地回答："我懂。"

曹操连忙说："你先别说，让我想想。"

说完，他们往前走去。走了大约三十里，曹操这才说："我懂了。"

他让杨修转过身去，各自记下自己的理解。结果都是"绝妙好辞"。

原来：黄绢为色丝，"绝"字；年幼的妇女，就是少女，"妙"字；外孙是女儿的子女，"好"字；齑白是用来盛五种辛辣调味品的器皿，这等于"受辛"（"辞"字异体字为"辝"）字。

曹操感叹地说："我的才智与你相差三十里呀。"

及·即·暨

及　详见217页"和·及·暨"。

即　详见249页"即·既"。

暨　详见217页"和·及·暨"

在古汉语里，"暨"和"及"都可作连词，连接并列的名词或名词短语，用法一致。然而，在现代汉语中，"暨"和"及"的用法出现分化，一般语用中用"及"，"暨"只用于比较庄重、严肃的场合。如2015年是"中国人民抗日战争暨世界反法西斯战争胜利70周年"。

用"及"连接的成分在意义上存有主次之分，主要的成分放在"及"的前面，如"学校采购了图书、仪器及保洁物品"。

及与即都有到的义项，波及、涉及就是达到，即位就是到位，但及与即用法不同，如可望而不可即，不得写作"可望而不可及"。

及·急

及 详见 217 页"和·及·暨"。

急 jí 会意兼形声字。小篆 ![字] 上从及（追及，兼表声）下从心。隶定后楷书写作急。本义为狭窄、狭隘。引申指内心感到被追逼，感到紧张焦虑。

迫不及待意思是事情紧迫得来不及等待，即不能再有片刻耽搁。迫，义为急迫、紧迫；待，义为等待，此处可指耽搁。迫不及待强调"急"，而"急"又和"及"同音，外加小篆之"急"又从及，因此"及"字容易误为"急"字。"迫不急待"在字面上是说不通的。

岌·汲

岌 jí 会意兼形声字。小篆 ![字] 从山从及（高，兼表声）。隶定后楷书写作岌。异体俗作圾。后分化为表义不同的两个字。本义为山高的样子。

汲 jí 会意兼形声字。小篆 ![字] 从水从及（到，兼表声）。隶定后楷书写作汲。本义是从井里向上取水。引申为吸收、吸取。还用作姓。

岌岌，有两个义项：一是形容高耸的样子，二是形容危险的样子。常见词有岌岌可危、岌岌不可终日。

汲汲，形容心情急切的样子，表示急于得到或努力追求，如汲汲于富贵、汲汲于名利。"岌岌于个人享受"说不通，应该是汲汲于个人享受。

汲·吸

汲 详见本页"岌·汲"。

吸 xī 形声字。小篆 ![字] 从口从及（表声）。隶定后楷书写作吸。本义指用嘴、鼻或管道装置把液体、气体等摄取进去。

汲常用于书面语，吸常用于口语。一般情况下，吸的力量上显然不用像"汲"那么大。"汲取"是需要花费一番力气、精力才可获得对象的。因而，"汲取教训"就比"吸取教训"显得更努力、更认真一些。

【汲取】动 吸取：～经验｜～营养。

【吸取】动 吸收获取：～养料｜～经验教训。

【汲引】〈书〉动 引水，比喻举荐提拔。

【吸引】动 把别的物体、力量或别人的注意力引到自己这方面来：～力｜这出戏～了不少观众。

级·届·界

级 jí　形声字。小篆 ![字] 从糸从及（表声）。隶定后楷书写作級。今简化为级。本义为丝的优劣等级。引申出年级等义。

届　详见 277 页"介·届"。

界 jiè　会意兼形声字。小篆 ![字] 从田从介（分隔，兼表声）。隶定后楷书写作畍。俗作界。今规范以界为正体。是介的加旁分化字。本义为不同地域交接的地方，即地界、边界、尽头等。引申指职业、工作或性别等相同的一些社会成员的总体，如文艺界、科学界、妇女界等。如果要说各类社会团体的人，则可以说"各界人士"；"社会各界"指的是社会各方面的成员和力量。

"届"一般用于毕业的年级及其学生。如"老三届"是指 1966～1968 年三年的中学毕业生。再如各校历年的毕业生留给母校的纪念品上的落款均为"××届毕业班"。而"级"一般用于入学和在校的年级及其学生。如 2023 年入学就是 2023 级。

"级"常用于"新生"，"届"一般用于"毕业生"。同一期学生，既可用"级"也可用"届"。毕业的当年之前称"级"，毕业的当年及其后称"届"。当强调入学的年份时，可以用"级"；而强调毕业的年份则用"届"。照此，"1977级、1978 级"大学生，也就是"1982 届"本科毕业生。由于各种原因，两期学生，同年入学，同年毕业（一春季一秋季）。

如今常用的"届"，都与时间有关。作动词指到（时候），如届时、届期等；作量词指次或期，用于周期性的对象，如十九届、历届、换届等。"届"指时间，"界"指空间，弄清这层关系，就不会把足球界、社会各界错成"足球届""社会各届"。

极·竭

极 jí　会意兼形声字。

極，小篆 ![字] 从木从亟（兼表声）。隶定后楷书写作極。本义为房屋的脊檩。是亟的加旁分化字。参见 250 页"亟·急"。

极，石鼓文和小篆 ![字] 从木从及会意，及也兼表声。本义为放在驴背上驮物的木架子（木架子与人字形房梁近似）。

汉字简化时，将極简化为极。脊檩是房子最高点，故极引申指顶点、尽头，如登峰造极。还指地球的南北两端等义。

竭 jié　形声字。小篆 ![字] 从立从曷（表声）。隶定后楷书写作竭。本义为用脊梁背起、驮起。背起需要力量，引申指用尽，如竭力。再引申干涸，如枯竭。还用作姓。

极为房梁，竭从脊梁，两者与生俱来有着天然联系，如极力与竭力。

【极力】副 用尽一切力量；想尽一切办法：~抢救伤员｜~克服困难。

【竭力】副 尽力地：~避免事故发生｜我们一定~完成任务。

对比极力与竭力，前者程度要大于后者，但一般情况下，除了读音区别外，意义大致相同。

极·急

极　详见248页"极·竭"。

急　详见247页"及·急"。

急可指呼吸急促、猛烈。气急败坏，指上气不接下气，也指狼狈不堪，形容十分紧张或恼怒。

极指达到极点。可以说"气极了"，但古今汉语中没有"气极败坏"之说。

即·既

即 jí　会意兼形声字。甲骨文作🕉，左为盛饭的器具（器具里那横表示食物），右为卩（跽坐的人，兼表声）。金文🕉。小篆🕉。隶定后楷书写作即。本义为就食（正在吃饭）。引申出就、走近、靠近，如若即若离。用作副词，相当于立刻、马上。再引申出就是、便是，表示对人、事物或动作行为的肯定与强调，说明事实正是如此。

既 jì　会意字。甲骨文作🕉，左为盛饭的器具（器具空空表示食物已吃尽），右为旡（表吃饱后打嗝），整字会已经完成之意。金文🕉。小篆🕉。隶定后楷书写作既。本义为吃完饭了。故用于既往、既成事实、既往不咎。常用的还有既然。既还与"且、又、也"等副词呼应，表示两种情况兼而有之，如既要……也要……、既要……还要……

怎样区分这两个字呢？根据它们的造字原理就能一目了然：

因为即将吃，所以"即"有未然义。它可以表示靠近、接近，如可望而不可即；空间的近再引申出时间的近，如高考在即。"即使"为什么要用"即"呢？"即使"只是一种假设，事情还没有发生，自当用表示未然的"即"。即使是现代汉语中的常用连词，常表示让步关系，往往和"也、还"等副词搭配使用。

因为已经吃过，所以"既"有已然义。如既成事实、既往不咎、既得利益，包括"既来之，则安之"，这里的"既"都有已经实现、已经完成的意思。"既然"

说的是已经如此,自当用表示已然的"既"。既还可作连词,表示推论因果关系,如"既生瑜,何生亮";或者表示并列关系、递进关系,如"既美观又实用""既没有迟到,更没有旷课";但"既""使"八字不合,不能组成"既使"。

面对即、既有点犹豫时,您应该先想一想:您吃过了吗?

要是把"既往不咎"写成"即往不咎","召之即来"写成"召之既来",您不来也得来,来了就是追究您的"责任"。

还要注意,别把即使(jíshǐ)读成"既使"(jìshǐ)。

亟·急

亟 多音字。会意字。甲骨文 𠄟 从人从二,用人头足受挤于两物之间,会紧急得很之意。金文 亟 另加义符口与攴(手持工具),以突出频频呼叫挣扎紧急至极之意。小篆 亟 将攴改为从又(手)。隶定后楷书写作亟。本义为紧急、急迫。

读 jí 时,作副词,义为急迫地,如亟待解决。亟亟,形容急迫、急忙,如亟亟奔走。

读 qì 时,义为屡次,如亟来问讯(屡次过来询问)。

急 详见 247 页"及·急"。

亟与急,古代音义皆不同,如今当亟读 jí 时与急同音。亟侧重表示迫切、急迫,用作副词,只作状语,不作其他成分,是书面语;急侧重表示危急、急躁、窘迫或赶快,是形容词,可作状语、定语、补语,是口语,使用范围较宽。亟待解决,不要写作急待解决。《现汉》没给"急待"留位置。

瘠·脊

瘠 jí 会意兼形声字。古文 膌 从疒从朿(木刺,兼表声),会病得骨瘦如柴之意。小篆 膌 从肉(月)从脊(脊骨突出,兼表声)。隶定后楷书写作膌。异体作瘠。今规范用瘠。本义为瘦弱。

脊 jǐ 象形兼会意字。古文 𦙶 上象脊骨形下从肉(月),象人或脊椎动物背部中间的骨肉之意。小篆 脊。隶定后楷书写作脊。本义为脊柱。

瘠,后引申指贫困、土地不肥沃等义,如瘠薄、贫瘠。瘠田指不肥沃的田地。苦瘠,指土质硗(qiāo)薄。硗与垮音义相同。"苦脊",难以索解。

藉·籍

藉 多音字。会意兼形声字。小篆 藉 从艸(艹)从耤(借助,兼表声)。隶定后楷书写作藉。本义指放置祭祀礼品的草垫子。古有"藉茅",意思是用茅草垫放祭品，表示对神的敬意。引申指以物衬垫。再引申指坐或卧在某物上。如藉稿，即坐卧在草席（稿）上，表示谢罪待刑。进一步引申指依托、凭借。如藉荫，即指凭借或依托父祖余荫作为庇护。本义读作 jí。

读 jiè 时，表示依托、凭借义项时，"藉"与"借"归并，统一写作"借"，但有特殊规定。参见本页"藉·借"。

读 jí 时，指践踏、欺凌。词语"狼藉"（纵横交错）就是从这个意义引申出来的。还用作姓。

籍 jí 会意兼形声字。小篆 籍 从竹（⺮）（古时书写用竹简）从耤（与耕田有关，兼表声），原指用竹简编成的用来记载文书、档案的册子，即名册、户口册。隶定后楷书写作籍。本义指户口册。引申指人名簿、登记等。人一般都会在出生地登记户口，所以"籍"又引申指籍贯。再引申出户籍、党籍、国籍，等等。后来也泛指书籍。

籍、藉二字古多通用，但户籍、典籍的籍不能写作"藉"，草垫意义的藉也不能写作"籍"。"狼藉（jí）"与"狼籍"为全等异形词，且以"狼藉"为推荐词条。藉（jí）、籍都可作姓氏。

"籍"没有"安慰"义，不能与"慰"组成"慰籍"一词。

✎ 籍籍与藉藉、寂寂

下面，我们从《辞海》第七版摘取相关词条的主要解释。"籍籍"：亦作"藉藉"。纷乱貌。常形容众口喧腾或声名甚盛。"藉藉"：杂乱众多。"寂寂"：冷静；落寞。寂寂无闻，指名气不大，不为众人所知。"藉藉无名"，查无出处。"籍籍无名"，在逻辑上是说不通的。但也有专家说：籍，本义为名册，登记册。"籍籍无名"可理解为每一本名册上都没有名字，形容名声不显。现在很多媒体用"籍籍无名"，笔者建议采用"寂寂无闻"。

济南有家"藉书园"，是为了纪念从济南走出去的清代学者，人称"图书馆之父"的周永年而建。最初名称为"藉書園"，但现在名称为"藉书园"，按理说应该叫"借书园"。

藉·借

藉 详见 250 页"藉·籍"。

借 jiè 形声字。小篆 借 从人从昔（表声）。隶定后楷书写作借。今又用作"藉"的部分义项的简化字。本义为借入，即暂时使用别人的东西或财物，约定时间归还。也指将自己的钱物暂时供人使用，即借出。引申指凭借、依靠。

在《简化字总表》中，藉是借的繁体字，在《现代汉语通用字表》中，"藉"

又是一个通用字。所以,《现汉》等字、词典中大都分别列有"借"与"藉"的字头。用"借"构成的词是很多的,如借款、借光等,在这些词中不会有谁把"借"写作"藉"。在《简化字总表》的注释中对"藉"简化为"借"专门做了说明:藉口、凭藉的藉简化作借,慰藉、狼藉等的藉仍用藉。慰藉是安慰的意思,狼藉(藉同籍,均读jí)是杂乱的意思,蕴藉是含蓄不露的意思,枕藉是(很多人)交错地倒或躺在一起的意思。这几个词都得写作"藉"。

己·巳·已

己 jǐ 象形字。是纪的本字。甲骨文 ᒐ、己 象绳子缠绕形。金文 ᒣ。小篆 ᒣ。隶定后楷书写作己。本义在绳子上系圈、打结,用以记数和记事。当"己"本义消失后,小篆加丝另造纪。"己"主要用作"自己""姓"以及天干的第六位。

巳 sì 象形字。甲骨文字形 ᒣ。金文 ᒣ。小篆 ᒣ。隶定后楷书写作巳。本义为胎儿。巳借作地支第六位(己借作天干第六位,一个天干第六位,一个地支第六位,天意还是有意,只能留给人们去猜测了)。

已 yǐ 象形字。已本作巳,后为了区别,遂留下缺口作已。故"已、巳"同源。在甲骨文、金文和小篆中是同一个形象。小篆写作 ᒣ,与胎儿 ᒣ 的头部位置相反,表示出生了的胎儿。

汉字中的"己""已""巳"三字字形相近,在普通话中的读音亦有相似之处,所以在使用中常常会出现错误。为此,人们创造了一则顺口溜:"张口己,闭口巳,半开半闭就是已。"

自己和自已,前者人称代词、常用词,后者作动词是一个文言结构,意思和用法完全不同。

不能自已,意思是不能抑制自己的感情。"兴奋得不能自已",是指自己不能控制自己,无法让激动的情绪平静下来。从语法角度来说,"不能"是无法修饰"自己"的。

纪·济

纪 多音字。会意兼形声字。甲骨文 ᒐ、金文 ᒣ 用己(编结)表示。小篆 ᒣ 另加义符糸,成为从糸从己(兼表声)会意。隶定后楷书写作紀。今简化为纪。本义为丝的头绪。整理工作犹如理丝,会议纪要来自此。引申法纪、纲纪。

读 jǐ 时,用作姓(近年也有读 jì 的,这是《现汉》标注,由此看出专家们对此不持反对态度)。

读 jì 时,义为纪律、法度,如军纪严明、风纪等。还指义同"记",主要用于纪念、纪年、纪元、纪传等,别的地方多用"记"。古时以十二年为一纪,今指更长的时间，如世纪、中世纪。另指地质年代分期的第三级，在代之下世之上，如中生代分为三叠纪、侏罗纪和白垩纪。

济　多音字。形声字。金文𣲖左从水右从齊（表声）。小篆𣶏。隶定后楷书写作濟。今简化为济。俗体楷书济依据草书字形而来。本义为济水。

读 jǐ 时，指济水，古水名，发源于今河南，流经山东入渤海。现在黄河下游的河道就是原来的济水的河道。今河南济源，山东济南、济宁、济阳，都是因济水得名。还用作姓。常用词为济济一堂。

读 jì 时，义为过河、渡，如同舟共济。还指救、救济，如接济。再指帮助以及产生益处或使得益处，如无济于事、假公济私、刚柔相济。

经济指社会物质生产和再生产的活动，以及个人生活开支等。

经纪指筹划并管理（企业）。经纪人是靠为买卖双方撮合从中获取佣金的人。

计·记

计 jì　会意字。小篆計从言从十（表数目）。隶定后楷书写作計。今简化为计。本义指结算。后引申有计划、计谋、策略义。

记 jì　会意兼形声字。小篆記从言从己（表识别，兼表声），会记录之意。隶定后楷书写作記。今简化为记。本义为记录。

计是计算，记是记录。在谈论道路交通安全时，"计2分"就是对违法行为以2分计算，"记2分"就是对违法行为记录下2分，表达的意思是一致的。但在一篇文章中应该统一，不要"计""记"混用。

"空城计"见于《三国演义》，这个"计"是计策、计谋，不应用"记"。

"记"的基本义是把印象保留在脑中（如记仇）；引申指记录、登记等。

不计名利，指不考虑个人的名位和利益。其中的"计"，就是计较、考虑的意思。"不记名利"说不通。

纪·记

纪　详见252页"纪·济"。

记　详见本页"计·记"。

纪与记，既有共通的用法，也有不同之处。在古汉语中经常相通，现在逐渐形成了分工的倾向性。

"纪"的目的是为了理出头绪，使之整齐有序。由此引申为法度、准则以及治理、管理等义项，如纲纪、法纪。

从区别性角度来看，现代汉语中使用"纪"的语境主要有：

①表示某个项目在一定时期、一定范围内记载下来的最好成绩，此处必须写作"纪录"，不作"记录"。如"保持纪录""创造了新纪录""打破了女子100米仰泳世界纪录"。

②表示记载年代，必须写作"纪年"，如"历史纪年表"；纪年的起算年代，必须写作"纪元"，如"开创新纪元"。按照帝王世序和年代先后记述政治上重大事件和帝王本人事迹的史书，叫"纪传体"。"项羽本纪"中的"本纪"是一个史学专名，从古至今都作"本纪"。

司马迁著《史记》，首创"本纪"体例。古有"本纪"一词，指"根本纲纪"。这可能就是司马迁以"本纪"为帝王传记命名的原因。

③用一定的方式对人对事表示怀念，《第一批异形词整理表》的推荐词形是"纪念"，"记念"为非推荐词形。鲁迅先生撰写的《为了忘却的记念》，文章标题中就不用"纪念"。"纪要"与"记要"为异形词，中国版协校对研究委员会等四单位联合发布的《264组异形词整理表》中，推荐词形也正是"纪要"。

从区别性角度来看，现代汉语中使用"记"的语境主要有：

①凡是涉及记忆的事，都用"记"，如记仇、记恨、记诵等。

②把听到的话或发生的事写下来，必须用"记"，如记录、日记等。表示登记、记载义，也用"记"，不用"纪"，如记名、记功。

③为引起注意，帮助识别、记忆而做成的标志用"记"，如记号、标记、暗记。

有时虽然"纪"和"记"都可以用，但表义上还是存在着些微差别的。

"纪事"与"记事"。"纪事"带有书面语的色彩，多用于书名，如《广东改革开放纪事》；而"记事"的口语色彩较浓，仅仅是说把事情记录下来，如"三年级二班记事簿"。

"大事纪"和"大事记"。前者隐含着所记载的大事是经过组织确定整理的，后者则少有这层意思。

伎·技

伎 jì 形声字。小篆 从人从支（表声）。隶定后楷书写作伎。本义为同伴。借作"妓"，也表示古代以歌舞为职业的女子、歌女、舞女等，如歌伎、舞伎等。又通技，后来趋向贬义，指不正当的手段、花招，于是就有了伎俩。

技 jì 形声字。小篆 从手从支（表声）。隶定后楷书写作技。本义为技巧、技能，即某方面的能力、本领。

古代"伎"可通"技"，指才智、技艺。"技俩"和"伎俩"这两个词都是有的，都可指技能、技巧，不含贬义。但由于"伎"又可通"妓"，在感情色彩上逐渐发生变化，近代以来"伎"专指玩弄手段或花招。"伎俩"因此不再写作"技俩"。

✎ 妓，本义为妇人小有才艺。又表示从事歌舞杂技表演的女艺人。后世转指以卖淫为职业的女子。

计·技

计　详见 253 页"计·记"。
技　详见 254 页"伎·技"。
长技即擅长的本领，身无长技指没有一项擅长的本领。
计本义指算账、计算，引申指谋划、安排，如权宜之计。
长计可指求取长远利益的谋略，但没有"身无长计"的写法。

记·忌

记　详见 253 页"计·记"。
忌 jì　形声字。金文 ▨ 从心从己（表声）。小篆 ▨。隶定后楷书写作忌。本义为憎恨、怨恨。引申指嫉妒、猜疑。
切记，即务必牢记。切忌，即务必避免。

忌·祭

忌　详见本页"记·忌"。
祭　多音字。会意字。甲骨文 ▨ 右从手左从滴血的肉块。有的甲骨文 ▨ 以 ▨ 突出向神祈祷。金文 ▨ 将甲骨文滴血的肉写成 ▨。小篆 ▨。隶定后楷书写作祭。本义用肉制品敬供神灵。祭，是规定时间进行的（如某人去世一周年，可进行周年祭），而奠则是突然、临时性的纪念活动，因此花圈上写"奠"而不写"祭"。
读 jì 时，指本义，以及由本义引申义。
读 Zhài 时，姓。
"祭日"多指古代一种重要的祭礼，即天子于每年春分设大坛祭祀日神。
逝世之日应作"忌日"或"忌辰"。"忌日"指父母或其他亲属逝世的日子。古时每逢这一天，家人忌饮酒作乐，所以叫"忌日"或"忌辰"。
有人讲："三十年来，每逢父母的生日、祭日，我们都要举行纪念活动。"这句话中的"祭日"应该写作"忌日"。

✎ 夕与夂

夕，称为祭字头。左为月（肉）右为手的变形，会手拿肉制品准备祭祀意。不单独成字，从"祭"可一睹其风采。"祭"组字功能较强，如蔡、察、擦、礤等。

癶，读 bō，会意字。甲骨文 ⺨⺨、金文 ⺨⺨、小篆 ⺨⺨ 都似两只脚的形状。隶定后楷书写作癶。本义为剌跋（là bá）腿，即像罗圈腿一样迈步，表示行动不便。鲁西南方言尚存此语。癶，不单用，只作部首，称为登字头。

从"癶"的字主要有"登、癸（guǐ）"以及由"登、癸"为偏旁的字，如凳、橙、葵等。从"登"的字，韵母都是 eng；从"癸"的字，韵母都是 ui。

䁖是登的异体字，现在不能再使用了。

忌·跽

忌 详见 255 页"记·忌"。

跽 jì 会意兼形声字。甲骨文 ⺨ 从止（足）从己（弯曲，兼表声）。小篆 ⺨ 改为从足从忌（表声，其实也兼此坐姿带有禁忌之义）。隶定后楷书写作跽。是跪的分化字。本义为长跪，即双膝着地上身挺直。

跽坐，不要写作忌坐。

参见 245 页"箕·其"。

左为跽坐，右为箕踞

及·忌

及 详见 217 页"和·及·暨"。

忌 详见 255 页"记·忌"。

顾及，意为照顾到、注意到，如无暇顾及。

顾忌，意为恐怕对人或对事情不利而有顾虑。

顾及与顾忌，差别还是蛮明显的，稍用点心就不会混淆。

疾·嫉·忌

疾 jí 会意兼形声字。甲骨文 ⺨ 从大（人）从矢（兼表声），好似一个人被矢射中。金文 ⺨。小篆 ⺨（左为病床，矢变形较大）。隶定后楷书写作疾。本义中箭受伤。由于疾从矢，因而疾引申指迅速，如疾速、疾驰、奋笔疾书。古人认为：外伤为疾，内患为病。另外，古人还认为疾为轻，病为重。

嫉 jí 会意兼形声字。小篆 ⺨ 从人从疾（痛，兼表声）。隶定后楷书写作㛪。

异体字为嫉。今规范用嫉。本义为妒忌。

忌　详见 255 页"记·忌"。

疾与嫉在痛恨义项上相通，如疾恶如仇也作嫉恶如仇。

嫉与忌在妒忌义项上相通，如嫉妒义为忌妒。嫉恶如仇不得写作"忌恶如仇"；表示畏惧、禁忌的意思也不能写作"嫉"。

【嫉恨】动 因忌妒而愤恨；憎恨。

【忌恨】动 因忌妒而怨恨：～他人。

偈·谒

偈　多音字。形声字。《说文》无。楷书偈从人从曷(表声)。本义为快速奔跑，引申指勇武。

读 jié 时，义为勇武。

读 jì 时，借用译音字。梵语音译词 Gāthā 的简称，原指佛经中的唱词，即佛经中的颂词(歌颂佛祖功德)，梵语偈陀的简称。多用三言、四言、五言、六言、七言以至多言为句，四句合为一偈。又称偈颂、偈文、偈句、偈言、偈语，等等。还称"偈子"。也泛指与佛教有关或带有佛教色彩的诗作。

谒 yè　会意兼形声字。小篆 从言从曷(大声求人，兼表声)。隶定后楷书写作谒。今简化为谒。本义为陈述、禀告，多用于下对上或幼对长。引申为拜见、瞻仰，表示崇敬而庄重地拜访。如"拜谒国家元首""进谒中山陵"。

偈，颂词，易让人联想到用言字部首。这也是造成把"偈语"错写成"谒语"的原因之一。拜谒，不能错成"拜偈"。

冀·翼

冀 jì　会意兼形声字。冀与翼同源。金文一 下从異(异，头上顶戴物，自然就会发生变异，兼表声)上从飛(飞)会意；金文二 "飛"或简作"羽"；金文三 或省去"飛"，留下两翅轮廓讹作"北"。小篆承接金文后繁简三形依次为 、 、 。隶定后楷书分别写作翼、翼、冀等。今 用翼表示，翼另表他义。本义为恭敬。引申表示希望，如希冀、冀盼、冀望、冀图等。冀也是河北省的别称。还可以用作姓。

翼 yì　详见上文冀。指翅膀或像翅膀的东西，如鸟翼、蝉翼、机翼等。

虽说，冀与翼同源，如今劳燕分飞。翼然，就是鸟展开翅膀的样子，可用以形容山石或亭台等建筑物高耸开张之状。有亭翼然，即有一座亭子，四角翘起像鸟展翅一样。

📎 附骥(骏马)是附骥尾的略缩语,也可作附尾。附骥,即蚊蝇附着于骏马之尾,可以随之日行千里,比喻依附先辈或名人之后而成名。附骥尾有时与攀鸿翮(hé,指鸟的翅膀)搭配使用。世上无"附冀"。

夹·浃

夹 多音字。会意字。甲骨文 ⿻ 是两人从腋下夹持一个大人之状,会从左右两腋相持之意。金文 ⿻。小篆 ⿻。隶定后楷书写作夾。今简化为夹。

读 jiā 时,常用作动词,如夹带、夹击、夹杂等。"夹克"与"茄克"是全等异形词,夹克为推荐词条。

读 jiá 时,属性词,指双层的衣被等,如夹袄、夹被。

读 gā 时,人们好用腋下夹东西,故用作"夹肢窝"。

浃 jiā 形声字。小篆 ⿻ 从水从夾(表声)。隶定后楷书写作浹。今简化为浃。本义为浸渍、湿透。常用成语为汗流浃背。

汗流浃背,不能写作"汗流夹背"。

📎 夾与夾区别

夾,读 shǎn,指事字。小篆 ⿻ 从亦(人两腋),又于腋下另加两弧形,指明腋下夹带有偷来的东西。隶定后楷书写作夾。本义为趁人不见偷东西后迅速藏在怀里。本义后来用"闪"(藏偷来的东西那必须得迅速)来表示。

夾,详见上文。由两旁引申指双层,如夹袄、夹衣。此义后来加义符衣写作"袷"或"裌"来表示。两边相夹拥挤,中间窄小,故又引申指狭窄。为了分化"夾"字义负担,古人另加义符阜(阝左)写作"陜"。后来发现"陜"与"陝"(陝,本义为地名,在今河南省陕州区。陕州区以西为陕西)(专指地名,今河南陕州区一带。自陕而东者,周公主之;自陕而西者,召公主之。陕西因此得名)容易混,于是又将"陜"改为"峽"(今简化为峡,读音也随即发生变化)。峡后来专用以表示两山间狭长的地方,狭隘之义便又借本"狎"的异体"狭"来表示。由此可以看出,陕西的陕,繁体写作"陝",注意不是"陜"。

夹,人们多用腋下夹东西,故用作"夹肢窝(gā·zhiwō)",现在一般写作"胳肢窝(gā·zhiwō)"。

汉字简化时,将陝简化为陕,但眹没有变。眹读作 shǎn,指眼睛很快地开闭;眨眼,如"那飞机飞得太快了,一眹眼就不见了"。其实我们完全可以用"一闪眼""一眨眼"来代替。此字如此偏僻,《通用规范汉字表》将其遗弃,但《现汉》却不弃不离,不知为了哪般。《现汉》唯一收入带夾的汉字是眹,且异体字为䁖(现常用于人名)。

另外，陕与郏只是"耳朵"换个岗，更为有趣的是，陕县、郏县都在河南。遗憾的是，2016年1月6日，三门峡市陕州区挂牌成立，陕县离我们而去。

佳·嘉

佳 jiā　会意兼形声字。小篆 佳 从人从圭（音 guī，玉器，下方上尖，呈长条形。开始帝王用它册封诸侯，后来用作各种重大礼仪时帝王、诸侯手执的礼器。义为美好，兼表声）。隶定后楷书写作 佳。本义为美好。这里的"美"首先是形容人的，所以形符从人。然后引申到佳境、佳肴、佳作、佳绩、佳节、佳期、佳偶等。还用作姓。

嘉 jiā　会意兼形声字。甲骨文 𠫤 左边从壴（鼓乐）右从力，会尽情娱乐之意。金文 𠫤 下加口，突出欢笑。小篆 嘉 整齐化。隶定后楷书写作 嘉。本义为欢乐。引申指美、善。

《说文》："佳，善也。""嘉，美也。"美与善同义。故这两个字古多通用，但现在已经分工明确了，不过保留【嘉宾】（佳宾）这组异形词。

"佳"与"嘉"的相异之处主要有两点：

（1）作为形容词，"嘉"的外延要远远大于"佳"。"嘉"字自古有吉庆祥瑞的意思，因而也比较庄重。古代有11位皇帝用它作年号用字，如明世宗朱厚熜的"嘉靖"，清仁宗颙琰的"嘉庆"等（这两个年号常被张冠李戴）；而古人常说的"嘉禾（特别茁壮的稻禾，古人认为是吉祥的象征，浙江嘉兴、湖南嘉禾地名都因禾得名）""嘉谟（谋）""嘉礼"一般都不用"佳"字。"佳"常用于一般人身上，如佳人。

（2）"嘉"的另一个特点是可以用作动词。如嘉许（赞许）、嘉奖（表扬奖励）、嘉勉（嘉奖勉励）、嘉纳（赞许采纳）、嘉惠（施加恩惠）、可嘉（值得赞许），就不能改作"佳许""佳奖""佳勉""佳纳""佳惠""可佳"。在古代汉语里，"佳"字也偶有用作动词的，这种用法现代汉语里已不复存在。

佳·隹

佳　详见本页"佳·嘉"。

隹 zhuī　象形字。甲骨文 𢀖 是一只鸟的形状。金文 𢀖。小篆 隹。隶定后楷书写作 隹。本义短尾鸟。凡有"隹"作偏旁的，一般都与鸟有关。如集，是鸟栖树上，引申为聚集义；如雉，是以箭（矢）射中鸟（隹），表示这是人们捕获的野鸡；隼（sǔn），是鸟中之霸。

🔔 "隹"的右侧中间那竖上下贯通，而"佳"右侧是两个土字叠加。

笔者在审《不日记三》大样时提出"山佳兄"应为"山隹兄"，作者在正式出版时加上"将近七十年之后，我们才知道'山'和'隹'上下组合为'崔'字，崔实际由山隹组成，隹读 zhuī，古书中指短尾鸟"。

📎 隹与鸟

古时候，人们把长尾巴鸟写作鸟，把短尾巴鸟称为隹。如雀（上小下隹）就是尾巴短，鸦就是长尾巴。后来，就不是那么严格了。如"孔雀的尾巴够长够美的吧"，本该写作"孔鹊"，但写作孔雀。"鹊"异体字"雒"。鸦与雅同源，后来分工明确。雞与鷄，新中国汉字简化时，让专家犯了难，将"雞"左侧简化为"又"，就与"难"相混了，于是只好将"鷄"简化为"鸡"，同时把"雞"作为"鷄"的异体字淘汰出局。由此看出，"隹"与"鸟"逐渐混同。

家·价

家 jiā　会意兼形声字。早期甲骨文 𠆢 从房从豕（公猪。"家"中"豕"是"豭"的省写。"豭"公猪也，此处兼表声）。金文 𠖔。小篆 家。隶定后楷书写作 家。今又作"傢"的简化字。本义为养猪棚。有人提出，为何祖先单单选"豕"而不选"牛""马""羊"等？或者选"人"不是更有道理吗？笔者以为，古人造"家"并非一时冲动，而是从牲畜肥力（牛马粪量大但不肥，鸡鸭鹅粪虽肥但量小）、繁殖力（猪年繁殖数量大大超过牛马羊）、人与动物和谐相处等各方面因素考虑，最后选定"宀+豕"。新中国第二次汉字简化时把"家"简化为穴，但很快"人去豕回"。

家在读 ·jie 时，同"价"（·jie），如"整天家不知道忙些啥""成年家不着家"。

价　多音字。会意兼形声字。小篆 价 从人从介（披甲，兼表声）。隶定后楷书写作 价。还有一个價字，小篆 價 从人从贾（货物存放，兼表声）会意，是贾的加旁分化字。后来，價简化为价。

读 jià 时，是價的简化字，义为价格、价值、价钱等。还用作姓。

读 jiè 时，〈书〉称被派遣传送东西或传达事情的人。

读 ·jie 时，助 ❶〈方〉用在否定副词后面加强语气：不～｜甭～｜别～。**注意**▶跟否定副词单独成句，后面不再跟别的成分。❷ 用在某些状语的后面：成天～忙｜震天～响。

"家"与"价"在读 ·jie，部分义项上相通，但不是全部义项，提请注意。另外，"身价"与"身家"的区别还是不小的。

【身家】名 ❶ 本人和家庭：～性命。❷ 旧时指家庭出身：～清白。❸ 指家产：～过亿。

【身价】名 ❶ 人身买卖的价格。❷ 指一个人的社会地位或价值：~百倍｜这名球员转会的~看涨◇这幅画~不断攀升。

奸·间

奸 jiān　会意兼形声字。小篆一 ❇ 从三女（姦），会阴私之意；小篆二 ❇ 从女从干（干犯，兼表声）。隶定后楷书分别写作姦与奸。今以奸为规范字，姦只在奸淫义项上是奸的异体字。本义为私、取巧。后引申指男女之间发生不正当的关系。再引申出邪恶、狡诈等。自然就有了汉奸、奸细等。奸细，指给敌人刺探消息的人。

间　多音字。会意字。金文 ❇ 从门从月，用门中可以看到月光会空隙之意。小篆 ❇ 将月移到门中并整齐化。隶定后楷书写作閒（如今是间的异体字）。俗改月为日写作间。今简化为间，用以表示"閒"的中间、间隔等义。

读 jiān 时，方位词，如中间、同志之间。还指一定的空间或时间里，如田间、人间、晚间。又指房屋，如里间、车间。自然引申出量词，如两间房子。还用作姓。

读 jiàn 时，义项有空隙（乘间），嫌隙、隔阂（亲密无间），隔开（间隔、黑白相间），挑拨使人不和（离间、反间），还指拔去或锄去多余的苗（间萝卜苗）。参见 265 页"减·简"。

"反间"是军事斗争中常用的一种策略，就是巧妙地利用敌方的间谍，使敌方获得虚假的情报，这样，原来敌方派出的间谍，就能为我所用。

《孙子兵法》中专门有一篇《用间》，指出有五种间谍。利用敌方乡里的普通人作间谍，叫因间；收买敌方官吏作间谍，叫内间；收买或利用敌方派来的间谍为我所用，叫反间；故意泄露假情报给敌方间谍，叫死间；派人去敌方侦察，再回来报告情况，叫生间。

"反奸"，字面意思就是反对奸细、捉拿敌方派来的间谍，汉语词汇中未见。

閒，对应简化字有二：一为间，一为闲。閒均为"间、闲"的异体字。

《墨子閒詁》的閒表示发现抵牾、查漏补阙（缺）之义，这是从缝隙义引申而来的。因此，这里的"閒"简化字应该用"间"。

📎 间架，本指房屋的结构形式，常用来比喻文章、方案等的结构和布局。后也借指汉字书写的笔画结构。

肩架，在摄像器材中，一种和摄像机组合在一起后可用肩驮起的支架。

坚·艰

坚 jiān 会意兼形声字。小篆 𡋀 从土从臤（牢固，兼表声），会土坚硬之意。隶定后楷书写作 堅。今简化为坚。本义为土地板结。

艰 jiān 会意兼形声字。甲骨文 𦰶 左为壴（击鼓祭祀）右为一人被束缚朝天叫喊，会苦难之意。籀文 𤅀 从堇从喜（表声）。小篆 𦫳 改为从艮表声，艮也兼表狠的意思。隶定后楷书分别写作 囏 和 艱。囏用作人名（姬囏，周懿王），不简化；艱简化为艰。

下面几组词，请大家辨析。

【坚苦】形 坚忍刻苦。（坚忍，形容在艰苦困难的情况下坚持而不动摇，如坚忍不拔的意志）

【坚苦卓绝】（在艰难困苦中）坚忍刻苦的精神超越寻常。

【艰苦】形 艰难困苦：～奋斗｜环境～｜～的岁月｜～工作。

【艰苦卓绝】形容斗争十分艰苦，超出寻常：中国人民经过长达 14 年～的斗争，取得了中国人民抗日战争的伟大胜利。

坚苦是面对困苦的积极态度，艰苦就是指艰难困苦的程度（对艰苦，要么积极应对，要么消极颓废，要么躺平）。同理，坚苦卓绝指面对困苦精神非同一般（常指个人），艰苦卓绝指斗争艰难超出寻常（是褒义词，常指集体、民族等）。

我们再来讲攻坚与攻坚战。

【攻坚】动 ❶ 攻打敌人的坚固防御工事：～战。❷ 比喻努力解决某项任务中最困难的问题。

【攻坚战】名 攻击敌人坚固阵地的战斗◇开通隧道是修路任务中的～。

我们打好扶贫攻坚战，常被错写成"攻艰战"，原因大致有以下三点：一是两字音近；二是受"坚苦""艰苦"的影响；三是把"攻克艰难"缩写成"攻艰"。《现汉》没给"攻艰、攻艰战"留有位置。

共赴时坚的"坚"，应是"艰"。时艰，即当前的困难、艰难的时局。

鹣·鲽

鹣 jiān 会意兼形声字。《说文》无。楷书 鶼 从鳥从兼（相并，兼表声）。今简化为鹣。本义为古代传说中的比翼鸟。鹣鹣，也指比翼鸟。

鲽 jiān 后起会意兼形声字。楷书 鰜 从魚从兼（相并，兼表声），和"鲽(dié)"同义，指鲽科比目鱼。今简化为鲽。

鹣鲽，用来比喻恩爱夫妻。汉语应用中没有"鲽鲽"一词。

枧·硷·碱

枧 jiǎn　形声字。《说文》无。楷书枧从木从见(表声)。今简化为枧。义同"笕"(安在屋檐下或田间的引水长竹管)。在方言中指用于洗涤去污的肥皂。如王力《广州话浅说》:"番枧,肥皂。枧就是硷的别字;番就是洋。亦简称枧。""洋枧"是肥皂的旧称。

碱 jiǎn　形声字。小篆 𪉹 从卤从佥(表声)。隶定后楷书写作䱛。异体字有硷、城等。今䱛简化为硷,俗作碱(从石咸声)。硷与碱,现在分工明确。碱本义为盐卤。引申指含氢氧根的化合物的统称。有涩味,能使红色石蕊试纸变蓝,能跟酸中和而形成盐。

硷 jiǎn　形声字。本来硷是正体字,碱是硷的俗体字。世事难料,俗体转为正体,正体硷销声匿迹。《现汉》第5版注释:同"碱";《现汉》第6版注释:旧同"碱";《现汉》第7版没有"硷"(因为《通用规范汉字表》将"硷"淘汰出局)了。

肥皂为汉语词。《汉语大词典》对肥皂有两条释义:①古代用皂荚或肥珠子等捣烂制成丸,用以洗涤去污者,均称"肥皂";②近代洗涤去污用的化学制品,通常制成块状,沿旧称。对近代化学制品的肥皂,词条还说一般用油脂和氢氧化钠制成,而工业上用碱土金属盐。

虽然,"洋碱""洋枧""洋硷"带有外来印迹,现在说这个词的人越来越少,但是偶然遇到,落到文字首选"洋碱",其次是"洋枧",但不要写作"洋硷",否则那得好好洗一下脑子了。

笺·栈

笺 jiān　会意兼形声字。小篆 𥳑 从竹(⺮)从戋(削制,兼表声)。隶定后楷书写作牋。今简化为笺。本义为古代表明、识别的文字。引申指古代的一种注释,如笺注。还指写信或题词用的纸,如信笺、便笺(即便条,指写有简单事项的纸条,或指供写便条、便函用的纸)。引申指信札,如笺札(书信)。

栈 zhàn　会意兼形声字。小篆 𣑥 从木从戋(砍削,兼表声)。隶定后楷书写作棧。今简化为栈。本义为用竹木编制成的粗糙的车子,车厢像栅栏,多用作役车。引申指养牲畜的竹木栅栏。再指栈道(在悬崖绝壁上凿孔支架木桩,铺上木板而成的窄路)。栈房,存放货物的地方、仓库。方言指旅馆、客店。栈桥,火车上、港口等一种构筑物,像桥,用于装卸货物,港口栈桥也用于上下旅客。我国著名栈桥有青岛栈桥。

笺从竹,栈从木,只要认真,区分开来不难。

栈,指马棚或马棚里存放的食料。马贪恋食料,舍不得离开马棚,遂以"恋栈"比喻做官之人贪恋官位,舍不得离开自己的职位。

恋战,义即为获得更大战果,舍不得退出战斗。

笺·签

笺 详见263页"笺·栈"。

签 qiān 会意兼形声字。小篆 䉓 从竹（⺮）从籤（细小、割刻,兼表声）。隶定后楷书写作籤。后借用簽来表示,再后来简化为签。本义为一种尖细的小竹片。引申指为了表示负责而在文件单据上亲自写上姓名或画上记号,如签名、签字、签约、签到等。用作名词时,义项较多:指刻有文字符号的细长小竹片或小细棍,如抽签、求签;也指作为标志用的小条,如标签、书签等;还指用竹子或木材削成的有尖的小细棍,如牙签。

笺、签都从竹,体积也都较小,所以对"信笺"与"书签"还是小心为妙。

拣·捡

拣 jiǎn 会意兼形声字。《说文》无。楷书揀从手从柬（选,兼表声）。今简化为拣。本义为挑选。柬,会意字。从束从八,束是一捆竹木简牍,"八"（变形为两点）表示分别,相合为柬。意思是在一捆竹木简牍中挑选,其本义指选择。柬所捆束者简也,故又用作名词,为信札、名片、帖子的总称。如请柬、柬帖。后来柬用作专用名词,表示选择的动词就加上提手旁写作揀,今简化为拣。

捡 jiǎn 形声字。会意兼形声字。小篆 䀹 从手从僉（合,兼表声）。隶定后楷书写作撿。今简化为捡。本义为拱手。捡—拱—敛,三者连环释义,恰好为解决"佥"的本义提供了线索。敛手才成拱,拱手表示敬意,是因为双手合围表示的是收束之意,故引申表示约束。拾取物亦必收敛手,故而拾取。

旧时,拣与捡通用。如今用字规范,表示选择应用"拣"。挑拣就是挑选,不得写作"挑捡"。拣是挑拣（选择）,捡是拾取（不挑）。本来是很好区分的,但《现汉》在"拣[2]"注释:同"捡"。真是画蛇添足。不过,我们在用"拣""捡"时还是要挑选一番,不能拾到筐里就是菜。

笕·苋

笕 jiǎn 形声字。《说文》无。楷书筧从竹（⺮）从見。异体作梘。今简化为笕。义为把竹子的节打通,制成竹管,用以引水,安在房檐下或田间。现在笕、梘有分工,但也关联,《现汉》梘[1]:同"笕"。

苋 xiàn 形声字。小篆 莧 从艸（⺾）从見（表声）。隶定后楷书写作莧。今简化为苋。苋菜，一年生草本植物，是在我国许多地方种植的一种蔬菜，叶呈圆形或长卵形，有绿、黄绿、紫等颜色。

苋菜，又名米苋。得名与其特征有关。该蔬菜植株较高，叶片宽大，颜色特别，生在田野间非常醒目易见，古人根据其醒目易见之特点，名其为"苋"。

笕从竹，苋从艹（草），前者为引水工具"咬不动"，后者为蔬菜可吃，稍加注意，就不会错的。

减·简

减 jiǎn　形声字。小篆 从水从咸（表声）。隶定后楷书写作减。俗省作减。本义为水比原来的少，有所损失。

简 jiǎn　形声字。小篆 从竹（𥫗）从閒（表声）。隶定后楷书写作簡。今简化为简。本义为竹简。上古无纸，古人将竹条编起来充当书写材料，这就是"简"。因其以竹为之，故以"竹"为义符；因其经编扎后具有简条相间隔的特征，故以"间"为语源，进而取"间"为声符。

商代前期，古人已经用简为主要书写材料，这比盘庚迁殷后的甲骨文还要早，只不过因其易腐蚀，未能流传至今。龟甲兽骨上甲骨文一般只用于占卜记录这种特殊场合，而古人基本的文书形态则是编简，故有关书籍的传统名称有"篇""卷"等。

竹简面积小、分量重，迫使人们不得不运用最简略的文字进行记录。如殷墟卜辞大都是几个或十几个文字便构成一段完整的记述，倘若字数十乃至上百，则是罕见的鸿篇巨制了。"简"自然可以引申出"简略""简单"的意义。

【精减】动　经过挑选、去掉或减少不必要的：～人员｜～中间环节。
【精简】动　去掉不必要的，留下必要的：～节约｜～机构｜～内容。

两个词语的侧重点有所不同："精简"侧重的是经过调整后，机构、内容等的简化，由原先的繁复、冗杂变得精干、精练；"精减"侧重的是经挑选后数量的减少，而原先的架构、层级可能没有变动。

精兵简政，指缩小机构，精简人员。这里用"简"，不得用"减"。

睑·脸

睑 jiǎn　形声字。小篆 从目从僉（表声）。隶定后楷书写作瞼。今简化为睑。本义指眼睛周围能开闭的皮，边缘长着睫毛，有保护眼球的作用，又称眼睑、眼皮。

脸 liǎn　后起形声字。楷书臉从肉（月）从僉（表声）。今简化为脸。本义为脸颊上部颧骨部分，即妇女抹胭脂处。今日的"脸"要比古代的"脸"大了许多。

睑跟眼睛有关，故用目旁；脸是肉皮，故用肉（月）旁。弄清这一点想错都难。

饯·践

饯 jiàn　形声字。小篆 ![字] 从食从戔（表声）。隶定后楷书写作餞。今简化为饯。本义表示以酒食送行。

践 jiàn　会意兼形声字。小篆 ![字] 从足从戔（相互残害，兼表声）。隶定后楷书写作踐。今简化为践。本义指踩踏，也指举行、履行。

饯行，指设酒食送行，如为朋友饯行。

践行，指实行、实践，如"践行诺言""共产党员一定要用行动践行初心和使命"。饯行与践行，一实一虚，差别还是不小的。

建·健

建 jiàn　象形兼会意字。金文 ![字] 象人立于船头持篙撑船形。小篆 ![字] 将人持篙讹变为聿，船简化为廴。其实，廴作为船的简化形状可以说形似也神似。隶定后楷书写作建。本义持篙撑船。引申出竖立、树立，继而引申出设置、创立、建设等意思来。

健 jiàn　会意兼形声字。小篆 ![字] 从人从建（用力，兼表声）。隶定后楷书写作健。本义为强有力。引申指在某一方面显示的程度超过一般，也指善于，如健谈、健忘。

建言，指提出建议，陈述主张或意见，如建言献策、大胆建言。

健谈，指善于说话，长时间谈话也不疲倦。

建言是褒义词，健谈褒、中、贬皆有可能。

建立健全，公文常用的一个不是成语胜似成语的组合词。其中"建""健"千万不能互换位置啊！

剑·箭

剑 jiàn　形声字。金文 ![字] 从金从僉（表声）。小篆 ![字] 改为从僉从刃。隶定后楷书分别写作鐱与劎。异体也作劍、劒、劍。后以劍为正体。今简化为剑。本义为古代一种兵器，多随身携带。

箭 jiàn　会意兼形声字。古文 ![字] 从竹（⺮）从歬（"前"的本字，兼表声）。小篆 ![字] 改为从竹（⺮）从前（兼表声）会意。隶定后楷书写作箭。本义为用来制作矢的竹子。细分开来，木杆的为矢，竹竿的为箭。

"箭"与"剑"异同。

（1）都是形声字，且读音相同。

（2）都是兵器。"箭"是用竹制的细杆，"剑"是一种双刃刀。现代变成两种体育运动器械及运动项目，如射箭、击剑。

（3）交战距离不同。"箭"用于较远距离的射击，"剑"则往往用于短兵相接。明枪暗箭，比喻公开的和隐蔽的攻击，不能写成"明枪暗剑"。

（4）联想意义（主要是比喻意义）不同。射"箭"给人的印象是"飞快"的动态，如离弦之箭、归心似箭、光阴似箭。舞"剑"给人的感觉是致人死命的"拼杀"。因此，刀光剑影用来形容紧张激烈的斗争场面。

（5）"箭""剑"在现代汉语中一般都不单用，往往在词语中充当语素。用于古语词和专业词的如弓箭、箭楼、火箭、万箭齐发、剑客、宝剑、剑术、刻舟求剑等，用作喻体的如归心似箭、一箭双雕、冷箭等。

下面几组词需要细细品味。

一剑（箭）封喉

一剑（箭）封喉的"封"，是封堵的意思，而不是真的要砍断喉管，所以一般不说"一剑（箭）断喉"。咽喉乃生命的要道，是一刻也"封"不得的。

《辞海》说世上长有一种"箭毒树"，它的别名正是"见血封喉"。由"箭毒树"，可以证明"一箭封喉"来历正确。《现汉》只出"一箭双雕"，而没有"一箭封喉"或"一剑封喉"，想必是为了清静。不过现实生活中，"一箭封喉"已成为弱势词语。原因在于，使用该成语时，一是误写；二是误为两者皆可；三是认为剑比箭更有力度、刺激；四是"箭"远距离发射，射中都难，"封喉"概率会小之又小。

唇枪舌剑

形容争辩激烈，言辞锋利。也说舌剑唇枪。枪、剑都是兵器，最大特点就是快。

唇枪舌剑为何不用"箭"？原因在于：箭在发射后不会收回（除非草船借箭，也有射鸟箭上绑生丝，参见268页"缴"），而剑刺出后会立即抽回。

唇枪舌剑是口舌之战，舌伸出又能收回，与"剑"有一拼。

剑拔弩张

因为古人有"佩剑"之风，所以在危急或愤怒的时候，常常"拔剑"自卫或表示不满。弩是古代利用机械力量射箭的弓。弩弓被拉起，说明要开战了。剑拔弩张形容形势紧张，一触即发。箭虽然也可从箭袋中拔出，但"拔箭"用来自卫，有点幽默了。这就是汉语中不说"箭拔弩张"的原因。

口蜜腹剑

口蜜腹剑比喻嘴甜心毒，即嘴上说的很甜，肚子里却怀着害人的坏心肠，形容人阴险。口蜜腹剑可与唇枪舌剑一并记忆。"口蜜腹箭",历史上没有这个词。

箭步与剑步、健步

箭步形容飞快跃出,如"他一个箭步蹿上站台"等。"剑步",不讲。健步,指轻快有力的脚步,说的是步伐矫健。我们常说某人"健步如飞",可以说"某某健步走上讲台"。箭步与健步,大有一拼,前者比后者快,但后者比前者稳健。

鉴 · 签

鉴 jiàn 会意兼形声字。金文一 ▨ 从 人(人)从 ▨(目)从 ▨(皿,水盆)。金文二 ▨,加义符金。小篆 ▨ 从金从监(表声)。隶定后楷书写作鑑。异体作鑒、鉴。今以鑑为正体并类推简化为鉴。本义人俯首在盛有清水的盆里看自己的影像。后另加义符金,说明此时盆为金属制作。由本义引申指铜镜,再引申指照、仔细看、审查,又引申指借鉴。由于"鉴"引申义多,古人另造"镜"来表示"鉴"的本义。唐太宗李世民有句名言:"以铜为鉴,可正衣冠;以史为鉴,可知兴替;以人为鉴,可明得失。"其中的"鉴"即镜子。再引申指"照",如水清可鉴、光可鉴人等。进一步引申指审察、仔细看,如鉴定、鉴别等。还可指使人警戒或引以为教训的事。如前车之鉴、引以为鉴等。鉴赏,即仔细审视或判断(真伪、优缺点等)及欣赏,如鉴赏字画等。旧式书信套语,用在开头的称呼之后,表示请人看信,如惠鉴、台鉴、钧鉴等。

签 详见 264 页"笺·签"。

签本义是指书签,没有审视或判断的意思。因签有签字义项,鉴定结果一般要写到纸或表格上,所以误把"鉴定"写作"签定"。但有签订一词,指订立条约或合同并签字。

交 · 缴

交 jiāo 象形字。甲骨文 ▨ 象人交叉双腿形。金文 ▨。小篆 ▨。隶定后楷书写作交。是骹的本字。本义为两腿交叉。引申指汇合、交错、交往、交换等。大约在唐代,"交"引申指交付、交出,如交印,即交出官印,比喻卸职。

缴 多音字。形声字。小篆 ▨ 从糸从敫(表声)。隶定后楷书写作繳。今简化为缴。本义为生丝线。是弋的分化形声字。

读 jiǎo 时,始于汉代,指缠绕,后来也引申指事情或问题纠缠不清等。唐代时,门下省有给事中一职,专门审议诏令,如果发现问题便交还给皇帝或有关部门,此称"缴还"。从此以后,缴便逐步有了交付、交出之义,如缴送(指交还、归还)、缴纳(指把规定的财物交给公家)、缴进(指上交)。再如缴付、缴收、缴卷、等等，其中的"缴"都是交付、交出之义。一般认为，在表示交付、交出之义时，缴是交的假借字。

读 zhuó 时，由本义生丝线，引申指系在箭上的生丝绳，也指系着生丝绳的箭，用来射鸟，如矰缴。

由于"缴"和"交"都有交出、交付之义，于是两字发生了纠缠。缴纳、缴付、缴卷，旧时也写作交纳、交付、交卷。这种"混用"状况，到民国时期还普遍存在。不过，"缴"字相对用得较多。

新中国成立以后，"缴"和"交"开始出现分化。表示被迫或迫使"交出"用"缴"，如缴获、收缴、缴枪、缴械等。表示为履行义务而"交出"，既可以用"缴"也可以用"交"，如既可以说缴费、缴税、缴纳，也可以说交费、交税、交纳。表示一般意义上的"交出"，只用"交"，如交付、交割、交换、交账，等等。

现在似乎出现了较多选用"交"的趋势，这可能与现在的社会心理变化有关。如今公民素质在逐步提高，人们履行义务的自觉意识明显增强；并且社会强调人性化管理，一般也不提倡用强制手段让人履行义务。也许是因为"缴"笔画远超过"交"，另外"缴"的读音是三声，比较费舌，"交"一声，平和让人好接受。

《现汉》：

【交纳】动 向政府或公共团体交付规定数额的金钱或实物：～会费｜～膳费｜～个人所得税。

【缴纳】交纳（多指履行义务或强制交付）：～税款｜～罚金。

从上面可以看出，对于惩罚类的，必须用"缴纳"；税款类的，用缴纳或交纳皆可，最好用"交纳"，要不纳税人心里不爽；党费类，作为个人写"缴纳"更能表达对组织忠诚、服从等；一般性费用"交"即可。

娇·姣·骄·佼

娇 jiāo　会意兼形声字。小篆 从女从乔（高挑，兼表声）。隶定后楷书写作嬌。今简化为娇。本义为姿态妩媚可爱。引申指柔弱。娇是骄的换旁分化字。

姣 jiāo　形声字。小篆 从女从交（表声）。隶定后楷书写作姣。古时也借"狡"表示（"狡"令人恐惧，后弃用）。本义为容貌美好。常用词有姣美、姣好。

骄 jiāo　会意兼形声字。小篆 从馬从乔（高大，兼表声）。隶定后楷书写作驕。今简化为骄。本义为六尺高的雄壮大马。引申指马奔跑不受控制，再引申指傲慢、骄傲。另外，好马自然受到人们青睐、怜爱，此义后改换义符为娇，此即娇是骄的换旁分化字的由来。

佼 jiǎo　会意兼形声字。小篆 佼 从人从交（交往，兼表声）。隶定后楷书写作佼。本义为交往、交际。现在专指美好，常用词有"佼佼"（指胜过一般水平的），如佼佼者。

娇与姣，都有女子美的义项，前者因柔美而引申出娇气、娇惯等，后者则无贬义。娇媚、娇娆、娇羞、娇艳、娇养不能将"娇"错成"姣"，姣美、姣好也不能把"姣"写成"娇"。

骄有自豪义项，佼有超出一般水平义，所以"骄"与"佼"也要小心对待。

除此之外，下列两组词需要辨识。

【娇气】❶ 名 意志脆弱、不能吃苦、习惯于享受的作风。❷ 形 意志脆弱，不能吃苦：这点儿委屈都受不了，也太～了。❸ 形 指物品、花草等容易损坏。

【骄气】 名 骄傲自满的作风：～十足。

【娇纵】 动 娇养放纵：～孩子，不是爱他而是害他。

【骄纵】 形 骄傲放纵。

教·叫

教　多音字。会意兼形声字。甲骨文 𤕝 左上从爻（算筹，兼表声）左下从子（孩童）右从攴（手持教鞭）。金文 𤕝。小篆 𤕝。隶定后楷书写作教（孝既指孩子对老师孝敬，又兼表声）。本义督促孩子学习。

读 jiāo 时，指把知识或技能传给别人，如教课、教书等。

读 jiào 时，指教导、教育、宗教等。还用作姓。

叫 jiào　形声字。小篆 𠷎 从㗊从丩（表声），或省作 叫 从口从丩（表声）。隶定后楷书分别写作𠷎与叫。今规范用叫。本义为呼喊。

教与叫，都有喊的义项，所以往往不经意间，就容易叫错了。"教"有上对下、大对小指使意味，还有"教"书面用语蕴藏涵养，"叫"口语略显粗鲁。

角·脚

角　多音字。象形字。甲骨文 𧢲 象牛角形。金文 𧢲。小篆 𧢲。隶定后楷书写作角。今规范写作角。本义为兽角。角长在额头，故引申指额头，如崭露头角。再引申指像角的东西，如豆角、菱角。古时军中的乐器也叫角，如鼓角齐鸣、号角。角，在上古时代曾当过量器，后来就用角作为计量单位。又从计量单位引申为货币单位，如十分为一角、十角为一元。

读 jiǎo 时，指以上义项。

读 jué 时，义项主要有角色、行当、演员，如主角；竞赛、斗争，如角斗；

古代盛酒的器具，形状像爵，但口沿上没有小柱；古代五音（宫、商、角、徵、羽）之一，相当于简谱3；姓。

脚 多音字。会意兼形声字。小篆 𦥹 从肉（月）从卻（腿脚，兼表声）。隶定后楷书写作腳。因卻与郤形近易混而改为却，俗也将腳改为脚。本义为小腿，引申指脚。

读 jiǎo 时，指本义以及由本义引申出来的义项。

读 jué 时，旧同"角[1]"（jué，角色、丑角、旦角、名角等）。

【角门】（脚门）jiǎomén 名 城墙或整个建筑物的靠近角上的小门，泛指小的旁门。

【角色】（脚色）juésè 名 ❶ 戏剧、影视剧中，演员扮演的剧中人物：我在剧中只演一个小~。❷ 比喻生活中某种类型的人物：在这一事件中，他扮演了极不光彩的~。

脚色本义犹如今天的"履历"。宋代时你想加入官僚队伍，必须先提交脚色状，其中包括个人姓名、年龄、出身、籍贯以及生活经历、三代名衔、犯罪记录等。为什么称"脚色"呢？和称履历似有相类之处。履义为鞋子，和走路有关，履历反映的是人走过的路，即人的经历；同样，脚色指人走过的路的成色。

由于脚、角同音，"脚色"有时也写为"角色"。20 世纪《申报》等媒体推波助澜，加上"角"在上"脚"在下，"角色"的影响力远远大于"脚色"。《现汉》定性"脚"读 jué 时，旧同"角[1]"。旧同，就是现在不同了。保留"脚色"只是一种延续，并不提倡使用。

阵脚与阵角

阵脚原指古时作战阵形的前列，按当时的兵器和战术，它对整个阵地起到屏障作用。后引申比喻整个局面，压住阵脚就是控制局面、稳定全局。

脚是支撑身体的，脚站不稳，身子就会倾斜，阵脚作用不同一般。

阵角，字面意思就是指阵地一角，对整个阵地没有那么强大的作用。

墙脚与墙角

墙角，是两堵墙相接而形成的角，一个狭窄、局促的处所。墙角一般不用挖，而用砸、锤、撬。墙脚，是墙的根部，是地基和建筑物的连接处，承受房屋或城墙等重力之处，墙脚常被比喻为基础。

为何用"挖墙脚"而不是"挖墙角"呢？主要原因：对于建筑物来说，"墙脚"和"墙角"的重要性是不一样的，"墙角"即使受损，不至于产生整体坍塌；挖墙脚，指挖掉墙体的墙根，也比喻使用破坏手段从根本上损害别人，让某集体或个人受害、垮台。

脚力与角力

【脚力】jiǎolì [名] ❶两腿的力气：他一天能走八九十里，～很好。❷旧时称搬运工人。❸脚钱。❹旧时给前来送礼的夫役的赏钱。❺指代步的马、驴等：租了头毛驴做～。

【角力】juélì [动] 比赛力气。

脚力与角力，前者为名词，后者为动词，且"脚"与"角"读音不一致。

娇·矫

娇 详见 269 页"娇·姣·骄·佼"。

矫 多音字。会意兼形声字。小篆 𯾟 从矢从乔（夭曲，兼表声）。隶定后楷书写作矯。今简化为矫。是揉的分化字。本义为使箭竿变直的箝子。引申泛指使弯曲的物体变直，如矫揉。又引申指纠正、匡正，如矫枉过正、矫正、矫形、矫治。

读 jiǎo 时，指本义及引申义。还用作姓。

读 jiáo 时，常见词矫情。

【矫情】jiáo·qing 〈口〉[形] 指强词夺理，无理取闹：这个人太～｜犯～。

【矫情】jiǎoqíng 〈书〉[动] 故意违反常情，表示与众不同。

两个"矫情"，读音不同，含义也不同，一个口语一个书面，一个形容词一个动词。写的时候好办，表达意思与读音要匹配，否则您的"矫情"无人懂。另外，矫情不能想当然写作"娇情"。

矫揉造作义为过分做作，而"撒娇"正是做作的一种表现，故常有人误"矫"为"娇"。其实，矫意思是让弯的变直；揉，则是让直的变弯。这两种做法违背自然，从而留下了人为的痕迹。矫、揉是"造作"的原因，"造作"则是矫、揉的结果。"娇"和"揉"无法搭配成词。

绞·铰·搅

绞 jiǎo 会意兼形声字。小篆 𫄧 从糸从交（交叉，兼表声）。隶定后楷书写作絞。今简化为绞。本义为把人勒死。引申出把两股以上条状物扭在一起等义项，如绞绳子。还引申指用装有刀具的机械切割，如绞肉馅儿。绞肉馅的机器即"绞肉机"。绞，可表示拧、扭，如绞毛巾。同"铰"②（用铰刀切削）。

铰 jiǎo 会意兼形声字。《说文》无。楷书鉸从金从交（交刃，兼表声）。今简化为铰。本义为铰刀，即剪刀。铰，指用剪刀等使东西断开，如铰头发。也可以指用铰刀切削，如铰孔。

搅 jiǎo 形声字。小篆 𢴲 从手从覺。隶定后楷书写作攪。今简化为搅。本义为扰乱，使不得安宁。引申指搅拌、拌和，使混合均匀。

绞肉机不能写作"搅肉机"。绞在切削义项上通"铰",但一个从绞丝旁,一个从金字旁,因而用在切削上还是用"铰"比较合适。

绞面,是旧时妇女的修容术(尤其出嫁前),是用绞在一起的细线一张一合去掉脸上的汗毛。

剿・缴

剿 多音字。形声字。小篆 ![字形] 从刀从杲(表声)。异体 ![字形] 从刀从巢(表声)。隶定后楷书写作剿与勦。俗合二者作剿,今以剿为正体。本义为消灭、灭绝以及讨伐。

读 chāo 时,通"抄",义为照抄、抄袭(即剿窃,贬义。抄袭也可写作剿袭)。剿说,指因袭别人的言论作为自己的说法。

读 jiǎo 时,用的是本义。

缴 详见268页"交・缴"。

清剿(jiǎo),即清除剿灭。清缴,全称为汇算清缴,是指税务部门对纳税人在年度内预缴所得税进行综合汇算后,个税多退少补的一种管理办法。追剿,即追击围剿敌人并消灭之。追剿敌人的部队可称作追剿军。追缴,即追还、收缴(逾期欠款、非法所得等)。

徼・缴

徼 多音字。形声字。小篆 ![字形] 从彳从敫(表声)。隶定后楷书写作徼。本义为巡逻。

读 jiǎo 时,同侥。如徼倖,即为侥幸。

读 jiào 时,有边界、边塞之义,如徼人即边民,徼塞即边塞。也有巡逻、巡查之义,如徼守即巡逻守卫。也指巡卒。

读 yāo 时,同"邀"的求得义项,徼福即邀福。

缴 详见268页"交・缴"。

古代王畿以外地区分为五服,以五百里为一区划,由近及远分为侯服、甸服、绥服、要服、荒服。所以离中原地区较远的南方地区也被称作南服。

荒徼,指荒远的边域。不能写作"荒缴"。

醮・蘸

醮 jiào 形声字。小篆 ![字形] 从酉(酉为盛酒器)从焦(表声)。隶定后楷书写作醮。本义为古代加冠、结婚时用酒祭神的礼仪,受礼者将酒饮尽,而无须回敬。后来多借代结婚。女子丧夫后再嫁称"再醮",意思是再行一次醮礼。打醮,道士设坛念经做法事。

蘸 zhàn 会意兼形声字。小篆 蘸 从艸（艹）从醮（手沾酒水洒祭,兼表声）。隶定后楷书写作蘸。本义为浸入水中。一种动作,指"在液体、粉末或糊状的东西里沾一下就拿出来",如蘸水、蘸糖、蘸酱等。

蘸水笔是蘸着墨水书写的文具,和"醮"八竿子打不着。

节·结

节 多音字。形声字。金文 节 从竹（⺮）从即（表声）。小篆 節。隶定后楷书写作節。今简化为节（由竹改为草,跨度较大）。本义为竹节,即竹子有环状突起的地方。

读 jiē 时,指节骨眼儿。还有"节子"（木材上的疤痕,是树木的分枝砍去后在干枝上留下的疤）。请注意:疖子是指皮肤病,与节子毫不相干。

读 jié 时,指物体各段之间相连的地方,如关节、竹节。还指航海速度单位,1小时航行1海里的速度是1节。

结 多音字。形声字。小篆 結 从糸从吉（表声）。隶定后楷书写作結。今简化为结。本义为用长条物绾系或编织。

读 jiē 时,义为长出果实或种子,如"树上结了不少梨"。结巴,指口吃和口吃的人。

读 jié 时,用的是本义。

以下几组词值得关注。

节余与结余

节余之"节"是节省、节约和节制之类的意思,故节余是指由于节约而剩下,也指节约而剩下的钱、物等。

结余之"结"是结算、结账的意思,结余是"结算余款"或"结算余额"的简称,也指剩下的钱、物等,多用于财会领域。

节余、结余虽然都是指有一定的余额,但产生的途径不同（前者是主观努力的结果,后者是自然形成的效果）,适用的场合也不同。在住院医药费专用收据中,结余不应写成"节余"。

情节与情结

情节,是指事情的变化和经过。如我们把故事的具体经过叫作故事情节。

情结,是心中的感情纠葛,或者深埋于心中的某种感情。如"化解不开的情结""浓重的思乡情结"。

🖋 节约,作为一种古代马具,和衔、镳、当卢一样,是古代骑马御车时的必要装备。节约,取其环节、节制和约束,其用途主要是归拢收齐马的缰绳或皮条，节省穿戴马具时间，提高工作效率，同时可避免马匹在奔跑中被绳结磨坏皮肤。后来，节约引申出节省、俭约的意思。

接·结

接 jiē　形声字。小篆 㨗 从手从妾（表声）。隶定后楷书写作接。异体字椄，后以接为正体。本义为两手相触交会。椄本义为嫁接，即把一种植物的枝或芽移植在另一种植物上，使两者结合成为新的植株。

结　详见 274 页"节·结"。

结合和接合在读音、意义和用法上存在较大的区别。

【接合】jiēhé 动 连接使合在一起：段落之间～得十分巧妙。

【结合】jiéhé 动 ❶人或事物间发生密切联系：理论～实际。❷指结为夫妻。

该用结合的如：论点与论据相结合、劳逸结合、密切结合、学校教育应该同家庭教育与社会教育结合起来。该用接合的如：城乡接合部、医生将它摔折的骨头接合了起来、将两根水管接合在一起、这两块钢板接合得比较牢靠。

结合与接合的区别。

一是"结合"一般比较抽象，强调一种密切的关系，有配合、联系、映照、参照等意思；而"接合"比较具体实在，有将两个地区、部分、物件等连接、拼接的意思。二是"结合"将大部分合成一个整体，是相互融合的；而"接合"的大部分虽然相接触的部分连在了一起，但基本上还是各自独立的，存在较为明显的连接之处。三是"结合"可带宾语；而"接合"基本上不带宾语。

城乡"结合"是将城市和乡村的特点与优势紧密联系起来形成共同体；而城乡"接合"是指城市和乡村交接、接触、接壤，后面一般带上"部、处、区、带、地带、地区"等。"城乡接合部"是指城市与农村之间的过渡地带，"城"和"乡"只是地理上的邻接关系，不能写成"城乡结合部"。

2020 年 7 月，笔者到北京怀柔某培训中心出差，院内有两块相距很近的牌子，同一个物件说明标牌，一个写作"结合器"，一个写作"接合器"。笔者以为应用"结合器"，因为两者通过螺母与螺丝等紧密连接在一起，形成一个整体。不知说得对否，请方家指正。

接·截

接　详见本页"接·结"。

截 jié　会意兼形声字。小篆 𢧵 从戈从雀（麻雀，兼表声）。隶定后楷书写作戠。俗作截。今规范用截。本义为割断。引申指段，如一截木头。还指阻拦，如截留。再指截止。还用作姓。

直截,是古汉语词。原义是简直、不绕弯子。后转义为径直、爽快。了当,有爽快、了结义,和直截组合可谓是绝配。直截了当,指言语行为简单爽快。

直接和间接相对,义为不通过中间环节,是就程序而言的;直截和迟疑相对,义为不兜圈子,是就态度而言的。

在历史上,直截也作直捷,"直截了当"有写作"直捷了当"的,但不写作"直接了当"。

桔·橘

桔 多音字。形声字。小篆 𣏌 从木从吉(表声)。隶定后楷书写作桔。本义为一种药材,指桔梗。

读 jié 时,不单用,由它组成的复词有桔槔(一种汲水工具)、桔梗(一种多年生草本植物)等。

读 jú 时,"橘"俗作"桔"。

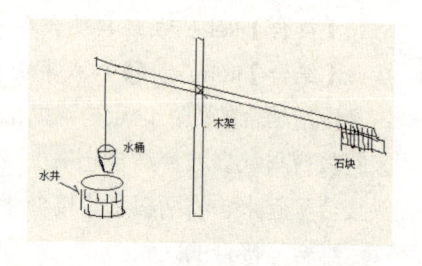

橘 jú 会意兼形声字。小篆 𣘗 从木从矞(刺,兼表声)。隶定后楷书写作橘。本义指橘子树。

在古代文献中,"橘""桔"两字"井水不犯河水"。据学者研究,"橘""桔"两字纠缠在一起大约始于明末清初。有学者说,把"橘"写成"桔"也可能与民间习俗有关。"橘"谐音"吉","大橘"谐音"大吉",把"橘"写成"桔",图个好彩头。还有一说,是由于"橘"字笔画繁多,常有人用"桔"字来代替"橘"字,从而给"桔"增加一个读音为 jú。再就是"二次汉字简化"出现助长这种变化。

我们从下面的资料中可以看出新中国成立之后对"橘"的态度:

1955 年发布的《第一批异体字整理表》,并未对"橘"和"桔"进行整理。

1964 年颁布实施的《简化字总表》(1986 年重新发表)中,也未将"橘"简化成"桔"。

1975 年颁布、1986 年废止的《第二次汉字简化方案(草案)》中,曾将"橘"简化成"桔",但很快废除此草案。可能是这个原因,在现代经典文献中,有以"桔"代"橘"的用例。如冰心《小橘灯》《小桔灯》并存。

1988 年发布的《现代汉语常用字表》中只有"橘"字,而未见"桔"。

2013 年公布的《通用规范汉字表》中,"橘""桔"都收入《一级字表》。

可见,在历来的国家标准性文件中,"橘"既未当成"桔"的异体字废除,也没有简化成"桔"。

俗体字是通俗流行的字体，在正式场合不宜使用。所以，我们吃的水果 júzi，应写作"橘子"。同样，"橘红""橘黄"不宜写作"桔红""桔黄"。不过，从文字历史长河来看，许多俗字最后转为正体字，但作为文字工作者应该"迟钝"一点好，只要国家语委以及《现汉》等权威工具书没有将"橘"也作"桔"，那我们就不能嫌麻烦，否则编校专家会找您麻烦。☺

羯·蝎

羯 jié　形声字。小篆 羯 从羊从曷（表声）。隶定后楷书写作羯。本义羯羊，即阉割了的公羊。李时珍《本草纲目·兽一·羊》：去势曰羯羊。去势指阉割，用于人和其他动物。宦官即去势之后的男性。还指我国古代的一个民族，匈奴的一个别支，居住在今山西省东南部，东晋时曾在黄河流域建立过后赵政权。

蝎 xiē　形声字。小篆 蝎 从虫从曷（表声）。隶定后楷书写作蝎。异体作蠍。今规范用蝎。是蠍的后起形声字，是蝎的异体字。本义为蝎蛒，即天牛的幼虫，木中蛀虫。中古后借指蝎子。节肢动物，长有一对螯、四对脚。

羊蝎子就是从颈项到尾尖的完整的羊脊椎骨。北京及其周边地区的商家在出售羊肉时，把羊的肉剔下来，剔剩下的四肢叫棒骨，完整的脊椎骨因形状像蝎子，得名羊蝎子。羊蝎子剁开炖烂后其汤鲜美无比，骨上的肉亦还不算少，是较实惠的食品。不过，有不少餐馆把"羊蝎子"误写作"羊羯子"，恐怕是想当然的结果。

介·届

介 jiè　会意字。甲骨文 介 从人从四短竖，象征由一片片皮革联成的甲衣，会人披甲衣之意。金文 介。小篆 介。隶定后楷书写作介。本义为人披的甲衣。人在甲衣之间，引申指夹在两者中间，如介入、介词等。又引申指使两者发生联系的人或事，如媒介、中介、介绍等。

届 jiè　会意兼形声字。小篆 届 从尸（人）从凷（土块，兼表声），用人行走遇到土块会行动不便之意。隶定后楷书写作届（我国香港、澳门现在还常用届），俗作届。如今规范用届。由行动受阻，引申指权限再引申至、到，如届时、届期。晚近又用作量词，用于定期的会议或毕业的班级，相当于次、期，如首届、历届、上届、应届、换届等。

无远弗届（无：没有。弗：不。届：到达），指没有什么地方是到不了的。

届时，义为到时候。"介时"一词，意义上讲不通。参见248页"级·届·界"。

介，通"芥"，意思是小草，比喻细微、微末的事物。一介，即一个，多用于指人，含有微贱的意味。一介草民，一介武夫，如果是主人自己说，那是自谦，如果是别人嘴里说您或他人那就是蔑视。

届·任

届 详见 277 页"介·届"。

任 多音字。会意兼形声字。甲骨文☱从人从壬（承受，兼表声），会人抱在怀里之意。金文☱。小篆☱。隶定后楷书写作任。是壬的加旁分化字。本义为抱在怀里。引申指担负、承受，如任劳任怨。又引申指担当职务，如任职、任教等。

读 Rén 时，指地名，如河北省任泽区、任丘市、山东省任城区。还用作姓。

读 rèn 时，义为任用、担任、担当、承受等。如任劳任怨、任命、任免等。

有些媒体在报道国外总统竞选时，常常会把届和任弄混。如美国实行总统制，每四年举行一次总统选举，任期四年为一届。如果总统在任期内因故由其他人接替，接替者仍被称为同一届总统。如果同一人在不连续的数届总统选举中当选，每当选就职一次就算一任。简而言之，"届"是由选举决定的，一次选举即产生新一届总统；"任"是由总统的更换来定义的，每更换一次即产生新一任总统。参见 248 页"级·届·界"。

斤·金

斤 jīn 象形字。甲骨文☱是长柄尖锐的锛斧侧影。金文☱。小篆☱。隶定后楷书写作斤。本义指锛斧。后指古代一种兵器。古代还借为量词，成为市制重量单位。十两为一斤。旧秤也有十六两一斤，这就引申出半斤八两。又借作昕，连用作"斤斤"，指明察。引申指过分，如斤斤计较。又同"觔"（筋），用作斤斗，也写作跟斗、筋斗、跟头。由于斤被引申义所用，于是本义只好另造斧、锛来表示。有专家认为，斤与斧区别是，横刃为斤（即锛），纵刃为斧（即木工所用的斧头）。运斤成风中的"斤"指的是斧头。

金 jīn 象形兼会意兼形声字。金文☱左从铜饼右上从矢头右下从斧，会可制作箭和斧的金属之意。小篆☱讹为土中有金块，从今表声。隶定后楷书写作金。最初金指铜，后通称各种金属，再后又特指黄金。用作五金，古人指五色金，即白金指银、青金指铅、赤金指铜、黑金指铁、黄金指金。现在意义上的五金是指金、银、铜、铁、锡，后来泛指金属或金属制品，如五金商店、小五金。

千金，一指很多的钱，如千金难买、一字值千金。还形容贵重、珍贵，如千金之躯。也指敬辞，称别人的女儿。

千斤，数量词，多形容责任重，如"千斤重担一肩挑"。也指千斤顶的简称，还指机器中防止齿轮倒转的装置，由安置在轴上的有齿零件和弹簧等组成。

一诺千金说的是西汉时楚人季布的故事。季布"言必信，行必果"，于是楚地流传"得黄金百斤，不如得季布一诺"。诺，承诺的意思。一诺千金表示做人的信用度极高。"一诺千斤"，那是音近外加想当然造成的重量，不可取。

四两拨千斤，是太极拳术中的一种技巧，指用小力来制大力，从中体现了道家的哲学思想。四两、千斤都是表示力的大小。"四两拨千金"则语义难解。

金・荆

金 详见 278 页"斤・金"。

荆 jīng 会意兼形声字。金文一 从刀割草，金文二 另加井表声。小篆 加义符艸（艹），以突出草木之意。隶定后楷书写作荆，讹为从艸从刑（表声）。本义为一种灌木名，枝丛生，花蓝紫色，枝条柔韧，适宜编筐和篮子等。也叫楚。

钗，古代妇女别在发髻上的饰物，由两股簪子合成。荆，灌木或小乔木。荆钗，指的就是荆枝制成的髻钗，多为贫穷农家妇女所用，故也借指贫家女。金钗，即金制的髻钗，借指家庭殷实的妇女。

金・矜

金 详见 278 页"斤・金"。

矜 详见本页"衿・矜"。

矜贵：本指自夸尊贵，后泛指尊贵、高贵，强调的是内在的心理状态。

金贵：形容珍贵，贵重，如"这里的水比油还金贵"。方言中常指小气，如"他把芝麻看得比西瓜都金贵"。方言用语，也有人写作经贵、精贵。

矜贵由心里活动引申指精神层面，金贵由物质价值引申出贵重及抠门等。

对经贵、精贵写法，不予提倡。

衿・矜

衿 jīn 形声字。《说文》无。楷书衿从衣从今（表声）。本义为上衣的交领。引申特指古代读书人穿的衣服，如"青青子衿，悠悠我心"。青衿古时泛指读书人。

矜 多音字。会意兼形声字。金文 从子从怜省（怜省去竖心，兼表声），会垂怜之意。小篆 讹为从矛从今，用以表示矛柄。隶定后楷书写作矜和䂷。今规范用矜。本义为怜悯。

读 jīn 时，义为怜悯。

读 guān，同鳏、瘝。

读 qín 时，义为矛、戟等的柄。

哀矜勿喜，指对遭受灾祸的人要怜悯。骄矜，即骄傲自大、目中无人。

禁·经

禁 多音字。会意兼形声字。小篆 𣛮 从林（坟地多植树，故坟地特称"林"，如孔林，兼表声）从示（鬼神）。隶定后楷书写作禁。本义为令人忌讳的坟地。

读 jīn 时，义为禁受、耐，如弱不禁风、这鞋禁穿。还指忍住，如情不自禁、不禁。

读 jìn 时，义为禁止，如禁用；监禁，如禁闭；法令或习俗所不允许的事项，如违禁、犯禁；旧时称皇帝居住的地方，如宫禁、禁中、紫禁城。

经 多音字。会意兼形声字。金文 𦀇 从糸从巠（经线，兼表声）。小篆 經。隶定后楷书写作經。今简化为经。本义为经线。经是纵向丝线，纬是横向丝线。经纬泛指纵横。自古至今传下来的典籍叫经，如《十三经》等。研究典籍写出的文章叫纬。

读 jīng 时，由本义引申出中医中的经脉、脉络，再引申出经过，如经年累月。还用于姓。

读 jìng 时，指织布之前，把纺好的纱或线密密地绷起来，来回梳整，使成为经纱或经线。

经读 jīng 时，有一个义项是禁（jīn）受。所以就出现经不起、经得起考验、经不住、经得住、经受与禁不起、禁得起考验、禁不住、禁得住、禁受。一一对应，意思一致，但是读音不同。

面对如此这般场景，我们一定要在读音上"经（禁）得起"考验啊。

✎ 济南市有经一路至经十一路，纬一路至纬十二路（内含小纬四、五、六路）。这里经路是东西方向，纬路是南北方向，与地球经纬线恰恰相反。据了解，此处东西长南北窄，此地当年多为纺织厂，于是在选取地名时将经线长与东西长、纬线短与南北短进行搭配。在河南郑州部分地区道路也采用经纬命名，是按照地球经纬方向来划定的。我国还有一些城市按照经纬来命名道路，如辽宁省丹东市等地。

仅·尽·竟

仅 多音字。形声字。小篆 僅 从人从堇（表声）。隶定后楷书写作僅。今简化为仅。本义为刚能够、勉强。

读 jǐn 时，指仅仅，如不仅如此、绝无仅有。还用作姓。

读 jìn 时，用作副词。将近：士卒~万人。此义用于口语会写"近万人"。

尽 多音字。象形兼会意兼形声字。甲骨文 𦥑 象手持炊帚刷器皿形，表示器皿中的饭菜已经吃完。金文 𦥑。小篆 盡。隶定后楷书写作盡。今简化为尽。

读 jǐn 时，义为力求达到最大限度，如尽早。还用于介词等。

读 jìn 时，用的是本义。义为完，如取之不尽；书面用语，义为死亡，如自尽、同归于尽；达到极端，如山穷水尽。

竟 jìng　会意字。甲骨文 ![字形] 下从人上象口中吹乐器形，会演奏乐曲终止之意。小篆 ![字形] 隶定后楷书写作竟。本义为演奏结束。后引申指终了、完毕，如未竟之业。国界是国土的终止，故"竟"又通"境"。

仅与尽的区别。

【不仅】bùjǐn ❶ 副 表示超出某个数量或范围；不止：这～是我个人的意见。❷ 连 不但：～方法对头，而且措施得力｜他们～提前完成了生产任务，而且还支援了兄弟单位。

【不尽然】bùjìnrán 不一定是这样；不完全如此：要说做生意能赚钱，也～，有时也会亏本。

不尽（bùjìn），义为不完全，没有尽头，不完，如感恩不尽。

尽·刭

尽　详见 280 页"仅·尽·竟"。

刭 jǐng　会意兼形声字。小篆 ![字形] 从刀从巠（经线，兼表声）。隶定后楷书写作剄。今简化为刭。本义为用刀割断织布机上的经线。引申指用刀割脖子，如自刭。

自尽、自刭、自戕、自裁、自缢、自刎、自杀，都是自己结束自我生命。自刭、自戕、自裁、自缢、自刎，多用于书面语；自尽、自杀，多用于口头语。自缢、自刎、自刭时有固定位置，有些则没有，如自戕。

尽·精

尽　详见 280 页"仅·尽·竟"。

精 jīng　形声字。小篆 ![字形] 从米从青（表声）。隶定后楷书写作精。本义为优质纯净的细米（粹为无杂质的米）。引申出精华、精明、精神等义来。精与粗相对。

下面几组词需要精确区分。

【尽心】jìn // xīn 动（为别人）费尽心思：～竭力｜对老人你们也算尽到心了。

【精心】形 特别用心；细心：～制作｜～治疗｜～培育良种。

【尽忠】jìn // zhōng 动 ❶ 竭尽忠诚：～报国。❷ 指竭尽忠诚而牺牲生命：为国～。

【精忠】形（对国家、民族）极其忠诚：～报国。

从以上我们不难看出，尽心、尽忠都是动词，精心、精忠都是形容词。尽心、精心词义差别不大，尽心是为他人，精心既可以为他人也可以为自己，这些都需要我们用心去体味。下面，我们谈谈尽忠与精忠。

精忠，是一种评判，是对人的称赞；其中的"精"，是副词十分、很的意思。尽忠，则是对人的一种勉励，希望对方能够忠心耿耿、全心全意；其中的"尽"是动词，全部拿出的意思。精忠报国和尽忠报国区别还是蛮大的。

《宋史·岳飞传》载：岳飞于绍兴三年（1133）秋"入见，帝手书'精忠岳飞'字，制旗以赐之"。可见，是宋高宗赵构亲笔题写了"精忠岳飞"四个字，而且制成旗帜，借以褒奖岳飞。从此，岳飞上阵出战，即高擎"精忠"大纛（dào）勇往直前。这就是后人称赞岳飞"精忠报国"的出处。

"尽忠报国"也出在《岳飞传》中。绍兴十一年（1141）秦桧（huì）"命何铸鞫（jū，审问）之，飞裂裳以背示铸，有'尽忠报国'四大字，深入肤理。既而阅实无左验，铸明其无辜。改命万俟卨（Mòqí Xiè）"。秦桧命亲信何铸审问岳飞"谋逆"案。岳飞在辩诬时，猛地扯裂衣裳，将背对向何铸，只见背上深深刺着"尽忠报国"四个大字。何铸终于明白岳飞是无辜的。秦桧无奈之下改命万俟卨审问，最终将"莫须有"的罪名强加在岳飞头上。如今杭州岳王庙侧岳飞坟前面跪着的四个铁像，就是秦桧及助其凶虐的妻子王氏、诬飞谋逆的张俊和审飞定罪的万俟卨。

可见，岳飞背上刺的是"尽忠报国"。虽然正史未载是谁刺的，按常理当是岳母姚氏太夫人所为。这也就是岳母刺字的本事。

京剧折子戏《岳母刺字》中把"尽忠报国"错为"精忠报国"，可能是根据小说《说岳全传》而来。不过，我们还是以正史《宋史》为准。

筋·劲·精

筋 jīn 会意字。小篆 筋 从力从肉（月）从竹（⺮）。古人常用竹篾作捆绑东西的绳子，因为竹本身韧性很强，符合人和动物筋的特点。隶定后楷书写作筋。筋是肋的加旁分化字。本义为附在骨头或肌腱上的韧带。

劲 多音字。会意兼形声字。古文 𢒉 从弓（强硬有力）从巠（用力拉直经线，兼表声）。小篆 勁 改为从力从巠。隶定后楷书写作勁。今简化为劲。本义为弓强有力。

读 jìn 时，义为力气，如用劲、手劲大。引申指精神、情绪，如干劲。还引申指神情、态度、趣味（如没劲）。

读 jìng 时，义为坚强有力、力量大，如强劲、刚劲、劲旅等。

精 详见281页"尽·精"。

【筋道】〈方〉形 ❶ 指食物有韧性，耐咀嚼：抻面吃到嘴里挺~。❷ 身体结实（多指老人）：老人的身子骨儿倒很~。

生活中，我们常见饭店食谱上将"筋道"写成"劲道""精道"等，估计是想当然或联想失误造成的。"精道",字面上可以看作是男性生殖系统的一部分。

【精到】形容精细周到,如说理精到,不要写作"精道"。

【筋疲力尽】形容非常疲劳,一点儿力气也没有了。

【精疲力竭】精神非常疲劳,体力消耗已尽,形容极度疲乏。也说精疲力尽。

从以上可以看出,"筋疲力尽""精疲力竭"意思相近,很难区分。

【钢筋】名 钢筋混凝土中所用的钢条。按横断面形状不同可分为圆钢筋、方钢筋等,按表面形状不同可分为光钢筋、竹节钢筋、螺纹钢筋等。

【钢精】名 指制造日用器皿的铝:～锅。也叫钢种。

钢筋与钢精,一是钢一是铝,都是金属,但比重、性能、硬度、作用不在一条起跑线上。钢筋铁骨,形容人体格健壮或意志坚强,不要写作"钢精铁骨"。

筋·筯

筋 详见282页"筋·劲·精"。常用义为肌腱或骨头上的韧带,如"他点了一盘牛蹄筋""小张不小心扭了筋了"。

筯 zhù 是箸的异体字。方言用字,即筷子。据说,古时南方水乡交通主要靠舟,忌讳住(箸),喜欢快,于是将箸废弃,另造筷(快)。玉筯,义为玉筷。

筯,作为异体字,除非研究汉字等情况下,一般不得使用。筋与筯字形极像,需要注意。

小篆风格有多种:有用笔圆润似筯而笔画均匀的玉筯篆;有用笔刚劲如铁、笔画纤细如线的铁线篆;有横画两端都有棱角、直画末端都尖锐,好像倒过来的薤叶的倒薤篆。这些别称,都是形象化的比喻,让人一目了然。峄山碑刻拓片(如图),系典型的玉筯篆。

按理说,玉筯篆应写作"玉箸篆"。不过这种特殊情况,应该听之任之吧。

锦·旌

锦 jǐn 会意兼形声字。小篆 从帛从金(色彩,兼表声)。隶定后楷书写作锦。今简化为锦。本义为织有彩色花纹图案的丝织品。

旌 jīng 形声字。小篆 从㫃(旗)从生(表声)。隶定后楷书写作旌。本义为古代的一种旗子,旗杆顶上用牦牛尾和五色羽毛作装饰。

旌旗,古代军队无论行军、布阵、扎营等都竖这类旗帜,以壮军威,也用于皇家出行以壮声威。现在,大型集会、庆典或运动会等都竖起各种彩色的旗帜,以渲染、烘托出热烈、隆重的气氛,人们一般称之为彩旗。

锦旗,是用彩色的绸缎制成的旗子,是奖励取得优异成绩、有突出表现的个人或单位的,也有表示谢意和敬意的。锦旗上往往有说明赠送理由的文字,如妙手回春(授予医生)等。

由此不难看出,旌旗一般是用多面并高举的旗帜壮声势,锦旗通常是给一人或一单位授予一面的;旌旗属于官方制作并颁授,锦旗即可由官方制作,也可以由个人定做,可以说二者使用的场合不同,作用和形式都不尽相同。

锦·竞

锦　详见283页"锦·旌"。

竞 jìng　会意字。甲骨文 象两人竞逐形(也有说是二人吹奏乐器之状,会谁吹奏得强之意)。金文 。小篆 。隶定后楷书写作競。今简化为竞。本义指竞争、角逐。竞与竸同源。

锦标即锦制的标旗,后泛指授给竞赛优胜者的奖品,如锦旗、奖杯等。锦标赛指获胜的团体或个人取得锦标的体育单项比赛。锦标赛即是夺取锦标的比赛,通常是为检查某一单项运动发展情况而定期举行,比较著名的有世界乒乓球锦标赛、国际羽联世界锦标赛等。竞标即是竞相投标,投标者们互相竞争以争取中标。竞标会可以召开,"竞标赛"没法举办。误"锦"为"竞"可能是音近所致。

锦·景

锦　详见283页"锦·旌"。

景 jǐng　会意兼形声字。小篆 景 从日从京(高,兼表声),会日光高照之意。隶定后楷书写作景。本义为日光,也指太阳。又引申风光,如景色、景物。

锦绣前程,形容十分美好的前途。"前程似锦""前途似锦"都属于"锦绣前程"变形,可以大胆采用。

景,通常指景色、情况等。若错为"前途似景"则语义难解。易"锦"为"景"应是音近致误,或因外加"途"中必有"景"的错误联想。

馑·景

馑 jǐn　形声字。金文 和小篆 皆从食从堇(表声)。隶定后楷书写作饉。今简化为馑。本义为蔬菜歉收。古时细分:谷不熟为饥,蔬不熟为馑,果不熟为荒。

景　详见本页"锦·景"。

年景,是指年成或过年的景象。年馑,是指荒年。

进·近

进 jìn 会意兼形声字。甲骨文 ⿱ 上从隹下从止。金文 ⿰。小篆 ⿰。隶定后楷书写作進。今简化为进。本义指鸟前进或起飞之意。

近 jìn 形声字。小篆 ⿰ 从辵（辶）从斤（表声）。隶定后楷书写作近。本义为空间距离短。

进，可作趋向动词，用在动词后，表示到里面，如走进会场。近（与"远"相对），可指空间（如近郊）或时间距离短（如近日），也指接近。

走进与走近，前者进入，后者靠近，要根据语境选择。

🖋 古人造字讲求精准表达，不令产生歧义。比如"進"之大家都知道表示行走，为何选隹（短尾巴鸟，如麻雀）而不选牛、马、驴、鸡、鸭、鹅什么的。原因在于，这些动物既能前进也能后退，表达不了"進"勇往直前的唯一性。经过细致观察，古人惊喜地发现"隹"只会往前蹦跶，不会往后退，想退只有一个办法，那就是掉过头来蹦跶。于是"隹+辶"成了绝配。可惜的是汉字简化时，将"進"简化为"进"。"进"围着水井转悠，没有前后之分，再说也没少了多少笔画，有点得不偿失。

进·晋·觐

进 详见本页"进·近"。

晋 jìn 会意字。甲骨文 ⿰ 是两支箭置入插箭器中，会箭插入之意。金文 ⿰。小篆 ⿰。隶定后楷书简作晉，俗作晋。今规范用晋。本义为把箭插入箭器中。由于晋为借义所专用，进入之义便用"進"来表示。

觐 jìn 形声字。金文借 ⿰（堇）表示。小篆 ⿰ 从见从堇（表声）。隶定后楷书写作覲。今简化为觐。本义为古代诸侯秋季朝见天子。

晋与进，在向前、上升意义上古代通用，如晋见、晋级、晋升等词中的"晋"也可用"进"。《现汉》保留"进见"与"晋见"。前者为口语，后者为书面语。

觐见，指朝见君主。接见、拜见、谒见、朝见等，都需要我们一一见识一下。

《现汉》只保留"晋级、晋升、晋职"等，而将"进级、进升、进职"排除在外，大概是人们趋雅所致。另外"进谏、进献、进言"中的"进"本该用"晋"，但选择"进"，估计是考虑到"进"为大众耳熟能详之故。

进·敬

进 详见本页"进·近"。

敬 jìng 会意字。甲骨文 ⿰ 从羊从人。金文 ⿰ 左为口中为羊右为手持鞭子，会吆喝羊群。小篆 𦱚。隶定后楷书分别写作苟与敬。敬俗简作敬。今以敬为正体。本义为做事严肃、认真。引申出做事严肃、恭谨、虔诚等义来。苟（jì）只作偏旁并简化作苟，与当"草"讲的"苟"（gǒu）相混。

【进献】动 恭敬地送上：～花篮。

【敬献】动 恭敬地献上：向烈士陵墓～花圈。

笔者建议一般情况下，用"敬献"远比"进献"显得庄重、敬畏、肃穆。

另外，《现汉》只有"进香"而没有"敬香"，值得商榷。

茎·菁

茎 jīng　会意兼形声字。小篆 𧄲 从艸（艹）从巠（经线，兼表声），会植物的主干之意。隶定后楷书写作莖。今简化为茎。本义为植物体的主干部分，上部一般生有叶、花和果实，下部和根连接。

菁 jīng　形声字。小篆 𦱖 从艸（艹）从青（表声）。隶定后楷书写作菁。本义为韭菜的花。引申泛指花。再引申指事物精华部分，如菁华。菁菁，形容草木茂盛。蔓菁（又名芜菁，又称蓂），俗称大头菜。

菁、茎均为草字头，加之二字同音，容易导致"蔓菁"误为"蔓茎"。

菁·箐

菁　详见本页"茎·菁"。

箐 qìng　形声字。《说文》无。楷书箐从竹（𥫗）从青（表声）。本义为小竹笼。原来有三个读音，现在统读 qìng。常用于方言，指山间的大竹林，又指竹木丛生的山谷（多用于地名），如云南的梅子箐、贵州的龙家箐。

菁菁（jīngjīng），文言词，语出《诗·小雅·菁菁者莪》："菁菁者莪（é），在彼中阿。"菁菁，形容草木茂盛的样子；莪，蒿类植物；阿，丘陵。诗的大意是，在那广袤的丘陵上，莪蒿长得多茂盛啊。菁菁引申指蓬勃向上。菁菁校园，一方面是说校园草木茂盛，自然景色优美，另一方面是说莘莘学子在校园里茁壮成长，充满着朝气。菁菁，不能错写成"箐箐"。

菁·精

菁　详见本页"茎·菁"。

精　详见281页"尽·精"。

【菁华】名 精华。

【精华】名 ❶（事物）最重要、最好的部分：取其～，去其糟粕｜展览会集中了全国工艺品的~。❷〈书〉光华；光辉：日月之~。

我们知道，与糟粕相对时用"精华"，不用"菁华"；"精华"又可以表示光辉，如日月精华，"菁华"则无此用法。但《现汉》在"菁华"后注释为"精华"，显然不够精准。

睛·镜·晴

睛 jīng　形声字。小篆睛从目从靑（关声）。隶定后楷书写作睛。俗作睛。今规范用睛。本义为眼珠。

镜 jìng　形声字。小篆鏡从金从竟（表声）。隶定后楷书写作鏡。今简化为镜。本义为日光照物。后来指镜子。

晴 qíng　会意兼形声字。小篆䔾从夕（月）从生（出现，兼表声），会月现天晴之意。隶定后楷书写作姓。俗作晴，改为从日从青，异体作暒。今规范用晴。本义为夜晚雨止星现。

眼睛，指眼的通称。眼镜，戴在眼睛上矫正视力或保护眼睛的透镜。眼镜蛇，毒蛇的一种，发怒时颈部膨胀，上面有一对白边黑心的环状斑纹像一副眼镜。不要把眼镜蛇想当然理解成一双滴溜溜的大眼睛而写作"眼睛蛇"。

睛与晴，一短横之差，人们容易写错，尤其字号小的时候，要格外瞪大眼睛。

井·阱

井 jǐng　象形字。甲骨文井，纵横四笔，犹如井栏。金文井中间还有一圆点，有人说是汲具，有人说是井口，不管是什么，都旨在点明这是供人饮用的水井。小篆井。隶定后楷书写作井。本义为水井。引申指形状像井的东西，如矿井、油井、天井等。古制八家为一井，后借指人口聚居的地方或乡里：市井、背井离乡。"离乡背井"中的乡、井是同义词。有井自然有市，井是"共汲之所"，市是"交易之处"，两个"公共场所"连在一起，便构成了"市井"。还形容整齐，如井然有序、井井有条。井田制，指我国奴隶社会时期的土地制度。奴隶主为计算自己封地的大小和监督奴隶劳动，把土地划分成许多方块，因像井字形，所以叫作井田制。

阱 jǐng　会意兼形声字。甲骨文阱上为野鹿下为深坑，会野兽掉入坑里之意。小篆阱从阜（阝左，表高低）从井（表义兼表声），专指捕野兽的陷坑。隶定后楷书写作阱。本义为捕捉野兽的陷坑。

阱是在地上挖的深坑，似乎和井有某种相似之处，但"井"是凿地取水，阱是为了防御或捕捉野兽，两者的用途是截然不同的。由有形的"阱"又可引申出无形的"阱"——凡阴谋、奸计、圈套之类，都是为了达到陷人于坑的目的，因此也可称之为"陷阱"。一个是用于捕捉的"阱"（由上往下坠落），一个是用于汲水的"井"（由下往上提升），两者用途天壤之别。

颈·胫

颈 多音字。会意兼形声字。小篆𩒺从页（头）从巠（竖直，兼表声）。隶定后楷书写作頸。今简化为颈。本义为脖子的前部。脖子指头和躯干相连接的部分。

读 jǐng 时，指颈的本义，引申指物体上形状或部位相当于颈的部分，如瓶颈。

读 gěng 时，脖颈儿，口语，指脖子的后部，也作脖梗儿，也叫脖颈子。笔者观点，应将脖梗儿作推荐词条，这样做一来好读，二来好理解。

胫 jìng 会意兼形声字。小篆𦙢从肉（月）从巠（竖直，兼表声）。隶定后楷书写作脛。今简化为胫。本义为从膝盖到脚跟的部分，即小腿。

交颈，颈与颈相互依摩。交颈多为雌雄动物之间的一种亲昵行为，现在多比喻夫妻之间的恩爱及男女亲昵。胫，人的小腿，也指禽兽昆虫的腿。

"交胫之好"给人感觉大不雅。如果真有，那个画面您会笑得小腿肚子抽筋。

儆·警·敬

儆 jǐng 会意兼形声字。金文𢕩从人从敬（谨慎，兼表声）。小篆𤶲。隶定后楷书写作儆。本义为警戒、戒备。引申指使约束、使收敛、使畏惧的意思，于是儆就有了让人自己觉悟而不犯过错，如儆戒。

警 jǐng 会意兼形声字。小篆𧮫从言从敬（敬慎，兼表声）。隶定后楷书写作警。本义为告诫。

敬 详见285页"进·敬"。

以儆效尤。以：用。儆：同"警"，警告、警诫。效：学。尤：过失、罪过。以儆效尤意思是用对坏人坏事的处理来警诫那些学着做坏事的人。而"敬"义为尊敬，"以敬效尤"于情于理都说不通。

儆与警有相通之处，反而儆与敬貌似但双方敬而远之。

【警戒】❶动 军队为防备敌人的侦察和突然袭击而采取保障措施，也泛指为防备出各类问题而采取保障措施：～哨｜～线｜加强～。❷同"警诫"。

【警诫】动 告诫人使注意改正错误。也作警戒、儆戒。

径·胫

径 jìng 会意兼形声字。小篆𨓚从彳（街道）从巠（直的经线，兼表声），会如同经线一样直的人行小道之意。隶定后楷书写作徑。今简化为径。本义为不能走车的小路。

胫　详见288页"颈·胫"。

不胫而走，义为没有腿却能跑，形容传布迅速。古时候，徐行曰步，疾行曰趋，疾趋曰走。即早先走为跑，现在的走既可以有竞走，也可以漫步。成语是固定结构，不宜随意改变。

另外，妇幼皆知"书山有路勤为径，学海无涯苦作舟"。其实我们只要认真观察您会发现"径"与"舟"不搭啊，告诉您一个小秘密，原来"径"是"胫"，不知何朝何代何人将"胫"错成"径"，从而人们就将错就错了。如果您现在写"书山有路勤为胫"，说不定会遭人一脚踹呢。☺

云山雾罩，本来写作"云苫雾罩"，现在这样，您跟谁说理去。

径·经

径　详见288页"径·胫"。

经　详见280页"禁·经"。

途经，动词，指中途经过。途径，名称，指路径、方法。

径·迳

径　详见288页"径·胫"。

迳 jìng　形声字。是径某些义项上的异体字，是径换旁分化字。我们从《现汉》注释来分析。

径（徑、❶❸△*迳）jìng ❶狭窄的道路；小路：山～｜曲～。❷比喻达到目的的方法：捷～｜门～。❸ 副 径直：～向有关部门举报｜取道武汉，～回广州。❹指直径：口～｜半～。

迳（逕）jìng　用于地名：～头（在广东）。

在"径"①②③义项时，迳是径的异体字（*为异体字，△表示另外出字头）。

迳，现在主要用于地名和人名。1955年12月发布的《第一批异体字整理表》将"逕"视为"徑"（"径"的繁体字）的异体字。《通用规范汉字表》将"逕"的类推简化字"迳"视为规范字，只用于姓氏人名、地名。广东省清远市佛冈县有个迳头镇。迳头镇因地处山脉（当地人称为"迳"）起端而得名。广州市黄埔区新龙镇还有个迳头村。

净·静

净 jìng　会意兼形声字。金文 和小篆 从水从静（水静则清亮，兼表声）。隶定后楷书写作 。俗借用淨（从 氵，争表声）来表示，并简化作净。后又借净（从丿，争表声)表示，今简化为净。本义为寒冷。净作为瀞的简化字，本义指清洁等义。

静 jìng　形声字。金文 𱂸 左上从青（表植物的色彩）从争（表声）。小篆 𩇏。隶定后楷书写作靜。今简化为静。本义为色彩鲜明。引申指安静等义。

佛教认为眼、耳、鼻、舌、身、意具有能摄取相应六境（色、声、香、味、触、法），产生相应之识（眼识、耳识、鼻识、舌识、身识、意识）的六种功能。根是"能生"的意思，故将此六者称为六根。清净，在佛教中指远离恶行与烦恼。耳根清净，就是说耳中不闻胡言乱语或嘈杂声音，常常指不闻闲是闲非。清静，在古代汉语中有天气晴朗宁静、人的心性纯正恬静等义，还可指为政清简，无为而治。而在现代汉语中，一般指环境安静，不嘈杂。清净常用于佛教，清静常用于日常生活。

竞·竟

竞　详见 284 页"锦·竞"。

竟　详见 280 页"仅·尽·竟"。

竞与竟，一短横之差，但两者之间却差了十万八千里。竞主要用于竞争、竞赛；竟主要表达完毕、完成。每每遇到"竞""竟"（如究竟、毕竟、竞走、竞赛等），一定要静下心来，好好比较一番再做决定。

究·就

究 jiū　会意兼形声字。小篆 𥥈 从穴从九（尾巴尽头，兼表声）。隶定后楷书写作究。本义为穷尽。引申出推求、追查，如研究、追究、深究等。还指到底，如究竟。

就 jiù　会意字。小篆 𰝌 从京（于高处建亭）从尤（多出）。隶定后楷书写作就。本义为达到极高。引申出凑近、靠近，如迁就，再引申出完成，如成就等。

终，即事物的结局，与"始"相对；究，即穷尽、终极。"终"与"究"意思相近，组成的"终究"是现代汉语中的常用副词，表示终归、毕竟。

"就"引申义指靠近、谋求等，不能与"终"搭配成"终就"一词。

鸠·鸩

鸠 jiū　形声字。小篆 𱁷 从鸟从九（表声）。隶定后楷书写作鳩。今简化为鸠。本义为古代五鸠（祝鸠、䳡鸠、鸤鸠、爽鸠、鹘鸠。鸤鸠即布谷鸟）的总称。引申指外形像鸽子、体型较小而尾长的一类鸟，常见有斑鸠。与"鸠"有关的成语有鸠占鹊巢、鸠形鹄面等。"鸠"还可作动词用，义为集合，如鸠合众人。

鸩 zhèn　形声字。小篆 𱂿 从鸟从尤（表声）。隶定后楷书写作鴆。今简化为鸩。本义为传说中的毒鸟，用它的羽毛浸泡的酒色香味不变，而鸩毒尽入，喝之顷刻间五脏俱溃，神经麻木，无痛而死。鸩酒是皇宫谋杀、赐死的常用品。

饮鸩止渴的意思是：喝毒酒解渴。比喻用错误的办法来解决眼前的困难而不顾后果。

饮鸩止渴，本身就是一种错误行动，您若再误写成"饮鸠止渴"，那就是错上加错了。

🖊 鸠杖，也叫王杖，是汉代朝廷为老人特制的一种拐杖。因拐杖上端有一木雕的斑鸠，故名"鸠杖"（如图）。鸠杖长约两米，杖杆是一根粗细均匀的硬木，刨削光滑，鸠鸟口含食粒，雕刻精致，直卧其上。

冏·囧·䌹

冏 jiǒng　会意字。甲骨文 从口从内，会有话在口内说不出之意。小篆 。隶定后楷书写作冏，俗作冋。异体作呐。如今规范化，单用作呐，作偏旁时用冋。"囧"因与"冏"形近，后单用也写作了冏，冏遂也表示囧的意思。本义为言语迟钝，不善说话。是呐的本字。

囧 jiǒng　象形字。甲骨文 象古代原始的窗户形，在墙上挖洞，在洞中用竹或木棍支撑。金文 。小篆 。隶定后楷书写作囧。本义窗户透亮，引申为明亮。

䌹 jiǒng　是囧的异体字。

网络时代，"囧"从被人们遗忘的角落里突然蹦了出来，成了网红用词，当然意思也发生了变化。网民们因形赋义，把它想象成一张愁苦的脸：耷拉着八字眉，嘴巴张开，一脸沮丧。用它来表示困窘、困苦、困顿、郁闷、失意等意思。电影《泰囧》《港囧》等热播，更加把"囧"推为热词。

目前《现汉》给"囧"留有位置，至于冏、䌹等没有露脸的机会，有点尴尬啊。其实，说句良心话，笔者以为"囧"最有味道。

纠·赳

纠 jiū　会意兼形声字。小篆 从糸从丩（丩，象形字，最初象藤蔓纠结形，兼表声）。隶定后楷书写作糾。今简化为纠。本义三合绳。引申指纠缠、聚合。由绳墨引申出依照一定的准绳去衡量、督察，从而有检举、纠正等义来。

赳 jiū　形声字。小篆 从走从丩（表声）。隶定后楷书写作赳。本义为健壮威武的样子。"赳"常叠音为"赳赳"，用以形容雄壮威武的样子。

《中国人民志愿军战歌》歌词令几代中华儿女对"赳赳"理解与尊重：

雄赳赳，气昂昂，跨过鸭绿江。保和平，卫祖国，就是保家乡。中国好儿女，齐心团结紧。抗美援朝，打败美帝野心狼！

"赳"和"纠"虽然音同形似，但含义千差万别，雄赳赳切勿错写成"雄纠纠"。

阄 · 阉

阄 jiū 形声字。小篆 ▨ 从鬥从龜。隶定后楷书写作鬮。今简化为阄（鬥讹变为门）。本义为拈阄，即抓取书写好记号的纸团等物以决定事情或赌胜负。

阉 yān 会意兼形声字。小篆 ▨ 从門（门的繁体字）从奄（兼表声），是奄的加旁分化字。隶定后楷书写作閹。今简化为阉。本义为古代日暮关闭宫门的人。看守宫门的大都是被割去外生殖器的男子，即宦官（不要错写成"官宦"），继而有了阉党。由宦官引申指阉割，如阉鸡、阉猪。

抓阄，千万不要写成"抓阉"。当然，阉割也不能写成"阄割"！

洒 · 洒

酒 jiǔ 会意兼形声字。甲骨文 ▨ 从水从酉（酒坛，兼表声）。金文 ▨。小篆 ▨。隶定后楷书写作酒。本义是粮食配制的饮品。

洒 sǎ 形声字。甲骨文 ▨ 从水从西（栖，鸟窝形，表声）。小篆 ▨。隶定后楷书写作洒。是洗的本字。洒本读 xǐ。如今洒做了灑的简化字改读 sǎ，改为把水泼散开。

酒与洒，一横之差，作为一般读者都会区别，但在某些情况下，或在五笔字型输入时，容易将"酒"洒在电子文件上。

🖊 古人造字非常讲究精准，围绕洗，以下一组汉字值得品味。

沐，指洗头发。古人受"身体发肤，受之父母，不敢毁伤"影响，男女终身不剪头发。洗发之时，需要用木梳等工具相助才能完成。

浴，指洗后背。笔者想，人的后背，尤其是男人的后背，与两山之间峡谷存有相似之处（挑山工裸露的后背更为明显）。

靧，指洗脸。此字读 huì，典型的形声字。

洗，指洗脚。先，下面是两只脚的象形，那翘起的脚丫子形象可爱，按当下的话说好萌。

盥，指洗手。盥字上面左右是两只手，上面中间为水，下为皿，整字就是一幅双手捧起水搓洗的图景。

灸 · 炙

灸 jiǔ 会意兼形声字。小篆 ▨ 从火从久（熏灼时间长，兼表声）。隶定后楷书写作灸。本义为中医的一种治疗方法。

炙zhì　会意字。金文 🔲 和小篆 🔲 皆上从肉（月），下从火。隶定后楷书写作炙。本义即为以火烤肉。

炙手可热，意思是把手靠上去，手立即可以烧热，以此形容权势逼人。此成语是贬义，务请注意。脍炙人口，指美味人人都爱吃，比喻好的诗文或事物，人人都称赞。脍是切得很细的鱼或肉。"炙手可热""脍炙人口"，讲不通。

韭·韮

韭jiǔ　象形字。小篆 🔲 象地上丛生而细密的韭菜形。后来因韭做了偏旁（如齑），古人于是另加义符艹写作韮。如今简化仍作韭。由于韭割了长，长了割，一次种植长久收获，所以读音取"久"。

韮是韭的异体字，早已列入《第一批异体字整理表》。根据文化部和国家文字改革委员会在1955年12月22日联合发出的通知规定：从实施日起，全国出版的报纸、杂志、图书一律停止使用表中括弧内的异体字。但翻印古书须用原文原字，可作例外。停止使用的异体字中，有用作姓氏的，在报刊图书中可以保留原字，不加变更，但只限于作为姓用。

人们写到韭菜时，年纪大的同志会想到小时候写草字头的韮，年轻的朋友会联想到韭菜是一种植物，于是写作"韮"。现在不能再写作"韮"。

咎·绺

咎jiù　会意字。甲骨文 🔲 从人从各（夂为脚，口为洞穴）。金文 🔲 加疒旁，以强调病灾。小篆 🔲 承接甲骨文并文字化。隶定后楷书写作咎。异体作愳。今规范用咎。本义会人行动有阻、动辄有灾之意。引申指过失、罪责、加罪、灾祸等。常见词有引咎自责、咎有应得、咎由自取等。

绺　详见348页"溜·绺"。

【绺子】liǔ·zi ❶〈方〉名土匪帮伙。❷量绺儿：一～头发。

口语中常有"二流子"一说，请读者注意"二流子"与"绺子"第一个义项有区别，二流子常属于个别人的行为，与土匪帮伙的"绺子"不在一个档次上。

另外，咎与"发丝"没有丝毫瓜葛，一绺头发不能写作"一咎头发"，真那样，就是咎由自取了。

狙·阻

狙jū　形声字。小篆 🔲 从犬从且（表声）。隶定后楷书写作狙。本义为古书上说的一种猴子。古代寓言《朝三暮四》讲的就是狙的故事。猴子灵巧、聪明，擅长伏击、偷袭，所以人们就用狙击来形容暗中埋伏、伺机袭击敌人。

阻 zǔ 会意兼形声字。小篆**阻**从阜（阝左，高起）从且（表声）。隶定后楷书写作阻。本义为山险，险要之地。

狙与阻，井水不犯河水，但在"狙击""阻击"上常让人犯糊涂。

狙击，就是埋伏起来，伺机袭击敌人。由此"狙"字便引申为狡诈、窥伺等义。军事上，把藏于暗处的伏击者称作狙击手。

阻击的"阻"则是阻止、阻挡的意思。阻击就是以防御手段阻止对方的行动，是公开的对抗和较量，目的是阻敌前进、断敌退路，或掩护主力部队的行动。

由此可以看出，阻击与狙击相反，是一种阵地战，其目的是为了阻止敌人进攻、增援或逃跑。从人数上看，狙击只能一个人或少数几个人的行为，阻击那是需要相当的兵力才可完成。

简单地说，凡是出其不意的主动袭击，就是"狙击"；凡是公开的被动抵抗，就是"阻击"。该用"阻击"的地方，千万别再"狙击"。反之亦然。

狙击和阻击本为军事术语，现已广泛使用于社会生活的诸多方面。

雎·睢

雎 jū 形声字。《说文》无。楷书雎从且（表声）从隹（短尾鸟）。本义为古书上说的一种鸟，即王雎，也叫雎鸠、鹗，据说就是鱼鹰。相传雎鸠雌雄都有固定的配偶，一生忠贞不贰，所以被称为贞鸟。《诗经》第一篇是《周南·关雎》，"关关雎鸠，在河之洲。"

睢 suī 会意兼形声字。小篆**睢**从目从隹（短尾鸟，兼表声）。隶定后楷书写作睢。本义为仰目。有专家解释：左目是人的眼睛，右隹是天上展翅的飞鸟。人仰望高飞的鸟，幻想远大目标，便构成睢的本义。暴戾恣睢：暴戾指残暴凶狠；恣睢指放肆、横暴。形容凶恶残暴，任意胡为。睢，用作地名，如河南睢县。还用作姓。

雎与睢，字形相似度高得吓人，但两字读音、义项相差太大，一个水中游，一个天上飞。除了写法稍不注意就容易错外，关键是范雎与范睢到底哪个正确呢？

"范睢"这种写法虽然也能找到书证，但这个问题早就有人研究过，并得出了令人信服的结论有三：第一，春秋战国时人多以"且（jū）"为名，如齐国的司马穰苴（或作"且"）、宋国举网捕得神龟的渔夫豫且、荆轲刺秦王时用药囊击轲的秦王侍医夏无且、项羽的大将龙且。第二，"且"旁有时加"隹"，如秦国的应侯范雎、出使秦国不辱使命的安陵君特使唐雎。"且（jū）"字与"雎（jū）"字写法不同而读音相同。第三，武梁祠画像有"范且"，亦即"范雎"。《辞海》

（1999年版）在"范雎"条也明确提出"或误作范睢"。

睢鸠，不可写作"睢鸠"。同理，暴戾恣睢，也不可写作"暴戾恣睢"。

掬·鞠

掬 jū　会意兼形声字。《说文》无。楷书掬从手从匊（捧米，兼表声）。本义指两手相合捧物。笑容可掬，意思是笑容可以用两手抱取，形容笑容满面。

鞠 jū　会意兼形声字。小篆鞠从革从匊（抟曲，兼表声）。隶定后楷书写作鞠。本义为古代游戏用的一种皮球，类似于今天的足球。蹴有用脚蹴、踢的含义，鞠最早系外包皮革、内实米糠的球。因而"蹴鞠"就是指古人以脚蹴、踢皮球的活动。这种球最早是将毛纠结为球形而成，后则在革囊中填充毛，宋代以后演变成充气的皮球。此球最初是用来练习武事的，后来"踢鞠"成了一种运动游戏。宋代高俅便是踢鞠高手。有人认为鞠就是现代足球的雏形。也许玩这种游戏少不了弯腰曲背，所以鞠又被用来表示弯曲、弯腰等意思。

鞠躬尽瘁，死而后已，就是指某人勤勤恳恳，竭尽心力，到死为止。《现汉》在"鞠躬"注释为"小心谨慎的样子：～如也｜～尽瘁"；在"鞠躬尽瘁"注释：指小心谨慎，贡献出全部精力。近有专家研究指出，这里"鞠"通"掬"，"躬"为身也，"鞠躬"就是奉献出自身的意思。备此一说。

了解"掬"与"鞠"的本义，笑容可掬就不会写作"笑容可鞠"了。真这么写，笑从何来？只有鞠躬道歉的份儿了。

中国汉字中，但凡带匊的字都有向内弯曲、聚合的意思，如鞠、掬、菊等。原因在于匊金文上边是手的讹变，下边是米，会以手捧米之意。小篆讹为从勹（弯腰人）从米，隶定后楷书写作匊。

巨·钜

巨 jù　会意字。金文一是一个成人一手持筑杵形，表示人壮力大。金文二只留杵和手。金文三人与手、杵分离。小篆一，小篆二。隶定后楷书写作巨和榘。榘俗省作矩。如今只保留了巨与矩，且二字表义有分工。

钜 jù　形声字。《第一批异体字整理表》中"巨"有异体字"钜"。《通用规范汉字表》将"鉅"的类推简化字"钜"视为规范字，可用于姓氏、人名、地名。现实生活中，尤其是年终或十一黄金周等时间节点，许多商家都会打出"某某钜惠"的广告语，想必是"钜"还有"金"，因而我想《通用规范汉字表》对"钜"使用范围仅限于姓氏、人名、地名不可取，应该根据大众意愿适当扩大使用范围为好。

巨鹿之战，是秦末起义中，项羽率领数万楚军（后期各诸侯义军也参战），同秦名将章邯、王离所率四十万秦军主力在巨鹿（今河北平乡）进行的一场重大决战性战役，也是中国历史上以少胜多的战役之一。项羽破釜沉舟，以大无畏精神在各诸侯军畏缩不进时率先猛攻秦军，带动诸侯义军一起最终全歼秦军，并于八个月后迫使另二十万章邯秦军投降。从此项羽确立了在各路义军中的领袖地位。经此一战，秦朝主力尽丧，名存实亡。破釜沉舟、背水一战等成语源于此役。

全国县以上地名中带"巨"的有：河北省巨鹿县、山东省巨野县。

巨·叵

巨　详见 295 页"巨·钜"。

叵 pǒ　会意字。小篆 叵 是 可（可）的反向，用以会不可之意，也是"不可"的合音。隶定后楷书写作叵。本义为不可，如居心叵测、心怀叵测。

巨与叵，字形相似，书写起来务要小心。

卷·锩·蜷·鬈

卷　多音字。会意兼形声字。小篆 卷 从卩（㔾，跽坐人形）从关（屈曲，兼表声）。隶定后楷书写作卷。本义为膝曲。引申为把东西弯转裹成圆筒形。古时的书籍写在帛或纸上，卷起来收藏，故书册、画轴之类皆可称卷，因此书籍的数量论"卷"，如卷帙浩繁。一部书可以分成若干卷，每卷的文字自成起讫，后代仍用来指全书的一部分。作名词用，"卷"还可以指试卷、机关里保存的文件等。

读 juǎn 时，把东西弯转裹成圆筒形，引申出卷土重来、卷逃等义。卷是捲的简体字。"卷"在做食品花卷时，异体字为"饏"。

读 juàn 时，指书本，如手不释卷。引申出卷宗、卷子、卷轴等。读 juàn 时，卷没有繁体字，也没有异体字。

锩 juǎn　会意兼形声字。《说文》无。楷书锩从金从卷（卷曲，兼表声）。今简化为锩。本义为刀剑的刃弯曲。

蜷 quán　会意兼形声字。《说文》无。楷书蜷从虫从卷（卷曲，兼表声），异体作踡。今规范用蜷。本义是人或动物的肢体弯曲。

鬈 quán　会意兼形声字。小篆 鬈 从髟从卷（卷曲，兼表声）。隶定后楷书写作鬈。本义为头发弯曲，引申指美。烫发之美大概因鬈而起。

卷曲，范围仅指头发等。人为盘起、绾起、烫染等使头发弯曲，如果是自然弯曲应该用鬈。但在书写刀剑等的刃弯曲时，用"锩"不用"卷"。还有就是"踡"已经淘汰，不要再用，更不能想当然认为两腿弯曲侧卧就写作"踡腿歇息"。

卷·券

卷 详见 296 页"卷·锩·蜷·鬈"。

券 多音字。形声字。小篆 ![字形] 从刀从𠔉（表声）。隶定后楷书写作券。本义为用刀刻的文字，大都以竹木分割而成，双方各执一半，以便相合验证，故其字从"刀"。引申指票据或作为凭证的纸片，如入场券、公债券等。

读 quàn 时，用的是本义。国库券，指国家银行为调节国库收入而发行的一种政府债券。

读 xuàn 时，因券从𠔉取声，而𠔉有抟曲之义，故又引申指门窗、桥梁等建筑物上成弧形的部分，如拱券、券门。碹，也读 xuàn，此义与"券"（xuàn）同。

副券的"副"，意为辅助的、附带的。购买一张演出入场券时，入场券的一端会附带印有一份"副券"字样纸片，副券如果被撕下，就表明这张入场券已被使用过。入场券有时候被错写成"入场卷"，原因之一是"券"与"卷"字形相仿，再就是与人们常常把券读作"卷"有一定关系。

下面两组词需要甄别。

书券与书卷

《颜氏家训·勉学》有邺下谚曰：博士买驴，书券三纸，未有驴字。

书券三纸中的"书"是书写的意思，券是指买卖的契约。说是有个博士（古时指专精某一技艺的人，还是教授经学的一种官职）到集市上去买驴，契约写了三张纸，没见一个驴字。后来"博士买驴"用来比喻文辞烦冗，说不到点子上。也作"三纸无驴"。

书卷指书籍。

铁券与铁劵

丹书，用朱砂书写；铁券，即铁契，用铁制作的凭证。丹书铁券，又作丹书铁契，以铁为契，由丹书之，故名。是指古代帝王颁授给功臣、重臣世袭的享有免罪等特权的凭证，相当于民间叙事中所说的"免死牌"。颁授丹书铁券的制度最早始于汉高祖刘邦。

劵，读 juàn，是倦的古字，义为劳累、疲劳。胜的繁体字勝还能看到"劵"的身影。劵，因为字形与"契券"的"券"太相似，所以被后人加了人旁并改下部"力"之形状即"倦"以示与"券"区别。

倦·绻

倦 juàn 会意兼形声字。小篆 ![字形] 从人从卷（蜷曲，兼表声）。隶定后楷书写作倦。本义指疲劳、厌烦。

绻 quǎn　会意兼形声字。小篆 🔲 从糸从卷(屈曲，兼表声)。隶定后楷书写作绻。今简化为绻。本义为收缩、屈曲。

缱(qiǎn)绻，联绵词，形容情投意合、难舍难分、感情深沉、情意缠绵，如情意缱绻、缱绻柔情等。"缱绻"二字不能单独解释。"缱倦"查无此词。

撅·噘

撅 juē　形声字。小篆 🔲 从手从厥(表声)。隶定后楷书写作撅。本义为用手握持着东西。引申指拔、拔起。再引申指翘起，如撅尾巴、撅着胡子。还指折(zhé)，如一撅两截、撅断树枝。

噘 juē　后起形声字。楷书噘从口从厥(表声)。专指嘴唇翘起，如噘嘴。

《第一批异体字整理表》视噘为"撅"的异体字。《通用规范汉字表》确认"噘"为规范字，专用于噘嘴。从此"撅嘴"就闭嘴了。

🔲 口语中，当面使人难堪，顶撞，如撅人，"老张撅了儿子一顿"。这里"撅"，千万不能想当然认为骂人要动嘴，错写成"噘人"或"老张噘了儿子一顿"。

决·绝

决 jué　会意字。小篆 🔲 从水(洪水)从夬(是玦的本字，既是声旁也是形旁，表示中断、分别)，会开凿疏通水道之意。隶定后楷书写作决。为避免与"决"相混，俗省作决。本义为疏通水道。引申指决口、溃决、决堤。再引申指断开，如决裂。继而引申指断案、判案，如判决。再引申指确定，如表决、决定、议决。再再引申指确定、最后、较量，如决战、决赛、一决雌雄。用作形容词，如毅然决然、坚决、果决。用作副词，相当于肯定、根本，如决不放弃、决不罢休。

绝 jué　指事兼会意兼形声字。甲骨文 🔲 是指事字，在两缕丝线中间各加一短横指事符号，表示将丝线割断。金文 🔲 则在两组丝线之间加一把刀，其义更加明显。小篆 🔲 左从丝右上从刀(割)右下从卩(人)，表示人用刀割断丝缕。隶定后楷书写作絕。今简化为绝。本义为截断丝。引申指截断，如恩断义绝。再引申指穷尽，如弹尽粮绝。继而引申指死亡，如气绝。还引申指结束，如绝版图书等。作副词时，用于否定式，表示情态，相当于一定、必定、全然，如绝不放过、绝不讲价钱、绝无仅有、绝非偶然。

绝与决，在古代并不同音，基本意思也不一样。只有用作副词，用于否定句，表示一定、必定的意思时，意义相同，"绝"与"决"可以互换，但"绝无仅有"不得写成"决无仅有"。

决、绝，这对剪不断扯还乱的两个字，竟然能组合成"决绝"，真是奇绝无比。决绝，副词，指坚定地、断然地。形容对事的态度。还指断绝关系。

在"决"的引申用法中，无论是决断、决定、决策，还是坚决、果决、决然，都表现出一种主观意志。因此，"决"在用作副词、表示一种情态时，强调的是主观态度。这个"决"是发自内心的"决"。而"绝"的引申用法，无论是名词绝境、绝技，还是动词绝交、绝迹，还是形容词绝妙、绝佳，其中的"绝"突出的都是一种客观判断。因此，"绝"在用作副词、表示否定语义时，强调的是客观上的不存在、不可能。

根据这样一个大的思路，专家主张"决不反悔""决不同意"用"决"，而"绝非坦途""绝无此事"用"绝"。不知读者朋友支持否？

🖊 斩立决，是明、清两朝被判斩刑，不须经秋审与朝审，便立刻予以斩首之义。斩，斩刑；立，立即；决，处决。

秋审与朝审，是当时复审死刑案件的制度。秋审，是指凡被判处死刑而暂未执行者，分为情实、缓决、可矜、留养承祀等类，上报朝廷，由刑部会同大理寺，于每年秋八月集中审核，提出意见，奏请皇帝裁决。朝审，是指由朝廷派员在秋天会审死刑案件的制度。清代以秋审与朝审并行，朝审处理京师案件，秋审处理外省案件，先朝审，后秋审。

斩立决，属于案情明白、证据确凿，如杀人、纵火、抢劫等刑事犯罪，只需地方长官如知府、知县报请本省按察司批准，即可由当地府、州、县执行死刑，而无须经秋审与朝审。斩立决，不得写作"斩立绝"。

决 · 抉

决 详见298页"决·绝"。

抉 jué 会意兼形声字。小篆 ![字形] 从手从夬（钩弦的板指，兼表声）。隶定后楷书写作**抉**。本义为挑出、剔出。

抉择，指挑选或选择，不是判决，不能写成"决择"。

抉摘，义一为抉择，如抉摘真伪；义二为揭发指摘，如抉摘弊端。

诀 · 绝

诀 jué 会意兼形声字。小篆 ![字形] 从言从决省（决字省去氵，义为分离，兼表声）。隶定后楷书写作**诀**。今简化为诀。本义指永别，也指方法。

绝 详见298页"决·绝"。

诀别，本指再无会期的离别，如永诀，后泛指分别、辞别。

诀，法也，就是方法。妙诀，即高明的方法。秘诀，即秘而不宣的方法。要诀，即关键的方法。由此引申指帮人掌握要领的词句，如口诀、歌诀等。

窍本义是孔洞，由此引申比喻解决问题的途径、方法，如一窍不通、开窍等。

诀和窍都可指方法，联手后"诀窍"特指关键性的好方法，也可指事物的关键。

"绝"没有方法的含义，不能与"窍"并肩作战。不然，若错写成"绝窍"，那就是一点儿办法也没了。

军·钧

军 jūn 会意兼形声字。金文 ▨、小篆 ▨ 均从勹（"勹"好似部队驻扎后外围警戒之形，后"勹"讹变为"冖"，但仍有围的意思）从车。隶定后楷书写作軍。今简化为军。本义为以车自围扎营，即驻扎。

钧 jūn 会意兼形声字。金文 ▨，或借 ▨（勻）表示。勻为人肩抗两块金属饼形，含重量之意；后另加义符金，成为 ▨ 从金从勻（重量，兼表声）。小篆 ▨。隶定后楷书写作鈞。今简化为钧。本义为古代重量单位，三十斤为一钧。千钧一发、雷霆万钧之势等人人皆知。古代也指陶工做陶器时模子下边的转轮（此轮运转时要匀速，从而保证陶器制作精美）。由陶钧之运转，又引申比喻国政，再引申指天工，继而引申用作敬辞，表示对尊长或上级的尊敬，如钧座、钧府、钧安、钧鉴等。秉钧，指手持制陶的转轮，比喻执政。

钩与钧只有一小提之别，秉钧若错成"秉钩"那就离"钩鱼执法"不远了。

军·君

军 详见本页"军·钧"。

君 jūn 会意字。甲骨文 ▨ 从尹（手抓笔形，表治理）从口（表发令），会掌管治理、能发号施令的人之意。金文 ▨。小篆 ▨。隶定后楷书写作君。本义指掌管治理一方土地和臣民的人。

军令，是军事命令的简称，如军令如山。一般不称军命。

君令，是君王的命令。可延伸作君命。"将在外，君命有所不受。"义即大将远征，由于战斗实际情况变化很快，加之通信联络时间长，因此可以不必等到君王的指示而随机应变，灵活处置，机动行事。这句话本自《孙子兵法·变篇》："途有所不由，军有所不击，城有所不攻，地有所不争，君命有所不受。"古书中也有写作"将在外，主令有所不受""将在军，君命有所不受"的。可见将在外"有所不受"的是"君命"（写成"君令"还算马马虎虎），而非"军令"，更不是"军命"。

均·钧

均 jūn　会意兼形声字。金文 [图] 和小篆 [图] 皆从土从匀（平均，兼表声），会土地均平之意。隶定后楷书写作均。本义为相等。

钧　详见 300 页"军·钧"。

由陶钧旋转的均匀，故古文中"钧"同"均"。

如今，均与钧分工明确，不再来往。因而，我们遇到均、钧要小心为好。同时，还要注意"钧"别让"钩"给勾去"魂儿"了。☺

峻·浚·竣

峻 jùn　会意兼形声字。金文 [图] 从山从夋（高大，表声）。小篆 [图]、[图]，前者从山从陵（高大，兼表声），后者从山从陵省（陵省去阝）。隶定后楷书写作嶐。俗省作峻。本义形容山势高而陡。由山高引申用于人品，也指高超、独特。由高峻引申指严厉，如形势严峻等。

浚　多音字。会意兼形声字。古文 [图] 从水从睿（穿挖，兼表声）。小篆 [图]。隶定后楷书分别写作濬（此字现同"浚"，还用于人名，拓跋濬是北朝北魏文成帝）。后来又借浚来表示。本义为舀取。

读 jùn 时，表挖深、疏通水道，如疏浚、浚渠、浚河等。

读 Xùn 时，浚县，在河南。

竣 jùn　形声字。小篆 [图] 从立（立者，不动也）从夋（表声）。隶定后楷书写作竣。本义停止。引申出完成、结束的义项。

峻、浚、竣，三字字形相近，但字义相去甚远，请大家格外小心。

峻法，即严酷的法令。严刑峻法，是同义词连用，既指严厉的刑法，也可作动词指实施严厉的刑法。竣法，不合语法。"竣工"就是完工，和山势高低无关，当然不能写成"峻工"；即便浚河完毕也得写作竣工，不能写作"浚工"。

K

喀·咯

喀 kā　形声字。《说文》无。楷书喀从口从客（表声）。拟声词。本义呕吐、咳嗽等声音。"喀吧、喀嚓、喀哒"同"咔吧、咔嚓、咔嗒"。常用词喀斯特，指可溶性岩石特别是碳酸盐类岩石受含有二氧化碳的流水溶蚀，加之沉积作用而形成的地貌。19世纪末，南斯拉夫学者茨维奇借用亚得里亚海北部沿岸喀斯特高原的名称来形容石灰岩的地貌、水文现象。我国广西、云南、贵州等地多见这种地貌。也叫岩溶。

咯　多音字。形声字。《说文》无。楷书咯从口从各（表声）。本义为野鸡的叫声。

读 kǎ 时，指用力使东西从咽头或气管里出来，如咯血、"把鱼刺咯出来"。

读 gē 时，拟声词，如咯噔、咯咯、咯吱等。

读·lo 时，用法如了（·le,用在句子的末尾或句中停顿的地方，表示变化或出现新的情况），语气较重，如"当然咯"。

读 luò 时，吡（bǐ）咯，有机化合物，用作溶剂和化学试剂。

咯在读 kǎ 时，与喀读音相近，加上字形相似，易混淆，喀斯特不能图省事写作"咯斯特"。其他时候也得小心翼翼。

看·勘

看　多音字。会意字。小篆 䀔 上从手下从目，会以手加以目上遮光远望之意。隶定后楷书写作看。本义为远望。

读 kān 时，指守护照料、看押等，如看护、看管等。

读 kàn 时，指使视线接触人或物，如看书、看电影以及其他引申义。

勘　详见本页"勘·堪·戡"。

【踏勘】tàkān 动 ❶铁路、公路、水库、采矿等工程进行设计之前在实地勘察地形或地质情况：～线路。❷在出事现场查看。

【踏看】tàkàn 动 在现场查看：～地形｜实地～。

踏勘与踏看音、义区别不大。前者书面语气重，后者口语化程度高一些。

勘·堪·戡

勘 kān　形声字。小篆 甚力 从力从甚（表声）。隶定后楷书写作勘。本义为校对、核定，如勘误、勘正。引申指查看、探测。

堪 kān　形声字。小篆 堪 从土从甚（表声）。隶定后楷书写作堪。本义为地面突起的地方。引申指才能突出，能够胜任，如堪称、堪当重任。再引申指能忍受、能承受，如难堪、不堪。还用作姓。

戡 kān　形声字。小篆 戡 从戈从甚（表声）。隶定后楷书写作戡。本义为刺杀。引申指用武力平定叛乱，如戡乱。

历史上曾有"勤勘中原"说法。"勤勘中原"即尽力对中原进行勘察，断断不能错成"勤堪中原"或"勤戡中原"。

勘、堪、戡，三个字都有"甚"，只能从"力、土、戈"三个形旁来判别，其难度不是太大。

坎·侃·砍

坎 kǎn　会意兼形声字。小篆 坎 从土从欠（欠缺，兼表声）。隶定后楷书写作坎。本义为地面低洼的地方。

侃 kǎn　会意字。金文 侃 从人从口从川，会口若悬河之意。小篆 侃。隶定后楷书写作侃。本义激昂慷慨而谈。

砍 kǎn　形声字。《说文》无。楷书砍从石从欠（表声）。本义用刀斧猛剁、斫劈。

侃¹〈书〉❶刚直。❷和乐的样子。

侃²〈方〉动 闲谈；闲聊：两人～起来没完没了。也作砍。

【侃大山】〈方〉漫无边际地聊天儿；闲聊。也作砍大山。

【侃侃】〈书〉形 形容说话理直气壮，从容不迫：～而谈。

侃，通常被人们理解为贬义，其实还有褒义"刚直、和乐的样子"。侃侃而谈也非贬义。另外，我们还要注意坎与侃、砍相同处，更要注意其不同点。

从以上，我们不难发现《现汉》只有"砍价"而无"侃价"。对此有人认为，应以"砍价"为规范词形，淘汰"侃价"。笔者认为这是一组近义词，词义并不完全相同。"侃价"是买卖双方的共同行为，你开价，我还价，一来一往地"侃"；而"砍价"是买方行为，是买方在原定价格基础上要求降价，"老板"自己是不会"砍"的。可见，这两个词没有正确与错误之分，而是要看您用在什么场合。

崁·嵌

崁 kàn　后起形声字。楷书崁从山从坎（表声）。在闽南方言中，有山崖、山谷之义，如崁脚（断崖之下）、崁顶（山崖之上）。还用于地名（如台南市赤崁）。

嵌　多音字。形声字。小篆 嵌 从山从欠（张口）从甘（表声），会山谷深远之意。隶定后楷书写作嵌。本义为山深。

读 qiàn 时，表示把较小的东西卡进较大东西的凹处。

读 kàn 时，同崁。赤崁也作赤嵌。

嵌（qiàn）甲，医学名词，是指（趾）甲的侧缘包埋在邻近的软组织之中，可导致甲沟炎等疾病，严重时会影响患者的日常生活。

2016 年，笔者到台湾参观，在"赤嵌楼"进门旁边见到"赤崁樓停車場"。一个景点，一个写作嵌一个写崁，看来这两个字通用。台湾赤嵌楼则因民族英雄郑成功在此指挥部队征讨荷兰侵略者而声名远播，赤嵌楼是收复台湾的历史见证。我国于 2003 年发行《宝岛台湾——赤嵌楼》流通纪念币，面值 5 元，发行量 1000 万枚。纪念币上为"赤嵌楼"。

闶·闶

闶 多音字。会意兼形声字。小篆 𨳇 从門从亢（高，兼表声）。隶定后楷书写作閌。今简化为闶。本义为门高的样子。

读 kāng，用在"闶阆"中，表示建筑物中空廊的部分。如"这井下面的闶阆这么大啊！"

读 kàng，表示高大。

闶 kàng 后起形声字。楷书闶从囗从亢（表声）。方言。义为隐藏，如"小红把姥姥给的压岁钱闶了起来"。

闶与闶，笔画数相同，字形相近，字音有一致之处，只要认真区分，还是能找出两者差别的。

炕·坑

炕 kàng 形声字。小篆 𤆼 从火从亢（表声）。隶定后楷书写作炕。本义为烘烤使干燥。火炕是我国北方农村睡觉用的土台，下面有孔道，孔道两端连接炉灶与烟囱，烧火后可以取暖。炕桌儿即放在炕上使用的矮桌儿。

坑 kēng 形声字。小篆 𨹟 从阜（阝左）从亢（表声）。隶定后楷书写作阬，俗作坑。今规范用坑。本义指地洞、深谷，引申为活埋、残害，如焚书坑儒、坑害忠良。再引申指洼下去的地方，如一个萝卜一个坑。

古时，坑可通炕，但早在宋代时已不通用。

火炕的作用是为人们驱走寒意，带来温暖。

火坑用来比喻极端悲惨的生活环境。跳火坑即指进入一个极端艰苦的境况。

火炕与火坑，前者实指，后者为虚指，但往往"炕"让人把火烧火燎与贫穷困苦联想到了一起，再加上两者之间形似，因而许多人常常会掉进"坑"里。

考・拷

考 kǎo 象形字。考、老同源。甲骨文 🧓 从长发老者从丁（拐杖）。金文 🧓。小篆 🧓。隶定后楷书写作考。本义为年老。引申指在世的父亲，后引申指过世的父亲，像如丧考妣。老人拄杖行走，一步一捣，犹如敲地一般，故又借用作攷（在提出问题让对方回答以及考试、调查、研究等义项时，攷是考的异体字；在作寿命长以及父亲的尊称、姓名时，考没有异体字）。敲地实际就是探试路面状况，因而引申指询问，再引申指观察、调查、检查，如考证、考验、考试等。

拷 kǎo 会意兼形声字。小篆 🧓 从支从丂（表声）。隶定后楷书写作攷。古也用考表示，俗另加义符手写作拷。本义为敲打。

拷问的本义是拷打审问，考问在古汉语中有这个义项，但在现代汉语中只表示"提出难解的问题让对方回答"。这种分工以"拷"分担"考"的功能为基础，非常合理。

如今，拷问更多用在对人的精神世界的"审判"上，这时的"拷"在含义上已经虚化了。因此，"拷问"之"问"可以搭配各种社会现象，甚至是历史。"拷问历史"完全正确，"考问历史"反倒不太恰当。作为精神上的审判，"拷问"赢得了巨大的扩展空间。"拷问"与"考问"的界限是不是可以这样划分：若提问者认为被问者（含泛指）有罪错（差池），该批判（反思），就可以用"拷问"；反之，则应用"考问"。

烤・炣・燆

烤 kǎo 新造形声字。楷书烤从火从考（表声）。本义为把东西放在近火（或高温干燥）处使干、热或熟。

炣 kào 同"燆"。估计是人们为了省笔画而采取的变通。

燆 kào 后起形声字。楷书燆从火从靠（表声）。用微火使鱼、肉等菜肴的汤汁变浓或耗干。

烤与燆是两种不同的烹饪方法，前者让鱼、肉等直接与火零距离接触，后者则是隔着铁锅一类炊具；前者只加作料相伴，后者除作料外还有汤汁陪伴。烤羊肉与燆羊肉，那味道是截然不同的。

科・课

科 kē 会意字。小篆 🧓 从禾从斗，会以斗量谷物之意。隶定后楷书写作科。本义为衡量谷物。引申指品类、等级，也指学术的分类。学科，是按照知识的性质而划分的门类。如自然科学中的数学、物理学、化学、生物学等；社会科学中的文学、语言学、政治学、哲学等。学校教育按教学内容划分的科目也称学科，语文老师教授语文学科知识、数学老师教授数学学科知识等。

课 kè 形声字。小篆 㗊 从言从果（表声）。隶定后楷书写作課。今简化为课。本义指检验、考核。引申指讲授、学习。学校教学的学科科目，通常也称课，如语文课、数学课、英语课等。每学期开始，学校都会统一排定课程表。

学校的教学内容，如果着眼于学科分类，可称语文学科、数学学科、英语学科等；如果着眼于课堂教学，可称语文课、数学课、英语课等。同理，学校各教学班负责跟某学科或课程教师沟通联系的学生代表，如果着眼教学内容的学科分类，可称科代表；如果着眼于课堂教学，可称课代表。

在现实生活中，语文课、数学课、英语课等的使用频率大于语文学科、数学学科、英语学科等的使用频率，课代表的使用频率也大于科代表的使用频率。原因在于学校教学活动，以课堂上的课程教学为核心，还有就是"学科"书面语气重，"课"符合口语习惯。另外，科目与课目值得辨别：

【科目】名 ❶ 按事物的性质划分的类别（多指关于学术或账目的）。❷ 科举考试分科取士的名目。

【课目】名 ❶ 课程的项目。❷ 军事训练中进行讲解和训练的项目。

科，由本义引申出品类、等级。再引申指条款、法式。进一步引申指法规、刑律，如金科玉律、作奸犯科。继而引申出审理狱讼、判刑。科刑即判定刑罚。

科刑，不能错写成"课刑"。不然，谁还敢去上学？😶

棵・稞・颗

棵 kē 会意兼形声字。小篆 㮝 从木从完（完全，兼表声）。隶定后楷书写作梡。异体作棵从木从果（疙瘩，兼表声）。梡（hún、kuǎn），本义为断木。如今"梡"退出《现汉》。棵常用作量词。

稞 kē 会意兼形声字。小篆 䅇 从禾从果（果实，兼表声）。隶定后楷书写作稞。本义为颗粒饱满的好谷子。现在主要用于青稞（大麦的变种）。青稞是西藏四宝之首糌粑的主要原料。青稞酒、酥油茶，令人向往。

颗 kē 会意兼形声字。小篆 䫽 从頁（头）从果（小而圆，兼表声）。隶定后楷书写作顆。今简化为颗。本义为小头。头一般呈椭圆或圆形，因此"颗"通常被借指小而圆的颗粒状物体，"颗"可用于树木，也可用于兽畜。现在主要用作量词，如一颗心脏、两颗子弹、无数颗星星。

早期通常用来表示树木等植物的量词是"株"字。它始见于先秦文献。株，木根也。守株待兔就是佐证。"木根"就是树根，引申为树桩、树干，再进而用作表示长条形的树木等植物的量词。在相当长的时间内，"颗"和"株"分别用为颗粒状物体和树木等植物的量词。

大约到了明代中叶前后，量词"颗"突破了"颗粒状物体"的范围，用来表示长条形的"树木等植物"了，如《西游记》第二十五回："你去把那崖边柳树伐四颗来。"开始可能是误用，但由于《西游记》影响广泛，不少人接受并袭用，逐渐出现在《儒林外史》和鲁迅的小说等作品中。

但是有些人总感到"柳树四颗"不顺眼不合心，便从《广韵》中找出个"棵"字来取代它。"棵"不但与"颗"音同，而且义符为"木"，作为"树木"的量词，可谓是绝配。于是，"棵"字由木疙瘩变成了量词，堂而皇之登上大雅之堂。于是，从明代直到民国以后，出现"颗""棵"二字同时作为树木量词混用的局面。

新中国成立以来，对"颗"和"棵"量词用法做了明确规范，"颗"字应当只限于颗粒状物体，而"棵"字则表示树木等植物。另须注意"棵"与"稞"一撇之差。

搕·嗑·磕·瞌·溘

搕 kē 后起形声字。楷书**搕**从手从盍（表声）。本义为把东西向别的物体上碰，使附着的东西掉下来，如"把筐里黏着的土搕一搕"。

嗑 多音字。形声字。小篆 嗑 从口从盍（表声）。隶定后楷书写作**嗑**。本义话多。

读 kē 时，用的是本义，义为话，有时特指现成的话，如唠嗑。

读 kè 时，义为用上下门牙咬有壳的或硬的东西，如嗑瓜子ᴿ。嗑瓜子ᴿ，也比喻为简单，如"你以为这件事办起来就像嗑瓜子ᴿ那么容易"。

磕 kē 会意兼形声字。小篆 磕 从石从盍（相合，兼表声）。隶定后楷书写作**磕**。本义为石头撞击声。引申指磕打、磕头、磕碰等。还指口吃，如磕巴。

瞌 kē 会意兼形声字。《说文》无。楷书**瞌**从目从盍（合，兼表声）。本义为困倦想睡觉，处于半睡眠或睡眠状态。

溘 kè 形声字。小篆 溘 从水从盍（表声）。隶定后楷书写作**溘**。本义为忽然、突然。如溘然、溘逝（称人突然去世）。

这里要注意的是，磕巴，不要想当然地认为口吃与口有关而误作"嗑巴"。

另外，搕与磕打都是主动行为，目的都是使附着的东西掉下来，区别在于"搕"字单干（如"搕一下"，最多"搕一搕"），"磕打"两字携手不分离。

这一组字音义相近，需要下一番功夫死磕才行。

🖋 盍 hé　会意字。金文 [图] 下从皿(盆)中有物上为盖,会覆盖之意。小篆 [图]。隶定后楷书写作盍。俗作盇。今规范用盍。本义为覆盖。盍后来借作疑问代词等,本义只好另造蓋来表示。后俗写作盖。凡是带盍的汉字,都有相互接触的意思,不管是主动还是被动。瞌是上眼皮与下眼皮相碰,溘逝是人与大地长期相拥。

克·尅

克 kè　象形字。甲骨文 [图]、[图],前者象戴盔执戈武士形,后者省去戈。金文 [图](甲骨文戈变为攴)、[图]。小篆 [图]。隶定后楷书写作克。今还用作"尅"(剋)的部分含义的简化字。本义当为战胜、攻取。后又作质量或重量单位,1克等于1千克(公斤)的千分之一。还用作译音,如克什米尔、巧克力、麦克风、坦克、克隆等。

尅 kēi　是克的部分义项的繁体字。但尅读 kēi 时,用于方言。义为打、打架,如"他挨了一顿尅"。还指骂,如"你不好好写作业,回家等着挨尅吧"。

克星,是指迷信的人用五行相生相克的道理推论,认为有些人的命运是相克的,把克某人的人叫作某人的克星。不要受"尅"(骂)影响,把"克星"写作"尅星",真那样写,少不了一顿"尅"。

空·箜

空　多音字。会意兼形声字。金文 [图] 和小篆 [图] 皆从穴从工(筑捣,兼表声)。隶定后楷书写作空。本义为孔洞,即窟窿。

读 kōng 时,由本来没有什么东西,引申出空洞等义。还指姓。

读 kòng 时,指腾出来,如文章每段开头要空出两格。同"控"的部分义项,如使身体或身体的一部分悬空或处于失去支撑的状态,如"腿都 kòng 肿了""把瓶子里的水 kòng 干了"。此处的 kòng,既可以写"控",也可以写"空"。

箜 kōng　形声字。《说文》无。楷书箜从竹(⺮)从空。箜篌,一种古代弦乐器,分卧式、竖式两种,弦数因乐器大小而不同,少的五根弦,多的有数十根弦。

空(kōng)竹,指用竹木等制成的玩具。也叫空钟。挂在嘴边常用"拌空竹"。不能想当然认为"箜"带竹子头,就把"空竹"错写成"箜竹"。

🖋 空穴来风。在《现汉》第5版之前注释为:有了洞穴才有风进来(语出宋玉《风赋》)。比喻消息和传说不是完全没有原因的。

从第5版开始改为:有了洞穴才有风进来(语出宋玉《风赋》)。比喻消息和传说不是完全没有原因的,现多用来指消息和传说毫无根据。

目前的注释，让人们很难处理，"现多用"，也就是说"少部分也可不用"，不如改为"现指消息和传说毫无根据"。

口·囗

口 kǒu　象形字。甲骨文 ᵁ。金文 ᵁ。小篆 ᵁ。隶定后楷书写作口。本义为人嘴。最初，鸟嘴为喙，一般动物的嘴称作嘴，后来就不分了。口，当初只是名词，后来一部分转化为量词，如一口锅。凡由口组成的字大都与嘴巴有关。

囗　多音字。象形字。金文 ○。小篆 ◻。隶定后楷书写作囗。本义为围绕。读 wéi 时，有专家说囗是围的古体字。

读 guó 时，义同国。

囗一般不独立成字（《现汉》囗部首内没有自己的身影，这种现象非常少见），仅作部首使用。在汉字中，凡由囗组成的字大都与围墙、界限或捆绑之义有关。如苗圃的"圃"、囚犯的"囚"、花园的"园"、围墙的"围"、当监狱讲的"囹圄"。《现汉》从第 5 版开始，"○"占据"囗"部首内第一的位置。

囗远比口（嘴）腰围大一圈子。有些汉字中，如邑上方是口的变化，不能读作口，而应该读作囗或国，其意思也是指范围乃至国家。在字号小的时候，口与囗区别不大，真写错了只有张嘴叹息了。

抠·扣

抠 kōu　形声字。小篆 摳 从手从區（表声）。隶定后楷书写作摳。今简化为抠。本义为提起、提挈。近代引申指用手或尖细的东西挖或掏，如抠耳朵。方言口语中又指吝啬，如"某人做事抠抠搜搜的"。

扣 kòu　会意兼形声字。小篆 扣 从手从口（马嚼子，兼表声）。隶定后楷书写作扣。俗作釦。今规范用扣。本义为牵住马嚼口。引申出扣押等义。

扣扳机还是抠扳机。扳机，也叫枪机，是枪上的机件，射击时用手指扳动它撞击枪弹底部引信，从而点燃弹壳里火药产生强大压力将弹头推出。可见，即使扳机二字不出现，开枪这个动作也可以用扣来形容，扣扳机是固定搭配。

抠，是针对某个局部的凹陷使巧力挖出某物，如"抠出车门缝里的牙签"。

【抠搜】kōu·sou〈口〉❶动 抠①（注：用手指或细小的东西从里面往外挖）。❷形 吝啬：这人真~，像个守财奴｜大方点儿，别这么抠抠搜搜的。‖也说抠唆。

【抠唆】kōu·suo ❶动 抠搜①。❷形 抠搜②。

"抠搜"与"抠唆"，后面两个字读音不同，写法也不同，但意思是相通的。由于读音不同，所以"抠搜"后面用的是"也说"，如果读音相同，就会用"也作"。

🖋 刬，读 kǒu，方言用字，指说话尖酸刻薄、凶狠无理，如"某某说话太刬"。刬也写作㞘。

窟·库

窟 kū　会意兼形声字。小篆 𡉦 从土从屈（低矮，兼表声）。隶定后楷书写作堀。俗作窟。今规范用窟。本义为洞穴。

库 kù　会意字。小篆 庫 从广（高大敞屋）从车，会收藏兵车的敞屋之意。隶定后楷书写作庫。今简化为库。

2020 年 1 月 8 日，习近平总书记在"不忘初心、牢记使命"主题教育总结大会上强调，从石库门到天安门，从兴业路到复兴路，我们党近百年来所付出的一切努力、进行的一切斗争、作出的一切牺牲，都是为了人民幸福和民族复兴。

以上讲话中，特别要注意不能把"石库门"写作"石窟门"。古代豪门通常把"库"设在最外面，"库门"在古代指称天子、贵人居所的大门。

石库门最初指一些弄堂或建筑用石条作门框的大门，到了清末民初时，石库门普遍用于上海里弄住宅，于是"石库门"指称有这种大门的住宅建筑。还有一种说法，认为上海话中"库"与"箍"发音相近，这种用石条"箍"住的门可叫"石箍门"，后讹变为"石库门"。石库门是具有上海本地特色的旧式住宅建筑。

石窟，指依山岩凿成的石室，亦泛指石洞。后也用来特指一种就着山岩开凿的佛教寺庙建筑，也可称之为石窟寺，我国比较著名的有甘肃莫高窟、山西云冈石窟、河南龙门石窟、重庆大足石窟等。

🛈 库与厍不同。厍读 shè，方言，用于村庄名或姓。

苦·若

苦 kǔ　形声字。小篆 𦿆 从艸（艹）从古（表声）。隶定后楷书写作苦。本义为苦菜。引申出跟甘、甜相对的意思来。

若　多音字。象形字。甲骨文一 𢿰 象用右手择菜形；甲骨文二 𦥑 象跪坐的人举双手梳理头发使其顺溜形，表示和顺之意。金文 𦰩 加口，强调顺从应诺。小篆 𦯎 头发讹为草，人与口讹为右。隶定后楷书写作若。本义为理顺。

读 rě 时，指阿兰若（原指树林、寂静处，后多指佛教寺庙）、般（bō）若（佛经用语，义为智慧）、兰若（阿兰若的省称）。

读 ruò 时，义为如、好像。还指人称代词。

苦与若，字形高度相似，稍不注意，苦就会涌上心头。

📎 不知何时，一副对联广为流传，耐人寻味。

上联：若不撇开终为苦；下联：各能捺住即成名。横批：撇捺人生。"若"字的撇如果不撇出去就是"苦"字；"各"字的捺笔只有收得住才是"名"字；一撇一捺即"人"字。"人"字两笔：一笔写得到，一笔写失去；一笔写过去，一笔写将来；一笔写快乐，一笔写忧愁；一笔写顺境，一笔写逆境……

🔖 若与箬（ruò）。箬竹，竹的一种，叶子宽而大，叶可以编制器物或竹笠，还可以包粽子。箬，竹与艹结合，其乐融融。

挎·扲

挎 kuà　形声字。《说文》无。楷书**挎**从手从夸（表声）。本义为用手指挂着。引申指把胳膊弯起来挂住或勾住东西。后引申指把东西挂在肩上或腰上。

扲 kuǎi　后起形声字。楷书**扲**从手从汇（表声）。方言用字。本义为用指甲抓、搔，如扲痒痒、"他把皮肤扲破了"。还指舀，如扲水。

在用胳膊弯起来挂住或勾住东西时，扲与挎等同，扲篮子也可写作挎篮子。但要注意读音不同。扲痒痒，不能写作"挎痒痒"，否则会越来越痒痒。😊

圹·矿

圹 kuàng　会意兼形声字。小篆**壙**从土从廣（阔大，兼表声）。隶定后楷书写作壙。今简化为圹。本义是墓穴。也指开掘墓地。在书面语中还指原野，如圹埌（kuàngliàng 形容原野空旷辽阔，一望无际）。

矿 kuàng　形声字。小篆**礦**从石从黃（表声）。隶定后楷书写作礦。异体作鑛从金从廣（表声）。俗合二形作磺。今简化为矿。磺则转用以表示硫磺。矿本义为矿物。

纳圹，就是放入墓穴中。虽然，矿也存有矿坑，但没听说有"纳矿"一词。参见 344 页"林·陵"。

框·眶

框 kuàng　会意兼形声字。《说文》无。楷书**框**从木从匡（边框，兼表声）。本义为嵌在墙上用来安装门窗的架子。

眶 kuàng　会意兼形声字。《说文》无。楷书**眶**从目从匡（边框，兼表声）。

本义为眼眶，即眼的四周。

眶特指眼睛四周，除此之外的四周之义一般用框。

匮·篑

匮 多音字。形声字。小篆 ▨ 从匚(筐)从貴(表声)。隶定后楷书写作匱。今简化为匮。本义为收藏衣物的家具。

读 kuì 时，意思是"穷尽，空乏"（这是从匣子中间为空引申而来的）。

读 guì（现在此音已经消失）时，柜(櫃)的古字，藏物器具。

篑 kuì　形声字。《说文》无。楷书簣从竹(⺮)从貴(表声)。今简化为篑。本义为盛土的筐。

功亏一篑，意思是堆积九仞高的山，只差一筐土而不能堆成，比喻一件事只差最后一点儿未能完成。功亏一篑还可写作九仞一篑、为山止篑、一篑功亏等形式，但绝对不能写作"功亏一匮"。真这么写，只能说明您的知识极度匮乏了。匮乏，形容物质缺乏、贫乏，不能想当然地写作"溃乏"。

功亏一篑，切莫错写成"功亏一溃"。否则离"崩溃"就不远儿啦！☺

喟·渭

喟 kuì　形声字。小篆 ▨ 从口从胃(表声)。隶定后楷书写作喟。本义指叹息。喟然指叹气的样子，喟然长叹指因感慨而深深地叹气。

渭 Wèi　形声字。小篆 ▨ 从水从胃(表声)。隶定后楷书写作渭。本义为水名，指渭河，源出甘肃，流入陕西，会泾水入黄河。泾渭分明，指泾河水清、渭河水浑，泾河的水流入渭河时，清浊不混，比喻界限清楚。其实历史上，有时候泾河水浑、渭河水清。这是题外话，但还是蛮有趣的。渭南，因位于渭河之南得名，陕西的东大门。渭从水，与叹气无关。

簣·箦

簣　详见本页"匮·篑"。

箦 zé　形声字。小篆 ▨ 从竹(⺮)从責(表声)。隶定后楷书写作簀。今简化为箦。异体作笮。今二字表义分工明确。本义是用竹簧、苇片编成的床垫子，亦泛指席子。

易箦，出自《礼记·檀弓上》："曾子寝疾，病，乐正子春坐于床下。曾元、曾申坐于足，童子隅坐而执烛。童子曰：'华而睆，大夫之箦与？'……曾子曰：'然。斯季孙之赐也。我未之能易也。元，起，易箦！'"译成白话文就是，曾子病倒在床上，病情非常严重，乐正子春坐在床下，曾元、曾申坐在脚旁，童仆手拿烛火坐在墙角。童仆说:"席子华丽光洁,是大夫用的吧?"曾子说是的,这是季孙送给我的。我没有力气换掉它。元儿啊,扶我起来,快把席子换掉。

"易"在这里是撤换的意思。易箦即换席子。按古时礼制,箦只能用于大夫,曾子不是大夫,不该使用,所以病重临死时要儿子曾元将它换掉。后来称人病重将死为"易箦"。

"易箦",可以理解为换筐子,该"易"有点儿大材小用,浪费级别啊。

L

拉·剌

拉 多音字。会意兼形声字。小篆 ![字形] 从手从立（站立之人，兼表声），会将人扳倒、摧折之意。隶定后楷书写作拉。本义为用手摧折、拽断。

读 lā 时，指用力拉动等义。还用于方言的闲谈，如拉家常、拉呱儿。还用于口语动词，如拉肚子。

读 lá 时，用刀刃与物件接触，由一端向另一端移动，使物件破裂或断开，如"他手上拉了个口子"。

读 lǎ 时，指半拉即半个，如半拉馒头。拉忽，方言用词，形容马虎，如"这人太拉忽，办事靠不太住"。

读 là 时，同"落"（là），即遗漏。

一字多音并不稀罕，但"拉"韵母为"ā、á、ǎ、à"四声"照单全收"有点珍贵。

剌 详见 100 页"剌·剌"。

拉（lá）与剌（lá），剌同拉。也就是说"拉"为首选。其实，从字形来看，"手上剌了个口子"远比"手上拉了个口子"来得直观。

拉·落

拉 详见本页"拉·剌"。

落 多音字。形声字。小篆 ![字形] 从艸（艹）从洛（表声）。隶定后楷书写作落。本义树叶枯萎从树枝上掉下来。草本植物枯萎脱落叫零。后泛指植物叶子、花凋零。

读 là 时，"拉"（除拉拉蛄之外）同"落"。这里"落"是指遗漏、把东西放在一个地方忘了，还指跟不上丢在后面。

读 lào 时，与"落"读 luò 时很多义项上是相通的。常见词有落枕。落子，方言，指莲花落等曲艺形式。评剧的旧称为唐山落子。

读 luō 时，大大落落，形容态度大方，用于方言。

读 luò 时，用的是本义及引申义，指物体因失去支持而下来。

注意以下两组词读音及意义区别。

【落空】là∥kòng（~儿）〈口〉动 错过机会：学校组织的每年一次的旅游活动，他从没落过空。

【落空】luò∥kōng 动 没有达到目的或目标；没有着落：希望~了｜两头落了空。

腊·蜡

腊 多音字。形声字。"腊"最初借用"昔（甲骨文）"字表示。金文另加义符肉（月），成为从月从昔（表声）。籀文。隶定后楷书写作腊。又用作了臘（小篆）的简化字。本义为年终合祭众神。

读 là 时，古代在农历十二月合祭众神叫作腊，因此农历十二月叫腊月。现以夏历十二月为腊月，据考是从秦代沿袭下来的。又指冬天（多在腊月）腌制后风干或熏干的鱼、肉等，如腊味。还用作姓。

读 xī 时，书面用语，义为干肉。

蜡 多音字。形声字。小篆 从虫从昔（表声）。隶定后楷书写作蜡。今又作蠟的简化字。本义为苍蝇的幼虫。

读 là 时，指由动物、植物或矿物产生的一种油质。因虫蜡是一种常见的蜡质，故其字从"虫"。

读 zhà 时，古代一种年终祭祀。

打蜡是指在器物上面涂抹蜡质，以达到美观和保护的作用，和"腊祭"无关，因而不能写作"打腊"。

蜡屐有两义：一指以蜡涂屐，一指涂蜡的木屐。

屐，即木屐，是一种木底鞋，鞋底有齿或无齿，今人也有称之为"木拖鞋""趿拉板"的。为保养木屐，古人常用蜡涂，好像今人给皮鞋上油。蜡屐不能写作"腊屐"，错写的话只能给人理解为腊月修屐了。

当年毛泽东同志在《沁园春·雪》中，曾把"原驰蜡象"写作"原驰腊象"，有读者提出后，毛主席接受意见并加以修改，一时传为佳话。

《现汉》第3版745页只有"腊梅"，注释为：❶落叶灌木，叶子对生，卵形，开花以后才长叶子。冬季开花，花瓣外层黄色，内层暗紫色，香味浓。供观赏。❷这种植物的花。

《现汉》第5版在保留"腊梅"前提下开始增加"蜡梅"词条，注释如下：

【腊梅】同"蜡梅"。

【蜡梅】名❶落叶灌木，叶子长椭圆形或卵形，开花以后才长叶子。冬季开花，花瓣外层黄色，内层暗紫色，香气浓。供观赏。❷这种植物的花。‖也作腊梅。

这种注释在第6版、第7版得以延续。由此可以看出，"蜡梅"与"腊梅"是全等异形词，且以"蜡梅"为推荐词条。"蜡梅"由《现汉》没有位置摇身一变成了首选，多亏一些植物学家摇旗呐喊。让我们一起循着蜡梅的香味去追寻吧。

在园艺史上，梅比蜡梅至少要早两千年呢。蜡梅其实并非梅类，它属蜡梅科，蜡梅属，而梅则为蔷薇科，李属。人们之所以称"蜡梅"，是因为它和梅同期吐蕊、香气又很相近的缘故。

蜡梅得名有故事。宋代诗人黄庭坚有一个解释："京洛间有一种花，香气似梅花，五出而不能晶明，类女工拈蜡所成，京洛人因谓蜡梅。"这里就说得比较明白："香气似梅"，形态又似"拈蜡所成"。《本草纲目》又说："此物本非梅类，因其与梅同时，香又相近，色似蜜蜡，故得此名。"梅一般为淡粉红色或白色，蜡梅则为淡黄色，而且黄色似蜜蜡，冠一"蜡"字，可谓传神也。"腊梅"始见于宋人诗文，很有可能是误"蜡"为"腊"的结果，也可能是受此花腊月最盛的影响。

大蜡（zhà），祭祀名，亦作大禡，是古代年终时合祭农田诸神，祈求下一年风调雨顺的活动。

腊祭，古时在冬至之后的第三个戌日祭祀祖先和诸神，祈祷祖先和神灵保佑家人平安、庄稼丰收。腊祭所用的祭品通常为打猎所得动物。

在周代，"蜡"与"腊"是两种不同的祭祀，《玉烛宝典》云：腊，祭先祖；蜡，祭百神。腊，取禽兽以祭，故字从猎省；蜡，享农功之毕，故字从蜡省。腊，于庙；蜡，于郊。

后来，由于两种祭祀时间挨得较近，加上主题大差不离，最终合并成腊祭。因为农历对应二十四节气经常变动，有时"冬至后三戌"偶尔会落到正月里去，与十二月进行腊祭的传统相违，所以南北朝时就把腊日定为每年腊月初八。如今的腊八节与周朝的天子大蜡八不能混为一谈。

蜡·镴

蜡 详见315页"腊·蜡"。

镴 là　形声字。古文 𨪕 从金从巤（表声）。小篆 釔 从金从引（表声）。隶定后楷书写作鑞和釔。异体作鎑。今以镴为正体并简化为镴。本义为白镴。现在指锡和铅的合金，熔点较低，用于焊接铁、铜等金属物件。通常叫焊锡或锡镴。也可用来制造器皿。锡镴色白似银，但没有白银坚硬，因此"银样镴枪头"喻指徒有其表，中看不中用。

《现汉》只收"银样镴枪头"。

【银样镴枪头】颜色如银子的锡镴枪头，比喻表面看起来还不错，实际上不中用的人或事物。

《汉语大词典》，既有"镴枪头"也有"蜡枪头"，既有"银样镴枪头"也有"银样蜡枪头"，这四个词语意思都是一样的。

蜡枪头一词至迟出现在元代，而后常见。

《汉语大词典》在"银样镴枪头"条释义之后特意提示:"后常作'银样蜡枪头'。"且列举了现代作家书证三例。

据此可见,"镴枪头"是对的,"蜡枪头"也不错。不过,有一种观点认为,蜡一般是黄色,不可能像银样,"银样蜡枪头就成笑话了",这也可能是《现汉》没收"银样蜡枪头""蜡枪头"的原因吧。

瘌·癞

瘌 là 形声字。小篆 从疒从剌(表声)。隶定后楷书写作瘌。本义为药物反应,感觉辛辣、疼痛。用作"瘌痢",也作鬎鬁、癞痢。

癞 多音字。形声字。《说文》无。楷书癩从疒从賴(表声)。今简化为癞。本义为恶疮疾病、麻风病。

读 là 时,"癞痢"同"瘌痢"。

读 lài 时,指黄癣,引申指外表粗糙不平,像长了黄癣似的,如癞蛤蟆、癞皮狗。

当癞读 là 时,与瘌音义相同;当癞读 lài 时,与瘌音义不同。

癞·赖

癞 详见本页"瘌·癞"。

赖 lài 形声字。小篆 从貝(货币,表赢利)从剌(表声)。隶定后楷书写作賴。今简化为赖。本义为赢利。为了字形美观,"剌"中"刂"缩写成"ケ"跑到"貝"上,也够"无赖"的。"贝"即经济,是人的立身之本,故"赖"有依靠义。一旦失去依靠,人会铤而走险,故无赖、抵赖、耍赖、诬赖等词可指品行恶劣的人。死皮赖脸,是言人的不顾廉耻。

癞为病字头,本义指麻风病或癣、疥等皮肤病。

赖、癞两字的区别是:一为品行判断,一为病理判断,自是不能混为一谈。

【赖子】lài·zi 名 耍无赖的人。

【癞子】lài·zi 〈方〉名 ❶ 黄癣:长了一头~。❷ 头上长黄癣的人。

《现汉》将"赖子"与"癞子"分得很清爽,因此从语言规范的角度考虑,我们不提倡"死皮癞脸"的写法,最起码当前还不行。

来·耒

来 lái 象形字。甲骨文 象一棵小麦形。金文 。小篆 。隶定后楷书写作來。今简化为来。本义为小麦(因为小麦是从西域引进的)。"来"一横加一个米(粮食),寓意深远。"来去"之"来"以"來"为基础另加义符夂(朝下的脚)写作"麥"。

再后来,"麥(麦)"与"來(来)"换了岗位,从此各奔东西,不再来往。

耒lěi 象形字。甲骨文 ✶ 象犁形。金文 ✶ 另加一手扶犁。小篆 ✶ 将手讹为三斜横,下变为木。隶定后楷书写作耒。本义为翻土农具。耒部首内汉字大都与农具以及劳作有关。

湖南省耒阳市,地处湖南省东南部,湘江支流,耒水及京广铁路纵贯全市。耒阳,因位于耒水之北而得名。早在秦朝就建县,隋朝改为郴阴,唐朝又改为耒阳,1986年11月改市。一会阳,一会阴,一会又阳,够能折腾的。值得一提的是,发明造纸术的蔡伦是耒阳人。

耒阳,错作"来阳",大有人在。其实,山东烟台有个莱阳市。耒阳、莱阳,一南一北,差之几千里。

全国县级以上带"莱"的地名有七处,分别是山东省济南市莱芜区,青岛市莱西市,烟台市莱山区、蓬莱区、莱阳市、莱州市,青海省玉树藏族自治州曲麻莱县(1950年,改星川设治局为曲麻莱设治局,由省直辖。1952年10月,成立曲麻莱县工作委员会。1953年10月24日,成立曲麻莱县人民政府)。

从上面可以看出,带"莱"的地名主要集中在山东,且以山东半岛为多。原因何在?2022年7月14日,《齐鲁晚报》刊发张向阳撰写的《4600年前,小麦或"绕道"落户山东》一文。现将该文主要内容摘录如下,从中可一窥"莱"为何落户山东缘由。

距今约1万年前后,西亚就开始栽培小麦。

考古发现,小麦从西向东传播,距今6000年以前小麦一直沿着沙漠绿洲路线到了中亚东部,然而到达我国新疆北部之后却并没有进入塔里木盆地边缘。1000多年后,却突然出现在了山东沿海地区。山东地区发现的小麦最早约在4600年前,其次是黄河中游,最年轻的在甘肃,大约距今4000年。

也就是说,在山东发现的小麦比河西走廊的还早600年。

早期小麦很有可能是通过欧亚草原通道直接由西向东传播,到了大兴安岭西坡以后就折向南方,然后进入华北太行山东麓地区,再转而进入山东。这就很容易理解为什么山东半岛出土的小麦年代较早。

山东地区有着众多的带"莱"字的古族名、国名和地名。

在远古,山东中东部的部族被称作莱夷,之所以被称作莱,王献唐先生考证:莱人之名称来源于莱人善于培育小麦。西周初年,山东龙口附近还出现了莱子国,应该也与种植小麦的历史有关。此外,像莱州、莱西、蓬莱、莱芜、石莱、徂徕山、胶莱河等地名皆可印证山东种麦的悠久历史。

叶桂桐教授多年来致力于胶东麦作文化研究,他从《诗经》《卜辞》《说文》

等古代文献中发现:"莱"字,原作"来",就是"小麦"的意思,如今山东莱州以及海岱地区,就是中国小麦较早的种植地区之一。

不仅如此,"齐"字也与麦子有关。许慎在《说文解字》中释义:"齐,禾、麦吐穗上平也。象形。"甲骨文中的齐字⚬⚬⚬,就是由三棵麦穗来表达的。

换言之,齐地之所以得名,原因也在于小麦。

赖·籁

赖 详见317页"癞·赖"。

籁 lài 形声字。小篆 籟 从竹(⺮)从赖(表声)。隶定后楷书写作籟。今简化为籁。本义为古代三孔管乐器,竹制,似箫。

赖引申指依靠,如依赖。再引申拒绝承认,如抵赖。也指失信于人的行为、作风,如耍赖。"赖"另指留在某处不肯离开,如"他老是赖在家里"。还指责怪,如"这事不赖别人"。

《说文》:籁,三孔龠(yuè)也。大者谓之笙,其中谓之籁,小者谓之箹(yuē)。籁引申指孔穴中发出的声音。后来泛指一般的声响。人籁指从人口吹奏出的声音,地籁指风吹大地的孔穴发出的声音,万籁指自然界万物发出的各种声响。天籁本指自然界的声音,引申指诗文等浑然天成得自然之趣。天籁之音指纯净自然、悦耳动听的声音。

天籁之音,如果写成"天赖之音""天籁之音",您说赖谁呢?😊

兰·蓝

兰 lán 形声字。小篆 蘭 从艸(艹)从闌(表声)。隶定后楷书写作蘭。今简化为兰。本义为兰草。

蓝 lán 形声字。小篆 藍 从艸(艹)从监(表声)。隶定后楷书写作藍。今简化为蓝。本义为蓼蓝,一种植物,叶子含蓝汁,可制造蓝靛,做染料,也可入药。

兰本是蘭的简化字,指多年生的草本植物兰花。第二次汉字简化时,"兰"又成了"蓝、篮"的简化字,"蓝天白云"据此可以写成"兰天白云"。然而,这一方案很快夭折。1986年6月24日,国务院明令废止"二简字"。虽然明令废止多年,但一些受其影响的同志还留有"兰天"的记忆,于是笔下就出错了。透过"兰天"也能猜出写者的大致年龄来,这也是个额外收获。

蓝·篮

蓝 详见本页"兰·蓝"。

篮 lán 形声字。小篆 籃 从竹(⺮)从监(表声)。隶定后楷书写作籃。今简化为篮。本义为大熏笼，用竹篾或荆条编成，可以熏衣服，或冬天熏被子。引申泛指用竹、藤、荆条等编成的盛东西的器具。

蓝如今主要用以表示颜色，如蓝色、蓝天、蓝图；篮主要用以表示器物，如竹篮、花篮、篮球等。常出的错误是把"篮球"写成"蓝球"。其实了解一下篮球历史就错不了了。篮球起源于美国。人们将篮子固定在竖立着的树杆上，往里投球，投进后，搬梯子取出球。再后来，人们干脆将篮筐底给割了，免得爬上爬下取球。知道篮球历史，您还会错吗。

览·揽

览 lǎn　会意兼形声字。小篆 从见从監（照影，兼表声）。隶定后楷书写作覽。今简化为览。本义为观赏、眺望。

揽 lǎn　形声字。小篆 从手从監（表声）。隶定后楷书写作擥。俗作攬。今以攬为正体并简化为揽。本义指持、把持，即把某物握在手中，如独揽大权。引申指采摘、摘取，如毛泽东主席《水调歌头·重上井冈山》："可上九天揽月，可下五洋捉鳖。"

古代汉语中有"揽胜"，意思是采胜，即采集美好景色，比喻观赏美景。由于"胜"和"秀"意思相近，古汉语中也常用"揽秀"指代"揽胜"。在现代汉语中，人们多倾向直接用"览胜"表示"观赏美景"。《现汉》未收"揽胜"（但我们不要排斥其存在），在"览胜"条目释义为："观赏胜景或游览胜地：黄山～。"

二者的修辞效果也不一样，"揽胜"比较含蓄，而"览胜"比较直接。

"一览众山"与"一揽众山"，前者让人联想到"一览众山小"，后者则表现革命英雄主义的气概，大有将群山揽入怀中的志向。

烂·滥

烂 làn　形声字。小篆 从火从蘭（表声）。隶定后楷书写作爛。俗省作爛。今以爛为正体并简化为烂。本义为某些固体物质用火煮熟后因组织破坏或水分增加而变软变碎。引申为有机物腐烂，副词义为程度深，如烂泥、烂账、烂熟等。

滥 làn　会意兼形声字。小篆 从水从監（盆水，兼表声），会泉始出如盆水之意。隶定后楷书写作濫。今简化为滥。本义为泉水涌出。引申指过度、泛滥，如泛滥成灾、狂轰滥炸、宁缺毋滥等。

陈词滥调中的"陈"，指言语过时而没有新意，"滥"指过度使用而流于空泛。无论是"陈"还是"滥"，说的都是内容不能与时俱进、推陈出新，而不是指具体物质的腐烂，所以不能写成"陈词烂调"。

滥砍滥伐，是指无节制、无计划和不合理的采伐林木的行为，这种行为的后果会导致森林生态系统受到破坏。经典文献中也未见有"烂砍烂伐"的说法。

滥，常用于书面语言，烂则多用在口语之中。

啷·郎·锒

啷 lāng　后起形声字。楷书啷从口从郎(表声)。方言用字。本义为粗心、马虎。

郎 láng　会意字。小篆 从良(廊道，兼表声)从邑(阝右)，会厅堂前庭的廊屋之意。隶定后楷书写作郎。是良的加旁分化字。郎本义为廊。古时厅堂前庭常是侍卫所在地，侍卫是很美的小伙子，于是就引申出郎(帅小伙)，如新郎。不知何人将"郎"用在"屎壳郎"身上，可惜"郎"了。

锒 láng　形声字。小篆 从金从良(表声)。隶定后楷书写作鋃。今简化为锒。本义为拘禁犯人的铁锁链。"锒铛"即"锒铛"，常用成语锒铛入狱。

"啷当""郎当""锒铛"异同点。

【啷当】lāngdāng〈方〉助 左右；上下(用于表示年龄)：他才二十～岁，正是年轻力壮的时候。

【郎当】¹lángdāng 同"锒铛"(lángdāng)。

【郎当】²lángdāng 形 ❶(衣服)不合身；不整齐：衣裤～。❷疲软无力、萎靡不振的样子：看他走起路来郎郎当当的。❸不成器；潦倒狼狈：～东西(骂人不中用)｜境遇～。

【锒铛】lángdāng ❶〈书〉名 铁锁链；～入狱(被铁锁链锁着进监狱)。❷拟声 形容金属撞击的声音：铁索～。‖也作郎当。

吊儿郎当，形容仪容不整、作风散漫、态度不严肃等。虽然"锒铛"也作"郎当"，但"吊儿郎当"不要写作"吊儿锒铛"。

浪荡，形容行为不检点，放荡。郎当与浪荡，音相近义相连，请注意区别。

琅·朗

琅 láng　会意兼形声字。小篆 琅 从玉从良(美好，兼表声)。隶定后楷书写作琅。异体作瑯。现在以琅为正体。本义为形状像珠的美玉或美石。引申指洁白。后指清亮的读书声。

朗 lǎng　会意兼形声字。小篆 从月(月亮)从良(廊道，敞亮，兼表声)。隶定后楷书写作朗。本义指明亮，如明朗、晴朗、天朗气清、豁然开朗等。引申指声音清晰、洪亮。如朗读、朗诵、朗笑等。

琅与朗好区分，但"琅琅"与"朗朗"在读书的问题上有些纠缠。请甄别：

【琅琅】拟声 形容金石相击声、响亮的读书声等：书声～。

【朗朗】形 ❶形容声音清晰响亮：～上口｜笑语～。❷形容明亮：～星光｜～乾坤。

"琅琅"跟"朗朗"的区别在哪呢？

古代在上层佩玉之风盛行。"琅琅"多含有"喜爱"的意思。古人重视教育，所以用"琅琅"形容读书的清朗、响亮之声，以表示对读书的"尊崇"。

朗朗为形容词，可用于鼓声，还可用于读书声。琅琅是拟声词，引申形容珠玉以外其他声音的清晰、响亮。在与"喜爱""推崇"对象搭配时，多用"琅琅"。用于读书声时，"朗朗"和"琅琅"都可使用，一般情况下"朗朗上口""书声琅琅"已经成为固定组合，轻易不要换位。

酹·酎

酹 lèi 会意兼形声字。小篆 酹 从酉从孚（握持，兼表声）。隶定后楷书写作酹。本义为庄重地把酒洒在地上，表示祭奠。

酎 zhòu 形声字。小篆 酎 从酉从時省（時字省去日与土，表声）。隶定后楷书写作酎。本义为经过多次酿造成的醇酒。

酹与酎字形相近，但读音、义项相差较远。

📎 围绕"酹"与"酎"还有一段故事。

现将《咬文嚼字》1996年第1期中黄任轲撰写的《〈菩萨蛮·黄鹤楼〉的一字之改》摘要如下：

1957年春，有一天我从《解放日报》上读到毛泽东主席的十八首诗词（略）。但是对于《菩萨蛮·黄鹤楼》一词的最后两句，却感到十分费解。当时报上印的这两句是："把酒酎滔滔，心潮逐浪高。"我怀疑"酎"是错字，正确的写法应当是"酹"。

那年我刚满二十周岁，在复旦大学中文系念二年级，课余时间读过几本古代诗词选本，所以对"酎""酹"两字的含义和用法略知一二（略）。"酎"是名词，音 zhòu，指反复酿制而成的醇酒；而"酹"是动词，音 lèi，指把酒浇在地上，以示祭奠。根据毛主席的这首《菩萨蛮》的词意，

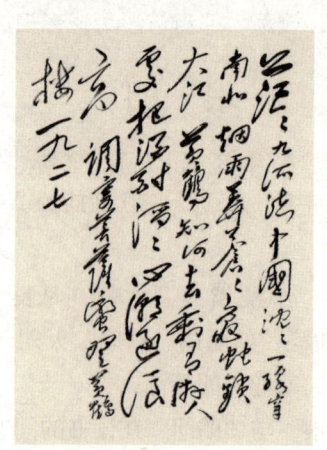

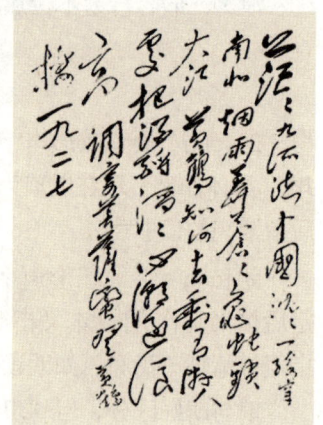

显然应该用"酹"才对。

（略）于是便决定直接写信给毛泽东主席。当时真是年少气盛，想到之后立即动笔，写好之后立即寄出，连誊清一遍也怕耽搁时间。

没过多久，复信来了。这封信是中共中央办公厅秘书室代毛主席写的：

黄任轲同学：

你的来信毛主席已经看过，他说你提的意见是对的，嘱我们代复。

此复，并致

敬礼

中共中央办公厅秘书室
一九五七年五月廿三日

毛主席的这首词后来做了订正，"酎"字均已改为"酹"。

上页图片左为原稿，右为修订后词稿。我们在翻印此词时，务必不要用原稿。

棱·楞·愣

棱 多音字。会意兼形声字。小篆 从木从夌（高起，兼表声）。隶定后楷书写作棱。在边棱的意义上俗写作楞。本义为长方形木头。

读 léng 时，泛指立体物上不同方向的两个平面相连接的部分，如棱柱、棱角、三棱镜、桌子棱儿。还推想条状的突起部分，如瓦棱、眉棱、搓板棱儿。

读 lēng 时，刺棱（拟声词，形容动作迅速的声音，如"猫刺棱一下就跑了"）、红不棱登（状态词，用于口语。指红，含厌恶意，如"这件蓝色上衣太阳一晒就变成红不棱登的了"）、花不棱登（状态词。形容颜色错杂，含厌恶意，如"这件衬衫花不棱登的，看着不舒服"）、扑棱（拟声词。形容翅膀抖动的声音，如"扑棱一声，小鸟就飞走了"；还用动词，抖动或张开，如"鸽子翅膀一扑棱就飞得无影无踪"）。

读 líng 时，穆棱，地名，在黑龙江省。

楞 léng 本为形声字。小篆 从木从夌（表声）。隶定后楷书写作棱。在边棱意义上俗作楞，从"四方木"三字，成为会意字。义同"棱（léng）"，指棱角或物体表面一条条凸起的部分，如木楞、瓦楞等，不再表示"愣"的意义，也不再读 lèng。"楞"还用于佛经翻译，如《楞严经》《楞伽经》。楞还用于地名，如陕西渍楞、色楞格（蒙古国省名）。楞场，指木材采伐运输过程中，汇集、堆存和转运的场所。现在《现汉》只标注：同"棱"（léng）。

愣 lèng 后起会意兼形声字。楷书愣从心从楞省（楞省去木，兼表声）。本义为失神、发呆，如发愣。引申指鲁莽、冒失，如愣头愣脑。还用于口语，表示不合常情，相当于偏偏、竟然，如"明知不对，他愣要那么去做"。

发愣与发楞。《第一批异体字整理表》将"愣"作为"楞"的异体字,"发愣"写作"发楞"。但 1988 年 3 月 4 日《现代汉语通用字表》发布时,"愣"字恢复使用。"发愣",就是精神上处于恍惚状态。有的读者想当然地认为,"愣头愣脑"的人头脑木头疙瘩似的,于是就写作"楞头楞脑"(您愣要这么写,只能说明您认死理儿)。

棱与稜(棱读 léng 时,异体字为稜)、梭字形相似度超高,要格外小心。

冷·泠

冷 lěng　形声字。小篆 ❄ 从 冫(冰)从令(表声)。隶定后楷书写作冷。本义为寒凉、温度低。

泠 líng　形声字。小篆 ❄ 从水从令(表声)。隶定后楷书写作泠。本义为古水名。今安徽省东南部的青弋江(注意:大渡河支流叫青衣江),汇黄山北谷诸水,北流至芜湖市入长江。后引申指清凉。还用作姓。

西泠印社在杭州西湖孤山西南角,因地近西泠而得名,它是在 1904 年由清末著名篆刻家丁仁、吴隐等人发起组成的一个研究金石篆刻艺术的学术团体,有"天下第一名社"之誉。有些人常将西泠印社、西泠桥错写成或读成"西冷印社""西冷桥"。

冫和氵,偏旁不同,字义就不同,除了冷和泠以外,还有冶和治、准和淮、冼(读 xiǎn,姓,如人民音乐家冼星海)和洗、凎和淦(均读 gàn,凎,化学名词;淦,水名,在江西省),等等。

两点水冫和三点水氵,偏旁不同,字义是一样的,大都是氵简化为冫,如凉和涼、凄和淒、况和況、减和減、凑和湊、冲和沖,等等。这一类字现在都以带冫偏旁的作为通行字,带氵偏旁的作为异体字处理。

礼·李·理

礼 lǐ　会意兼形声字。甲骨文 ❦ 象礼器(豆,豆原为器皿,后借给大豆等植物果实)盛满了祭品之形。金文 禮 加示。籀文 ❦ 左从示右从乙(祭祀时的袅袅香烟,兼表声)。小篆 禮。隶定后楷书承接籀文与小篆分别写作礼与禮。本义恭敬神灵。汉字简化时,以礼为正体(礼字右侧似跽坐之人,非常简洁形象)。也就是说,禮简化时不是新中国首造,而是采用古已有的"礼"字。

李 lǐ　形声字。古文 ❦ 和小篆 ❦ 从木从子(表声)。隶定后楷书写作李。本义为果树名,即李子。李子名称中有"子",人们理解为儿子,故李子又称为"嘉庆子(嘉指美好,庆表喜庆)";"李"字形上可分解为"十、八、子",人们视为子孙满堂、人丁兴旺，难怪人们把李子称作吉祥之果。古时，"李"通"理"。

理lǐ 形声字。小篆**理**从玉从里（表声）。隶定后楷书写作**理**。本义为加工玉石。引申泛指治、办、管等。

礼、李、理，三个字之间似乎并不存在什么"礼尚往来"，其实还是有些"卿卿我我"的，单从"行李"一词就可以看出。

行李是个古语词，原本指使者，即往来于国家之间的外交官员。古代的外交官为什么叫行李呢？李和理是通假字，行李即行理，就是"行走"于国外以"治理"国家的人。后来，行李词义引申，由名词变成动词，指出使。又由出使引申出行旅义。又由行旅引申出"出行时所带的东西"。在现代汉语中，行李专指"出行时所带的东西"。

由此可以看出，行李如果写成"行理"，虽然不符合现代汉语的书写习惯，至少还有个根据；写成"行礼"意思就变了，鲁西南等地至今还保留"行礼"一说，主要是指在吊唁时为祭奠死者而进行的叩拜之礼。

✎ 知书达理与知书达礼

知书达礼，就是熟读诗书，通达礼法，这和国人重视"诗礼传家"有关。礼法被视为具有封建色彩以后，出现了两个变化：一是对"礼"重新诠释，说成是礼仪、礼貌；一是对词形进行改造，知书达礼成了"知书达理"。"达理"即通晓人情事理，应该是说得通的。强调语言传统的词典，一般只收知书达礼，包括收入各种变体，如知书知礼、知书识礼、知书通礼，通常不收"知书达理"。但《现汉》第5版只收"知书达理"，第6版才增收知书达礼。请看第7版的解释：

【知书达礼】有知识，懂礼貌。也说知书识礼。

【知书达理】有知识，通事理。指人有文化教养。

【知书识礼】知书达礼。

从上可知"达理"侧重于事理，"达礼"强调的是礼貌，实则可以等同看待。

家无常礼与家无常理：礼，即礼仪。常礼指通常的礼制。家无常礼，就是指家人之间平时不必拘礼。常理，指通常的道理。家无常理，即说居家过日子，不用通常的道理，这显然不合事理。

离·蓠·篱

离lí 会意兼形声字。甲骨文**离**下边是个带柄的网，网中有一只鸟。小篆**离**上边鸟讹为中，下边网把手讹变为内，因其字形不明显了，便又加义符隹作**離**。隶定后楷书写作**离**与**離**。今规范用离。本义为鸟被擒获。此义后作**罹**。由被获，反向引申为逃离。

蓠 lí　形声字。小篆 𦾯 从艸(艹)从離(表声)。隶定后楷书写作蘺。今简化为蓠。本义为未结根时的蘼芜，结根后称作芎䓖。大叶似芹者为江蓠，细叶似蛇床(一种植物)者为蘼芜。古时又通篱。

篱 lí　形声字。小篆 𣏓 从木从也(表声)。隶定后楷书写作杝。俗作籬，今简化为篱。本义为篱笆。

中药中江蓠原也作江离，但《现汉》只标注"江蓠"。江蓠，古书上说的一种香草。也指红藻的一种，生在海湾浅水中。

以前，蓠在指藩篱时通篱，现在《现汉》只认"藩篱"。自然，江蓠不能写作"江篱"，更不要写作"江离"。

里·裏·裡

里 lǐ　会意字。金文 𤲸 从田从土，有田有土会人所聚居之地之义，即乡里。小篆 里。隶定后楷书写作里。本义指乡村的庐舍、宅院。后泛指乡村的居民聚落。古时"五家为邻，五邻为里"。再后来，城市中的街坊、巷弄也称里。如上海市现在还有许多以"里"命名的地名，如平安里、正红里等。大约从汉代开始，人们以"里"指"故乡"。大约从南北朝时期开始，人们再在"里"前加一个"故"字，便出现了"故里"一词。

裏 lǐ　形声字。金文 𠱠 从衣从里(表声)。小篆 裏。隶定后楷书写作裏。异体为裡。今简借"里"来表示。本义是衣服的内层。现在人们还把衣服的内层，称为"裏(里)子"，可见本义沿用至今。后来，"裏"虚化成一个方位词，与"外"相对，表示"内部"。注意：裏(里)与裹的异同。

裡　裏的异体字。裡、裏皆从衣从里，比较好认。

新中国汉字简化时，将"裏"简化成"里"，于是两字合二为一。裡作为异体字淘汰出局。如何将"里"由简变繁，这不是一个小问题，应该对照《现汉》一一对应才行，否则面子丢失，里子何存。

对照《现汉》，我们不难看出：里，在指街巷(邻里、里弄)、家乡(故里、乡里)、姓、长度单位时，没有繁体字。若把故里错写成"故裏"或"故裡"，不仅繁简混用不合规范，而且您觉得您能对得起父老乡亲吗？

里·理

里　详见本页"里·裏·裡"。

理　详见 324 页"礼·李·理"。

就里，如果还原成繁体字，当写作"就裏"。"裏"由内衣，引申为"内里"。

就，意思是接近、靠近，如就席、就座、就任等。就里的字面意思是"靠近内里"，常用以指内中、内幕。

就里《现汉》释为"内部情况"，并举"不知就里"为例。

就里，不能写成"就理"，更不能写成"究里"，否则就是无"理"。

不明事理，顾名思义就是不明白事物的道理，常用来形容人行事不讲道理，甚至胡搅蛮缠。不明事理与不明就里隔得老远，不能搅在一起哟。

力·律

力 lì 象形字。甲骨文 象古代的犁形，上部为把手，下部为犁头。金文 。小篆 。隶定后楷书写作力。本义为耕地的农具。力是耒的本字，由于力用在别处，于是古人只好另造耒字。

律 lǜ 会意字。甲骨文 左从彳（半条街，表行动）中从竹竿右从又（手），会反复有规律地撑篙前行之意。小篆 。隶定后楷书写作律。本义为持篙行动。律与建同源。参见266页"建·健"。

【心力】名 心思和体力：竭尽~｜~交瘁（精神和体力都极度疲劳）。

【心律】名 心脏跳动的节律：~不齐。

【心率】名 心脏搏动的频率，正常成年人在平静时心脏每分钟跳动75次左右，女性比男性稍快。

医学上的"心力"指心肌收缩的力量，"心力衰竭"简称"心衰"，是指由于心脏跳动乏力，排血量减少或不能将静脉回心血量充分排出，引起静脉回流受阻，导致静脉系统瘀血及动脉系统血液灌注不足所出现的心脏循环衰竭的症状。

心律是不会衰竭的（问题只能是不齐）。（还要注意"心律"与"心率"相同点与不同处）

聿，读 yù，象形字。甲骨文 （聿）象手持笔形。金文 。小篆 。隶定后楷书承接金文和小篆分别写作聿与聿。本义为笔。聿由"彐"（手）和"十"（笔或其他工具）组成。由于聿做了偏旁，于是本义只好另加义符竹成筆（简化为笔）。写字也好，撑船也罢，其动作都是反复而有规律可循的，律也就成了"规律"的形象代言人。《说文》540个部首，其中有聿和聿部。

最新《汉字部首表》中：聿为主部首，附形部首有聿（肅—肃）、聿（盡—尽）。

《现汉》另设附形部首聿，该部首内汉字：書（书）、畫（画）、晝（昼）。

力·历

力 详见本页"力·律"。

历 lì 会意兼形声字。甲骨文 下从止（脚）上为整齐禾苗，会在庄稼地里巡查。

金文 ⿱ 改为从厤从止。小篆 歷、曆。隶定后楷书分别写作 歷 和 曆。今皆简化为历。歷本义是经过、经历的意思。曆从日，本义指日月星辰运行。因而，经历等义项上的"历"对应的繁体字是"歷"，日历、皇历等"历"对应的繁体字是"曆"。

学历，是说学习的经历，指曾在学校或其他教育、研究机构肄业或毕业；学力是说学习达到的程度，即学问上功夫、造诣的深浅。两者虽都同学习相关，但前者强调的是求学的经历，后者侧重的是学习之后具备的能力。

"历"繁体字之愁

2015年底，《咬文嚼字》执行主编黄安靖在接受媒体采访时公开"纠错"，他指出《故宫日历》封面上繁体字 ⿱ 写错了，应改为"曆"。他还根据《汉典》等资料指出，"历"的繁体字有三种，"厤""曆"和"歷"。"厤"和"曆"都可以作为日历解释，但"歷"是经过的意思，解释为来历、阅历，但不能用作日历。2015年12月16日，故宫博物院工作人员对此回应：这个争议由来已久。概括地讲，"歷"是出现较早、含义较广的古字，虽然后来分化出了"曆"专用于表历法之意，但以"歷"代"曆"仍不为错。而"歷"在汉唐之间常写作 ⿱，即原《故宫日历》封面用字。我们沿用1935年版《故宫日历》封面上的汉隶碑拓集字，并非错别字。（注：1933年版为故宫日厤，1934年版为故宫日曆，1935年才开始使用故宫日 ⿱）。《咬文嚼字》本来考虑将故宫日历用字列入2015年十大语文差错，以正视听。但不知哪方面的原因，最终《故宫日历》并没"忝列"2015年十大语文差错，逃过一劫，这里面的经历肯定丰富多彩。

2016年版的《故宫日历》，在编纂说明特别解释了"歷"字的由来：封面、书脊沿用1935年和1937年版《故宫日历》用《史晨碑》汉隶集字。秦汉时期通用"歷"字，《史晨碑》中便有"歷"而无"曆"。后分化出"曆"字专表"历法"之意，但仍可以本字"歷"代引申字"曆"。清代文字学家段玉裁在《〈说文解字〉注》"歷"字后即有注曰"引申为治曆明时之曆"。"歷"在汉唐之间常写为 ⿱，被视为标准字形"歷"的异体字，合乎集字规范。

曾有人建议，虽然没有用错，但为避免是非纷争，可以更换一下。但故宫博物院工作人员通过微博回应："既然没有错，那么，从民国时期沿用至今的这一封面集字就完全没有必要更换。这也是对当年故宫日历的编纂者冯华先生等老一代故宫人为传播普及古典艺术、传统文化所做努力的最好纪念。"

力·利

力 详见327页"力·律"。

利 lì 会意字。甲骨文 ⿱ 从刀从禾，会用镰刀收割禾谷之意，那两点象征割禾时撒下的碎屑。金文𥝢。小篆𥝤。隶定后楷书写作利。本义为割禾。引申指锋利（跟"钝"相对）。

力与利本来相安无事，但经不起"权"的参与，于是在"权力"与"权利"、"势力"与"势利"之间产生了不少纠纷。

权力与权利

权，本义秤砣。俗话说"秤砣虽小压千斤"，由此引申用来比喻一种力量，如政权、权杖等。权力和权利，在古籍中都可见到，《汉书》用过权力，《荀子》用过权利，但它们不是词而是词组。权力指权位和势力，权利指权势和财力。这和现代政治、法律意义上的"权力"和"权利"，有些区别。

《应用汉语词典》（商务印书馆版）中有段辨析：

权力、权利：a）两词的含义不完全一样。权力，指政治上或职责范围内一定的强制力量或支配力量，对象可以是个人，也可以是国家机关；权利，与"义务"相对，指依法行使的权力和享受的利益，对象是公民、法人，也可以是国家机关。因此"权利"的含义广，包括了"权力"。b）使用情况有微殊，权力经常做"行使""使用"等的宾语，权利经常做"享受""享有"等的宾语，二者不能互换；权力，可构成"权力部门""权力机关"等词组，"权利"不能。

在一些简称中，权力与权利都缩略成了"权"，如授权（权力）、公民权（权利），这就需要明察秋毫。

势力与势利

势力，只作名词用，是中性词，指权力，也就是处于高位而产生的威力，现在泛指政治、经济、军事等方面的力量。

势利，本是名词，指权势和钱财，也是中性词。引申作形容词，指以权势的高低、钱财的多少来确定对待对方的处世态度，属贬义词，如人们常挂在嘴边的"势利眼""势利鬼""势利场""这人很势利"等，就是此义。

力·立

力　详见327页"力·律"。

立lì　指事字。甲骨文𡖊从大（人）从一（地面），指明一人站在地上不动。金文𡗀。小篆𡘗。隶定后楷书写作立。本义为站着不动。引申义很多，无须赘述。

下面鼎力与鼎立，值得辨析。

【鼎力】〈书〉副 敬辞，大力（用于请托或表示感谢时）：多蒙~协助，无任感谢！

【鼎立】动 三方面的势力对立（像鼎的三足）：赤壁之战决定了魏、蜀、吴三国~的局面。

鼎，古时一种烹饪器具，容积巨大，故"大力"可称"鼎力"。在祭祀时，鼎也用以盛熟牲。鼎多为三足两耳（四足其体积一般超过三足，如后母戊鼎）。相传夏禹收九州之金铸成九鼎，历商至周，作为传国重器。后世便以"鼎"代指国家政权和帝位。由此引申出"显赫""盛大"的意思。"鼎姓"指豪族大姓，"鼎能"指大才能，"鼎业"指大业（帝王之业）。"定鼎"便是定都，"问鼎"便是觊觎王位。

由于鼎"多为三足"，外加"鼎"代表国家和帝位，故而"鼎"又常用来把三方并峙（两方叫对峙）称作鼎立。

三足鼎立，不能写作"三足鼎力"；同时，鼎力相助也不能写成"鼎立相助"。

🅒 春秋时，楚子（楚庄王）北伐，陈兵洛水，向周王朝炫耀自己的实力。周定王派王孙满去慰问楚师，楚子向他询问周朝的传国之宝九鼎的大小和轻重。楚子问鼎，有夺取周王朝天下的意思，后来指图谋夺取政权，如问鼎中原。

问鼎，引申指夺取冠军，如"中国女排问鼎世界杯"。

历·厉

历 详见327页"力·历"。

厉 lì 形声字。金文 🔲 从厂（山石，表粗糙的磨刀石）从蠆省（蠆省去虫，兼表声）。小篆 🔲。隶定后楷书写作厲。今简化为厉。是礪（砺）的本字。参见本页"厉·励·砺"。

历与厉本无纠葛，但因字形相似、笔画较少，容易误写，编校时要小心翼翼。

厉·励·砺

厉 详见本页"历·厉"。

励 lì 会意兼形声字。小篆 🔲 右从力左从萬（表声）。隶定后楷书写作勱。俗演变为勵，改为从力从厲（磨砺，兼表声），会劝勉之意。今分别简化作劢和励，二字表义略有差别。励是劢的加旁分化字。本义劝勉。引申指振奋、振作，如励精图治。还用作姓。

砺 lì 会意兼形声字。小篆 🔲 从石从厲（磨利，兼表声）。隶定后楷书写作礪。今简化为砺。本义是一种用以磨刀的粗石。细磨刀石为砥。砥砺泛指磨刀石，引申指磨炼，也指勉励，常用词有砥砺前行。近些年，"砥砺"常与"初心"等并肩作战，如"不忘初心，砥砺前行""砥砺奋发，笃行不怠"等。

厉本义是磨刀石，如厉兵秣马，后来引申指猛烈、严格、严肃等义并作为基本义，如变本加厉，其磨刀之义另加义符石写作"砺"。

20世纪八九十年代，每到表彰结束时，领导都会说希望获奖者"再接再厉"，大部分都写作"再接再励"，误以为这样写是对获奖者劝勉、勉力。其实是错的。

"再接再砺"出自韩愈、孟郊的《斗鸡联句》。全诗长达五十句，描写了斗鸡的壮烈场面。其中孟郊有两句是："一喷一醒然，再接再砺乃。"一喷一醒然，就是用凉水往鸡头及至全身喷凉水，迫使战斗中的"鸡"从疲惫中迅速振奋起来。接，交战；砺，磨砺。意即公鸡每次相斗前，都要把喙磨锋利无比。后用"再接再砺"比喻一次又一次不懈努力。因"厉"通"砺"，后"再接再砺"也写作"再接再厉"。现在两者是全等异形词，且"再接再厉"为推荐词条。

丽·俪

丽　多音字。象形字。甲骨文 𓏸，金文 𓏸。由于金文省讹后字形表义不明显了，小篆 𓏸 便在其下另加鹿。隶定后楷书写作麗。今简化为丽。本义为双鹿并行，后引申出美好义。大凡从鹿的汉字都与美好吉祥相伴，如慶（庆）。

读 lì 时，指本义及引申义。

读 lí 时，常用于地名、古国名、古族名。如浙江丽水（请注意丽水不要与江苏溧水混淆）。高丽，朝鲜半岛历史上的王朝（918~1392），即王氏高丽。我国习惯上多沿用来指称朝鲜或关于朝鲜的，如高丽人、高丽参、高丽纸。高句丽（Gāogōulí），古族名，古国名。也作高句骊。

俪 lì　会意兼形声字。小篆 𓏸 从人从麗（两鹿并行，兼表声）。隶定后楷书写作儷。今简化为俪。是丽的加旁分化字。本义为成双成对，对偶的。又可指夫妇、配偶，如伉俪。

俪影指的是夫妇二人的身影或夫妻的合影。丽影，按字面可理解为美丽的身影或形象，现在一般用来形容女子，也可指美丽事物的影像。

俪，由本义引申出对仗、对偶；骈，本义是两马并驾一车，引申也有并列、对偶的意思。骈体文多用偶句，讲求对仗，以上四言下六言或上六言下四言，双句相对成文，故被称为骈四俪六。骊，本义指黑色的马，引申为黑色。

骈四俪六易误作"骈四丽六"；还有的受"骈"从马联想而错写作"骈四骊六"。

例·列

例 lì　会意兼形声字。小篆 𓏸 从人从列（排列，兼表声）。隶定后楷书写作例。本义为同一类、同一列。

列 liè　会意兼形声字。金文 ![字形] 从刀从歺（残骨，兼表声），会以刀分解之意。小篆 ![字形]。隶定后楷书写作 ![字形]。俗省作列。今以列为正体。本义为分解、分开。分开自然就有了排列的意思，于是引申指队伍，如行列、数列。

先例，是指从前有过，后来可以依次或依据的事情。史无前例，就是从前未有过，可以说是"零的突破"。先列，未有此词。还有就是拼音输入时，可不要把"先例"输成"先烈"。

【前例】名 可以供后人援用或参考的事例：史无~ | 这件事情有~可援。
【前列】名 最前面的一列，比喻带头或领先的地位：站在斗争的最~。

自然，前列腺不能写作"前例腺"，否则前列腺会"抗议"。

疬·瘰

疬 lì　形声字。小篆 ![字形] 从疒从蠆省（蠆省去虫，兼表声）。隶定后楷书写作癘。今简化为疬。本义为麻风病，有时也指瘟疫，还指毒疮。疬疫即瘟疫。

瘰 lì　会意兼形声字。《说文》无。楷书瘰从疒从歷（连绵，兼表声）。今简化为瘰。瘰(luǒ)疬，俗称疬子颈，是一种感染性外科疾病。常发于颈部和耳后（有时也在腋窝部），摸上去为大小不等的核块。小者称瘰，大者称疬。由结核杆菌侵入而引起的。随着病情发展，可能产生疲乏、食欲不振、消瘦、低热等病征，严重时会溃破流脓。

疬和瘰虽然都是病名，但所指完全不同。没有"瘰疬"，只有瘰疬。

瘴本义即疬，后特指瘴气，即我国南方热带或亚热带山林中的湿热致病的空气。疬与瘴可组成疬瘴（指重大传染疾病），也可组合为瘴疬（恶性疟疾）。但是"瘴"与"疬"不搭，前者为疟疾，后者为结核病。

砺·粝

砺　详见 330 页"厉·励·砺"。

粝 lì　形声字。小篆 ![字形] 本从米从萬（表声）。隶定后楷书写作糲。后俗改为糲，从厲表声。今简化为粝。本义为粗米、糙米。

粗砺中"砺"指粗磨刀石，前面再加"粗"，实乃粗上加粗，自然就引申出粗糙、毛糙之意，也指不光滑。《现汉》未收录。

【粗粝】❶〈书〉名 糙米。❷ 形 粗糙：~的饭食。
【粗糙】形 ❶（质料）不精细；不光滑：皮肤~ | 这种瓷器比较~，赶不上江西瓷。❷（工作等）草率；不细致：这套衣服的手工很~。

从以上解释可以看出，粗粝除专指糙米外，也可以形容粗糙。粗粝与粗糙是近义词，两者与细腻是反义词。

在表意上，粗粝不一定是贬义词（糙米表层保留，营养高越来越受到人们青睐），有类似于粗犷、粗朴等。粗糙基本是贬义词。粗粝由糙米引申指一般的粗糙，与粗砺由磨刀的粗石引申指一般的粗糙，原理是一样的。

概括讲，如果专指名词糙米，只能用粗粝；如果作形容词，粗粝、粗糙皆可。

同时，粗粝不要写作"粗砺"。

砺·砺

砺 详见 330 页"厉·励·砺"。

砺lì 形声字。《现汉》中没有其位置。《汉语大字典》中，砺是礰类推简化字。礰礋（zé），古代水田里用于破碎泥块的农具，像碌碡，有短齿。另外，礔礰（礔礋）古同霹雳，即疾雷、响雷。

为纪念中国人民解放军建军 87 周年，2014 年 8 月 1 日，某生活类报纸用多个版面开展了题为《砺剑》的"特别策划"。

砺本义为粗磨刀石，引申义为磨。砺剑，是"宝剑锋从磨砺出"的缩写。引申为凡事都须艰苦锻炼，不断磨砺，才能取得成功。纪念建军 87 周年的版面上，用"砺剑"是贴切的。

砺剑错成"砺剑"，恐怕是"礰"右侧为"歷（历）"，错误地把"礰"当作"砺"的繁体字造成的。

栗·粟

栗lì 象形字。甲骨文 象结有带芒刺果实的栗子树形。金文 延续甲骨文并将果实繁复化。小篆 把果实误为卤并省去两颗果实。隶定后楷书写作栗。本义为栗子树和栗子。由于栗子长有尖刺，令人发怵，于是引申出发抖，如不寒而栗。此义后来另加义符心写作慄，如今简化仍用栗。

粟sù 象形字。甲骨文 从禾从米粒形。小篆 。隶定后楷书写作粟。本义为粟米。一年生草本植物，茎秆直立，叶子呈条状披针形，籽实呈圆形或椭圆形。北方通称谷子，去壳后叫小米。

粟是"草"而不是树，栗是树而不是草。栗子树、粟米，千万不要写作"粟子树""栗米"。还有就是"栗"与"粟"差别极小，特别是字号小的时候"栗""粟"就不容易分得清。

济南西北角有一座粟山，名称来自其小，但很多泉城居民把它叫作"栗山"，大概就是想当然认为"粟"太小了，不可能与山配。

另外,《第一批异体字整理表》将"溧"作为"栗"的异体字,2013年《通用规范汉字表》将"溧"调整为规范字,用于寒冷,如溧冽(形容非常寒冷)。

傈·僳

傈 lì 形声字。《说文》无。楷书傈从人从栗(表声)。本义为古代制作庙堂神主所用的木材。现在主要用于傈僳族。

僳 sù 后起形声字。楷书僳从人从粟(表声)。除了用作傈僳族外,还用作姓。

傈僳族是我国少数民族之一。源于南迁的古氐羌人,与唐代乌蛮有关。主要分布在云南怒江傈僳族自治州。"傈僳"是其民族自称的音译,唐代时已见诸史端。樊绰的《蛮书》称之为"栗粟",历史上也有"力苏""力些""黎苏""俚苏"等不同写法。

傈僳族,容易错写成"傈傈族""僳僳族""僳傈族"。写到傈僳族,要格外小心谨慎,要不然,错字是小,影响民族团结事儿就大了。

俩·两

俩 多音字。后起会意兼形声字。楷书俩从人从两(两个,兼表声)。本义为技能、技巧。

读 liǎ 时,指两个或不多的几个,如姊妹俩、仨瓜俩枣。

读 liǎng 时,用的就是本义,如伎俩。

两 liǎng 会意兼形声字。金文 ⿱一⿰冂冂 上为一下为两个钱币相并(一钱为十二铢,二钱为二十四铢,即一两,兼表声),会二钱为一两之意。小篆 兩。隶定后楷书写作兩。今简化为两。本义为二钱合并。引申为并列成对的两个。

作为数字用字,俩已包含着量词,故后面不能再接"个"字或其他量词,对此,《现汉》等工具书都有专门提示。如爷俩、两口子不能写作"爷俩个""俩口子"。或许因为这种用法流行于北方地区,南方人不太熟悉,往往读"俩"为 liǎng,并按习惯加上量词,从而导致俩、两不分。

📖 两和二的用法不同

读数目字只用二不用"两",如一、二、三、四。小数和分数只用二不用"两",如零点二(0.2)、三分之二。序数也只用二,如第二、二哥。在一般量词前,用两不用"二"。在传统的度量衡单位前,两和二一般都可用,用二为多(如二两,不能说"两两")。新的度量衡单位前一般用两,如两吨、两公里。在多位数中,百、十、个位用二不用"两",如二百二十二。千、万、亿的前面,两和二一般都可用,但如三万二千、两亿二千万,千在万、亿后,以用二为常。

哩·呢

哩 多音字。形声字。《说文》无。楷书哩从口从里（表声）。本义为译音字。又作词曲中的衬字，表示语气。

读 lī 时，哩哩啦啦，口语，指零零散散或断断续续的样子。哩哩啰啰，口语，形容说话啰唆不清楚。

读 lǐ 时，用于英里（yīnglǐ），英里旧也作哩。

读·li〈方〉助❶跟普通话的"呢"相同，但只用于非疑问句：山上的雪还没有化～。❷用于列举，跟普通话的"啦"相同：碗～，勺子～，都已经摆好了。

呢 多音字。形声字。《说文》无。楷书呢从口从尼（表声）。用作呢喃，本义为絮絮叨叨地悄声细语说话。

读·ne 时，用在疑问句（特指问、选择问、正反问）的末尾，表示提醒和深究的语气：他们都有任务了，我呢？

读 ní 时，指呢子，如呢料、厚呢大衣。还指呢喃。

"哩"读·li 时，与普通话中"呢（·ne）"相同，但"哩"只限于非疑问句，"呢"用在全部疑问句中。这是需要读者细细品味的。

连·联

连 lián 会意字。小篆 𨏫 从辵（辶，走路）从车，会人拉车之意。隶定后楷书写作連。今简化为连。本义为人拉车。

联 lián 会意字。小篆 聯 从耳从丝，会以绳贯穿器耳之意。隶定后楷书写作聯。今简化为联。本义为连接。

联、连二字，读音相同，意义也十分相近。按段玉裁的说法："周人用联字，汉人用连字，古今字也。"此说是否成立姑且不论，但形成几组异形词恐怕与之有逃不了的干系。

在现代汉语中，联、连字义虽然相近，分工还是明确的。"联"是一种横的结合，而"连"则是纵的承续。凡属于"联"的，没有高低上下之分，如联盟、联军、联队、联名、联姻、联赛、联合国、联席会议……各方是并列的；凡属于"连"的，则有一个接着一个的意思，如连任、连锁、连夜、连载、连轴转、连台好戏……这是联、连二字的基本区别。根据这一区别，我们可以确定异形词的首选词形。不过，联、连二字混用已久，有些词形已约定俗成，如本应作"蝉连"（《现汉》未收"蝉连"），现均作"蝉联"，则只能从俗。

下面几组异形词，请大家注意分清把握。

【连贯】（联贯）　　【连接】（联接）　　【连绵】（联绵）
【联结】（连结）　　【联袂】（连袂）　　【联翩】（连翩）

"连枷"也作"梿枷"，"连枷"为推荐词；"联绵字"是"联绵词"的旧称，故"联绵字"不再使用。

双黄连与"莲"无关

双黄连是一种常见的中成药，具有疏风解表、清热解毒等功效，主要用于外感风热所致的感冒。这种中成药的主要成分为金银花、黄芩、连翘。金银花，即忍冬，作中药材时也称"双花"，以其花入药，有清热解毒等作用。黄芩，以其根入药，有解热降压等作用。连翘，以其果实和果壳入药，有抗菌解毒等作用。

双黄连，是取这三种原料（双花、黄芩、连翘）的第一个字组合而成。双黄连与"莲花"没有半毛钱的关系。

几组关于水果的异形词：

【榴梿】也作"榴莲"。　　【杧果】也作芒果。（注：不要错写成"忙果"）
【阳桃】也作杨桃、羊桃。也叫五敛子。　　【桑葚】也作桑椹。也叫桑葚子。

痢·疟

痢 lì　会意兼形声字。《说文》无。楷书痢从疒从利（急速，兼表声）。本义为痢疾。

疟　多音字。会意兼形声字。小篆𤵸从疒从虐（侵害，兼表声）。隶定后楷书写作疟。本义为疟疾。

读 nüè 时，指疟疾。

读 yào 时，义同疟（nüè），只用于口语"疟子（yào·zi）"，发疟子即疟疾。

疟疾是一种急性传染病，病原体是疟原虫，传染媒介是蚊子，周期性发作。由于疟原虫的不同，或隔一日发作，或隔二日发作，也有的不定期发作。症状是发冷发热，热后大量出汗，头痛，口渴，全身无力。有的地区叫脾寒、冷热病、打摆子。

痢疾也是一种传染病，按病原体的不同，可分为细菌性痢疾和阿米巴痢疾两种。前者较为常见，主要症状是发热、腹痛、腹泻、里急后重，大便有脓血和黏液等。

由此可见，疟疾和痢疾是完全不同的两种疾病。

帘·练

帘 lián　形声字。小篆䉵从竹（⺮）从廉（表声）。隶定后楷书写作簾。今简化为帘。本义指门帘。帘是用布帛、苇、竹等做成的遮蔽门窗的物品，有门帘、窗帘以及某些像帘的设备等。帘，《说文》未收，从穴从巾会意，本指酒家的望子，也指旧时店铺挂在门前做招牌的旗帜标志。汉字简化时，簾借帘从而进行简化。垂帘或垂帘听政，特指古代女后不直接露面而在帘后听政。

练 liàn 形声字。小篆 从糸从柬（表声）。隶定后楷书写作練。今简化为练。本义是把生丝或织品煮得柔软洁白的过程。经过这道工序的白色丝绢也称"练"或"白练"。也有人把白色丝绸统称为"练"。

古人常用"练""白练"来比喻江河之水、瀑布。徐凝《庐山瀑布》诗："今古长如白练飞，一条界破青山色。"古诗词中未见过有把瀑布比为"白帘"的。如果现在把"白帘"比作瀑布，笔者以为应该是允许的，如"一块巨石将瀑布挑起分成对称两块，好似白帘掀开……"。

敛·殓

敛 liǎn 会意兼形声字。小篆 从攴（手持棍）从僉（合，兼表声）。隶定后楷书写作斂。今简化为敛。本义为收起。引申指聚集。

殓 liàn 会意兼形声字。《说文》无。楷书殮从歹从僉（合，兼表声）。今简化为殓。本义为给死者穿衣入棺。

【收敛】动 ❶（笑容、光线等）减弱或消失：她的笑容突然～了｜夕阳已经～了余晖。❷ 减轻放纵的程度（指言行）：狂妄的态度有所～。❸ 引起机体组织收缩，减少腺体分泌：～剂。

【收殓】动 把人的尸体放进棺材。

请大家记住"收殓"的范围，其他交给"收敛"即可。

敛衽，指整理衣襟以表恭敬，如敛衽而拜。也指妇女行礼，此义时敛衽也作裣衽。

殓·殄

殓 详见本页"敛·殓"。

殄 tiǎn 会意兼形声字。古文 从倒人会意。小篆 从歹（残骨）从㐱（人，兼表声）。隶定后楷书写作殄。本义为灭绝。

暴殄天物，出自《尚书·武成》："今商王受无道，暴殄天物，害虐蒸民。"天物，指自然界的鸟兽草木等；暴殄天物，指任意糟蹋东西。

"暴殓天物"还是收起来埋在"别字墓"中为好。

练·炼

练 详见 336 页"帘·练"。

炼 liàn 会意兼形声字。小篆 从火从柬（挑选，兼表声）。隶定后楷书写作煉。异体作鍊。今皆简化为炼。本义为熔冶金石等物质，用加热等方法使物质的纯度提高或变得坚韧。

练、炼二字，因意义有相近处，在古汉语中常可通用。在现代汉语中，除少数异形词外，练、炼二字已经有了明确的分工。练是丝织品的名称。刚织成的丝织品，古人称为素，也叫生帛。"朴素"便由此而来。"素"经过在水中烧煮，去除了丝表面的胶质，从而变得柔松洁白，称之为"练"。毛泽东主席笔下的"赤橙黄绿青蓝紫，谁持彩练当空舞"，用的是"练"的名词意义。

凡作名词用者，只能用"练"而不能用"炼"。

"练"和"炼"都可用作动词，指一种加工方法。

怎样区分同为动词的"练"和"炼"呢？我们从工艺特点做一番分析。古时对"素"进行深加工为"练"有两种方法：一种是灰涑（liàn，练丝）：先用楝木灰沤泡，再用石灰浸渍，然后多次漂洗；一种是水涑：白天在太阳下晒，晚上在井水里泡，持续七天七夜。两种方法，都有反复进行的过程，因此"练"作一般动词用时，便有了反复演习的意思，如练唱歌、练体操、练写作、训练、操练、排练，等等。

横向对比分析，"炼"是火烧而"练"主要是水煮，"炼"的对象是"金"（"炼"也写作"鍊"）而"练"的对象是"素"，"炼"是去芜存精而"练"是"生丝熟缕"。凡用"炼"构成的词语，不管是锻炼、锤炼、冶炼，还是炼焦、炼油、炼乳，甚至包括炼字、炼句，都和熔冶锻造紧扣，和提纯求精相关。

"炼"通常用作动词，"练"则不仅可用作名词、动词，还可用来构成形容词。用"练"构成的形容词，基本上都有着反复实践的寓意。如熟练、老练、干练、历练、练达……在现代汉语中，"炼"是不具备这一义项的。

当然，练、炼所组词中还存在着一些异形词，这是历史留下来的后遗症。

【简练】（简炼）形（措辞）简要；精练：文字～｜用词～。

【精练】形（文章或讲话）扼要，没有多余的词句：语言～｜他的文章写得很～。也作精炼。

【精炼】❶动提炼精华，除去杂质：原油送到炼油厂去～。❷同"精练"。

【磨炼】动（在艰难困苦的环境中）锻炼：～才干｜～意志。也作磨练。

【洗练】（洗炼）形（语言、文字、技艺等）简练利落：这篇小说形象生动，文字～｜剧情处理得很～。

"精练"均可写作"精炼"，但是在除去杂质义项上，"精炼"不可写作"精练"。虽然古时候，"精练"有提取丝质中杂质的义项，现在建议不要再用了。异形词大都以"×练"为推荐，且鲜见"练"或"炼"字打头的词为异形词。

综上所述，可以概括为三句话：一是名词一律用"练"；二是形容词倾向用"练"；三是动词意在求熟用"练"，意在求精用"炼"。

凉·晾

凉 多音字。形声字。小篆 ⿰ 从水从京(表声)。隶定后楷书写作凉。后俗省作凉。本义为酒像水一样薄，不浓烈。引申指薄弱、低下，如凉能，指才能微薄。引申指低下，再引申指温度低，如凉爽等。

读 liáng 时，用的是本义，比"冷"的程度浅。引申指灰心或失望等。

读 liàng 时，把热的东西放一会儿，使温度自然降低，如"稀饭太热，凉一会儿再喝"。又指温度低，如凉风；人烟少，如荒凉；内心苦，如悲凉。

晾 liàng 会意兼形声字。《说文》无。楷书晾从日从京(高，兼表声)。本义为在太阳底下曝晒。引申指把东西放在阴凉通风的地方使干燥。常见词有晾晒、晾台等。还用作姓。还同"凉"。

由于晾同"凉"(liàng)，笔者建议温度往下降一般用"凉"，反之用"晾"。

梁·粱

梁 liáng 会意兼形声字。金文 ⿰ 从水从刅(表声)。小篆 ⿰ 整齐化，并另加义符木，表示木桥。隶定后楷书写作梁。俗用作樑(从木从梁会意，梁兼表声)，现"樑"作为"梁"在桥梁等义上的异体字。本义为房屋构件。

粱 liáng 形声字。小篆 ⿰ 从米从梁省(梁省去木，表声)。隶定后楷书写作粱。本义为优秀品种的谷子。后是谷子的统称，指去壳后的小米。与"粟"异名同实。

黄粱美梦，典出唐人小说《枕中记》：有个叫卢生的旅客，在梦中享尽荣华富贵，可待他一觉醒来，店主人蒸的小米饭(黄粱)还未熟呢。人们常用黄粱美梦比喻不切实际的幻想。"黄梁"字面意思是黄色的梁木，与美梦有点不搭界。

榖粱是复姓，不能想当然地认为"榖"简化为"谷"，就把"榖粱"错写成"谷粱"(高粱与谷物相配)。参见 193 页"觳·榖·谷·榖·毂·觳"。

粮·粱

粮 liáng 形声字。小篆 ⿰ 从米从量(表声)。隶定后楷书写作糧。异体作粮。今以粮为正体。本义为供军队食用的谷物,或做好的供外出食用的干的主食(干粮)。

粱 详见本页"梁·粱"。

稻粱，指稻和粱，是两种谷物，古代常并称。稻粱谋是一个词，本指禽鸟寻觅稻粱作为食物，后喻指谋求衣食。比如，杜甫《同诸公登慈恩寺塔》诗："君看随阳雁，各有稻粱谋。"龚自珍《咏史·金粉东南十五州》中的"避席畏闻文字狱，著书都为稻粱谋"，已成名句。

粮，是谷类食物的统称。"稻"和"粮"不好并用，世上没有"稻粮谋"的说法。当然，稻粱谋也不能写作"稻梁谋"。

亮·靓

亮 liàng 会意字。小篆 亯 从儿（人）从高省（高省去口），会人处高则明亮之意。隶定后楷书写作亮，"儿"讹为"几"。本义为光线充足、光明等。

靓 多音字。会意兼形声字。小篆 䚏 从見从青（青春，兼表声）。隶定后楷书写作靚。今简化为靓。本义为召见、邀请，当是请的异体字。受到召见、邀请，自然要打扮一番，于是引申出艳丽、漂亮。

读 liàng 时，用于方言，形容漂亮、好看，如靓仔、靓女、生得好靓。

读 jìng 时，书面用语，义为妆饰、打扮，如靓妆（美丽的妆饰）。

【亮丽】liànglì 形 ❶ 明亮美丽：色彩~｜~的风景线。❷ 美好；优美：他的诗歌很有韵味，散文也写得~。

【靓丽】liànglì 形 漂亮；美丽：扮相~｜~的容颜。

亮丽、靓丽都是形容词，都有美丽义，但前者使用范围广泛，后者专指人的容颜。

寥·廖

寥 liáo 形声字。小篆 廫 本从广（敞屋）从膠（表声）。另有小篆 廫。隶定后楷书遂分别写作廫与廖。本义为空虚。由于廖后来用作姓，空虚之义便改写作寥，从宀（房屋）从翏（表声）。还用作姓。

廖 Liào 廖本与寥是一个字。现在"廖"一心一意用作姓。

寥专指稀少，如寥落、寥若晨星；还指寂静，如寂寥；又指空虚、空旷，如寥廓、寥无人烟。

寥与廖原为一字，后分化，且两者都可用作姓。廖只用姓，其他没有用武之地。

了·瞭

了 多音字。象形兼会意字。小篆 孑 象子无臂之形，用小儿两臂及两足皆捆缚于襁褓之中会收束之意。隶定后楷书写作了。如今又用作"瞭"的部分含义的简化字。由收束，引申指完毕、结束，如不了了之、了却、了结等。再引申指决断、决定，如了决此事、了断等。

读 liǎo 时，用的是本义及引用义。

读 ·le 时，用作助词。

参见341页"了·瞭"。

寥　详见340页"寥·廖"。

了了，有三个义项：一是夸赞人聪慧、通晓事理。引申指明白、懂事。《世说新语》记载：孔融10岁时，随父来到洛阳，见到大名鼎鼎的司隶校尉李元礼，孔融说自己和李是亲戚。李反问有何凭据，孔融说："昔先君仲尼与君先人伯阳有师资之尊，是仆与君奕世为通好也。"李及在座的客人皆啧啧称奇，不料随后来到的太中大夫陈韪听说后却说："小时了了，大未必佳。"融听后立即反唇相讥："想君小时，必当了了。"这两处的了了都作聪明解。再后来了了引申指明白、清楚。我们今天常说的"心中了了""不甚了了"等，就是这个意思。二是清清楚楚。如勾画了了、了了分明。三是作副词，当毕竟讲。

寥寥读liáoliáo，意思是非常少，如寥寥可数、寥寥无几。

了了、寥寥，除读音相近外，字形和意思都相差甚远。寥寥作为形容词，有两个义项：一指稀少、孤单。二指空阔。寥寥数笔，即用极少几笔就能勾画出某物神韵来。

很显然，把寥寥无几写成"了了无几"是误用。可能是觉得"了了"两字笔画少，可与"无几"搭配。

了·瞭

了　详见340页"了·寥"。

瞭liào　会意兼形声字。《说文》无。要说瞭，需要先谈尞。尞，甲骨文 ![字形] 上从着火的柴（火星四射）下从火，为古代焚柴祭天之象，尞是燎的本字。如今，尞只作偏旁，凡从尞取义的字大都与焚烧烟火升腾等义有关，如缭、撩、嘹等。

楷书瞭从目从尞（表声，兼表明亮之意）。本义眼珠明亮，引申指远望，如瞭望。瞭哨，指放哨。

了，原用作"瞭"的简化字，1986年《简化字总表》做了调整："'瞭'字读'liǎo'（了解）时，仍简作'了'，读'liào'（瞭望）时作'瞭'，不简作'了'。"这两个字调整后的分工是：了，义为明白、知道，如了如指掌、一目了然；瞭，义为从高处看，重新公布《简化字总表》的说明里，特地举了"瞭望"的例子。瞭望写作"了望"，是不符合现行文件规定的。通俗地讲，瞭读liǎo时简化为"了"，读liào时继续保持"瞭"不变。

潦·缭

潦　多音字。形声字。甲骨文 ![字形] 从水从尞（表声）。小篆 ![字形] 整齐化。隶定后楷书写作 潦。是涝的同源字。本义为雨水大的样子。

读lǎo时，指雨水大，还指路上的流水、积水，如潦水、积潦。

读liáo时，指潦草、潦倒。从本义雨大水积，任意漫溢，引申泛指人的心志涣散，如用作"潦草"，形容做事不认真、字迹不工整，又用作"潦倒"，指颓丧、失意。

缭liáo　形声字。小篆 从糸从寮（表声）。隶定后楷书写作缭。今简化为缭。本义为缠绕、缭绕，如歌声缭绕等。还指缝纫方法，用针斜着缝，如缭缝儿、"把裤边缭上"。引申泛指围绕，又引申指纷杂、纷乱，如眼花缭乱。还用于歇后语"二郎神缝破皮袄——神缭（聊）"。

人们误以为潦草如线头无绪，常写作"缭草"。又误把目光迷乱与缭乱缠到一起，继而把缭乱错写作"瞭乱"。

参见422页"缲·撬"。

尥·撂

尥liào　形声字。小篆 从尢（曲腿）从勺（表声）。隶定后楷书写作尥。本义为牛行走时后胫相交。此义早已废止。现在指骡、马等牲畜的后腿跳起后踢。"尥蹄子"即俗话说的"尥蹶子"。

撂　详见本页"撂·摞"。

尥蹶子，不能写作"撂蹶子"；反之，撂挑子也不能写作"尥挑子"。

撂·摞

撂liào　后起形声字。楷书撂从手从畧（表声）。旧也作撩。是撩的后起分化字。本义为放下。现在用作动词，有三个义项：一是放、搁下，如"她刚撂下饭碗就去了工地"。二是弄倒，如"他一连把三个对手撂在地上"。三是抛、扔，如"你千万别把我们撂下不管"。

摞luò　会意兼形声字。《说文》无。楷书摞从手从累（重累，兼表声）。本义为理或系。可作动词，意思是把东西重叠往上放，如"你把报纸摞起来"。还可作量词，用于重叠放置的东西，如一摞参考书。

一摞书，指一叠书，大概受字形相似的影响常错写成"一撂书"。同理，撂挑子也会被错写成"摞挑子"。

列·烈

列　详见331页"例·列"。

烈liè　形声字。小篆 从火从列（表声）。隶定后楷书写作烈。本义为火势很猛。

《列女传》也称《古列女传》，为西汉著名经学家、文学家刘向所撰，内容多歌颂上古至西汉妇女高尚品德、聪明才智等，是介绍古代妇女事迹的传记性史书。

列女指众多、各位德智孝贤的女性。烈女，旧时指刚正有节操的女子，也指拼死捍卫贞节的女子。宋明以后对女性提倡贞节观，赞扬妇女美德与贞烈紧密联系在一起，于是《列女传》常错为《烈女传》。

邻·临

邻 lín　形声字。小篆 䣜 从邑（阝右）从粦（表声）。隶定后楷书写作鄰。异体为隣。今简化为邻。本义为古代的一个居民点，属最基层组织。周朝户籍五家为邻，五邻为里，后以十家为邻。引申指相连、接近的人家，如邻居、左邻右舍、近邻、以邻为壑等。邻还指住处屋接墙连，古时建房邻居共用一墙，如比邻而居，既体现了邻里关系融洽，还省去建造一堵墙所需的人力物力。

临 lín　会意字。金文 象人俯身低头流泪形，会痛哭吊唁死者之意。小篆 变为从卧（臣由金文眼珠讹变而来）从品表声。隶定后楷书写作臨。今简化为临。本义哭丧。哭丧时，都会低头凝望亡者，引申出从高处往低处瞰，如居高临下。又引申指接近（用在名词前面），如南临黄河、兵临城下。

济南南 lín 泰山、济南位于泰山北 lín，往往容易张冠李戴。

邻、临，都有接近的意思，因为这点，我们大街上广告经常会出现差错。邻主要用作名词，临常用作动词。济南南临泰山，济南位于泰山北邻是正确的。

邻近与临近，两者都是动词，容易混淆。邻近，指位置接近，我国东部跟朝鲜接壤，同日本邻近。还指附近，如"学校邻近有艺术馆"。临近，主要指时间或地区靠近、接近，如"寒假临近""他住在临近大明湖的一所楼房里"。

近邻与邻近。近邻就是邻居，有句俗话叫"远亲不如近邻，近邻不如对门"。"近邻"可换成"邻接""紧邻"（紧挨着的邻居）。但要注意：紧邻是紧挨着的，近邻可以是紧挨着的，也可以指相距一定距离的邻居。

《现汉》只收"紧邻"，没收"紧临"。

🖋 邻与里异同。在古代，邻是基层最小的聚居点，指住处屋接墙连。里是比邻大的住区，指有墙垣、有大门的一个封闭式居民点。

邻里，指家庭所在的乡里，也指市镇上互相邻接的一些街道；还指同一乡里的人。参见 326 页"里·裏·裡"。

林·陵

林 lín 会意字。甲骨文 从二木，会树多成片之意。金文 。小篆 。隶定后楷书写作林。本义为成片的树木、竹子。

陵 líng 会意字。甲骨文 左从人右从阜，强调升高之意。金文 在甲骨文基础上下方加土、人头顶加装饰物，突出攀登上升。小篆 。隶定后楷书写作夌与陵（夌上为人头部，下为夂即脚）。夌专职做偏旁，陵为正体。本义大土堆。

周代前，我国的墓葬习俗是不立坟堆的。春秋时期已开始有封土起坟植树的习俗，以示祭奠。后来，王公贵族的大坟称陵，如北京十三陵。

古代墓葬制度比较严格。老百姓叫坟，诸侯叫冢，圣人叫林，皇帝称陵。如文圣人孔子的孔林、武圣人关羽的关林、孟子的孟林、曾子的曾林。

与坟相关汉字

陵：领袖或革命烈士的坟墓；帝王或诸侯的坟墓。

林：古时，墓地里外都要植树，既有逝者荫庇后代，也有后人植树为先人遮风挡雨的意思，同时告诫外人此处有墓地，望绕道而行，此为"禁"也。"禁"由林与示会意，不言也明。

墓：古时，封土成丘者为坟，与地平者为墓。后来不分，统称坟墓。

冢：坟墓，如古冢、荒冢、衣冠冢。

茔：坟地，如茔地、祖茔。

林·零

林 详见本页"林·陵"。

零 líng 形声字。小篆 从雨从令（表声）。隶定后楷书写作零。本义为徐徐而下的散碎细雨。

林林总总，言众多之貌，出自唐柳宗元《贞符并序》："唯人之初，总总而生，林林而群。"林林而群泛指人或事物会聚、汇集在一起。"总"也表汇聚之义。"林林总总"属于同义叠用。

零零，指滴落。也可作象声词，形容轻细、圆润的声音。汉语语林中只有"林林总总"，没有"零零总总"一词。

林·坛

林 详见本页"林·陵"。

坛 tán 形声字。小篆 从土从亶（表声）。隶定后楷书写作壇。今简化为坛。

坛借作罐的简化字，墰、罈、壜还是坛的异体字。本义为古代祭祀的大土台。

杏林，相传三国时吴国人董奉隐居庐山，为人治病，不收酬金，只要求被治愈的重病人种杏树五株，治愈的较轻病人种杏树一株，十年后竟得杏树十余万株。杏子成熟后，董奉就用杏子来换取粮食，救济周围的贫苦百姓或羁旅在外而困窘的人。后"杏林"代指良医，以"杏林春满""誉满杏林"等称颂医术高明。

杏坛，相传为孔子聚徒授业讲学处。后人在今曲阜市孔庙大成殿前，为之筑坛、建亭、树碑、植杏。北宋时，孔子四十五代孙道辅监修曲阜祖庙，将大殿北移，于其旧基筑坛，环植杏树，即以"杏坛"名之。"杏坛"也泛指授徒讲学之所。

杏林与杏坛，既不能指错地方，更不能用错本义及引申义。

临·凌

临 详见343页"邻·临"。

凌 líng 形声字。小篆 从冫从夌（表声）。隶定后楷书写作凌。本义为结出冰凌。由冰冷，引申出侵犯、欺压，再引申指压倒、高出。

凌驾，即压倒别的事，也指高出别人。如"不能把自己凌驾于群众之上"。

凌，有逼近的意思，如凌晨。临，有到的意思，但"临驾"讲不通。

○·零

○ líng 数的空位，同"零"（多用于数字中，如二○二五年）。

零 详见344页"林·零"。

在现代汉语运用中，其实除了罗马数字外，至少还有三个数字系统。它们是：阿拉伯数字系统，即0、1、2、3、4、5、6、7、8、9；汉字小写数字系统，即○、一、二、三、四、五、六、七、八、九、十；汉字大写系统，即零、壹、贰、叁、肆、伍、陆、柒、捌、玖、拾。在表示数的空位时，这三个数字系统分别用的符号是：0、○、零。三个数字系统，常常乱得一塌糊涂。大致有三种情况：

第一，该用○时用"0"（阿拉伯数字）或英文字母"Oo"（大小写）。如三○五医院，这里用的是汉字小写数字系统，理应用圆圈的○，而不是椭圆的"0"或"Oo"，否则就是杂糅。用电脑键盘输入○，要比0复杂，不少人就用0代替○，结果把阿拉伯数字混入了汉字的数字系统。

第二，该用○时用"零"。这类差错，大量出现于年份的表述，甚至连以权威著称的政府文件也未能幸免。如"二零二五年"，这里同样用的是汉字小写数字系统，因此应该写作二○二五年。

第三，该用零时用"○"。零，除了表示数的空位外，还有其他功能。如表示和整数相对的小数——化整为零；表示整数以外的尾数——八十挂零；表示单位较高的量下附有单位较低的量——一年零八天、一百零八将（也可写作"一百单八将"）……这里的零，都不能用"〇"，更不能用"0"，当然，也不能用"另"。

鳞·麟

鳞 lín 形声字。小篆 鱗 从鱼从粦（表声）。隶定后楷书写作鱗。今简化为鳞。本义指鱼鳞。引申泛指其他动物身上的鳞片，也泛指有鳞甲的动物。再引申，比喻像鱼鳞一样的事物，如遍体鳞伤、鳞次栉比。

麟 lín 形声字。小篆 麟 从鹿从粦（表声）。隶定后楷书写作麟。本义指体形较大的母鹿。又特指麒麟，古代传说中一种象征祥瑞的动物，形体像鹿，头上有角，尾巴像牛，全身有鳞。如"麟、凤、龟、龙，谓之四灵"。

凤毛麟角，指凤凰的毛、麒麟的角，比喻珍贵而稀少的人才或事物。"鳞角"字面意思为鱼鳞一角，与"凤毛"搭不上边。

凌·陵

凌 详见 345 页"临·凌"。
陵 详见 344 页"林·陵"。
凌与陵在部分义项上是相通的。
【凌迟】动 古代一种残酷的死刑，零割犯人肉体致其死亡。也作陵迟。也叫剐刑。
【陵迟】❶〈书〉动 衰落。❷ 同"凌迟"。
陵本指大土堆，比起山来要平缓得多，因而陵也有缓的意思，与迟相近。陵迟，先分割犯人的肢体，然后割断咽喉。现在，陵迟与凌迟是异形词，以凌迟为推荐词条。在"衰落"义项上，只能写作陵迟，不能写作"凌迟"。

凌铄，指欺压（如凌铄乡里），还指排挤（如凌铄同人）。也作陵铄。
陵夷，指衰败、走下坡路，如国势陵夷。也作凌夷。

铃·羚

铃 líng 会意兼形声字。金文 鈴 和小篆 鈴 皆从金从令（让人听到的声音，兼表声）。隶定后楷书写作鈴。今简化为铃。本义为铃铛。

羚 líng 形声字。《说文》无。楷书羚从羊从令（表声）。指羚羊，哺乳动物，种类很多，藏羚羊是其中的一种。

传说羚羊睡觉时，以角悬树，足不着地，猎人难找其踪迹。因此"羚羊挂角"

常比喻诗文意境超脱，不露雕琢痕迹。

"铃"与羚羊是没有关系的，如有，那只能是指身上挂着"铃铛"的羚羊。马铃薯因酷似马脖子上的铃铛而得名。

零·另

零 详见 345 页"〇·零"。

另 lìng　象形字。甲骨文 象一块切去一角剔治好的占卜用的牛肩胛骨形。小篆 。隶定后楷书写作 。俗作"另"或"另"。是别的初文。字义主要指分别开来，如另外、另类、另起炉灶、另眼相看等。

零主要指零碎，小数目的（跟"整"相对），如化整为零、零存整取。零售，义为不是成批出售，这是相对批发而言的。由于受第二次汉字简化影响，外加部分零售者图省事，常将"零售"省作"另售"，这种写法就有点"另类"了。

陵·棱

陵 详见 344 页"林·陵"。

棱 详见 323 页"棱·楞·愣"。

"山无陵"出自《乐府诗集·鼓吹曲辞一·上邪》："山无陵，江水为竭，冬雷震震，夏雨雪，天地合，乃敢与君绝。"陵即山，山头。

棱，常用义为棱角。"山无棱"即山没有了棱角（想象力很丰富，但不能鼓励），所表达的效果显然不能与"山无陵"相比。

棂·棱

棂 líng　形声字。小篆 从木从霝（表声）。隶定后楷书写作 。今简化为棂。本义为窗户、栏杆或门上雕花的木格子。窗棂即窗格子。

棱 详见 323 页"棱·楞·愣"。

"棱"都不与"窗"搭配使用，也与"窗棂"无关，自然写作"窗棱"是错误的。

灵柩指死者已经入殓的棺材，不能想当然棺材是木制的就写作"棂柩"。

曲阜孔庙第一道大门建于明代，原为木质，名棂星门（传说棂星为天上文星，以此命名喻孔子为星宿下凡），喻尊孔如同尊天。"棂星门"三字，系清高宗弘历题。清乾隆十九年七十一代衍圣公孔昭焕改为石质。虽然"棂星"又称灵星，但曲阜孔庙门前应该写作"棂星门"（对应繁体为"欞星門"）。

溜·熘·瞜·蹓·遛

溜 多音字。形声字。小篆 𤀯 从水从留（表声）。隶定后楷书写作溜。本义为水名，即今纵贯广西中北部的融江，南流至柳州市称柳江，又南流与红水河合流全称黔江，又东南流注入郁江。又称潭水。后表示成股的水或液体向下垂流。再引申指水流等义。

读 liū 时，义为滑行、偷偷地走开或进入、光滑、顺着等。还同"熘"。

读 liù 时，形容迅速、敏捷（如眼尖手溜）；用作量词，如一溜三间房；还指用石灰、水泥等抹墙缝，如"溜一下墙缝就完工了"。

熘 liū 后起形声字。楷书熘从火从留（表声）。本义为一种烹饪方法，就是炸或炒后，加上作料和淀粉汁，如熘猪肝。

瞜 liū 后起形声字。常用于方言。义为看、斜视，如"张三斜着眼往那边瞜"。

蹓 多音字。后起形声字。楷书蹓从足从留（表声）。

读 liū 时，义为偷偷地走开，如"他边瞅着边开蹓了"。

读 liù 时，指慢慢走、散步。

遛 多音字。会意兼形声字。《说文》无。楷书遛从辵（辶）从留（停留，兼表声）。本义为暂时停留不进。

读 liú 时，逗遛（暂时停留）。逗遛与逗留是异形词，逗留为推荐词条。

读 liù 时，指慢慢走、散步。也指牵着牲畜或带着鸟慢慢走，如遛鸟、遛狗、遛马等。请注意下列"溜与瞜""溜与熘""溜与蹓""遛与蹓"的区别：

溜读 liū 时，方言中有"看"的意思，瞜也是方言用词，也有看的意思，但更多时间，瞜为斜视。溜一眼是中性词，瞜一眼就有点贬义之味了。

溜读 liū 时，有一个义项同"熘"。笔者建议在烹饪方法时，还是用"熘"比较好让人理解，如您写作"溜白菜"往往让人认为您写错了。

溜读 liū 时，有偷偷地走开或进入；蹓读 liū 时，有偷偷地走开，但没有进入的意思。这是需要大家小心的。再者，溜达与蹓跶是异形词，溜达为推荐词条。

遛与蹓都读 liù 时，都有慢慢走、散步意思，遛弯儿、遛早儿，也作蹓弯儿、蹓早儿。但是蹓只用于人，而遛既可以用于人，也可以用于人与动物，因此遛狗不能写作蹓狗。

溜·绺

溜 详见本页"溜·熘·瞜·蹓·遛"。

绺 liǔ 形声字。小篆 𦇚 从糸从咎（表声）。隶定后楷书写作綹。今简化为绺。

本义为纬线十缕。引申指身上佩系东西的带子。现在常用于量词，线、麻、头发、胡须等许多根顺着聚在一起叫一绺。绺子，用于方言，指土匪帮伙。

"绺窃"指剪断人家系钱包的带子或剪破人家衣袋以窃钱财，可写作"剪绺"，但不要错写成"窃绺"。"剪径"（这个词太野蛮了，太富有想象力）为拦路抢劫。

"溜"与"窃"不能组合成词，但"溜"与"门"能配对。溜门，指乘人不备或撬开门锁进入他人住宅行窃。

绺裂，描述翡翠或和田玉时的专用术语。绺裂一般是分开使用的，如小绺、小裂等。当玉石有绺裂意味着有瑕疵，价值会受到影响。

流 · 榴

流 liú　会意字。小篆一 从沝从㐬，会水流急速涌出之意；小篆二 。隶定后楷书写作㳅与流。今以流为正体。本义为水急速涌出、移动。

榴 liú　形声字。《说文》无。楷书榴从木从留（表声）。本指石榴。后用于榴梿。石榴得名与其形态、特征有关。据《本草纲目》：榴者，瘤也，丹实垂垂如赘瘤也。即谓石榴的红色籽实如"瘤"。

榴弹是一种炮弹，依靠弹体内炸药爆炸产生的碎片和冲击波来杀伤或摧毁目标。榴弹也泛指各种手榴弹、枪榴弹以及用榴弹发射器发射之榴弹。称之为"榴弹"，可能是把其爆炸后外壳产生的碎片比喻成石榴籽了。

流弹是胡乱或不小心射出的枪弹或无端飞来的子弹、炮弹。战时，确实有被流弹击中者，但没有"使用流弹"的说法。

流 · 镏 · 鎏

流　详见本页"流·榴"。

镏　多音字。会意兼形声字。小篆一 从刀从卯（剖分，兼表声）从金（质料）；小篆二 将刀讹为田。隶定后楷书写作劉（《说文》因避汉皇刘姓之讳而失收）与镏。今分别简化为刘与镏。本义为杀。现在"刘"与"镏"表义分工明确。

读 liú 时，镏金，把熔解在水银里的金子涂在器物表面，用来装饰器物。

读 liù 时，镏子，方言口语，指戒指，如"他手上戴着大金镏子"。

鎏 liú　形声字。《说文》无。楷书鎏从金从流（表声）。本义为美金，即成色好的金子。同"镏"（liú）。

流金，金子高温熔化后的液体状态，此时金光闪闪，人们因此用"流金岁月"比喻辉煌的时代。"流金铄石"，比喻天气极热能使金石熔化。

"鎏金"同"镏金"，指把溶解在水银里的金子涂在器物表面，以作装饰。

流金岁月的"金",是熔化了的纯金;鎏金岁月的"金",是涂在表面的金汞合金。就形容岁月的辉煌程度而言,两者还是有一定区别的。一般还是用流金岁月为好。

🔸流苏是用五彩羽毛或丝线制成的穗状饰品,古代用作车马、帐幕等的装饰品。帝王冠冕前下垂的玉串叫旒。旒与流苏不是一件物品。

留·流

留 liú 会意兼形声字。金文 🈳、🈳 从田从卯(剖分,兼表声),会田间收割遗留之意。小篆 🈳。隶定后楷书写作𤰞。异体作留。今以留为正体。由本义引申指留下。再引申指停留等义。

流 详见349页"流·榴"。

流传与留传,读音一样,意思相近,都有语素"传"。正因为如此,媒体中常常出现用得不甚准确的现象。如"这个消息在小区里留传开来""听爷爷讲,那幅画是祖上流传下来的"。这里流传与留传互相调换一下才比较准确。要理解两个词语的异同,可从以下几方面入手:

首先,两者语素的区别。流,就像水的运动,既可以沿着河道从上游向下游流动,又可以四处流淌。对应到流传一词中,就可以分别表示"在时间上由前往后传播"和"在空间上向四面八方传播"。而留只有遗留、留下的意思,仅指"在时间上由前面存留到后面"。流传,既是纵向的,指时间上由前而后;又是横向的,指空间上由此及彼。留传,只能是纵向的,词义相对窄一些。"英雄的事迹到处流传",这是空间的扩散,只能用流传,而不能用"留传"。

其次,两者搭配特点。流传,所描写的通常是蕴含某种信息的东西,如思想、消息、故事、文章等;留传,也可以描写故事、文章等,但还可以描写某些有着特殊含义的具体物件,如作为传家宝的家具、器皿、书画等。另外,既可以说"流传下来(去)",也可以说"留传下来(去)";但只能说"流传开来(去)""广泛流传",不能说"留传开来(去)""广泛留传"。流传,较为宽泛,偏于精神层面;留传,侧重于物质,多指具体事物。

再次,两者传播态度。流传,往往是自然传播(当然客观大肆宣传、舆论导向也起到很重要的作用);留传,则有主观刻意的色彩。"这套书是祖上留传下来的",这里指的是前人把财产传给后人,只能用留传,而不能用"流传"。

🔸土地流转是指土地使用权流转。土地使用权流转的含义,是指拥有土地承包经营权的农户将土地经营权(使用权)转让给其他农户或经济组织,即保留承包权,转让使用权。

政策规定，可以通过转包、转让、入股、合作、租赁、互换等方式出让经营权，鼓励农民将承包地向专业大户、合作社等流转，发展农业规模经营。

龙·拢

龙 lóng　象形字。甲骨文𠃓、金文𠃓均象传说中的龙形。小篆龖。隶定后楷书写作龍。今简化为龙（依据草书字形𬨨楷化成龙）。本义为传说中的神异动物。龙部首内的字大都与"龙"或"大"有关，龙在合体字中主要表音。龙钟属叠韵联绵词，不可拆分，指衰老的样子，如老态龙钟。

拢 lǒng　后起形声字。楷书攏从手从龍（表声）。今简化为拢。本义为聚集在一起，收束使其不散。

合龙，专业术语。修筑堤坝、围堰或桥梁，通常从两端开始施工，在中间对接。自古以来，中间的对接口都称"龙口"（烟台有龙口市）或"龙门"，所以最后在"龙口"对接称"合龙"或"合龙门"。

合拢，就是指合到一起；闭合，如"他把翻开的书合拢起来"。

合龙，强调的是两端工程在龙口处衔接得天衣无缝，整个工程像一条龙一样浑然一体。合拢，指两个或多个个体靠近、闭合。合拢后的个体一般还是各自独立的，如书本合拢后，一张张书页还是各自独立的。

合龙，指再也不能打开（除非拆毁）；合拢，可根据需要再次拆分，继而合拢。理解了这些，合龙与合拢就不会错位了。

龙井，地名，浙江杭州。龙井茶，物名，闻名世界。

龙井，建筑名称。通常称为藻井，是中国古建筑中的一种装饰性木结构顶棚。自天花平顶向上凹进，似穹隆状，天花板饰以丹青，文采似藻，以方木相交，如井栏，故称"藻井"。也称"绮井""承井"。清代的藻井较多以龙为顶心装饰，所以又称为"龙井"。

龙·笼

龙　详见本页"龙·拢"。

笼　多音字。形声字。小篆籠从竹（⺮）从龍（表声）。隶定后楷书写作籠。今简化为笼。本义为灯笼。是东的后起形声字。"东"慢声则为"灯笼"，"灯笼"急声则为"东"。

读lóng时，用的是本义，如笼头、笼子等。

读lǒng时，义为笼罩。还指笼络（用手段拉拢，如笼络人心）、笼统（缺乏具体分析，不明确，如"他讲得非常笼统"）。

龙头，本指龙首。龙为中国传说中的神异动物，它身为水族之长，有行云布雨的超强能力，故古人常把液体的出口处喻称为龙头。古代常用龙头指榨床上的酒液流淌口。

水龙头，则是现代人对装有阀门的自来水管出水口的俗称。

笼头，是指套在牛马等头上用来系缰绳的用具。也指套在犯人头上的刑具。

笼头，无论如何是不会"自动出水"的。

🖌 回龙，又称回龙腔，是京剧中一种板式。承担连接导板与其他板式，起到承上启下的作用。回笼，生活中指把凉了的馒头或包子放回到笼屉里再蒸，引申指重新学习或加工。在经济学中，也指在社会上流通的货币回到发行的银行。回笼觉，指醒来之后或者起床活动之后又继续回到床上再睡一会儿。其名称源自"回笼"本义。

龙·砻

龙　详见 351 页"龙·拢"。

砻 lóng　形声字。小篆 𥗇 从石从龍（表声）。隶定后楷书写作礱。今简化为砻。本义为磨砺。后指一种脱稻壳用的工具，其形状略像石磨，由上臼、下臼、摇臂和支座等组成。工作时，下臼固定不动，人力推动上臼旋转，借臼齿搓擦，使稻壳与米粒分离。

砻糠，指稻谷经过砻磨脱下的壳。误"砻糠"为"龙糠"应是音同形似所致。

咙·昽·胧·眬

咙 lóng　形声字。小篆 𠰢 从口从龍（表声）。隶定后楷书写作嚨。今简化为咙。本义为嗓子。喉咙，兼具通气和发音功能。

昽 lóng　形声字。小篆 𣈰 从日从龍（表声）。隶定后楷书写作曨。今简化为昽。本义为太阳初生由暗而明的景象。

胧 lóng　形声字。小篆 𦡣 从肉（月）从龍（表声）。隶定后楷书写作朧。今简化为胧。本义为月微亮不明的样子。

眬 lóng　后起形声字。楷书矓 从目从龍（表声）。今简化为眬。本义为目模糊不清。

曚昽，形容日光不明。

朦胧，本义指月光不明。引申指事物模糊，不清楚，如烟雾朦胧、往事朦胧。"月朦胧、鸟朦胧"中前三个字用本义，后三字用了引申义。

蒙眬，形容人眼睛半开半闭，看东西模糊的样子，有"睡眼蒙眬""醉眼蒙眬"。特别提请大家注意的是："矇"早已简化为"蒙"，因而"蒙眬"不要想当然写作"矇眬"。另外，眼睛被泪水遮掩，很多人用"双眼朦胧"，对此我们持宽容态度，不要加以反对。"惺忪（也作惺松）"，形容因刚醒而眼睛模糊不清，如睡眼惺忪。那么，"醉眼惺忪"就不合适了。

"模糊、不清楚"，似乎是"朦胧""蒙眬"共有的词义，其实不然。"朦胧"是指事物本身模糊不清，而"蒙眬"是指人的眼睛由于不在正常状态下看不清外界事物，事物本身并不模糊，这是两个词最本质的区别。参见372页"蒙·矇·朦"。

茏·笼

茏 lóng　形声字。小篆 ![字形] 从艸（艹）从龍（表声）。隶定后楷书写作蘢。今简化为茏。本义为草名。茏葱，也作葱茏，指草木青翠茂盛的样子。

笼　详见351页"龙·笼"。

茏与笼，其实很好分。草木用茏，竹子编制的器具用笼。

娄·蒌·篓

娄 lóu　会意字。甲骨文 ![字形] 从女头上顶物形，两手扶持之。金文 ![字形] 进一步画出所顶之物是一只竹篓。小篆 ![字形]。隶定后楷书写作婁。今简化为娄。娄是篓的本字。引申指物体是中空的。

蒌 lóu　形声字。小篆 ![字形] 从艸（艹）从婁（表声）。隶定后楷书写作蔞。今简化为蒌。本义为蒌蒿，也叫水蒿。

篓 lǒu　会意兼形声字。小篆 ![字形] 从竹（𥫗）从婁（器物，兼表声）。隶定后楷书写作簍。今简化为篓。篓子，指盛东西的器具，用竹或荆条等编成。

娄子指乱子，捅娄子的字面意思是弄出漏洞来了，指闯祸。与此类似，漏子指毛病、事故。漏的意思和"空"有关联，所以捅娄子也可以写作捅漏子，还有出漏子一词。如果把捅娄子写作"捅篓子"，意思就讲不通了，可能是想当然地认为"篓子"底捅破了，自然就惹出事端来。

蒌与篓，字形相近，意思差得远，还得小心对待。

镂·缕

镂 lòu　形声字。小篆 ![字形] 从金从婁（表声）。隶定后楷书写作鏤。今简化为镂。本义指坚硬的铁。引申指雕刻，如"锲而不舍，金石可镂"。

缕 lǚ　形声字。小篆 ![字形] 从糸从婁（表声）。隶定后楷书写作縷。今简化为缕。

本义指丝线、麻线。引申泛指线状物，如云缕、香缕。又用作副词，引申指逐条地、细致地，如条分缕析。还可作量词，如一缕阳光。

精雕细镂，精心细致地雕刻，比喻做事认真细致。"精雕细缕"让人感觉在细丝上雕刻一般，不可取。

漏·露

漏 lòu 会意兼形声字。小篆 漏 从水从屚（漏本字，兼表声），是屚的加旁分化字。隶定后楷书写作漏。本义当为屋漏。

露 多音字。会意兼形声字。小篆 露 从雨从路（路野，兼表声）。隶定后楷书写作露。本义为露水。露水是指凝结在地面或靠近地面的物体表面上的水珠，是接近地面的空气温度逐渐下降（仍高于0℃）时，使所含水汽达到饱和后形成的。

读 lòu 时，指房屋、帐篷等的外面，没有遮盖，引申指露丑、露底、露面等。

读 lù 时，主要指露水，还指用花、叶、果子等蒸馏，或在蒸馏液中加入果汁等制成的饮料，如杏仁露。另外一部分义项同"露"（lòu）。

【泄漏】xièlòu ❶ 动 （液体、气体等）漏出：核～｜管道破裂，石油大量～。❷ 同"泄露"。

【泄露】xièlòu 动 不应该让人知道的事情让人知道了：～机密｜～风声｜～内幕。也作泄漏。

泄漏在说一种客观事实，不得写作"泄露"，在指抽象的情报、信息等时可以写作"泄露"。

天网恢恢，疏而不漏。天网比喻国法，恢恢即宽大，疏是稀疏，漏即失掉、跑掉。成语是说，国法宽阔宏大，虽然稀疏，但是不会漏掉坏人的。

还要注意以下"露头"两个读音带来义项上的变化。另外注意"露头角""崭露头角"与"露一手"中"露"的读音。

【露头】lòu // tóu (～儿) 动 ❶ 露出头部：他从洞里爬出来，刚一～儿就被我们发现了。❷ 比喻刚出现；显出迹象：旱象已经～。

【露头】lùtóu 名 岩石和矿体露出地面的部分。矿体的露头是矿床存在的直接标记。也叫矿苗。

【露头角】lù tóujiǎo 比喻初次显露才能。

【崭露头角】zhǎnlù-tóujiǎo 比喻突出地显露出才能和本领（多指青少年）。

【露一手】lòu yīshǒu （在某一方面或某件事上）显示本领：他唱歌真不错，每次联欢总要～。

漏，本也指漏壶。漏壶是古代利用滴水的多少计量时间的简易仪器，亦称漏刻。

漏永更长，表示漫漫长夜；漏尽，刻漏已尽，指夜深或天将亮。

漏夜，即漏尽之夜，指深夜、连夜之义。

"露夜"，没有这个词，千万不要从我们笔端"露"出来。

陆·录

陆 多音字。会意兼形声字。甲骨文 ▨ 左边从阜，象进出洞穴的梯子（脚坎）形，右边是重叠的庐屋形兼表声。金文 ▨。小篆 ▨。隶定后楷书写作 坴 与 陸。今 坴 只作偏旁（如逵）。陸简化为陆。陆当是楼的本字。由高，引申指陆地。还用作姓。

读 lù 时，用的是本义。

读 liù 时，是"六"的大写。

录 lù 象形字。甲骨文 ▨ 上部象井架上的辘轳 ▨ 和水桶 ▨ 形，水桶中的一点表示桶中有水，下部三点似桶底淌滴的水。本义用井架上的辘轳从井下汲水。也有专家说 ▨ 象用钻木取火之形，上边是钻，下边是眼，小点象征碎屑或火星。金文 ▨。小篆 ▨。隶定后楷书写作 彔。今规范用录。同时又是 錄（青黄之间的金色）的简化字。按钻木取火之义，引申指刻削，再引申指记载，如记录、刻录。再后来就有了语录、录取等义。

"登录网站"和"登陆网站"是随着互联网时代的到来而出现的。"登录网站"先出现，含义注册；"登陆网站"是"登录网站"的"创造性讹误"。

"登陆"重点在"登"，"登录"重点在"录"。过去，专家认为"登陆网站"就是"上网"，"登录网站"就是在网站登记注册。请看《现汉》：

【登陆】动 ❶ 渡过海洋或江河登上陆地，特指作战的军队登上敌方的陆地：~演习◇台风~｜~月球。❷ 比喻商品打入某地市场：这种新型空调已经~上海市场。

【登录】动 ❶ 登记：~在案。❷ 注册 ②（注：指计算机用户输入用户名和密码，以取得计算机网络系统的认可）。

从《现汉》可以看出，其态度在注册网站上，支持用"登录"。

"登入"目前并没有在内地广泛流行，大概是拗口难念吧。

从"登录""登入"，我们把眼光瞪一下"收录"与"收入"。

【收录】动 ❶ 吸收任用（人员）：~旧部。❷ 编集子时采用（诗文等）：《短篇小说选》中~了他的作品。

【收入】❶ 动 收进来：每天~的现金都存入银行。❷ 名 收进来的钱：财政~｜个人的~有所增加。

从以上可以看出，《现汉》倾向采用的文章应该用"收录"而非"收入"（收入让人联想到钱多一些），但现在许多重要文集采用"收入"，这是件值得关注的事情。

勠·戮·戳

勠 lù　形声字。原是戮的异体字。

戮 lù　形声字。小篆戮从戈从翏（表声）。隶定后楷书写作戮。本义为杀。常用词有杀戮、屠戮。

戳 chuō　形声字。《说文》无。楷书戳从戈从翟（表声）。本义为以枪刺物。

戮从其声符翏（liù，又音lù，义为奋力高飞），可看出一种不可阻挡的气势；"戳"本义为以枪刺物，其声符为翟（dí，其义为雄雉，以尾部长而挺为特征，正和以枪刺物、枪杆大部留在体外的特点相合）。杀戮为同义语素联合成词，没有"杀戳"这种说法。

"勠"为"并，合"之义；"勠力"指合力，并力。"勠力同心"即齐心合力，团结一致。

"勠力"与"戮力"曾通用。1955年《第一批异体字整理表》将"勠"列为"戮"的异体字。2013年《通用规范汉字表》确认"勠"为规范字，义为合力、齐力，不再作为"戮"的异体字。现在只能写作"勠力同心"，写作"戮力同心"应该算作错误。

律·率

律　详见327页"力·律"。

率　多音字。象形字。甲骨文 象牵引绷紧的大绳形，小点象征绷紧时绳上参起的毛刺。金文一 承接甲骨文；金文二 加"行"（道路）。小篆 。隶定后楷书写作率。本义为拉紧的大绳。由拉引，引申出带领，即率领，再引申指将领。继而又引申出直爽、粗犷、草率等义来。

读lǜ时，指两个相关的数在一定条件下的比值，如效率、税率、圆周率、出勤率、上座率等。

读shuài时，用的是本义。

圆周率是指圆的周长与直径之比；出勤率是指实际出勤人数与应该出勤人数之比；增长率是指增长数与基数之比……

律，是指法则、规章。比如，人为制定的戒律、法律，客观存在的规律、定律，等等。

周期，是指事物经历一个过程回到原来状态所需要的时间。比如，地球自转一个周期叫作一天，公转一个周期叫作一年；哈雷彗星则以约76年的周期绕太阳运行。准确地说，周期无"率"可言，因为它只有一个时间数据，并无第二个相关数据。所以称"律"为宜。周期律，是事物发展过程中的周期性变化的规律。如元素周期律这一重要自然定律，揭示的就是元素的性质随着元素原子量的增加呈周期性变化的规律。比如，由门捷列夫揭示的元素的性质随着原子量的增加呈周期性变化，叫作元素周期律，而不是叫作"元素周期率"，但"历史周期率"为人们所接受。

心率指心脏跳动的频率，即心脏每分钟跳动的次数，可以说心率过缓、过快。

心律则指心脏跳动的节律，即心脏跳动的节奏与规律是否整齐，可以说心律不齐。心律不齐的类型有窦性心律不齐、前期收缩以及房颤等。

心脏跳动的频率是一个快慢的概念，不存在整齐与否的问题，自然"心率不齐"是错误的。

孪·娈·挛

孪luán　会意兼形声字。小篆 从子从䜌（连缀，兼表声）。隶定后楷书写作孿。今简化为孪。本义为一胎生两个婴儿。

娈luán　形声字。金文 和小篆 皆从女从䜌（表声）。隶定后楷书写作孌。今简化为娈。本义为思慕。

挛luán　会意兼形声字。小篆 从手从䜌（绳索，兼表声）。隶定后楷书写作攣。今简化为挛。本义为拘系、牵系。引申指蜷曲不能伸直。

痉，身体突然收缩以致强直难伸。挛，义为手足蜷曲，故其字从手。痉挛，多为中枢神经系统受到刺激而引起的一种反应，其特征是肌肉紧张，并不自然地收缩。

🔔 要注意孪与娈的异同。另外，还要明晓，娈本为美女，不幸的是与童、狎等结合出现"娈童""狎娈"，令人生厌。

掠·略

掠lüè　形声字。小篆 从手从京（表声）。隶定后楷书写作掠。本义为抢夺、夺取。

略lüè　形声字。小篆 从田从各（表声）。隶定后楷书写作略。异体字为畧。本义为经营土地，划定疆界。

【攻城略地】攻占城池，夺取土地。

查《辞海》《辞源》可知，"略地"有两个含义：①巡视边境；②攻占、夺取敌方土地。前一义项比较罕见，现在基本不用了；后一义项则用在"攻城略地"这个常用词语中。《辞源》（合订本，商务印书馆，1988年7月第1版）与此词相对应的"略"字的第四个解释为"侵略、掠夺，通'掠'"。

攻城略地，语出《淮南子·兵略训》。《淮南子》在论及秦末陈胜起义节节胜利的情形时，说起义军"攻城略地，无不降下"，褒义甚浓。但也有人认为"掠地",照字面应当理解成"掠夺土地",是一种侵略行径,贬义色彩相当明显。略、掠的差别,正如文言中表示进攻的伐(我攻敌)与侵(敌攻我)一样。其实伐与侵并不是这么简单。伐,原来是指正式的战争,有钟鼓,而且出兵的国家总要找一些正义的理由;侵,则特指没有钟鼓的进攻,不需任何理由,属于不宣而战。王力先生在《古代汉语》一书中说:"'伐'是中性词,用于诸侯国之间,不是上对下,也不一定限于有道对无道。后来因为经常与褒义词'征'连用,构成'征伐'词组,所以就逐渐用于褒义。"

《中国成语大辞典》(上海辞书出版社,1987年8月第1版)对"攻城略地"有详细的解释。整个成语的意思是"攻占城池,夺取土地"。其中"略"为"夺占"的意思。该词条下还有:亦作"攻城掠地""略地攻城""略地侵城"。

笔者以为,《现汉》只收录了"攻城略地"而无"攻城掠地"的身影,那么我们应该首选"攻城略地",您非要写"攻城掠地"也不能算错。

伦 · 纶

伦 lún 会意兼形声字。小篆 𠈏 从人从侖(人伦,兼表声)。隶定后楷书写作倫。今简化为伦。本义为人伦,即人际道德关系,特指尊卑长幼之间的关系。

纶 多音字。会意兼形声字。小篆 綸 从糸从侖(编织有序,兼表声)。隶定后楷书写作綸。今简化为纶。本义为古代官吏系印章用的青丝绶带。

读 lún 时,用的是本义。引申指钓鱼用的丝线,也指某些合成纤维,如锦纶、涤纶等。

读 guān 时,指纶巾,指古代配有青丝带的头巾。羽扇是用羽毛做的扇子。羽扇纶巾,形容人的态度潇洒、风雅闲适。

纶(lún)音,原指皇帝的诏令。《礼记·缁衣》:"王言如纶,其出如綍(fú,引棺的大绳子)。"后因称皇帝的诏令为"纶綍"。亦有"纶旨""纶书""纶言"诸词。

不要认为诏令需要皇帝下达,故把纶音错写成"伦音"。

伦 · 轮

伦 详见本页"伦·纶"。

轮 lún 会意兼形声字。小篆 輪 从车从侖(条理,兼表声)。隶定后楷书写作輪。今简化为轮。本义为车轮。旧式车轮高大,故引申出高大义。

美轮美奂语出《礼记·檀弓下》:"晋献文子成室,晋大夫发焉。张老曰:'美哉轮焉,美哉奂焉!'"意思是晋献文子新屋落成,晋大夫前去祝贺,其中有位张老,发出"美哉,高大啊!美哉,壮观啊!"赞叹。"轮"是高大的意思,"奂"是众多的意思。"美轮美奂"便是由这两句话缩略而成。汉代训诂学家郑玄曾在注中说:"轮,轮囷(qūn),言高大。"可见"轮"是由意义为"高大"的叠韵联绵词"轮囷"省略而来。轮被用来形容建筑物的规模宏伟。

伦,指人伦,如天伦之乐;或指次序,如语无伦次。

美轮美奂,常常被错写成"美伦美奂""美仑美奂",未免有点不"伦"不类。

美轮美奂,除了容易写错外,还有一个问题就是使用范围扩大化。美轮美奂历来都是用来形容建筑的,但现在却成了皇帝闺女不愁嫁,什么"美轮美奂的歌声""美轮美奂的景色"……对此,存在着两种截然不同的意见。一方说坚决不能扩大,另一方讲要与时俱进可以延展其使用范围。笔者支持后者。

啰·罗

啰 多音字。形声字。《说文》无。楷书囉从口从羅(表声)。今简化为啰。本义指小儿语。小儿多无意识,说话重复交错,故"啰"有喋喋不休的意思。后用作歌曲中的衬字,如哎啰哎啰……

读 luō 时,指啰唆(啰嗦是啰唆异形词,啰唆是推荐词条)。

读 luó 时,啰唣(zào),用于早期白话,义为吵闹寻事。

读·luo 时,用在句末,作助词,表示肯定的语气,如"你办事我就放心啰"。喽(lóu)啰旧时是指强盗头目的部下,现多比喻追随恶人的人,也作喽罗、偻㑩。

罗 luó 象形兼会意字。甲骨文 上从网(捕鸟的罩具)下从鸟,表示小鸟被罩在网里。金文 加 (系),表示用猎人手中的牵绳控制网罩的开合。小篆 承续金文字形。隶定后楷书写作羅。俗体楷书写作罗。今以罗为正体。古人称捕鱼罩为网,称捕鸟罩为罗。由本义引申指招致、搜求、囊括,如网罗、收罗、包罗万象。由布下罗网,引申出陈列、分布,如星罗棋布、罗列。罗本为丝网,故又引申指丝织品,如绫罗绸缎、罗衣。又引申指一种密孔的筛面粉或过滤流质的筛子,如面罗,作动词时写作罗面。罗一般为圆形,故又表示环状物,如罗盘、罗锅、罗圈腿。又同脶,引申特指旋状手指纹,如罗纹。还用作译文,如罗汉(梵文阿罗汉的简称,佛教修行圆满的第一级果位,其上还有菩萨和佛)、罗马、罗曼蒂克等。

罗原是囉的简化字,1986 年国家语委重新公布《简化字总表》时做了调整,"囉"字恢复使用,并类推简化为"啰"。"罗唆"应该写成啰唆。

罗·箩

罗 详见 359 页"啰·罗"。

箩 luó 会意兼形声字。《说文》无。楷体籮从竹（⺮）从羅（像箩网一样有眼，兼表声）。今简化为箩。本义箩筐。

罗，也指一种器具，在木框或竹框上张网状物，用来使细的粉末或流质漏下去，剩下粗的粉末或渣滓，如绢罗、铜丝罗、"把面过一次罗"。还可作动词，如罗面。

箩，用竹子编的器具，大多方底圆口，用来运输稻谷、地瓜等粮食作物。常见词有箩筐。

罗，比较小巧，较浅，做工精细；箩，较大而且深，一般成对，做工较粗。两者作用不同，前者过滤粉末或流质，后者主要盛放、挑运。

笸箩，用柳条或篾条编成的器物，帮儿较浅，用来盛放物品，常见有针线笸箩。

笸箩也可写作"簸箩"，但不得写作"叵箩"啊。

M

吗·嘛

吗 多音字。形声字。《说文》无。楷书嗎从口从馬(表声)。今简化为吗。本义为"骂"的俗字。

读 má 时，方言，代词，指代事物，相当于什么，如要吗、有吗。

读 mǎ 时，用作吗啡，药名。由鸦片制成的，用作镇痛药，连续使用容易成瘾。

读 ma 时，用在句末表示疑问，如"明天他来吗？"用在句末表示反问，如"你这样做对得起朋友吗？"同"嘛③"。

嘛 ma 后起形声字。楷书嘛从口从麻(表声)。本义为佛教咒语用字，"六字真言"(唵、嘛、呢、叭、咪、吽)之一。

嘛 ma 助 ❶表示道理显而易见：有意见就提~｜这也不能怪他，头一回做~｜他自己要去~，我有什么办法？❷表示期望、劝阻：你走快点儿~！｜不让你去，就别去~。❸用在句中停顿处，唤起听话人对于下文的注意：这件事~，其实也不能怪他｜科学~，就得讲究实事求是。注意表示疑问语气用"吗"，不用"嘛"。

吗，明代的字书《字汇》说它是骂的俗写字。台湾出版的一部形音义字典还作如下解释：骂的本义是"以恶言斥人"，这当然要动口，故左面是个口字；骂人时往往处于情绪失控的状态，犹如烈马难以驯服，故右面是个马字。

吗、嘛均可作译音用字，如吗啡、喇嘛。

吗、嘛均可用作疑问代词，本是一种方言用法。吗、嘛的意思是"什么"，读音为 má。干吗，即干什么，也可写作干嘛。必须提请注意的是，现在辞书多倾向于以"吗"为规范。《现汉》干脆未收"嘛"字"má"的读音。不过，在某些方言区，"嘛"仍很有市场，"吃嘛嘛香"便是一句流传很广的广告语，用的便是"嘛"字。

吗、嘛还均可作为助词，用在句子当中，使句子出现较为明显的停顿。这一处理有提出话题、引起注意的作用。如"你若是一定要去嘛，别人是阻拦不了的"。这个句子中，既可用吗，也可用嘛，也可以用么。

上面是吗、嘛的同，下面讲吗、嘛的异。作为语气助词，吗、嘛用在句末时，语气效果是明显不同的。

吗，可用于是非问句句末，表达的是疑问语气。凡用吗其语调都是上扬的，如"周末去爬山吗？"这里，用吗重点在问。吗，也可用于反问句句末，表达的是诘问语气,如"你这不是挑战我的智商吗?"吗,还可用于祈使句句末,表达的是商量语气,如"带上宝宝一起去公园好吗?"王力先生在《汉语史稿》中提出,语气词吗是由无演变而来的。"晚来天欲雪,能饮一杯无?"中的无可解释作吗。

吗和嘛,都可以用作语气助词,但嘛不表示疑问语,只能用于陈述句或祈使句,其语调是平直的。用于陈述句,表示事情本来如此或其中的道理显而易见,如"大家都知道的嘛";用于祈使句,表示建议、期望或劝阻,如"今天下雨,你就别外出了嘛"。

蚂·马

蚂　多音字。形声字。《说文》无。楷书螞从虫从馬(表声)。今简化为蚂。本义为环节动物的一大类。

读 mā 时,用作方言用语蚂螂(lang),指蜻蜓。

读 mǎ 时,用作蚂蟥、蚂蚁等。

读 mà 时,用作蚂蚱。

马 mǎ　象形字。甲骨文象马形。金文。小篆。隶变后楷书写作馬。今简化为马(依据草书)。本义为马。凡是"马"部首内的汉字大都与强武有力的马、军事等义有关。

蛛丝,蜘蛛结网的细丝;马迹,马蹄踩过留下的蹄痕。比喻隐约可寻的线索和依稀可辨的痕迹。"马迹"还有一讲,指灶马爬过的印迹。"灶马"是一种在厨房中活动、体形较蟋蟀为大的昆虫。但无论是指马还是灶马,马迹均不能写作"蚂迹"。有人误以为"蚂"指蚂蚁,认为蚂蚁行走过程中留下的足迹微乎其微。另外,蚂蚁一般简称为蚁,而未见有称之为"蚂"的。

马蜂,也作蚂蜂,是胡蜂的通称。

买·卖

买 mǎi　会意字。甲骨文从网从贝,会以网取贝之意。金文。小篆。隶定后楷书写作買。今简化为买。本义为以网取贝。引申泛指求取。后引申指拿钱换东西。还用作姓。

卖 mài　会意字。金文从贝从省(察视),会将货物展示给人看之意。小篆一从金文演化而来,隶定后楷书省写作賣;小篆二从出从買,会让人买去之意,即卖出。今简化为卖(十表示多,东西多了自然可以卖给别人)。还用作姓。

买与卖,义相对,音不同,但能组合成"买卖",所以我们一定要把握准了,否则别说我不"卖关子"。

📎 在饭馆用餐后结账付款，常用买单。来源于粤语的埋单。埋单，会入北方话地区后多说买单。据了解，有些地区（特别是南方），结账前，服务员将账单正面向下放置结账者面前，因而取其"埋单"。

谩·漫

谩　多音字。会意兼形声字。小篆𧩂从言从曼（蒙蔽，兼表声）。隶定后楷书写作謾。今简化为谩。本义为蒙骗。

读 mán 时，书面用语，义为欺骗，蒙蔽。

读 màn 时，指轻漫，没有礼貌。

漫 màn　会意兼形声字。《说文》无。楷书漫从水从曼（长，兼表声）。本义为因大水过满外流而浩渺无际的样子。

谩与漫，本无多少瓜葛，但谩骂与漫骂常搅在一起"骂骂咧咧"。

【谩骂】mànmà 动 用轻慢、嘲笑的态度骂。

【漫骂】mànmà 动 乱骂。

可见谩骂属于有文化的骂，而漫骂则当是层次较低的一种骂法了。

漫·慢

漫　详见本页"谩·漫"。

慢 màn　形声字。小篆𢢼从心从曼。隶定后楷书写作慢。本义为怠惰。后又借用以表示"趨"含义，指走得不快。

【漫道】连 不要说；别说：～群众有意见，连我们自己也感到不满意。也作慢道。

【漫说】连 不要说；别说：这种动物，～国内少有，全世界也不多。也作慢说。

漫话（不拘形式地随意谈论），不得写作"慢话"。

苘·苘

苘 màn　后起字。苘山，地名，在山东。姓。

苘 qǐng　形声字。小篆𦶎从𣏟（pài，披麻）从熒省（熒省去下方火，表声）。隶定后楷书写作𦼮。异体作苘。今规范用苘。苘麻是一种植物（也指这种植物的茎皮纤维），通称青麻。

生活中，多把"苘"读成"简"字。中央人民广播电台在20世纪70年代介绍文登县（现

为市）苘山公社计划生育经验时，就把苘山公社读成了"简山公社"。

威海市现有苘山镇，隶属威海临港经济技术开发区。当地会场、发文常写作"茼山镇"，有的错写成"荷山镇"。

曼·蔓·漫

曼 màn　会意兼形声字。甲骨文 ⌘ 上下两只手，中间为目，会两手撑开眼目引申指注视之意。金文 ⌘ 上加冒字头（表覆盖，兼表声）。小篆 ⌘。隶定后楷书写作曼。本义为引目流盼。引申可示人以娇美，构成"曼妙"等词语。

蔓　多音字。会意兼形声字。小篆 ⌘ 从艸（艹）从曼（拉长，兼表声）。隶定后楷书写作蔓。本义指某些植物的茎，其特点是细长而不能直立。植物学家有"木本曰藤，草本曰蔓"的说法。

读 mán 时，蔓菁，即芜菁。也称葑，即大头菜。

读 màn 时，义同"蔓"（wàn），多用于合成词，如蔓草、枝蔓。

读 wàn 时，指细长不能直立的茎，如瓜蔓、顺蔓摸瓜。

漫　详见363页"谩·漫"。

漫和水有关，本义为大水貌，引申指浸淫、淹没，《白蛇传》中便有"水漫金山"一折。由于白浪滔天给人一望无际的感觉，由此引申出遍、满等义，如漫山遍野、漫天皆白。水性至柔，奔涌无形，不受拘束，故"漫"又可用来形容放松、随意，如写文章可以叫漫笔，随手记下的文字叫漫记，不拘束的谈称之漫谈。

【**曼延**】mànyán 动　连绵不断：群山～｜曲折的羊肠小道一直～到远方。

【**蔓延**】mànyán 动　像蔓草一样向周围扩展：～滋长｜火势～。

【**漫延**】mànyán 动　❶水向周围扩展：洪水～。❷曼延：沙漠一直～到遥远的天边。

曼延、蔓延、漫延不同之处可以概括为两点：第一是蔓延、漫延为四周扩展，而曼延则通常表示是纵向或横向延伸，是长而不绝。第二是蔓延、漫延为进行态，是正在发生的事实，充满动感；而曼延往往是完成态，通常是固定的已经存在的事实，"曼延"常常用于山脉、河流、道路等对象。蔓延、漫延，描写的事物都是动态变化；而曼延描写的事物是静态的，动的是人们的观察视角及心理感受。

蔓延和漫延，同样说的是"延"，一个比之为草，一个比之为水，最初两者有分工，后来融为一体，现在又出现分化趋势：蔓延，既可用本义，如杂草蔓延，又可用引申义，如火势蔓延；既可用于具体的事物，又可用于抽象的事物。漫延，则专指因水满而向四周扩散，如"河水向农田漫延"。不管咋引申，野草之类要用蔓延，与水相关的用漫延。

忙·盲

忙 máng　形声字。《说文》无。楷书忙从心从亡（表声）。本义为内心慌急不安。

盲 máng　会意兼形声字。小篆 𦣹 从目从亡（无眼珠，兼表声）。隶定后楷书写作盲。本义为没有眼珠。泛指眼睛失明。

打电话拨号后由于对方占线话机发出了连续而短促的嘟嘟声，叫 máng 音。máng 怎么写？对方的电话接连不断，一个未了，一个又来，那是因为"忙"，所以《现汉》收有"忙音"一词。"盲音"纯属自以为是的生造词。

尨·彧

尨　多音字。象形字。甲骨文 从犬从彡，象腹有多毛的狗形。小篆 。隶定后楷书写作尨。本义为多毛的狗。

读 máng 时，义为毛多而长的狗，也指杂色。

读 méng 时，尨茸（形容蓬松）。

彧 yù　形声字。小篆 从川从或（表声）。隶定后楷书写作彧。俗讹变作彧。异体作戫。今以彧为正体。本义表示水流有波纹的样子。引申指有文采。

尨与彧，都有彡，两字字形相似，但义相远，稍加注意，就不会"搅"到一起了。真的相互调换，文采无从谈起。

毛·蟊

毛 máo　象形字。金文 象毛、发形。小篆 。隶定后楷书写作毛。毛本义为人、兽之毛。毛是细微之物，所以常用毛形容细小、细少，如九牛一毛。不毛之地的毛是苗的假借字。毛部首内汉字，大都与毛发有关，少部分从毛得声，如眊、髦。

蟊 máo　形声字。小篆 从䖵从矛（表声）。隶定后楷书写作蟊。本义为食苗根的害虫。

"蟊贼"和"毛贼"都是指对社会有危害的人，词义有轻重之分。

"蟊贼"出现得比较早。《诗·小雅·大田》："去其螟螣，及其蟊贼。"毛传："食根曰蟊，食节曰贼。"比喻严重危害国家或人民的人。

毛贼，指危害不大、小偷小摸的贼，也经常称作"小毛贼"。旧时封建统治者亦用"毛贼"来蔑称农民起义军。

《现汉》只收"蟊贼"，没把"毛贼"放在眼里。

茂·荗

茂 mào　形声字。小篆 ![] 从艸（艹）从戊（表声）。隶定后楷书写作茂。本义草木繁盛，多而茁壮。

荗 shù　形声字。楷书荗从艸（艹）从成（表声）。一般用于植物命名。蓬莪荗，是一种多年生草本植物，叶片长椭圆形，地下有粗壮的根状茎，可以做药材，通称莪术。

"茂"得声于"戊"。"戊"（本读 mào）今读 wù，"茂"今读 mào，这里有个古今语音演变的问题。正因为"茂"和"戊"古代读音相同，所以才能互换。到了五代梁时，由于梁太祖朱温的曾祖名茂琳，因此凡遇到"茂"以及和它同音的"戊"字都要避讳，但避讳的方法并不一样：遇"茂"字一般用改称，如"王茂章"（后梁名将，今合肥人）改名"王景仁"，"茂州"（茂州，唐贞观八年改南会州置。1987 年改置茂县）改名"汶州"，"茂名县"（今茂名市）改名"越裳县"；遇"戊"字则用音近的"武"字相代（"武"古读重唇音，声母与"戊"相同，以后又转为轻唇音，现代变成零声母），如"戊辰"改为"武辰"，"太戊"改为"太武"，"戊己校尉"改为"武己校尉"。由于"戊"改"武"，读音也随之变成 wǔ（武），以后又读成了 wù（务）。

《现汉》未收"荗"字。"茂"与"荗"一点之差，务必小心为上。

末·未

末　多音字。指事字。金文 ![] 和小篆 ![] 从木从一横（指出树梢之所在）。隶定后楷书写作末。本义为树梢。

读 me 时，同"么"（me 义指后缀，如这么、那么、怎么、多么）。

读 mò 时，用的是本义。指东西的梢，还指不是根本的主要的事物（跟"本"相对）。

未 wèi　象形字。甲骨文 ![] 象树木枝叶重叠繁茂之形。金文 ![]。小篆 ![]。隶定后楷书写作未。本义为繁茂。未当是蔚的初文。由遮蔽而暗看不清，继而引申指将来（遥远自然就难以预测），即未来。

末与未，都与树有关，只是上下两横长短不同，自然引申出的意义也不同。我们千万不要在这两棵树上出差错，真那样就是本末倒置。

肉、菜蔬等剁碎后是末而不能想当然写作"沫"或"茉"。注意：蒜末不能写成"蒜沫""蒜茉"。

末·陌

末　详见本页"末·未"。

陌 mò　形声字。《说文》无。楷书陌从阜（阝左）从百（表声）。本义是田间的小路。后泛指道路，如巷陌。也指生疏、不熟悉，如陌生。陌路，本指路上碰到的不相识的人，泛指陌生的人。

末，有尖端、最后的意思。末路，指最后一段路，也比喻失意潦倒或没有前途的境地。穷途末路比喻人生的路途无处可走了。

形同陌路，表现得像陌生人一般。"形同末路"，字面上看是好像陷入没有指望的境地，其实是错误的，可以说是此路不通。

✍ 阡陌（论方向）：南北为阡，东西为陌。广袤（论长度）：南北曰袤，东西曰广。

冒・贸

冒 多音字。象形字。甲骨文 [图] 象一顶帽子形。金文 [图] 象头上（用目表示）戴有帽子形，成为会意字。小篆 [图]。隶定后楷书写作冒。本义为帽子。冒是帽的本字。

读 mào 时，用的是本义及引申义，如冒充、冒昧等。

读 mò 时，冒顿（dú），汉初匈奴族一个单于（chányú）的名字。

贸 mào 形声字。金文 [图] 从贝从卯（表声）。小篆 [图]。隶定后楷书写作貿。今简化为贸。本义为交换财物。

贸然，指轻率地、不加考虑地，如贸然行事。

贸然常被错写成"冒然"，想必是从"冒失、冒进"等联想产生的错误。

✍ 第一错字"冒"。中国人最易错写的汉字是"冒"。为什么？原因在于冒字上面那两短横左右不靠边。那两短横，有的说是系帽子的带子，有的说是两个眼睛，也有的说是两个鼻孔眼。如果是带子的话，两边不靠能系得住帽子吗？咱们不讨论这个了，请记住"帽、媢、瑁、勖、瑁、艒、瑁"都是与"冒"一个德行，大家不要对此不"感冒"啊。

卯・峁

卯 详见368页"卯・铆"。

峁 mǎo 后起形声字。楷书峁从山从卯（表声）。我国西北地区称顶部浑圆、斜坡较陡的黄土小丘为峁。多见于陕北、晋西一带。也泛指小山顶，山峁就是圆顶的小山头。山峁不可写作山卯。

✍ 塬，我国西北黄土高原地区因流水冲刷而形成的一种地貌，呈台状，四周陡峭，顶上平坦。梁，我国西北地区称条状的黄土山岗。崮，四周陡峭，顶上较平的山（多用于地名），如山东孟良崮、抱犊崮。坪，平地（如草坪、停机坪），原指山区或黄土高原上的平地，现在常用于地名，如杨家坪。冈、岗，参见179页"冈・岗"。

卯·铆

卯 mǎo　象形字。甲骨文 ⿰ 象将一物从中剖分形。金文 ⿰。小篆 ⿰。隶定后楷书写作卯。本义为剖分。在汉字上部作偏旁时写作⿱（俗称留字头，如贸、留）。

卯常用义主要有三种。一是表示地支的第四位，可表年，如寅吃卯粮；可表月，如"夏正建寅，二月为卯"；可表时，即晨五点到七点。旧时官署办公从卯时始，故点名称点卯，签到称画卯。二是表示器物上安榫头的孔眼，即卯眼。中式建筑和家具利用凹凸咬合的榫卯结构连接不同构件（基本不用铁钉），凸出部分叫榫，凹进部分叫卯。三是表示姓。

铆 mǎo　形声字。楷书鉚从金从卯（表声）。今简化为铆。特指铆接，是用铆钉连接金属板等器件的一种方法。铆接是个技术活，也是个力气活，因此铆引申指集中全部力量，所谓铆劲就是鼓足力气，猛劲使出。

卯眼、卯榫，都与链接有关，但"铆接"一般指金属，而卯指木制，这是两者区分之点。

么·幺

么　多音字。象形字。甲骨文 ⿰、金文 ⿰ 与幺是一个字，象一把细丝形。由于幺作了偏旁，小篆 ⿰ 才又另加声符麻，写作麽。如今除幺麽一词不简化外，其他时候麽都简化为么。本义为细小。

读 ma 时，旧同"嘛（ma）、吗（ma）"。

读 me 时，义为后缀，如这么、那么、怎么、多么；还指歌词中的衬字，如"五月的花儿红呀么红似火"。

读 yāo 时，同"幺"。

幺 yāo　象形字。甲骨文 ⿰ 象一把丝形。金文 ⿰。小篆 ⿰。隶定后楷书写作幺。本义为一把细丝。引申指小、细。再引申指末、最后，如民国幺年即民国最后一年。也用作数字"一"的别称，如现在许多人在报电话号码时，还以"幺"代"一"。还引申指排行最小的，如幺妹、幺叔。

以前，幺确实可以写作"么"。1956年，《汉字简化方案》颁布实施，麽被简化为么，为此方案作了特别规定："读'yāo'的么应作幺。"《现汉》却在"么"（yāo）注释：同"幺"。《现汉》说"同"意味着可用，这是不符合《汉字简化方案》的，不可取。

幺麽，形容微小，如幺麽小丑（指微不足道的坏人）。

幺蛾子，方言用语，指鬼点子、坏主意。不要写作"妖蛾子"。

枚·张

枚 méi　会意字。金文 [字形] 右从木左下从手左上为戈。小篆 [字形] 改为从木从攴。枚可做驱马之杖，故手持戈与攴皆表击打之意。隶定后楷书写作枚。本义为可用以击打的树枝。引申泛指树的枝干。后用作量词，用于条状物或片状物，如两枚邮票、三枚金牌等。

张 zhāng　形声字。小篆 [字形] 从弓从長（表声）。隶定后楷书写作張。今简化为张。本义把弦绷在弓上。引申指拉开弓。除此之外，"张"姓实乃全国数一数二的大姓也。

枚与张，风马牛不相及，但由于"张"也可用于量词，如两张画、三张纸，于是就有了牵扯。

特别是在邮票问题上，对集邮不是很内行的同志就容易产生误会。

邮票，既有枚也有张。枚是邮票最小单位，张也是邮票单位，通常指一个整版（又分大版张、小版张，大版张通常由几十枚邮票组成，小版张为十枚以内邮票组成）。曾几何时，小学数学教材上，常有"小张有37张邮票，小红有15张邮票，小张要给小红多少张邮票，两人邮票就会一样多"的题目。笔者想，一名小学生，不会有这么大版的邮票，应改"张"为"枚"。于是就给人民教育出版社写信表达我的意见。1999年6月9日，笔者收到回信，表示"教材再版时会加以修订"。

眉·嵋·媚

眉 méi　象形字。甲骨文 [字形] 象眼上有眉毛形。金文 [字形]。小篆 [字形]。隶定后楷书写作眉。本义为眉毛。

嵋 méi　会意兼形声字。《说文》无。楷书嵋从山从眉（两山相对如蛾眉，兼表声）。常见词峨嵋。

媚 mèi　象形兼会意兼形声字。甲骨文 [字形] 女子扬眉。金文 [字形]。小篆 [字形]。隶定后楷书写作媚。本义为美女，引申指美好、好看。

峨眉，指两山相对如眉。受"峨"的潜移默化，峨眉也写作"峨嵋"，后来又恢复原状写作峨眉。峨眉山，在四川盆地西南部的峨眉山市西南。山势雄伟，包括大峨、二峨、三峨、四峨，大峨、二峨相对为峨眉，故名。

四川峨眉山曾经写作"峨嵋山"，现在规范写作峨眉山，但济南西郊却有一座"峨嵋山"。所以，在地名、人名这些问题上要一一核实才行。

蛾眉也作娥眉，指女子细长而弯曲的眉毛，似蚕蛾触须，故名。

蛾眉月是指阴历月初或月末的月相。因其形状像蛾眉，故称之为"蛾眉月"，也作娥眉月。

峨嵋月，亦写作峨眉月，是"峨眉山月"的简称，义为半个月亮。典出李白《峨眉山月歌》："峨眉山月半轮秋"。《现汉》未收录"峨眉月"。

媒·禖

媒 méi　形声字。小篆 ![] 从女从某（表声）。隶定后楷书写作媒。本义为媒人。

禖 méi　后起形声字。楷书禖从示从某（表声）。本义指古人求子之祭，也指求子所祭的神。

高禖即古代帝王为求子所祀的禖神。关于高禖的来历，可以追溯到上古时期的女娲。不同的历史时期，祭祀的高禖也有所不同。如，夏人尊女娲为高禖，殷人尊简狄为高禖，周人尊姜嫄为高禖。汉代以后，祭祀高禖是上巳节（该节日在汉代以前定为三月上旬的巳日，后来固定在夏历三月初三）的主要活动之一。

媒与禖，音同义异，高禖不能写作"高媒"。但是某位媒人姓高，或称其撮合能力强，称其为高媒也不为过，这叫特事特办。当然还要注意高谋的搅和啊。

沫·沫

沬 mèi　会意兼形声字。甲骨文 ![] 是一个人低头就盆掬水洗脸形。金文 ![] 上方为两手形，中间为水与页（头），下为盆。小篆 ![]。隶定后楷书写作沬。本义为洗脸。后主要用作商朝的都城，又称朝歌（zhāogē），在今河南汤阴南。

沫 mò　会意兼形声字。小篆 ![] 从水从末（小，兼表声）。隶定后楷书写作沫。本义为水名，即大渡河。又指液体形成的小细胞。又指唾沫。还用作姓。

沬与沫，字形相似度极高，属于编校重点之一。

妹·妺

妹 mèi　形声字。甲骨文 ![] 和金文 ![] 皆从女从未（表声）。小篆 ![]。隶定后楷书写作妹。本义为妹妹。

妺 mò　形声字。楷书妺从女从末（表声）。只用于"妺喜"这个人名。妺喜，传说中夏王桀的妃子。

妹和末、喜和嬉古时读音相同（"嬉"用于人名读 xǐ），在不少文史典籍中，妺喜还被写成"妹嬉""末喜""末嬉"等形式。不过，如今规范写作妺喜。

昧·味

昧 mèi　会意兼形声字。金文一 ![] 从日从未（树枝繁茂蔽日，兼表声）；金文二 ![] 从心从未（昏暗，兼表声）。小篆 ![]。隶定后楷书写作昧。本义是天接近明而尚未明，指光线昏暗。引申指隐藏，如拾金不昧。

味 wèi　会意兼形声字。小篆 𫟌 从口从未（滋味，兼表声）。隶定后楷书写作味。本义为滋味，舌头尝东西所得到的感觉。

昧与味，字形相近、字音相仿，因而导致常常互换。尤其是三昧与三味有些"暧昧"。

三味，出自宋人李淑《邯郸书目》："读经味之太羹，史为折俎，子为醯醢。是为书三味。"另说"读经味如稻粱，读史味如肴馔，读诸子百家如醯醢"。二者意同。"醯"（xī）是醋，"醢"（hǎi）是用鱼、肉等制成的酱；醯醢泛指佐餐调料。可见"三味"是用饮食比喻各类典籍的阅读感受，勉励学子努力读书、善于学习。

三味书屋是清末寿镜吾先生（1849~1927）开办的私塾。书屋正中悬挂"三味书屋"四字横匾，两侧屋柱有一副对联：至乐无声唯孝悌，太羹有味是诗书。额匾与楹联都是清代书法家梁同书手笔。

寿镜吾孙子寿宇撰文指出"三味"的另一种解释。寿宇幼时曾不止一次听祖父和父亲（寿洙邻）解释三味书屋："布衣暖，菜根香，诗书滋味长。"祖父解释说："布衣"就是老百姓，"布衣暖"就是甘当老百姓；"菜根香"就是甘于过粗茶淡饭的生活；"诗书滋味长"就是认真体味诗书的深奥内容，从中获取悠长的韵味。文章还说：这个"三味书屋"是寿宇曾祖父寿韵樵亲手拟定。寿宇先生解释可备参考。

三昧是佛教用语，梵文 samādhi 的音译。又译为"三摩地"。意译为"正定"，即摒除杂念，心神平静。三昧是佛教重要的修行方法之一。但"三昧"后来引申为奥妙、诀窍。我们称在某一方面造诣深湛为"得其三昧"。

三昧这个词使用频率较高，在具体运用中，三昧常被误用为"三味"，在报刊上常见"某某发表深得三味的高见"。

昧与味，个中味道不一般，需要我们细细品味，从而避免混淆误用。

门·们

门 mén　象形字。甲骨文 𐤌 象门形。金文 𐤌。小篆 門。隶定后楷书写作門。今简化为门。"門"呈对称形，而"门"当从行草书简化而来，虽不够完美，但要想改变恐怕是"没门儿"了。门是常用字，此处不再赘述。

们　多音字。后起形声字。楷书們从人从門(表声)。今简化为们。本义为肥满。作为词尾，是借义，见于唐代。

读 mén 时，水名，图们江(发源于吉林，流入日本海)；地名，图们，在吉林。

读 men 时，后缀，用在代词或指人的名词后面，表示复数，如我们、你们。

名词前有数量词时，后面不再加"们"，如不说"三个孩子们"。用在专有名词后面，表示类别，如"向身边的雷锋们学习致敬"。

门与们，在人名、地名用途上易错，如也门不得写作"也们"，图们不得写作"图门"。

您，人称代词，含敬意，义为你或你们。既然"您"指"你们"，所以"您们"就属于叠床架屋了，正确的方法就是"您"别多"心"，就能写出正确的"你们"。

蒙·曚·朦

蒙　多音字。会意兼形声字。小篆从艸(艹)从冢(覆盖，兼表声)，会缠绕覆盖寄生草本植物之意。隶定后楷书写作蒙。本义为菟丝草。引申指覆盖。

读 mēng 时，义为欺骗，还指胡乱猜测(如瞎蒙)；也指昏迷、神志不清，如头发蒙。前者义项有繁体字"矇"，后者义项没有繁体字。

读 méng 时，义为遮蔽。蒙作为濛的简化字，义为雨点等很细小；蒙作为矇的简化字，义为眼睛失明；蒙作为懞的简化字，义为朴实敦厚。

读 měng 时，义为蒙古族。

曚 méng　会意兼形声字。《说文》无。楷书曚从日从蒙(覆盖，兼表声)。本义为日光不明。曚昽，形容日光不明。

朦 méng　会意兼形声字。小篆从月从蒙(覆盖，兼表声)。隶定后楷书写作朦。本义为月微亮不明。朦胧，形容月光不明，也指模糊，如烟雾朦胧。

《简化字总表》规定，"濛、矇、懞"均简化为"蒙"，不应再用。"懞"字现鲜见使用，它简化为"蒙"问题不大。但"雨濛濛"的"濛"简化为"蒙"，真让人有点蒙。

靖宇县原名濛江县。1946 年为纪念东北民主抗日联军总司令、民族英雄杨靖宇殉难而改名为靖宇县。县名改了，对"濛"损失不大，直到今天，靖宇县仍辖有"濛江乡"，这就有点儿奇怪了。

曚昽，是形容眼睛半开半闭，视物模糊之状。曚昽的含义与眼睛有关，浅显易懂。现在将"曚昽"改为"蒙昽"，给人的感觉是一个双眸明亮的人突然之间成了独眼龙。与此相对应的是，"曚昽"保留了"日"字旁，"朦胧"保留了"月"

字旁，一点都不匹配啊。想当初，要么一起都简化，要么都不简化。不过，现在说这些一点用都没有了。我们还是遵从《简化字总表》吧。

但是，蒙眬与朦胧常常令人模糊分不清楚。如"小张揉着蒙眬的双眼，眼前出现一片朦胧景象"。此处，蒙眬与朦胧不能随意调换。

黑蒙，指患者出现眼睛看不见或无法看清东西的症状。不要写作"黑矇"，也不要写作"黑曚"（因为矇已经简化为蒙了）。参见352页"咙・昽・胧・眬"。

蒙・懵

蒙 详见372页"蒙・曚・朦"。

懵 měng 会意兼形声字。《说文》无。楷书懵从心从瞢（心烦，兼表声）。是瞢的加旁分化字。本义为心迷乱的样子。

懵懂，形容糊涂，不明事理，如懵懵懂懂。

近些年来，人们常把发蒙、有点蒙写成"发懵""有点懵"。这种写法，除了显示自己对"懵"情有独钟外，只能说明您还在发蒙。☺

迷・谜

迷 mí 形声字。小篆𧓽从辵（辶）从米（表声）。隶定后楷书写作迷。本义为迷路（如指点迷津），即失去判断能力，不能确定前进方向。使困惑（如当局者迷）、使人分辨不清（如财迷心窍）、使入迷（如迷人）。引申指对某人或某一事物产生特殊爱好而沉醉，如迷恋、"他迷上看武侠小说"。还指沉醉于某一事物的人，如球迷、戏迷。

谜 多音字。会意兼形声字。小篆𧪩从言从迷（迷惑，兼表声）。隶定后楷书写作謎。今简化为谜。本义为指暗射某一事物或文字等的供人猜测的隐语，由谜面、谜底两部分组成，这种文字游戏，要动脑筋去破解，"谜"因此引申指难以理解或没弄清楚的事物。

读 mèi 时，用于方言，如谜儿，指谜（mí）语，如猜谜儿。

读 mí 时，指谜语。

迷与谜，难解难分。凡是与谜语有关的都用"谜"（从言），凡是与走路有关及引申义的用"迷"（从辵）。除此之外，迷宫与谜团值得格外关注，稍微打盹就会犯迷糊走不出来。

迷宫，门户道路复杂难辨，人进去不容易出来的建筑物，比喻充满奥秘不易探索的领域，如天文学迷宫。谜团，比喻一连串摇摆不定的事物，也说疑团。

古汉语中"迷""谜"偶通，但如今已分工。

弥·祢

弥 mí 会意字。金文 [字形] 从弓从寅（双手抽去矢），会放松弓弦之意。小篆 [字形] 将寅讹为爾（尔）或璽（玺）。隶定后楷书分别写作彌与彌。今统一简化作弥。本义为弓张满。引申指遍、满，如弥漫、弥天。再引申指填满、遮掩，如弥补等。弥可作"久、远、遍、满、覆盖"等义解，通"弭"，又可释为"止息"。还作姓。

祢 mí 会意兼形声字。小篆 [字形] 从示从爾（居留，兼表声）。隶定后楷书写作禰。今简化为祢。本义为奉祀亡父的宗庙，或父死后入庙。《公羊传·隐公元年》注："生称父，死称考，入庙称祢。"还作姓。

弥与祢，都可用作姓，且字形相似度高，所以当遇到姓氏时，要格外小心。如祢衡，不要误写作"弥衡"。要是写错了，那该有弥天大罪的感觉。

弥·弭

弥 详见本页"弥·祢"。弥作副词用，义为更加，如欲盖弥彰。历久弥新，意谓经历的时间越长久，事物越鲜活。常用来形容一样东西不因时间而变旧、变腐，反而更加有活力，更显价值，比原先的还要好。

弭 mǐ 会意兼形声字。金文 [字形] 从弓从耳（两边，兼表声）。小篆 [字形]。隶定后楷书写作弭。本义为一种两头用骨、角嵌饰的角弓。由于角弓可以用来解纷乱，故引申指指平息、消除，如风弭雨停。还用作姓。

弭谤，指止息诽谤；弭兵，指平息战争；弭除，指消除；弭患，指消除祸患；弭乱，指平息战乱。

消弭与消弥，《汉语大词典》两词兼收，解释"消弭"时，称"亦作消弥"。《现汉》只收"消弭"（消除坏事），不收"消弥"。

弥·密

弥 详见本页"弥·祢"。

密 详见376页"秘·密"。

弥封，义指把试卷上填写考生姓名等信息的地方折角或盖纸糊住，目的是防止舞弊。右图为青州市博物馆珍藏的状元状（局部），长方红印内为"弥封关防"。

密封，义为严密封闭，如密封舱、"一听密封的果汁"。

弥封与密封，都属于动词，前者指向明确，后者指向宽泛。两者目的不同。弥封考卷，不要写作"密封考卷"。

篾·篾

籦 mí　后起形声字。楷书籦从竹（⺮）从弥（表声）。本义为竹篾、苇籦等。也叫籦子。籦同篾。篾同筡（tú）。

篾 miè　会意兼形声字。《说文》无。楷书篾从竹（⺮）从蔑省（蔑省去⺿，义为细小，兼表声）。本义为竹子劈成的长条薄片，可编制席子、篮子等。泛指从苇子或高粱秆上劈下的皮。

籦与篾，意思一致，读音有别（地域差异），但在一些固定词中不要随意替换，如篾青（竹子的外皮，质地较韧，可制作精致的器物）、篾黄（竹子的篾青以里的部分，质地较脆，可制作一般器物）、篾匠（用竹篾制造器物的手工业者）、篾片（竹子劈成的薄片，也指旧时称在豪富人家帮闲凑趣的人）等。籦子与篾子，可以调换。

糜·靡

糜　多音字。会意兼形声字。小篆糜从米从麻（分散，兼表声）。隶定后楷书写作糜。本义是稠粥。引申出"烂""粉碎"之义。还引申指"浪费"。

读 méi 时，指糜子，是黍的一个变种，一年生草本植物。秆上有毛，穗密聚，籽实不黏。糜子，即穄（jì）子。黍，粳者古称"穄"，今称"糜"；糯者古称"黍"，今称"黍子""黏糜""黄粟"。

读 mí 时，本义指稠粥或像粥一样的事物，如糜费、糜烂等。还用作姓。

靡　多音字。会意兼形声字。小篆靡从非（分背）从麻（劈麻，兼表声），会散乱倒下之意。隶定后楷书写作靡。本义散乱，倒下。

读 mí 时，义为浪费，如奢靡。

读 mǐ 时，指顺风倒下，如所向披靡。还指美好，如靡丽。书面用语有无、没有意思，如靡日不思。

萎靡不振即精神状态不佳，这和稀饭是不相干的，因而不能写作"萎糜不振"。颓靡即萎靡、衰败，常形容情绪低落、意志消沉的样子。颓靡，不能错成"颓糜"。

💡 "糜、靡"与"縻"区别。縻（mí），义为系住，如羁縻。靡与蘪、糜与蘼之间差别也是需要重视的。

靡费与糜费是异形词，且"靡费"为推荐词条。

麋·麈

麋 mí　象形兼形声字。甲骨文麋象麋鹿形。小篆麋从鹿从米（表声）。隶变后楷书写作麋。本义指麋鹿，哺乳动物，也叫四不像。

麇　多音字。形声字。甲骨文⿰从鹿从囷省（囷省去口，表声）。金文⿰。籀文⿰从鹿从囷。小篆⿰。隶定后楷书分别写作麇和麚。今规范用麇。本义为獐子。

读 jūn 时，古书上指獐子。

读 qún 时，有成群义。麇集，即聚集、群集。

可能是习性使然，麇鹿的群集特点并不突出，所以汉语中没有"麇集"这个词。麇与麋形似，容易致误。

🔖 囷（qūn），古代一种圆形的谷仓（方形谓之京）。以囷作声符的字为菌。囷与因、困疑似度较高，请注意。

廪（lǐn），古时指粮仓。《史记·管晏列传》："仓廪实而知礼节，衣食足而知荣辱。"

羊属于好（hào）群体行动的动物，所以古人将君与羊组合为"群"。

秘·密

秘　多音字。小篆⿰从艸（艹）从必（表声）。隶定后楷书写作苾。异体作秘，也作祕，还有祕。今规范用秘。本义为禾稼的香味。借作祕，表示神及神秘等义。

读 bì 时，译音用字，如秘鲁。还用作姓。

读 mì 时，指秘密，引申指保守秘密，还指罕见、稀有（如秘籍、秘宝），也指秘书。

秘借用祕，故"秘"身上就附有鬼神之事变幻莫测，故"秘"字的主要义项便是深奥难辨。

现在，祕在读 mì 时，义同"秘"（mì），还用作姓；祕读 bì 时，是秘（bì）异体字。也就是说祕作姓时，不写作"秘"。

密　mì　会意兼形声字。小篆⿰从山从宓（房屋，兼表声）。隶定后楷书写作密。本义为形状像堂屋的山。《说文》的解释是："山如堂者。"即山形如堂屋，三面高，一面低，中间平坦，故其字从"山"。但这一义项已成"绝响"。

在现代汉语中，"密"常和"疏"相对，它可以指空间的距离近，如乌云密布；也可以指时间的间隙短，如紧锣密鼓；在物之间是紧密，在人之间则是亲密，形容良好的人际关系可说是"亲密无间"。在谈到文章详略时可用"疏可走马，密不透风"。

"密"由"宀"（屋）和"山"（环抱）"均可构成封闭环境，由此"密"又引申出隐蔽。"密电""密码""密谋""密议"等等。正是这一义项，和"秘"字有些小秘密纠缠不清。

秘、密二字在指隐蔽性上，意义是相近的，但"秘"是神鬼之事，强调的是不可知；"密"是环境使然，强调的是不让知。即"秘"的内容本身有着神秘性，别人不易发觉；而"密"在相当程度上是人为的，是有意隐瞒。总之，"秘"是内容隐蔽，"密"则是隐蔽内容；"秘"是客观的，"密"是主观的。

虽然秘与密有较大区别，但还是携手组成"秘密"一词，跟"公开"相对。

揭秘，是指揭开秘密。"揭"是一个研究、探索的过程。这种"秘"或者是指自然隐藏的奥妙，或者是指历史布下的疑云，因为全社会都不甚了然，所以要致力于"揭"。泄密的"密"其实是部分人已知的，只不过保密者不想让更多人了解而已。"解密"是人为地揭晓秘密，"泄密"则是无意或有意泄露秘密。

概括之，凡是高深莫测的，皆用秘，如秘本、秘方、秘史、秘诀、秘闻、奥秘、诡秘、神秘、探秘……；凡是有意遮掩的皆用"密"，如密电、密封、密告、密谈、密约、保密、告密、机密、绝密……。这大概是秘、密二字的"秘密"吧。

秘语与密语。秘语，指神奇的、含义深奥的话语。密语，义为说秘密的话、秘密交谈、暗语等。

秘语指带有神秘色彩的话语，有不可测知性；密语则是说者有意不让人知道。

密·蜜

密 详见 376 页"秘·密"。

蜜 mì 形声字。小篆 ![] 从䖵从鼏（表声）。异体 ![] 从虫从宓（表声）。隶定后楷书分别写作 � 与 蜜。今规范用蜜。本义为蜂蜜。引申义均与甜蜜有关。

密与蜜，本来之间并没有什么"秘密"可言，但现在有几组词值得揣摩。

闺密与闺蜜。"闺"指闺房，旧称女子居住的内室；"密"指私密的、关系近的。"闺密"是闺中密友的缩写，强调的是相互之间亲密无间，无密可藏。"闺密"强调的是关系亲密；"闺蜜"强调的是相处甜蜜。"闺密"从《现汉》第 6 版开始有了自己的位置，并注释：闺中密友，是女性对亲密女友的称呼。现多作闺蜜。《现汉》第 7 版延续了这一注释。

哈密与哈密瓜。哈密，地名，位于新疆东部。哈密瓜主产于吐哈盆地，它风味独特，瓜肉肥厚，清脆爽口。哈密的甜瓜在东汉永平年间就成为贡品。至清代，被哈密王作为贡品，受康熙赏赐而得名哈密瓜。追根溯源，哈密瓜却源于吐鲁番鄯善县一带。

现在许多人，在写到哈密瓜时，想当然地认为此瓜香甜，于是就写作"哈蜜瓜"，要小心您的血糖飙升哈。☺

绵·棉

绵 mián 会意字。小篆 ![] 从系从帛，会缠连的丝绵之意。隶定后楷书写作 綿。今简化为绵。本义为丝绵。

棉 mián　会意兼形声字。《说文》无。楷书**棉**从木从绵省（绵省去纟，如绵之义，兼表声），是绵的换旁分化字。今简化为棉。本义为木棉。

棉是一年生或多年生草本植物或灌木，果实中的棉纤维是重要的纺织原料。我国古代只有丝绵，没有木棉和草棉。大约在南北朝时，棉花由印度传入中国，初时只用"绵"表示，后来另造"棉"（《宋史》开始出现），表示为木棉（也称攀枝花、英雄树）和草棉。这里提请大家注意的是，绘制图画（如秦始皇站在棉花地里）和书写"棉"字一定要认真对待年份，否则就会闹出笑话。

绵里藏针，即丝绵里藏着针，比喻柔中带刚，也用来比喻外貌柔和、内心刻毒。"绵里针"的说法，在南宋初期就出现在诗歌中，虽然此时棉花已经传入中国，但最初只在边疆地区生产，尚未在中原地区普及，很多人还不知道有棉。后来，虽然棉花知名度远远超过丝绵，但是绵里藏针之类的说法深入人心。故而"棉里藏针"不能用。

绵·锦

绵　详见 377 页"绵·棉"。

锦　详见 283 页"锦·旌"。

锦绣，精美鲜艳的丝织品，也形容美丽或美好的，如锦绣山河、锦绣前程。

汉语中，两字词常常部首相同，如思想、潇洒。这也诱导人们犯错误。有的人想到"绵"是绞丝旁，于是把锦绣错写成"绵绣"；也有的人想到"锦"是金字旁，于是把锦绣错写成"锦锈"。

勉·冕

勉 miǎn　形声字。小篆 从力从免（表声）。隶定后楷书写作**勉**。本义为尽力、努力。引申指勉励，也指力量不够而尽力做，如勉强。还用作姓。

冕 miǎn　会意兼形声字。小篆 从冃从免（表声），是免的加旁分化字。隶变后楷书写作**冕**。异体作絻。今规范用冕。本义指天子、诸侯、卿、大夫所戴的礼帽。后来专指帝王的礼帽。引申指形状像冕的东西，如日冕。还指冠军的荣誉称号，如卫冕。

有则改之，无则加勉，义为当别人指出自己的缺点错误时，如果有，就改正；如果没有，就用来提醒自己不犯类似的错误，以此勉励自己，而不是怪罪对方。

如果写作"有则改之，无则加冕"，给人感觉是：当别人指出缺点错误时，若没有，加一顶冠冕在自己头上。哈哈，错的有点离谱哈。😊

卫冕，指竞赛中保住上次获得的冠军称号，如卫冕成功。如果第一届是冠军，第二届是亚军，第三届是冠军，第三届也不能称之为卫冕。

蝉联，指连续（多指连任某个职务或继续保持某种称号），如蝉联世界冠军。

卫冕与蝉联不同之处。概念不同：卫冕意思是在竞赛中保住了上次获得的冠军地位。而蝉联可以指多届，不只包括上届和本届。表达不同：卫冕和冠军有关，和亚军、季军无缘。蝉联不仅可以蝉联冠军，还可以蝉联亚军、季军。内容不同：蝉联可以表达职务等，卫冕只指竞赛冠军再次赢得。

生活中，媒体常常把上届冠军队参加新一届比赛称之为卫冕队。按理讲，再次获得冠军队后才能称作卫冕，这只是一种期望。对此，我们是不是可以保持平常心态看待，不用去追责了。

湎·缅

湎 miǎn　会意兼形声字。金文一 从水从一人举酒樽形；金文二 从水从蹲踞之人，会人沉迷饮酒之意。小篆 改为从水从面（表声）。隶定后楷书写作湎。本义就是贪杯。由酒引申开去，可泛指一切失去理智的迷恋。

缅 miǎn　形声字。小篆 从糸从面（表声）。隶定后楷书写作緬。今简化为缅。本义指最细的丝。由丝的细长引申出邈远义，"缅怀"的意思便是"遥远地思念"。

缅隐约有褒义，湎则明显有贬义。沉、湎为同义语素，皆含溺于其中的意思。沉湎不得写作"沉缅"。"沉缅"，字面上理解是沉于缅怀之中，属于生造词，坚决不能用。同理，缅怀也不能写作"湎怀"。

乜·也

乜　多音字。会意字。《说文》无。楷书乜从也少一竖。本义为眼睛眯起。

读 miē 时，常用于方言，代词，义为什么，如做乜？买乜？"乜斜"在《现汉》中有两个义项：一是眼睛略眯而斜着看（多表示瞧不起或不满意）；二是指眼睛因困倦眯成一条缝，如乜斜的睡眼。

读 niè 时，用作姓。

也 yě　象形字。甲骨文 、 等象蛇形。金文 、 等仍有蛇的模样。小篆 。隶定后楷书写作也。也与它同源。

"乜"与"也"字形相似，"乜视"万万不可写作"也视"。真那样，看到的人也会"乜"视您的。

蔑·篾

蔑 miè　会意字。甲骨文 从眼上有眵形从伐，用眼上有眼屎、持戈征伐，会困不睁眼之意。金文 。小篆 变为从戍并整齐化。隶定后楷书写作蔑。本义为困倦睁不开眼。引申指轻视，如轻蔑、侮蔑。污蔑、诬蔑之"蔑"繁体字为"衊"。由于蔑为引申义专用，本义另加义符目写作"瞜"。

篾　详见 375 页"篍·篾"。

篾，指竹子劈出的薄片，竹子外皮称篾青（内为篾黄），质地有柔韧，制成绳索称作篾索。篾索如果错成"蔑索"，那是闭着眼编"索"，是捆不住东西的。

岷·泯

岷 mín　形声字。小篆 𡶜 从山从敃(表声)。隶定后楷书写作 嶅。今省作岷。本指岷山。岷山在四川省北部，绵延于四川、甘肃两省交界的地方。岷江源出于岷山南麓，是长江上游的支流，南流到都江堰出峡。自此以下分内外两江，到江口复合，经乐山纳入大渡河，到宜宾入长江。

泯 mǐn　会意兼形声字。小篆 泯 从水从民(没有,兼表声)。隶定后楷书写作 泯。本义为消灭、除尽。如"泯灭"义为消灭、灭绝，"泯没"义为埋没、死亡。

可能受"泯"三点水的影响，有人把岷江错写成了"泯江"。

名·明

名 míng　会意字。甲骨文 𠙴 从口从夕，会天黑互相看不见只好呼"谁呀"之意，对方则会回答"我是某某"。这"某某"就是"名"。这个字造得形象生动有趣。金文 𠮟。小篆 𠮟。隶定后楷书写作 名。本义是名字。引申指名声、名誉，如闻名遐迩、名不虚传；又可指有名的、出名的，如名师出高徒、名山大川；还可用作动词、量词。

明 míng　会意字。甲骨文 𣇱 从月照窗棂，或从日月朗照，皆会光明、明亮之意。金文 𣇱。小篆 𣇱。隶定后楷书写作 朙 和 明。也有写作 眀（济南大明湖，常写作"大眀湖"。有人说是题字者怕大清政府怪罪盼着"大明朝"回来，其实"眀"字写法古即有之）。今规范用明。

明信片是一种专供写信用的硬纸片，因为在付邮时不用另加信封，故称"明"信片。"明"是公开的意思。也指用这种硬纸片写成的信。明信片易错成"名信片""名姓片"。名片，交际时所用的向人介绍自己的卡片，也叫名帖，古时称名刺，可不能写作"明片"，真那样写，容易让人联想到明着骗。

名堂与明堂

【名堂】名 ❶ 花样；名目：联欢会上～真多，又有舞蹈，又有杂耍。❷ 成就；

结果：依靠群众一定会搞出~来的｜跟他讨论了半天，也没讨论出个~来。❸道理；内容：真不简单，这里面还有~呢。

【明堂】名 ❶古代帝王宣明政教、举行典礼等活动的地方。❷〈方〉打晒粮食的场地。❸〈方〉院子。

名堂与明堂，都是名词，前者务虚，后者务实（实指场地），稍微思考一下，还是能区分开来的。

冥·暝·瞑

冥 míng 会意字。甲骨文 从廾（双手）从冖（覆盖）从日（太阳），用日被布蒙盖后昏暗会夜深之意。金文 ，小篆 。隶定后楷书写作冥。本义为夜、夜晚。

暝 míng 会意兼形声字。小篆 从冥从黽（表声）。隶定后楷书写作 。俗作暝，从日从冥（昏暗，兼表声）。今以暝为正体。本义指日落、天黑。还指黄昏。

瞑 míng 会意兼形声字。小篆 从目从冥（昏暗，兼表声）。隶定后楷书写作瞑。后俗作眠，是眠的本字。后瞑与眠分工明确。本义为闭上眼睛，如死不瞑目。引申指眼花。

王维的《山居秋暝》中的"暝"，义为夜色初降。用"瞑"替换"暝"，可能是受"春乏秋困，夏盹冬眠"的影响。冥思苦想，不能写作"瞑思苦想"。

摹·募

摹 mó 形声字。小篆 从手从莫（表声）。隶定后楷书写作摹。是模、摸的分化字。本义为法规、制度。引申指效法、仿效，即照样子写或画，特指用薄的、半透明的纸蒙在原字或原画上或写或画，如临摹、摹写。

募 mù 形声字。小篆 从力（征召要用力发动或强制）从莫（表声）。隶定后楷书写作募。本义为广泛征求、征召、征集。现在主要用于募集、募捐等。

摹与募，音近形似，一个从手一个从力存有割不断的联系。所以，容易出现手、力不分现象。

另外还要注意，摹毕竟是模的分化字，两者之间自然就有打断骨头连着筋的关系。

【摹效】动 模仿；仿效。也作模效。

【摹写】（模写）动 ❶照着样子写。❷泛指描写：~人物情状。

【模仿】（摹仿）动 照某种现成的样子学着做：小孩儿总爱~大人的动作。

【模拟】（摹拟）动 模仿：~动作｜~考试。

这里需要强调一点是，虽说"模拟"与"摹拟"是全等异形词，但模拟通信、模拟信号不能写作"摹拟通信""摹拟信号"。

摩·磨

摩 多音字。形声字。小篆 ▨ 从手从麻（表声）。隶定后楷书写作摩。本义为摩擦。

读 mā 时，摩挲，口语，指用手轻轻按着并一下一下地移动，如摩挲衣裳。

读 mó 时，用的是本义，也可用作姓。还作摩尔的简称。当分子、原子或其他粒子等的个数约为 6.02×10^{23} 时，就是 1 摩。

磨 多音字。会意兼形声字。小篆 ▨ 从石从靡（散乱，兼表声），会磨制石器之意。隶定后楷书写作礳。汉印 ▨ 俗省作磨。今规范用磨。本义为磨治石器。

读 mó 时，义为摩擦，主要用作动词。磨炼也作磨练，磨难也作魔难。

读 mò 时，指把粮食弄碎的工具，如一盘磨，也指用磨把粮食弄碎，如磨面；还指掉转、转变，如"把汽车磨过来"。

摩与磨在都读 mó 时，有两组异形词：【摩擦】（磨擦）；【摩拳擦掌】（磨拳擦掌）。可能是考虑到"手"的作用，都选"摩"作首选。

另外，当磨读 mò 时，有几组异形词也有关注：

磨不开也作抹不开，磨得开也作抹得开，磨坊也作磨房，磨叽也作磨唧。

殁·殒·陨

殁 mò 会意兼形声字。小篆 ▨ 本作没。俗改换义符作 ▨ 从歹（伤残）从殳（沉没，兼表声）。是殳的加旁分化字，是没的分化字。本义为死。《现汉》中注释，殁也作没。殁用于书面语言，没的死亡义主要用于口语或方言。

殒 yǔn 形声字。《说文》无。楷书殒从歹（残骨）从员（表声）。是陨的换旁分化字。本义为死亡。故通陨。

陨 yǔn 形声字。小篆 ▨ 从阜（阝左，表升降）从员（表声）。隶定后楷书写作隕。今简化为陨。本义为坠落。坠落引申出死亡也再自然不过了。

殁与殒，都表示死亡，字形相近，但读音之远也，所以用起来要小心翼翼。

"殒"组成的词有殒灭、殒命等，均指丧命，是中性词，用于直接陈述某人死去。

陨可组成陨落，指星体或其他在高空运行的物体从高空掉下。重要人物逝世，常被比喻为巨星陨落。凡是天体，如陨石、陨铁、陨星等，都必须用"陨"。

【陨灭】动 ❶（物体）从高空掉下而毁灭。❷ 丧命。也作殒灭。

在"陨灭"第二个义项时，可写作殒灭。

茉·茱

茉 mò　形声字。《说文》无。楷书茉从艸(艹)从末(表声)。用作连绵词"茉莉"，不单用。

茱 wèi　形声字。同菋。《现汉》未收录。一种药材，即五味子。初作"末利"(本波斯胡语译音字)，后写作茉莉。一种植物，常绿灌木，木樨科。亦指这种植物的花。茉莉是常见的盆栽植物，夏季开花最盛，秋季也开花，花白色，有浓香。原产印度，现中国各地都有栽培。茉莉可用来薰制花茶，也可作提取芳香油的原料。江苏民歌《好一朵茉莉花》传遍中华大地，搭上飞行器向宇宙之外的人们发出邀请。联合国教科文组织向全世界推荐这首歌曲，被定为亚太地区音乐教材。

"末"的两横是上短下长，而"未"反之。其实只要稍通造字之法，并知茉莉二字的正确发音，茉字是不会错写成"茱"字的。

墨·默

墨 mò　会意兼形声字。小篆墨从土从黑(黑色矿物质，兼表声)。隶定后楷书写作墨。本义为古代书写用的黑色矿物颜料。引申指字画，如墨宝。除了姓氏、地名外，墨字都和黑有关。

默 mò　形声字。小篆默从犬从黑(表声)。隶定后楷书写作默。本义为犬不出声而突袭人。引申指不说话、不出声，如默不作声。

墨与默，一般情况下，人皆能区分，但在"墨守成规"上冷不丁会像黑夜里行走，弄不好就栽跟头。墨守成规中的"墨"指墨翟(dí)，战国时墨家的创始人。后因墨子以牢固的防守著名，将其称为"墨翟之守"。在随后语言运用中，"墨守"逐渐演化为固守成见，不知变通，词的感情色彩由褒转贬。不论是先前褒义还是后来贬义，墨守均不能写作"默守"，因为它不是默默遵守的意思。成规，也不能想当然认为是陈旧的规定写作"陈规"，更不能联想到墨子守城有方而写作"墨守城规"。

默有异体字嘿。编校时可得多长眼，若让"嘿"默默呈现，那黑夜不就白给了我们黑色的眼睛了。

牟·谋

牟 多音字。指事字。甲骨文 𤘒，上象牛鸣之声气从口出形，表示牛叫声。小篆 𤘒。隶定后楷书写作牟。由于牟被引申出牟取、姓名、地名等义，牛叫声只好另加义符口成哞。

读 móu 时，指牟取，如牟利。还用作姓。

读 mù 时，用于地名，如山东烟台牟平区、河南中牟县。还用作姓。因而遇到姓牟的同志，您不仅要掌握写法，还要问清对方姓的读音。

谋 móu 形声字。小篆 𧮩 从言从某（表声）。隶定后楷书写作谋。异体𧬰。今以谋为正体，并简化为谋。本义为向人咨询，思考事之难易，商讨对策。引申出主意、计谋等。还用作姓。

牟利一般指运用不正当甚至非法的手段取得利益，其贬义色彩来源于牟字。在古代汉语里，牟通蛑，即蟊，是一种吃禾苗根的害虫；引申作动词用，比喻贪婪地获取、不择手段地侵夺。

谋利则是一个中性词，意思是运用各种手段，如知识、技能、经验等获得利益。其行为可以是正当的，也可以是非正当的。

"牟取"的感情色彩与"牟利"一样，是贬义的，如牟取暴利；"谋取"则是中性的，可以是正当的（如谋幸福），也可以是非正当的（如以权谋私）。从适用范围看，"谋取"涵盖了"牟取"。

牡·牝

牡 mǔ 会意兼形声字。甲骨文 𤘅 左从牛右从士（雄性动物生殖器的形象。丄）。金文 𤘅。小篆 𤘅 整齐化。隶定后楷书写作牡（士讹为土，表声）。本义指雄性的鸟兽。常见词有牡丹（雄性较雌性为大，丹即红色）、牡蛎（牡蛎突出在贝类中体型粗壮）。

牝 pìn 会意兼形声字。甲骨文 𤘓 从牛从匕（雌性标志，兼表声），会雌性鸟兽之意。小篆 𤘓。隶定后楷书写作牝。牝与牡相对，指雌性的鸟兽。

牝鸡司晨（司：掌管；晨：早晨），即母鸡代替公鸡打鸣报晓，旧时常用来贬喻女性掌权（如武则天），所谓阴阳颠倒，将致家破国亡。现比喻反常现象。

牝鸡司晨，不要写作"牡鸡司晨"。

拇·姆·踇

拇 mǔ 会意兼形声字。小篆 𢳆 从手从母（主要，兼表声）。隶定后楷书写作拇。本义为手脚的大指。大拇指在手、脚中的地位，犹如母亲在家庭中的地位，故其字从手从母表声。

姆　多音字。会意兼形声字。《说文》无。楷书姆从女从母（兼表声）。本义为以妇道教人的女教师。后又指乳母。如今主要用作保姆。《说文》的解释是："女师也。"本义指对未出嫁的女子负有教导责任的女教师，故从女母声，母兼表义。现泛指照管儿童料理家务的女子。

读 mǔ 时，指保姆。

读 m 时，姆妈，方言，指母亲，也尊称年长的已婚妇女。

跟 mǔ　后起会意兼形声字。楷书跟从足从母（表声）。脚的第一个指头。

大拇指通常指手之拇指，也叫"大拇哥"。拇指，手和脚的第一个指头，可根据前后文叙述来确定归属。如果写作跷起、竖起，通常是手的第一个指头。写作"大姆指"只能让人联想到保姆的手指头，不可取。

沐·栉

沐 mù　会意兼形声字。甲骨文一是一人伸头于盆中用双手洗头形；甲骨文二给树苗浇水。小篆从水从木（木梳，兼表声）。隶定后楷书承接甲骨文和小篆分别写作盨、頮、沐。今以沐为正体。本义为洗头。"沐猴"不要想当然认为给猴子洗澡，其实是指猕猴。沐猴而冠，意思是指猕猴戴帽子装成人的样子，比喻表面上装扮得像个人，而实际并不像。参见 292 页"酒·洒"。

栉 zhì　形声字。小篆从木从節（表声）。隶定后楷书写作櫛。今简化为栉。本义为梳子和篦子等梳理头发用具的总称。

沐与栉都与洗头有关，但栉风沐雨（风梳头，雨洗发，形容奔波劳碌，不避风雨）不能写作"栉雨沐风"。不过，鳞次栉比可写作"栉比鳞次"（像鱼鳞和梳子的齿一样紧挨着排列，多形容房屋等密集）。

N

那·哪

那 多音字。会意兼形声字。小篆 𨙻 从冄（冉，在这里表胡须，兼表声）从邑（城邑），会人多长毛发的西部国邑之意。隶定后楷书写作**那**。本义为西夷国名。由于这一地区的人胡须毛发多而长，故引申泛指多。因多毛发是男子之美，故又引申指美好，此义后用作娜。

读 nā 时，用作姓。

读 nǎ 时，旧同"哪"（nǎ）。

读 nà 时，作代词、连词。后来借用作代词，既可作指示代词，又可作疑问代词。作指示代词时，指示比较远的人和事，如那边、那棵树；和"这"相对，表示众多事物，不确指某人或某事物，如"看看这，又瞅瞅那"。

哪 多音字。会意兼形声字。《说文》无。楷书**哪**从口从那（兼表声）会意。在古代白话文里原本作那，五四以后，为了与指示代词"那"相区别，才写作哪，专门表示疑问。

读 nǎ 时，用作疑问代词。

读 na 时，用作助词。"啊"受前一字韵尾 –n 的影响而发生的音变，如谢谢您哪。

读 né 时，指哪吒（神话中神的名字）。

宋代大儒朱熹名句"问渠那得清如许"，那时"哪"字还未出现，所以用"那"字没错。

奈·耐

奈 nài 会意字。甲骨文 𣍱 右从又（手）左上从木左下从示（祭台），会手持燎柴于祭台前焚烧祭天之意。小篆 𣑮 省去又并整齐化。隶定后楷书分别写作"柰、㮈"等字形。柰俗又省作奈。本义燎柴祭天。引申出对待，再引申出"无奈，怎奈"等意思来。古书上，专指柰果，一种落叶小乔木，所结果实是沙果。

耐 nài 会意兼形声字。小篆 𦓹 左从而（兼表声）右从彡（毛发）；小篆异体字 耐 左从而右从寸（手，表手拔）。隶定后楷书分别写作𦓹与耐。今规范用耐。是能的后起分化字。本义为拔或剃去胡子的一种轻刑。刑罚，对于被执行者来讲苦不堪言，自然就引申出忍耐之意。

无奈：指无可奈何，如出于无奈、万般无奈。还用在转折句的开头，表示由于某种原因，不能实现上文所说的意思，有"可惜"的意思。

无乃：用于反问句中，表示不以为然的意思，跟"岂不是"相近，但语气比较和缓，如"无乃不可乎？"

无赖：形容蛮不讲理的人，也指游手好闲、品行不正的人。

没有"无耐"一词。忍耐不得写作"忍奈"。

挠·扰

挠 náo　形声字。小篆 ![字形] 从手从尧（表声）。隶定后楷书写作挠。今简化为挠。本义为搅动。引申指用手指轻轻地抓。再引申指使别人的事情不能顺利进行，如阻挠。还指弯曲，比喻屈服，如不屈不挠、百折不挠。

扰 rǎo　会意兼形声字。小篆 ![字形] 从手从夒（猴类动物，好动，兼表声），会劳烦不宁之意。隶定后楷书写作擾。今简化借"扰"来表示。擾本义为劳烦不宁。扰本义为福，后也表示动。扰的福之义项，现在已经不用了，可能是干扰跑了。

由于挠与扰字形相近，音又相似，所以常常两字干扰得"狠"啊。另外，还特别注意"扰"与"拢"两字异同。

馁·绥

馁 něi　形声字。小篆 ![字形] 本从食从委（表声），即饥饿。隶定后楷书写作餒。异体作餧从食从妥（表声）。今以餒为正体并简化为馁。本义饥饿。引申出空虚，又特指缺乏勇气，如自馁、气馁。

绥 suí　会意兼形声字。本为妥。甲骨文 ![字形]、金文 ![字形] 皆从手从女，表示女子受到外来压迫。当妥引申义越来越多时，小篆 ![字形] 另加 ![字形] 造绥，此时绥表登车时用以拉拽的绳索。本义为登车所抓的绳子。由此引申指平安，安好，安抚，平定，如绥靖、绥定、绥远。

饥馁是个同义语素构成的合成词，义为饥饿或是指饥饿的人。

汉语中没有"饥绥"这个词。

泥·拟

泥　多音字。会意兼形声字。小篆 ![字形] 从水从尼（亲合，兼表声）。隶定后楷书写作泥。本义为水名，泾水之流，即今甘肃省庆阳市的东河及其下游马莲河。又指湘江支流。

读 ní 时，主要用以表示水和土的混合，如泥沙、泥坯。引申指半固体状的像泥的东西，如印泥、蒜泥。还用作姓。

读 nì 时，有固执、不知变通的意思。

拟 nǐ 会意兼形声字。小篆 𢪒 从手从疑（犹豫，表声）。隶定后楷书写作擬。异体也作儗。今皆简化为拟。本义为忖度、思量。引申指比量、比划，再引申指相比、类似，如比拟、拟人、拟物。继而引申照着去做、依照、模仿。最后引申出起草、编写、拟定等义。

泥（nì）古，原指拘守古代的成规或古人的说法，含贬义。泥古不化成了"因循守旧""食古不化"的同义语就是佐证。

拟古，是指诗文仿效、模拟古人的风格形式。如汉代扬雄拟《易》作《太玄》，拟《论语》作《法言》等。明代后期前、后"七子"为代表的文学家，针对当时平庸呆板、令人厌倦的台阁体，倡导文学复古，主张"师法汉唐"，从而诞生了文学史上的"拟古派"。

泥古与拟古，词义有相近之处，但其读音、用法、褒贬色彩等皆有差异，不能不重视哟。

兒 · 皃

兒 ní 象形字。甲骨文 𠒉 象幼儿张口嬉笑露少量牙齿形，表示牙尚未长齐的幼儿。金文 𠒋。小篆 𠒇。隶定后楷书写作兒。今部分含义借"儿"来表示，一部分含义不简化（如倪）。本义为小孩子。

皃 mào 象形字。甲骨文 𠒋 象突出的人面轮廓形。小篆 𠒇。隶定后楷书写作皃。是貌的初文。由于皃作了偏旁，古人只好另造貌。

兒与皃，字形极为相近，请大家注意辨别。

🔔 兒在以下义项时不得简化：周朝国名，在今山东滕州东南。还用作姓，同"倪"。麑、倪、猊、阋、棿、睨、晲、鲵、霓等字中"兒"也不得简化。

倪 · 睨

倪 ní 会意兼形声字。小篆 𠉂 从人从兒（兼表声）。隶定后楷书写作倪。

🔔 倪中的"兒"不能类推简化作"儿"写作"伲"。本义为小儿，弱小。小儿是人生的开始，故引申指开端、边际等义。天倪，就是天边、天际。《庄子·大宗师》有"反复始终，不知端倪"，朱骏声以为"耑者草之微始，兒者人之微始"，故将"端""倪"合说。"端倪"指事情的眉目或头绪。如初见端倪、端倪渐显。

睨 nì 会意兼形声字。小篆 𥆞 从目从兒（婴儿斜视之意，兼表声）。隶定后楷书写作睨。本义为斜视。

古时，倪通睨，如今分工明确，端倪不得写作"端睨"。真这么写，自然会得到人们的斜眼了。🙂

䁖·阋

䁖　详见 388 页"倪·䁖"。

阋 xì　会意字。小篆 ▢ 从鬥（二人揪斗）从兒，会争讼争斗之意。隶定后楷书写作鬩。今简化为阋。本义为争吵。

兄弟阋墙，出自《诗经·小雅·常棣》："兄弟阋于墙，而外御其侮。"意思是说，兄弟在家争吵，但面对外来的入侵和侮辱，会共同抵抗。现在"兄弟阋墙"多用以比喻内部相争。

兄弟阋墙，万万不可写作"兄弟䁖墙"，也不能写作"兄弟倪墙"。

匿·膩

匿 nì　会意兼形声字。金文 ▢ 从匚（古读 xì，义为简易贮藏室，后统一为匚，今读 fāng，表示掩藏）从若（头发散乱之人，兼表声）会意。小篆 ▢ 。隶定后楷书写作匿。本义为隐藏、躲藏等。

膩 nì　小篆 ▢ 从肉（月）从貳（表声）。隶定后楷书写作膩。今简化为腻。本义为食物油脂过多。因此引申形容腻烦、厌烦等。再引申指润泽细致，如细腻。

关于"猫匿"还是"猫腻"，存在两种截然不同的意见。

第一种意见。在一些京味文学中，常出现"猫腻"一词。大概是说，里面有见不得人的、不能公开的地方，引申为阴谋、内幕、攻守同盟等义。其实"猫腻"应当是"猫匿"。在读音上，猫字典型地体现了老北京人的卷舌音和儿化韵。匿者，藏也。"猫匿"一词，是从儿童藏猫猫游戏引申而来的。猫匿（猫儿匿）、猫腻（猫儿腻）在口语中，是听不出差别的。但若用书面语言，就不能写作"猫腻"了。猫和腻搭配组成双音节词，无解，不通。

第二种意见。这个词在《北平风俗类征》（1937 年）一书中写作"吗儿逆"，原文为"浑身上有这些个吗儿逆（按：指名牌衣着），才算是阔胡子"；在齐如山《北京土话》（1945 年）一书中写作"猫儿尿"，注"尿音腻"，释义为"暗藏情节"；在陈刚《北京方言词典》（1985 年）一书中写作"猫儿匿"，释义为"内情，多指私弊"和"搞鬼，使假招子"，特别指出此词来源于波斯语 ma'ni（含义）；在贺阳《北京牛街地区回民话中的借词》一文中写作"码儿妮"，释义为"隐情、阴谋"，也指出此词来源于波斯语 ma'nee（意义、意思）；在徐世荣《北京土语辞典》（1990 年）中写作"猫儿腻"，释义为"琐细的事故"，附注"据说是阿拉伯语——回语'玛儿腻'或译音'马儿密'的变音，原义是'意义、内容、事故'，也可写作'猫儿溺'"。所有这些，跟《现汉》的条目"猫儿腻"是同一个词。

上述的各种记写形式（包括"猫儿匿"在内）都是纯粹的音译，这些汉字所起的都是表音的作用，跟字面的意思不相干。所谓"匿"字的"隐藏"义，以及由"猫"字牵引出"藏猫猫"之类，全都是附会，不必过分强调。不过，笔者以为，也不排除音译时，有意选择躲猫猫的"猫"的可能性。

目前，《现汉》没有"猫匿"，只收录"猫儿腻"，并对其注释：〈方〉名 指隐秘的或暧昧的事；花招儿：他们之间的～，我早就看出来了。

《现汉》选择"猫儿腻"是倾向于第二种意见，不过笔者以为，应当将猫匿与猫腻、猫儿匿与猫儿腻都列上，让读者根据自己喜好自由挑选。

蔫·焉

蔫 niān　形声字。小篆 从艸（艹）从焉（表声）。隶定后楷书写作蔫。本义为植物因失水而萎缩。"萎"是枯萎，"萎蔫"即植物由于缺水而茎叶萎缩。

焉 yān　象形字。小篆 象头上有毛角的鸟形。隶定后楷书写作焉。本义是一种黄色鸟，生长在江淮。借作第三人称代词等义。文言中，可用作疑问代词，相当于哪里、什么、怎么。也常用作语气助词，如"心有戚戚焉"。又兼有介词"于"加代词"是"的语法功能，如善莫大焉。"焉"不叠用。

凡是枯萎一类词，用"蔫"；凡是作代词、助词等一般用"焉"。还有就是"焉"可用作姓，而"蔫"没有，当然"焉"与"鄢"本是一家，后来分开了，遇到姓 yān 的朋友时，一定要加以区分哦，有没有右耳朵那是相当重要的。

粘·黏

粘　多音字。形声字。小篆 从黍从占（表声）。隶定后楷书写作黏，俗作粘。本义为胶合。

读 nián 时，旧同"黏"（注：旧同，意味着现在不同了）。姓。

读 zhān 时，义为黏的东西附着在物体上或者互相连接，还指用黏的东西使物件连接起来，如粘信封。

黏 nián　形声字。小篆 从黍从占（表声）。隶定后楷书写作黏。本义胶合，此义今用粘（zhān）表示。引申指像糨糊、胶水一样能把一种东西粘在另一种东西上的性质，如黏性、黏土。

《第一批异体字整理表》，曾将黏作为粘的异体字予以淘汰。1985 年国家语委、新闻出版署发布《现代汉语通用字表》，确认《印刷通用汉字字形表》收入的黏等 15 个字为规范字，黏不再作为粘异体字。又经过近 30 年，2013 年 6 月 5 日国务院发出关于公布《通用规范汉字表》的通知，同意教育部、国家语委组织制定的《通用规范汉字表》，并予公布。《通用规范汉字表》的二级字表列入黏字。

2005年6月第5版《现汉》注释：粘nián同"黏"。2012年6月第6版则改为：旧同"黏"（第7版沿用）。

黏豆包是北方的一种传统食品，采用黄米、红豆等材料制作而成，具有黏性特点，但店招、广告牌及食物包装袋上基本上都被错成了"粘豆包"。

"用黏胶水把邮票粘贴到信封上。"这句话放在以前就是"用粘胶水把邮票粘贴到信封上"，现在看看确实有点别扭。

鲇·鲶

鲇 nián　形声字。小篆鲇从鱼从占（表声）。隶定后楷书写作鲇。今简化为鲇。本义为鱼名。鲇鱼，体表多黏液，无鳞，生活在淡水中，吃小鱼、贝类等。

鲶 nián　形声字。《说文》无。楷书鲶从鱼从念（表声）。今简化为鲶。是鲇后起的异体字。

笔者小时候一直学、用"鲶"字。但是字典等工具书编辑们，考虑到《说文》只有"鲇"，外加同"黏""拈"等字读音协调一致，于是将"鲶"作为"鲇"的异体字淘汰出局。所以，鲇鱼不得写作"鲶鱼"。

捻·稔

捻 niǎn　形声字。小篆捻从手从念（表声）。隶定后楷书写作捻。是捏的本字。曾经作为"撚"的简化字。本义是用手指搓转，也指用纸、纱或线等物搓成的条带状物。穿捻，也叫捻钉纸，是古籍修补的一个专业名词。打眼、穿捻、捆结的步骤前后相继，即用锥子按古籍原孔打眼，穿上捻子捆结实，用铁锤敲平捆结，再经过装订，古籍修补才基本完成。

稔 rěn　形声字。小篆稔从禾从念（表声）。隶定后楷书写作稔。本义指庄稼成熟。庄稼通常一年一熟，故称年为稔，再引申出"熟悉"等义（多指对人）。

稔熟的意思就是熟悉。"捻熟"的词义难以理解。只有稔熟于心，没有"捻熟于心"。

捻军，太平天国时期活动于北方的农民起义军。原称"捻子"，后称"捻党"。每一股称"一捻子"。捻军，不得以主要成员是农民就写作"稔军"。

辗·碾·蹍

辗　详见632页"展·辗"。

碾 niǎn　会意兼形声字。《说文》无。楷书碾从石从展（展开，表声）。本义为用滚压方式将东西轧碎、脱皮、压平或研磨的工具。

蹍 niǎn 后起形声字。楷书蹍从足从展（表声）。方言用字。义为踩、踩住并用力搓，如"一脚把蟑螂蹍碎了"。

碾从石，指用石类器具进行轧压；蹍从足，指用脚。

另外，辗读 niǎn 时，同碾，但建议写"碾"。

孽·孳

孽 niè 会意兼形声字。小篆从子从辥（碎小，兼表声）。隶定后楷书写作孼，俗省作孽。本义是指非正妻所生的子女。上古时，孽子往往是有罪的妾妻所生，所以孽有罪的意思，作孽便是获罪。

孳 zī 会意兼形声字。小篆从子从兹（滋生，兼表声）。隶定后楷书写作孳。本义为繁殖、生育。

蝗虫一类应是孳生而不能是"蘖生"（可能是受蝗虫寄生于草丛中的联想，错写上草字头的蘖）。孽泛指人类邪恶、罪恶以及不忠不孝等行为。

孽·蘖·糱

孽 详见本页"孽·孳"。

蘖 niè 会意兼形声字。小篆从木从辥（碎屑，兼表声）。隶定后楷书分别写作櫱与蘖。俗作蘖。今以蘖为正体。本义为树木被砍伐后从残存根部生出新芽，泛指植物由茎的基部长出的分枝。如秧苗分蘖（老百姓也称之为分棵）。

糱 niè 会意兼形声字。小篆从米从辥（碎屑，兼表声）。隶定后楷书写作糱。异体作蘖。今以糱为正体。本义为麦、豆等的芽。引申指酒曲。

萌蘖，本指植物的新芽，后来比喻事物的开端。作动词时，义为开始产生。

萌蘖枝，是指由潜伏芽或不定芽萌发长成的枝条。在园艺中"除蘖"即定期除去树桩基部抽生的萌蘖枝。萌孽，义为祸端、邪恶。

孽、蘖、糱，三字相似度太高了，但只要看三字下面的"子、木、米"就能分得一清二楚。

宁·寧·甯

宁 本读 zhù。象形字或指事字。甲骨文、，前者似柜子后者表示柜子里储藏了物品。金文。小篆。隶定后楷书写作宁。是贮的本字。家中有物（尤其是粮），心中安宁，也就非常自然了。由于宁引申趋多，本义只好另造贮字。

读 níng 时，义指安宁、南京的别称、姓等。
读 nìng 时，作副词，义指宁可、难道、岂等。

寧 会意字。甲骨文从宀从皿从丂（搁板），会房中存放有食物之意。金文另加义符心，突出人心之所愿，是𤲂的加旁字，表示安宁。小篆。隶定后楷书写作寧。今简化为宁。本义为安定。

甯 nìng 《第一批异体字整理表》中寧（宁的繁体字）有异体字"甯"。《通用规范汉字表》确认"甯"读 nìng 时为规范字，可用于姓氏人名。也就是说，从 1955 年 12 月至《通用规范汉字表》发布前，大陆地区姓甯都得改为姓"宁"。如今原来姓甯的同志，是继续保留姓"宁"还是改回"甯"，悉听尊便吧。

扭·忸

扭 niǔ 会意兼形声字。《说文》无。楷书扭从手从丑（手弯曲，指用力，兼表声）。本义为揪住不放。

忸 niǔ 形声字。小篆从心从而（表声）。隶定后楷书写作恧。异体作忸。今规范用忸。本义为惭愧、羞惭的样子。

扭捏与忸怩之间有些扭扭捏捏或忸忸怩怩，不得不说。

【扭捏】❶动 指走路时身体故意左右摇摆。❷形容举止言谈不大方：她~了大半天，才说出一句话来｜有话直截了当地说，别扭扭捏捏的。

【忸怩】形 形容不好意思或不大方的样子：~的神情｜别忸忸怩怩的，大方一些。

从上面不难看出，"扭捏"与动作、举止有关，而"忸怩"与心态、神情相联系。但在做形容词时，扭捏与忸怩的确有些缠绵，笔者建议不要太认真，两者互通即可。另外，扭扭捏捏、忸忸怩怩伴随着"扭捏""忸怩"同命运，共成长。

纽·钮

纽 niǔ 会意兼形声字。小篆从糸从扭省（扭省去手，兼表声）。隶定后楷书写作紐。今简化为纽。本义为系结、打活结，故其字为绞丝旁。由系束又引申出连结义。进一步引申，凡器物上供提起或系挂的地方，皆可称之为纽。

钮 niǔ 会意兼形声字。小篆从金从扭省（扭省去手，兼表声）。隶定后楷书写作鈕。今简化为钮。本义为印鼻（因隆起似鼻，故以鼻名之），即玺印上端的雕饰物，有孔，可以穿带子，是供把持、提系的凸起部分。古代官印，除我们熟悉的玉石外，多用金、银、铜制成，"钮"字从金便反映了材质特点。

纽、钮二字，右边都是一个丑字。此丑是扭字最初的写法。从甲骨文 看，好似一只手紧抓一样东西，表示揪住不放的意思。纽、钮都是这个丑的加旁分化字，所以音相同义相近，可构成多组异形词。

在可供抓起和扣子这两大义项上，纽、钮通用，不过凡是丝绸、布匹为特征的词，应以"纽"为首选，以金属为材质的应以"钮"为首选。

纽和钮都可用作姓，遇到姓 niǔ 的同志，可得问清啊！

浓·秾

浓 nóng　会意兼形声字。小篆 从水从農（厚重，兼表声）。隶定后楷书写作濃。今简化为浓。是农的加旁分化字。本义指露水多。引申特指液体、气体、颜色中所含成分多，与"淡""薄"相对，如浓烟、浓茶。进一步引申指程序深，如游兴正浓。

秾 nóng　形声字。《说文》无。楷书 从禾从農（表声）。今简化为秾。本义指花木繁盛。秾花即盛开的花。引申指艳丽，如秾艳、秾丽。又指丰硕、肥大，"秾纤"即肥瘦比例协调，指美女不胖不瘦，不高不矮，身材匀称。

秾纤兼出、顾盼分明，指颜楷笔画有粗有细，对比鲜明，与浓淡无关，不能写作"浓纤"。

《现汉》在"秾"只标注：〈书〉花木茂盛：夭桃～李。另外《现汉》只收"浓艳"，而无"秾艳"。《长生殿》（清·洪昇著）唱词中保持"秾艳"不变。

驽·弩

驽 nú　会意兼形声字。《说文》无。楷书 从奴从馬（兼表声）。今简化为驽。本义为跑不快的马。引申指没有能力，如驽将，才能低劣的将领；驽钝，平庸低下。

弩 nǔ　形声字。小篆 从弓从奴（表声）。隶定后楷书写作弩。本义为一种利用机械力量射箭的弓。成语有剑拔弩张、强弩之末、万弩齐发等。

强弩，指强劲的弓、硬弓。

强驽，字面上讲即强健的劣马，有点冷幽默。

驽与弩，从形旁"马""弓"很容易分得开，但因简写的"马"与"弓"字形极为相似，稍不注意就会成为"驽钝"之人，真那样离"驽才"也就不远了。

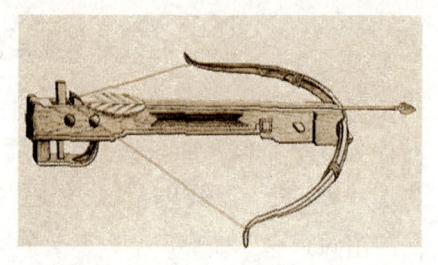

诺·偌

诺 nuò　会意兼形声字。金文🈲同若。小篆🈲改为从言从若（兼表声）。隶定后楷书写作諾。今简化为诺。本义为应答的声音。

偌 ruò　形声字。《说文》无。楷书偌从人从若（表声）。本义为姓。

诺，引申指表示同意，相当于"好吧""是的""对的"等。古时批"诺"字于公文末尾，表示许可，相当于后世的画行（xíng）。旧时主管长官在公文稿上画个"行"字，表示认可。

偌，后用作代词，义为如此、这般、那么（多见于早期白话）。偌大，即这么大，那么大。

诺与偌，认真一点，区别是不难的。在反映古代剧情的电视剧或电影中，常见有"诺"的回答，对此，有专家表示不同意见，暂且让大家讨论去吧。

"诺"同"喏"，屏幕上字幕写作"喏"也不要惊讶。

O

沤·煀

沤 多音字。会意兼形声字。小篆 㩅 从水从區（掩藏，兼表声）。隶定后楷书写作漚。今简化为沤。本义为长时间地浸泡，使起发生变化。

读 ōu 时，指水泡，如浮沤（水面上的泡泡）。

读 òu 时，指长时间地浸泡，使起变化，如沤肥。

煀 ǒu 后起形声字。楷书熰从火从區（表声）。今简化为煀。本义为柴草没有充分燃烧，如"煀了一屋子烟"。引申指使柴草等不起火苗只冒烟地烧，如"把这堆柴火煀了"。还指用燃烧艾草等的烟驱蚊蝇，如煀蚊子。

《现汉》在"煀"义项下，其实漏了一项，那就是"煀肥"。我记得 20 世纪 70 年代，我老家生产队，常将一堆干杂草点燃后，再在上面覆盖青草皮。通过一两天烟熏火烤，使其成为肥料。这种肥料能改良土壤结构，保护其不板结，同时，减少野草生长。

所以，沤肥与煀肥不同，前者水中浸泡，后者烟熏，务请大家注意。

沤·呕·怄

沤 详见本页"沤·煀"。

呕 ǒu 形声字。《说文》无。楷书嘔从口从區（表声）。今简化为呕。本义为吐（tù），如呕吐等。

怄 òu 会意兼形声字。《说文》无。楷书慪从心从區（掩藏，兼表声）。今简化为怄。本义为吝惜。引申指怄气等。还指使别人生气，如怄人。

呕者，吐也；沥者，滴也。呕心沥血就是差点呕出心来，滴下血来，以此形容耗尽心血。"沤心"，把心泡在水中，让人有点莫名其妙。

古时，呕气通怄气。如今《现汉》只保留"怄气"，"呕气"不知躲到何处"怄气"去了，我们千万不要把"呕气"请将回来，否则够您"怄"的。

P

趴·爬

趴 pā　近代新造形声字。楷书趴从足从八（表声）。本义为胸腹向下卧倒。

爬 pá　会意兼形声字。《说文》无。楷书爬从爪从巴（蛇，兼表声）。本义为搔、挠。

趴与爬，都有身子向下的意思，但趴表示不动，而爬则是运动至少是想动的（如"他累得爬不起来了"）。掌握这一点，就可以了。

排·牌

排　多音字。会意兼形声字。小篆𢫦从手从非（相对并列，兼表声）。隶定后楷书写作排。本义为推，推开。

读 pái 时，由本义引申开来。

读 pǎi 时，指排子车，也叫大板车。还指方言，用楦子填紧或撑大鞋的中空部分。

牌 pái　形声字。《说文》无。楷书牌从片从卑（表声）。本义为用木头做成的板状物，用来作标志之用。

"大 pái 档"的 pái 是"排"还是"牌"呢？

我们先从白福臻先生《"大牌档"非"大排档"》一文了解"大牌档"的由来。现摘要改写于下。

时下饮食店有以"大排档"为名的，这可能是受了"大排筵席"一语的影响。其实，"大排档"是说不通的，"排"字应作"牌"，这与"大牌档"得名原由有关。

"大牌档"这个名称起源于香港，指的是一种街边饮食档。"大牌档"外形像一只下面安有四个轮子的大木柜，营业时将轮子支稳，清洗街道时可以推开，以便冲洗。"大牌档"允许设有两张桌子，每张桌子附设四只椅子或凳子。香港当时的小贩档外形也像下面安有轮子的木柜，但不允许设座位，没有两桌八椅的附设。持有比小贩档营业面积来得"大"的"牌"照的"档"位，在口语中缩略为"大牌档"，这就是"大牌档"得名的原由。后来，这个名称逐渐从香港传播到其他地方。

在实际经营中，香港有的档主私自增加桌椅数目，甚至有多达十张八张桌子的，在人行道上排列成行，真有些"大排筵席"的气势。"大牌档"的"牌"误为"排"可能与此有关吧。其实，古汉语中有"排当"一词，本义是"宫中设宴"，外加"大牌档"的影响，有人就引出"大排当（档）"。《现汉》有如下注释：

【排挡】名 汽车、拖拉机等用来改变牵引力的装置，用于改变行车速度或倒车。简称挡。

【排档】〈方〉名 设在路旁、广场上的成列的售货摊点：服装~｜个体~。

【大排档】〈方〉名 排档，有时也指规模较大的（多为餐饮摊点）：夜宵~｜海鲜~｜约朋友到~消夜。

从以上可以看出，《现汉》支持用排档、大排档，而非"大牌档"。另外还要注意排挡与排档区别哟。还要区别好排面与牌面。

"排面"可能是对牌面的讹用。据《汉语方言大词典》记载，牌面过去是西南地区的官话，指人的仪表或排场。《汉语大词典》中也记载了牌面的义项，原指古代官吏、使节的一种身份凭证，因其状扁薄如牌，故称之，也有招牌、声望的意思。

"排面"能否在将来成功升级为规范词语，让我们拭目以待吧。

爿·盘

爿 pán 象形字。甲骨文 ᒫ 象从一侧观看到的古代筑墙之版和立柱的横断面形。小篆 爿。隶定后楷书写作爿，作偏旁时有的简化作丬（如將简化为将），是墙的初文。本义为墙。由于爿作了偏旁，古人只好另加声符啬写作墙（今为墙的异体字）；又为了表明其质料，俗又将义符爿改为土写作墙（今简化为墙）。

盘 pán 会意兼形声字。甲骨文 左上从般（搬运，兼表声）右下从口（器皿），表示挑水倒进盛水的器皿。金文 上从般下从皿。小篆 从木从般，表示盘了材料为木。隶定后楷书分别写作盤、鎜、槃。今皆简化为盘。本义为盛水供盥洗的器皿。

爿，作量词时，田地一片叫一爿，商店、工厂等一家叫一爿。

盘，作量词时，用于形状或功用像盘子的东西：一盘磨、一盘土炕；用于回旋地绕的东西：一盘电线、一盘蚊香；用于棋类、球类等比赛：下了几盘棋。

爿与盘在作量词时，前者用于一片、几家，后者常用于盘子形状的东西以及引申义。有时候需要小心才能搞清楚，如"小张费了好大劲儿才盘下来一爿百货店"。

盘组成的一组异形词，给人感觉真是盘根错节，请仔细对照，哪些是"盘"首选，哪些是次选。

【盘根错节】（蟠根错节） 【盘踞】（盘据、蟠踞） 【磐石】（盘石） 【蹒跚】（盘跚）

爿·片

爿 详见本页"爿·盘"。

片 与爿同源。爿与片是同源字。在甲骨文里，汉字的正反方向、上下左右是不固定的，如群与羣、岭与岺。

爿作为量词，范围比较明确，比较具体。如一爿厂、一爿店。片作为量词，其指称的对象可大可小。小到一片树叶、一片药丸，大到一片沙滩、一片蓝天。

"各人头上一片天"，是想说各人的环境不同，条件不同，机遇不同。如果改为"各人头上一爿天"是不是味道更足一些？敬听大家讨论。

判·叛

判 pàn 会意兼形声字。小篆 从刀从半（分离，兼表声）。隶定后楷书写作判。是半的加旁分化字。本义为分成两半。现在主要用于评定，如评判、判卷子；判决，如审判。

叛 pàn 会意兼形声字。小篆 从反从半（分离，兼表声）。隶定后楷书写作叛。本义为分享、背离、反背。现在主要用于背叛。

古时，"叛"通"判"。现在"判"与"叛"判若两人。"半"小篆 从分从牛，已经包含刀了；"判"再加一把刀，可谓是刀上加刀，归根结底用于"判断"。"叛"从反，背道而驰，着重放在背叛。

拚·拼

拚 pàn 会意兼形声字。小篆 从手从弁（搏击，兼表声）。弁（biàn），本身是个会意字。弁的甲骨文 为两手（廾）捧帽形，会正戴帽子之意。古时，武官戴皮弁，故引申指武官。帽子是戴在头上的，故引申指最前面，如弁言（序言、序文）。武官引申出搏斗也再自然不过了。隶定后楷书写作拚（扌+廾=三只手，现与厶这顶帽子，自然就演义出精彩的故事）。本义为击掌、拍手。在近代汉语里，拚又表示舍弃，豁出去，如拚命、拚死。此义俗后改用"拼"（pīn），"拚"保留在某些方言中。

拼 pīn 会意兼形声字。《说文》无。楷书拼从手从并（并合，兼表声）。本义为缀合。如拼图、东拼西凑等。后来，又借作"拌""拚"，指豁出去，如拼老命。

《现汉》中，当拚读 pīn 时作为"拼"的异体字出现；当拚读 pàn 时，指舍弃不顾，如拚弃、拚命（义为拼命）。

拼命、拚命，意思相同，但写法读音不一样，可得读准弄清哦。

泮·畔

泮 pàn 会意兼形声字。小篆 从水从半（一半，兼表声）。隶定后楷书写作泮。本义为泮宫。据《说文》："泮，诸侯乡射之宫，西南为水，东北为墙。从水，从半（注：既寓意与王所办学校区别，又暗示学生需补充知识从而丰盈起来），半亦声。"西周诸侯所设的大学前有半圆形的池，名泮水。济南大明湖正门所对文庙内就有两座大小不一的泮池。后代沿袭其形制。明清时期，各州县经过考试新进的生员（秀才）都要进入学宫拜孔夫子，因之称那些考中成了秀才为入泮（也叫游泮）。水名，发源于泰山西北谷，东南流经泰安市注入大汶河。还用于姓。

畔 pàn 会意兼形声字。小篆畔 从田从半（判分，兼表声）。隶定后楷书写作畔。是判的分化字。本义为田界，疆界，如田畔。引申指附近、旁边，如湖畔、路畔。

古时，泮通畔。如今分工明确。表界用畔，用于泮宫、姓氏时用泮。

袢·鋬·襻

袢 pàn 形声字。小篆袢 从衣从半（表声）。隶定后楷书写作袢。本义为夏天穿的白色细葛内衣。义同"襻"。袷袢，维吾尔、塔吉克等民族所穿的对襟长袍。

鋬 pàn 后起形声字。楷书鋬 从金从反（表声）。方言用字。本义指器物上用手提的部分，如壶鋬、桶鋬。

襻 pàn 会意兼形声字。《说文》无。楷书襻 从衣从攀（系结，兼表声）。本义为系衣裙的带子。现在指用布做的扣住纽扣的套，又引申指形状或功用像襻的东西，如车襻、鞋襻儿，也用作动词，指用绳子、线等绕住，使分开的东西连在一起，如"用绳子襻牢它"。

鋬，虽然从金，其实用的较多是木质、磁，器物上系绳处应用"鋬"（zhì）。

袢，虽然说同"襻"，但我们还是把"襻"当首选（有点违反汉字以笔画少为佳的规则），因为"襻"易读好认。

泡·炮

泡 多音字。会意兼形声字。小篆泡 从水从包（鼓起，兼表声）。隶定后楷书写作泡。本义为古水名，又名丰水，发源于山东省单县，北流注入泗水。又指泡沫。

读 pāo 时，指鼓起而松软的东西，如眼泡。还用于方言，多用于地名，指小湖（常见于东北），如月亮泡。也用作量词，如"撒了一泡尿"。

读 pào 时，指水泡，也指像泡一样的东西，如灯泡儿。还用于动词，指较长时间地放在液体中，如"两手在水中泡得发白"。

炮 详见 26 页"炮·爆"。

炮（páo）制，原指烹调，后指用中草药原料制成药物的过程。中药材，要经过洗刷晾晒、修整切割之后，再经火制或水制、水火共制等加工处理后使用。这些过程就是炮制。钩上挂着的鱼饵的制作，当为"炮制"。

当然有些饵料用"泡制"正确，不必用"炮制"。垂钓时用的鱼饵分诱饵和钓饵。用来引诱鱼儿集中到一起的饵料叫作诱饵。诱饵尽可能沉底，落水后一段时间不能散。为此要将麸皮等加水浸泡，俗称"打窝子"。制作此类诱饵的过程正是"泡制"。除了用水浸泡外，也可用酒等浸泡。

灯泡，不要因为想到"火与光亮"外加"灯从火"就错写成"灯炮"，那可就要了命了。参见 26 页"炮·爆"。

泡·疱

泡 详见 400 页"泡·炮"。

疱 pào　会意兼形声字。小篆 从皮从包（包状，兼表声）。隶定后楷书写作**皰**。异体作疱，改为从疒从包。本义为面部皮肤上所生的水泡（pào）状的小疙瘩，俗称粉刺。后也指疱疹，一种皮肤病。

身上因外力作用引起的写作泡，因内部细菌拱出的泡称之为疱。

刨·跑

刨 多音字。形声字。《说文》无。楷书**刨**从刀从包（表声）。异体作**鏒**、**鉋**。今规范以刨为正体。本义为削。

读 páo 时，指使用镐、锄头等向下向里用力，如刨土。

读 bào 时，指刨子或刨床，还用作动词，指用刨子或刨床刮平木料或钢材等。

跑 多音字。后起形声字。楷书**跑**从足从包（表声）。本义为兽用蹄子刨地。后来代替古代的"走"，指奔跑。

读 páo 时，指走兽用脚刨地，如杭州虎跑泉。

读 pǎo 时，指奔跑等义。

在刨、跑都读 páo 时，都有向下刨地的意思，但"刨"用于人，"跑"则只用于走兽。

胚·坯

胚 pēi 形声字。会意兼形声字。小篆 𦙽 从肉（月）从不（胚芽，兼表声）。隶定后楷书写作胚。异体作胚。今规范用胚。是丕的加旁分化字。本义为怀孕一月，又指妇女怀孕。在怀孕初期称"胚"（《文中子·九守》说：三月而胚）。后来，"胚"泛指所有初期发育的生物体。高等动物、植物都有"胚"，如动物有胚胎、胚层、胚孔、胚盘、胚泡等，植物有胚根、胚芽、胚轴、胚珠、胚乳等。

坯 pī 形声字。金文 𡉀 本从土从不（表声）。小篆 𡋤 整齐化。隶定后楷书写作坯（不是坯）。本义为一重的山丘或未烧的砖瓦、陶器。今借用作壤的简化字坏，本义便另借坯来表示，像"砖坯、瓦坯、陶坯、土坯、泥坯"等，用的都是坯的本义。后来，"坯"的词义扩大，凡是半成品均称"坯"。如钢坯，指用钢锭轧制成的半成品；坯布，指织成后还没有经过印染加工的布。另外，像生坯、毛坯、坯料等都是需要进一步加工的半成品。

胚和坯，可谓泾渭分明，较好区别。

帔·披

帔 pèi 会意兼形声字。小篆 𢂷 从巾从披省（披省去手，兼表声）。隶定后楷书写作帔。本义为下裳、裙。又表示披肩，古代披在肩背上的服饰。霞帔，是我国古代贵族妇女礼服的一部分，类似现在的披肩。

披 pī 会意兼形声字。小篆 𢴲 从手从皮（皮肤，兼表声）。隶定后楷书写作披。是皮的加旁分化字。本义当为分开，打开，劈开。引申指翻阅，如披阅、披览。现在指覆盖或搭在肩背上，如披着大衣。

二者形相似音相同义相近，所以大衣可披而不能"帔"啊。

怦·砰·嘭

怦 pēng 形声字。《说文》无。楷书怦从心从平（表声）。本义为心急。引申为形容心跳的声音，如怦然心动。

砰 pēng 形声字。《说文》无。楷书砰从石从平（表声）。本义为象声词，形容物体撞击、爆烈或重物落地的声音。如砰砰的敲门声。

嘭 pēng 会意兼形声字。《说文》无。楷书嘭从口从彭（鼓声，兼表声）。本义为像击鼓似的声音。现形容敲门、器物撞击等的声音。

怦、砰、嘭，三个字都是拟声词，但"怦"专用于人的心跳，砰、嘭则用于人与物、物与物之间发出声音。嘭的声音要大于砰，怦不用听诊器或耳朵贴在对方心前，估计是听不到的。砰然落地，错成"怦然落地"不行，写作"嘭然落地"也不中。

棚·蓬·篷

棚 péng　形声字。小篆 ▦ 从木从朋（表声）。隶定后楷书写作棚。本义为我国传统楼阁的一种，供望远、游憩、藏书、供佛等用。

蓬 péng　形声字。小篆 ▦ 从艸（艹）从逢（表声）。隶定后楷书写作蓬。本义为蓬草。

篷 péng　形声字。《说文》无。楷书篷从竹（⺮）从逢（表声）。本义为竹编的车船用以遮风雨和日光的器具。

下面几组词值得大家辨认一番。

【棚车】名 有顶的铁路货车。
【篷车】名 带篷的马车或汽车。
【棚子】名 简陋的房屋：牲口~｜工~｜碾~｜草~。
【篷子】名 遮蔽日光、风雨的设备，用竹木、苇席或帆布等制成（多指车船上用的）：船~｜把~撑起来。
【棚户】名 住在简陋房屋里的人家：~区。
【蓬户瓮牖】用蓬草编成的门，破瓮做的窗户，借指穷苦人家的简陋房屋。
【蓬门荜户】用草、树枝等做成的门户，借指穷苦人家的简陋房屋。

棚与篷。棚侧重指在地面搭起的简易建筑物，篷侧重指搭在车船上的遮盖物。篷宿即搭帐篷宿营，不能想当然错写作"蓬宿"。蓬与篷，二字音同义不同。蓬指蓬草，用于蓬飞、蓬蒿、蓬勃等；篷用于车篷、船篷等遮蔽物。蓬荜生辉（也作蓬荜增辉）不得写作"篷荜生辉"。

澎·膨

澎　多音字。会意兼形声字。甲骨文 ▦ 从水从彭（大声，兼表声）。隶定后楷书写作澎。本义指波涛发出的冲击声。

读 pēng 时，方言用字，义为溅，如"嘭了一身水"。

读 péng 时，澎湃指波浪猛烈地冲击，如波涛澎湃，也形容声势浩大雄伟，如"澎湃的革命浪潮"。还指澎湖列岛，我国群岛名。

膨 péng　形声字。《说文》无。楷书膨从肉（月）从彭（表声）。本义指肚腹胀大，后引申泛指胀大，如膨胀、膨大。

膨化指谷物等在受热、受压时突然减压而膨胀，如膨化食品。

误膨化为"澎化"，当是形近致误。

批·披

批 pī　形声字。小篆 ⿰ 从手从匕（表声）。隶定后楷书写作捴。异体作批，改为比声。今规范用批。本义为反手相击，即用手掌击打。引申指披露，再引申指找出缺点错误，即批评、反驳等。还引申出批阅等。再引申出大量或成批买卖货物。也指口语中棉麻等未捻成线、绳时的细缕。

披　详见 402 页"帔·披"。

披本指打开，与"露"含义相近，二者组成"披露"一词，表示发表、公布的意思，如"披露事实真相"。披露，也指表露，如披露心迹、披露真情。

批阅，指阅读并加以批示或批改。

披阅，指披览，阅读。

横批，同对联相配的横幅。横披，国画装裱中横幅的一种体式。

圮·圯

圮 pǐ　形声字。小篆 ⿰ 从土从己（表声）。隶定后楷书写作圮。本义为毁坏，断绝，倒塌，如倾圮。

圯 yí　形声字。小篆 ⿰ 从土从巳（表声）。隶定后楷书写作圯。本义为桥。

在《史记·留侯世家》中，记载着西汉开国功臣张良年轻时的一段经历：张良行走在下邳（古属楚地）圯上，遇一老者堕履圯下。老者对他说："孺子，下取履！"接着又命他为自己穿上。再后来大家都知道，张良从老者手中得到一部《太公兵法》，辅佐刘邦统一天下，建立了西汉王朝。

桥是连接作用，故"巳"封口；毁坏就是留有缺口，于是从"己"，这样就可以区分"圯"和"圮"。

参见 252 页"己·巳·巳"。

⊘ 宋代有位宗室大臣叫赵杞，明末清初有个和尚叫钱邦芑，当代有位著名画家叫朱屺瞻。这三个人名字中的杞、芑、屺，都读 qǐ，声符都作"己"而不作"巳"，请大家注意。

翩·便

翩 piān　形声字。小篆 ⿰ 从羽从扁（表声）。隶定后楷书写作翩。本义为疾速地飞。

便　详见 44 页"变·便"。

翩翩，常有两义：一是形容动作轻快的样子，如翩翩起舞；一是形容举止潇洒、仪态大方，如风度翩翩。形容人肚子肥大突出，常说"大腹便便"，带有贬义。

错写词语"风度便便""大腹翩翩"都是读音相近惹的祸。

翩・蹁

翩 详见 404 页"翩・便"。

蹁 pián 会意兼形声字。小篆蹁从足从偏省（偏省去亻，兼表声）。隶定后楷书写作蹁。本义为脚的姿势放得不端正。

蹁跹，本指回旋而行，后与翩跹等同，都是形容旋转舞蹈的轻快姿态。由于"蹁"与"翩"读音声调有差别，故"翩跹"与"蹁跹"不构成异形词关系。人们一般写作"翩跹"，大概翩更有舞之神韵吧。

骈・胼・跰

骈 pián 会意兼形声字。小篆骈从马从并（并拉，兼表声），会两马并拉一车意。隶定后楷书写作骈。今简化为骈。引申泛指并列的、对偶的，如骈俪（文章的对偶句法）、骈体（要求词句整齐对偶的文体，重视声韵的和谐与辞藻的华丽，盛行于六朝，区别于"散体"）、骈文（用骈体写的文章）、骈阗（聚集，罗列，如士女骈阗，也作骈填）、骈句（对偶句）、骈肩（肩挨着肩，形容人多）。还用作姓。

胼 pián 形声字。《说文》无。楷书胼从肉（月）从并（表声）。本义为胼子，手掌脚掌上因劳动或运动而磨起的厚皮。

跰 pián 后起形声字。楷书跰从足从并（表声）。跰胝，同"胼胝"。

骈拇枝指：骈拇，指脚的大拇指跟二拇指相连；枝指，指手的大拇指或小拇指旁边多长出来的手指。"骈拇枝指"比喻多余的或不必要的事物，可略写为"骈枝"。

胼手胝（zhī）足：手和脚都磨出老茧，形容十分辛勤劳苦。也说手胼足胝。胼胝，指茧子，也作跰胝。

漂・飘・缥

漂 多音字。会意兼形声字。小篆漂从水从票（票下方示是火的讹变，票为火上腾，兼表声）。隶定后楷书写作漂。本义为浮在液体表面。

读 piāo 时，用的是本义。

读 piǎo 时，指漂白，或指用水冲去杂质。

读 piào 时，方言用字，指事情、账目等落空，如"那事没有什么想头了，漂了"。

飘 piāo　会意兼形声字。小篆 𩗸 右从風左从票（火飞，兼表声）。隶定后楷书写作飄。今简化为飘。本义为旋风。

缥　多音字。会意兼形声字。小篆 𦅻 从糸从票（飘动，兼表声）。隶定后楷书写作縹。今简化为缥。本义为青白色的丝织品。

读 piāo 时，缥缈（形容隐隐约约，若有若无。也作飘渺）。

读 piǎo 时，指青白色或青白色丝织品。

漂和飘，一个从水，一个从风，按说比较好分，大凡与水有关的动词都写作"漂"，如"水面漂浮着树叶"。空中行为用"飘"，如"空气中飘浮着香味"。但有些则不那么简单了，如"水面 piāo 过来一首民谣"。这个 piāo 用"漂"还是"飘"呢？

【漂泊】（飘泊）piāobó 动 ❶ 随波浮动或停泊：游艇～在附近的海面上。❷ 比喻流落在外，四处流浪：～异乡。

【漂浮】piāofú ❶ 动 漂①：水上～着几只小船◇离开了幼儿园，孩子们的笑容总是～在我的脑海里。❷ 形 形容工作、学习等不踏实，不深入：作风～。也作飘浮。

【漂流】（飘流）piāoliú 动 ❶ 漂在水面随水浮动：沿江～进行科学考察。❷ 漂泊；流浪：～四海。

【飘零】（漂零）piāolíng 动 ❶（花、叶等）坠落；飘落：秋叶～｜雪花～。❷ 比喻流落在外，失去依靠：四处～｜～半世。

《鲁宾逊漂流记》《鲁滨孙飘流记》《鲁滨逊飘流记》谁对谁错？各个出版社保持自己最初版本版式及书名，加上"鲁宾逊"是老外，属翻译用名，很难有个定性。对此，只好听之任之了。

另外，缥缈可写成飘渺，但不能写作"漂渺"。

瓢·瓤

瓢 piáo　形声字。小篆 𤫥 从瓠省（瓠省去夸）从票（表声）。隶定后楷书写作瓢。本义是用来舀水或撮取面粉等的器具。多用对半剖开的匏瓜做成，也有用木头挖成的，其功能是可以舀取东西。引申指形状像瓢，如瓢虫。还用作姓。

瓤 ráng　会意兼形声字。《说文》无。楷书瓤从瓜从襄（表示脱去外皮，兼表声）。本义指瓜果皮里包着种子的肉或瓣儿。泛指瓜、柑橘等内部包着种子的部分，如红瓤西瓜。泛指某些皮或壳里包着的东西。

瓢大都是瓠瓜挖去瓤后制作而成，瓢指外在壳、瓤为内在果肉。

蘋·苹

蘋 多音字。形声字。楷书蘋从艸（艹）从頻（表声）。今简化为苹。本义指苹果。

读 pín 时，简化为蘋，指蕨类植物，生在浅水中，茎横生在泥中，质柔软，有分枝，叶柄长，四片小叶生在叶柄顶端，像"田"字，也叫田字草。

读 píng 时，借用"苹"字来简化，专指苹果。

苹 píng 会意兼形声字。小篆苹从艸（艹）从平（平浮于水面之意，兼表声）。隶定后楷书写作苹。是萍的本字。如今又借作蘋的部分义项。

"风起于青蘋之末"出自宋玉的《风赋》，描绘的是风的生成以至强大的过程。

青蘋，在实际使用中至少还可见到三种不同的写法：青苹、青萍、青蘋。

写作"青苹"是因为"蘋"在读 píng 时简化为苹。然而"青苹"会让人马上想到"青涩的苹果"。"风起于青苹之末"显然说不通的。

萍者，浮萍也。卵形的叶子平铺在水面上，叶下有较长须根，故名为浮萍。比如四处流浪的人被称"萍踪不定"，不相识的人偶然碰到一起称之"萍水相逢"。

青蘋是一种生于浅水中的蕨类植物，其叶立于水面之上，风可从叶下穿过。"风起于青蘋之末"，这是精细观察，生动描绘的结论。由于一般电脑字库里只有"蘋"而没有"蘋"，于是"青蘋"时不时在媒体上"浮出水面"。

为何"蘋"读 pín 时类推简化为"蘋"，而读 píng 时借用"苹"。原来田字草的孢子囊外有硬孢子果，读作"pín 果"。蘋（pín）果与苹（píng）果，读音相近，但代表的事物一个长在水里，一个挂在树上，现在这种处理，实属无奈之举。

平·凭

平 píng 会意字。金文平（干，表乐声婉转）从八（表平分），会乐声平缓之意。小篆平。隶定后楷书写作平。本义为乐声舒缓，气息舒徐。引申指表面没有起伏。

凭 píng 会意字。小篆凭从任从几（桌几），会依桌几之意。隶定后楷书写作凭。异体作凴。现今又作了憑的简化字。本义为身体靠在物体上。引申出依靠、倚仗、借助等义。后来又引申出凭证等义。

在现代汉语中，平、凭二字常有纠缠，如把平心而论错写作"凭心而论"，平白无故错写作"凭白无故"，平添错写作"凭添"。平添，是自然而然、平白地增添，这是由"平"的平静、平和的意义演化而来的。

【凭空】（平空）副 没有依据地：~捏造｜~想象。

【平信】名 不封号的一般信件。

【凭信】❶动 依赖；相信：不足~。❷名 凭证：立字据作为~。

凭空与平空是全等异形词，凭空是推荐词条。平信与凭信，区别较大，一封平信不可以作为凭信，平信是实实在在的信，凭信则指相信及引申义。

坪·枰

坪 píng　会意兼形声字。小篆 坪 从土从平（平整，兼表声）。隶定后楷书写作坪。本义指平地，如草坪。还用于地名，如茨坪（在江西井冈山）。还指土地或房屋面积单位，1坪约合3.3平方米（用于台湾）。

枰 píng　会意兼形声字。小篆 枰 从木从平（平整，兼表声）。隶定后楷书写作枰。本义指棋盘、棋局。常见词有：棋枰、推枰认负。

地名中一般用"坪"，如陕西杨家坪，江西铜鼓县棋坪镇（不能因"棋"的联想写作"棋枰镇"）等。

但地名中的确有带"枰"的，如"宁波市镇海区棋子枰旅游景区"是它当下的正式称呼。它的前身也曾叫过棋子泙、棋子坪等。所以作为编校人员，要认真核实，不能以偏概全。

Q

期·其

期 详见242页"期·纪"。

其 详见241页"其·奇"。

古时,其与期有时相通,这也给后人在"其间""期间"打下纠缠的伏笔。

期间,从词义上说,指的是某个特定的时段,也指某段时间里面。使用时,必须指明自己所要表示的是什么时段,如上小学期间、三年工作期间。

其间,方位词。一般有两个意义:

一是表示时间,指某一段时间,即"那一段时间之内"的意思。

二是表示空间,即"那中间""其中"的意思,如厕身其间,这个"其间"跟"其中"相仿。

期间与其间,仔细体会,不难区分。

芪·岐

芪 qí 形声字。小篆 从艸(艹)从氏(表声)。隶定后楷书写作芪。本义为黄芪。又叫黄耆、芪母、知母。

岐 qí 形声字。小篆 从邑(阝右)从支(表声)。异体 改为从山从支(表声)。隶定后楷书分别写作邟(邟仍保留,用于古地名,陕西岐山县东北,还用作姓)和岐。如今规范用岐。本义为山名,在今陕西省岐山县东北。还用作姓。古时,岐与歧相通,如今不通,但《现汉》中仍标注:同"歧"。

岐黄中的"黄"指的是黄帝;"岐"指岐伯,黄帝之臣,被封为天师,古代名医。

中医最早的系统理论总集《黄帝内经》是以黄帝与岐伯等人相互问答的体例写成的,所以中医又称为岐黄之学。由于历代视岐伯和黄帝为医家之祖,所以"岐黄"就成为中医医术的代称。

中医中,黄芪是中药材,不能颠倒作"芪黄",更不能与"岐黄"混同。

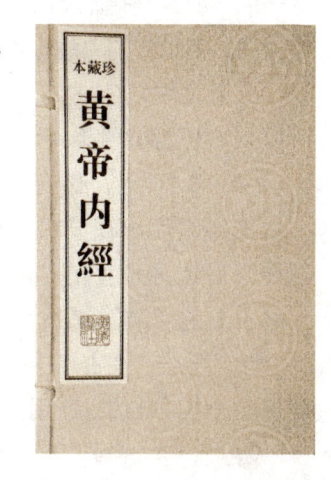

芪·茋

芪 详见 409 页"芪·岐"。

茋 多音字。后起形声字。楷书茋从艸（艹）从氏（表声）。本义一种蒲草。

读 dǐ 时，指有机化合物，无色晶体，可用来制染料等。

读 zhǐ 时，古书上指嫩的蒲草。

芪与茋，音义相差甚远，只是形高度相似，故请认真区别。

岐·歧

岐 详见 409 页"芪·岐"。

歧 会意兼形声字。小篆 � 从足从支（分支，兼表声）。隶定后楷书写作跂。异体作歧，改为从止（足，表示走路）。如今二字表义有分工。本义为多出的脚趾，此义后作"跂"。引申泛指由大路分出的岔道，如误入歧途。

古代本无"歧"字，《说文》只收"郂"和"岐"。"岐"是山名，"郂"是周文王封邑，因岐山而得名。由于"郂"为邑名，故从邑（阝右）。

岐山。岐山有多处，较著名者有二：一在今陕西省岐山县东北；一在今山西省孝义市西。因为山的主峰分为两个而得名。

到三国，"歧"字还没有产生。据《后汉书》记载，赵岐死于东汉末献帝建安六年，因而其名只能是"岐"而不可能是"歧"。

张尔岐，字稷若，号蒿庵，明清之际经学家，著有《蒿庵闲话》等。稷，史称后稷，是周族的始祖。作为周朝发祥地之一的"岐"与周族始祖"稷"，名与字正相关联，张尔岐的"岐"当为岐山之"岐"。

由于"岐"字古有分支、分叉之义，所以在"歧"字产生以后（南朝梁顾野王所撰《玉篇》已收"歧"字），仍有人沿用"岐"的这一古义，因而出现了岐、歧并见的现象。但作为后起区别字的"歧"却绝不能作为"岐山"的"岐"来用。

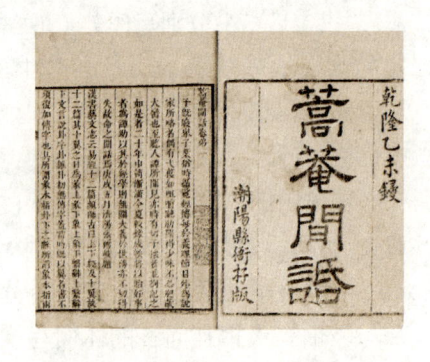

综上所述，在古籍中，就"分歧"之义而言，"岐""歧"可以通用。但在现代汉语中，岐伯只能用"岐"字，歧路则只能用"歧"字。

🅒 跂，读 qí 时，用于书面语言：多出的脚趾，也形容虫子爬行；读 qǐ 时，用于书面语言，义为抬起脚后跟站着，如跂望。

祈·祁

祈 qí 形声字。甲骨文从單（武器）从斤（斧）。金文承接甲骨文，或另加战旗，变为从㫃从單。小篆一简化只留下斤作声符，并另加义符示，隶定后楷书写作祈；小篆二承接金文，隶定后楷书写作蕲，今简化为蕲。如今规范用祈。难怪祈求也可写作蕲求。本义为向上天或神明祷告求福。

祁 Qí 形声字。小篆从邑（阝右）从示（表声）。隶定后楷书写作祁。本义为地名，即今山西省祁县。后用于其他地名，如祁门（在安徽省）、祁阳（在湖南省）。还用作姓。

祈福，常用词不需做很多解释。汉语中没有"祁福"这个词。祈盼，义为恳切盼望，如错成"祁盼"，估计也盼不来什么好消息。☺

祇·祇·袛·袛

祇 qí 会意兼形声字。小篆从示从氏（至地，兼表声）。隶定后楷书写作祇。本义为地神。古时，天神曰神，地神曰祇，人神曰鬼。与之相对应的是：天祸为灾，人祸为害，神祸为祟。神祇，泛指神。祇还读 zhǐ，是只的异体字，义为仅有，此义宋朝以后用只。但神祇绝对不能简化为"神只"。

祇 zhī 会意兼形声字。金文一从二酉（古代盛酒浆之器）颠倒，会以酒洒地敬献神祖之意；金文二好似以酒浇地敬神，因而祇从礻，引申出恭敬义。小篆改为从示从氏（洒地，兼表声）。本义恭敬。祇仰（敬仰），祇候光临。祇候人，古时官职，指在官府执役的小官史。还可作姓，台湾有。

袛 形声字。小篆从衣从氏（表声）。异体从糸从是（表声）。隶定后楷书分别写作袛与缇。缇今简化为缇。袛原读 tí，同缇，本义为橘黄色的丝织品，因而袛从礻（衣）。又可读 qí，用于袛衼一词，指僧尼穿的法衣，如袈裟之类。还可读 zhǐ，在古籍中，袛和祇常通用。

1955年12月发布的《第一批异体字整理表》中，祇被定为祇的异体字。

1964年5月发布的《简化字总表》中，祇又被定为只的繁体字。现在只读 zhǐ，如今袛唯一任务是充当只的繁体字。

袛 dī 形声字。楷书袛从衣从氏（表声）。本义为贴身穿的短衣，故袛从礻。《现汉》第7版未收录。

这里特别需要说明的是，"只"读 zhī，表示"只身""只字不提""只言片语""片纸只字"和当量词用时（一只鞋，两只鸡，三只箱子，四只小船）繁体是"隻"；读 zhǐ，当副词用，用来限定范围，表示除此之外没有别的，相当于"仅仅"时繁体字是"衹",异体字为"祇"和"秖"。

以上所述,可能还是比较复杂,我们再来简化一下:

一、义为神时,用祇,读音为 qí。神祇是定型词,不要写作"神衹"。

二、义为恭敬时,用祗,读音为 zhī。用"衹"也可以,但不是首选字。

三、用作范围副词时,表示仅仅、只有,读音为 zhǐ。历史上衹、祇、秖三者皆可用,但自宋代开始,已出现改用"只"的趋势;《简化字总表》明确规定用"只",其他用法是不规范的。繁体字排印应首选"衹"。

四、袛,是一个用途比较单一的字,只用于表示短衣的"袛裯"。

崎·峙

崎 qí 会意兼形声字。小篆 ![崎] 从阜(阝左)从奇(不平,兼表声)。隶定后楷书写作陭。异体作碕。今规范用崎。本义为道路险阻不平。

峙 多音字。会意兼形声字。楷书峙从山从寺(兼表声)。本义为耸立、屹立。
读 shì 时,繁峙,地名,在山西。
读 zhì 时,用的是本义。
对峙本义为相对而立。后引申出对抗、抗衡之义。对峙,既可以是山也可以是人、牛等动物。对峙,不能写作"对崎"。还要注意与对质的区别。

启·起

启 qǐ 象形兼会意字。甲骨文一 ![启] 象用手(又)去开门形。本义就是打开;甲骨文二 ![启] 加口,好似开门一样以言语启发教导。也有说那不是"口"而是"囗(围、国)",义为开启城门。金文 ![启]。小篆启、啟。隶定后楷书分别写作启、启、啟。今规范用"启"。本义开门。人开口笑时露出牙齿,叫启齿;求人相助不好意思开口叫难以启齿。打开带封条的东西叫启封,写信时在信封上写上某某亲启。启由打开本义,引申出启发、启迪、启蒙。再引申,启就有陈述、表白的意思。

起 qǐ 会意兼形声字。小篆 ![起] 从走从巳(起始,兼表声)。隶定后楷书写作起,将声旁巳误为己。本义为由躺到坐,或由坐到站立。

启示与启事,是一组比较容易混淆的词,特单列如下:

【启示】❶动 启发提示,使有所领悟:这本书~我们应该怎样度过自己的一生。❷名 通过启发提示而领悟的道理:影片给了我们有益的~。

【启事】名 为了说明某事而登载在媒体上或张贴在墙壁上的文字:征稿~|寻人~。

启示中启是指开导启发,启事中启则为陈述表白。启事,即陈述某件事情,如寻物启事、招聘启事。启示，一般都是指抽象的；启事，常指具体的事物。

由"启"和"起"组成的词令人眼花缭乱。

【启程】动 上路；行程开始（多用于较正式的场合）：连夜~。

【起程】动 上路；行程开始。

【启动】动 ❶（机器、仪表、电气设备等）开始工作：~电流｜~继电器｜车轮~。❷（法令、规划、方案等）开始实施或进行：扶贫工程正式~。❸开拓；发动：~农村市场。

【起动】动 启动①。

【启航】动 （轮船、飞机等）第一次航行。

【起航】动 （轮船、飞机等）开始航行：天气恶劣，不能~。

【启用】动 开始使用：~印章｜~新域名｜铁路已建成~。

【起用】动 ❶重新任用已退职或免职的官员。❷提拔使用：~新人｜大胆~年轻干部。

注："起用"是个古今都很常用的词语。古代多指官员遭遇父母丧葬，按守制尚未满期而应召任职。

从以上不难看出，"启"常常含有第一次的意思，而"起"则无；"启"组成词常用于书面语言，比较庄重，而"起"常用于口头语言，随意性强；"启"常用于物（启，原本的意思是把某物"打开"），用在人的身上以"起"为佳。

气·汽

气 qì 象形字。甲骨文 ☰（三横表多），象空中漂浮的云气形。金文 （最上为弯折，以区别"三"）。小篆 ，动感十足。隶定后楷书写作气。由于气后来作了偏旁，云气之义便借本指馈送人的粮草之义的"氣"（从米从气表声，读作 xì）来表示。后来，古人把"氣"与"气"混用，"馈赠"之义的"氣"只好再加"食"写作"餼"。再后来，古人又让"气"咽了气而全部使用"氣"。新中国实行简化字时，氣简化为气。

古代，"气"可做乞字用，后来将"气"省去一笔写作"乞"，以免混淆。

也有的人说：氣，金文 从气从米（代指食物），本义体内因肠胃消化食物而产生的气体。备此一说。

汽 qì 会意兼形声字。小篆 从水从气（气体，兼表声）。隶定后楷书写作汽。异体作汔（qì，书面用语，副词，义为庶几，即但愿，或许等义）。本义为水干涸。后常用于水蒸气。

【气锤】名 空气锤的简称。（注：利用压缩空气产生动力的锻锤）

【汽锤】名 蒸汽锤的简称。（注：利用水蒸气产生动力的锻锤）

【汽缸】名 内燃机或蒸汽机中装有活塞的部分，呈圆筒形。用于内燃机的，现多写作气缸。

【蒸气】名 液体或固体（如水、汞、苯、碘）因蒸发、沸腾或升华而变成的气体：水～。

【蒸汽】名 水蒸气：～浴｜～发动机。

蒸气、蒸汽两者之间有差异，不可通用。蒸气的外延比蒸汽大，蒸气包括蒸汽。蒸气的"气"指各种气体，如毒气、煤气、沼气等；凡是液体或固体变成的气体，都可以叫蒸气。而蒸汽则专门指气态的水，即水蒸气。利用水蒸气产生动力的发动机，只能写作蒸汽机；利用水蒸气产生动力的锻锤，只能简称为汽锤，而不可写作"气锤"。

汽与汽古时常"走动"，现在不"来往"。

綮·肇

綮 多音字。形声字。小篆 从糸从启（表声）。隶定后楷书写作綮。本义为细密的缯（zēng，古代对丝织品的统称）帛。

读 qǐ 时，书面语言用字，同"棨"（古代官吏出行时用来证明身份的东西，用木制成，形状像戟）。姓。

读 qìng 时，常用词肯綮。

肇 zhào 会意字。甲骨文 是以戈击门形，表示要打开门。金文 改为以手持棍敲门，后讹为手持笔（聿）。小篆承接金文分为三体 、 、 。隶定后楷书分别写作 𢼄、肈、肇。今规范用肇。本义为击打。后指打开门。引申指开始。

肯，本义为依附在骨头上的肉。肯綮，指筋骨结合处。筋骨结合处（筋如丝连接），要害部位，故引申比喻问题的关键或要害。肯綮，千万不能写作"肯肇"。

讫·迄

讫 qì 形声字。小篆 从言从乞（表声）。隶定后楷书写作訖。今简化为讫。本义为停止、终止。引申指完毕、终尽，如收讫、验讫。

迄 qì 形声字。小篆 从辵（辶，表走路）从气（表声）。隶定后楷书写作迄。本义为到、至。还引申作副词，表示竟、终于，如迄无成功。

《说文》中，讫是正字，迄是新附字。有人据此判断，迄是讫的后起分化字，认为改言从辵是为了分担其与动作有关的含义。

在古汉语中，讫、迄二字确可通假，如典籍中既有迄今也有讫今。如今两字分工明确：迄表示到、至，"自古到今"应作自古迄今；讫表示截止，"起止时间"应用起讫时间。起讫地点、起讫序号都是表示起止，其中的起讫都不能写成"起迄"。

葺·茸

葺 qì　形声字。小篆 [字形] 从艸（艹）从咠（表声）。隶定后楷书写作葺。本义是指用茅草覆盖房屋。引申指修理房屋。因此"修葺"是"修"和"葺"两个语素构成的并列式合成词。"修葺"的对象一般限于建筑物。古时，房屋用草覆盖，墙壁内也用草与泥混合形成拉力，所以修葺的葺从艹。

茸 róng　形声字。小篆 [字形] 从艸（艹）从聪省（聪省去总，表声。也有专家说耳毛极为细小柔软）。隶定后楷书写作茸。原义是初生的草。因为初生的草纤细而柔软，所以"茸"也可以指柔软的兽毛。"茸"又是鹿茸的简称。药房出售的保健补品"参茸"就是人参和鹿茸。鹿茸是雄鹿尚未长成硬骨的嫩角，外带茸毛，故称鹿茸。

葺与茸，字形相近，只差一"口"，而字义却大相径庭。务请看清。

器·嚣

器 qì　会意字。甲骨文 [字形] 同丧，从㗊（众口）从桑，会众口喧哭于桑枝下之意。古代丧事用桑枝作标志，因桑与丧音同。后来由于表意侧重不同，分化为不同的字形。金文一 [字形]（丧），金文二 [字形] 为器。小篆 [字形] 桑枝变成了犬形，另加义兼声符亡为丧（丧），侧重表示死亡；有四张口的为"器"。本义为悲极而哭不出声来。后被借用作"凵"（读 qū，是器的本字。由于此字与口形近易混，遂废而不用，只作偏旁，如去），表示器具之义，哭丧之义便省去两口写作"哭"。

嚣　多音字。会意字。金文 [字形] 从頁（人头）从㗊（四口），会众口喧哗之、嚣张等意。小篆 [字形]。隶定后楷书写作嚻。今简化为嚣。本义为众口喧哗。常见词有：叫嚣、喧嚣。基本属于贬义词。

读 xiāo 时，指本义。

读 áo 时，同隞、敖，指商朝的都城，在今河南郑州西北。

器与嚣，五笔字型输入时，在输入 kkd 或 kkdk 时，器与嚣都是紧密相伴，所以非常容易混淆。

憩·息·歇

憩 qì　会意字。小篆 [字形] 本从心从曷（表声）。隶定后楷书写作愒。异体作偈。俗写作憩，从舌从息，会张口喘气休息之意。如今规范用憩，本义为休息。愒、偈另表他义。

息 xī　会意兼形声字。金文 [字形]、小篆 [字形]，下边的出气之形皆讹为心，变成从心从自（鼻子，兼表声）会意。古人认为心与鼻息相通。本义为喘气、呼吸。

歇 xiē　形声字。小篆從欠（张口出气）从曷（表声）。隶定后楷书写作歇。本义为喘气。引申指休息。

憩息，指休息，常用于书面语言。歇息，也指休息，常用于口语。

掐·龁

掐 qiā　会意兼形声字。小篆從手从臽（陷入，兼表声）。隶定后楷书写作掐。本义用指甲刺或按。掐引申义很多，其中用于方言时，指争斗。如"两个人因为一点小事掐了起来"。

龁　多音字。形声字。楷书龁从齿从可（表声）。本义为上下门牙咬。

读 kè 时，同"嗑"（用上下门牙咬有壳的或硬的东西）。

读 qiā 时，义为咬，比喻相斗，如龁架。

在双方相斗时，用于真枪实弹的咬、打，建议用"龁"；如果用于比喻义，以"掐"为好。

掐·拤·卡

掐　详见本页"掐·龁"。掐，有义项指用手的虎口紧紧按住，如一把掐住、双手掐腰。掐，还指用指甲按压，如用拇指和食指指头使劲捏或截断。

拤 qiá　会意兼形声字。《说文》无。楷书拤从手从卡（卡住，兼表声）。本义为把玩，引申指用两手掐住。如拤着腰。

卡　多音字。会意字。《说文》无。楷书卡从上从下，会不上不下之意。

读 qiǎ 时，其中有一义项指用手的虎口紧紧按住，如卡脖子。

读 kǎ 时，常用于外来语翻译，如卡路里、卡车、磁卡等。

掐、拤常用双手同时行动，卡一般指一只手之行为，在与腰相配时，"掐"与"拤"皆可，与脖子关联时，建议用"卡"最合适。不管怎么配合，关键在于这"掐、拤、卡"读音的差异。

洽·恰

洽 qià　会意兼形声字。小篆從水从合（相合，兼表声）。隶定后楷书写作洽。本义为沾湿、浸润。由浸润引申出和睦、协调、商量等义项。"融洽"说的是关系的和睦、协调，和"洽"字的引申义是一致的。还引指同人联系、商谈，如洽谈业务、面洽、商洽等。

恰 qià　会意兼形声字。小篆從心从合（相合，兼表声）。隶定后楷书写作恰。本义为合适、适当。

恰可以用作形容词，如恰当、其言不恰；或者用作副词正好，如恰到好处。但不能用于融洽。融洽不得写作"融恰"，真写真算错，那还能融洽起来吗。

迁·牵

迁 qiān 会意兼形声字。金文▨是四手共举箱笼等重物状，右边是一人一口，表示人正喊着号子将重物一起抬起来。小篆▨省去口，另加义符辵（辶），以突出动作之意，遂改为从辵从𤰆（兼表声）会意。隶定后楷书本作遷。今简化为迁。本义为向上移动。引申指转变、变迁、调动等意。"迁出"相对于"迁入"而言，指从一个地方搬到另一个地方。

牵 qiān 会意兼形声字。小篆▨从牛从玄（绳，兼表声）从冂（表前引），会手拉缰绳向前引牛之意。隶定后楷书写作牽。今简化为牵。本义指拉、挽。引申指牵涉、连带。"牵出"即牵连、带出。

【迁就】动 将就别人：坚持原则，不能～｜你越～他，他越贪得无厌。也作牵就。

"右牵"。《礼记·曲礼上》"效马效羊者右牵之"，孔颖达解释说："马羊多力，人右手亦有力，故用右手牵挚之也。"后因以"右牵"指进献马、羊之礼。

"左迁"。《汉书·周昌传》中有"左迁"，颜师古注："是时尊右而卑左，故谓贬秩位为左迁。汉代贵右贱左，故将贬官远调称之为左迁。"汉代以降，多数朝代沿袭贵右贱左之习。"左迁"为降官、贬职；"右迁"为升职。唐代韩愈《左迁至蓝关示侄孙湘》就是抒发对降职（左迁）的愤慨之情。

迁走，一般指户口、住地等，如"小张把组织关系迁走了"；牵走，通常指让动物离开某地，如"把牛牵走"。

谦·欠·歉

谦 qiān 形声字。小篆▨从言从兼（表声）。隶定后楷书写作謙。今简化为谦。本义为说话恭谨，不自满。

欠 qiàn 象形字。甲骨文▨象人张口打呵欠形。小篆▨将口讹为三缕气。隶变后楷书写作欠。本义打哈欠。气出则不足，引申指欠缺、亏欠等。

歉 qiàn 会意兼形声字。小篆▨从欠（张口出气）从兼（手持禾，也表声），会收成不足之意。隶定后楷书写作歉。本义当为收成不好。

谦与歉，形似音近，但义相远。

凡是与收成有关的用歉，用"欠收"可能是受"欠"有不够、缺乏的影响。

歉，可指收成不好；岁，可指一年的收成、年景。歉岁，义为歉收之年、灾荒之年，也称歉年，与丰年相对。汉语中没有"欠岁"的说法。

谦抑，即谦逊、谦退。歉，即对不住人的心情，如抱歉。歉与抑不能搭配。

歉・嫌・赚

歉 详见417页"谦・欠・歉"。

嫌 xián 会意兼形声字。小篆 從 从女从兼（貮心，兼表声）。隶定后楷书写作嫌。本义为不满意、厌恶。嫌从女，有歧视嫌疑。

赚 多音字。形声字。小篆 賺 从贝从廉（表声）。隶定后楷书写作賺。俗作赚。今简化为赚。本义为贱买贵卖。

读 zhuàn 时，指获得利润，与赔相对。

读 zuàn 时，方言，指骗人，如"你赚我白跑了一趟"。

歉、嫌、赚，字形相近，但读音相差甚远。根据其读音，外加部首，稍加用心，保您只"赚"不"赔"。☺

骞・搴・褰・蹇・謇

骞 qiān 形声字。小篆 騫 从馬从寒省（寒省去两点，表声）。隶定后楷书写作騫。今简化为骞。本义为马腹病（马腹部塌陷）。又借作鶱，主要义指飞起、高举。又通搴，指拔取。还用作姓。

搴 qiān 形声字。《说文》无。楷书搴从手从寒省（寒省去两点，表声）。本义为拔取、拾取。书面用语。义为拔：斩将搴旗。同"褰"。

褰 qiān 形声字。小篆 褰 从衣从寒省（寒省去两点，表声）。隶定后楷书写作褰。本义为套裤。书面用语。指撩起、揭起（衣服、帐子等）。

蹇 jiǎn 形声字。小篆 蹇 从足从寒省（寒省去两点，表声）。隶定后楷书写作蹇。本义为跛脚。又通搴，指抠起、提起。

謇 jiǎn 形声字。《说文》无。楷书謇从言从寒省（寒省去两点，表声）。本义为口吃。

以上汉字共有"寋"（会意字，是寒的本字，作偏旁时省作寋）。骞与搴等字古时相通，现在则分工明确，请务必看清"寋"下是什么字件。

不过，塞、寨、赛等字从寋另有来头。参见451页"塞・赛"。

寨，会意兼形声字。楷书寨从木从寋（堵塞，兼表声），会用木头做的羊圈羊栏之意。引申指旧时驻军的地方，如安营扎寨。

寨与蹇虽说同从寋，但本源不同。

张骞与张謇，均为历史名人，但两人前后相差两千年。

张骞（？～前114），西汉外交家。汉中成固（今陕西城固东）人，封"博望侯"。两度奉命出使西域，为睦邻友好、开辟"丝绸之路"做出了重大贡献。

张謇（1853~1926），近代实业家。江苏南通人。光绪二十年（1894）状元，授修撰。1895年在南通创办大生纱厂，并投资其他企业。被誉为"中国民族工业的开拓者"。

謇，本义口吃，人们都唯恐近之，但用在张謇身上，蛮好蛮好。笔者不想多说了，您懂得。

2020年11月12日下午，正在江苏考察调研的习近平总书记来到南通博物苑（该苑由张謇创办于1905年，是中国第一座公共博物馆），参观张謇生平展陈。习近平指出，张謇在兴办实业的同时，积极发展教育和社会公益事业，造福乡梓，帮助群众，影响深远，是中国民营企业家的先贤和楷模。张謇的事迹很有教育意义，要把这里作为爱国主义教育基地，让更多人特别是广大青少年受到教育，坚定"四个自信"。

钤·钦

钤 qián　形声字。小篆 从金从今（表声）。隶定后楷书写作鈐。今简化为钤。本义—古代农具。后因农具需用力向下耕耘，故引申表示旧时较低级官员所用的印（多为长方形，与方形印相区别），明代称条记，清代称钤记。后专指盖章、盖印。作名词时有官印的意思，如钤记指旧时的一种官印或机关公章；作动词时有盖印章的意思，如钤盖、钤章。

钦 qīn　会意兼形声字。金文 和小篆 都从欠（张口欣慕）从金（乐钟，兼表声），会闻乐钟而欣慕之意。隶定后楷书写作欽。今简化为钦。本义为闻乐钟而欣慕。引申有恭敬、敬重等意思。常见词有钦差大臣、钦敬、钦慕、钦佩等。

印章是"钤"出来的，而不是"钦"出来的；同理，钦差大臣虽说随身会带官印，但也不得写作"钤差大臣"。

钤，引申出锁、兵法等义，后又引申有钳持、威慑管束的意思。辖，即管理、管辖。钤辖，本义为节制管辖，后也指宋代武官名，也作兵马钤辖。

钤辖，不能错写成"钦辖"；钤印，不要错写为"铃印""钦印"。

黔·黟

黔 qián　形声字。小篆 从黑从今（表声）。隶定后楷书写作黔。本义为黑。贵州省东北部在战国和秦时属黔中郡，故用作贵州省的别称，如黔驴技穷。

黟 yī　形声字。小篆 从黑从多（表声）。隶定后楷书写作黟。本义为黑木，即色黑而有光且坚硬像铁的乌木。又用作山名，黟山即现今的安徽黄山。安徽黟县就是因黟山而得名。黟县境内有西递、宏村等古民居建筑群（属世界文化遗产）。

黔与黟，两字形似，前者在贵州，后者在安徽，相差有些距离，可得认真对照，否则两眼一抹黑，那就离碰壁不远了。

【简称】❶ 名 较复杂的名称的简化形式，如"中专（中等专业学校）、奥运会（奥林匹克运动会）"。❷ 动 简单地称呼：化学肥料～化肥。

【别称】 名 正式名称以外的名称，如湘是湖南的别称，鄂是湖北的别称。

从别称与简称定义我们不难看出，简称，是名称中挑出一个或几个关键字浓缩而成，别称则是从名称以外字来称呼。因此，我们称"云""贵""川""陕""甘"是云南、贵州、四川、陕西、甘肃的简称，而"滇""黔""蜀""秦""陇"是云南、贵州、四川、陕西、甘肃的别称。云贵川陕甘五省地理位置相接，既有简称又有别称，的确是别有一番风味。除此之外，如上海别称沪、申。粤，是广东的别称，但同时，也指广东、广西，如两粤。

如今，人们常把别称等同简称，如山东省简称鲁，其实应该是别称为鲁。对此，我们只好听之任之，不要去过分较真儿。

内蒙古自治区简称内蒙古，不得简作"内蒙"或"蒙"。

遣·谴

遣 qiǎn　会意兼形声字。甲骨文 ▨ 本作䍃，象两手持一弓放入祭器或葬坑形，是古代送葬时以弓入葬的一种祭奠仪式。由于䍃作了偏旁，金文 ▨ 另加义符辶（辶），表示发送，成为从辶从䍃（兼表声）。小篆 ▨ 整齐化。隶定后楷书写作䍃和遣。今规范用遣。本义当为送葬之祭。引申泛指使离开、派出、打发、差使，如派遣。

谴 qiǎn　会意兼形声字。小篆 ▨ 从言从遣（贬斥，兼表声）。隶定后楷书写作譴。今简化为谴。本义为责备、申斥。

遣，有排除、发泄义。遣怀，即排泄情怀。

谴，或指责备、申诉，或指官员获罪降职等。谴和怀意思不搭界。

遣与遗两者字形相近，外加用五笔字型打字时，遣与遗为同组，稍不注意，就容易"发配"错了。

谴与缱（形声字，本义为结合牢固，不能离散。缱绻，形容情投意合难舍难分），两者字形也非常相近，外加读音一致，书写或校对时要加以区别。

抢·戗

抢　详见 74 页"铲·抢"。

戗　详见 421 页"呛·戗"。

抢与戗，本就有义项相通，故至今还互通有无，如"戗风"也可写作"抢风"。再就是"磨剪子来qiǎng菜刀"，人们常常想复杂了，实际上就是"抢菜刀"。

呛·戗

呛　多音字。形声字。《说文》无。楷书呛从口从倉（表声）。今简化为呛。本义为鸟啄食。

读qiāng时，因水或食物进入气管引起咳嗽，又突然喷出，如"游泳时呛着了""吃饭吃呛了"。

读qiàng时，义为有刺激性的气体进入人体器官，使人感觉难受，如呛鼻子、呛眼睛、油烟呛人等。

戗　多音字。形声字。《说文》无。楷书戗从戈从倉（表声）。今简化为戗。本义为用戈刺伤。

读qiāng时，义为逆或指方向相反，比如"戗风"就是"顶风"。由方向相对，还引申出言语冲突的意思，口语中"戗茬"的意思是意见不一致，语言对立。"他两个一见面就戗戗起来了"就是源于此。

读qiàng时，一指斜对着墙角的屋架，还指支撑柱子或墙壁使免于倾倒的木头。也指支撑，如"用两根木头来戗住这堵墙"。

呛，主要用于人体受到外界的影响；戗，则是人对外界的作用。

戗面，是指揉面时加入干面粉。还指揉进了干面粉的发面，如戗面馒头。

呛与炝区别。炝锅时，油烟太大，被呛了一口。这里面的两个qiàng不能随便调位，否则您可能被戗（qiāng）。

戗·戕

戗　详见本页"呛·戗"。

戕 qiāng　会意兼形声字。甲骨文从戈从爿（筑墙板，表院墙，兼表声），会到院里刺杀之意。金文。小篆。隶定后楷书写作戕。本义为外敌来刺杀，即他国之臣来刺杀本国君主。引申指有残杀、杀害的意思。自戕，就是自杀、自己伤残自己。

戗在读qiàng时，义项见本页。笔者小时候，农家住的是土坯房，由于地基浅，所以家家四面房墙都要戗着木头，而且斜撑木头中间悬挂一个大石头下坠，帮助其支撑。

戗从爿，与筑墙有关，不能想当然地认为"用木头 qiàng 住这快倒的墙"写成"戗住"，真那样估计是 qiàng 不住了。

墙·樯

墙 qiáng　会意兼形声字。甲骨文🔾下从啬（🔾，表示收藏谷物）左上从爿（筑墙，兼表声）右上从𣎶（秝），会筑起外围屏障来收藏粮食之意。金文🔾。小篆牆。隶定后楷书写作牆。为了表明材质，俗又将义符爿改为土写作墙。今以墙为正体，简化为墙。本义为收藏粮食外围屏障。引申指房屋、院落、城邑等四围的屏障或外围，多为土筑或砖砌而成，垂直于地面，引申指器物上像墙或起隔断作用的部分。

樯 qiáng　形声字。《说文》无。楷书檣从木从墙省（墙省去土，表声）。今简化为樯。本义指船上的桅杆。引申指帆船或帆。桅，亦称桅杆，指竖立于船舶甲板上的圆木或长杆。在帆船上主要用以扬帆，在机动船上则用以悬挂旗帜和装设航行灯、无线电天线和雷达天线等。

桅樯是两个同义语素组成的双音节合成词，指桅杆，也借指船只。

樯与墙，两者偏旁是木土之差，语义、用法相差甚远。若把桅樯错写成"桅墙"，貌似"危墙"，那就离墙倒屋塌不远了。

缲·撬

缲　多音字。形声字。小篆🔾从糸从喿（表声）。隶定后楷书写作繰。今简化为缲。本义为微带红色的黑色帛。

读 qiāo 时，指一种缝纫方法，做衣服边儿或带子时把布边儿往里头卷进去，然后藏起针脚缝。

读 sāo 时，同缫（把蚕茧浸在热水里，抽出蚕丝，如缫丝）。

撬 qiào　会意字。《说文》无。楷书撬从手从毳，会用手拨开细毛之意。本义为拨开、挑起。引申指用棍棒等撬起物品使移动，如撬石头、把门撬开。撬是物理学上的杠杆原理在生活中的运用。

缲边时，需要将衣服边儿或带子挑拨开来，但不能想当然写作"撬边"。"撬边"字面意思是撬起物品边角，不可取。

䌼 qiāo 同缲。《现汉》已经找不到其位置了。其实，䌼远比缲好认好读好理解，不知惹着谁了，被"撬"到一边哪儿凉快哪儿呆着去了。

橇·撬

橇 qiāo　会意字。《说文》无。楷书橇从木从毳，会木如细毛微起之意。本义为古代在泥路上滑行的一种工具，两头翘起，形状似小船。橇也指现今我国北方冬天冰雪上滑行的雪橇。

撬　详见422页"缲·撬"。

撬为动词，橇为名词，两者因形近容易致误。

跷·翘

跷 qiāo　会意兼形声字。小篆 从足从乔（高跷，兼表声）会意。隶定后楷书写作蹻。异体作蹺。今以蹺为正体，并简化为跷；蹻反成了跷的异体字。本义为把腿脚抬高。又引申指竖起指头，如跷起大拇指。

翘　多音字。会意兼形声字。小篆 从羽从尧（高长，兼表声）。隶定后楷书写作翹。今简化为翘。本义为鸟尾可上举的长毛。

读 qiáo 时，指抬起头，如翘首、翘盼、翘望。还指木、纸等平的东西因由湿变干而不平。翘楚，原指高出杂树丛的荆树，后用来比喻杰出的人才。

读 qiào 时，指人体的一部分、物体的一头儿向上仰起，如"他的腿翘得老高"。引申指翘辫子，指人死亡。翘课，指逃课。翘尾巴，指骄傲自大。

跷大拇指还是翘大拇指，是个不得不说的问题。

肯定"翘大拇指"的意见是有道理的。按常理来说，手、足不宜混为一谈，"翘大拇指"确实比"跷大拇指"更让人受用一点。"跷"从足，足地位低下，用足来赞扬的"竖起大拇指"，让人心里硌硬。多年来，《现汉》在"跷"示例中采用的是"跷大拇指"。建议《现汉》等辞书编纂者能予以关照阅读心理作用，敬请期待。

怯·祛

怯 qiè　会意兼形声字。小篆 从犬从去（离去，兼表声）。隶定后楷书写作狜。异体作怯从心从去。今规范用怯。本义指胆小、畏缩，如羞怯、怯懦等。

祛　详见93页"除·锄·祛·去"。

中医认为风邪会滞留在表里、经络之间，需疏散祛除。祛风寒是养生之道。错词"怯风寒"是畏惧风寒，与中医背道而驰。

祛，读 qū，书面用语，义为袖口，另同"祛"。在指袖口义项时，祛不能写作祛。袪，读 qū，书面用语，义为放在驴背上驮东西用的木板。

亲·青

亲 qīn 形声字。金文 ![字] 从 ![字]（辛，表声）从 ![字]（见），义为常见。小篆 ![字]。隶定后楷体写作親。今简化为亲。本义为常见。常见之人，通常是亲近之人。

青 qīng 会意兼形声字。甲骨文 ![字] 上从屮（生，兼表声）下从丹（表颜色），用植物初生之色会绿色之意。金文 ![字]。小篆 ![字]。隶定后楷书写作青。本义指葱绿色、深绿色。上古也指蓝色，如"青，取之于蓝而胜于蓝"，还有炉火纯青。中古以后又用以表示黑，如沥青。用作名词，特指黑眼珠，青睐，垂青。也泛指青色的东西（没成熟的庄稼、青草、青竹），如"留取丹心照汗青"、青黄不接、杀青。又引申指春季。古人认为春属东方，其色青也，主春之神称青帝，故古代又用青指东方，九州最东的地方自然就叫青州。春天是万物生长之季，用青代表青年不说大家也明白其道理。

青睐的"青"是指黑色。青睐，是指用黑眼珠看人，传达一种喜悦或器重的情感态度。这里的"睐"是动词。《现汉》第 4 版释"青睐"为"青眼"，可能和阮籍的"青白眼"有关，但确实说得不够清楚，且容易引起误解。《现汉》第 5 版释"青睐"：〈书〉劻 比喻喜爱或重视：深受读者~。《现汉》第 6 版释"青睐"：〈书〉劻 用正眼相看，指喜爱或重视（青：指黑眼珠；睐：看）：深受读者~。《现汉》第 7 版沿用第 6 版。

生活中，有些不了解青睐的人，想当然地错写成"亲睐"。

📎 青睐由来：《世说新语·简傲》刘孝标注中引了一个故事：嵇康的哥哥嵇喜，做过扬州刺史，阮籍家办丧事，嵇喜前往凭吊。阮籍善"青白眼"，看平民百姓，眼睛上视，露出白眼珠，用白眼相对；看贤人雅士，则眼睛平视，露出黑眼珠，用青眼相对。阮籍用白眼看嵇喜，嵇喜自然心情不快立即告退。嵇康知道后，带着酒抱着琴去拜访阮籍，阮籍用"青眼"相对，两人遂成为好友。"青睐"由此而生。后世用"青眼""白眼"表示对人的尊敬和轻视两种截然不同的态度。

勤·擒

勤 qín 会意兼形声字。金文 ![字] 和小篆 ![字] 皆从堇（火焚人、牲祭天求雨，兼表声）从力，会艰苦用力之意。隶定后楷书写作勤。本义为劳累、辛苦。

擒 qín 会意兼形声字。小篆 ![字] 从手从金（表声）。隶定后楷书写作捝。异体作摤。俗作擒从手从禽（兼表声）。今规范用擒。本义为捉拿。

勤王，本义是尽力于王事，常指君王有难之时，臣下紧急起兵，前往救援。还指为王朝尽力。

擒贼擒王，也说擒贼先擒王，后比喻做事要抓住关键。通常"擒王"不单说。

青·清

青 详见 424 页"亲·青"。

清 qīng　会意兼形声字。小篆 𤳳 从水从青（青色，兼表声）。隶定后楷书写作清。本义为水澄澈纯净透明，无杂质。

授受不清与授受不亲

"男女授受不清"当为"男女授受不亲"。典出《孟子·离娄上》："男女授受不亲，礼也；嫂溺，援之以手者，权也。"意思是说：男女之间不亲手递接物品，这是礼制。嫂嫂落水，用手去拉她，这是变通的办法。

人们之所以把"授受不亲"错成"授受不清"，主要是错误认为"不清"是说不清楚的略写，另外对"授受"一词没有搞明白。"授受"一般解释是"交接"。亲，本义指关系密切，也有接近、接触的意思。"不亲"就是不亲手、亲自。男女授受不亲是指男女间互相交付和接受物件时不能发生肢体接触。

山清水秀与山青水秀

山清水秀是互文结构，即山水清秀。同类的还有眉清目秀。清秀指美丽而不俗气，山清水秀是山与水对，清与秀联。清秀与青色无关，不能写成"青秀"。

《西游记》第九回有一段：却说长安城外泾河岸边，有两个贤人：一个是渔翁，名唤张稍；一个是樵子，名唤李定。他两个是不登科的进士，能识字的山人。一日，在长安城里，卖了肩上柴，货了篮中鲤，同入酒馆之中，吃了半酣，各携一瓶，顺泾河岸边，徐步而回。张稍道："李兄，我想那争名的，因名丧体；夺利的，为利亡身；受爵的，抱虎而眠；承恩的，袖蛇而走。算起来，不如我们水秀山青，逍遥自在；甘淡薄，随缘而过。"李定道："张兄说得有理。但只是你那水秀，不如我的山青。"张稍道："你山青不如我的水秀。"随后围绕"水秀""山青"你来我往，引经据典。

青史与清史

青史：指史书，如青史留名、名垂青史。

清史：《清史》是我国一个重大学术性文化工程，编纂于 2004 年全面启动。

青·轻

青 详见 424 页"亲·青"。

轻 qīng　形声字。小篆 輕 从车从巠（表声）。隶定后楷书写作輕。今简化为轻。本义为轻便灵活的小车。

【年青】形　处在青少年时期：～的一代｜你正～，应把精力用到学习上去。

【年轻】形❶年纪不大（多指十几岁至二十几岁）：～人｜～力壮◇～的学科。
❷年纪相对小：他今年四十，你比他～。

年轻与年青，都作形容词，都指年龄不大。两者"异"有以下几点：

一是构词理据不同，"年轻"见词明义，"年青"运用比喻；

二是所指的年龄范围不同，"年轻"比"年青"大得多；

三是感情色彩不同，"年轻"中性，"年青"褒义；

四是虚实不同，"年青"是年龄真的不大，"年轻"有时候年龄并不小（如"您今年七十，比我年轻五岁"）。

多数情况下，用"年青"的地方可用"年轻"替代。替代后，理性意义不变，感情色彩略有差异。用"年轻"的地方，多数也可以用"年青"替代。年青一代，还是年轻一代，笔者以为都可以用，但年轻化不能写作"年青化"。

年轻与年青，目前看来它们不可能再成为"全等异形词"，随后的发展结果可能是"局部异形词"。

【青云】名比喻高的地位：平步～。

平步青云中"平步"即平常步行，这里指走上。"青云"指青天、高空，比喻高官显爵。成语的意思是，一下子就升到很高的地位。旧时用以形容科举及第或陡然富贵。

"轻云"指薄云、淡云。有时喻薄纱。《现汉》没收录"轻云"，更没有"平步轻云"的说法。

轻·清

轻　详见 425 页"青·轻"。

清　详见 425 页"青·清"。

清唱，即不化装进行戏曲演唱，一般只唱某出戏里的一段或数段。

轻唱，从字面意思可以理解为"轻声地唱"。

"我就清唱《沙家浜》里'智斗'一段。"这种写法是对的，不能写成"轻唱"。

倾·顷

倾 qīng　会意兼形声字。小篆从人从顷（歪头，兼表声）。隶定后写作傾。今简化为倾。是顷的加旁分化字。本义为人歪头。引申指偏侧，如倾斜；引申指倒下，如倾倒；又指倒出来、用尽，如倾囊相助、倾家荡产等。

顷 qīng　会意字。是倾的本字。小篆从匕（颠倒的人形）从页（突出头形的人），会一人向另一人弯腰之意。隶定后楷书写作頃。今简化为顷。本义头歪斜。此义现用倾。一歪头用时很短，故引申指极短时间，如顷刻。后借用田地面积的单位，一顷等于一百亩。

万顷指百万亩，常形容面积广阔，如一碧万顷。万顷茫茫形容空间辽阔旷远，"倾"不能表示这样的意思。

情·赇

情 qíng 形声字。小篆 ![字形] 从心从青（表声）。隶定后楷书写作情。本义为感情、情绪，即人的思想、心意、精神、感觉所呈现的总的状态。

赇 qíng 后起形声字。楷书赇从贝从青（表声）。今简化为赇。本义为受赐，即接受他人的赐予、赠与。引申义为承受。赇受，义为承受、继承，如赇受财产。赇等，方言用词，义为坐等、坐享，与守株待兔相近。

敢情，一个广泛使用的词，其义项很多，主要有当然；自然。表示赞同。莫非。难道。表示发现原来没有发现的情况，如"哟！敢情昨夜里下了一场雪啦"。

敢赇，指对来自他人的多种恩惠、善行、善意等的接受。在口语中，接受他人的恩惠、帮助、好意、某种好的结果乃至好的消息都叫赇好。"您就赇好吧！"就是讲您只管等着好结果吧！在对话中，"赇好"的主语也可以是我，这时"赇"前往往加一个"敢"字如"（我）敢赇好！""敢"在这里用作谦词，自表冒昧、惶恐，如敢问、敢请、敢烦、敢劳等。

总之，"敢情"所有义项"敢赇"全都有，而这些义项都能由"敢赇"字面意思得到入情入理的解释。但赇等、赇受不能错写成"情等""情受"。

磬·罄

磬 qìng 本是会意字。甲骨文 ![字形] 右下从殳（手持槌）左上从声（悬磬）。籀文 ![字形]。小篆 ![字形] 改为形声字，从石（由于"磬"多用石或玉制作而成，所以以"石"为义符）从殸声。隶定后楷书写作殸和磬。今殸用作偏旁。今以磬为规范字。本指古代的一种打击乐器，形状如曲尺，悬挂在架子上，击之而鸣。还为寺庙中拜佛时敲打的钵形响器。磬折，弯腰如磬，表示恭敬。

罄 qìng 会意兼形声字。小篆 ![字形] 从缶从殸（空，兼表声）。隶定后楷书写作罄。本义是装物的容器中无物。又引申为竭尽。缶，甲骨文作 ![字形]，形同有盖的瓦器，其功用是盛酒浆。在汉字中，以"缶"作义符的字，一般都与容器有关，如"缺"字，从缶从夬（表声），指容器破损残缺。

古人曾用竹片作书写材料，罄竹难书是指用完了竹子都写不完，喻指罪恶太多。罄竹不能写成"磬竹"。

售罄，就是卖完了。"售罄"字面意思是出售罄，如果是仿制品"罄"还好说，若系出土文物那可就犯了法了！☺

蛩·跫

蛩 qióng　形声字。小篆 ![] 从虫从巩（表声）。隶定后楷书写作蛩。本义为古代传说中的异兽（蛩蛩）。后指蝗虫、蟋蟀。还用指百脚虫。也曾用作象声词，指脚步声。引申指恐惧。如今《现汉》对"蛩"只注释：古书上指蟋蟀。

跫 qióng　后起形声字。楷书跫从足从巩（表声）。本义为脚步声。《辞海》："脚步声。《庄子·徐无鬼》：'夫逃空虚者……闻人足音跫然而喜矣。'"《现汉》对"跫然"注释：〈书〉形 形容脚步声：足音~。

古时，蛩与跫相通，如今分工明确。虽说"蛩然"古今汉语中不曾出现，但"蛩"曾作过象声词，这也是造成部分人"蛩""跫"不分的原因之一吧。

另外带"巩"的汉字有：筑（築）、恐、銎、銎（qióng，斧子上安柄的孔）。

丘·邱

丘 qiū　象形字。甲骨文 ![] 象两个土堆形（山的甲骨文 ![] 是三个尖形，而丘是两个尖形）。金文 ![] 稍讹。小篆 ![] 误为从北从一会意。后因避孔丘之讳，土山之义另加义符土写作坵或用表地名和姓的"邱"来表示。本义为建在高地上的废窑包。

邱 qiū　形声字。小篆 ![] 从丘从邑（阝右）。隶定后楷书写作邱。本义为地名，也用作姓。

1955 年《第一批异体字整理表》将"邱"作为"丘"的异体字予以淘汰。好在，1988 年《现代汉语通用字表》重新确认"邱"作为姓氏使用时为规范字。

丘与邱，除了用作姓时两者不同，其他义项是相通的，只不过人们在这些义项上一般用"丘"。

地名中也存在这些问题。如山东省潍坊安丘市。为体现对至圣先师的尊重，清雍正二年朝廷下令，除四书五经外，凡遇丘字，一律加"阝右"旁为邱。也可以采用缺笔（把丘字少写笔画），另把丘改读为"休"。这就是安丘曾写作安邱的原因。同样的情况还有河北省内丘县、任丘市，山西省灵丘县，江苏省虎丘区，山东省章丘区，河南省封丘县、商丘市、沈丘县，云南省丘北县等地。直到 20 世纪 80 年代，这些地名用字才陆续恢复为丘字。但是河北省邱县，辽宁省新邱区，安徽省霍邱县依然保留邱，可能是怕折腾。

所以，遇到人名、地名中的丘、邱，一定要考证年代，必要时要征询主人意见，以免产生错误。如抗美援朝战斗英雄邱少云，就不能写作"丘少云"。

虬・遒

虬 qiú　会意兼形声字。小篆 从虫从丩（纠曲，兼表声）。隶定后楷书写作虯。俗省作虬。本义指古代传说中的有角小龙，即虬龙。引申指拳曲。虬须是拳曲的胡子，虬枝是拳曲的枝条。

遒 qiú　形声字。小篆 从辵（辶）从酉（表声）。异体 改为从酋表声。隶定后楷书分别写作逎与遒。今规范用遒。本义为迫，迫近。引申指聚集。再引申指劲健、强劲。

遒劲，即刚劲有力。书法强劲有力惯用"遒劲有力"来形容。

虬劲，指盘曲而有力，多用来形容花枝、树枝。

遒劲与虬劲，都是有力，但不要用错了地方。

泅・洇

泅 qiú　会意字。甲骨文 从水从子，会人在水中游泳之意。金文 。小篆 整齐化，异体 从水从囚（表声）。隶定后楷书写作浮与泅。今以泅为正体。本义为游泳。泅渡，义为游泳而过江、河、湖、海；泅儿，指擅长游水的少年。

洇 yīn　形声字。小篆 从水从因（表声）。隶定后楷书写作洇。是湮的借用分化字。本义为水名。借指液体在纸、布等物体上向四周散开或渗透。如"用这种纸写字会洇"。

泅与洇，字形高度相似，容易出错：脸上泅着一坨坨红晕，不像话；脸上洇着一坨坨红晕，那才叫一个美。

📎 漫漶，形容文字、图画等因磨损或浸水受潮而模糊不清。

黵，读 zhǎn，方言用字，指沾染弄脏，如"墨水把纸黵了""黑布衣服禁（jīn）黵"。

逑・遒

逑 qiú　会意兼形声字。小篆 从辵（辶）从求（寻求，兼表声）。隶定后楷书写作逑。本义为聚合。引申为配偶。《诗经》第一首《关雎》里说："窈窕淑女，君子好逑。"白话就是"美丽善良的姑娘，正是君子的好对象"。

遒　详见本页"虬・遒"。

逑与遒，读音一样，长得也差不太多，所以选择使用时，可得看准了，否则"好逑"哪里能成功。

区·曲

区 多音字。会意字。甲骨文 ▨ 从匚（家奴住的地方）从品（众人，众物）。小篆 ▨。隶定后楷书写作區。今简化为区。本义指藏匿。

读 qū 时，本义及引申义。

读 ōu 时，姓。

曲 多音字。象形字。甲骨文 ▨、金文 ▨ 象竹与柳编的筐等器物局部剖面形。小篆 ▨。隶定后楷书写作曲，借用以表示弯曲之义，与直相对。如今还用作麯的简化字。麴、粬等字是曲的异体字。本义为竹编的筐类器物。

读 qū 时，指弯曲、曲霉等及引申义。

读 qǔ 时，指戏曲、歌曲等。

区区，指不多，也就是说能用"区"来量取。"区"引申为像"区"的东西，如区形的坑。从而引申出区分之义。又由草木各占一区引申出区域、地区等。区区，常用来指微不足道的人、事、物。又可引申作自称的谦词。

曲曲，可作貌词，形容弯曲的样子，如曲曲折折的小路、弯弯曲曲的小河。

区区小数，不能写作"曲曲小数"。区区小事，不足挂齿，如写成"曲曲小事"，是不是有点"小曲哼哼，洋洋自得"的感觉。

曲·屈

曲 详见本页"区·曲"。

屈 qū 形声字。金文 ▨ 从尾从出（表声）。小篆 ▨ 整齐化。隶定后楷书写作屈。本义为尾巴盘曲于身后。

曲与直对应，屈与伸相配。

委，有"确"义，屈有"亏"义，委屈就是确实受到亏待，不该有的指责、不公正的待遇都属之，引申为冤枉。"屈"虽也有弯曲义（如屈指可数），但"委屈"之"屈"为"亏"非弯曲义。

委曲之委作"事物本源及发展"解释，曲是曲折，诸凡道路、河流、曲调、事情的曲折都可以称为"委曲"：道路、河流委曲，言其弯折多；曲调、唱腔委曲，喻其婉转；事情委曲，则指其底细原委。委曲求全，指勉强迁就，以求保全，或为顾全大局而暂时忍让。

委曲与委屈，不管多么妥协，但相互之间不能取代，尤其是委曲求全不能写作"委屈求全"。

驱·趋

驱 qū 形声字。小篆 𩣫 从馬从區（表声）。隶定后楷书写作驅。异体作敺从區从攴（手持棍），表驱赶。今以驅为正体并简化为驱。本义为赶马快跑。

趋 qū 形声字。小篆 𧼨 从走从芻（表声）。隶定后楷书写作趨。今简化为趋。本义为快步走，跑。

亦步亦趋出自《庄子·田子方》："夫子步亦步，夫子趋亦趋，夫子驰亦驰。"步，走；趋，快走。句中的意思是，老师走学生也走，老师快走学生也快走，老师跑学生也跑。后常用"亦步亦趋"比喻没有主张，或为了讨好，事事效仿或依从别人，跟随人家行事。

驱本义是鞭马前进，后又引申有驱赶、驾驭、行进、迫使等义。但由于"驱"与"趋"音相同，隐隐约约中都有"走""赶"的意思，难怪有人把亦步亦趋错写成"亦步亦驱"。

古时：徐行曰步，疾行曰趋，疾趋曰走。

阒·阗

阒 qù 形声字。小篆 𨳕 从門从臭（表声）。隶定后楷书写作闃。今简化为阒。本义即寂静无声、空虚。如阒然、阒寂、阒无一人、阒其无人，都形容没有声音。

阗 tián 形声字。小篆 𨵑 从門从真（表声）。隶定后楷书写作闐。今简化为阗。本义为充满、堵塞门庭的样子，如宾客阗门（义即宾客充塞门庭）。喧阗指声音大而杂，义同"喧闹"。

"阒静"古已有之，同"阒寂"，义为寂静、宁静。阒静错为"阗静"，当是形近所致。

📎《简化字总表》（第二版，1964 年 8 月）附录（摘要）：

新疆和阗专区改和田专区，和阗县改和田县，于阗县改于田县。

现在，新疆维吾尔自治区有和田地区，下设和田市、和田县、于田县等。

1950 年 10 月 1 日，是中华人民共和国成立后的第一个国庆节。10 月 3 日，在北京中南海怀仁堂举行隆重的庆祝晚会，各少数民族代表以及一些少数民族文工团成员参加了晚会。他们兴高采烈地向毛泽东主席和其他领导人献礼，表达喜悦和崇敬之情。献礼完毕，各文工团纷纷登台演出。应毛主席之约，柳亚子即席吟诗《浣溪沙》：

十月三日之夕于怀仁堂观西南各民族文工团、新疆文工团、吉林省延边文工团、内蒙古文工团联合演出歌舞晚会，毛主席命填是阕，用纪大团结之盛况云尔！

火树银花不夜天，弟兄姐妹舞翩跹，歌声唱彻月儿圆。

不是一人能领导，那容百族共骈阗？良宵盛会喜空前！

次日，毛泽东兴致勃勃地填了一首和词：

浣溪沙·和柳亚子先生

一九五〇年国庆观剧，柳亚子先生即席赋《浣溪沙》，因步其韵奉和。

长夜难明赤县天，百年魔怪舞蹁跹，人民五亿不团圆。

一唱雄鸡天下白，万方乐奏有于阗，诗人兴会更无前。

柳亚子词中"那容百族共骈阗"中的"骈阗"，也作"骈填""骈田"，是聚会、会集的意思。毛泽东以"于阗"对"骈阗"，堪称神来之笔。言下之意，连古称"于阗"（汉代西域的国名）的偏远之地都派来宾客参与国庆联欢，怎能不是"万方乐奏"？只有新中国才能真正实现各族人民大团结的思想意义瞬间跃然纸上。

至此，笔者建议上述词中"于阗"应保持原貌，其他类似情况酌情考虑是否改为"于田"。

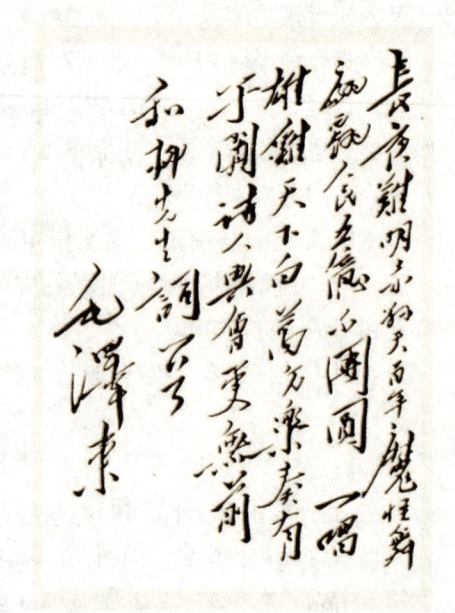

缺·阙

缺 quē　会意兼形声字。小篆 𦈢 从缶（瓦器）从夬（破损，兼表声）。隶定后楷书写作缺。本义为器具残缺、损坏而不完整。

阙　多音字。形声字。小篆 闕 从门从欮（表声）。隶定后楷书写作阙。本义为宫门外两边的楼台，宫城上的楼观。可远观，中间有道路，古也叫象魏。后来引申指宫殿，如"待从头收拾旧山河，朝天阙""不知天上宫阙，今夕是何年"。

有一种说法，阙楼，高大显示威严，两楼之间开阔，也是出于观察防止有敌意之人侵入，同时，还暗指宫殿主人有宽阔胸怀，对自己存在的缺点有足够认识；另外，大臣上朝经过之处，也要时刻提醒自己，虽说主子有不足，自己身上存在的缺陷更是海了去了，因而上朝时，要三思而后提（建议）也。

读 quē 时，义为过失、疏失。还同"缺"。

读 què 时，指古代皇宫大门前两边供瞭望的楼，借指帝王的住所。还指神庙、陵墓前竖立的石雕。还指姓。

虽然阙在读 quē 时,有义项同"缺",但我们现在行文一般不用,如阙如(义为欠缺、空缺)、阙疑(把疑难问题留着,不下判断)不写作"缺如""缺疑"。反之,缺编、缺少等不写作"阙编""阙少"。阙常用于书面语言,而缺多出现在口语中。

阕·阕

阕 详见 432 页"缺·阕"。

阕 què　会意兼形声字。小篆从 ![門] 门从癸(末,兼表声)。隶定后楷书写作阕。今简化为阕。本义为祭祀完毕,把门关上。引申泛指止息、终了。又特指乐曲终了或奏乐一遍。引申也指乐曲歌词,再作名量词,用于词或歌曲,一首词的一段叫一阕,如上阕、下阕。还用作姓。

常见错误就是把一阕写作"一阙"、上下阕写成"上下阙"。原因大概是受两字相似所误导。

阙·厥

阙 详见 432 页"缺·阕"。

厥 jué　象形兼会意兼形声字。厥与氒、夬同源。氒是名词,夬是动词。厥是夬的后起形声字。氒,甲骨文 ![字形] 象矢栝(射箭时的钩弦器)形。金文 ![字形] 大同(在甲骨文基础上加一点,表手握之处)。给这个矢栝加上一只手,就成了小篆一 ![字形] (夬)。由于夬作了偏旁,便又另造了小篆二 ![字形] 的厥,从厂(山崖)从欮(上冲,兼表声)会意,表示用弩机发射石块。隶定后楷书写作厥。本义发射石块。借作瘚(中医病名,即气闭、晕倒),如晕厥、惊厥、昏厥等。厥现在还用作代词,相当于"其",如大放厥词。还用作副词,义为乃、才,如"左丘失明,厥有《国语》"。还用作姓。由于厥引申义太多,本义只好另造礮(《现汉》未收录)。

阙如,文言词,义为空缺、欠缺,如暂付阙如。汉语中没有"厥如"一词。

却·卻·郤

却 què　形声字。小篆 ![字形] 从卩(跪人),跪坐用腿脚,故用以表示腿脚,是脚的本字;从谷(jué,笑时口上皱纹形,注意谷与谷不同,请看"却""郤"两字小篆左下区别)表声。由于卻与郤形近易混,俗遂改为从去从卩写作却。本义为腿脚。后引申指后退,使后退,如退却。现常用作副词,表示转折。还用作姓。

卻 què　清人朱骏声在《说文通训定声》中解析:"从卩,节制意,谷声。与从邑之郤别。俗字作却。"

郄 xì　形声字。小篆 𨚫 从邑（阝右）从谷（表声）。隶定后楷书写作郄，俗讹为郄（现只读 Qiè 用于姓，古时同"郄"）。本义为邑名，是晋国大夫叔虎的封地，今山西省沁水下游一带。又作"隙"的通假字，是空隙、间隙义。

却，本来是动词，有节制、退却、返回、推辞、去掉等意思。后来又虚化兼作副词、连词、介词，有表转折、强调、反问、出乎意料等义。

却与卻为同字异体，不是繁简关系。古籍中多用"卻"，后世逐渐用"却"。《第一批异体字整理表》中明确规定，保留使用"却"，废除异体的"卻"和"㕁"（注意，此字不是郄）。

春秋时期，晋献公征伐翟人，叔虎身先士卒，事后晋献公把"郄邑"封给了叔虎。叔虎是晋国公族，姬姓，名豹字叔虎。故以郄为氏，叔虎也称郄豹。郄克是郄豹的曾孙。晋景公八年（前592），晋景公派遣郄克出使齐国，同时出使齐国的还有鲁国和卫国的使臣。郄克背驼，鲁国使臣跛足，卫国使臣独眼。

齐国齐顷公闻知后，故意把负责导引侍从三人也安排为背驼、跛足、独眼。藏在楼上的齐顷公母亲哈哈大笑。郄克回国后，发誓讨伐齐国。

直到公元前589年，郄克挂帅讨伐齐国，差点生擒齐顷公。

郄克，不得写作"卻克"。

雀·鹊

雀　多音字。会意字。甲骨文 𠂉 从小从隹（古人将"隹"首笔撇拉得那么长，是为了整字上下紧密结合），会体形小尾巴短的鸟之意。金文 𠂉 。小篆 雀 。隶定后楷书写作雀。本义雀科鸟的统称。麻雀就是其形象代言"鸟"。

读 què 时，指本义及引申义。还用作姓。

读 qiāo 时，口语，雀子，即雀（què）斑（皮肤病，患者多为女性，症状是面部出现小斑点）。

读 qiǎo 时，义同"雀"（què），用于"家雀、雀盲眼"。雀盲眼，方言，指夜盲。

鹊 què　形声字。《说文》无。楷书 鵲 从昔（表声）从鳥（表形）。今简化为鹊。本义为喜鹊。鹊因其"鸣声喳喳"（喳，音 jí，象声词），故以"昔"为声符（昔是喳的省略）。在民俗中，鹊的鸣声预示喜事临门，于是"喜鹊"从天而降。其实"鹊噪"并不悦耳，但人们还是喜闻乐听，并称之为"鹊报""鹊语""鹊喜"。

古人将鸟分成两大类：

一类是短尾巴鸟，隹，甲骨文 𠂉 ，金文 𠂉 ，小篆 隹 。隶定后楷书写作隹。隹读 zhuī（追），从甲骨文到小篆不难看出是短尾巴鸟。凡是从隹（注意与"佳""住"不要混搭）的汉字大都是尾巴不长的鸟类，如麻雀的雀。还请注意，雀从小从隹（小隹，会意准确无比）而不是从少从隹哟。参见259页"隹·隹"。

另一类是长尾巴鸟，甲骨文 🐦，金文 🐦，小篆 🐦，您与隹对比一下就能看出不少道道。如鸽、鸡、鹅等。经过长期演变，成了"鳥"，后简化为"鸟"。雀与鸟的甲骨文一简一繁，区分一目了然。

后来，古人对隹与鸟划分不再死板。如孔雀尾巴长而且美丽，按理说应该叫"孔鹊"，但写作孔雀。

雅，本是一种像乌鸦一样的黑色琴，能演奏出高雅音乐来。这种琴本来称作鸦，后古人另造"雅"与"鸦"分开。

鹊属长尾鸟，体积大，身体强，敏捷，善飞，飞行速度极快，"嗖"地一下似箭离弦，自然"声名鹊起""文名鹊起"非"鹊"莫属。鹊起，万万不能误为"雀起"。

隹喜欢在地面觅食撒欢，飞不高也飞不快，行走时只会往前蹦跶不会往后退，想后退只能掉过头来再蹦跶。于是古人造"進"专选"隹"那水平是相当的高，如果选人啊牛啊马啊不能表达前进的唯一性，因为人及其他动物既会往前走也会后倒腾。可惜的是進简化为进，只能围着水井转悠，看不出前进还是后退了。

麻雀给人的印象，首先是吱吱喳喳，所谓"雀喧知鹤静，鸭嬉识鸥闲"也。电影《乌鸦与麻雀》，用麻雀喻指生活在底层的小市民。"雀喧鸠聚"和"鸦雀无声"，前后都有"雀"，可见喧闹和安静都与"雀"有关。

其次是跳跳蹦蹦。麻雀腿短，翅膀也短，飞不高也飞不远，经常在场前屋后觅食，故有"门可罗雀"一说。而稍加观察便可发现，麻雀总是双腿并着跳来跳去的，由此产生了"雀跃""欢欣雀跃""雀跃欢呼""门可罗雀"等词或成语。

再次，麻雀胆小。有的地方讲某人魄力不够，或胆量不大，戏称为"麻雀子胆"。"雀目鼠步"是用麻雀和老鼠来比喻惶恐的神态。毛泽东主席在《念奴娇·鸟儿问答》中有"炮火连天，弹痕遍地，吓倒蓬间雀"句。

鹊和雀还有一点不同，鹊有做窝的本领（喜欢在路边高高树上衔树枝搭窝），雀则有点得过且过，屋檐下、草堆中都可栖身。雀巢，几无可寻。想当年，不知何人将"雀巢"送给咖啡等进口品牌，的确有点张冠李戴。北京"鸟巢"体育场，这名字无论是对其形状，还是寓意都是恰如其分。鸠占鹊巢不能写作"鸠占雀巢"。鹊桥为大家熟知，不再赘述，切勿写作"雀桥"。

裙·群

裙 qún　形声字。小篆 🔣 从巾从君（表声）。隶定后楷书写作 帬。俗作裙，改为从衣。今以裙为正体。本义为下裳，即古人穿的下衣。引申指形状或作用像裙子的东西，如围裙、墙裙。

群 qún 形声字。小篆 羣 从羊从君（表声）。隶定后楷书写作羣，异体作群。如今规范用群。本义当为羊群，即聚集在一起的许多羊。古人观察后发现，羊喜欢聚众，外加羊是吉祥（羊，是祥的初文）的代表，于是取"君"表声，内含对羊的一种礼赞。

现在的高楼往往有"主楼"和"裙楼"之分。主楼是大厦主体，而裙楼则是紧连着主楼的附属部分。如果说高高的大厦是亭亭玉立的少女，那在大厦下相对较低的建筑仿佛就是那高挑女子的裙子了。"裙楼"的名字大概源于此。裙楼也叫裙房。"群楼"字面意思是一群楼，生活中极少用到。

群·麇

群 详见 435 页"裙·群"。

麇 详见 375 页"麇·麋"。

古人发现除了羊易聚集外，鹿也特别喜好凑堆。于是就有了麇集与群集纠缠。

【群集】qúnjí 动 成群地聚集：人们～在广场上。

【麇集】qúnjí 〈书〉动 聚集；群集。

由上面可以看出，群集与麇集，音义相同，只是后者用于书面语言多一些，其他无差别。

R

然·燃

然 rán 会意兼形声字。金文 ![字形] 左上从肉（月）左下从火（烧烤）右从犬（代表狩猎），也有说从火从肰（表声）。不管咋讲，造字本义：将猎获的动物烤熟了吃。小篆 ![字形] 承续金文字形。隶定后楷书写作然。本义是烧烤兽肉。在远古时代，烧烤食物是生存能力突破性的一大进步，所以"然"也表示"合理、正确"。后来，然作代词，可指这样，如"知其然，而不知其所以然"；作形容词，可指正确，如不以为然；作动词，可指应允，如"其心秉道义，重然诺"；作助词，可充当词尾，表示状态，如欣然、偶然。还可作副词、连词等。这些"然"都是假借用法。此时，"然"本义基本耗尽，于是古人再加"火"另造"燃"代替，强调"烧火"含义。然是燃的本字。

燃 rán 是然的加旁分化字。

然是燃的本字，故两字之间有些难舍难分。尤其表现在"天然气"上。

天然气是埋藏在地下的古代生物有机物质，经高温高压以及生物化学等作用分解而形成，其主要成分是甲烷，以及少量乙烷、丙烷、丁烷，一般还含有硫化氢、二氧化碳、氮和水汽等，主要用作民用生活燃料和化工原料等。天然气是天然生成的，跟"人工""人造"相区别，所以叫"天然气"。当前民用燃气有两种："天然气"是从油田、煤田开采出来的，主要成分是甲烷；"人工煤气"是由煤炭等经干馏等过程制得的，主要成分是氢、甲烷、乙烯、一氧化碳等。

天然气误为"天燃气"，大概是与"燃气"混淆或是想当然的结果。

禳·瓤

禳 ráng 会意兼形声字。小篆 ![字形] 从示（祭祀）从襄（除去，兼表声）。隶定后楷书写作禳。本义为古代祈祷消除灾殃、祛除邪恶的一种祭祀。禳解，指迷信的人向鬼神祈祷消除灾殃。

瓤 ráng 后起形声字。楷书瓤从衣从襄（表声）。本义形容脏，常见于旧小说，如衣服瓤了。

禳与瓤，只有一点之差，但意思差得却不是一点哟。禳解，若错成"瓤解"，那可就哭天天不应、叫地地不灵了。

穰·瓤

穰 ráng　会意兼形声字。小篆穰从禾从襄（脱去，兼表声）。隶定后楷书写作穰。本义为稻、麦等植物脱粒后的茎穗。

瓤　详见 406 页"瓤·穰"。

穰 ❶〈方〉名 稻、麦等的秆子：～草。❷〈书〉同"瓤"①②。

瓤 ❶（～儿）名 瓤子①：橘子～儿｜黑籽红～儿的西瓜。❷（～儿）名 泛指某些皮或壳里包着的东西：秫秸～｜信～儿。❸〈方〉形 不好；软弱：你赶车的技术真不～｜病后身体～。

【瓤子】名 ❶瓜果皮里包着种子的肉或瓣儿。❷瓤②：表～（表芯）｜秫秸～。

笔者以为，虽然"穰"在书面用语时同"瓤"的大部分义项，但"秫秸穰"还是比"秫秸瓤"来得让人更好接收。其他的大家自己仔细琢磨吧。

人·仁

人 rén　从甲骨文𠔁、金文𠂉、小篆尺、楷书人都是由两笔构成。本义指能制造、使用工具，能用语言进行交流的生命。

仁 rén　会意兼形声字。甲骨文𠂉从人从二，用二人会亲近、以人道待人之意。小篆𠂉。隶定后楷书写作仁。当是尼（二人相亲相爱）的变体。本义为仁爱。

下面两组相关联的词值得关注。

人丹与仁丹

【人丹】名 中成药，用薄荷脑、冰片、丁香等制成，颗粒状。适用于中暑、晕车、天气闷热引起的头昏、胸闷等症。旧也作仁丹。

从《现汉》注释，我们不难看出"人丹"与"仁丹"是一码事，殊不知两者不仅不是同一种药，而且这两种药名还经历过一场针锋相对的争斗，这场争斗充分体现了我国药界仁人志士的爱国主义精神。请看《咬文嚼字》2001 年第 11 期刊登的雁寒撰写的《人丹·仁丹》。

19 世纪末，日本"仁丹"大量倾销中国市场，胡子人头的仁丹广告遍及中国城乡。爱国商人黄楚九见状，就按中国古方"诸葛行军散"配制成药，并于清宣统二年(1910)筹建"龙虎公司"，生产龙虎牌"人丹"，与日本"仁丹"展开了针尖对麦芒的抗争。在广告宣传上，凡是有"胡子人

头"之处，必有龙虎"人丹"；日本人使出赊销新招，黄楚九立刻采取"春天发货，冬天结账"的方式。日商东亚公司见仁丹销售日下，又以"冒牌"罪名提出诉讼，黄楚九马上应讼，专聘一位律师据理驳斥，官司一直打到北京大理院（相当于现在的最高人民法院），延宕十年之久。北伐开始后，日商终于败诉。日商明争不胜，便私下托人疏通，想以巨款收买人丹的商标与制造权。黄楚九断然拒绝。后来在"提倡国货，抵制外货"的爱国浪潮之中，龙虎人丹更以天时、地利、人和的优势，击败日本仁丹，驰誉中华。

同人与同仁

把同一单位或同一行业的人称为"同 rén"。这个"rén"字，人、仁皆可。

就辞书来看，几乎清一色站在"同人"一边。《现汉》将"同人"与"同仁"视为异形词，以"同人"为推荐词形。

早在《周易》中，已出现"同人"。它最初是作为卦名用的，卦象是"离下乾上"，六十四卦之一。历代注家都认为，"同人"的"同"义为协同。正因如此，"同人"可引申指志同道合的人，进一步引申，又可指在同一单位工作或干同一行当的人。

"同仁"是汉代出现的。相传黄石公著的《素书》中有："同仁相忧，同恶相党。""同仁"就是同行仁德者，自然引申出志同道合的人。于是，"同人"和"同仁"成了异形词。

就词语的流传时间来说，"同人"在前，"同仁"在后。然而，就词频统计来说，却是"同仁"处于强势。原因在于，"仁"是儒家思想的核心。因此，"同仁"不仅在字面上显得比"同人"典雅，而且似乎寓有更为深厚的文化内涵。于是乎，"同仁"在汉语运用中后来者居上。

笔者认为，"同人"是一般泛称，不带任何感情色彩或感情色彩淡一些；而"同仁"带有敬重的意味。

因此，我个人认为，"同人"和"同仁"这组异形词，应以"同仁"为推荐词形。建议《现汉》等调整一下顺序，在没有调整之前，大家可根据语境选用。

忍·韧

忍 rěn　会意兼形声字。金文 和小篆 皆从心从刃（兼表声），用心能容刀会能容受之意。隶定后楷书写作忍。本义为抵制住某种情绪或感觉。

韧 rèn　形声字。小篆 从韋（皮革）从刃（表声）。隶定后楷书写作韌。今简化为韧。异体作靭。今规范以韧为正体。本义为柔软而坚固，结实而不易断裂。

【坚忍】形（在艰苦困难的情况下）坚持而不动摇：～不拔的意志。

【坚韧】形 坚固有韧性：质地~。

【坚韧不拔】形容信念坚定，意志顽强，不可动摇。

"坚忍"与"坚韧"都是形容词，是近义词。坚忍只能形容人，而坚韧可以形容人，也可以形容物。"不拔"，不可拔除，意即不可动摇。

坚忍不拔（《现汉》没有列出词条，但在"坚忍"一词举例中有"坚忍不拔"）与坚韧不拔是同义词，但内含有微小差别。坚忍的"忍"，强调的是一种状态，以极大的毅力忍耐、忍受；坚韧的"韧"，强调的是一种评价，意志百折不挠、万难不屈。就词语生成历史看，"坚忍不拔"在前；现代汉语中则以"坚韧不拔"更为常见。

仞·韧

仞 rèn 形声字。小篆 从人从刃（表声）。隶定后楷书写作仞。本义为人伸张双臂的长度，即庹。后成为古代长度单位，周制八尺、汉制七尺叫作一仞，东汉末则为五尺六寸，如万仞高山，"为山九仞，功亏一篑"。千仞，在数量上是一个虚指，形容极高或极深。

韧 详见 439 页"忍·韧"。常用来形容人意志坚忍，顽强持久。

仞指高度或深度，韧与"脆"相对，两者差距还是挺大的，应不难区分。

仞·印

仞 详见本页"仞·韧"。

印 详见 9 页"印·卯·印"。

农家用的大锅、过去单位食堂用的锅，大都是铸铁的。锅有大有小，用"印"来区分。商店里卖的最大的锅就是八印的。"印"是生产锅的厂家盖在新锅内的拳头大小的红色印章，上有厂名。厂名大多看不清，那一排红圈圈却是必不可少的。印多的大，印少的小。与之配套的锅盖也都用"印"来区分大小。

锅的口径以印（不要写作"仞"）为单位，大致有下面几种说法：

一、印是"仞"的转音误读。仞是旧时的长度单位（如上所述）。备此一说。

二、印是"人"的转音误读。八印锅就是可供八人饮食的锅。

三、印是"饮"的转音误读。一印就是一饮，也可以说供一个人喝，八印锅就是一次性烧出来的水，大约可满足八人的饮用需求。

四、印是手掌（脚掌）的意思。八印锅就是指直径相当于手掌（或刚满月小孩的脚印）长度的八倍。

五、印是铸铁锅的计量单位，十二印相当于 1 米。按照这种说法，一印等于 8.33 厘米，八印锅的直径大约为 67 厘米。有人实际测量过，八印锅的直径是

68厘米，这大致是相符的。

六、据说来自《石家庄文史资料·工商史料专辑》中《石家庄铸锅业回顾》一文的说法。该文说锅为两大类：印锅和驮锅。印锅以锅的直径划分大小，驮锅按重量计算，一驮重10公斤。

七、印是个容量单位，一印相当于5升。

以上说法，仅供参考，期待权威部门给予解答。

韧·靷

韧 详见439页"忍·韧"。

靷 rèn 形声字。小篆 𩊱 从車从刃（表声）。隶定后楷书写作靷。今简化为靷。本义为止住车轮不让其转动的木头。车子要启动，第一件事便是要搬掉这块木头，这便是"发靷"。后用来比喻新事物或某种局面开始出现。

由于"韧"与"靷"模样相似，故应注意：发靷，不能错写成"发韧"。

靷·牣

靷 详见本页"韧·靷"。

牣 rèn 形声字。小篆 牣 从牛从刃（表声）。隶定后楷书写作牣。本义为充满。充牣为并列结构，表示充满。也作充仞。充牣，不能写作"充韧"。

日·曰

日 rì 象形字。甲骨文 ⊙。金文 ⊙。小篆 日 。隶定后楷书写作日。本义指太阳。

曰 yuē 甲骨文 ⊔、⊔ 在 ⊔（口）上加一短横指事符号，表示嘴巴的动作。金文 ⊔、⊔。小篆 曰 。隶定后楷书写作曰。本义张口说话。引申指"叫作"，如东岳曰泰山。还用作姓。

日和曰，字形和音义都相差甚大，但稍不注意，也会出错。

有的读者会说，日瘦高，曰扁平，其实在有些字体中，两字从外形来看，几乎一个模样，最大区别在于，大多数字体中，日中间那横左右靠边，而曰中间那横左顶边而右侧不靠。抓住这一点，就会不出问题。参见196页"汩·汨"。

茸·绒·毧

茸 详见415页"茸·茸"。

绒 róng 形声字。《说文》无。楷书绒从糸从戎（表声）。今简化为绒。本义为细布。引申指柔软细小的纤维或毛。

毧 rǒng　后起形声字。楷书毧从毛从甩（表声）。形容毛发细而软。

下列一组词需要仔细辨别：【茸毛】名 指人或动物的绒毛；植物体上的细毛。【绒毛】名 ❶人或动物身体表面和某些器官内壁长的短而柔软的毛。❷织物上连成一片的纤细而柔软的短毛。【毧毛】名 细而软的毛：刚孵出来的小鸡长着一身～。

植物体上的细毛只能用茸毛，织物上短毛只能用绒毛，人可用茸毛、绒毛，动物可用茸毛、绒毛、毧毛，人和动物器官内壁的软毛必须用绒毛。

溶·熔·融

溶 róng　会意兼形声字。小篆 从水从容（广纳，兼表声）。隶定后楷书写作溶。本义为水面广大的样子。

熔 róng　会意兼形声字。小篆 从金从容（容器，兼表声）。隶定后楷书写作镕。异体作熔。现在镕与熔分工明确（详见444页"熔·镕"）。本义为铸器的模型。铸造必须先把金属加热化作液体，故引申指将固态物质吸热到一定程度而变成液体。

融 róng　会意兼形声字。甲骨文 下从土上从蟲，会冰雪消融、春气升腾、蛰虫蠢动之意。金文 。小篆 改为从鬲（lì，是古代鼎一类的煮器）从虫（表声）。隶定后楷书写作融。本义当为冰雪等化为水。

溶、熔、融的区别比较清楚。从汉字发生的角度看，熔是从镕分解出来的，它是为适应近代西方自然科学的引进而造的一个新字。它的意义单一，即熔化。熔字的义符是火，自然会联想到火热，如熔岩、熔炉。在现代汉语中，凡是用熔字的地方，不宜用"融""溶"。

融和溶的关系比较复杂一些。从语用实践来看，在表示物体的形态发生变化并进入另一物体，或两种、两种以上的物体合在一起组成均匀、稳定的混合物时，两个字可以通用，比如"融入"也作"溶入"等。

不过，在现代汉语中，融和溶组成的这些异形词，在使用上还是有一些细微差别的。融入、融化等词比较古典，书卷气较浓，往往带有文学色彩，多用来表示抽象的东西；而溶入、溶化等词则是后起的，多用来表示具体的物质的混合。

虫是融的本字。"融"的这一本义后世鲜有使用。在古汉语中，"融"的义项很丰富，如融化、消溶、融合、通融等。

在古汉语中，"溶"并没有溶化、溶解义。溶化、溶合、溶解、溶入等词的出现，是近代汉语和现代汉语中的事。

对照《现汉》可对以下几组词进行辨析：

【溶化】❶动（固体）溶解：砂糖放在热水中就会～。❷同"融化"。

【熔化】动 固体加热到一定温度变为液体,如铁加热至1530℃以上就熔化成铁水。大多数物质熔化后体积膨胀。也叫熔解、熔融。

【融化】动（冰、雪等）变成水。也作溶化。

【溶剂】名 能溶解其他物质的物质,如食盐溶解在水里,水就是溶剂。

【熔剂】名 熔炼、焊接或锻接时,为促进原料、矿石或金属的熔化而加进的物质,如石灰石等。

【溶解】动 一种物质以分子或离子等状态均匀地分散在另一种物质中。如把一勺儿糖放进一杯水中,就成为糖水。

【熔解】动 熔化。

【融解】动 融化:春天来了,山顶的积雪~了。

【溶溶】〈书〉形（水）宽广的样子:~的江水◇月色~。

【融融】〈书〉形 ❶和睦快乐的样子:大家欢聚一堂,其乐~。❷形容暖和:风和日丽,春光~。

【熔融】动 熔化:~状态。（注:"熔融"不要写作"融熔""溶融"等）

【融合】动 几种不同的事物合成一体:文化~｜各家之长。也作融和。

【融和】❶形 和暖:天气~。❷形 融洽;和谐:感情~｜气氛~。❸同"融合"。

【融汇】动 整合汇聚:~古今｜把普及科学知识~到群众文化活动之中。

【融会】动 融合:~贯通｜把人物形象的温柔和刚毅很好地~在一起。

【融会贯通】参考并综合多方面的知识或道理而得到全面的透彻的领悟。（注:这里"会"应该是领会,不是汇合,也不是会合）

【消融】动（冰、雪）融化。也作消溶。

从以上,我们大致上可以得出这样的结论:在古代汉语中,"融"字身兼数职;在现代汉语中,随着表达的日益精准化,人们用溶和熔字,逐渐分担融的部分职务。概言之:①凡表示使用高温的方法使固态的物体变成液态时,由"熔"字来表示,如熔化金属;②凡表示具体物质在水或其他液体中分化溶解时,多用溶,如"樟脑溶于酒精";③凡表示自然界中的冰、雪、霜等因气温升高而变化成水时,多用融,如残雪消融;④凡表示和谐、调和、通达等比喻义、抽象义时,用融,如关系融洽。另外,融和与融合不是全等异形词,使用时要认真把握。

✎ 容,会意字。甲骨文 从内（纳）从口（器具,注意是口不是口）,会盛纳于器中之意。金文 从頁（人头）从公（表声）,是"容貌"的本字。小篆一 从宀从谷（房屋与山谷皆为能盛纳之物）；小篆二 承接金文。隶定后楷书分别写作容与颂。后"容"借作"颂",指容貌。值得看一下"容"字形与人的脸部有相似之处,那头顶、眼眉、鼻孔、口均历历在目,看来也不是随便就借"容"表"颂"的。

现在容、颂表义有分工。容与貌异同：容侧重指面部表情，即神情、神色；貌侧重指外部形状，即面相、形态。

蓉·榕

蓉 róng　形声字。小篆 ![字] 从艸（艹）从容（表声）。隶定后楷书写作蓉。本义为荷花的别名。引申指芰蓉、芙蓉、芙蕖等。现在也指用某些植物的果肉或种子制成的粉状物，如豆蓉、椰蓉。

榕 róng　形声字。《说文》无。楷书榕从木从容（表声）。榕树。

蓉城，即芙蓉城，是成都市的别称。五代后蜀时，成都城上遍植木芙蓉，因此得名芙蓉城。成都市还有一个别称叫锦城（锦官城），故址在今四川成都南，三国蜀汉时管理织锦之官驻于此，因此称为"锦官城"。

榕城是福州市的别称，一作榕海。因北宋时期曾在城内遍植榕树而得名。

蓉城与榕城，相距甚远，不可混为一谈。

另外，豆蓉、椰蓉不要写作"豆茸""椰茸"。蒜捣碎后一般称作蒜泥，如写作蒜蓉也可，但不要写作"蒜茸"。

熔·镕

熔　详见 442 页"溶·熔·融"。

镕　详见 442 页"溶·熔·融"。

《第一批异体字整理表》，将镕作为"熔"的异体字，也就是说从此镕被"熔"给"熔化"了。镕，本义是金属模具。古人按制作模具材料细分为：型（土质）、模（木质）、範（竹质）、镕（金属）。模範（范）一词就来自两种模具。

1993年9月3日，国家语言文字工作委员会文字应用管理司作出《关于"镕"字使用问题的批复》，将"镕"从异体字库中请了出来，并类推简化为"镕"。从此，镕与熔双方不相"容"。

柔·揉·輮·煣·鞣·蹂·鞣

柔 róu　会意兼形声字。小篆 ![字] 从木从矛（矛柄要求有韧性，能曲能直，兼表声）。隶定后楷书写作柔。本义为木质软弱不硬。后引申指柔和、温柔等义。

揉 róu　会意兼形声字。小篆 ![字] 从火从柔（柔曲，兼表声）。隶定后楷书写作煣。俗作揉。今规范用揉。本义表示为用火烘烤木条使伸直或弯曲。细分使直变曲为煣，使曲变直为矫，于是就有了矫揉（煣）造作。

輮 róu　形声字。楷书輮从車从柔（表声）。今简化为輮。义为指车轮的外框。

义还同"揉"（使东西弯曲）。

煣 róu 见 444 页"揉"。

糅 róu 会意兼形声字。小篆 ![字形] 从米从丑（扭结，兼表声）。隶定后楷书写 ![字形]。异体作粈。今规范用糅。本义为杂饭。引申指混杂。糅杂义为杂糅。糅合，义为掺和（不要写作"掺合"）、混合。

蹂 róu 会意兼形声字。小篆 ![字形] 从足从揉省（揉省去扌，兼表声）。隶定后楷书写作蹂。本义为兽足反复践踏。引申指暴力欺压、侮辱、侵害，为贬义词（来自兽足）。

鞣 róu 会意兼形声字。小篆 ![字形] 从革从揉省（揉省去扌，兼表声）。隶定后楷书写作鞣。本义为熟制皮革，即用栲胶、鱼油等物质使兽皮变柔软，制成皮革。

揉、糅、鞣，都与手有关，但分工有所不同。揉范围广，糅仅指混杂（既有褒义也有贬义），鞣仅指与皮革有关。蹂与脚关联。其他可根据形旁加以区别。

🔔 糅合不得写作揉合。

如·若

如 rú 会意字。甲骨文 ![字形] 从女从口，会顺从人指令之意。金文 ![字形]、小篆 ![字形] 承续甲骨文字形。隶定后楷书写作如。本义为顺从、依从。由依从去做，结果就引申出"同"，如同，犹如，如此等就自然出现了。

若 详见 310 页"苦·若"。

如与若，都有顺的意思。引申出来还都有"像""好像"的感觉，如：如椽巨笔（指像椽子一样的大笔，引申指用来称颂别人气势宏大的文章或杰出的写作才能）、如出一辙（指车子好像从同一个车辙出来，形容事情非常相似）、若即若离（好像接近，又好像不接近，形容跟人的关系不很紧密）、若无其事（好像没有那么回事似的，形容不动声色或漠不关心）。

另外如与若读音又比较相近，所以我们必须定夺好（两字组成词中，暂没发现异形词），不能在两字之间摇摆。

儒·孺

儒 rú 会意兼形声字。小篆 ![字形] 从人从需（长须，兼表声）。隶定后楷书写作儒。是需的加旁分化字。本义为春秋时从巫、史、祝、卜中分化出来的、熟悉诗书礼乐而为贵族服务的方术之士。引申指儒家和儒学等义。

孺 rú 会意兼形声字。小篆 ![字形] 从子从需（柔弱，兼表声）。隶定后楷书写作孺。本义为小孩，孩子。

孺人与儒人，应仔细区别。

孺人，古时称大夫的妻子。《礼记·曲礼下》：天子之妃曰后，诸侯曰夫人，大夫曰孺人，士曰妇人，庶人曰妻。孺人在唐代可称王的妾，宋代用为通直郎等官员的母亲或妻子的封号，明清则为七品官的母亲或妻子的封号。在一些地方，孺人也用于对妇人的尊称。

儒人的基本意思是儒士，原指崇奉孔子学说的人。汉以后亦泛称读书人、学者。

孺·乳

孺　详见 445 页"儒·孺"。

乳 rǔ　会意字。象形字。甲骨文 象妇人双手抱子于胸前哺乳形。金文 左上方为手左下方为子右为乳房侧形，整字喻意母亲用手托着孩子的头吃奶。小篆 。孔与乳近似，只是省去"爫"，金文 （孔）又表示乳头内有孔穴，便于孩子吸吮。

乳臭即奶腥气。乳臭未干是说身上还带有奶腥气，讽刺年幼无知。

孺，即小孩子。汉语中无"孺臭"一词。

缛·褥

缛 rù　形声字。小篆 从糸从辱（表声）。隶定后楷书写作缛。今简化为缛。本义是繁密的彩色装饰，引申出繁重、细致、琐碎的意思。

褥 rù　形声字。《说文》无。楷书褥从衣从辱（表声）。本义为坐卧的垫具。繁，有多、盛、杂等义。

繁缛原用来形容装饰富丽，文辞华丽，后多用作表达繁多、烦琐义。

错词"繁褥"，从字面看就是坐垫、褥子等繁多，其实讲不通啊。

若·箬

若　详见 310 页"苦·若"。

箬　详见本页"箬·箸"。

按常理，箬完全可以写作若（从竹从若省，若省去艹，台湾有此字读 yòu，用于人名），但大陆没有（艹上加竹，大有叠床架屋之感）。所以若与箬还是要分得清爽，明白。

箬·箸

箬 ruò　形声字。小篆 从竹（𥫗）从若（表声）。隶定后楷书写作箬。异体作篛。今规范用箬。本义为竹皮。特指箬竹，竹的一种，叶子宽而大，可用来包粽子。

箸 zhù　会意兼形声字。小篆 从竹（𥫗）从者（烧火燎柴，兼表声），会用竹棍拨火使其明之意。隶定后楷书写作箸。为了分化字义，后俗将竹字头改为艸

字头写作著。宋代又由"著"的草体楷化为"着"。箸，本义拨火的筷子，即烧火棍。箸，异体也写作筯从竹（⺮）从助（协助，兼表声）。参见283页"筋·筯"。

箸不能包粽子，但可以插粽子。包粽子用的是"箬叶"。

S

仨·三·弍·叁

仨 sā　新造会意字。楷书仨从三从人。本义三个人。

三 sān　指事字。甲骨文 ☰ 用三画来表示。金文 ☰。小篆 三。隶定后楷书写作三。本义为数字三。古文受弋字影响另加弋，写作弍。

弍 sān　见上。

叁 sān　象形兼形声字。叁是参的分化字。金文 ✡ 上从三星下为人，彡表示星光闪耀。小篆 ✡ 讹为从星从㐱（表声）。隶定后楷书写作曑。俗作参。今简化为参。本指商星。因其为明亮的三颗星，遂借用以表示三，并改写为叄。今简化为叁，用作三的大写。

仨字后面不再接"个"字或其他量词。如仨瓜不能写作"仨个瓜"，可以写作三个瓜。其他几个字注意大小写之分。

撒·洒

撒　多音字。会意兼形声字。小篆 ✡ 从米从殺（表声）。隶定后楷书写作㪔。俗作撒，✡ 改为从手从散（抛洒，兼表声）。本义为抛米。引申泛指抛。

读 sā 时，指放开、张开，如撒手、撒网，也指放出或漏出，如"撒了一泡尿"；还指尽量使出来或施展出来（多含贬义），如撒赖、撒泼。

读 sǎ 时，播撒，如撒播、撒胡椒面儿。还用作姓。

洒　详见 292 页"酒·洒"。

撒（sǎ），义为散布或者散落，正是在这个意义上，洒和撒狭路相逢，不但音同，而且义近，难解难分。于是，"sǎ 向人间都是爱"陷入了用字困境。

该怎么解开这个结呢？笔者想提出一个大致的区分方法：

如果"sǎ"是人的自主动作，主要看"sǎ"的对象。灑（洒）的本义是把水淋在地上，因此凡是呈液体状的东西，倾向于用洒。"在地面上洒水"自不必说；"抛头颅洒热血"也理应用洒。撒的本义是以手抛米，因此凡是呈固体状特别是颗粒状的东西倾向于用撒。如"在伤口上撒盐"之类，皆以"撒"为规范。

如果"sǎ"不是自主的动作，而是一不小心造成的呢？这时的"sǎ"其实只是一个比喻，参照上面的原则，仍是液体用洒，固体用撒。如"汤洒到衣服上""石子撒了一地"。

如果"sǎ"是一种自然现象，这时不论液体、固体，皆应以洒为首选。杜甫《茅屋为秋风所破歌》中"茅飞渡江洒江郊"或文句"花瓣一片片洒落下来"，茅草、花瓣都不是液体，此处的洒，其实就是飘洒的"洒"。

以上三种情况，"sǎ"的对象都是具体的物体，如果只是一个抽象的概念呢？用洒、撒都为正确，首选应该是洒。这是因为，洒和撒相比，洒的方法更多样，更灵活，更有意境。

毛泽东主席《清平乐·蒋桂战争》中："风云突变，军阀重开战，洒向人间都是怨，一枕黄粱再现。"洒的方向通常是向下的，如果说的是一种向上的动作，用撒可能更贴切一点。比如，某报《把青春sǎ向蓝天》，笔者以为"撒"字更显激情，更有气势。

如果"sǎ"字是一个构词的语素，选用洒还是撒，要受到相关词语的制约。比如"播sǎ种子"，前面用了播字，后面用撒字才能呼应；"喷sǎ农药"，前面用了喷字，后面用洒为上。

花洒，指淋浴、浇花用的喷头。洒与酒，仅一横之差，特别是饮酒后，更容易混淆。若把花洒写作"花酒"（古时指在青楼等场所一种狎妓饮宴），那得罚酒三杯了。😊

《说文》："洒，涤也。"它最初读 xǐ，是洗的本字。后来，洗字媳妇熬成婆，取代了洒的地位；而洒则摇身一变，成了灑的假借字，读音也由 xǐ 变为 sǎ。潮起潮落，云卷云舒，如今洒又名正言顺地成了灑的简化字。

浣指洗，如浣衣、浣纱。涤，也指洗，如洗涤，常用于比喻义。濯，本指鸟洗羽毛，现引申指洗，用于书面语言。

撒·杀

撒 详见 448 页"撒·洒"。

杀 shā 象形字。甲骨文 🅇 上从乂（又，手）下从毛（动物的尾巴，借代动物），整字表示击杀后陈列的长毛野兽形。金文 🅇。小篆 🅇 强调将动物打死后剥皮。隶定后楷书写作杀与殺。今规范用杀。本义为打死野兽。

【撒手锏】名 旧小说中指厮杀时出其不意地用锏投掷敌手的招数，比喻最关键的时刻使出的最拿手的本领或击中要害的手段。也说杀手锏。

为什么用"也说杀手锏"而不是"也作撒手锏"，原因在于杀与撒两字读音不同，如果同就成为异形词，就会写作"也作"。《现汉》倾向于用"撒手锏"。当然，用"杀手锏"也是可以的。

另外，撒吃挣，指熟睡时说话或动作，与梦游接近。不要误写作"撒癔症"。

撒·杀·煞

撒　详见 448 页"撒·洒"。
杀　详见 449 页"撒·杀"。
煞　详见 453 页"杀·刹·煞"。

【撒气】sāqì 动 ❶（球、车胎等）空气放出或漏出。❷ 拿旁人或借其他事物发泄怒气：你心里不痛快，也不能拿孩子~。

【杀气】shāqì 名 凶恶的气势：~腾腾。

【煞气】¹ shàqì 动 内充气体的器物因有小孔而慢慢漏气：车带~了。

【煞气】² shàqì 名 ❶ 凶恶的神色。❷ 迷信的人指不祥之气，不吉利的征兆。

撒气、杀气与煞气，如果是人为的要用撒气，反之两者都可以用，但是细眼漏气一般用煞气为好；杀气与煞气，都是名词，呈现均为凶恶，不过前者为气势，后者为神色，这个需要区别。

靸·趿

靸 sǎ　会意兼形声字。小篆 从革从及（到，兼表声）。隶定后楷书写作靸。本义为小儿穿的无后帮的鞋。现在主要用于方言，义把鞋后帮踩在脚后跟下，也指穿拖鞋。靸鞋，一种布鞋，鞋帮纳得很密，前部覆盖脚背的部分较深，上面缝着皮梁或三角形皮子。

趿 tā　会意兼形声字。小篆 从足从及（到，兼表声）。隶定后楷书写作趿。本义穿鞋只套上脚尖踩着后帮行走。趿拉，把鞋后帮踩在脚后跟下。趿拉板儿，没有帮而只有襻儿的木底鞋。有的地区叫呱嗒板儿。趿拉儿，方言用语，指拖鞋。

靸与趿，都有把鞋后帮踩到脚后跟下义，所以"别靸着鞋往外跑"，也可作"别趿着鞋往外跑"。但两字读音不同。

腮·鳃

腮 sāi　形声字。《说文》无。楷书顋从頁从思（表声）。异体作腮从肉（月）从思（表声）。本义为人的两颊的下半部。泛指动物颊的下半部分。

鳃 sāi　形声字。《说文》无。楷书鰓从魚从思（表声）。今简化为鳃。本义为鱼的呼吸器官，多为羽毛状、板状或丝状，用来吸取溶解在水中的氧。古多指鳃盖，现指鳃盖里面的部分。

今把鱼等水生动物单独用"鳃"，其他包括人在内的动物通用"腮"。由此看出，古人对鱼情有独钟。在古汉语中，有把"鳃"写成"腮"的例子。如今分开了，千万不要让人长着"鳃"啊，虽然那样游泳还算方便。☺

塞·赛

塞 多音字。会意兼形声字。甲骨文 ▥ 从宀（房屋）从二工（表筑墙杵）从双手，会双手持杵筑墙将窗户堵住之意。金文 ▥ 多加了两个工。小篆 ▥ 又加了义符土，表示用土堵塞，除土之外的那部分字形兼表声。隶定后楷书写作寨与塞。今规范用塞。本义为用土堵住。

读 sāi，用于名物义，如瓶塞、活塞；用于动作义，如塞住、塞紧。

读 sài，指可做屏障的险要地方，如边塞、要塞、塞北、塞外、塞翁失马等。

读 sè，用于复合词中，表示动作义，如敷衍塞责、堵塞。

赛 sài 形声字。最初借用"塞"表示，指祭祀酬报神灵。祭祀自然要用到财和物，故小篆 ▥ 省去土，改为从贝。隶定后楷书写作賽。今简化作赛。本义为古代祭祀神灵。祭祀对象不同，祭品规格就不一样；祭祀同一位神灵，各自条件也会有差异，这样就引申出比赛等义来。

翻译外国地名、人名，要小心。如法国马赛、西班牙巴塞罗那。

✎ 塞，异体字寨，所从的寋与寒所从的寋本不同，后来汉字隶定时寋统一到寋里面了。

伞·散

伞 sǎn 象形兼形声字。小篆 ▥ 从糸从散（表声）。隶定后楷书写作繖，异体作繖改为从巾。俗又造了楷书伞，上边如张开的部分，下边似把儿和支架。如今简化取其轮廓作伞。本义为车盖。

散 多音字。会意字。金文一 ▥ 为手持酒器形，左上方为爵形，右为攴（表手持）；金文二 ▥ 左为麻形，会以手剥麻之意。小篆一 ▥ 是将金文一、二杂糅，将爵的两个柱形误为麻形，将器体误为一块肉；小篆二 ▥ 承接金文二并整齐化。如今规范为散。散本义为酒器。古人将爵（一升）、觚（二升）、觯（三升）、角（四升）、散（五升）、壶（六升）作为酒器的等级。如今散酒通常指散装的酒，其真正来源在于古时五升之散也。由散的剥麻之义，引申出分开等义来，如分散、散开、散伙、散布、解散、松散、散漫等。又引申指洒脱，潇洒，又特指文章不受韵律约束，如散文（形散神不散）。古人称不押韵的散文为笔，押韵为文，合称文笔。

读 sǎn 时，指没有约束、松开、分散等。还用作姓。

读 sàn 时，由聚焦而分享，还指散布、分发，也指排除、排遣，如散心。

伞兵，用降落伞着陆的空降兵。散兵，指溃散的士兵。也指旧时军队中供差役而非正式编制的兵士。还指采用一种分散队伍或单兵进行作战的形式。散兵游勇，指失去统属的士兵。现也指没有加入集体而独自行动的人。

搔·骚·臊·瘙

搔 sāo　会意兼形声字。甲骨文从又（右手）从两点，象指甲搔下的皮屑形。小篆整齐化。隶定后楷书写作叉。由于"叉"作了偏旁（蚤是蚤的旧字形，今为蚤），遂另造了"搔"从手从蚤（兼表声）。今规范用搔。本义为用指甲等轻轻地抓挠。

骚 sāo　会意兼形声字。小篆从馬从蚤（扰乱，兼表声）。隶定后楷书写作騷。今简化为骚。本义为马惊扰不安或刷马。

臊　多音字。形声字。小篆从肉（月）从喿（表声）。隶定后楷书写作臊。本义为猪羊狗等动物的脂膏的气味。引申泛指某些难闻的气味，如臊气、臊臭。

读 sāo 时，指像尿或狐狸的气味，如腥臊。

读 sào 时，指害羞，如害臊、臊得满脸通红。也指细剁的肉，臊子是方言，多指烹调好后加在别的食物中的肉末或肉丁。如臊子面。

瘙 sào　会意兼形声字。《说文》无。楷书瘙从疒从蚤（蚤咬，兼表声）。本义为疥疮。一种传染性皮肤病。

瘙痒是皮肤的一种感觉，瘙痒病医学上指一种有明显瘙痒感而没有原发性病变的皮肤病。

搔痒则是止痒的一种接近本能的动作。

瘙痒病患者难免会采用搔痒手段，但搔痒者不一定都患有瘙痒病。

这里提请大家注意几点：骚货，指举止轻佻、作风放荡，常用于女性；骚马、骚驴等，常用于雄性家禽（发情只用于雌性动物）。

骚，同"臊"（sāo），骚既用于人也用于动物，但"臊"一般用于动物。

搔与骚区别：搔，指用指甲或他物轻刮，搔头弄姿指修饰容貌。现常用搔首弄姿表示卖弄姿色。骚，有扰乱、举止轻佻等义，也用于屈原的《离骚》。有搔首，但没有骚首。搔首弄姿也作搔头弄姿。最初指妇人用手挠头发、梳妆打扮，后形容装腔作势、卖弄风情，也比喻诗文矫揉造作。搔首、弄姿都是动宾关系，两者连用，构成并列短语。

《汉语大词典》里有骚头，释义为"犹淫棍"，与挠头无关。

臊·潲

臊 详见 452 页"搔·骚·臊·瘙"。

潲 shào 形声字。《说文》无。楷书潲从水从稍(表声)。本义为臭汁、泔水、淘米水、野菜、米糠等制成的猪食。潲水，也称泔水。潲，还指雨斜着落下来，如"窗子关不严容易潲雨"(也有地方称之为潲水，务请注意)。

潲水(泔水)主要指饭店、宾馆在吃完饭后把剩下的饭菜之类倒在一起混合的剩饭菜。由此喂养的猪称之为泔水猪。此猪严格来说不能食用。潲水无害化处理是城市管理中很重要的课题，已经引起相关部门高度重视。不能因为"臊"有尿骚味，就把潲水错写成"臊水"。

森·生

森 sēn 会意字。甲骨文 从三木，会树木很多之意。小篆 。隶定后楷书写作森。本义为树木丛生茂密的样子。

生 shēng 象形字。甲骨文 从新芽露出地面，象地上生出草木形。金文 。小篆 。隶定后楷书写作生。本义为草木滋长。

次生是"第二次生成"或"间接生成"的意思。"次生林"，《辞海》释为："原有森林经采伐或经人力、自然力破坏后又自然恢复起来的森林。"从定义可以看出，"次生林"是自然而非人工植树造林。而"次森林"则不知所云。

除次生林外，还有次生晕、次生环境、次生矿物、次生生长、次生演替、次生林改造、次生石英岩、次生富集作用、次生环境问题，等等。

杀·刹·煞

杀 详见 449 页"撒·杀"。

刹 多音字。形声字。小篆 从刀从殺省(殺省去殳，表声)。隶定后楷书写作刹。本义为梵语刹多罗的省称，意为土，土田，国土。

读 chà 时，指佛教的寺庙，如古刹。后指极短的时间，瞬间，如一刹那。

读 shā 时，义为止住(车、机器等)，如刹车。比喻停止或制止，如"刹住不正之风"。

煞 多音字。会意字。楷书煞是殺(杀)的后起俗字。由煞从攵看，当也有与击打之义有关，大概是小篆 殺(杀)的讹变。本义为击杀、杀戮。

读 shā 时，见下文。

读 shà 时，指凶神，如凶神恶煞。还指极，很，如煞费苦心。

杀（殺，音 shā）❶动 使人或动物失去生命；弄死：~虫｜~鸡｜~敌。❷动 战斗：~出重围。❸动 削弱；减少；消除：减~｜~价｜~暑气｜风势稍~。❹ 同"煞"①：~笔｜~尾。❺动 用在动词或形容词后，表示程度深：气~｜恨~｜热~人。❻〈方〉动 药物等刺激皮肤或黏膜使感觉疼痛：伤口用酒精消毒~得慌｜肥皂水~眼睛。

煞（shā）❶动 结束；收束：~笔｜~尾｜~账｜锣鼓~住后，一个男孩儿领头唱起来。❷动 勒紧；扣紧：~车｜~一~腰带。❸同"杀"③⑤。

从"杀"（shā）"煞"（shā）词条注释我们不难看出：杀适用于口语讲究凶狠，而煞则倾向于书面语言诗意了许多。所以，虽然杀笔、杀尾与"煞笔""煞尾"等同，但《现汉》只列出"煞笔""煞尾"词条，由此可以看出，杀笔、杀尾尽量少用（武侠小说结尾用"杀尾"是一个不错的选择）。虽然煞同"杀"③⑤，杀价、热杀人还是比"煞价""热煞人"来得强烈。

同理，《现汉》列出"杀青"：动 ❶ 古人著书写在竹简上，为了便于书写和防止虫蛀，先把青竹简用火烤干水分，叫作杀青。后来泛指写定著作。❷ 绿茶加工制作的第一道工序，把摘下的嫩叶加高温，抵制发酵，使茶叶保持固有的绿色，同时减少叶中水分，使叶片变软，便于进一步加工。《现汉》没有"煞青"。

煞风景与杀风景是异形词，前者为推荐词条。

【刹车】shāchē ❶动 用闸等止住车的行进：紧急~。❷动 停止或断开动力来源，使机器停止运转。❸动 比喻停止或制止：浮夸风必须~。❹名 指机动车的制动器：~不灵。‖也作煞车。

【煞车】¹ shāchē 动 把车上装载的东西用绳索紧勒在车身上。

【煞车】² shāchē 同"刹车"。

在"把车上装载的东西用绳索紧勒在车身上"这个义项上必须用"煞车"，其他建议用"刹车"。

杀·弑

杀 详见 449 页"撒·杀"。

弑 shì 形声字。小篆 𢻹 从殺省（殺省去殳）从式（表声）。隶定后楷书写作弑。本义为臣下杀死君主。后引申也指子女杀死父母。

古代卑幼杀死尊长叫"弑"，常见词：弑君，弑父。

弑的范围很窄，请大家严格按上面规定去书写，不得随意扩大。虽说一日为师终身为父，如果出现学生对老师的忤逆行为，也不要动用"弑"这个字。

沙·砂

沙 多音字。会意字。金文 ![字] 是由甲骨文 ![字]（小）分化出来的，突出水冲刷形成沙粒形之意。小篆 ![字] 从水从少。隶定后楷书写作沙。本义为微小细碎的石粒。

读 shā 时，为本义及引申义。噪音不清脆，不响亮，如沙哑。还指沙皇。还用作姓。

读 shà 时，方言用字，指通过摇动使东西里的杂物集中以便清除掉，如"把米里的沙（shā）子沙（shà）一沙（shà）"。生活中，常见用罗筛水平晃动，让杂物集中到表面中间，功能同"沙"（shà）。还有用簸箩颠簸，也能起到同类效果。

砂 shā 会意兼形声字。《说文》无。楷书砂从石从少（小，兼表声）。是沙的后起分化字，将水旁换成石旁，以突出岩石风化碎裂形成沙样碎石之义。

《现汉》中"砂"注释同"沙¹"①（即细小的石粒）。

细分开来，沙与砂区别大致如下：①先有"沙"后有"砂"，"砂"是为了分担"沙"的功能而造的。②"沙"是天然的，"砂"多是人工的，这是二者最实用的区别。河水、海水等冲刷而成的细小石粒用"沙"，如沙洲、沙滩、沙地、沙漠等。岩石风化而成的细小石粒为"砂"，如朱砂、矿砂。在为人所用方面，"砂"具体出现在矿物、中药、建材、工具等类别中。③当沙和砂都是指碎石颗粒时，"沙"多与水有关，相对来讲沙小、砂大。

以下几组异形词值得关注：砂锅也作沙锅；砂锅浅儿也作沙锅浅儿；砂浅儿（比较浅的砂锅）也作沙浅儿。

【砂姜】名 土壤中的石灰质结核体，质地坚硬，不透水，大的块状，小的颗粒状。可用来代替砖石做建筑材料。也作砂礓。（注：笔者以为用砂礓作推荐词条更能得到人们认可。中药上有砂姜，也叫沙姜，是一味中药。如果用砂礓，就可以避免与中药混同）

【砂浆】名 建筑上砌砖石用的黏结物质，由一定比例的沙子和胶结材料（水泥、石灰膏、黏土等）加水和成。也作沙浆。也叫灰浆。

以下几组词，需要大家瞪大眼睛，别迷了眼。

【沙眼】名 眼的慢性传染病，病原体是沙眼衣原体，症状是结膜上形成灰白色颗粒，逐渐形成瘢痕，刺激角膜，使角膜发生溃疡。

【砂眼】名 铸造过程中，气体或杂质在铸件内部或表面形成的小孔，是铸件的一种缺陷。

沙金，指自然界中混合在沙里的粒状金子，不要写作"砂金"。

沙砾，指沙和碎石块，不要写作"砂砾"。

沙子，指细小的石粒，不要写作"砂子"。

沙拉（西餐中的一种凉拌菜），也译作色拉。

刹·霎

刹 详见 453 页"杀·刹·煞"。

霎 shà 形声字。小篆 ![字] 从雨从妾（表声）。隶定后楷书写作霎。本义为小雨。引申指短时间、一会儿，如一霎、霎时。

霎时，是汉语固有词，属合成词。作为时间副词，它只表示极短的时间，忽然间，瞬间。霎时表现形式有：一霎、一霎时、一霎间、一霎眼、霎时间。

【刹那】chànà 名 极短的时间；瞬间：一～。

刹那是外来词，是梵语 ksana 的音译，为单纯词，意为"一瞬间"，也可以写成刹时。刹那派生词有：一刹那、刹那间。

"霎那间""刹时间"，都是混搭的结果，不可取。

晒·哂

晒 shài 形声字。小篆 ![字] 从日从麗（表声）。隶定后楷书写作曬。俗简作晒改为从西表声。如今以晒为正体。本义为曝晒，即在阳光下吸收光和热。注意：晒的意思，上古用"暴"。后来"暴"为引申义所专用，便另加义符日写作"曝"。南北朝才开始用"曬"，如今简化为晒。

哂 shěn 形声字。小篆 ![字] 右从欠左从引省（引省去竖，表声）。隶定后楷书写作欱。异体作吲。又作哂。今规范以吲、哂为正体。今两者分工明确，吲被借用，吲哚指有机化合物。哂本义为微笑。哂纳，客套话，用于请人收下礼物。哂笑即讥笑，如"被行家里手所哂笑"。哂正，也是客套话，用于请对方指正。

晒与哂，读音与意思相差很多，稍加注意部首之异就不会被行家"哂笑"了。

📝 筛酒，不是晒酒。古时，为了把酒液与酒糟分开，古人常用桶形的筛篓在酒糟中下压一个坑，使酒进入筛篓，然后用勺子舀出酒液。这个过程叫筛酒。筛过的酒仍留有酒糟，人们还要进行再次过滤。另外，古人在饮酒之前常要加温，使得甲醇、乙醛等物质挥发，口感会更好一些。最后才是给客人添酒添福。于是，筛酒又引出加热酒、斟酒等义来。

"晒酒"，字面意思就是在阳光下晒酒，人世间好像没有这么傻的酒徒。😊

芟·删

芟 shān 会意兼形声字。小篆 ![字] 从艸（艹）从殳（击打，兼表声）。隶定后楷书写作芟。本义为割草、除草。

删 shān　会意字。小篆 ?? 从册(书简)从刀，会削除之意。隶定后楷书写作删。本义为削去不要的或错的字。古代把字刻、写在龟甲或竹木简策上，用绳子连起来，即为册。刻错或不要时，需用刀削或剐去，即"刊"（不刊之论，义为不能改动或不可磨灭的言论，形容言论确当，无懈可击）。

【芟除】动 ❶除去(草)：～杂草。❷删除：文辞烦冗，～未尽。

【删除】动 删去：～多余的文字。

删除，口语，主要用于删去对象是文字；芟除，主要用于除草，个别时候用于对文字删除。以下两组异形词，值得揣摩：

【芟秋】动 立秋以后在农作物地里锄草、松土，使农作物早熟、籽实饱满，并防止杂草结籽。也作删秋。

【芟夷】〈书〉动 ❶除(草)。❷铲除或消灭(某种势力)。‖也作芟荑。

删节号是省略号的旧称，现在我们一定要改口。

姗·珊

姗 shān　形声字。小篆 ?? 从女从删省(删省去刂，表声)。隶定后楷书写作姗。本义为诽谤、诋毁、讥讽。此义后作"讪"。用作"姗姗"，形容走路缓慢从容的姿态。

珊 shān　形声字。小篆 ?? 从玉从删省(删省去刂，表声)。隶定后楷书写作珊。用作珊瑚、珊瑚虫、珊瑚岛、珊瑚礁。珊珊，指玉石相碰声。

阑珊，义为将尽、衰落，如春意阑珊、意兴阑珊。辛弃疾《青玉案·元夕》中有句：众里寻他千百度。蓦然回首，那人却在，灯火阑珊处。

阑珊，不要错成"阑姗""阑跚"。

心旷神怡，不能与"意兴阑珊"搭配，可与"意兴遄飞"之类搭配才合适。

扇·煽

扇　多音字。会意字。小篆 ?? 从户(单门)从羽，会翅膀一样能动的竹或苇编的门扇之意。隶定后楷书写作扇。本义为竹木做的片状门板。后引申指扇子。

读 shān 时，主要用于动词。

读 shàn 时，主要用于名词或量词。如一扇门、两扇窗户。

煽 shān　会意兼形声字。小篆 ?? 从火从扇(扇动，兼表声)。隶定后楷书写作煽。是扇的加旁分化字。本义为摇动扇子等片状物产生风，使火更加旺盛。

扇 shān　❶动 摇动扇子或其他薄片，加速空气流动：～煤炉子｜～扇(shàn)子。❷动 用手掌打：～了他一耳光。❸同"煽"②。

煽 shān　❶同"扇"(shān)①。❷鼓动(别人做不应做的事)：～动｜～惑。

【扇动】shāndòng ❶动 摇动（像扇子的东西）：～翅膀。❷ 同"煽动"。
【煽动】shāndòng 动 鼓动（别人去做坏事）：～闹事｜～暴乱。也作扇动。

扇与煽、扇动与煽动不是全等异形词。另外，"扇（shān）扇（shàn）子"中前后"扇"读音不同。还有就是，"扇了他一耳光"，有的人会想扇人自然用得上手，于是写作"搧"（"搧"作为"扇"的异体字早已淘汰），所以不能写作"搧耳光"。

闪·睒

闪 shǎn 会意字。小篆 从人从門会意，用人在门中会人从门内向外张望之意。隶定后楷书写作閃。今简化为闪。本义为从门缝朝外看。也有人说会人从门前快速通过。

睒 shǎn 形声字。楷书睒从目从夹（表声）。本义为眼睛很快地开闭。汉字中，原带夾（如陕西的陕，繁体写作陝）都简化为夹，唯有睒不变，从而为我们留下文字史一朵奇葩。

形容眼睛很快开闭，有一眨眼、一睁眼、一眯眼等，"闪"有闪光、闪让、闪现等词，也是指很快。但一睒眼不能写作"一闪眼"。

睒有异体字䀹，䀹常用于人名。另请小心，晱（shǎn，闪电，也指晶莹的样子）与睒长得差不太多，眼睛可不能随意睒啊。夾与夹，详见258页"夹·浃"。

疝·氙

疝 shàn 形声字。小篆 从疒从山（表声）。隶定后楷书写作疝。本义为心腹气痛病。

氙 xiān 近代新造形声字。楷书氙从气从山（表声）。异体作𣱔。今规范以氙为正体。本义为一种惰性气体元素。

氙气，无色无臭，惰性，能吸收 X 射线。具有极高的发光强度，能用来填充光电管、闪光灯、氙气高压灯。

疝，后引申泛指体腔内容物向外突出的病症，亦指生殖器部位或腹部剧烈疼痛兼有大小便不通的病症。如今，疝气通常指腹股沟部的疝。也称小肠串气。

疝与氙，读音不同，意义差别特大，如把这两个混读、混用，恐怕身体尤其是眼睛吃不消。

善·擅

善 shàn 会意字。金文 从羊从誩，会连连称美之意。小篆 承接金文。隶定后楷书写作譱，俗简作善。今以善为正体。当是膳的本字。本义是美味。

引申指善良等义。

擅 shàn　形声字。小篆 𢬍 从手从亶（表声）。隶定后楷书写作擅。本义为独揽。引申指长于、善于。

善，有"擅长；长于"义项；擅，有"长于；善于"义项。就这，善与擅就有了"量子"纠缠。

【善于】动 在某方面具有特长：~辞令｜~团结群众。

【擅于】动 擅长；善于：~写作。

【擅长】动 在某方面有特长：~书法。

由上可以看出，"善于"一般用于较虚的指向，而"擅于"常用于具体事项。擅长不能写作"善长"。

赡・瞻

赡 shàn　会意兼形声字。小篆 䀹 从贝从詹（义多，兼表声）。隶定后楷书写作贍。今简化为赡。是詹的加旁分化字。本义为供给，供养，如赡养，后又有引申出充足、足够等义。

瞻 zhān　形声字。小篆 瞻 从目从詹（表声）。隶定后楷书写作瞻。本义向下看。引申向上或向前看，如高瞻远瞩。再引申指仰慕、敬礼，如瞻仰。

赡与瞻，外形相近，但读音有别，只要稍用点心，就不会错。

含蕴丰赡，是指艺术作品在思想上追求高境界，内涵丰富，不要写作"丰瞻"。当然，赡养不能想当然地写作"膳养"。

殇・觞

殇 shāng　会意兼形声字。小篆 殇 从歹从伤省（傷省去亻，义为伤害，兼表声）。隶定后楷书写作殤。今简化为殇。本义是没到成年就死去。后用来指死难者。《说文》：殇，不成人也。人年十九至十六死为长殇；十五至十二死为中殇；十一至八岁列为下殇。

觞 shāng　形声字。金文 觴 从爵从昜（表声）。小篆 觞 从角从鍚省（鍚省去矢）。隶定后楷书写作觴。今简化为觞。是商的后起分化字。本义指盛满酒的杯子，泛指酒、酒器，也有向人敬酒或自饮之义。

流觞，古人每逢农历三月初三（上巳日），于弯曲水渠旁集会，在上游放置酒杯，酒杯随水而流，流到谁跟前，谁就取杯把酒饮尽，这叫作"曲水流觞"。流觞呈现浪漫诗意。"流殇"字面意思悲伤无比，显然不通，世上没有"流殇"。国殇本指为国家作战而牺牲的人，后又泛指为国捐躯、为公而亡之人。

上·尚

上 shàng　指事字。甲骨文 ▱，指物体上部。金文 ▱ 承接甲骨文。小篆 ▱。隶定后楷书写作上。异体作二、㆒。今规范用上。本义为上边。上与下相对，引申出等级为上的感觉。但要注意上声 shàngshēng 又音 shǎngshēng。

尚 shàng　象形字。尚与商、赏同源。甲骨文 ▱、金文 ▱、小篆 ▱ 都是酒器形。隶定后楷书写作尚。本义当为酒器。上古时代，能饮酒者自然受到人们崇尚。

自古以来，尚与上相通。"无上"是"至高，无出其上"之意。"无尚"也是的。尚方宝剑，也作上方宝剑。"尚古"即"上古"。《尚书》即《上书》。"尚友"即"上友"，好似"上与古人为友"。"无上"与"无尚"，《现汉》只收"无上"，注释：形 最高：至高~｜~光荣。笔者以为"无尚的光荣"不应算错。

🔔 绱鞋（把鞋帮鞋底缝在一起），也作上鞋。

梢·稍

梢　多音字。会意兼形声字。小篆 ▱ 从木从肖（细小，兼表声）。隶定后楷书写作梢。本义为树尖或树枝的末端。

读 sào 时，义为锥度（圆锥形物体大、小两个截面直径的差与两个截面间距离的比）。

读 shāo 时，指条状物较细的一头，如树梢、眉梢。

稍　多音字。会意兼形声字。小篆 ▱ 从禾从肖（微小，兼表声），会禾稼的末梢之意。隶定后楷书写作稍。本义为庄稼末梢。

读 shāo 时，义为稍微（如稍后、稍许等）。还用作姓。稍微也可写作稍为，但两者读音有别。

读 shào 时，指稍息。（军事或体操口令，听到稍息口令后，右脚顺着脚尖方向伸出三分之二脚掌，身体重心偏移，从立正姿势变为休息姿势。时间稍长，个人可自由悄悄地收回右脚，出左脚，可以反复采用此种办法。此类休息时间较短，因而称稍息）

特别要注意的是，庄稼的末端本来是写作"末稍"，后来"稍"的本义合并到"梢"，于是庄稼"末稍"就改为"末梢"。收梢，即收场、结尾。无"收稍"一词。

🔔 梢公与艄公是异形词，以艄公为推荐词条。

【艄公】（梢公）名 船尾掌舵的人，也指撑船的人。

邵·邰·劭

邵 shào　会意兼形声字。金文 ▱ 从卩（即㔾，人）从召（相召，兼表声）。小篆 ▱。隶定后楷书写作邵。古地名，在今山西省垣曲县。还用作姓。《现汉》注释其同"劭"（美好）。

邵 shào　形声字。小篆 ⚛ 从邑（阝右）从召（表声）。隶定后楷书写作邵。本义为古地名，春秋时晋邑，今河南省济源市西。现在主要用作姓。

劭 shào　形声字。小篆 ⚛ 从力从召（表声）。隶定后楷书写作劭。本义为勉励、劝勉。借用作"邵"，表示高尚、美好。

因"劭"借用作"邵"，现在"邵"同"劭"美好（多指道德品质），如"年高德劭"可以写作"年高德邵"。在勉励、劝勉义项时，劭不作邵。

邵、邵、劭，三字字形相近，读音相近，应稍加小心。

畲·畬

畲 shē　形声字。小篆 ⚛ 从余（表声）从田。隶定后楷书写作畲，异体作畬。后来为专职担当畲族重任，并与畬田区别，干脆把异体字当正体了。难怪畲与畬这般难分，原本就是一体。畲本义指开垦二或三年的田地，现专指畲族。畲族，我国少数民族之一，主要分布在福建、浙江、江西、广东、安徽。

畬　多音字。见上文"畲"。

读 shē 时，义为焚烧田地里的草木，用草木灰做肥料的耕作方法，这样耕种的田地叫畬田。

读 yú 时，指开垦过两年的土地。

为何前面一会说两年一会又讲二或三年，原因在于古籍解释有些出入。《说文》：畬，三岁治田也。《尔雅·释地》：田，一岁曰菑，二岁曰新田，三岁曰畬。《礼记·坊记》：二岁曰畬，三岁曰新田。

菑，读 zī，初垦一年的田地。又指除草开荒。古时菑又同"灾"。

现在专家基本达成的意见：

菑田经过一年的恢复，第二年便可直接耕种，因此称为新田；到了第三年土壤中的杂草根被除，地力肥沃，土质柔和，这种地便称为畬田。用余表音，其实还暗含表义，那就是田有余力也。第四年畬田又转为莱（本指杂草），开始休闲。从中，我们不难发现，古人们早就采取休耕制，田野里有四种处于不同阶段的田地：有新开垦的菑田，有耕种的新田，有土松地肥的畬田，还有休耕草生的莱田。四田轮回（田字由四小块田地组成，不一定是巧合），生生不息。如果不采取这种科学办法轮耕，那就变成菑（灾）了。

最后，由畲与畬微小差别，我们自然联想到余与佘。我们在写佘太君时万万不可写作"余太君"，要不然佘老太太那龙头拐杖您可吃不消。

赊·舍

赊 shē　形声字。小篆 赊 从贝从余（表声）。隶定后楷书写作賒，俗改为赊。今以赊为正体并简化为赊。本义为买物延期交款。赊欠，即买卖货物时经卖方同意后买方延期交款。

舍　多音字。象形字。舍和余同源。余是简易的茅屋形，舍是建筑在台基上的高级房屋形。甲骨文 舍 象构木为屋之形，下像台基。金文 舍。小篆 舍。隶定后楷书写作舍。本义为客馆。

读 shě 时，有施舍的意思。过去在大灾之年，有钱人做善事，常常拿出自己的粮食熬成稀饭，免费供给穷人吃喝，帮助他们度过灾荒。这种行为叫舍粥或舍饭。此类含义后另加义符"扌"写作捨，如今捨又简化为舍。这就叫此一时彼一时。

读 shè 时，用的是本义。此读音时，舍没有繁体字捨，请务必注意。舍还作量词，古代行军三十里为一舍，如退避三舍。赊账，不要写作"舍账"。

摄·慑

摄 shè　形声字。小篆 摄 从手从聂（表声）。隶定后楷书写作攝。今简化为摄。本义为牵拉，引持，提起。如摄弓即张弓注矢做射击准备。由持有引申出获取、吸取的含义，如摄取、摄食等。勾魂摄魄是迷信的说法，后形容事物具有强大的魅力，使人心神不定，不能自制。

慑 shè　形声字。小篆 慑 从心从聂（表声）。隶定后楷书写作懾。今简化为慑。本义为丧气，胆怯，害怕，引申指使害怕。常用词有威慑、慑服等。

摄、慑音同形近，但形符不同，因而意思相异。慑字没有摄取、吸引义。汉语中没有"慑魄"的说法，这一组合和"勾魂"也不匹配。

慑于压力，指震慑于、屈服于某种强大的外力，而"摄于"指拍摄于，如"照片摄于泰山"。摄衣：提起衣服。"慑衣"：讲不通。

📌 摄氏度，指摄氏温标的单位，符号℃。这种温标是瑞典天文学家摄尔修斯制定的，故称摄氏度。"摄氏度"是一完整量词，不得拆开，如"摄氏 37 度"正确表述是"37 摄氏度"。生活中，人们口语可能会说"37 度""摄氏 37 度"，这个不要去指责，但落实到白纸黑字上还是要严格规范起来。

身·生

身 shēn　象形字。甲骨文 身 象人隆起的腹部内怀着胎儿形。金文 身。小篆 身。隶定后楷书写作身。本义就是怀孕。现在农村还有人把怀孕说成身子重了，或者某某有身子了。身的怀孕本义消失后，另造会意字孕代替。身引申指全身、身体等，再引申指自己（作自身代词），如明哲保身。

生 shēng　象形字。甲骨文 ⚘ 从新芽露出地面，象地上生出草木形。金文 ⚘。小篆 ⚘。隶定后楷书写作生。本义为草木滋长。

生与身是两个很普通的常用字，一般不会写错用错。但由于生、身音近且有某些义项交叉，人们对一些含有"生"或"身"的合成词，往往分辨不清甚至误用。下面几组词常常令人一生难辨。

出身与出生

我们先从字面上分析一下：生有生育、产生的意思，出生是联合结构，出即生，生即出，出生应是动词性的；常用词中有出生地、出生日、出生证等。身的本义是身躯，又指全身，引申为生命。出身即身体产出或生命诞生，是动宾结构；但一般没有出身地、出身日、出身证的写法。在特殊时期，出身指的是一个人的家庭出身。出身还可表示人的地位、身份、职业职务的来历，如行伍出身、科班出身，这些词中的出身，同样不能换成"出生"。

人生与人身

人生，指人的一生或人的生活；人身，则指人的身体。因此人生观、人生感悟、人生科学中的人生不能改成"人身"。同样，人身安全、人身自由、人身保险中的人身也不能换为"人生"。

终生与终身

生与身均有生存、活着或生命的义项，而"终"可表示整个的一段时间。终生与终身都是整个的生命即"一辈子"的意思。在这个意义上讲，二者是相同的，如终生遗憾与抱憾终身的意思就差不多。

终生的"生"应指一个人从出生到去世的一生。终身的"身"似可理解为某种身份。终身指具有某种身份后直至去世的一生。"为共产主义奋斗终身"，是从事业方面讲的，从写入党申请书、或者举拳宣誓日子算起。"一日为师，终身为父"（关汉卿《玉镜台》杂剧）是从以某人"为师"那天起。"终身制"是从一个人担任某种职务时算起。终身大事通常指男女婚姻，自然得从达到婚龄说起（娃娃亲，甚至指腹为婚不在此例）。

如果一个公民活了88岁，他的"终生"即指这88年，而"终身"则指他具有公民权以后的时间，其中包括他去世以后享有政治权利的时间，显然多于88年。

终身教育和终身学习是教育学的术语，有固定的形式和明确的内涵，不得改为"终生教育""终生学习"。

当要表示的社会生命长于或短于自然生命时，就必须用终身，如剥夺政治权利终身、终身人寿保险。当要表示的自然生命等同于终生时，两者都可以用，如终身（终生）保修。其中一些在两可的情况下会有一定的倾向性，终身教育和终身学习就是如此。与终生接近的还有毕生一词，毕有完全的意思，毕生也是一辈子，如毕生从教，也就是终生从教。不过，现在没有"毕身"的说法。

亲生与亲身

亲，意为亲自、自己；生即生育。亲生，即自己生育的，或生育自己的。亲生父母，即生育自己的父母；亲生子女，即自己生育的子女。

身与亲意义相近，即自己、自身。亲身即亲自、自身。现代汉语中，亲身多作副词，用于修饰动词，如亲身前往、亲身过问。不过现在一般说成亲自。

杀身与杀生

身，本是人或动物的躯体，引申为物的主体部分、生命、自身等意。杀身，意为被杀害、丧生。杀身成仁，原指儒家为了成全或成就最高道德准则"仁"，可以不顾自己的生命。"杀生"宰杀牲畜、家禽等生物。"杀身""杀生"词义迥异，不能随意替换。

深·孙

深 shēn　会意兼形声字。小篆 从水从𥥍（人手持火把进入深洞探寻，兼表声）会意。由于𥥍俗作采，隶定后楷书分别写作滨和深。今以"深"为规范字。本义指水面到水底的距离大。

孙 sūn　会意字。甲骨文 从子从幺（表连续）。金文 。小篆 字形将金文的"幺"写成"系"。隶定后楷书写作孫。今简化为孙。本义为儿子的儿子。古又同"逊"（xùn）。

名落孙山，宋代人孙山考中了榜末，回家有人向他打听自己儿子的考试情况，孙山说：解名尽处是孙山，贤郎更在孙山外。后来用"名落孙山"指应考不中或选拔时落选（含委婉意）。

有人想当然将名落孙山错成"名落深山"，笔者当年就是这样错的。

参见492页"孙·逊"。

甚·胜

甚　多音字。会意字。金文 上从甘（口含美食），下匕（匙），会用匙送美味入口之意。小篆 从匕讹为从匹，成了沉溺声色了。隶定后楷书写作甚。本义为异常安乐。

读 shén 时，同"什"（shén），即"什么"，也可写作"甚么"。

读 shèn 时，形容过分，也指胜过、超过等，还表示很、极等义。还用作姓。

胜 多音字。会意兼形声字。小篆 ![字形] 从肉（月）从生（长，兼表声）。隶定后楷书写作胜。本义为犬一类动物身上生长一种不洁东西，表臭气，即腥的本字。勝，金文 ![字形] 从舟从火从双手从力，本义就是能够胜任驾驶小舟。小篆 ![字形]。隶定后楷书写作勝。汉字简化时，将勝简化为胜，有点风马牛不相及的感觉。

读 shēng 时，肽（有机化合物，由一个氨基酸分子中的氨基与另一个氨基酸分子中的羧基缩合失去水分子形成）的旧称。

读 shèng 时，常用词有胜利，由此引申出打败、比另一方优越等义。

甚、胜，两字读音相近，在字、词典里都立有"超过、胜过"的义项，可以说在某些情况下似乎是同义词，但它们并不能无条件地任意换用。"甚于"连接的前后两种事物，一般笼统地表示前者超过后者，可以是好的方面超过后者，但更多的是不好的方面（如劣行、恶德）超过后者。"胜于"连接的前后两种事物，必须是前者优于后者，如"事实胜于雄辩"。

防民之口甚于防川，是说堵住民众之口要比堵住江河之水更加困难。甚于前后事物的关系，是前者超过后者，而非优于后者。所以"防民之口"只能用"甚于防川"。数不胜数，义为数也数不完，形容数量很多。不能错写成"数不甚数"。

甚·盛

甚 详见 464 页"甚·胜"。

盛 多音字。形声字。甲骨文 ![字形] 和金文 ![字形] 皆从皿从成（表声）。小篆 ![字形]。隶定后楷书写作盛。本义为放在祭器中供祭祀用的谷物。

读 chéng 时，用作动词，指把东西放进器具里。

读 shèng 时，常用于形容词，义为兴盛、繁盛、强烈、旺盛、盛大、隆重等。

甚嚣尘上，典出《左传·成公十六年》，讲楚国跟晋国作战，楚王登车观察敌情后说："甚嚣，且尘上矣。"意思是晋军喧哗纷乱得很厉害，而且尘土都飞扬起来了。甚作副词，相当于"很"，嚣即喧哗纷乱，尘上即尘土飞扬。现多用"甚嚣尘上"形容议论喧腾，表示某种不良言论十分嚣张。

盛也有"很"的感觉，但没有"盛嚣尘上"一词。

升·昇·陞

升 sheng 象形字。甲骨文 ![字形] 从斗，小点象征用斗把起酒浆，表示举觞进献之意。金文 ![字形] 省去两点。小篆 ![字形] 令人一头雾水。隶定后楷书写作升。本义为进献。由于升后来专用作量具和容量单位，上升、升迁等义便另造了"昇""陞"（也就是说作量具和容量单位时，升没有异体字）。

昇　详见上文"升"和685页《异体字简介》。
陞　详见上文"升"和685页《异体字简介》。

在姓氏及人名、地名等特殊之处，昇、陞是规范字，如毕昇不得写作"毕升"。其他地方，还是一律写作"升"。

升·生

升　详见465页"升·昇·陞"。
生　详见462页"身·生"。

升，主要义项指向上；生，既有向上（太阳升起来了），也有横向的（地瓜藤向远处生长），还有向下的（植物根向下生长）。

升与生，按理说，不会有什么纠结，但是有人将"海上生明月，天涯共此时"（出自唐代诗人张九龄《望月怀远》）错写成"海上升明月，天涯共此时"。

"海上升明月"缺乏诗情画意；而海上生明月，自然地注入了主观想象，把生命和感情融入其中，画面感、情意感均跃然海上、纸上。

生·声

生　详见462页"身·生"。

声 shēng　会意兼形声字。甲骨文 从殳（手持槌敲击磬形，兼表声）从耳从口，会闻磬乐意。小篆 。隶定后楷书写作聲。今简化为声。本义为乐音。

下列几则成语值得推敲。

谈笑风生。形容说话谈得高兴而趣味盎然，似乎搅动了周围的空气。风生其实就是"生风"，"生"是动词。"风声"常指风的声音，也可指消息，如听到风声、走漏风声。谈笑风生中，谈笑是因，风生是果；误为"谈笑风声"，"风声"成了"谈笑"的对象，当然说不通的。

老生常谈。老生，即年老的读书人。戏曲中，老生又称须生，正生，或胡子生。老生一般分为文武两种。老生常谈，即老书生经常说的话，现比喻平凡的老话、平常的议论。"老声"新造词，汉语中更没有"老声常谈"。

不动声色。声，声音；色，表情。不动声色，即不说话、不显露表情，形容神态镇静。生，即产生。既然"不动"，又如何能"生色"？

声情并茂。指演唱时的音色、唱腔很优美，而表达的感情又很丰富、真挚。并：都。茂：草木丰盛的样子，引申指美好。"声情"指声音与情感，是两个对象，可以称并茂。生情，指滋生感情，不是两个对象；同理，深情是深厚的情感，也不是两个对象，"生情""深情"都无法称"并茂"。

甥·孙

甥 shēng　形声字。小篆 从男从生（表声）。隶定后楷书写作甥。本义为姐姐或妹妹的子女。

孙　详见 464 页"深·孙"。

【外甥】名 ❶姐姐或妹妹的儿子。❷〈方〉外孙。　【外甥女】名 ❶姐姐或妹妹的女儿。❷〈方〉外孙女。　【外孙】名 女儿的儿子。　【外孙女】名 女儿的女儿。　【外孙子】名 外孙。

从上可以看出，在方言区，外甥、外甥女也称作外孙、外孙女。所以，遇到外孙、外孙女，您要上下文联系起来，方可确定长辈与小辈到底差一辈，还是差两辈。

圣·胜

圣 shèng　会意字。小篆 从土从又（手），会手用力挖地之意。隶定后楷书写作圣。聖，甲骨文 象人竖起耳朵倾听之形，旁边的口表示说话，会听觉灵敏之意。金文 将甲骨文中的人讹变为壬（表示挺立），强调耸耳听取。小篆 整齐化。隶定楷书写作聖。后聖合并到圣。聖本义当为听觉灵敏。后引申为最崇高的，如神圣、圣地、圣人等。圣，本指无事不通、超越凡人的人。也引申指传说中的神仙等。如今，圣多指崇高的、神圣的。

胜　详见 464 页"甚·胜"。

胜，本指比另一个优越，如"事实胜于雄辩""实际行动胜过空洞的言辞"。引申指优美的，如胜景、引人入胜。胜地的胜，是名胜的意思，多用来描述环境，如旅游胜地、避暑胜地。这是一种客观上的评价。

圣地的圣，有神圣的意思，多用于令人敬仰的地方，如佛教圣地、革命圣地。这是一种主观上的虔敬。荒山野岭可能是圣地，一般不可能是胜地。

圣地有两解：一是宗教徒称与教主生平事迹有重大联系的地方，如"安徽九华山为佛教圣地""湖北武当山为道教圣地"；二是具有重大历史意义和作用的地方，如"河北西柏坡为革命圣地"。当然，圣地有时也可说胜地，如"井冈山既可称得上革命圣地，也可以说是旅游胜地"。

胜景，胜境，一般不写作"圣景""圣境"。

失·食

失 shī　会意字。金文 ✱ 从手，象有物从手中滑落之状，会遗失之意。小篆 ✱ 整齐化。隶定后楷书写作失。本义为不慎丢掉，原来有的没有了。

食　多音字。会意字。甲骨文 ✱ 上从口（朝下，表示低头吃东西）下从豆（有脚的盛器，即豆）。金文 ✱。小篆 ✱。隶定后楷书写作食。本义为津津有味地进餐。由本义引申指受、享受，如自食其言。再引申指日食等。

读 shí 时，本义吃及引申义，如进食、月食等。

读 sì 时，书面用语，拿东西给别人吃。

读 yì 时，用于人名，郦食其（Lì yìjī），汉朝人。

失言与食言

《左传·哀公二十五年》记载：孟武伯是鲁国的大夫，这人说话经常言而无信，哀公对他印象很差。但另一位长得肥胖的大臣名叫郭重，很讨哀公欢喜。受嫉妒心理驱使，孟武伯故意问哀公："郭重为何如此肥胖呢？"哀公反击道："他吞食自己的诺言太多，怎么不肥胖呢？"从此，人们就把说话不算数的行为讽刺为"食言而肥"。食言即缩用此成语。"食"是吞没、不履行的意思。

失言，本意是不该对某些人说某些话。后来指无意中说了某些不该说的话。

失言与食言，只要用心，区别开来不难。

师·私

师 shī　会意字。甲骨文借 ✱ 为师，或借 ✱ （帀）为师。金文 ✱ 则合二者为师，✱ 为弓形，代表军队；帀为倒"之"形，表示止息，会军队驻扎之意。小篆 ✱ 承接金文并整齐化。隶定后楷书写作師。今简化为师。本义为军队驻扎。引申指军队编制的一级单位，再泛指军队。后逐渐引申出老师、工程师等义来。

私 sī　形声字。小篆 ✱ 从禾从厶（表声）。隶定后楷书写作私。是厶的后起替代字。由于厶作了偏旁，其义遂用私来表示。本义为一种禾名。后借用作"厶"的阴私等义。

师心，即以心为师，指只相信自己。自用，义为自行其是，不接受别人的意见。师心自用，义为固执己见，自以为是。也说师心自任。

私心，义为个人的心意，也可指为自己打算的念头、利己之心。

师心，私心，两颗心都有以己为中心的狭隘，但还是有些许差别的。

施·实

施 shī　会意兼形声字。字形一：甲骨文󰀀从也（蛇）从攴，会手持器械捕蛇之意。小篆󰀀。隶定后楷书写作𢻹。捕蛇需要众人散开寻找，故引出铺陈、敷布等义，继而引出施行、实施等义。字形二：金文󰀀从旗帜从也（蛇）。小篆󰀀从㫃（旗）右下从也（蛇，表示蜿蜒游动）。本义比喻旗帜起伏飘扬。施，后借作𢻹。由于施为借义（实施、施加等）所专用，旗帜飘动的样子之义便据施的慢声另造了"旖旎"来表示。

实 shí　会意字。金文󰀀从宀（房屋）从田从贝（货币），会房中充满钱粮之意。小篆󰀀。隶定后楷书写作實。异体为寔（止义。通是、实、真。还用作姓）。今两字分工明确。實今简化为实。本义为充满，没有空地。

下面几组词需要实事求是地加以分析区别。

【施事】名 语法上指动作的主体，也就是发出动作或发生变化的人或事物，如"爷爷笑了"里的"爷爷"，"水结成冰"里的"水"。表示施事的名词不一定做句子的主语，如"鱼叫猫吃了"里的施事是"猫"，但主语是"鱼"。

【实事】名 ❶实有的事：此剧取材于京城~。❷具体的事；实在的事：少讲空话，多办~。

【施行】动 ❶法令、规章等公布后从某时起发生效力；执行：本条例自公布之日起~。❷按照某种方式或办法去做；实行：~手术。

【实行】动 用行动来实现（纲领、政策、计划等）：~改革｜~承包责任制。

【施用】动 使用；施④（注：在物体上加某种东西，施粉、施化肥等）：~化肥。

【实用】❶动 实际使用：切合~。❷形 有实际使用价值的：这种家具又美观，又~。

从上面我们不难看出，施常用于书面语言，实则倾向于口头表述。施比较庄重，实则比较具体，如国家法律法规等一般用施行，一个单位发布通知还是用实行为好。

施与实，还能结合成实施，指实行法令、政策等。实施不要写作"施实"。

蓍·筮

蓍 shī　会意兼形声字。小篆󰀀从艸（艹）从耆（年老，兼表声）。隶定后楷书写作蓍。本义为蓍草。

筮 shì　会意字。金文󰀀从竹（𥫗）从巫（双手持玉降神），会用蓍草占卜之意。小篆󰀀繁化，另加义符两个口，表示口中念念有词。隶变后楷书写作筮。注意，不要把䔸写作"莁"（wú，莁荑为一种落叶小乔木的果实）。

蓍与䔸，读音相近，意思相仿，前者用于名词，后者常表示行为。

我老家把三棱草当作蓍草，三棱草茎有棱。小时候，我与小伙伴每每遇到孕妇，就会悄悄地撅取一根三棱草。两个人各自从茎的一头撕开一个小口，慢慢向两边用力撕开，如中间为四边形口子就预示生女孩，否则就是生男娃。这种游戏，与生俱来，准不准，天知道。想必是老祖宗用来占卜基因遗传的。

河南淮阳太昊陵最后面是一片蓍草园。传说人祖伏羲就是用这种草的秆，结合白龟龟背纹理"揲蓍画卦"，所以被称为"神草"。它的横截面为八个棱，全国仅这里有此草，别的地方很难移栽、成活。导游说的。

实·试

实 详见469页"施·实"。

试 shì　形声字。小篆 从言从式（表声）。隶定后楷书写作试。今简化为试。本义为使用。

实与试，在个别义项上相似，故以下几组词需要甄别。

【实行】详见469页。

【试行】动 实行起来试试：先～，再推广｜这项措施已经～了半年。

【实用】详见469页。

【试用】动 在正式使用以前，先试一个时期，看是否合适：～品｜～本｜～期｜～人员。

除了实用与试用之外，还有以下几组后缀为"用"的词，在拼音输入时要小心。

【施用】详见469页。

【食用】动 做食物用：～油｜～植物。

【使用】动 使人员、器物、资金等为某种目的服务：～干部｜合理～资金。

【适用】形 适合使用：这套耕作方法，在我们这个地区也完全～。

下面着重谈谈"实验"与"试验"。

【实验】❶动 为了检验某种科学理论或假设而进行某种操作或从事某种活动。❷名 指实验的工作：做～｜科学～。

【试验】动 ❶ 为了察看某事的结果或某物的性能而从事某种活动：～新机器｜新办法～后推广。❷ 旧时指考试。

在科学探究中，可以根据观察或已有认知提出某种理论或假设，但此理论或假设是否成立，必须通过某种实践活动来加以检验，这个过程，就是"实验"。

在科学探究中，某事或某物的效果或性能最初可能是未知的，必须通过一系列尝试性活动（试做或试用）来加以检验，这个过程，就是"试验"。临床试验指在人体（病人或健康志愿者体内）对药物进行的系统性研究，以检验药物的功效等，目的是检验药物的有效性与安全性。

实验和试验，都是从事某种活动，但两者出发点不同。实验活动带有明确的对活动结果的预期，如果预期的效果没有达到，实验者可以进行调整直到预期效果出现为止。试验活动强调的是"尝试"，试验的结果难以预料，试验者希望通过尝试搞清结果好坏。因此，生活中有实验学校和实验教材，而没有试验学校和试验教材。

识·式

识 多音字。会意兼形声字。甲骨文🈳和金文🈳同"戠"（音与戈中间一横共用）。小篆🈳另加义符言，以突出有标志则可知之意，成了从言从戠（兼表声），是戠加旁分化字。隶定后楷书写作識。今简化为识。本义为知道，了解，懂得。

读 shí 时，用的是本义。

读 zhì 时，义为记，如博闻强识，也指记号。

式 shì　形声字。小篆🈳从工从弋（表声）。这里"工"是矩尺，表示建筑有法度、规矩。隶定后楷书写作式。本义为法度、规矩。矩与规组合成规矩，没有规矩不成方圆。矩是确定器物方正、构件相互垂直的工具，式为器物的范式、样式。因为"式"是可以依照、凭依的东西，古代车厢前供人凭依横木也称为式，后多写作"轼"。

款式，是样式、格式的意思。如"这件写字台款式新颖"。

款识，是指钟鼎等器物上所刻的文字，也指书信、书画上面的落款。款，刻也。识，记也。款识中的"识"读 zhì，而不是 shí。

使·示

使 shǐ　会意兼形声字。甲骨文🈳同吏，是手持猎叉进行打猎之形。金文🈳。小篆🈳另加义符人，从人从吏（做事，兼表声）会意。隶定后楷书写作使。是吏的加旁分化字。是史、事的同源字。本义为派人做事。

示 shì　象形字。甲骨文🈳上面一横代表天，一竖代表朝天的方向。有的甲骨文🈳最上面短横表示祭物。有的甲骨文🈳下面为支撑物，上面为祭台及祭物。金文🈳承续简体甲骨文字形。小篆🈳。隶定后楷书写作示。本义为祭台。

指示，表示上级对下级、长辈对晚辈说明提出的口头或书面意见。指示，蕴含敬意成分。指使，常含有贬义，指派人去干某件事。有成语颐指气使，就是自己不出面不动手，只用面颊表情和口鼻出气支使他人。指示与指使，内涵有不小的差别。务请掂量掂量。

示·事

示 详见 471 页 "使·示"。

事 shì 会意字。甲骨文 ⚡。事与史、吏同源。在甲骨文中都是是手持一猎叉从事打猎之状，古代狩猎是大事，故以此会做事之意。金文 ⚡。小篆 ⚡。隶定后楷书写作事。本义当为从事打猎。人们手写时常写作"亊"（《中华字海》"亊：同'事'。字见《碑别字续拾》"）。

启，参见 412 页 "启·起"。

✎ 启事和启示，至少有三点区别：

一是表现形态不同。启事是一种公告性的应用文体，公开，其形态是显性的；而启示则是启发提示，作用于人的大脑，其形态是隐性的。

二是语素意义不同。启事用的是"启"的陈述义，即开口说事；而启示用的是"启"的开导义。前者是向人诉说，是单向的；后者既可启示他人，也可自我受到启发，是双向的。

三是语法功能不同。启示既是名词，又是动词，它是可以带宾语的；启事是名词，不能带宾语。

指示，参见 471 页。指事，六书之一。指事是说字由象征性的符号构成。如上字古写作 二，下字古写作 二。通俗地讲，就是用特殊符号引领人们将目光指向汉字字件的某处，从而表达该字字义。

士·仕

士 shì 象形字。甲骨文 ⚡ 象雄性生殖器形。金文 ⚡。小篆 ⚡。隶定后楷书写作士。本义当为雄性生殖器。

仕 shì 会意兼形声字。金文 ⚡ 和小篆 ⚡ 皆从人从士（兼表声），会外出学习政事之人。隶定后楷书写作仕。本义为学习政事。

以下几则"士""仕"相关的词，请认真对待。

【仕女】名 ❶宫女。❷旧时指官宦人家的女子。❸指以美女为题材的中国画。也作士女。请注意，"仕女"第三个义项时，"仕女"与"士女"是异形词，且以"仕女"为推荐词，其他两个义项只能写作"仕女"。

【绅士】❶名 指旧时地方上有势力、有功名的人，一般是地主或退职官僚：开明~。❷名 称有现代文明修养的男士：~风度。❸形 形容男士有现代文明修养：王先生待人谦和礼让，很~。

【士绅】名 绅士①：地方~。请注意："绅士"有 3 个义项，只有第一个义项时可写作"士绅",其他两项不可。另外"绅士"千万不要写作"绅仕"。

　　致事与致仕:致事,报告治理政事的情状。致事,同"致仕"。《礼记·曲礼上》中有"大夫七十而致事",意思是说大夫级别的官员,到了七十岁就可以把掌管的事情交还君主,享受退休生活。现在,一般写作致仕。

士·土

士　详见 472 页"士·仕"。

土 tǔ　象形字。甲骨文 象一堆土形。金文 。小篆 。隶定后楷书写作土。本义聚土祭祀地神。

　　士与土,在字号较小情况下,容易迷糊,如把人士写作"人土"。

　　士气,指军队的战斗意志,也指群众的斗争意志;土气,指不时髦的风格、式样等。另外,士族与土族要加以认真区别。

【士族】名 东汉魏晋南北朝时期地方阶级内部逐渐形成的世代读书做官的大族,在政治经济各方面享有特权。

【土族】名 我国少数民族之一,主要分布在青海和甘肃。

　　土族与土家族也是容易混淆的,注意哟。

　　牡,甲骨文 和金文 均从牛从士,但是到了小篆时,士讹为土。这是个例,值得记取。

示·誓

示　详见 471 页"使·示"。

誓 shì　会意兼形声字。金文 从言从折(斩截,兼表声)。小篆 。隶定后楷书写作誓。是矢的后起形声字。本义为古代出军时用言辞告诫、约束将士。

　　宣誓,担任某项任务或参加某个组织时,在一定的仪式上当众说出表示决心的话,如宣誓就职、举手宣誓。宣,公开说出来;誓,表示决心的话。

　　宣示,即公开表示、宣布,如宣示内外。示,把事物摆出来或指出来使人知道。

　　宣誓是因某事而表决心,句法上不带宾语。主权是名词,谈不上誓言。"宣誓主权"说不通,宣示主权才是正确的。

世·事

世 shì　会意兼形声字。金文 是三个十(兼表声)相连接,表示延续三十年。小篆 。隶定后楷书写作世。本义为三十年,后引申出世世代代等义。

事　详见 472 页"示·事"。

人情世故原或作人情世务、人情世态，指人世间的习俗和情态。日常人们说某某懂得人情世故，就是说他懂得为人处世的道理。这里"人情"和"世故"并举，"人情"中含"世故"，"世故"中含"人情"。"事故"原用来指变故或缘故等义，现多用来指意外发生变故或灾难，如安全事故。"世故"指处世经验，引申可形容处世通达而富有经验。"事故"属于"世故"，但无法替代"世故"。"人情"和"事故"是无法对应的。

世与事组合成"世事"，义为世上的事，如世事多变、世事难料。世事不能写作"事世"。

事故与故事是一组有趣的词语，但凡"事故"都会产生"故事"，但"故事"不一定会伴随"事故"。

世·市

世　详见 473 页"世·事"。

市　详见 160 页"市·市"。

下面几组词有辨析价值：

【面世】动 指作品、产品与世人见面；问世：诗人两本新作～｜更新换代产品即将～。

【面市】动（产品）开始供应市场：一种新型移动电话即将～。

面世范围大于面市，后者仅指产品（如新作面市，是不是有点俗不可耐）。

【世道】名 指社会状况：～太平。

【市道】名 市场价格的状况；行市：～转暖｜～低迷。

世道与市道，都指状况，但前者指社会面广，后者指价格面窄。

世面，指形形色色的社会情况。市面，一是泛指市场，如"这款新产品市面上很少见"。二是指城市市场活动的一般情况，如市面繁荣。弃世义为去世、死亡。

弃世，在古代有两种意思，一是抛却尘世烦恼，超凡绝俗，遗世独立；二是离开人世的婉辞。弃市本指让受刑罚的人在街头示众，让民众共同鄙弃之，起到杀一儆百作用。后"弃市"专指在闹市处死，并将尸体弃之街头。这种刑罚可能始于秦。湖北云梦睡虎地秦墓出土的秦律竹简显示，秦时死刑种类繁多，其中就有弃市。两相比较，虽然弃世、弃市都有"死亡"的含义，但前者是一种自然的告别，后者是一种极端的惩罚。

仕·侍

仕　详见 472 页"士·仕"。

侍 shì　会意兼形声字。小篆 侍 从人从寺（操持，兼表声）。隶定后楷书写作侍。是寺的加旁分化字。本义为事奉、伺候。

仕女，旧时指官宦人家的女子。侍女，旧时供有钱人家使唤的年轻女子。

在古代，仕女与侍女虽然都生活在官宦人家或深宫大院，但地位一个天上一个地下。仕女是主子，是被人侍候的；侍女是仆，是侍候人的。仕女与侍女音同义殊，切勿写错。

式·势

式　详见 471 页"识·式"。

势 shì　会意兼形声字。小篆 势 从力从埶（种植生长，兼表声）。隶定后楷书写作勢。今简化为势。本义为生长旺盛。

式微，是《诗经·邶风》里的一个篇名，该诗首句"式微，式微，胡不归"，翻译为"天要黑了，天要黑了，怎么还不回家"。式是发语词，微意为衰微、衰落。式微本指天快要黑了，后泛指事物由盛而衰。

势微，就是势单力薄。去势，阉割雄性生殖器。"去式"是人为新造，不可取。

式·示

式　详见 471 页"识·式"。

示　详见 471 页"使·示"。

图式，是一个心理学术语，指人脑中的知识经验的网络。在适应环境的过程中，人脑中的知识经验网络会不断自我更新，从而形成新的网络。

图示，指利用图形标示或显示，如火灾自救法图示。

似·是

似　多音字。会意兼形声字。金文 似 右从人左从台（婴儿像母，兼表声）。小篆 似 省作从人从以（表声）会意。隶定后楷书写作似。是以的加旁分化字。本义为像。

读 shì 时，常用词似的。

读 sì 时，指像，似乎，还用于比较，表示超过。

是　详见 476 页"事·是"。

【似的】**助** 用在名词、代词或动词后面，表示跟某种事物或情况相似：像雪~那么白｜乐得什么~｜仿佛睡着了~。也作是的。"似的"是推荐词条。

另外，似与是组成似是，如似是而非，强调的是似是，而非"是似"。

事·是

事 详见 472 页"示·事"。

是 shì 会意字。金文 ![字形] 从日从正（其中短竖象征端直），会日中端直之意。小篆 ![字形]。隶定后楷书写作是与昰。昰现在作为"是"的异体字，但用于人名还保留，如南宋端宗赵昰。本义端直、端正。

是，义为正确；其是，即自以为是对的。各行其是，即各人按照自以为是对的去做，整体意志不统一，行动不协调。各行其是不能写作"各行其事"。

实事求是，从实际情况出发，有一说一，正确地对待和处理问题。出自《汉书·河间献王传》："修学好古，实事求是。" 义为根据实证，求索真理。毛泽东主席在湖南长沙求学时，对岳麓书院门楣上挂着"实事求是"匾额记忆犹新。毛泽东主席在1938年的《中国共产党在民族战争中的地位》和1940年的《新民主主义论》中，明确提出了"实事求是"这个命题。为了进一步确立"实事求是"的思想路线，全党开展了著名的延安整风运动，进一步阐明了实事求是的思想路线。

1941年5月19日，毛泽东主席在高级干部会议上作了《改造我们的学习》的报告，第一次对"实事求是"作了科学解释："实事"就是客观存在着的一切事物，"是"就是客观事物的内部联系，即规律性，"求"就是我们去研究。

国事与国是：国事，指国家大事，如关心国事；也指国家之间的事务，如国事访问。国是，指国家大计，如"每年全国两会期间，代表和委员们会聚北京，共商国是"。

国事与国是，都是名词，都指国家的政务、政事。但二者同中有异。①国事既可以指对国家有重大影响的事情，也可以指一般的国家事务；国是则专指国家的基本国策、大政方针等方面的重大事务。②语体色彩上看，国事在口语中经常用；而国是多用于书面语，有文言色彩，庄重、正式。③国是用于一国之内，国事可用于国家之间，如国事访问。

侍·饲

侍 详见 475 页"仕·侍"。

饲 多音字。会意兼形声字。小篆 ![字形] 从人从司（喂养，兼表声）。隶定后楷书写作饲。是司的加旁分化字。本义为守候身旁照料饮食起居。

读 cì 时，指伺候。

读 sì 时，指伺机。

侍候可以写作伺候，但要注意读音变化。

试·是

试 详见 470 页"实·试"。

是 详见 476 页"事·是"。

是有时跟表示范围的副词唯组成"唯……是……"的句式，如唯命是从、唯利是图、唯你是问等。是字前的名词命、利、你等是"是"字后面的动词从、图、问等的宾语，"是"是宾语前置的标记。这些词语中的"是"可以不用译出。"拿你是问"是"唯你是问"的变体，"问"的宾语"你"提前，意思是"责问、追究你"。

试问，意思是试着提出问题（用于质问对方或是不同意对方的意见）。如"试问你这样说依据是什么？"，类似的还有试看、试想等。试问与是问意义完全不同，"试问"代替不了是问。

试·拭

试 详见 470 页"实·试"。

拭 shì 会意兼形声字。小篆 㕞 从又（手）持巾揩去尸（人）身上灰尘之意。隶定后楷书写作㕞。由于㕞作了偏旁，其义俗又另造了拭，改为从手从式（表声）。如今以拭为正体。本义为擦干净。

拭目以待（擦亮眼睛等待着，形容殷切期望或密切关注事态的动态及结果），不能写作"试目以待"。

势·事

势 详见 475 页"式·势"。

事 详见 472 页"示·事"。

时事，指当时的国内外大事，如时事政治、时事报告。

时势，则指当时的形势，也指时代的趋势，如时势造英雄。

两个词语，读音相同，但意义不同。电视连续剧《英雄》其中有两句歌词："时事造英雄，英雄造时事。"显然，这里的"时事"均应该写作时势。

嗜·噬

嗜 shì 会意兼形声字。小篆 嗜 从口从耆（老人需要吃好的，引申指好，兼表声）。隶定后楷书写作嗜。是耆的加旁分化字。本义为特别爱好。如嗜学（非常好学）、嗜酒（酗酒）、嗜书（酷爱读书）等。后引申有贪求之义。

噬 shì　形声字。小篆 噬 从口从筮（表声）。隶定后楷书写作噬。俗作啐。今二字表义有分工。本义是吞食、咬。

啃噬，即啃咬，一点一点地咬下，比喻折磨。

嗜书，也有比喻啃书本的，但不要想当然错写作"噬书"。

手·首

手 shǒu　象形字。金文 手 象五指伸开形。小篆 手。隶定后楷书写作手。本义为手掌。作部首时，在汉字左侧常写作扌（辨字左侧的手则写作手的变形），在汉字的上方时写作龵。

首 shǒu　象形字。甲骨文 首 象有发、有眼、有嘴的头部形。金文 首。小篆 首。隶定后楷书写作𩠐、首、𦣻等多个字体。今以首为规范字。本义为头。

"额手称庆"还是"额首称庆"？

额，眉毛以上、发际以下的部位，俗称脑门子。"额手"说白了就是把手放在脑门子上，这是人们在表示庆幸时的一种本能动作。《现汉》第7版对额手称庆注释：指两手在胸前相握，举到额头，表示庆幸、庆贺。

额首，额、首是包容关系，在逻辑上说不通，更让人莫名其妙。

以下几组词值得上心观察：

【上手】¹ ❶（～儿）名 上家。❷ 同"上首"。

【上手】² 动 ❶〈方〉动手：这事我一个人干就行了，你们就不用～了。❷ 开始：今天这场球一～就打得很顺利。

【上首】名 位置较尊的一侧。也作上手。

在位置尊贵的义项上，上首与上手是异形词，以"上首"为推荐词条。其他义项上，互不干涉。

【首饰】名 本指戴在头上的装饰品，今泛指耳环、项链、手镯等。

手饰，字面意思是手上饰品或给手进行装饰（比如抹指甲油），实际上今无"手饰"这个词。

《近代汉语词典》的"近代"指的是从初唐到19世纪中叶一千多年的历史时期，这一时期汉语词汇的主要特点是：新词大量产生，口语与书面语的距离日趋缩小，双音词及多音词大量出现。

《近代汉语词典》在编纂过程中积极吸收借鉴汉语词汇最新的研究成果，突破了传统辞书对一些词语的释义，揭示了词语所表达的真正文化内涵。如"额手"一词，《现汉》第5版之前注释：以手加额，表示庆幸；第6版注释：双手合掌，举到额头,表示庆幸;第 7 版注释见上页。然而据陈治文先生的研究成果表明,额手的"额"并不表示额头,额与詻同音,"詻"义为击打,额是詻的假借字,"额手"即鼓掌之义。因此《近代汉语词典》直接释其义为"鼓掌"(表示庆贺等)。备此一说,请大家了解一下。

受·授

受 shòu 会意兼形声字。甲骨文 🖎 上从爫(手)下从又(手),中间⌒(盘形东西)为物,整字会意两手交接物品。金文 🖎 中间为舟(兼表声)。小篆 🖎 整齐化。隶定后楷书写作受。本义为两人手之间交接物品。

授 shòu 会意兼形声字。小篆 🖎 从手从受(兼表声)。隶定后楷书写作授。是受的加旁分化字。本义为给予、交付。

受在古代兼有"交付"和"接受"两种意思:对于付出者来说是给予,对于接受者来讲则是得到。授是一方把东西给予另一方,受是一方从另一方接受东西。给予是施,接受是受。

律师接受委托后,常为当事人发布"律师受权声明",但受权常被误成"授权"。授权,即把权力授予他人,受权,即接受他人赋予的权力。

以下几组需要关注:

【受粉】动 雄蕊的花粉传到雌蕊的柱头上,就雌蕊来说,叫作受粉。

【授粉】动 雄蕊的花粉传到雌蕊的柱头上,叫作授粉。

【受奖】动 得到奖励:立功~。

【授奖】动 颁发奖金、奖品或奖状:~大会。

【受命】动 接受命令或任务:~办理。

【授命】[1]〈书〉动 献出生命:见危~|临危~。

【授命】[2] 动 下命令(多指某些国家的元首下命令):总统~总理组阁。

【受让】动 接受别人转让的物品、权利等:~股权。

【授让】动 交付转让(物品、权利等)给别人:~商标使用权。

另外,"授"与"受"组合成授受,义为交付和接受,如私相授受。

🔔 "授受"中"授"在前"受"在后,否则就得闹矛盾。

抒·纾

抒 shū 会意兼形声字。小篆 🖎 从手从予(送出,兼表声)。隶定后楷书写作抒。本义为舀出,汲出。

纾 shū 形声字。小篆 🖎 从糸从予(表声)。隶定后楷书写作纾。今简化为纾。

本义为宽缓、延缓、缓和，引申为解除，排解。

抒 ❶ 表达；发表：各~己见｜直~胸臆。❷〈书〉同"纾"①。

纾〈书〉❶ 解除：毁家~难(nàn)。❷ 延缓：~缓。❸ 宽裕。

抒常用于口语，纾多用于书面语言。在"解除"这个义项上，"抒"与"纾"相通（"抒"同"纾"①），如毁家纾难，也可写作毁家抒难，但以前者为推荐词条。

抒怀，抒发内心情怀。纾怀，排解内心的郁闷。一个人心烦意乱之际，他人可帮助其纾怀，绝不可能帮其"抒怀"。

纾·纡

纾 详见479页"抒·纾"。

纡 yū 会意兼形声字。小篆 紆 从糸从于（屈曲，兼表声）。隶定后楷书写作紆。今简化为纡。本义曲折，引申指弯曲（如纡曲、萦纡）、屈抑（降贵纡尊指地位高的人降低身分俯就）、系结（纡金佩紫指地位显赫）等义。

毁家纾难，出自《左传·庄公三十年》："鬭穀於菟为令尹，自毁其家以纾楚国之难。"毁：毁坏；纾：缓解。毁家纾难即捐出全部家产，缓解国家危难。破，也可表示毁坏的意思，因而把毁家纾难的"毁"字换成"破"，可以讲得通。若把毁（破）家纾难的"纾"字换成"纡"，则此路不通。

鬭穀於菟：鬭穀於菟即令尹子文。春秋时楚国大臣，名子文。鬭伯比与䢵国女所私生，不受待见，弃于云梦之地。传说由虎喂乳长大。楚人称虎为"於菟"，叫"乳"为"穀"，因而得名鬭穀於菟。楚成王八年（前664）为令尹，执法不避亲朋与权贵，还捐家产以解楚国之危。曾率军灭弦（今河南省息县东南），攻随（今湖北随州）。成王三十五年辞职。

虽然鬭是斗的异体字，穀是谷的繁体字，於是于部分义项上的繁体字（於乎、於菟、於戏都不得简化，参见611页"於·于"），但是鬭穀於菟不得简化为"斗谷于菟"（网上泛滥成灾，不可取啊）。

殊·孰·熟

殊 shū 形声字。小篆 殊 从歹（歺，义为残骨）从朱（表声）。隶定后楷书写作殊。本义为杀头、杀死。引申指不同、特别、特殊等义。

孰 shú 会意字。甲骨文 象一人向宗庙敬献祭品形。金文 另加一女，表示女善于烹饪。小篆 将女改为羊，表示吉祥。隶变后楷书写作孰。是熟的本字。本义将食物烹煮至熟。

熟 多音字。会意兼形声字。楷书 熟 从火（灬）从孰（兼表声），是孰的后起加旁分化字。本义为食物加热到可以吃的程度。

读 shú 时，指成熟（与"生"相对）。

读 shóu 时，口语中，义同"熟"（shú）。

殊可作副词，殊有"竟然"的意思，殊不知，意思是竟然没想到，竟然没发觉。

孰可作疑问代词，义为谁或什么，如"人非圣贤，孰能无过？""是可忍，孰不可忍？""孰不知"即"谁不知"，带有反问语气，意思是谁都知道。"是可忍，孰不可忍？"就是"这都能忍，还有什么不可以忍的"。

殊不知与孰不知，知的程度不同，可得弄明白。

孰与熟，古时曾相通，现在两者殊途不同归。孰不知不得写作"熟不知"。

毹 · 觎

毹 shū　形声字。小篆 _毹 从毛从俞（表声）。隶定后楷书写作毹。异体作毹。如今规范用毹。氍毹本义为毛织的地毯。

觎 yú　形声字。小篆 _觎 从見从俞（表声）。隶定后楷书写作覦。今简化为觎。本义为非分的企求，希望得到。

氍（qú）毹，《现汉》注释：毛织的地毯，演戏时多用来铺在地上，因此用"氍毹"或"红氍毹"借指舞台。

觎，多和同义的觊（jì）搭成觊觎，义为希望得到（不应该得到的东西）。

汉语中没有"氍觎"这个说法，想必是"毹""觎"字形相近给混了。

暑 · 署

暑 shǔ　会意兼形声字。小篆 _暑 从日从煮省（煮省去灬，热，兼表声）。隶定后楷书写作暑。本义为炎热。

署 shǔ　形声字。小篆 _署 从网（罒）从者（表声）。隶定后楷书写作署。本义安排布网以捕鸟。引申泛指安排、布置、部署。

暑与署，字形相似，读音一致，因而易混淆。但想到太阳（日）底下站着一个人（者），即暑天，引申出暑假等；网下面立着一个人，安排工作。这样一想，"暑期中部署夏令营工作"就不会写错了。

属 · 数

属　多音字。会意兼形声字。小篆 _属 从尾从蜀（像蚕的毛毛虫，兼表声），会尾巴好似毛毛虫一样连在身体后面之意。隶定后楷书写作屬。今简化为属。本义为连接，连续。引申指跟随，如随军家属。

读 shǔ 时，指类别、隶属、归属、家属等义，还用于生肖属相。

读 zhǔ 时，常用于书面语言，义为连缀、连续，如属文（撰写文章）；也指意念集中在一点，如属意（意向专注某一项事或某一个人）、属望（期望、期待，也作瞩望）。属垣有耳，指有人贴着墙根偷听。

数 多音字。会意兼形声字。小篆 𢿙 从攴（用手操作）从婁（表连续，兼表声），会一一点数计算之意。隶定后楷书写作數。今简化为数。本义为查点、计算。

读 shǔ 时，义为查点数目，列举罪状（如数说）。还指比较起来属于最突出，如"全班就数张明成绩最好"。

读 shù 时，常用于数学方面。

读 shuò 时，用于书面语言，指屡次，如数见不鲜（义为屡见不鲜）。

属（shǔ）与数（shǔ），最容易错的就是在"比较起来属于最突出"义项时，"小张属于最突出""数小张最厉害"，这两种表述都是正确的。要是写成"属小张最厉害"，那您的文字运用就"属"于没"数"的了。☺

戍 · 戊 · 戌

戍 shù 会意字。甲骨文 ᠵ 左下从人右上从戈，会守卫之意。金文 ᠵ 。小篆 ᠵ 。隶定后楷书写作戍。本义为军队防守边疆。后引申出驻防、守卫等义，如戍守、戍边、卫戍等。戍实际上是"人+戈"，但由于"人"那一撇与"戈"一横相接，从而迷惑了很多人。

戊 wù 象形字。甲骨文 ᠵ 象斧钺之形。金文 ᠵ 线条化。小篆 ᠵ 整齐化。隶定后楷书写作戊。本义为兵器。戊本读 mào，五代朱温（梁太祖）避其曾祖茂琳的讳，改"戊"为"武"，后人遂读"戊"为"武"音。由于戊被假借作天干，本义兵器只好另加声符卡写作"鉞"。"戊"早在上古时已被借作纪日用字，为天干之一。清末"戊戌变法"的"戊戌"就是干支相配用以纪年的例子。

戌 多音字。象形字。甲骨文 ᠵ 象宽刃平口的大斧形，是古代的一种兵器。金文 ᠵ 。小篆 ᠵ 。隶定后楷书写作戌。本义为兵器。在殷周时代，"戌"已借作纪日用字，为十二地支之一，其本义则被废去。以后，"戌"又用来纪月，表示夏历九月；用来纪时，为古代十二时辰之一，相当于下午七时至九时；用来表示生肖，属狗；还可用作姓氏，如周有戌朏，唐有戌盈孙，现代的上海、浙江上虞、四川成都、江西广丰、安徽淮南和台湾台北等地均有此姓。总之，戌自古至今只作名词而不作动词。

读 xū 时，地支的第十一位。

读 qu 时，指屈戌儿。参见 127 页"吊·铞·铫"。

辨析了戌、戊、戍三个字的不同音、义以后，我们只要记熟"点戍横戌戊中空"七个字，就可以准确无误地把它们区分开来了：

凡读 shù 而义为驻防、守卫的字，中间是一点，写作戍；凡读 wù 而义为天干之一用字，中间是空的，写作戊；凡读 xū 而义为十二地支之一用字，中间是一横画，写作戌。

→ 屈戌　← 钌铞

✎ 戉，读 yuè，象形字。甲骨文 兵器形。今为钺的异体字。

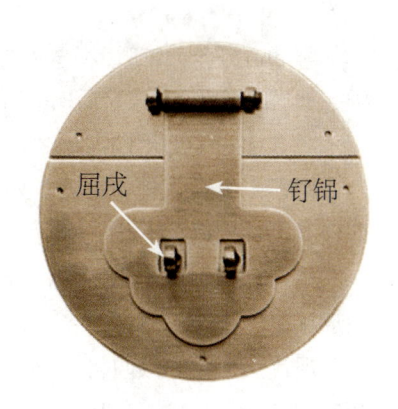

成，读 chéng，会意兼象形字。甲骨文 象以斧劈物之形，表示斩物为誓以定盟之间。是古代发誓的一种风俗。

戎，读 róng，会意字。甲骨文 一手持戈一手持甲（十，盾牌）。本义为武士。引申出兵器、武器、军事、军队等义。

戒，读 jiè，会意字。甲骨文 为双手持戈形。本义为警备、提防。"廾"是双手的变形，如弃、弄、弈中的"廾"都是指双手。

述·叙

述 shù　会意兼形声字。金文 从辵（辶）右上是一只手撒播之形，撒播要顺垄有规律地进行，会遵循之意。小篆 。隶定后楷书写作述。本义为遵循。引申指阐释前人的话语，如阐述。再引申泛指陈说，记叙，如陈述、申述、叙述等。

叙　详见 562 页"序·叙·绪·续"。

述与叙都有陈说之义，不同在于：述侧重指遵循已有的事或说过的话加以述说，如述而不作（指只详述他人学说而不加自己的见解）；叙侧重指从头到尾陈说事情的原委，如详叙故事始末。述说，叙说，某种程度上是近义词。

【述说】动 陈述说明：～身世。

【叙说】动 叙述（多指口头的）：请把事情的经过再～一遍。

叙与述还能组成"叙述"，义为把事情的前后经过记录下来或说出来。这里提请大家注意：叙述，不得写作"述叙"。

树·竖

树 shù　会意兼形声字。甲骨文 左上从木左下和右合为尌（兼表声）。小篆 从木从尌（立，兼表声）。隶定后楷书写作樹和榯。今皆简化为树。是木和尌的加旁分化字。本义为木本植物的总称。

竖 shù　会意兼形声字。小篆 🗝 从臤（操作）从豆（高脚食器，兼表声），表示如豆类高脚器皿样坚立。隶定后楷书写作豎。俗作竪。今简化为竖。本义为直立，使直立。

竖，让躺平的东西直立起来，如把旗杆竖起来、竖起大拇指。

树，引申指栽种、培养，如"十年树木，百年树人"。进一步引申指建立，如树典型、树榜样、树先进等。

竖与树的用法本来"泾渭分明"，然而大约从汉代起，作动词用时，树和竖相通了。《说文·木部》："树之言竖也。"

现代汉语中，倾向将"竖""树"分离，各自回归本位。其实两字不难分辨。"竖"的对象很具体，"树"的意义较为抽象。如"竖立着一根旗杆"而不是"树立着一根旗杆"；是"树典型"而不是"竖典型"。另外，"树"引申有"建立"义，凡是倾力打造"建立"的，应都是人们肯定、推崇的对象，如新风尚、榜样。

那么，"shù起了一座丰碑"中到底是"竖起"还是"树起"呢？

一种观点，丰碑即高大的石碑，是看得见摸得着的具体对象，要用竖起。另一种观点，丰碑虽然是具体对象，但这里用的比喻义，其实是抽象的，所以使用树起。这两种观点其实都有道理。现在倾向采纳后一种观点用树起，因为古代在表达此项意思的时候大都选择"树"字，如树碑立传。

另外，在和旗帜、大旗、标杆等语词搭配时，跟这种情况完全相同。同样倾向用树，因为独树一帜早就立在古代汉语词林。

树起和竖起有三点区别。一是树起、树立起包含主观色彩，与树起搭配的对象一般是值得肯定的，如树起榜样。而竖起是纯客观的，不带感情色彩。二是树起的搭配对象多数是抽象的；而竖起只能与具体的对象搭配。如先进形象只能与树起搭配，而人物塑像两者都能搭配，但"竖起人物塑像"的用法常见得多。三是和具体对象搭配时，树起只能和大的物体搭配，竖起则大小物体都能组配。如"树起一块黑板"和"竖起一块黑板"都可以说得通，但只能说竖起大拇指，不能说"树起大拇指"。

竖·庶

竖　详见483页"树·竖"。

庶 shù　会意字。甲骨文 🗝 象在山崖避风处用锅灶烧火蒸煮之状。金文 🗝。小篆 🗝。隶定后楷书写作庶。庶字上方"广"指房子，"廿"指锅，下方"灬"为火，会在屋檐下烧火做饭。引申出老百姓，如庶民，也就非常好理解。

竖子，指未成年的仆人。还指小子，含轻蔑意。也有人自谦，将自己的儿子称为"竖子"，笔者以为不论自己孩子还是邻居家的孩子均不要此称。

庶子，旧时指妾所生的儿子，区别于嫡子。

竖子成名，典出《晋书·阮籍传》："尝登广武，观楚、汉战处，叹曰：'时无英雄，使竖子成名！'"其中"竖子"相当于现在口语中的"你小子"，带有轻视、瞧不起的意味。竖子成名，不可改为"庶子成名"。

摔·甩

摔 shuāi 后起形声字。楷书摔从手从率（表声）。本义为用力往下扔。

甩 shuǎi 指事字。近代新造字。楷书甩从用，将中画右弯，表示摔出。早期白话也写作"摔"。

摔，侧重指用力往下扔；甩，侧重于挥动胳膊用力往外扔，引申出推、推卸。

摔耙子，比喻丢下应负担的工作，甩手不干。前面为摔，后面用甩，有意思。

拴·栓

拴 shuān 形声字。《说文》无。楷书拴从手从全（表声）。本义为拣（读 quán，此音现在取消）。后用以表示绑、系，如拴住人、拴结实。

栓 shuān 形声字。《说文》无。楷书栓从木从全（表声）。本义为木钉。木钉起控制作用，故后引申指器物上用作开关的机件，如门栓、枪栓、消火栓。

拴，动词，除用绳子等缠绕在物体上，还指比喻缠住而不能自由行动，如"被杂事拴住了身子"。栓组成的词大都是名词，但栓塞为动词，义为：医学上指从体外侵入血管内的物质或从血管以及内脱落的血栓随血液流到较细的血管后，由于不能通过而将血管堵塞。

拴，从手，需要手的参与；栓，从木，塞子，立体（通常为圆柱体），直接堵。说句玩笑话，"小张把木栓子拴在腰带上"，您看看有趣吧。

📝 闩，一作名词，指门关之后，插在门内使门推不开的木棍、铁棍等，如门闩、上了闩；二作动词，插上门闩；三用作姓。

栓，常作名词。在表示插在门上的横木时，可用"门闩"也可用"门栓"。但表示把门关上后插上横木这个动作时，只能用"闩"不能用"栓"，也不得用"拴"。

朔·溯

朔 shuò 会意字。小篆朔从月从屰（倒子，表倒逆，兼表声），会月亮晦后重生之意。隶定后楷书写作朔。本义为农历每月初一，月球运行到太阳和地球之间，跟太阳同时出没，地球上看不到月光，这种月相叫朔。初一便称"朔日"。朔，书面语言中指北方。据说，日月合朔于北，故北方谓之朔方。我小时候，听到《智取威虎山》"朔风吹，林涛吼，峡谷震荡"，心情就无比亢奋。当时，没有字幕，我以为是"树风吹"，树大招风，后来知道真相就有点不好意思了。

溯 sù　会意兼形声字。小篆 𣶒 从水从屰（逆向，兼表声）。隶定后楷书写作溯。俗省作泝。异体作溯，或作遡。今规范用溯。本义指逆流而上，故从水。引申指往上推理、回想，如追根溯源，简称追溯。常用词有溯流而上、溯源、回溯等。

凡是与月（时间）有关的用朔，与水相联的用溯。

朔·簌

朔　详见 485 页"朔·溯"。

簌 sù　形声字。《说文》无。楷书簌从竹（⺮）从欶（表声）。本义为抖动，摇动。用作"簌簌"，引申指肢体发抖，如"两腿簌簌直抖"。又形容眼泪纷纷落下的样子，如簌簌泪下。还形容树叶等被风吹动的声音。

扑朔迷离，语出《乐府诗集·横吹曲辞五·木兰诗之一》：雄兔脚扑朔，雌兔眼迷离。双兔傍地走，安能辨我是雄雌。扑朔，指雄兔的脚毛蓬松，另说四足跳跃貌；迷离，指雌兔眼睛眯缝。诗句说虽然雄兔和雌兔各有特征可以分辨，但当它们在地上奔跑起来就分辨不出雌雄了。后用"扑朔迷离"形容事物错综复杂。

扑簌，义为物体轻落的样子，也可作象声词形容鸟类拍翅的声音。

扑朔与扑簌，稍加用眼，还是很好辨别的。

簌与籁，音义不一致，但字形相似度太高了，真弄错了，那就会落下"簌簌"发抖的毛病了。参见 319 页"赖·籁"。

丝·蛳

丝 sī　象形字。甲骨文 𢇁 象两束丝形。金文 𢇁、小篆 絲 大致相同。隶定后楷书写作絲。今简化为丝。是糸的繁化。本义为蚕丝。

蛳 sī　形声字。楷书蛳从虫从師（表声）。今简化为蛳。本义为田螺科若干小型种的通称。

螺蛳，淡水螺的通称，即一种由硬壳包裹起来的软体动物，故两字均从虫。体外包有锥形、纺锤形或扁椭圆形硬壳，壳上有回旋形纹。螺蛳种类很多，如田螺。南方田里的螺蛳较大，俗称田螺。每到夏天，济南人好用牙签挑着小螺蛳（人称嘎啦油子，网上都这么写，备存）哈（喝）啤酒，那是一景。螺蛳一般都不大，其壳的空间有限，为此螺蛳壳常被人们用来比喻局促、狭窄的地方。道场，是佛教徒、道教徒们供奉神佛、礼拜、诵经、祭祀、学道的场所，也指在这些场所所做的法事。俗语"螺蛳壳里做道场"是指在狭小逼仄之处办复杂且场面较大的事。

另外，还要注意：蛳与狮的区别，前者从虫，后者从犬（犭），应好区别。

螺丝即螺钉，连接或固定用的金属零件，因其有螺形旋纹而得名。螺丝、螺栓、螺母之"螺"，是从螺蛳壳上那回旋形螺纹引来的。有人认为螺丝是金属制品，于是错误地写作"镙丝""锣丝"。

雷锋同志有一句名言：我愿做一颗永不生锈的螺丝钉。要是写成"螺蛳钉"，那就差之千里。

厮·撕

厮 sī 会意兼形声字。《说文》无。楷书厮从厂（简陋房屋）从斯（劈柴，兼表声），会住在简陋房屋负责劈柴的人之意。本义为古代对干粗杂活的男性奴仆的称呼。早期白话，指男性仆人，如小厮。也指对男性轻视的称呼，如这厮、那厮。

撕 sī 会意兼形声字。《说文》无。楷书撕从手从斯（破竹，兼表声）。是斯的加旁分化字。本义为用手使东西（多为薄片状的）裂开或离开附着处。

【厮打】动 相互扭打：拼命~｜两个人在门外~起来。

【撕打】动 撕扯着打：两个吵着吵着就~起来。

厮打与撕打，应该属于近义词，但是：厮打，侧重指两个人或更多的互相对打；撕打侧重一方揪住另一方殴打。

忪·松

忪 多音字。形声字。《说文》无。楷书忪从心从公（表声）。本义为心悸，惊惧。

读 sōng 时，惺忪，形容因刚醒而眼睛模糊不清，如睡眼惺忪。

读 zhōng 时，怔（zhēng）忪，形容惊恐。用的是本义。

松 sōng 形声字。小篆松从木从公（表声）。隶定后楷书写作松。本义为松树。这里选"公"表声，其实还有一个寓意，那就是取公侯伯子男之首的"公"，与此同时"柏"取"白"表声，也是选"公侯伯子男"的"伯"（省去单人旁），由此看出古人对松树、柏树的礼赞。松又用作鬆的简化字。

惺忪与惺松是一组异形词，但惺忪为推荐词条，建议不要写作"惺松"。

松与鬆本为两字。鬆指头发蓬松的样子，如头发蓬松，引申出与"紧"相对的意思，进一步表示酥脆、放开、解开等义，如肉松、放松、松开等。汉字简化时，将"鬆"合并到"松"。本来是为了大众书写方便，但是带来一个问题，那就是在电影等艺术需要用到繁体字时，往往会将松树误为"鬆树"。《红高粱》电视剧中，便有"三径寒鬆含露泣"的联语，还有某饭店"探海鬆"房间名，这里的松都不能写成"鬆"。

肆·肄

肆 sì　会意字。肆与肄同源，皆为隶的加旁分化字。甲骨文 ![字形] 从又（手）持希（已宰之豕），会宰牲加以整治之意。金文 ![字形]。小篆 ![字形] 进一步讹变，看不出来动物的影子了。隶定后楷书写作 隶。俗作肆。如今以肆为正体，遂与"肄"分为二字，表义也有了分工。

肄 yì　参见上文"肆"。

肆，现在主要义项有三：一是不顾一切，任意妄为，如大肆攻击；二是"四"的大写；三是铺子，如茶楼酒肆。肄，与肆分工后主要指学习、练习。如肄习即练习，肄练即操练，肄武即练习武事。由于肆与肄同源，古时曾相通，外加两字字形极为相似，所以书写时要格外小心，否则对调之后，那只能领取"'肆'业证书"了。肄业即勤于所业。肄业（一指修业，学习课程；二指学生没有达到毕业年限或程度而离校停学）。肄业指修习课业，在现代学校教育中，肄业证书是在校学习的证明，结业证书是在校学完了所有课程的证明，毕业证书则是学完所有课程且达到学习要求的证明。

肆业今罕用，不存在能够证明学习经历的"肆业证书"。

凇·淞

凇 sōng　形声字。《说文》无。楷书 凇 从冫（冰）从松（表声）。本义为雾气或雨滴遇冷而凝聚在树枝上的白色松散冰花，即雾凇或雨凇，俗称树挂、冰挂。

淞 sōng　形声字。《说文》无。楷书 淞 从水从松（表声）。本义为水名，即淞江。发源于江苏，东流至上海与黄浦江合流入海，因处吴地，故通称吴淞江。

雾凇在北方比较常见，哈尔滨的雾凇就是这个城市的著名景观。雨凇南方有，冻雨过后雨滴凝结成一层薄冰，包裹住树叶、菜花。雨凇对农作物是灾害。雾凇不透明，雨凇是透明的。雾凇不能写作"雾淞"。黑龙江省松花江、上海市淞江、上海市松江区，写这些地名可不能放松警惕。

尿·怂

尿 sóng　后起形声字。楷书 屐 从尸从從（表声）。今简化为尿。常用于口语。义为：一指精液；二形容人软弱无能，如尿包、"这人真尿"。

怂 sǒng　形声字。小篆 ![字形] 从心从從（表声）。隶定后楷书写作 慫。今简化为怂。

本义为惊恐。怂恿,指鼓动别人去做某事,常用于贬义,如"怂恿别人去抢劫";也用于中性,如"一再怂恿同学去深圳发展"。

尿包常被写作"怂包",这人真尿误写作"这人真怂"。

错误的原因,一是写作者不了解两字区别,二是知道两字不同,但苦于电脑打不出,只好将错就错。

讼·颂

讼 sòng 会意兼形声字。金文 ![] 从言从公(公开,兼表声)。小篆 ![]。隶定后楷书写作訟。今简化为讼。本义争辩、争论。

颂 sòng 形声字。金文 ![] 从頁(头)从公(表声)。小篆 ![]。隶定后楷书写作頌和額。今以頌为规范字并简化为颂。是容的本字。本义为容貌、仪态。借指修饰容貌,再引申指选择。又通"诵"。

聚讼(聚,谓众;讼,为争论、喧嚷)就是众人争论不休,众说纷纭。

而"颂"是表示歌颂、颂扬、祝颂,没有争议辩论的意思。"聚颂"不成词。

讼词,状纸上写的文字。颂词,称赞功德或祝福幸福的讲话或文章。

诵·颂

诵 sòng 会意兼形声字。小篆 ![] 从言从甬(钟声有节奏,兼表声)。隶定后楷书写作誦。今简化为诵。本义为抑扬顿挫地朗读出来。

颂 详见本页"讼·颂"。

【传诵】动 ❶ 辗转传布诵读:这首诗曾经~一时。❷ 辗转传布称道:他的名字在民间广为~。

【传颂】动 辗转传布颂扬:全村人~着他英勇救人的事迹。

诵,是读出来声来;颂,是一种虚指的态度或实指颂词、颂歌。

歌颂,不要写作"歌诵"。

诵·咏

诵 详见本页"诵·颂"。

咏 yǒng 会意兼形声字。小篆 ![] 从言从永(水流长,兼表声),会长声而歌之意。小篆异体 ![] 改为从口。隶定后楷书分别写作詠与咏。今规范用咏。本义为依照一定的腔调拉长声抑扬顿挫地诵读。

歌咏,指歌唱、吟咏。无"歌诵"一词。

【吟诵】动 吟咏诵读:~唐诗。

【吟咏】动 有节奏有韵调地诵读（诗文）：～古诗。
吟诵、吟咏意思相近，可以互换。但注意两词读音不同。

搜・蒐

搜 sōu　会意兼形声字。小篆 𢱢 从手从叟（老人在屋里举着火把寻找，兼表声）。隶定后楷书写作搜。是叟加旁分化字。本义为寻求。

蒐 sōu　会意字。小篆 𦷻 从艸（艹）从鬼。隶定后楷书写作蒐。本义茅蒐，即茜草。多年生草本植物，根黄赤色，茎方形，有倒生刺，花黄色，根做黄色染料，可入药。

1955年12月发布的《第一批异体字整理表》中搜有异体字"蒐"。《通用规范汉字表》确认"蒐"为规范字，用于表示草名和春天打猎，其他义项上仍为搜的异体字。详见685页《异体字简介》。

春蒐，指春天搜索、猎取没有怀胎的野兽。春天是繁殖的季节，不能伤害动物幼崽和怀胎的动物。夏苗，指夏季猎取残害庄稼的野兽。夏天是庄稼生长的关键时节，要保护庄稼不受动物的糟蹋。秋狝（xiǎn），指猎杀伤害家禽的动物。秋天，家禽要长大了，要保护它们不受野兽的侵袭。冬狩，围猎，此时可以不加区分地猎取。

蒐、苗从草，狝、狩从犬，古人安排得有条不紊。
成语秋狝春苗，意思是形容大规模扫荡敌军或盗匪。

夙・宿

夙 sù　会意字。甲骨文 𠂤 上为月亮，下为一人举双手有所操作之状，会残月尚存、人已起来做事之意。金文 𠨎　小篆 𠁗 将月亮下移并整齐文字化。隶定后楷书写作𠈇。俗作夙。今以夙为正体。本义为天未明就起来做事。

宿　多音字。会意字。甲骨文 𡩿 从宀（屋）从人从席，会人躺在席上于屋内睡觉之意。金文 𡧧　小篆 𡩠。隶定后楷书写作宿。本义为夜晚睡觉。

读sù时，用的本义及引申义。
读xiǔ时，量词，用于计算夜，如三天两宿。
读xiù时，义为古代天文学家把天上某些星的集合体叫作宿，如星宿、二十八宿。

夙与宿都与夜晚有关，在"宿"读音为sù时，形成以下几组异形词，推荐与否一目了然。

【夙愿】名 一向怀着的愿望：～得偿。也作宿愿。

【宿仇】 名 ❶一向作对的仇人。❷旧有的仇恨。‖也作夙仇。
【宿敌】 名 一向对抗的敌人。也作夙敌。
【宿诺】〈书〉名 以前的诺言。也作夙诺。
【宿嫌】 名 旧有的嫌怨：捐弃～。也作夙嫌。
【宿怨】 名 旧有的怨恨；宿嫌：了却～。也作夙怨。
【宿志】〈书〉名 一向怀有的志愿：不忘～。也作夙志。

隋·随

隋 suí 会意字。随与墮（堕）同源。甲骨文 是一人双手揪碎祭品置于示（神主）前进行祭祀形，小点表示揸下的碎屑。小篆 整齐化，左从阜（阝左，与高低有关）右下从肉（月）右上从左（手）。隶定后楷书分别写作墮（堕）与隋。今二字表义有分工。现隋专指朝代和姓。

随 suí 会意兼形声字。小篆 从辵（辶）从墮省（墮省去土，义为顺着，兼表声），会跟从之意。隶定后楷书写作隨。今简化为随。本义为跟从。随，周代诸侯国名，今湖北随州。公元581～618年，杨坚所建朝代，都大兴（今西安），国号随。隋文帝当初做北周丞相时袭封随国公，居随地，他建国后，因鉴于周、齐奔走不宁，便将随去掉"辵"（辶）改为隋，称为隋朝。

隋与随，历史渊源不断，如今分工明确，千万不可随意而写。

国清寺坐落浙江天台山麓，是我国佛教天台宗的发源地。国清寺有"陏代古刹"，其中"陏"比"隋"少了"工"字。

《汉语大字典》对"陏"注释如下：一读 duò，义为瓜类植物的果实。也作"蓏"。二读 suí，春秋时国名。后为县名。在今湖北省随州市南。也作"随"。

1977年，第二次汉字简化时，将隋、随一并简化为"陏"，但第二次汉字简化后被宣布取消。参见677页《新中国汉字简化简介》。

随·遂

随 详见本页"隋·随"。

遂 多音字。会意兼形声字。金文 从辵（辶，行走），右上象用手播撒种子形，会边走边撒种之意。小篆 改为从豕（坠落，兼表声）。隶定后楷书写作遂。本义为边走边播撒。引申指顺从等义。

读 suí 时,指听从,如半身不遂(偏瘫,指手脚不能顺从自己心愿)。

读 suì 时,指合乎心意。还用于姓。

随与遂,在"遂"读 suì 时某些义项上是相通的,故有几组词不能随心所欲改写。

【随心】形 合乎自己的心愿;称心:这番话听着很~。

【遂心】动 合自己的心意;满意:~如意 | 这回可遂了他的心啦。

【随意】形 任凭自己的意思:~出入 | 请大家~点菜。

【遂意】动 遂心。

【随行】suíxíng ❶跟着别人走;跟随。❷随从人员。

【遂行】动 执行;实施(多指军事方面):不断提高部队~各项任务的能力 | 运用无人机~反航母作战。

另外,随行(suíxíng,常见词有随行人员)、随行(suí háng,义为随着行情,常见词有随行就市)值得关注。

隧·邃

隧 suì 会意兼形声字。《说文》无。楷书隧从阜(阝左)从遂(走动,兼表声)。本义为墓道。后引申出隧洞。

邃 suì 形声字。小篆 ◨ 从穴从遂(表声)。隶定后楷书写作邃。本义为(时间、空间)深远。引申指精深,如精邃。

隧用于名词,实指,如隧道;邃用于形容词,虚指,如邃密。

一、《大江歌罢掉头东》是周恩来总理于 1917 年创作的一首七言绝句。大江歌罢掉头东,邃密群科济世穷。面壁十年图破壁,难酬蹈海亦英雄。

掉头东,不要写作"调头东"。

含遂的字(读音均为 suì):璲,书面用语,一种玉制的信物。繸,古代车上的一种饰物。见于人名。燧,古代取火的器具,如燧石。燧人氏,三皇之一,他发明了钻木取火。鐩,古代利用日光取火的凹镜。穟,同穗的本义。襚,古代丧礼中给死者穿衣或向死者赠送衣被等。禭,祭祀名称,神名。旞,书面用语,指杆顶有彩色羽毛做装饰的旗子。

孙·逊

孙 详见 464 页"深·孙"。

逊 xùn 会意兼形声字。小篆 ◨ 从辵(辶)从孫(兼表声)。隶定后楷书写作遜。今简化为逊。本义为逃遁,逃避。引申指退让,如逊位。再引申指谦恭,如谦逊。

后引申出差义，如稍逊一筹、大为逊色。还用作姓。

孙与逊，音义相差甚远。但由于在翻译外国人名和地名时，却常常出现不应有的纠缠，从而造成一些混淆。

亚马孙河，世界第二长河，流域面积最广、水量最大的河流。位于南美洲。笔者小时候学习时，称之为亚马逊河。

查 1979 年版《辞海》，其中列出"亚马孙人""亚马孙河""亚马孙平原""亚马孙合作条约"。还望读者朋友提供改"亚马逊"为"亚马孙"的理由、时间。

《鲁滨孙飘流记》《鲁宾逊漂流记》等书名同时出现，滨与宾、孙与逊、飘流与漂流（全等异形词，且以"漂流"为推荐）同现，估计是各出版社为保持自己的出版一致性而为。对此，我们宽容为上。

《辞海》列有"鲁滨孙漂流记"词条。

飧·饗

飧 sūn　会意字。小篆 飧 从夕从食，会晚饭之意。隶定后楷书写作飧。本义为晚饭。古人每日两餐，晚饭大约在申时（下午 3～5 点）吃。

饗 xiǎng　会意兼形声字。甲骨文 饗 从二人张口相对，中间为一盛食器皿，会二人相对而食之意。金文 饗。小篆 饗。隶定后楷书写作饗。今简化字为飨（从食从乡，兼表声）。是乡（鄉）加旁分化字。本义指乡人相聚宴饮，引申指设盛宴待宾客，又引申指享受、请人享受。飨客中的"飨"即请人享受的意思。以飨读者，是用好文章款待读者；以飨听客，是让听众获得美好的听觉享受。

飧与飨，都有食，但读音和意义不同，书写时要认真区别。

饔（yōng，早饭）飧不继，指吃了上顿没有下顿。

隼·榫

隼 sǔn　会意字。金文 隼 从隹从人，会人架鸟之意，即今之猎鹰。小篆 隼。隶定后楷书写作隼。本义为猎鹰，旧称鹘（hú）。现指一种鸟，是猛禽，善于袭击其他鸟类。在我国有小隼、游隼、燕隼、红脚隼等种类。隼飞行迅捷，善于突袭，有的被猎人驯养作为捕猎较小动物的助手。

榫 sǔn　形声字。《说文》无。楷书榫从木从隼（表声）。本义为榫卯。

榫，指榫头，也写作"笋头"（《现汉》不支持"笋头"写法，故大家不要用了），是器物或构件上利用凹凸方式相连接的凸出部分（"卯"，指卯眼，即凹进部分）。榫头和卯眼紧紧咬合在一起，叫"合榫"。我国木结构建筑中，集承重与装饰功能于一身的斗拱，就是榫卯结合的一种标准构件。有一个成语叫"斗榫合缝"，常用以形容手艺高超。也说"合缝合榫"。错词"合缝合隼"是合不到一起的。

所·索

所 suǒ　形声字。金文 ![] 和小篆 ![] 都从斤（斧子）从户（表声）。隶定后楷书写作**所**。本义为砍伐木头的声音。引申义既可作名词，如住所、派出所等。也可作量词，如一所医院。还可用作助词等。

索 suǒ　会意字。甲骨文 ![] 象两手搓绳形。金文 ![] 另加房子，表示在屋内搓绳。小篆 ![] 讹变成了用草作绳索了。隶定后楷书写作**索**。本义搓绳子。引申出大绳子或大链子，如绳索。还引申出搜寻、寻找，如搜索。

所幸，语用实践中甚多（如"所幸没有人员伤亡"），但《现汉》等众多辞书中均不出条。所幸，大致相当于幸运的是、幸亏、幸好、还好等意思，传递出一种对不幸中的万幸、有惊无险的庆幸。

索性，有一不做二不休的意思，如"既然到了半山腰，索性爬到山顶"。

所幸与索性，不是一码事，千万不要对调，用拼音输入法打字，可得长点心。

T

他·它·她

他 tā 形声字。小篆 ⿰ 从人从它（表声）。隶定后楷书写作佗。异体作他。今佗与他表义有分工。五四以前，"他"兼男性、女性以及一切事物。现代书面语里，"他"一般只用来称男性。但是在性别不明或没有区分的必要时，"他"只是泛指，不分男性和女性，如"从笔迹上看不出他是男的还是女的"。当然，"从笔迹上看不出是他还是她来"行得通。一般不写作"他/她"或"他（她）"。

它 tā 象形字。甲骨文 ⿰ 象三角头的蛇形。金文 ⿰ 形象化。小篆 ⿰ 整齐化。隶定后楷书写作它。本义为蛇。它作偏旁时有的写作它或也，是蛇的本字。称人以外的事物。

她 tā 形声字。《说文》无。楷书她从女从也（它，表声）。本义为姐。20世纪初受西方语言的影响，为了在书面上区分第三人称代词的性别，男性用"他"，动植物和事物用"它"，女性借用"她"表示。当初也用过"伊"，因与口语不同，未得到普遍认可。

他、她都是人称代词。在现代汉语里，"他"除了作第三人称代词外，还有一个特别的义项"另外的""其他的"，如他人、他乡。而"她"没有此义项和用法。所以，其他不能写作"其她"。

【他们】代 人称代词。称自己和对方以外的若干人。

【它们】代 人称代词。称不止一个的事物：这些衣服暂时不穿，把~收起来吧。

【她们】代 人称代词。称自己和对方以外的若干女性。 注意▶在书面上，若干人全是女性时用"她们"；有男有女时用"他们"，不用"他（她）们"或"他们和她们"。

"他们""它们""她们"，《现汉》解释很清楚，只要认真学习，绝对混不了。

【其他】代 指示代词。别的：今天的晚会，除了曲艺以外，还有~精彩节目。

【其它】同"其他"（用于事物）。

其他，本写作"其佗"。因古文字中"它"往往讹变为"也"，结果"其佗"成了其他。而"它"的本义是蛇，后借用为第三人称代词，"蛇"字另加了"虫"旁，于是其他也可写成"其它"。在古代典籍中，其他、其它都可用，两者既可指人，也可指物。五四后，逐渐采用"其他"指人，"其它"指物。

对此，王力先生说"实在没有必要"，他认为"无论指人或指事物，一律可以写作'其他'"。《现汉》在解释"其它"时,释文便是"同'其他'"（用于事物）,表明不可用于人。

🖋 1920年9月,刘半农写了一首《教我如何不想她》的著名情诗,"她"第一次闪亮登场于我国诗坛。

有人说,"她"字是刘半农先生所造,其实不然。经专家多方考证,早在秦汉时期,就已经开始使用"她"了。五四运动以前,"他"兼称男性、女性以及一切事物。五四运动前后,鲁迅先生等曾用"伊"字代表女性。刘半农在北大任教时,第一个提出用"她"指代第三人称女性,因而"她"从"他"中脱颖而出。刘半农在《她字问题》一文指出：一,中国文字中,要不要有一个第三位阴性代词?二,如其要的,我们能不能就用"她"字?我们可以说,刘半农先生拯救了"她",而不能说他创造了"她"。

怹,读 tān,方言代词,义为他（含敬意）。

塌・踏・蹋

塌 tā 会意兼形声字。《说文》无。楷书塌从土从昷（鸟翅低伏,兼表声）。本义为坍倒、沉陷。

踏 多音字。由蹋俗改作踏。

读 tā 时,有踏实一词。

读 tà 时,指踩,现场查勘等。

蹋 tà 会意兼形声字。小篆蹋从足从昷（低伏,兼表声）。隶定后楷书写作蹋,俗作踏,改为沓声。如今二字用法有合有分。本义指踏,踩,书面语中义为蹋。

踏实与塌实为全等异形词,且以踏实为推荐词条。

蹋与踏,先有蹋后有踏。蹋只有一个读音,踏有两个。蹋,除了踏、踩义外（此义现在都写作踏）,另一个义基本用于书面语言,即蹋。如蹋鞠。糟蹋与糟踏是一组异形词,且以糟蹋为推荐词条。

🖋 昷,会意字。小篆昷从羽从日（蒙盖,后讹变为扁日）,会鸟展翅低伏之意,是鸟高飞前的准备。凡取昷义的汉字大都与低伏有关。

溻・褟

溻 tā 形声字。《说文》无。楷书溻从水从昷（表声）。本义为浸湿。方言用字,指汗湿透了衣服、被褥等。

褟 tā 后起形声字。楷书褟从衣从昷（表声）。方言用字,指在衣物上面缝花边或绦子。还用作姓。

汗褟儿，方言，指夏天贴身穿的中式小褂儿。

🔖 汗褟儿的"褟"不是"溻"。可以说，某某的汗褟儿溻透了。

褟·禢·襈

褟 详见 496 页"溻·褟"。

禢 tà　楷书禢从示从㬎（表声）。本义为姓。《现汉》未收。

襈 xuān　姓。

褟、禢、襈，三字都可用作姓，且字形高度相似，所以遇到这三种姓的朋友，读音及书写时都要格外小心。

苔·薹

苔　多音字。形声字。小篆 𦯕 从艸（艹）从治（表声）。隶定后楷书写作菭。俗省作苔，改为从台表声。今以苔为正体。本义为青苔，也叫水衣、地衣。

读 tāi 时，舌苔（指舌头表面滑腻的物质）。因舌苔与青苔有某些相似之处，故得名。

读 tái 时，指苔藓、苔藓植物。

薹 tái　会意兼形声字。《说文》无。楷书薹从艸（艹）从臺（起薹，兼表声）。本义为薹菜，又名芸薹，即油菜。

薹，还指蒜、韭菜、油菜等生长到一定阶段时在中央部位长出的细长的茎，顶上开花结籽。嫩的时候可做菜吃。

请注意，臺部分义项上简化为台（详见下文），但是薹没有简化为苔。蒜薹、菜薹，不得写作蒜苔、菜苔。还要注意蒜薹与蒜头不是一物。

台·臺·颱

台　多音字。会意字。台与厶、以同源。在甲骨文 𠫓 都是巳（胎儿形）的倒形，即头朝下的胎儿形，表示怀胎。金文 𠯒 另加义符口（象征胞衣），以强调怀胎。小篆 㠯 上边胎儿稍繁。隶定后楷书写作台。是胎的本字。本义怀胎。如今台又作了臺、檯、颱的简化字。

读 tāi 时，台州，地名；天台山，山名又地名，都在浙江。

读 tái 时，指平而高的建筑物，如亭台等。引申义较多。

臺 tái　会意字。小篆 臺 上为台上建筑顶部的装饰，中间是高的省略，下从至，会人们登临高而平建筑物游览之意。隶定后楷书写作臺。部分义项简化为台。

颱 tái　形声字。楷书颱从風从台（表声）。今简化为台。本义为台风。

🔖 浙江台州、天台山的"台"没有繁体字，也就是说不能写作"臺州""天臺山"。

台与臺，都可用作姓。台，在读 tái 时，敬辞，旧时用于称呼对方或跟对方有关的动作，如兄台、台鉴。此义，台也没有繁体字。臺在用作姓时，不得简化，其他义项时现在简化为台。

台风，指发生在太平洋西部海洋和南海海上的热带气旋，是一种极强烈的风暴。如需繁体，此时写作"颱風"。台风还指戏剧演员在舞台上表现出来的风度或作风。如需繁体，此时写作"臺風"。

台风的"台"，繁体字作"颱"；台湾的"台"，繁体字作"臺"。可见，"台风"的得名应该跟"台湾"没有关系。

在中国古籍中，明代以前一般称来自西太平洋上的大风为"飓风"，明以后按风力的大小不同，有"台风"与"飓风"之分。轻者为"飓"，巨者为"台"。在粤语中，"台风"与"大风"的读音非常接近，"台风"可能是在粤语"大风"的影响下而产生的。

另外，木制机构的"台"（如写字台、梳妆台）繁体字为檯，异体字为枱。也就是说，写作繁体时"梳妝檯"是对的，"梳妝枱"不行。

枣庄市台儿庄区因台儿庄大捷震惊世界，但城门上三个大字"台兒莊"令人费解。据说，台儿庄名称由来有好多种，有姓氏说，有土台子说……为何"台兒莊"用"台"而没用"臺"，可能是"台"姓的缘故。还请方家指点迷津。

摊·滩

摊 tān 形声字。小篆 从手从難（表声）。隶定后楷书写作攤。今简化为摊。本义为摆开、铺开。

滩 tān 形声字。小篆 从水从鸂（表声）。隶定后楷书写作灘。俗作灘。今简化为滩。本义为江河湖海近岸处水浅多石而水流很急的地方，或水中的沙石堆。

摊与滩，区分起来难就难在"一 tān 血""一 tān 稀泥"上。一般人，想当然认为血、稀泥都与水有关，往往写作"一滩血""一滩稀泥"，其实这是不对的。"摊"在作量词时，用于摊开的糊状物，所以正确的写法是"一摊血""一摊稀泥"。您写对了吗？没写对，那就"摊"上事儿了。"一滩水"还是"一摊水"，这是个问题。

坛·壇

坛 详见 344 页"林·坛"。

壇 tán 形声字。小篆 壇 从土从亶（表声）。隶定后楷书写作壇。今简化为坛。

本义为小口大腹的陶器，多用以盛酒水。今简化为坛。

壇（坛）由祭祀大土台引申指讲学或发表言论的场所，如讲坛、论坛。还指某些职业、专业活动领域（多用于文体），如文坛、诗坛、体坛等。北京天坛。

坛坛罐罐的坛，繁体字是罎，异体字是壜、罈、墰。

所以，在对待"坛"的繁简字时，要保持清醒头脑。

谈·谭

谈 tán　形声字。小篆 ![谈] 从言从炎（表声）。隶定后楷书写作谈。今简化为谈。异体作譚。本义为与人对话、议论。

谭 tán　形声字。楷书譚从言从覃（表声）。今简化为谭。是谈的异体分化字。本义为宏大、广大。

现在，谈与谭都用作姓，在姓这个义项上，两者互不来往；在对话、议论义项上，"谭"与"谈"互通，可谓谈笑风生。但是在一些固定词组上，也不能随意调换，如《天方夜谭》不要写作《天方夜谈》。

《天方夜谭》为何不写作《天方夜谈》呢？请看看两位专家截然不同的看法。

1996年4月14日，《光明日报》刊登黎静音《〈天方夜谭〉为何不用"谈"》一文。文章说《天方夜谭》是"夜谈阿拉伯的故事"。"夜谭"是夜间说话、讲故事的意思，其实就是夜谈。为何不写夜谈呢。这就得说到我国古代的避讳。唐朝武宗的名字叫李炎。从他当皇帝那天起，人们说话和写文章，凡遇有炎的字，用其他字来代替。于是"谭"字代替"谈"，后来相沿成习，"谈"和"谭"就相通了。

《咬文嚼字》1997年第6期发表金文明撰写《也说〈天方夜谭〉为何用"谭"》。文章说，"谈"和"谭"本来是形、义截然有别的两个字，到了战国时代，情况便开始出现了变化。先秦文献中"谭"与"谈"因音近通假，与避讳无关。到了西汉前期，出现了因避讳而改"谈"为"谭"的例子。《史记》作者太史公司马迁因避父亲（司马谈）讳，而改"谈"为"同""同子""谭"。汉代以后，作为谈话或言辞的意义，用谈还是用谭，主要取决于作者的习惯或好尚，与避讳无关。后世凡笔记杂谈之类的文言著作，大体"谈"多而"谭"少。有时候，同一本书，不同版别，有的用"谈"有的用"谭"。由此可以看出《天方夜谭》中"谭"并没有避讳的意思。

笔者以为，"谈"与"谭"本就相通，后来因司马谈、李炎等因素，上升到避讳高度。读者朋友，您怎么看？

坦·袒

坦 tǎn　形声字。小篆 ![坦] 从土从旦（表声）。隶定后楷书写作坦。本义为土地平展。引申指直爽，无隐瞒，如坦诚、坦露心声。

袒 tǎn 会意兼形声字。小篆 袒 从衣从旦（露出，兼表声）。隶定后楷书写作袒。今襢为袒的异体字。本义为衣缝裂开。引申指脱掉或敞开上衣，裸露上身。

【坦露】动 吐露；表露：～心迹｜真情～。

【袒露】动 ❶裸露：～胸膛。❷比喻毫无掩饰地表露：～心声｜～真情。

从上可以看出，坦露虚指成分大（吐露，表露），而袒露既有实指（敞开衣服露出上身），也有虚指（比喻毫无掩饰地表露），所以在实指时只能用"袒露"，虚指时"坦露"与"袒露"可以互换。

📎《世说新语·雅量》：郗太傅在京口，遣门生与王丞相书，求女婿。丞相语郗信："君往东厢，任意选之。"门生归，白郗曰："王家诸郎，亦皆可嘉。闻来觅婿，咸自矜持。惟有一郎在东床上坦腹卧，如不闻。"郗公云："正此好。"

这便是东床快婿、东床坦腹（也称坦腹东床、东床娇婿、东床娇客），说的是王羲之的事。原文用的是"坦腹"。成语词典中也用"东床坦腹"。其实按现在字理讲，应该用"袒腹"。为传承原汁原味，保留"坦腹"吧。

汉高祖刘邦死后，吕后当权，培植吕氏势力。吕后死，太尉周勃为夺取吕氏的兵权，在军中对众人发表讲话："拥护吕氏的右袒（露出右臂），拥护刘氏的左袒。"军中都左袒（见于《史记·吕太后本纪》）。后来管偏护一方叫左袒。

右袒，脱右袖，露出右臂、右肩。佛教礼仪之一。

炭·碳

炭 tàn 形声字。小篆 炭 从火从岸省（岸省去干，表声）。隶定后楷书写作炭。本义把木材与空气隔绝，加热燃烧成的一种黑色燃料，即木炭。

碳 tàn 形声字。楷书 碳 从石从炭（表声）。本义为一种非金属元素。旧时用"炭"表示。近代科学新造的科技用字，指一种化学元素，符号是 C。我国最早由官方公布的《化学命名原则》，始于 1934 年。几十年来，化学家们陆续制定了 200 多个化学新字，包括 109 个元素名称。其中一部分化学新字，是按照形声造字的方法创造的。如锂、钠、钾、铷等均为金属，故形旁为金，声旁则是国际通用名的谐音；"碳、砷、硒、碲"等是非金属，形旁为石，声旁也是国际通用名的谐音。"碳"化学性质稳定，特点之一就是碳不能直接用作燃料。

炭（木炭），是一种能够直接燃烧发热的固体燃料，由木材（或薪材）经炭化（不要写作碳化，指远古的树木等埋藏于沉积物里，在一定的压力和温度下逐渐变成煤的过程）或干馏（即碳化，不要写作炭化，把固体燃料与空气隔绝，加热使其分解）而得的固体产物。

按照烧制和出窑时熄火方法的不同，木炭可分黑炭和白炭两种。煤炭则是远古植物埋在地下，经历长期复杂的化学变化和高温高压而形成的。

碳，则是一种肉眼不能见的化学元素，试问谁人见过用化学元素来烧烤食物的？"碳烤牛排"是说不通的。应是同音致误。

近些年，"碳达峰"与"碳中和"频频出现在各大媒体和重要讲话中。

碳达峰，指二氧化碳的排放不再增长，达到峰值之后开始下降。

碳中和，也译为碳平衡，指"碳排放降为零，或通过环保等措施抵消碳排放"。

🔔 碳达峰、碳中和中的碳，不能写作"炭"。

蹚 · 趟

蹚 tāng 形声字。楷书蹚从足从堂（表声）。本是趟的异体字。本义指从浅水里走过去。也指从雪地、草地等走过去。如蹚水、"在草地上蹚出一条路"。

趟 tàng 后起形声字。楷书趟从走从尚（表声）。异体作蹚。本义为跳跃行进的样子。量词，用于往返、来去的次数，如"今天晚上十二点还有最后一趟车"。

详见 685 页《异体字简介》。

溏 · 糖

溏 táng 形声字。《说文》无。楷书溏从水从唐（表声）。本义为水池。又指泥浆。再引申指糊状的物，如溏便（中医指稀薄的大便，也有写作便溏）。

糖 táng 形声字。小篆糖从米从唐（表声）。隶定后楷书写作糖。异体字有醣、醩。本义为饴糖，用麦芽熬制成的饴浆。

溏心，指蛋煮过或腌过后蛋黄没有完全凝固，如溏心儿鸡蛋、溏心儿松花。有人想当然地认为，打荷包蛋时要加点糖而写作"鸡蛋糖心"了，这是错误的。

塘 · 膛

塘 táng 会意兼形声字。小篆塘从土从唐（大，兼表声）。隶定后楷书写作塘。是唐的加旁分化字。本义为堤岸、堤防，如河塘、海塘；引申指水池，如鱼塘。浴池，也称澡塘。

膛 táng 会意兼形声字。《说文》无。楷书膛从肉（月）从堂（高起，兼表声）。本义为胸部肌肉肥厚。后主要表示胸腔，如胸膛。

膛，由胸腔引申指器物中空部分，如枪膛、膛线。灶膛，就是灶内烧火的地方。灶塘，有些少数民族会将室内取暖的火塘称为灶塘。灶膛与灶塘，不是一个地方，作用前者点火做饭，后者生火取暖（常置于屋内地面）。

膛·螳

膛 详见501页"塘·膛"。

螳 táng 形声字。小篆 ![字] 从虫从堂（表声）。螳蜋，后写作螳螂。本义为一种昆虫。

螳臂，就是指螳螂的前肢，一般用来指力量弱小，如螳臂之微。与螳臂有关的成语"螳臂当车"（也说螳臂挡车）的意思是，螳螂举起前肢想挡住车子前进，比喻不自量力，招致失败。

"臂"可护住"膛"，但"膛"不能与"臂"组词，所以"膛臂"是不能"当车"或"挡车"的。

帑·努

帑 tǎng 形声字。小篆 ![字] 从巾从奴（表声）。隶定后楷书写作帑。本义为包裹金帛的巾囊。引申指收藏钱财的府库、国库。古时，同"孥"（nú，义为儿女，或妻子和儿女）。

努 nǔ 形声字。《说文》无。楷书努从力从奴（表声）。本义为尽量拿出力量。后引申出努力等义来。

提请大家，一是帑的读音，二是帑不要写作努，如国帑、公帑不能错成"国努""公努"，真这么写，估计稿费是领不到了。

掏·淘

掏 多音字。会意兼形声字。小篆 ![字] 从手从舀（抓取，兼表声）。隶定后楷书写作搯。因搯、掐易混，后来挖取之义就另造了掏。本义为伸进去取，往外拿。

读 tāo 时，即本义。

读 táo 时，同"淘"部分义项（从深的地方舀出污水、泥沙、粪便等）。

淘 táo 后起形声字。楷书淘从水从匋（表声）。本义为用水冲洗，除去杂质。

由于在"从深的地方舀出污水、泥沙、粪便等"义项上，"掏"与"淘"相通，从《现汉》注释及举例看，推荐用"淘"，但人们感觉舀的工作需要用手，往往用"掏"。笔者以为，"淘"从深的地方舀侧重在纵向行为，而"掏"纵向、横向、斜向均可。"淘粪池、淘粪工、淘井"等用"淘"，您非要写作"掏粪池、掏粪工、掏井"也不能算错。

腾·滕

腾 téng 形声字。小篆 ![字] 从馬从朕（表声）。隶定后楷书写作騰。今简化为腾。本义为传递邮驿。后来引申义奔跑、腾飞等义。用作姓。

滕 téng　会意兼形声字。小篆 𰑞 从水从朕（送船，兼表声）。隶定后楷书写作滕。本义为水向上涌。此义后来用腾表示。现在主要用于周朝国名，在今山东滕州一带。还用作姓。

腾与滕，历史上有交集，但现在分得清清楚楚，只要用点细心，就能分得清了。还有就是：腾与滕都用作姓，遇到 téng 先生，还得追问一句，别让"水"冲跑了"马"。

腾·媵

腾　详见 502 页"腾·滕"。

媵 yìn　会意兼形声字。《说文》无。楷书媵从女从朕（撑船，兼表声）。是賸（陪送财礼）的异体字，是朕、灷的加旁分化字，是送的后起分化字。本义为陪送出嫁。后指古代诸侯嫁女时陪嫁的女子。一国诸侯娶另一国的女子时，嫁女方还必须有两个同姓娣（妹妹）或侄（侄女）去陪嫁。这种婚姻制度就是媵制。媵，还指妾。古时候，腾与媵曾相通过，但古代婚姻习俗中没有"腾制"。

滕·藤

滕　详见 502 页"腾·滕"。

藤　详见 504 页"滕·藤"。

滕县在山东省南部，以古时的滕国而得名。秦统一天下，设郡县时改为滕县。两汉时置蕃县。隋开皇六年（586）又改为滕县。1988 年 3 月，经国务院批准滕县改为滕州市，现为山东省枣庄市下辖的县级市。

藤县在广西壮族自治区东部，以白藤岭、藤江而得名。东晋置夫宁县，隋改永平县，唐改镡津县，明入藤州，洪武十年，改为藤县，现为广西梧州市所辖。

山东滕州市与广西藤县，一南一北，相距甚远。但这两个地名常被误写。另外，还要注意的是"滕县改市"的时间，所以该写"滕县"时就不要写"滕州市"，反之也是。

謄·譽

謄 téng　形声字。小篆 𰑞 从言从朕（表声）。隶定后楷书写作謄。今简化为誊。本义为照原稿或底稿抄写。如誊写、誊抄、誊清等。

譽 yù　形声字。小篆 𰑞 从言从與（表声）。隶定后楷书写作譽。今简化为誉。本义为称赞。

誊与誉，无论是读音还是义项几乎不搭界，但由于两字外形酷似，所以易混。誊写不清，荣誉何来。

縢·藤

縢 téng 形声字。小篆縢，从糸（mì）从朕（表声）。隶定后楷书写作縢。本义是绳索。引申出缠束、封闭等动作义。

藤 téng 形声字。《说文》无。楷书藤从艸（艹）从縢（表声）。本义为某些植物的匍匐茎或攀缘茎。

陆游《钗头凤》：红酥手，黄縢酒，满城春色宫墙柳。词中的黄縢酒，常被误写作"黄藤酒"。黄縢酒，即黄封酒，宋时官酒常以黄罗帕或黄纸封口，故而得名。黄藤，倒也实有其物，是一种药草，主治饮食中毒，利小便。"黄藤酒"字面意思就是用黄藤泡的酒，能不能喝，不知道。

提·题

提 多音字。形声字。小篆提，从手从是（表声）。隶定后楷书写作提。本义为垂手拿着。

读 tí 时，本义及引申义。用于姓。

读 dī 时，用于提防、提溜。

题 tí 会意兼形声字。小篆題，从页（头）从是（表正顶，兼表声）。隶定后楷书写作題。今简化为题。本义为额头，引申指事物的开端。再引申指加在诗文或演讲内容前边的名目，如题目（将文章中心标于题上，即标题）、题字（请有身份的人写字，将其镶刻挂在门楣之上）。后来又引申指考试或做练习时要解答的问题，如试题。

提，作动词。题，作名词，如题目；也作动词，如题写。

金榜题名。古代科举考试，分为乡试、会试、殿试，殿试是最高一级。"金榜"是殿试公布考试结果的榜。"金榜题名"即在殿试的榜上写有名字，表示该考生已经被录取。后来常用来比喻获得某种资格或荣誉。不能写作"金榜提名"。

【提词】tící 动 戏剧演出时给演员提示台词。

【题词】tící ❶ 动 写一句或一段话表示纪念或勉励：题个词留作纪念。❷ 名 为表示纪念或勉励而写下来的话：墙上挂着一幅名人~。❸ 名 序文。

【提名】tímíng 动 在评选或选举前提出有当选可能的人或事物的名称：获得百花奖~的影片有十部｜他被~为下届工会主席。

【题名】tímíng ❶ 动 为留纪念或表示表扬而写上姓名：在相册上~留念｜英雄榜上~。❷ 名 为留纪念而写上的姓名。❸ 名 题目的名称。

题款即款识（zhì），在书画上题写受者姓名、称谓、事由、作者姓名等字样。

提款，指将储存在银行等金融机构中的钱款领回取用。

提要，是指从全书或全文中提取要点，不能写作"题要"。

啼·涕

啼 tí 会意兼形声字。小篆 从口从虒（表声）。隶定后楷书写作嗁。俗借"啻"的异体"啼"来表示，从口从帝（集结扎束，兼表声），会高声之意。如今以啼为正体，是嗁的分化字。本义为出声的号哭。也指禽兽叫声，如雄鸡啼明、月落乌啼；引申为哭，如啼哭、啼笑皆非。

涕 tì 形声字。小篆 从水从弟（表声）。隶定后楷书写作涕。异体作泲（泪）。本义为哭泣。在书面语中，涕仍常用于眼泪，如痛哭流涕、感激涕零。古代鼻涕用"泗"表示。

涕与啼字音相近，字义不同。稍不注意，痛哭流涕就会写成"痛哭流啼"。

△ 喷嚏不能写成"喷涕"。

题·体

题 详见 504 页"提·题"。

体 多音字。会意兼形声字。小篆 从骨从豊（表声）。隶定后楷书写作體。今简化为体。"体"本读 bèn，是笨的同形字，给人感觉不好。现在体作为體的简体字，读音变了，意思也变得美好起来。

读 tī 时，常用词体己（·jǐ）。体己钱，指家庭成员个人积蓄的财物，私房钱。也指亲近的，贴心的，如体己话。体己也作梯己。

读 tǐ 时，本义及引申义。

题材是指文艺作品中具体描写的生活事件或生活现象，如工业题材、军事题材、现实题材、历史题材等。

体裁是文章或文学作品的形式类别。如文章可分为记叙文、议论文、抒情文、应用文等；文学作品可分为小说、散文、诗歌等。从体裁上来划分，古体诗可以分为三言、四言、五言、六言、七言、杂言等。

"题材"是内容，"体裁"是形式，二者不能混为一谈。

【题型】tíxíng 名 习题或题目的类型：~要讲究变化。

【体型】tǐxíng 名 人体的类型（主要指各部分之间的比例）：成年人和儿童在~上有显著的区别。

【体形】tǐxíng 名 ❶ 人或动物身体的形状：~太胖｜保持标准~。❷ 指机器等的形状。

参见 559 页"形·型"。

天·夭

天 tiān　象形字。甲骨文 ⧫ 象突出了头部的正面人形，意在表示人的头顶。金文 ⧫ 将头简化为一横。小篆 ⧫。隶定后楷书写作天。本义为头顶（天灵盖就是很好佐证）。天空在人头顶之上，故引申指天空（也是古人造字智慧。天空不好表示，用头顶一片天，巧妙暗示）。

夭 yāo　象形字。甲骨文 ⧫ 象人两袖挥动、翩翩起舞形。金文 ⧫ 大同。小篆 ⧫ 又令其屈首，以突出婀娜之姿。隶定后楷书写作夭。本义就是摆袖屈首、手舞足蹈。此义后写作"妖、䄎"。引申指草木细嫩而艳丽，娇好，如桃之夭夭。后"桃之夭夭"借作"逃之夭夭"（桃与逃谐音，夭夭与遥遥音近，作用"逃跑"的诙谐说法）。后逐渐引申出夭折等义。

天，可指所依存或依靠的对象。所天，旧称所依靠的人，可指丈夫、君王、父亲。夭，现多指早死、夭折。《简化字总表》在"蚕"下标注"蚕：上从天，不从夭"，由此可见"天"与"夭"本身就是容易出错的一对冤家。尤其是字号较小时，非常易混。参见 13 页"袄·祅·䄎"。

恬·靦·腆·觍·舔

恬 tián　会意兼形声字。小篆 ⧫ 从心从甜省（甜省去甘，义为甜美，兼表声）。隶定后楷书写作恬。本义为安静，舒适。由此引申出安定、安逸、淡泊、安然、满不在乎等义项。如恬不知耻、恬然、恬静、恬适等。

靦 tiǎn　腆的异体字，今仍不在《通用规范汉字表》中（按理说表外字不类推，靦不得简化为靦），但《现汉》收录并简化为靦。《广韵》解释为"面惭"，本义指面有愧色；引申指厚颜无耻。方言中"靦脸"即不知道害臊、不要脸。书面语中"靦颜"的颜即脸，有两个义项：一是"表现出惭愧的脸色"，二是"厚颜"。

腆 tiǎn　会意兼形声字。小篆 ⧫ 从肉（月）从典（摆上，兼表声）。隶定后楷书写作腆，异体作靦。如今规范用腆，是腼的分化字。本义为膳食丰盛。

觍　多音字。此字不在《通用规范汉字表》中，按理讲表外字不类推，觍不能类推简化觍，但《现汉》收录并简化觍。

读 tiǎn 时，有两个义项：一是形容人脸，如觍然人面；二是同靦。

读 miǎn 时，觍觍与腼腆是全等形词，腼腆是推荐词条。

舔 tiǎn　后起形声字。楷书舔从舌从忝（表声）。是舚的后起分化字，是舐的同义字。本义为用舌头粘取东西、触物或取食，如舔碗、舔食。

靦与恬，读音不同，意义也不一样。汉语中没有"恬脸"这一说法。"舔着脸说"好像是一边舔着自己的脸一边说话，此种说法是讲不通的。靦着脸是口语的说法，意思是厚着脸皮。写"觍着脸"可以，但不建议这么写。《现汉》："厚着脸皮叫觍着脸。"

觍也指厚脸皮，"觍颜"即羞愧的脸色；"觍然"即羞愧的样子，也指厚颜无耻的样子。

✏ 忝，读 tiǎn，形声字。小篆 ❦ 从心从天（表声）。隶定后楷书写作忝。本义为辱没、有愧于。常用作谦词，如忝列门墙、忝属知己等。忝列，不要错写成"添列"，更不要写作"腆列"。

舔·掭

舔 详见 506 页"恬·觍·腆·觍·舔"。

掭 tiàn　形声字。小篆 ❦ 本从木从舌（表声）。隶定后楷书写作梏。异体作栝。俗又改为掭。本义为拨火棍。引申指用棍拨动，如掭灯芯（常用于口语）。再引申指用毛笔蘸墨汁在砚台上弄均匀并理顺笔毛，以便书写。

舔与掭，一个从舌一个从手，比较好区别，书写时稍加用心，一定不会舔出一嘴墨汁的。

✏ 栝，读 guā 时，本义为拨火棍，后被掭取代。借作栝，表示矢栝，即箭末扣弦处，又指桧（guì）柏，还指栝楼（也作苦蒌，一种植物，也指该植物的果实）。

读 kuò 时，檃（yǐn）栝，指矫正木材弯曲的器具，也指就原有的文章、著作剪裁改写。也作隐栝。

挑·祧

挑　多音字。形声字。小篆 ❦ 从手从兆（表声）。隶定后楷书写作挑。本义为撩拨，惹起，拨动。

读 tiāo 时，指挑选，挑剔，还用于挑担，也用于量词，如两挑儿稻谷。

读 tiǎo 时，本义及引申义。

祧 tiāo　形声字。小篆 ❦ 从示从兆（表声）。隶定后楷书写作祧。本义指始祖、远祖的庙。也指把隔了几代的祖宗的神主迁入远祖的庙，称不祧之祖。还引申指承继作后嗣，如承祧、兼祧。

兼祧，指一个男子兼做两房或两家的继承人。兼祧的"祧"，显然不能写作挑东西的"挑"。但"兼祧"之人挑起两房或两家人重担，是说得通的。

挑·调

挑　详见本页"挑·祧"。
调　详见 128 页"调·掉"。

因"调"在读 tiáo 时有挑拨义项（如调词架讼，即挑拨别人诉讼），故有两组词（因"调"为二声，"挑"为三声，故调拨与挑拨、调唆与挑唆不能称之为异形词）值得关注：

【调拨】tiáobō 动 挑拨。

【挑拨】tiǎobō 动 搬弄是非，引起纠纷：～离间（引起是非争端，使别人不和）。

【调唆】tiáo·suō 动 挑拨，使跟别人闹纠纷：他俩不和，一定有人在～。

【挑唆】tiǎo·suō 动 调唆。

【调拨】diàobō 动 ❶ 调动拨付（多指物质）：～款项｜～小麦种子。❷ 调遣：人员都听从他的指挥和～。

朓·眺

朓 tiǎo 小篆 从月（月亮）从兆（表声）。隶定后楷书写作朓。古书上指农历月底月亮挂在西方。

眺 tiào 会意兼形声字。小篆 从目从兆（不正，兼表声）。隶定后楷书写作眺。本义为眼斜视。又表示远望。

谢朓（464~499），南朝齐陈郡阳夏（jiǎ）（今河南太康）人。他诗风清俊，辞藻华美，在"永明体"（新体诗）作家中成就最高。诗句对偶工整，平仄协调，对后世有较深的影响，颇为李白推许。后世与谢灵运对举，亦称"小谢"。建武二年（495）出任宣城太守，有《谢宣城集》留世。

谢朓，字玄晖。玄晖，即月光。可见，朓与玄晖意思有相通之处，符合古人名与字一致的习惯。"眺"义都和"目"有关，而与"玄晖"毫不相干。

帖·贴

帖 多音字。形声字。小篆 从巾从占（表声）。隶定后楷书写作帖。本义为写在帛上的标题书签。后来引申为供临摹或欣赏的墨迹或印本，即字帖，或指公文、单据、凭证、招帖、名帖、拜帖、庚帖之类的写有字的纸片。

读 tiē 时，义为从，顺从，如服帖。还指妥当，稳当，如妥帖。还用作姓。

读 tiě 时，义指请帖，旧时写着生辰八字等的纸片（如庚帖）。如今常用于网络上跟帖。方言中，量词，用于配合起来的若干味汤药，如一帖药。

读 tiè 时，义为字帖。

贴 tiē 形声字。小篆 从贝从占（表声）。隶定后楷书写作贴。今简化为贴。本义以物品作抵押（向人借钱）。由于"典押"是一种弥补钱财不足的做法，于是又引出用钱财进行补偿、补贴之义。引申指补偿，补助等。再引申指贴补、津贴等。

帖。由于古代在竹木简上贴附题签时，适用质地柔软的绢帛。这是因为绢帛可以顺服地附着在书画的卷轴上。于是"帖"就引申出了"顺从、服从、挨近、安稳、安定"一类的意思，代表词就是熨帖。

贴。由典押引申贴补；再由贴补引申出粘贴。因粘贴，贴就有了挨近的意思。贴上去的东西平整顺溜，于是贴又引申出了顺从、稳当等含义。

于是乎，在表示挨近、稳妥、顺从等意思时，帖和贴就有了交叉，从而出现一批异形词。

如何把握帖与贴两个字的使用，可以从以下几个方面来梳理：

一是用于名词并使用各自的本义时，若表示与补偿钱财有关的，用贴，如津贴、补贴；与写字、纸张有关的，用帖，如请帖、帖子。网络上的帖(tiě)子，本质上和在纸张上书写的文字没有区别，因此写作帖子才是正解。《现汉》只列"帖子"，而"贴子"则没有身影。网上发帖子，简称发帖，不能写成"发贴子"，也不能写作"发贴"。

二是构成动词时，一般用贴而不用帖。表示钱物的补贴用贴，如贴息、贴钱；表示用糨糊等将物相连，单用贴，或者用粘贴、张贴等；表示挨近的动作时也用贴，如贴近、贴身。网络上发表帖子的空间，形象地称其为贴吧；如果说是"帖吧"也未尝不可。

三是作量词时，两者分工也很清楚。由于膏药是粘贴在身上的，故而膏药一张叫一贴；因为中药药方是写于纸片之上，所以中药一剂叫一帖(tiě)。另外，服(fù)也用于中药，如一服药(千万不要写作"一副药")。参见161页"伏·服"。

四是表示顺服、安定、稳妥之义，主要构成一些形容词，产生出一批异形词。

《第一批异形词整理表(草案)》中曾以"妥帖""俯首帖耳"为推荐词形，而《第一批异形词整理表》正式发布时又删除了有关词语。2003年国家语委异形词研究课题组、《咬文嚼字》编委会等多家单位联合发布的《264组异形词整理表(草案)》又重新推荐使用"俯首帖耳"。《现汉》将"俯首帖耳"作为首选，"俯首贴耳"作为次选。《现汉》只列"妥帖"而没有"妥贴"的位置。

《现汉》只列"熨帖"没列"熨贴"。熨帖(yùtiē)意思是把布帛衣服等用熨斗或烙铁烫平。心里不畅快，好像有皱褶一样，因此熨帖借喻于人事。

伏帖与服帖，详见161页"伏·服"。

笔帖式，清朝官名，为满语音译，意思是办理文书、文件的人。原称"巴克什"，义为熟悉事务、有学问的人。后金天聪五年(1631)设六部，改称"笔帖式"。清政府的重要文件都要求用满、汉两种文字书写，笔帖式就是配置在各衙署掌理翻译满、汉章奏文书的低级官员。笔帖式通过考选、调补，从八旗满、蒙、汉军人员内任用，品级通常不高，但很容易升迁。

笔帖式，不要错写成"笔式帖"或"笔式贴"。

汀・町

汀 tīng 形声字。小篆 ![字形] 从水从丁（表声）。隶定后楷书写作汀。本义指水中或水边的平地。在水中设置石块，石块与石块之间大致相距一步，露出水面少许，使人能踏石而过，这种涉水设施就叫作汀步。汀线，海岸被海水侵蚀而成的线状的痕迹。

町 多音字。形声字。小篆 ![字形] 从田从丁（表声）。隶定后楷书写作町。本义指田界。

读 tīng 时，指田间小路，也可指田亩、田地，还指田界。

读 dīng 时，畹（wǎn）町，地名，在云南。

汀、町常用于地名，容易出现地名中张冠李戴。汀泗桥镇位于湖北省咸宁市咸安区西南部。因始建于1247年的湖北省最古老的石拱桥（原名丁师桥）而得名。《大明一统志》：丁师桥"昔有丁姓者创此桥，因名"。后讹为汀泗桥。

廷・庭

廷 tíng 象形字。金文 ![字形] 象人立在庭前台阶处洒扫，左下弯折似院内，那几撇如洒水清扫，整字表示庭院。小篆 ![字形] 隶定后楷书写作廷，从廴（yǐn，连步行走）从壬（tǐng，注意不是壬，表声）。本义为庭院。引申指古代帝王接受朝拜和处理政事的地方，即朝廷、官廷。

庭 tíng 会意兼形声字。小篆 ![字形] 从广从廷（兼表声）。隶定后楷书写作庭。是廷的加旁分化字。本义为厅堂。引申指庭院、家庭。后引申指额部中央，如天庭饱满。

古汉语中"廷""庭"常混用，如今二者分工，"廷"仅指官廷、朝廷。

分庭抗（"抗"原作"伉"，指对等、相当）礼指古代宾主相见，站在庭院两边相对施礼，表示平等相待。现在用来比喻地位相等，主要指实力相当，可以抗衡。

蜓・蜒

蜓 tíng 形声字。小篆 ![字形] 从虫从廷（表声）。隶定后楷书写作蜓。本义为壁虎。后用作蜻蜓、蜓蚞等。

蜒 yán 会意兼形声字。《说文》无。楷书蜒从虫从延（延伸，兼表声）。本义为蛇等爬行的样子。

海蜒，是用幼鳀（tí）鱼加工制成的鱼干。鳀是一种生活在温带海洋中上层的小型鱼类，体侧扁，有较强的趋光性。肉味鲜美，由其幼鱼制成的干品"海蜒"

更是浓郁,拿来做菜炖汤绝了。

济南有座蚰(yóu)蜒山。蚰蜒,也称蜒蚰,节肢动物,像蜈蚣而略小,俗称钱串子、千足虫,古时称草鞋虫。蚰蜒山因山上蚰蜒多而得名。

蜒与蜓,长得很像,所以写到此类动物、地名时,可不能混了。

挺·梃·铤

挺 tǐng 会意兼形声字。小篆 ⟨挺⟩ 从手从廷(挺立,兼表声)。隶定后楷书写作挺。是壬(注意不是壬)、廷的加旁分化字。本义为拔出。后引申出挺拔等义。

梃 多音字。会意兼形声字。小篆 ⟨梃⟩ 从木从廷(挺起,兼表声)。隶定后楷书写作梃。本义为植物的干。

读 **tǐng** 时,义指棍棒,还指梃子(门框、窗框或门扇、窗扇两侧直立的边框),还用于方言,如独梃儿(只开一朵花的花梗)。

读 **tìng** 时,杀猪后用于梃猪的铁棍。猪杀死后,在猪的后腿割开一个口子,用铁棍贴着猪皮往里捅叫梃。使劲朝各个方向捅后拔出梃,用嘴贴着口子往里吹气,使猪表皮膨胀如气球般,便于除毛等。

铤 多音字。会意兼形声字。小篆 ⟨铤⟩ 从金从廷(直长,兼表声)。隶定后楷书写作鋌。今简化为铤。本义为未经冶炼的铜铁矿石。

读 **dìng** 时,书面用语,义为未经冶炼铸造的铜铁。

读 **tǐng** 时,书面用语,义为快步奔跑。铤而走险,指因无路可走而冒险行动。

挺与铤,并无什么纠葛,但是"铤而走险"与"挺而走险",是全等异形词,并且已确定铤而走险为首选。

梃,读 **tìng** 时,既做名词又当动词,我们不能以为梃是铁棍就想当然地把梃猪写作"铤猪"。真那样,您会吃到一嘴猪毛。

通·统·筒

通 多音字。会意兼形声字。甲骨文 ⟨通⟩ 从彳(半条街)从用(兼表声)。小篆 ⟨通⟩ 另加义符止(脚),强调走到之义。隶定后楷书写作通。本义为到达。

读 **tōng** 时,本义及引申义。也作量词。还用作姓。

读 **tòng** 时,主要用作量词。

统 tǒng 形声字。小篆 ⟨統⟩ 从糸从充(表声)。隶定后楷书写作統。今简化为统。本义为丝的头绪。可作量词。古时,1539年为一统。

筒 tǒng 会意兼形声字。小篆 ⟨筒⟩ 从竹(⺮)从同(表声)。隶定后楷书写作筒。后俗又借用作箛从竹(⺮)从甬(桶状,兼表声)。筒本义为洞箫。箛本义为竹筒,截取竹子一段做成的管状物。现在"筩"作为"筒"的异体字被淘汰。

通、统、筒，分别为不同的部首，按理说很好区别，但由于三者都能作量词，于是就有了一些说不清道不明的"量词"纠缠。

下面就量词义项加以分析辨别：

通，读 tōng 时，指用于文书电报等，如一通电报、一通文书、手书两通。读 tòng 时，一是用于演奏锣、鼓等打击乐器，如打了三通鼓；二是用于动作（多属于言语行为，数词多用"一"而不用"二""三"等），如挨了一通儿批、发了一通牢骚。

统，用于木材、石碑。《牡丹亭·闹殇》："和俺小坟边立断肠碑一统。"古时，人们强调石碑用"统"，如今碑的量词，比较常见的还有块、座、方等。另外，还有用"通"来计量碑的。《西游记》第二十二回："忽见岸上有一通石碑。"古代石碑多刻有文字，"通"既可以用于碑文（一通碑文）也可用于碑。所以石碑量词用"统"值得点赞，用"通"也能算对。但石碑不能用"甬"作量词。

筒，用于筒状物装的东西，如一筒茶、两筒饼干。

另外，在衣服等的筒状部分时，筒也作统。如袖筒儿、袜筒儿、长筒靴，也可写作"袖统儿""袜统儿""长统靴"，但建议用"筒"更直观一些。

【统帅】tǒngshuài ❶ 名 统率全国武装力量的最高领导人。❷ 同"统率"。
【统率】tǒngshuài 动 统辖率领：～全军。也作统帅。

童·僮

童 tóng 会意兼形声字。金文 ![字形] 中间从目（人），头上有辛（刑刀），身上背有東（背篓，兼表声），会男子有罪受髡刑为奴。小篆 ![字形] 讹为从辛从重省（重省去上半部分，表声）。隶定后楷书写作童。本义为童仆。

僮 多音字。会意兼形声字。小篆 ![字形] 从人从童会意。隶定后楷书写作僮。是童的后起分化字。本义为童子。

读 tóng 时，同"童"（旧时指未成年的仆人），如书僮、家僮。

读 zhuàng 时，我国少数民族壮族的壮字原作僮。

先有童字，后有僮字，如今"僮"的出镜率极低，大致用于姓和地名，历史上曾有僮县。

曈·瞳·幢

曈 tóng 形声字。小篆 ![字形] 从日从童（表声）。隶定后楷书写作曈。曈昽，本义为太阳初出由暗而明的样子。

瞳 tóng 形声字。《说文》无。楷书瞳从目从童（表声）。本义指瞳孔，即虹膜中心的圆孔。光线通过瞳孔进入眼内，瞳孔可随光线的强弱而扩大或缩小。

幢　多音字。形声字。小篆 ![幢篆] 从巾从童（表声）。隶定后楷书写作幢。本义为古代一种用作仪仗的旗帜。

读 chuáng 时，指古代旗子一类的东西，还指写有、刻着佛号（佛的名字）或经咒的绸伞或石柱子，如经幢、石幢。幢幢，书面语，有多个义项，可指羽毛下垂貌、回旋貌、往复不绝貌等，现在多用来形容影子摇晃，如人影幢幢、灯影幢幢、树影幢幢等。

读 zhuàng 时，本指舟船上形如车盖的帷幔。也作量词，用于建筑物等，房屋一座叫一幢。

北宋王安石的《元日》诗："爆竹声中一岁除，春风送暖入屠苏。千门万户曈曈日，总把新桃换旧符。"曈曈，指太阳刚升起时明亮的样子。桃符，是一种绘有神像或字符挂在门上避邪的桃木板，以前新年时取下旧桃符，换上新桃符。诗中如果把曈曈日换成"瞳瞳日""幢幢日"，那还咋过新年啊。

桶·筒

桶 tǒng　会意兼形声字。小篆 ![桶篆] 从木从甬（兼表声）。隶定后楷书写作桶。是甬的加旁分化字。本义为一种方形的量器。引申泛指盛东西的器具，多为圆柱形。

筒　详见 511 页"通·统·筒"。

桶与筒，虽说一个从木一个从竹，但随着生活推进，现在两者趋于相同，如笔筒，有竹制的，也有木制，还有石、铁、陶瓷等制的。如何区分"桶"与"筒"。笔者以为，如果是竹制的，一定要用"筒"。如果较细的圆柱形，如袖筒儿等一律用筒，或用统。如果较粗且至少一端封底，另一端有敞口或封口（封口也留有小口用于装卸）物品则用桶。

头·投·骰

头 tóu　会意兼形声字。小篆 ![头篆] 从页（头）从豆（豆器，兼表声）。隶定后楷书写作頭。今简化为头。本义为脑袋。

投 tóu　会意兼形声字。甲骨文 ![投甲] 从殳从豆（表声）。小篆 ![投篆] 整齐化，小篆异体 ![投异] 从手从殳（手持器械）会意。隶定后楷书分别写作殳与投。今规范化用投。是殳的加旁分化字。本义指往远方的目标扔、掷、击。

骰 tóu　会意兼形声字。《说文》无。楷书骰从骨从殳（兼表声）。是股的异体字，表示色子。本作投，因多为骨制，故唐朝人改为从骨从投省（投省去手）。

走，奔走；投，投靠。走投无路说的是四处奔走八方投靠而无路可走，形容陷入绝境。走投误作"走头"，可能是"走到尽头"的缩写，其实是讲不通。

骰子（tóu·zi）：色子（shǎi·zi），方言，一种游戏用具或赌具，用骨头、木头等制成的正方体，六面分别刻有一、二、三、四、五、六点。因点子上涂有颜色，称之为色子。骰子，万不可写成"投子"（曾经可以这么写）、"头子"，要不然，您文章写得再好估计也投不中。

凸·突

凸 tū 后起指事字。楷书凸用符号表示中间高四周低之形，与凹相对。本义为中间高四周低。

突 tū 会意字。甲骨文 从犬从穴，会狗从洞中猛地窜出之意。金文 。小篆 。隶定后楷书写作突。本义为狗从洞穴之中猛地窜出。

凸与突，都有"高于周围"的义项，但凸常用于动词、名词，如凸出、凸起、挺胸凸肚、凹凸不平；突也常用于动词、名词，如突起、突出。属于实实在在的高出，用"凸"；属于突然出现的，用"突"。根据这几条原理，可对以下几组词进行对比辨析。

【凸起】❶动 鼓出来：喉结～｜墙面～不少鼓包儿。❷名 高出周围的或鼓出来的部分：攀岩时，要抓住崖壁上的～往上爬。

【突起】❶动 突然发生；突然兴起：狂风～｜异军～。❷动 高耸：峰峦～。❸名 生物体上长的像瘤子的东西。简称突。

【凸显】动 清楚地显露：草地上～出一座花坛｜市场规范化的问题日益～出来。

【突显】动 突出地显露：手臂上～出一条条青筋｜产品的包装也～出民族特色。

【凸现】动 清楚地显现：在一排排的校舍中～出图书馆的高楼｜随着经济的高速发展，不少历史遗留问题～出来。

【突现】动 ❶突然显现：转过山脚，一片美丽的景色～在眼前。❷突出地显现：语言和行为都～了他的个性。

除"突然"义项外，突与凸各自组成的词都应该算作近义词，但现实生活中人们特别愿意写由"凸"组成的词，原因大概是"凸"直观明显吧。

徒·徙

徒 详见135页"陡·徒"。

徙 xǐ 会意字。甲骨文 从彳（半边街）从步，会在街上行走之意。金文 。

小篆 ⿰彳止。隶定后楷书写作徙和辻。今以徙为正体。本义为迁移。徙，右上角是个"止"字，"止"就是脚的意思。"徙"右上面一只脚，右下面（止的倒写）一只脚，双人旁表示大路，整字会两只脚走在大路上。

迁徙见词可以明义，而"迁徒"是说不通的。

徒居原指闲静修养，语出《黄帝内经·灵枢·厥病》："厥心痛，卧若徒居，心痛间，动作痛益甚。"引申为无业闲居。徙居，即搬家。

推·退

推 tuī　形声字。小篆 ⿰扌隹 从手从隹（表声）。隶定后楷书写作推。本义为向外用力使物体移动。

退 tuì　会意字。古文 ⿱彳复 从辵（辶）从日从夊（朝下的脚），用日行迟来表达后退之意。小篆 ⿰彳复 改为从彳（路）从日从夊。隶定后楷书写作復和退。今以退为规范字。本义为向后移动。

推与退，都是人主观控制下的一种行为。

一推六二五，出自旧时珠算口诀。旧制一斤为十六两，凡按斤论价之物，买进卖出不足整斤时，先要把每斤价格除以十六算出每两价格，再乘成交斤两算出总价钱。为了计算方便，提高效率，先人编成口诀在算盘上应用，口诀共十六句，第一句即"一退六二五"。$1 \div 16 = 0.0625$。如果买一两花生米，单价每斤（十六两）十二元，营业员边念"一退六二五"边拨弄算珠，很快就会报出价来：$0.0625 \times 12 = 0.75$。因为"退"谐音"推"，人们就把"一退六二五"说成"一推六二五"，用以讽喻遇事推诿。

一退六二五或一推六二五，要是写成"一退二六五""一推五二六"什么的，都该打板子了。实在拿不准，就用1除以16就能得出准确答案了。

退·褪

退　详见本页"推·退"。

褪　多音字。后起会意兼形声字。楷书褪从衣从退（退去，兼表声）。本义为脱去衣装。

读 tuì 时，指衣服、羽毛、颜色等褪去，如褪色。

读 tùn 时，指退缩身体的某部分，使套着的东西脱离，如"他褪下一只袖子"。方言，指藏在袖子里，如褪着手。

褪色（tuìsè），口语中也读 tuìshǎi，指布匹、衣服等的颜色逐渐变淡，也作退色。也说脱色。

退·蜕

退 详见 515 页"推·退"。

蜕 tuì 形声字。小篆 ![字形] 从虫从兑（表声）。隶定后楷书写作蜕。本义为蝉、蛇等脱下的皮。

蜕化指像动物脱皮那样发生质变的意思，于是多用来比喻人变质、腐化堕落。退化则有退步、减退的意思，于是多用来形容事物由优变劣、由好变坏。

蜕变，指人或事物发生质变，还指衰变，不能写作"退变"。

蜕·脱

蜕 详见本页"退·蜕"。

脱 tuō 形声字。小篆 ![字形] 从肉（月）从兑（表声）。隶定后楷书写作脱。本义为肌肉消减。

【蜕皮】动 许多节肢动物（主要是昆虫）和爬行动物，生长期间旧的表皮脱落，由新长出的表皮来代替。通常每蜕皮一次就长大一次。

【脱皮】动 表皮脱落：身上晒得脱了一层皮。

蜕皮是一种生长规律，不以人的意志为转移；脱皮，受外界干扰和影响而形成。

煺·褪

煺 tuì 会意兼形声字。《说文》无。楷书煺从火从退（撤去，兼表声）。本义为把已宰杀的猪、鸡等用滚水烫后去掉毛。

褪 详见 515 页"退·褪"。

煺与褪，都有去掉的意思，但前者主要用于去掉毛，而后者则用于衣服、羽毛、颜色等。

煺毛，是人为的进行；褪毛，是鸡、鸭、鹅、鸟类按季节、生长周期进行规律性换毛。

屯·囤

屯 多音字。象形字。甲骨文 ![字形] 象豆类植物发芽时艰难拱出地面形。金文 ![字形] 叶瓣变成小点。小篆 ![字形] 小点变成一横，并将下边弯曲。隶定后楷书写作屯。本义为植物艰难拱出地面。

读 tún 时，义为聚集、积聚。后又有戍守、驻扎的义项。屯兵，即驻扎军队。

读 zhūn 时，屯邅（zhān），同"迍（zhūn）邅"（形容迟迟不进，如迍邅途次；也形容困顿不得志，如迍邅坎坷）。

囤 多音字。会意兼形声字。小篆 ❉ 从竹（⺮）从屯（聚集，兼表声）。隶变后楷书写作箘。俗作囤。今规范用囤。本义为用竹篾、荆条等编成或用席箔等围成的储存粮食的设备。

读 dùn 时，义为盛放粮食的器具，一般作名词用，如粮囤、囤子。还用作姓。

读 tún 时，义为贮积、储存，常用作动词，如囤货、囤粮。

屯与囤都有集聚义项，但屯兵不得写作"囤兵"。"囤兵"，字面意思就是把军队贮积或储存起来，难以说通。

托·拖

托 tuō 会意兼形声字。小篆 ❉ 从言从乇（寄托，兼表声）。隶定后楷书写作託。今简化借托表示。託本义为寄，寄居，如无处託身、託儿所。托的本义为用手推物，是拓的异体字。

拖 tuō 会意兼形声字。小篆 ❉ 从手从它（蛇，兼表声）。隶定后楷书写作扡。俗作拖。本义为拉引，牵引着物体移动。

拖后腿，比喻牵制、阻挠别人或事物使不得前进。这里的"拖"义为牵制、牵累。

托，常用的含义是手掌或其他东西向上承受物体，是没有牵制、阻挠的意思。"托后腿"字面意思就是用手或其他物品托起后腿，汉语语境中未见使用。

拖指横向用力，托指纵向使劲。

托·脱

托 详见本页"托·拖"。

脱 详见 516 页"蜕·脱"。

推脱与推托，音同义殊，使用有别。推脱，义为推卸、开脱，推脱对象是跟自己有关的事，一般跟"责任""错误"等搭配，用于别人评价，如"小张找出许多理由推脱责任"。推托，义为借故拒绝或推辞或婉辞，推托对象是别人请求的事，一般跟拒绝或推辞或婉辞的理由组合，用于别人的一种判断。如"他推托身体有恙，不来开会"。

拖·脱

拖 详见本页"托·拖"。

脱 详见 516 页"蜕·脱"。

脱坯是为砌土坯墙、盘炕等准备的材料，指用模子把泥制成土坯。制作过程一般是将黏土、麦芒、稻草等材料和成泥后填入模具中，待成形后将模具取下晾干。

拖，即牵拉之义。"拖坯"字面意思是指拖拉土坯，土坯是禁不起拖拽的。

柝·析

柝 tuò　会意兼形声字。金文 🗚 从木从庶（开裂，兼表声）。小篆 🗚。隶定后楷书写作榛。俗简作柝。本义为裂开。梆子用木头开口掏空做成，故后用以表示打更用的梆子。

析 xī　会意字。甲骨文 🗚 从木从斤（斧），会用斧子劈木之意。金文 🗚。小篆 🗚。隶定后楷书写作析。由劈木引申出剖开再引申出剖析、分析也就很好理解了。

柝与析，字形就一点之差，但音和义相差不小，请注意区分。

萚·箨

萚 tuò　后起形声字。楷书萚从艸（艹）从擇（表声）。今简化为萚。本义为从草木上脱落下来的皮或叶。

箨 tuò　形声字。《说文》无。楷书箨从竹（𥫗）从擇（表声）。今简化为箨。本义为竹笋上一片一片的皮。此皮可用于包粽子。

萚与箨，后者指竹笋上的皮，其他脱落下来的皮或叶用萚，这是最好的选择。

W

屲·凹·圵·洼·甿·窊

屲 wā　方言用字。本义为低洼的地方，常用于地名。水洼（多用于地名）：漫屲（在甘肃），何家屲（在宁夏）。

凹　多音字。后起指事字。楷书凹由抽象符号表示周围高中间低之形。与凸相对。本义为四周高中间低。

读 wā 时，方言。同"洼"（用于地名）：茹凹（在河南），万家凹（在云南），碾子凹（在陕西）。

读 āo 时，指低于周围（与凸相对）。

圵 wā　形声字。楷书圵从土从瓜（表声）。常用于地名：朱家圵（在陕西）。

洼 wā　形声字。甲骨文 🄰 从水从亚（表声）。小篆 🄱 从水从圭。隶定后楷书写作洼。今又用作窪的简化字。本义低下。

甿 wā　形声字。楷书甿从田从瓜（表声）。常用于地名。甿底，在山西。

窊 wā　形声字。楷书窊从穴从瓜（表声）。方言用字。同"洼"（用于地名）：南窊子（在山西）。

以上几个字，大都用于方言，主要表示地名。凡是遇到地名读 wā 时，要具体地名具体对待，写错了就掉进"洼"里了。

歪·喎

歪 wāi　会意兼形声字。小篆 🄲 从立从鬲（锅，兼表声），会锅放得不正之意。隶定后楷书写作𠁽。后俗另造了从不正会意的歪。本义为偏斜。

喎 wāi　后起形声字。楷书喎从口从呙（表声）。本义形容嘴歪或偏斜不正。如口喎、喎斜（指嘴、眼等歪斜）。

由于喎专用于形容口、眼等歪斜，按理讲口眼喎斜不要写作"口眼歪斜"。但是生活中，人们不会理这个茬，估计是喎冷僻、歪直观。

另外，"喎"不在《通用规范汉字表》里，有人建议"喎"不得简化只能写作"喎"，而有的说《现汉》都取简化"㖞"。

笔者以为还是听从《现汉》的吧，别再争那些歪歪理了。写作口眼歪斜不应算错。

歪·崴

歪 详见519页"歪·喎"。

崴 多音字。形声字。《说文》无。楷书崴从山从威(表声)。如今又借作"跮"(从足从歪会意，一目了然，可惜并到"崴"里，有点遗憾)。今跮作为崴(wǎi)的异体字存在汉字字库深处。

读wǎi时，指山路不平的样子。又指山水弯弯曲曲的地方，多用作地名，如海参崴。借作跮，指扭伤，如崴脚。

读wēi时，用作"崴嵬"(wéi)，本义为山势高峻不平的样子。

崴脚，不要写作"歪脚"。"歪脚"，大概是指脚歪了，应该属于残疾。

海参崴，有人错念作"海参崴"(wēi)，那就得担心走路崴脚了。

弯·湾

弯 wān 形声字。小篆彎从弓从䜌(表声)。隶定后楷书写作彎。今简化为弯。本义指拉弓，引申指屈曲。

湾 wān 会意兼形声字。《说文》无。楷书灣从水从彎(弯曲，兼表声)，特指水曲，由"弯"加旁分化而来。

"一wān清流"的描写，究竟是"一弯"还是"一湾"？

弯、湾均可作量词，但"弯"一般用于屈曲的物体，如一弯新月、一弯镰刀，"清流"用"弯"未尝不可，不过比较而言，还是用"湾"为宜。

汉语中和水有关的名称，通常都可用作量词，如一湖碧波、一江怒涛、一潭清水、一川细浪，"湾"也不例外。"一湾清流"既准确又形象。

玩·顽

玩 wán 形声字。小篆玩从玉从元(表声)。隶定后楷书写作玩。本义反复观赏玉。异体为翫，成了鸟戏耍学飞。今以玩为正体。

顽 wán 会意兼形声字。小篆頑从頁(头)从元(头顶，兼表声)。隶定后楷书写作頑。今简化为顽。本义为难劈开的木头疙瘩。由物引申指人愚昧无知等。

旧时，"顽"在"玩耍、做某种活动(多指文体活动)、使用(不正当的方法、手段等)"义项时，同"玩"。但是如今不同了，所以玩耍不得写作"顽耍"。

另外，老顽童也不能写作"老玩童"。

宛·莞

宛 wǎn　会意兼形声字。小篆 ⟨图⟩ 从宀（房子）从夗（弯曲，兼表声）。隶定后楷书写作宛。本义当为宫室回环盘曲。除表达曲折（宛转）、姓外，还用作仿佛，如音容宛在。

莞　多音字。形声字。小篆 ⟨图⟩ 从艸（艹）从完（表声）。隶定后楷书写作莞。本义为蒲草，也叫香蒲。

读 wǎn 时，莞尔指微笑的样子。

读 guān 时，指蒲草（茎细，可编席），引申指莞草编的席子。

读 guǎn 时，用于广东"东莞"，当地人本以编莞席为业，东莞以此得名。非常有意思的是，山东省莒县有东莞镇。一南一北，一市一镇，因"莞"相联。

宛尔表示明显、真切的样子，用法似近于宛然。

莞尔形容微笑，出于《论语·阳货》："子之武城，闻弦歌之声。夫子莞尔而笑，曰：'割鸡焉用牛刀？'"意思是孔子去武城，听到了用琴瑟伴奏唱歌的声音。他微微一笑，说："杀鸡，何必用宰牛的刀呀！"说白了就是治理一个小县城，不需要动用礼乐。

宛尔与莞尔，区别还是有的，用错了您可能就笑不出来了。

另外，"宛转"除"辗转"义项外，同"婉转"。

网·罔

网 wǎng　象形字。甲骨文 ⟨图⟩ 象一张网形。金文 ⟨图⟩。小篆 ⟨图⟩。隶定后楷书写作网。由于网作了偏旁，后便另加声符亡写作罔。又因罔也作了偏旁，俗又另加义符糸写作網，成了会意兼形声字。如今规范化，網简化为网，罔则被借作他用。本义是渔猎器具。

罔 wǎng　象形兼会意字。见前文。

网、罔本同源，但现在不在一纲之下了。罔常用于书面语言，义项一是蒙蔽，如欺罔、欺下罔上；义项二为没有，如置若罔闻。

由于网、罔读音一致，字形相似，使用时应注意不能"一网打尽"。

枉·罔·惘

枉 wǎng　形声字。小篆 ⟨图⟩ 从木从㞷（往，表声）。隶定后楷书写作㮻。俗简作枉。本义指弯曲或歪斜。可引申指冤屈、委屈。再引申错误或偏差，如矫枉过正。

罔　详见本页"网·罔"。

惘 wǎng　会意兼形声字。《说文》无。楷书惘从心从罔（亡失，兼表声）。本义为怅然失意的样子。引申指精神恍惚，如怅惘、迷惘。

枉顾（顾，可指看望、探视）是个敬辞，敬称对方来访，意思是您来访让您委屈了。日常生活中，我们经常会对来访者说"承蒙枉顾"，意在尊重对方。

罔顾（罔，是"无，没有"的意思。顾，指顾及），书面用语，意思就是"不顾及，没有顾及"。

【枉然】形 得不到任何收获；白费力气：计划虽好，不能执行也是~。

【惘然】形 失意的样子；心里好像失掉了什么东西的样子：神态~｜~若失。

枉·妄

枉　详见 521 页"枉·罔·惘"。

妄 wàng　会意兼形声字。金文🝢从女从亡（盲，兼表声），会没看见而无根据地胡乱猜想之意。小篆🝢。隶定后楷书写作妄。本义为荒谬不合理，无事实根据。引申指非分地、出格地、胡乱。

妄为，即胡作非为的意思。枉为，字面上似可解为徒然地行动，文字工具书未见其身影。建议"妄为"不要写作"枉为"。

妄·忘

妄　详见本页"枉·妄"。

忘 wàng　会意兼形声字。金文🝢和小篆🝢皆下从心上从亡（亡即失，兼表声）。隶定后楷书写作忘。本义为不记得，没有记住。

古时，妄与忘在胡乱义项上相通，但现在两字之间早就"忘怀"了。外加字形相近，读音一致，所以面对两字出现场所，一定不能长"忘性"。

旺·望

旺 wàng　会意兼形声字。小篆🝢从日从往（发出，兼表声）。隶定后楷书写作暀。俗简作旺。本义为日光美盛。引申指旺盛等义。

望 wàng　会意字。甲骨文🝢从臣（眼）从壬（上撇下土，挺的本字，义为人立在土堆上），会人站在土堆上举目远望之意。金文🝢另加义符月，用以表示望日（古人称阴历十五为"望日"，称阴历十六为"既望"）。小篆🝢承接金文并整齐化。隶定后楷书写作望、望。《说文》还有一个"望"字，实际是将"望"中义符"臣"换成了声符"亡"的分化字。今以"望"为正体。（注意：望字左上方是亡的变体，不是亻；下方王是壬的讹变）望的本义就是站在土堆上举目向高远处看。

望，有声望、威望的意思。望族，是指有名望、有地位的家族。

旺，是兴旺、旺盛的意思。旺族，字面可理解成兴旺的家族；但与"望族"迥然有别。汉语中没有"旺族"一词。

【旺月】wàngyuè 名 营业旺盛的月份（跟"淡月"相对）。

【望月】wàngyuè 名 望日的月亮。也叫满月。

【旺子】wàng·zi〈方〉名 用作食品的猪血、鸭血等。

【望子】wàng·zi 名 店铺标明属于某种行业的标志，多用竹竿高挂在门前，使远近都能看清：酒~。

【望子成龙】wàngzǐ-chénglóng 希望儿子能成为出人头地或有作为的人。

表示标志的"望子"与"望子成龙"中的"望子"读音稍有区别，请注意。

望子，也叫酒望子、酒帘、酒旗，旧时酒店的幌子，用布做成。幌子，现在常用于贬义了。另外，我老家也把猪血叫旺子。我问过母亲，母亲说：叫猪血不好听，血淋淋瘆人。动物的血是红色的，喜庆，叫旺子盼着兴旺。

危·卮

危 wēi 会意兼形声字。小篆 下从卩（跪坐之人）上从厃（表示高，兼表声），会人直起腰来提高上身端坐之意。隶定后楷书写作危。本义挺起腰身端坐。古人跪坐，平时臀部放在脚跟上，腰微弯，是放松方便的姿势，表敬时，腰则伸直，上体高度自然增加，故称为危坐（正襟危坐）。危坐，在古时也可写作跪坐，但现在语境下，跪坐就比较随意。危是厃的加旁分化字，是跪的本字。后引申出高，再引申出危险等义。参见245页"箕·萁"。

卮 详见141页"卮·卮"。

卮言？一说卮是酒器，"卮满则倾，卮空则仰；空满任物，倾仰随人。无心之言，即卮言也"（《庄子·寓言》成玄英疏）；一说卮为支，"支离其言，言无的当，故谓之卮言耳"（成疏），也即"支离无首尾言也"（陆德明《释文》引司马彪说）。简言之，卮言就是指自然随意之言或支离而无统绪或随人妄言，后人常用于对自己著作的谦称，如明代王世贞有《艺苑卮言》，清代孔广森有《经学卮言》。

危言，指直言等义。危言与耸听组成危言耸听，指故意说吓人的话使听的人震惊。卮言与危言，前者是自谦，后者有点自大，两者差得远也。

微·薇

微 详见 233 页"徽·微·徵"。

薇 wēi 形声字。籀文 𦼫 从艸（艹）从微省（微省去彳，表声）。小篆 𧅆 从艸（艹）从微（表声）。隶定后楷书分别写作蔽和薇。今以薇为正体。古书中指巢菜，也称野豌豆。

紫微即紫微垣，也名紫宫垣，星官名，三垣之一。中国古代为认识星辰和观测天象，把若干颗恒星多少不等地组合起来，一组称一个星官。众星官中，三垣（紫微垣、太微垣、天市垣）和二十八宿占有重要地位。紫微垣有星 15 颗，分两列，以北极为中枢，成屏藩状。古人认为"紫微垣"是天帝所居之处。古代帝王自比天子，所以"紫微"也指帝王宫殿。古代总管国家政事的中书省，是帝王管理国家的中枢机构。唐代开元元年，改中书省为紫微省，由于省中常种紫薇花，所以也称紫薇省。

翠微，见于《尔雅·释山》："山脊，冈。未及上，翠微。"指青翠掩映的山腰幽深之处。查阅辞书，翠微还泛指青山，或形容青翠的山色。翠微经常出现于诗词当中，无"翠薇"一词。

韦·苇

韦 wéi 会意字。甲骨文 � 中间从口（城）上下从两足，𢍎 也有从三足的。金文 𣍘。小篆 韋。隶定后楷书写作韋。今简化为韦。是围（圍）、卫（衛）的本字。本义为环绕。皮革柔韧可来回环绕，故后专借指去毛熟治的兽皮，引申指柔软的皮革及皮绳。

苇 wěi 形声字。小篆 𦱐 从艸（艹）从韋（表声）。隶定后楷书写作葦。今简化为苇。本义指芦苇。

《辞海》对"韦编"解释为："古代用竹简写书，用熟牛皮条把竹简编联起来叫'韦编'。"孔子晚年酷爱读《易》（周易），翻来覆去地研读，使穿连《易》竹简的皮条断了好几次（见于《史记·孔子世家》）。后来用"韦编三绝"形容读书勤奋。也称《易》为"韦编"。

"苇编"，只能是把芦苇编起来，与"三绝"搭配不上，看来是书读少了。

古文字学家商承祚《"韦编三绝"中的韦字音义必须明确》文中对此讲法提出了意见。作者认为从文献及考古资料两方面证明，古代竹简皆以丝线、丝绳和绸条编联，而无用皮绳之例。"韦编"之"韦"实为"纬"之初字。此说备存。

为·维

为 多音字。会意字。甲骨文 ▧ 是用手牵大象形，会役使大象以帮助劳动之意。金文 ▧ 、小篆 ▧ ，隶定后楷书写作爲，异体作為。今简化作"为"。本义驱象干活。由本义引申泛指做，做事，如事在人为。

读 wéi 时，本义及引申义。

读 wèi 时，义为帮助，卫护，如为虎添翼。还用作介词，如为人民服务，为了。

维 wéi 形声字。小篆 ▧ 从糸从隹（表声）。隶定后楷书写作维。今简化为维。本义为系车盖的大绳子。引申指法度、纲要等。再引申指思考，如思维。还借用为几何学及空间理论的基本概念，如直线是一维、平面是二维、普遍空间是三维。

举步即迈步。维，句中语气词。艰，即艰难、困难。举步维艰，是说迈步都异常困难，形容境况非常艰难。"举步为艰"，恐是音同而致，错大发了。

围·闱

围 wéi 会意字。甲骨文 ▧ 是两只脚或三四只脚围绕一城邑形。金文 ▧ 在外面又加一城邑，以突出包围之意。小篆 ▧ 。隶定后楷书写作圍。今简化为围。是韦的加旁分化字。本义为包围，即四周拦挡起来。

闱 wéi 形声字。小篆 ▧ 从门从韦（表声）。隶定后楷书写作闈。今简化为闱。本义为宫室的小旁门，也泛指宫门。宫闱指皇后和妃子居住的地方。庭闱指父母居住的地方。闱还指考试的地方。

【入围】动 经选拔进入某一范围：中国象棋锦标赛八强产生，广东两名选手~｜经过评选，这部长篇小说~茅盾文学奖。

【入闱】动 科举时代应考的或监考的人进入考场。

有人认为"入闱"表示"当选"（或"进入……范围"）是正确的，而"入围"则不正确。又有人认为："入闱"和"入围"是同音异义词，当然不应混用；但在表示"当选"（或"进入……范围"）之义时，应是"入围"而非"入闱"。其实"入闱"一词带有浓重的古汉语色彩，只有少数人把它作为"当选"来使用，没有进入汉语新词语词典。从语言规范化角度出发，应当制止它的误用。笔者以为当以《现汉》对"入围"与"入闱"的解释为准，不要随意扩大"入闱"的使用范围。

围·尾

围 详见本页"围·闱"。

尾 多音字。会意字。甲骨文 ▧ 从尸从倒毛，会人臀后系有毛尾饰物之意。

金文 ![字形], 小篆 ![字形]。隶定后楷书写作尾。本义为毛尾饰物, 引申泛指某些动物身体末端突出的部分, 如牛尾。

读 wěi 时, 指尾巴, 末端, 末尾, 还用于量词, 如一尾鱼。也指二十八宿之一。

读 yǐ 时, 特指马尾巴上的毛。还特指蟋蟀等尾部的针状物。口语中常说尾(yǐ)巴。

"基尾虾", 应是基围虾。基围虾学名叫刀额新对虾, 是我国对虾科 57 种对虾中的一种, 因原产于香港米埔自然保护区的基围内而得名。"基围"是香港方言词, 指的是人工建造的堤坝, "基围"内是潮间带沼泽地, 可用来种植水稻。"潮间带"是海岸带的一部分, 高潮时没在水下, 低潮时露出水面。米埔共有 24 个基围, 当年都曾是基围虾的上佳养殖场。基围虾先是在深海中产卵, 一周后随潮通过水闸进入基围。基围的入口处通常张着渔网, 虾苗可以经过, 而捕食虾苗的各种鱼类则被"婉言谢绝"。

桅·栀

桅 wéi 会意兼形声字。小篆 ![字形] 从木从危(高起, 兼表声)。隶定后楷书写作桅。本义为桅杆。

栀 zhī 形声字。小篆 ![字形] 从木从卮(表声)。隶定后楷书写作栀。俗省作栀。本义为栀子。常绿灌木。花供观赏。

桅与栀, 部首都从木, 危与卮极似(参见 523 页 "危·卮"), 所以每每牵扯到这两个字时, 要瞪大眼睛, 否则离"危险"就不远了。

唯·惟·维

唯 wéi 会意兼形声字。甲骨文 ![字形] 从口从隹(短尾鸟, 兼表声), 会口中如鸟雀啾啾一样诺诺连声。金文 ![字形]。小篆 ![字形]。隶定后楷书写作唯。本义为恭敬的应答声。

惟 wéi 形声字。小篆 ![字形] 从心从隹(表声)。隶定后楷书写作惟。本义为思考。

维 详见 525 页 "为·维"。

唯, 本义为应答。惟, 本义为思考。维, 本义为大绳。作为文言助词, 三字口语相通, 如进退惟谷现在一般写作"进退维谷", 维妙维肖现在一般写作"惟妙惟肖"; 在表示单、只的意义上, 唯与惟相通, 现在一般写作"唯"; 在表示思考的意义上, 维与惟相同, 现在一般写作"维"。如今, 唯还用于唯物、唯心等词语中; 惟则主要用于惟妙惟肖; 维则主要用以表示维系、保持、多维、思维等义。

唯、惟二字, 自古都是相通的、并存的。鲁迅、朱自清, 在书简和文章中用过"惟利是图", 茅盾文章中却常用的是"唯利是图"。

《现汉》第 4 版,只出"惟一",而将"唯一"打入冷宫,将半个多世纪来已约定俗成了的"唯一"一词,硬改成"惟一"。不过,《现汉》第 5 版既出"唯一",也出"惟一",但在"惟一"词条后释"同'唯一'"。或许有人会说:改"唯一"为"惟一"是有根据的。早在《尚书·大禹谟》中,舜曰:"惟精惟一,允执厥中。"但有专家考证,这里的"惟一"是"不杂形气之私,一以守之"之意,与所谓"独一无二"的"唯一"是风马牛不相及的。再则,《现汉》不是《古代汉语词典》,选词与释义,当从现代汉语的实际出发,不能用古汉语语词来规范和阐释现代汉语语词。

下面异形词值得关注:唯独也作惟独,唯恐也作惟恐,唯利是图也作惟利是图,唯命是从也作惟命是从,唯命是听也作惟命是听,唯其也作惟其,唯我独尊也作惟我独尊,唯一也作惟一,唯有也作惟有。

维·纬

维 详见 525 页"为·维"。

纬 wěi（旧读 wèi） 形声字。小篆 𦆶 从糸从韋（表声）。隶定后楷书写作緯。今简化为纬。本义为织物上横向的纱线,纵向的纱线为经。

纬度是个地理术语,假定的沿地球表面跟赤道平行的线称为纬线（分为北纬、南纬）。赤道是 0° 纬线,通过某地的纬线跟赤道相距若干度,就是这个地点的纬度,南北两极点为 90°。纬度,含义单纯,用法单一,几乎没有引申义。

维度是几何学及空间理论的基本概念。构成空间的每一个因素（如长、宽、高）叫做一维,如直线是一维的,平面是二维的,普通空间是三维的,加上时间是四维。四维以上空间称为高维模型,是现代数学和物理学所研究的内容,比较抽象、复杂。还有一种八维空间说（含四维时空）,五维为速度,六维为重力,七维为电磁力,八维为万有引力（或斥力）。维度被广泛应用到其他领域,用来表示多方位、多角度、多层次判断、说明或评价某事物的角度。一篇文章,看是平面实则多维,字词、数字、标点、结构、修辞、感情、逻辑等每个方面均可看成一个维度。

位·味

位 wèi 指事字。在甲骨文 𠆢 和金文 𠆢 中同立,是一人站在地上形,既表示站立,也表示站立的处所。小篆 𠊱 另加义符人,专用以表示人站立的位置。隶定后楷书写作位。是立的加旁分化字。本义为朝廷中群臣排班所处的序列,地方。

味 wèi 会意兼形声字。小篆 𠾴 从口从未（滋味,兼表声）。隶定后楷书写作味。

本义为用舌头尝东西所得到的感觉。

位与味，前者指脚站立地方，后者指口中品尝，音虽同而义相远，但加上"品"后，生成的"品位"与"品味"却发生纠缠。

【品位】名❶〈书〉指官吏的品级；官阶。❷矿石中有用元素或有用矿物含量的百分率，百分率越大，品位越高。❸泛指人或事物的品质、水平：高~的蚕丝｜节目的艺术~较高｜他的谈吐很有~。

【品味】❶动尝试滋味；品尝：经专家~，认为酒质优良。❷动仔细体会；玩味：他经过细细~，才明白了那句话的含义。❸名（物品的）品质和风味：由于吸收了异味，茶叶~大受影响。❹名格调和趣味：~高雅。

《现汉》第4版"品味"只有现在❶❷❸注释，从第5~7版增加了❹。

笔者曾就"倡导全民阅读，提高生活品味"提出异议：应该将"品味"改为"品位"。但有人提出"品味"第4条注释"格调和趣味"也能讲得通。笔者建议《现汉》对"品味"注释恢复到第4版，这样就免了不少麻烦。

品位，只作名词，"品位经典的力量"说不通。其实，"经典的力量"需要的是"品味"。品味，作动词时，原义是品尝，对象是食品。后来"品味"词义扩大，可作名词，从具体的品尝物质性的食品引申为抽象的体味、玩味精神性的事物。

味，用作量词时指的是药物的品种。位，作量词时则一般多用于人，且含有尊敬义（对犯罪分子则不能称"位"，可以用"个"）。中医药方多由数种药物调配而成，每一种便是一"味"，若用"位"那就肯定不是"味儿"了。

温·瘟·愠

温 wēn　会意兼形声字。小篆 从水从囚从皿。隶定后楷书写作溫。今简化为温。本义为供囚犯食饮。引申出饮食，再引申出温暖等义。中医又指对急性热病的统称，如"冬伤于寒，春必病温"。此义现在作"瘟"。

瘟 wēn　形声字。《说文》无。楷书瘟从疒从昷（表声）。本义为瘟疫。

愠 yùn　形声字。小篆 从心从昷（表声）。隶定后楷书写作愠。本义为恼怒，生气。

不瘟不火是"源"，不温不火和不愠不火是"流"。"源"本无错，"流"则系误用。然而，现在人为避"瘟"不及，后来者居上。

《现汉》仅列出"不温不火""不瘟不火"。"不愠不火"找不到其位置。

【不温不火】不冷淡也不火爆，形容平淡适中：俩人的关系一直都~的｜二手房市场依然~。

【不瘟不火】指表演不沉闷也不过火：他的表演~，分寸拿捏得很好。

笔者以为"不瘟不火"只用于戏曲表演方面，其他都用"不温不火"，就让"不愠不火"在沉默中等待爆发的机会吧。

文·纹

文 wén　象形字。甲骨文 象人胸前有刺画的花纹形，是古代文身的写照。金文 。小篆 。隶定后楷书写作文。本义当为文身。引申指花纹。汉字最初是照事物的形象画下来，也是一种"花纹"，故又引申指象形字。象形字常表现为一个整体，所以"文"代表是独体字。"字"是合体字（由"宀"与"子"组合而成）。独体字由象形字而来，拆不开，只能阐说；合体字是可以先分开来解答再综合阐释，这就是东汉许慎所著《说文解字》书名由来。秦以后才将"文""字"合称为文字，汉以后称之为汉字（原因在于《说文》在汉字中的历史地位）。文字组织在一起，如同纺织后花纹一片，并且有层次、章节、节奏，这就是文章。

纹　多音字。会意兼形声字。《说文》无。楷书紋从糸从文（文采，兼表声），是文的加旁分化字。原本作"文"，由于"文"为引申义所专用，花纹、有文采之义便另加义符糸或彡写作纹与彣来表示。

读 wén 时，指花纹、纹路。

读 wèn 时，同"璺"（陶瓷、玻璃等器具上的裂痕）。打破砂锅璺（谐"问"）到底，也可以写作"打破砂锅问到底""打破砂锅纹到底"。

文身，也作纹身。文身为推荐词。

闻·吻

闻 wén　会意兼形声字。甲骨文 右边是只耳朵，左边是一个举手附耳谛听的人，会人听到声音之意。金文 将耳朵下移，并在人头上加点表示声音。小篆 改为从耳从門（表声）。隶定后楷书写作聞。今简化为闻。本义为听见。又引申指用鼻子嗅，如"你闻到花的香味了吗？"

吻 wěn　形声字。小篆 从口从勿（表声）。异体从肉（月）从昏（表声）。隶定后楷书分别写作吻与脗。今以吻为正体。本义为嘴唇。引申指用嘴唇接触人或物，表示喜爱，如亲吻。也指动物的嘴，还指低等动物的口器或头部前端突出的部分。

闻主要用耳朵和鼻子，吻主要用于嘴唇。亲吻不要写作"亲闻"。"亲闻"，若用于"三亲（亲历、亲见、亲闻）文章"时，则是正确的。所以凡是都要讲求实事求是、精益求精。

涡·蜗

涡　多音字。形声字。《说文》无。楷书渦从水从咼(表声)。今简化为涡。本义为回旋的水流。

读 wō 时，指漩涡。

读 guō 时，涡河，发源于河南，流至安徽入淮河。

蜗 wō　会意兼形声字。小篆 蝸 从虫从咼(螺旋状，兼表声)。隶定后楷书写作蝸。今简化为蜗。本义为蜗牛。

【涡旋】❶ 动 水流回环旋转：溪水～而下。❷ 名 漩涡。

【蜗旋】动 回环旋转：塔内有石阶，～而上。

与水(液体)有关的用涡旋，其他尽量用蜗旋。

窝·蜗

窝 wō　后起形声字。楷书窩从穴从咼(表声)。今简化为窝。本义为鸟兽鱼虫的巢穴。

蜗　详见本页"涡·蜗"。

窝，由鸟兽鱼虫的巢穴引申出狭小的地方，如眼窝、酒窝儿。

蜗由蜗牛的壳引申出狭小逼仄的地方，如蜗居，比喻窄小的住所，常谦称自己的居所。还指居住在窄小的住所，如蜗居斗室。

这里提请注意蜗居不能写作窝居，哪怕您搭了窝棚住下，也得写作蜗居。

🖊 卧个鸡蛋，即荷包蛋。不要写作"窝个鸡蛋"，否则您会难以下咽。😊

兀·乌

兀　多音字。指事字。甲骨文 𠂉 在人头顶上加一短横，指削去头发，表示上边光秃之意。金文 𠂉。小篆 兀。隶定后楷书写作兀。本义当为髡刑。

读 wū 时，兀秃同"乌涂"。

读 wù 时，义为高高地突出，如突兀。形容山秃，泛指秃，如兀鹫。

乌　多音字。象形字。金文 𠂉 象乌鸦张口、伸颈、扇翅、鸣叫形，这是乌鸦与其他鸟类不同的特点。小篆 𠂉 变为一般鸟形，只是没有画出眼睛，因为乌鸦全黑，眼睛与毛色一样，以此来表示是乌鸦。隶定后楷书写作烏。今简化为乌。本义为乌鸦。

读 wū 时，指乌鸦。还指疑问代词，指何，哪里(多用于反问句)。

读 wù 时，乌拉，东北地区冬天穿的一种鞋，用皮革制成，里面垫乌拉草。

也作靰鞡。

【乌拉】wūlā 名 ❶ 西藏民主改革前，农奴为官府或农奴主所服的劳役，主要是耕种和运输，还有种种杂役、杂差。❷ 服这些劳役的人。‖也作乌喇。

【乌七八糟】（污七八糟）wūqībāzāo 十分杂乱；乱七八糟。

【乌涂】wū·tu 形 ❶ 水不凉也不热（多表示不满意）：～水不好喝。❷ 不爽利；不干脆。‖也作兀秃。

另外，乌贼，也作乌鲗。俗称墨鱼或墨斗鱼。

请对照一下乌与鸟的字形演变：鸟，象形字。甲骨文 䧹，金文 䧹，小篆 䧹。

乌氏（wūzhī），古县名，一作乌枝。乌氏本戎地，战国时被秦攻灭，秦惠文王在位时设置乌氏县，治今甘肃平凉市东。乌氏，不能错成"乌氏"。

污·诬·侮

污 wū 形声字。小篆 䧹 从水从于（表声）。隶定后楷书写作汙。异体作污。今规范用污。本义为不洁净的水停积不流动。

诬 wū 详见本页"巫·诬"。

侮 wǔ 会意兼形声字。甲骨文 䧹 从人从母，会轻慢之意。小篆 䧹 改为从人从每（同母，兼表声）。隶定后楷书写作侮。本义为伤害，轻慢。侮与辱，都有侮辱的意思，但轻重不同。侮通常指轻视，程度较轻；辱指羞辱，程度较重。

【污蔑】动 ❶ 诬蔑。❷ 玷污。

【诬蔑】动 捏造事实败坏别人的名誉：造谣～。

【侮蔑】动 轻视；轻蔑。

污蔑侧重于玷污别人，诬蔑侧重指捏造不实之词诋毁他人，侮蔑侧重指轻视（瞧不起）。从《现汉》不难看出，污蔑与诬蔑相通。

巫·诬

巫 wū 象形字。甲骨文 䧹 二玉交错形，指以玉事神。金文 䧹。小篆 䧹。隶定后楷书写作巫。本义为巫祝。上古先民笃信鬼神，认为有大智大德的"超人"能够借助某种仪式（通常是舞蹈）沟通人与神，这种超人就是巫。

诬 wū 会意兼形声字。小篆 䧹 从言从巫（蒙骗，兼表声）。隶定后楷书写作誣。今简化为诬。是巫的加旁分化字。本义即指用虚假的语言进行欺骗。

在上古时期，巫有着很高的声望和地位。

殷商、西周时期的宫廷巫，对军政大事有预卜成败的权力；下层的巫多有一定的医术。先民称巫所行法术为"巫术"、巫术程式为"降巫"、行巫术时所奏音乐为"巫音"、驱鬼消灾时所念咒语为"巫咒"、巫所独具的走路姿势为"巫步"、巫歌舞事神的习俗称作"巫风"。

巫起先是女性,源于母系氏族社会里女性的地位。后又有男巫的出现,男巫称为觋(xí)。统言之则男女皆可称巫。在巫风盛行的楚国,巫又称为靈(灵)。古人遇事欲测吉凶等,卜筮之筮从"巫"(卜用龟甲,筮用蓍草)。占卜可收取费用,称为貹(xǔ)。巫亦能为人疗疾,因此医字或作"毉",古又有"巫医"之称。

据史料记载,自春秋战国起,随着人们认知的提高,医术地位提升,加之巫之所言常难以实现,巫的地位开始下降。在此背景之下,"诬(诬)"字出现。小篆出现"诬"字正与古人对巫的认识过程一致。随着社会的进步,古人对巫的蔑视可从以下词语中了解:诬罔,谓以不实之词欺骗。诬服,谓无辜服罪。诬陷,谓诬告陷害。诬禄,谓冒充有功而受禄。诬蔑,谓捏造事实毁人名誉等。先有巫,后有诬,目前两者区分开来,不要混淆。

无·毋·勿

无 多音字。象形字。甲骨文𢆉,无、無、舞是同一个字,象人手持舞具举手投足舞蹈形。金文𣎴。小篆分为三形:一形加义符亡𣟓,用以表示没有;二形加义符舛𣚜,表舞蹈;三形简化只留一人舞蹈简形𠂆。隶定后楷书分别写作無、舞、无。今没有之义用无,舞蹈之义用舞,無作为无的繁体字存在。无本义为舞蹈。

读 wú 时,常用义为没有(跟"有"相对)。

读 mó 时,南(nā)无,佛教用语,表示对佛尊敬或皈依。

毋 wú 象形兼会意字。甲骨文𠂉,金文𠂉,毋与母同形,皆为女胸前加两点,用产子有乳表示已做母亲。因借为禁止之词,小篆𠂉遂将两点改为一横,表示禁止,成了会意字。隶定后楷书写作毋。本义禁止。

勿 wù 象形字。甲骨文𠃍象云层间射出阳光形,用以表示云的形色。金文𠃎。小篆𠃍。隶定后楷书写作勿。本义当为云的形色。云是飘忽不变的,故用作"勿勿",此义后用"匆匆"。后借用作副词,同"毋",表示劝阻或禁止,相当于不要。由于勿为借义所专用,形色之义便由"物"来表示,急速之义则借用"匆""忽"来表示。

勿与毋都是副词,表示禁止与劝阻,相当于"不要"。区别在于:勿既用于书面语,也用于口语,如切勿冒险、请勿吸烟。毋多用于书面语,如宁缺毋滥、毋庸置疑。毋庸置疑,可以写作无庸置疑,但不得写作"勿用置疑"。

毋与无有两组异形词值得关注:

【毋宁】(无宁)副 常跟上文的"与其"搭配使用，表示两相比较后，选择后者；如：与其把钱留给子孙，~捐作慈善基金。

【毋庸】(无庸)副 无须：~讳言｜~置疑。

芜·荛

芜 wú 会意兼形声字。小篆 𦺗 从艸（艹）从無（没有，兼表声）。隶定后楷书写作蕪。今简化借芜来表示。本义指草长得多而乱，如荒芜、芜杂。

荛 多音字。形声字。小篆 𦯖 从艸（艹）从元（表声）。异体作薍。今规范用荛。本义为草名，即荛花。用作薍时，指荛荽。

读 yán 时，指荛荽（yán·suī）。

读 yuǎn 时，荛花（落叶灌木，叶子长圆形，花淡紫色，结核果。供观赏，花蕾可入药）。

荛荽（yán·suī），又称胡荽，伞形科，一二年生草本，叶互生，羽状复叶。因为其茎和叶有特殊香气，可以调味，所以俗称香菜。荛荽的果实可提取荛荽油，可制成香料，还可入药。原产地中海沿岸，现中国各地都有栽培。

芜与荛，五笔字型输入时前三个字母和四个字母一致，外加字形高度相似，稍加分神，荛荽写作芜荽，那就"无"味了。另外，全国县以上带"芜"字的地名有两个：山东省济南市莱芜区、安徽省芜湖市。

唔·晤

唔 多音字。形声字。古文 𠮟 从口从吾（表声）。象声词。隶定后楷书写作唔。本义为言语声。

读 wú 时，如咿（yī）唔（形容读书的声音）。

读 ń 时，同"嗯"（ń），即"嗯"ńg 的又音。

读 ńg 时，同"嗯"（ńg），表示疑问。

晤 wù 形声字。小篆 晤 从日从吾（表声）。隶定后楷书写作晤。本义指受启发而明悟。受启发，必是面对面交流（人与人，人与某人作品等），所以也可作动词表示相遇、见面。如晤，便是如同相见的意思，是个书信用语。

唔与晤，字形相似度高，应格外小心为好。会晤，不可理解成见面要用口寒暄，写成"会唔"那就大错特错了。

捂·牾

捂 多音字。形声字。《说文》无。楷书捂从手从吾（表声）。本义为斜相抵拄，撑持。此义今作牾。捂引申出遮盖、封住等义。

读 wú 时，枝捂（同"枝梧""支吾"，义为说话含混躲闪，也指用含混的话搪塞）。

读 wǔ 时，义为遮盖住或封闭起来。如"捂盖子"就比喻掩盖矛盾。

焐 wù 后起形声字。楷书 焐 从火从吾（表声）。本义是用热的东西去接触凉的东西，使之变暖。如焐酒、"用热水袋焐焐手"。

用手捂，就是用手盖住。

用手焐，就是利用手的温度使凉的东西升温。

春捂，就是说，春寒料峭，不要急着减衣服，以防受寒。春捂，不可写作"春焐"。

汤婆子又叫汤婆、汤壶，是盛热水放在被窝中取暖用的扁圆壶，用铜锡等制成。汤婆子让冬季保暖市场变热，用"焐热"是比喻的说法，用"捂热"则于理不合。

五·伍

五 wǔ 象形字。甲骨文 象两个筹码交叉形。 上下各加一横，以突出纵横交错之意。金文 。小篆 。隶定后楷书写作 五。本义为纵横交错。后借用表示四加一的和。大写为"伍"。由于"五"被借用义所用，本义纵横交错只好另借"午"来表示。

伍 wǔ 会意兼形声字。小篆 从人从五（五人，兼表声），会五人组成的军队最小单位之意。古时，五人为伍，五伍为两，四两为卒，五卒为旅，五旅为师，五师为军。

五与伍，彼此纠缠，有时相通，但如今分得很清楚。队伍不能写作"队五"。

伍·武

伍 详见本页"五·伍"。

武 wǔ 会意字。甲骨文 从戈从止（脚），会持戈行进之意。金文 、 。小篆 。隶定后楷书写作 武。弋为戈的变形，不能再加撇。

伍指我国古代兵制，五人为伍，又五伍为行（háng），因此行伍即指军队。所以有行伍出身（指军人出身）、行伍习气等说法。再引申指同列、同伴、同伙，如想与为伍、羞与为伍。伍也作古代民户编制单位，五家编为一伍，如伍籍，即平民的户籍。另用作"五"的大写。

错将行伍写作"行武"，除伍、武音同以外，恐也因"武"在军事用词中出现颇多，而想当然地以"武"代"伍"，结果站错队伍了。

婺·骛·鹜

婺 wù　形声字。小篆 从女从敄(表声)。隶定后楷书写作婺。本义为不顺从。又用作星名，须女四星之一，叫婺女。古人认为地上山川与天上星宿分野相应，隋唐时在原秦会稽郡、三国吴东阳郡地域设置婺州，明朝改为金华府，府治即金华(今属浙江)。今天金华一带别称"婺"。金华市有婺城区。婺剧，俗称金华戏。又江西有婺河，或称婺水，为乐安江的上流，在婺源县西南。类似情况：天上有河汉(银河)地上有汉江，湖南省娄底市得名于娄、氐两大星宿交汇于此地上空。

骛 wù　形声字。小篆 从馬从敄(表声)。隶定后楷书写作騖。今简化为骛。本义乱跑，泛指驰骋。后引申指不受时空限制而驰骋得无边无际。再引申不切实际的追求。好(hào)高骛远，即不切实际地追求过高的目标。骛，也可写作"务"。

鹜 wù　形声字。小篆 从鳥从敄(表声)。隶定后楷书写作鶩。今简化为鹜。是鸭的古字。本义是家鸭。野鸭叫凫。晋以后鹜亦指野鸭。唐王勃《滕王阁序》：落霞与孤鹜齐飞，秋水共长天一色。其中鹜就是指野鸭。"鹜"的特点是喜欢成群结队，于是就有了成语"趋之若鹜"。《现汉》解释中，并没有明确鹜是野鸭还是家鸭。

【趋之若鹜】像鸭子一样，成群地跑过去，形容许多人争着去追逐某种事物(含贬义)：不要对名利~。

造成鹜与骛混用，除了两字字形相似度较高外，还有就是，古时候这两个字相通，不过如今断了往来。因此，我们一定要把马、鸟分开。作为婺，与骛、鹜一打眼就能分得清楚，毕竟一从人(女)，另从禽兽。

鹜·鸷

鹜　详见本页"婺·骛·鹜"。

鸷 zhì　会意兼形声字。小篆 从鳥从執(捉拿，兼表声)。隶定后楷书写作鷙。今简化为鸷。本义是凶猛的鸟。引申为凶猛、凶狠之义。

阴鸷是个书面语，义为阴险凶狠。"阴鹜"难以索解，汉语中没有这个词。

X

矽·硒

矽 xī 近代新造形声字。楷书**矽**从石从夕（表声）。硅的旧称。因矽与另一种非金属元素"硒"同音，为避免产生混淆在，故后将矽改称"硅"。

硒 xī 后起形声字。楷书**硒**从石从西（表声）。本义是一种非金属元素。结晶硒呈黑色，非结晶硒呈暗红色，用来制造光电池、半导体晶体管。

矽肺是硅肺的旧称，属"尘肺"的一种。硅肺，职业病，由长期吸入含二氧化硅的灰尘引起。

矽钢是硅钢的旧称。硅钢指含硅量高于 0.4% 的合金钢。

因为是旧称，所以现在"矽肺""矽钢"应该从我们视听中淘汰出局。

另外，拼音输入"硒"时不要误为"矽"。

奚·豯·徯

奚 xī 会意字。甲骨文 从爪（手）从幺（绳）从大（人），会手持绳索拘系罪人之意。金文 。小篆 。隶定后楷书写作**奚**。本义为用绳索拘捕罪人。因古代罪人一般都被罚为奴仆，所以奚引申表示奴仆。奚除作姓氏外，主要是书面语，作疑问词，是"什么，哪里"的意思。现在常用到的词语"奚落"，即用尖刻的话数说别人的短处，讥讽嘲笑或者使人难堪。傒倖，形容烦恼（多见于早期白话），也作奚幸。

豯 xī 形声字。豯从奚（表声）从谷（山谷，沟壑，引申出矛盾）。《第一批异体字整理表》将豯视为"溪"的异体字。《通用规范汉字表》确认"豯"为规范字，可用于姓氏人名。其实早在《通用规范汉字表》发布前，《现汉》等工具书都保留了"豯"。常见词勃豯，书面用语，指家庭中争吵。也作勃徯。"妇姑勃豯"是说婆婆与儿媳争吵，比喻为无关紧要的细小事情而争吵。

徯 是豯的异写字。豯可用作姓，但徯只用作"勃徯"。

勃豯，可以写作勃徯，但不得写作"勃奚"。否则您就会受到明白人的奚落了。

✏️ 古时候，汉字上下左右经常被任意调换，但读音字义保持不变。如峰与峯、略与畧。新中国成立后，一般情况下保留一个正体，其他作为异体字处理。但豯与徯都作为正体字保留，这种情况比较少见。

晰·晳·皙

晰 xī　形声字。《说文》无。楷书晰从日从析（表声）。异体作晳。是皙的分化字，改"白"为"日"。本义为清楚，明白。

晳 xī　晰的异体字。

皙 xī　形声字。楷书皙从白从析（表声）。

如今晳仍作晰的异体字。皙，《第一批异体字整理表》视为"晰"的异体字，《通用规范汉字表》确认"皙"为规范字，义为人的皮肤白。

晳（下为日）与皙（下为白）的一点之别。

嘻·嬉·喜

嘻 xī　会意兼形声字。小篆譆从言从喜（欢乐，兼表声）。隶定后楷书写作譆。俗作嘻。今以嘻为正体。本义为痛惜，感叹。嘻嘻，本义为欢笑的样子或声音。

嬉 xī　会意兼形声字。甲骨文从女从喜（欢乐，兼表声）。小篆𡛖。异体作僖，又作娭。隶定后楷书分别写作嬉、僖、娭。今以嬉为正体，僖则多用作人名。本义为游戏，玩耍，如嬉闹、嬉戏。

喜 xǐ　会意字。甲骨文上从壴（鼓）下从口，表示击鼓欢笑之意。金文，小篆喜，或另加义符心，以强调心喜。隶定后楷书分别写作喜与憙。今以喜为正体。本义为欢乐。古时，喜通嬉。

喜、嘻、嬉，都能与"笑"组词，但意义略微不同。

喜笑，侧重在内心感情的流露；嘻笑，侧重在面部表情的显现；嬉笑，侧重在笑闹戏耍中的嘲弄。喜笑一般不单用，常见于喜笑颜开。

由于喜笑、嘻笑、嬉笑三词形似义近，受它们影响，"xī笑怒骂"便有了三种写法。喜笑怒骂中的喜是错字。嘻笑怒骂，由来已久。从词义上看，嬉笑怒骂是嬉戏、欢笑、愤怒、詈骂不同情绪的表现，应该以"嬉"为是。

【嬉皮笑脸】形容嬉笑而不严肃的样子。也作嘻皮笑脸。

樨·须

樨 xī　会意兼形声字。《说文》无。楷书樨从木从犀（纹理如犀，兼表声）。用作木樨，原本作木犀，后另加义符木。笔者以为加"木"更让人一目了然。

须 xū　象形字。甲骨文、金文象人脸上长胡子形。小篆須。隶定后楷书写作須（从彡表胡子飘逸形）从頁（头）。今简化为须。本义指胡子，引申指像胡子一样东西。由于胡子需要等到一定年龄才能长出来，因而引申指等待。由于须为引申义所专用,胡须之义后另加义符彡写作鬚,今又简化仍作须。

木樨,也写作木犀,其实就是桂花(北京木樨地,因此地桂花树成片得名),桂花花小而成簇,香气浓郁,颜色或白或黄,正与打碎后烹制过的鸡蛋相近,因此炒蛋、蛋汤、蛋炒饭又称炒木樨、木樨汤、木樨饭。

这种比喻用法在北方地区极普遍,因为炒蛋谐音操蛋,让人听了像是在爆粗口,不礼貌,所以为了避讳,北方饭店中没有炒蛋一菜,而代之以炒木樨。但在南方,蛋字没有骂人的意思(南方人常用的是卵字),因此这种忌讳在南方饭店中并不存在,而番茄炒蛋、蛋炒饭之类的菜名则比比皆是。

若将木樨肉错写成"木须肉",那您离食客投诉就不远了。

潟·泻

潟 xì 形声字。《说文》无。楷书潟从水从舄(表声)。本义为咸水浸渍的土地。

泻 xiè 会意兼形声字。《说文》无。楷书瀉从水从寫(流,兼表声)。是写(寫)的加旁分化字。今简化为泻。本义为水急速地流。

潟湖是浅水海湾因湾口被淤积的泥沙封堵阻泻而形成的湖,也指珊瑚礁围成的水域。有的潟湖高潮时与海相连。完全与海洋隔离的,亦称"残迹湖"。残迹湖经陆上水流不断注入可变为淡水湖,如杭州西湖。潟与泻的繁体字"瀉"形近,在中文里瀉已简化为泻。日文汉译,时不时有人将新潟错写成"新泻",把新潟读成"新泻",把潟湖写成"泻湖"。如果泻水顺畅,也就形不成潟湖了。

匣·柙

匣 xiá 会意兼形声字。小篆匣从匚(筐)从甲(铠甲,兼表声),会能收藏东西的箱柜之意。隶定后楷书写作匣。本义指能收藏物品的箱柜。一般指方形,有盖,大的叫箱,小的叫匣。

柙 xiá 会意兼形声字。古文是牢中关有一头牛形。小篆柙改为从木从甲(甲壳,兼表声)。是匣的分化字。隶定后楷书写作柙。本义是关猛兽或其他畜兽的木笼。旧时也用来押解、拘禁罪重的犯人。

虽然古时,匣与柙相通,如今分工明确。匣小柙大,匣放物品,柙则是关押动物或犯人等。

遐·瑕·暇

遐 xiá 形声字。小篆遐从辵(辶)从叚(表声)。隶定后楷书写作遐。本义为遥远。如遐迩闻名,即远近闻名;遐方绝域,即边远偏僻的地方。

瑕 xiá　形声字。小篆𤥈从玉从叚（表声）。隶定后楷书写作瑕。本义为带赤色的玉石。后引申指玉上的斑点，由玉上的斑点又比喻人或物的缺陷，如白璧微瑕、瑕不掩瑜。

暇 xiá　形声字。小篆暇从日从叚（表声）。隶定后楷书写作暇。本义为空闲。

无瑕，是没有瑕疵；无暇，指没有时间。洁白无瑕，说的是玉石上没有任何斑点，形容人的纯洁或物的纯净。洁白无瑕如果写成"洁白无暇"，说明您在文字规范方面确实存在"瑕疵"。

遐迩、遐思、遐想是常用词，不能将遐写作"瑕""暇"。

🖉 瘕，读 jiǎ，指肚子里结块的病。也可特指由寄生虫引起的腹中结块的病。最终可引申出比喻过失、罪过等义。腹瘕，不能错成"腹瑕"。

仙・先

仙 xiān　会意兼形声字。小篆僊从人从䙴（升高，兼表声），会人升天成仙而去之意。隶定后楷书写作僊。后俗写作仙，会人入山修行成仙之意。今以仙为正体。本义为仙人，神仙等。

先 xiān　会意字。甲骨文𠑺上从之（脚前行）下从儿（人），会在前引导之意。金文𠑺。小篆𠑺。隶定后楷书写作先。本义为前进，前导。

仙人，指中国古代神话传说和宗教中长生不老并有超凡能力的人。

先人，一指祖先（既可泛指，也可专指自己的祖宗），二指已死的父亲。

另外，仙逝（婉辞，称人死）与先世（祖先）读音一致，拼音输入时，要留意。

弦・旋・漩

弦 xián　会意兼形声字。小篆弦从弓从玄（丝，兼表声），会弓上有丝弦之意。隶定后楷书写作弦。本义为弓弦，引申指乐器上用以发音的丝线、铜丝或者钢丝。

旋　多音字。会意字。甲骨文𣃘上从㫃（旗）下从疋（足），会人随军旅的指挥而周转之意。金文𣃘。小篆𣃘。隶定后楷书写作旋。本义为人足随旗帜挥动而周转。如今又用以表示"镟"的部分含义。

读 xuán 时，指本义，如旋转、凯旋。

读 xuàn 时，常用义镟（用车床切削或用刀子转着圈地削）。还有就是口语，义为临时做，如旋用旋买、"客人到了旋做，就来不及了"。"现"也有"临时，当时"的义项，如现编现唱、现做现卖。旋与现相当，看口语中读音是什么，读 xuàn 用旋，读 xiàn 用现。

漩 xuán　会意兼形声字。小篆漩从水从旋省（旋省去方，兼表声）。也有小篆㳽从水从旋（旋转，兼表声）。隶定后楷书写作淀、漩。今以漩为正体。本义为回旋的水流。

旋律，其实就是通常说的曲调。它是若干乐音在某一特定的音乐布局中，通过时值长短和音符高低而有组织地表现出来的。这种乐音的搭配，具有回旋反复的特点，故名旋律。主旋律，既指一部音乐作品或乐章的旋律主题，又比喻主要精神或基本观点；既指多声部音乐中的主要曲调，又指比喻事物的主体或主要精神，如"唱响新时代的主旋律"。

弦只与弦乐器有关，古代音乐术语中有弦律，指按弦发音原理的定律法。《辞海》《现汉》均无"弦律"一词。

旋律、主旋律，不能写作"弦律""主弦律"。另外，旋涡也作漩涡。

弦·舷

弦 详见 539 页"弦·旋·漩"。

舷 xián 形声字。《说文》无。楷书舷从舟从玄（表声）。本义指船体两侧的边沿。引申指船的两侧。从船尾向船首看，左侧称"左舷"，右侧称"右舷"。后来也指飞机两侧的边沿。舷窗，指的是飞机或某些船体两侧密封的窗子。

把"舷窗"写成"弦窗"，恐是音同形似致误。

舷·旋·悬

舷 详见本页"弦·舷"。

旋 详见 539 页"弦·旋·漩"。

悬 xuán 会意兼形声字。金文𥎝从木从糸从倒首形，会悬首木杆示众之意。小篆縣省去木杆。隶定后楷书写作縣（今简化为县）。縣被引申指行政区，悬首之意便另加义符心写作懸，以突出心里挂念。今懸简化为悬。本义为悬首示众。

舷梯是专门供人上下飞机、轮船等用的梯子。

悬梯，一般指悬挂在高处的绳梯。直升机经常会用到悬梯，但由于其使用难度和不稳定性，客机一般是不会使用的。

旋梯是一种螺旋式供人们步行上下的楼梯。还有一种体育运动器材也叫旋梯，形状像梯子，中间有一根轴固定在铁架上，能够来回旋转，用于体育锻炼。

三种梯子，可得扶准了，要不然玄玄乎乎不说，摔个屁股蹲儿找谁说理去。

🖊 县，本读悬，后作为行政区划后改读 xiàn。

县，始于春秋时期。最初设置在诸侯国边地，秦、晋、楚等大国经常把新兼并的土地置县。春秋后期,各国才把县制逐渐推行到内地,而在新得到的边远之地置郡。郡的面积一般较县大,但因地广人稀,其地位要比县低。战国时期,边地逐渐繁华,才在郡下设县,产生了郡、县两级制。

秦统一中国后,乃确立郡县制,县隶属于郡。甘肃省甘谷县古属雍州,为冀戎繁衍活动之地,周庄王九年(前688),秦武公伐冀戎,置冀县,为中国县制之肇始,称"华夏第一县"。

几经演变,如今的县由省、自治区、直辖市或自治州、省辖市领导。

古时,县特指王畿,天子所辖的京都周围的千里之地。又引申指一种居民组织:五家为邻,五邻为里,四里为酂,五酂为鄙,五鄙为县,五县为遂。

再引申指周代一种划分田地的单位:乃经土地而井牧其田野,九夫为井,四井为邑,四邑为丘,四丘为甸,四甸为县,四县为都,以任地事而令贡赋。

县,还可用于姓。

为何选用县这个字作为行政区划,说法有:①公元前738年,楚武王南伐。此时楚有申、邓、卢、随等国相随,唯南方权国孤悬无援。灭掉权国后,在权地创新了一个行政区划,曰县。原因在于楚与权地之间尚有罗国,权地悬系本土之外(现在说就是飞地),故新地称"县"。此华夏县制之滥觞。②朝廷下设郡、县两级制,犹如一根绳索上悬挂着。故用"悬"称之。

显·现

显 xiǎn 会意字。甲骨文 right边是在架子上晾的两把丝,左边是滴下的水。金文 另加日,表示在日下晒丝;又另加頁(突出眼的人头),表示人在日下清楚地视丝。小篆分为繁简四体,顯、溼、濕、㬎,第二字体右下加土,以突出水滴落地面表潮湿。隶定后楷书写作顯、溼、濕、㬎。今规范化,顯简化为显,㬎用作人名(如南宋恭帝赵㬎)或作偏旁。溼、濕表示潮湿,皆简化为湿。显本义为光明,即在日光下清晰露出来的容易看见。

现 xiàn 形声字。《说文》无。楷书现从玉从见(表声)。今简化为现。本义为玉光。引申指显露,如现形、呈现。

现眼,即出丑、丢脸,如"他不怕丢人现眼,我还嫌丢人呢"。

显眼,即明显而容易被人看到、引人注目,如"把布告贴在显眼的地方"。

显眼是中性词,现眼含贬义,二者的感情色彩迥异,容不得换位,真那样就有点丢人了。

【显形】动 显露原形;露出真相(用于人时多含贬义)。

【现形】动 显露原形:《官场~记》(清末小说名)。

显形与现形，二者高度一致，但微有区别：前者多用于人，后者多用于整体描述（如官场）等。显与现组成显现，指呈现、呈露。显现不能写作"现显"。

现·献

现 详见541页"显·现"。

献 xiàn 会意字。甲[图]右从犬左从鬲（烹煮鼎器），会以犬牲献祭之意。金文[图]另加虍表声。小篆[图]。隶定后楷书写作獻。俗简作献，更近古意。今规范用献。本义为奉祭神祖的犬牲。引申出贡献等义。

呈献，即恭敬地送上之义。如"谨以此书呈献给读者"。

呈现，义为显露、出现。如"呈现出勃勃生机"。

呈献与呈现，前者表敬意，后者倾向自然表露。

【现身】动 人或事物出现在公众场合：众明星～电影节｜新款春装已～各大商场。

【献身】动 把自己的全部精力或生命献给祖国、人民或事业：～于教育事业几十年｜为革命而光荣～。

现身与献身都是动词。现身，实指，可指人以及事物；献身通常用于赞扬，虚指，且专指人。献身还指为了个人利益，将身体"献给"对方，此种行为被人唾弃。

燹·燮

燹 xiǎn 会意兼形声字。金文[图]是以手持棍于火上烤野兽形。小篆[图]，成为从火从豩（野猪，兼表声）会意。隶定后楷书写作燹。本义为野火，引申为兵火。如烽燹，指烽火，我国古代边疆在高台上烧柴等用以报警的火。

燮 xiè 会意字。甲骨文[图]象手持木柴拨火使其旺形，会调理之意。金文[图]。小篆[图]，中间木柴讹变为言。隶定后楷书写作燮。本义为拨火使其更旺。引申出和、调和。如燮理，指协调治理。还用作姓。

兵燹，意思是因战争造成的焚烧破坏等灾害。汉语中只有兵燹，没有"兵燮"，也没有"兵险"这个词。

限·线

限 xiàn 会意兼形声字。金文[图]从艮（人扭头看，兼表声）从阜（阝左，表示山），会视线被山挡住之意。小篆[图]。隶定后楷书写作限。本义为阻隔。

线 xiàn 形声字。小篆[图]从糸从戋（表声）。隶定后楷书写作綫。异体作線从泉表声（今線用作姓时，为规范字，类推简化为线；除此之外，仍作为线的异体字）。今简化为线。本义为线缕等制成的细长的东西。引申义较多。

【界限】名❶不同事物的分界：划清~｜~分明。❷尽头处；限度：殖民主义者的野心是没有~的。

【界线】名❶两个地区分界的线：跨越~。❷不同事物的分界。❸某些事物的边缘：标出房基地~。

从以上不难看出，界限、界线是一对义相近的词，其读音、词性完全相同，且都具有作主语、宾语、定语等句子成分的语法功能，因而一些人往往忽视其不同之处，不加辨析地使用。其实，二者是有区别的。

词义有同有异：界限、界线都具有表"不同事物的分界"的义项，即在用于表述"不同事物的分界"的意思时，二者相通，可以任意使用。除此之外，它们还有不相同的义项。界限有"尽头处""限度"之义。界线既指"某些事物的边缘"，又用来指"相邻地区（部位）分界的线"。

适用对象有别：界限，所适用的对象一般是抽象事物；界线，所适用的对象往往侧重于具体事物。

相·想·象·像

相　多音字。会意字。甲骨文从目从木，会用眼端详树木之意。金文。小篆。隶定后楷书写作相。本义用眼睛看树木。引申出审视、观察的意思（相机行事的"相"还保留这个意思）。相，还引申出另一个意思就是佐助，如宰相是佐助君主的。相，另有一个引申义就是样子、容貌，如相貌、狼狈相。照相，就是通过胶片的感光作用，用照相机把人的容貌拍下来（早期的照相机主要用来拍摄人物肖像）。

读 xiāng 时，义为察视。

读 xiàng 时，由本义引申出的相貌、辅助、治理等义。

想 xiǎng　会意兼形声字。小篆从心从相（单方面，兼表声）。隶定后楷书写作想。本义为因希望而思。

象 xiàng　象形字。甲骨文，超长的鼻子是大象独具。金文。小篆。隶定后楷书写作象。本义指大象。象是中原人们保护神（河南省别称豫，豫即大象，就是很好的佐证），还是重要劳动工具。如爲（为）字甲骨文上为爪（手）下为大象，就是手牵大象劳作的场景。象字就是对着大象临摹的字，于是象形字用的是象。有一种说法，由于气候的变化，大象南迁到了我国西南，中原的人们常常会面对大象化石，想念大象，这就是想象一词来历。想像是想象的异形词，想象自然是首选。于是人们开始回忆"象"这个字与大象外貌是否吻合，这便有了"象不象""好象"（现在必须写作"像不像""好像"）。由于象是陆地上最大哺乳动物，加上外形个性极强，故有形之物皆曰象，如形象、景象、气象、天象、现象、象征等都离不开象的身影。

像 xiàng 会意兼形声字。篆文 像 从人从象（相似，兼表声）。隶定后楷书写作像。是象的加旁分化字。本义为相似，即在形象上相同或相近，有某些共同特点。

象与像区别。先有象后有像。二次汉简又取消"像"。现在象与像并存。象不仅作名词，还可用作动词，义为模仿。象形字的"象"就是指模仿，指取某物之抽象，如人字甲骨文 ㇀ 是象形字，指取象于人侧立形，并不是 ㇀ 像人形。象是以此状彼，像是彼此相类。

第二次汉字简化时，废"像"存"象"，即将"像"合到"象"里。废除"像"，后果不敢想象，如铜象，是指以铜做的人像呢，还是指铜做的大象？雕象，是雕刻的人物形象还是雕刻一头大象呢？自1986年10月10日《简化字总表》重新公布以后，像字已经恢复使用。象、像二字该如何区分呢？关键是要掌握像字的用法，该用像时莫用象。从用字实践来看，像字有四种用途：

一是用作名词，指比照某个对象形成的形象。其中又可分为两种情况：或是艺术创造，如画像、雕像、塑像、绣像；或是物理生成，如光线反射、折射形成的虚像、实像。两者具有一个共同的特点，即都是以对象的存在为前提的。

二是用作动词，指人或物之间具有相似点。它的动词特征是可以带宾语。如"他听到爆炸声后，像点燃的爆竹似的蹿了起来"。也可以像形容词一样，用程度副词来修饰，如非常像、十分像。

三也是用作动词，有比如、如同的意思。这种用法主要用于举例。如"我订了一个诗和远方的行程，像北京、西安、济南……，都在行程表之内"。

四是用作副词，可以写作"像"，也可以写作"好像"，主要用来表示猜测，如"天渐渐暗了下来，（好）像要下雨了"。

画像。古时候，人们只能用画画的办法来摹写人的容貌，画出来的成品叫作图。由于画出的图跟真人很像，所以又称为像或图像。画出来的图像好比真人的影子，于是图像又叫影。画的像又叫写真或写真像。

常见、常用词还有照相、录像、摄像。照相不能写成"照像"，录像不能写成"录相"，摄像也不能写成"摄相"。

相、象、像三者共性是外观形态、样子，但区别在于：相则侧重指外面形态与事物内在情况的联系，如长相、真相、相处、照相等；象指自然界人或物的形态、样子，如景象、形象；像指用比较、模仿的方法制成的人或物的样子，也指光线反射或折射而形成的与原物相同或相似的图景，如画像、音像、录像、像章等。

摄相。《史记·孔子世家》记载："定公十四年，孔子年五十六，由大司寇行摄相事。"摄是代理，相是官职名，其职务为辅佐国君处理政务。

真相。真相本来是个佛教语，指宇宙事物的本然状态。这个词最初译作"实相"，见于后秦鸠摩罗什（344~413）翻译的《法华经·方便品》。"真相"稍后即出现。一直到清末，实相、真相并用，词义基本上还是佛教中的意思。大约自20世纪初开始，实相与真相开始出现引申义，有人用来指事物的本来面目或真实情况。渐渐"真相"盛行，"实相"慢慢消失在人们视野中。

厢·箱

厢 xiāng　会意兼形声字。小篆从广（敞屋）从相（相对，兼表声）。隶定后楷书写作厢。俗作厢改为从厂（与广同义）。是箱的加旁分化字。本义为东西廊。即指厢房，还指类似房子隔间的地方，如车厢、包厢。

箱 xiāng　形声字。小篆从竹（⺮）从相（表声）。隶定后楷书写作箱。本义为大车车厢，即车中供人乘坐或装载物品的部分。现指箱子，也指像箱子的东西，如信箱、报箱。

汽车后备箱和后备厢两种说法都有，首选后备厢。箱是收藏器具，通常是上面有盖可锁，如衣箱、书箱、药箱等。引申指像箱子的器具，如冰箱、风箱、集装箱等。

简单地说，厢是一个空间概念，是整个空间的一部分，车厢一般只与整车一起移动，当然必要时也可与主体拆开单独移动（如挂车车厢）；箱是一个独立的器具，可固定也可移动。

另外，厢还指靠近城的地区，如城厢。城厢，指城内和城门附近的地方，也说关厢。城乡，是城市和乡村的缩写。

存放垃圾箱的房子应该称作垃圾箱房（3+1结构），不宜写作"垃圾厢房"。

襄·飨

襄 xiāng　会意兼形声字。金文从衣（披麻戴孝办丧事），衣中包裹的图案是吊丧时哭嚷等一片乱相（兼表声），会丧事办完，脱去丧服开始正常生活。小篆。隶定后楷书写作襄。本义指办完丧事开始耕作。引申为帮助、辅佐。一些规模较大的银行或企业中协助经理主持业务的人，称为"襄理"；举行婚丧祭祀活动时，协助主持者完成仪式，称为"襄礼"。

飨　详见493页"飨·飨"。

以飨读者，是说图书、报刊、新媒体等出版工作者编辑文章、书籍等给读者阅读，让大家在品读中获得享受。

共襄义举，即共同助力某项正义或公益之事的实行或办理。共襄盛事是指大家同心协力让某项盛大的活动顺利圆满地开展。

"共飨义举""共飨盛事"显然都说不通。

详·祥

详 xiáng 形声字。小篆 䍜 从言从羊（表声）。隶定后楷书写作詳。今简化为详。本义为审慎。引申指周密、细致、完备等，与"略"相对。面详，即当面细说。

祥 xiáng 会意兼形声字。小篆 祥 从示从羊（祭献，兼表声）。隶定后楷书写作祥。是羊的分化字。本义为福祉。

详旧通"祥"，如今分工明确。详，侧重指审慎、稳重、仔细。由动词，引申为形容词，指周密、完备，如详细、周详。再引申指从容、庄重、稳重，如安详。安详不能写作"安祥"。

祥，从示（祭祀）自然侧重指吉利、良善，如慈祥、祥和、祥瑞。

神情安详，指神情稳重从容。神情慈祥，指神情慈爱和善。

一句话概括：安详稳重慈祥和善。

庠·痒

庠 xián 形声字。金文 庠 从宀（房子）从羊（表声）。小篆 庠 改为从广（敞屋）从羊（表声）。隶定后楷书写作庠。本义为殷周时的学校。笔者以为从羊表声，其中还暗示通过学校培养，让学生们能够像羊群那般顺从。

痒 yǎng 形声字。小篆 痒 从广从羊（表声）。隶定后楷书写作痒。异体作癢。今癢也简化为痒。本义为病，后借用作"蛘"，表示瘙痒。作为本字，本义为忧思成病。后借用癢、蛘，指皮肤或黏膜受到轻微刺激时引起的想挠的感觉。

济南大明湖正南门有条长百余米的庠门里巷子，位于济南文庙东侧，它离贡院墙根、榜棚街都不远。这个地区，历史文化底蕴那是相当厚实。

府、州、县均设庠，在学的生员称为庠生。古代科举制度，庠生要经过县考、府考和院考合格才能成为秀才（诸生）。庠生，切莫写作"痒生"。

肖·孝

肖 多音字。会意兼形声字。金文 肖 从肉（月）从小（细小，兼表声）。小篆 肖。隶定后楷书写作肖。本义为细小的肉末。细小肉大致相似，因而"肖"就有了相似的意思。

读 xiāo 时，用作姓。

读 xiào 时，指相似、像，如惟妙惟肖、肖像。

孝 xiào　会意字。甲骨文 ![]、金文 ![] 皆从老从子，象孩子搀扶老人形，表示孝敬老人。小篆 ![]。隶变后楷书写作 孝。本义孝敬老人。注意："教"所从"孝"不是孝，而是 ![]（教孩子摆算筹进行计算）演化而来。

不孝有三，无后为大，出自《孟子·离娄上》。东汉赵岐在"无后为大"下方加注：第一种"不孝"是子女一味顺从，父母有过错也不劝说，使其陷入不义之中；第二种"不孝"是家境贫穷，父母年老，子女却不去谋求俸禄来供养父母；第三种"不孝"是不娶妻生子，导致家族香火中断。而"三者之中无后为大"。

不肖，本义指子孙后代不像自己的祖先，引申指子弟品行不好、没有出息；不孝，指不孝顺。两者意思相近，但重点不同。"不肖子孙"强调的是子孙自身的品性不良，"不孝子孙"强调的是子孙对父母长辈不够孝顺。

安徽省黄山市黟县西递村胡氏宗祠敬爱堂中悬挂着一幅"孝"字，据说是朱熹所书。此字字中有画，画中有字。此字顶端右侧，酷似一个人脸侧面，鼻、嘴、下巴完整清晰，像一个仰面拱手作揖跪地、敬孝长辈的俊俏后生；而字顶端左侧，则活脱一个猴子的嘴脸。整字昭示孝敬长辈的儿孙应予表彰，反之就是返祖退化为猴子必遭世人唾弃。此字间架适中，运笔雄浑，字画的巧妙组合，生动地剖析了"孝"字的真正内涵。一字胜千言。

肖·萧

肖　详见 546 页"肖·孝"。

萧 xiāo　形声字。小篆 ![] 从艸（艹）从肅（表声）。隶定后楷书写作 蕭。今简化为萧。本义为艾蒿，也叫香蒿。蒿的作用在秋季，引申指凄凉、冷落，如萧瑟、萧条。萧萧，象声词，形容风声、马叫声等，如"车辚辚，马萧萧"。

肖读 Xiāo 时，用作姓。萧也可作姓。

肖与萧用作姓，本是两家，但在第二次汉字简化时，将萧简化为肖，从此"萧"消"肖"长。第二次汉字简化取消后，一部分萧恢复本来之姓，一部分将错就错姓肖。这是一段抹不掉的历史。我军高级将领、《长征组歌》作者萧华第二次汉字简化时就改名为肖华。

当编辑肖姓人物传记等稿件时，要对准其生存年代，该用萧时莫用肖，反之亦然。否则当心有人用规范来"削"您。

肖·消·屑

肖 详见 546 页"肖·孝"。

消 xiāo 会意兼形声字。小篆 ![篆] 从水从肖（细小，兼表声）。隶定后楷书写作消。本义为冰雪融化。

屑 xiè 会意兼形声字。小篆 ![篆] 从尸（人）从肖（血脉在肉体中频频搏动，兼表声）。隶定后楷书写作屑。俗作屑。今以屑为正体。本义为频动不安。引申指琐碎、微小等义。

肖、消、屑是意思迥异的三个字，前面加上"不"，意思仍然不同。

不肖。在封建社会里，强调对祖先的孝道，"不似其先"就是不肖，故有"不肖子孙"之称。不肖又引申为不贤。

不消，即不需要，不消说，即不用说。

不屑。屑由"频动不安"引申为顾惜，介意。不屑就是不顾惜，不介意，也即不值得，轻视的意思。如"一些不道德的事，人们都不屑去做"。

不肖、不消、不屑是三个词，不可混用。把"屑"错念成 xiāo，又不问其字形、字义，错误就难免了。对以上解释千万不能"不屑一顾"哦，否则写错了别人就会送您一双"不屑"的眼神。

枭·削

枭 xiāo 会意字。小篆 ![篆] 从鸟从木。隶定后楷书写作枭。今简化为枭。本义指猫头鹰一类的鸟。引申指骁勇，雄悍，如枭雄。由正面引向反面，如毒枭。

削 多音字。形声字。小篆 ![篆] 从刀从肖（表声）。隶定后楷书写作削。本义为用刀斜着切刮物体的表层。

读 xiāo 时，由本义引申指切削。

读 xuē 时，义同"削"（xiāo），专用于合成词，如剥削、削减、削弱。

枭首示众是古代的一种刑罚，指斩首并悬挂示众。古代没有"削首"一说。

消·宵

消 详见本页"肖·消·屑"。

宵 xiāo 会意兼形声字。金文 ![金] 从宀（深屋，有晦暗义，突出夜色浓重）从肖（象征白日消尽，夜幕降临，兼表声）。小篆 ![篆]。隶定后楷书写作宵。本义为夜晚，如元宵、春宵、通宵等。

消夜，一指夜宵。二指吃夜宵。消夜也作宵夜。

《现汉》第 4 版：【消夜】❶夜宵儿。❷吃夜宵儿。
《现汉》第 5 版：【消夜】❶夜宵。❷吃夜宵。
《现汉》第 6 版：【消夜】❶|名|夜宵。❷|动|吃夜宵。‖也作宵夜。【宵夜】同"消夜"。
《现汉》第 7 版同第 6 版。

从以上不难看出，"儿化"有些可以取消。《现汉》从第 6 版开始在"消夜"后增加"也作宵夜"，源于许多人错写"宵夜"的结果。这叫将错就错。

消 · 销

消　详见 548 页"肖·消·屑"。

销 xiāo　形声字。小篆 从金从肖（表声）。隶定后楷书写作銷。今简化为销。本义为熔化金属，也指熔化他物。

消与销，此消彼长。

一、异形词

【消纳】|动|处理和容纳（垃圾、废弃物等）：解决好城市垃圾的清运和~问题。也作销纳。

【消歇】〈书〉|动|休止；消失：风雨~。也作销歇。

【取消】|动|使原有的制度、规章、资格、权利等失去效力：~资格 | ~不合理的规章制度。也作取销。

【销魂】|动|灵魂离开肉体，形容极度的悲伤、愁苦或极度的欢乐。也作消魂。

【花销】〈口〉❶|动|花费（钱）：他的工资也就只够他一个人~的。❷|名|开支的费用：人口多，~也就大些。❸|名|旧时称买卖产业或商品时的佣金或捐税。‖也作花消。

【撤销】|动|取消：~处分 | ~职务。也作撤消。

二、易混词

【抵消】|动|两种事物的作用因相反而互相消除：这两种药可别同时吃，否则药力就~了。

【抵销】|动|冲抵勾销：~债务。

三、易错词

【报销】|动|❶把领用款项或收支账目开列清单附上有关单据，报告主管部门核销：车费可以凭票~。❷把用坏作废的物件报告销账。❸比喻把现有的人或物除掉（多含诙谐意）：我们两面夹攻，一个连的敌人很快就~了 | 桌上的菜他一个人全给~了。

【勾销】 动 取消；抹掉：一笔~。

《现汉》没给"报消""勾消"腾出位子来，看出不受待见了。

从上可知，与金钱、撤除等打交道，以"销"为主，其他要三思而后行。

萧·箫·潇

萧 详见547页"肖·萧"。

箫 xiāo 形声字。小篆 䇒 从竹（⺮）从肅（表声）。隶定后楷书写作簫。今简化为箫。本义为排箫。相传出自西羌，初名长笛。还用作姓。

潇 xiāo 形声字。小篆 瀟 从水从蕭（表声）。隶定后楷书写作瀟。今简化为潇。本义为水名，即潇水（源出湖南省宁远县南九嶷山，至零陵区西北入湘水）。引申指水深而清。后也形容小雨，如潇潇微雨。常见词有潇洒。

萧与箫，字形高度相似，但意思相差很大，所以书写萧或箫时都要斟酌一下。另外，萧与箫都可用作姓，因而遇到"xiāo"姓时，要主动问一下姓从何部首。

另外，潇洒与萧洒是全等异形词，潇洒为推荐词条。

九嶷山，参见590页"疑·嶷"。

宵·霄

宵 详见548页"消·宵"。

霄 xiāo 形声字。小篆 霄 从雨从肖（表声）。异体作 䨝。隶定后楷书写作霄、䨝。今以霄为规范字。本义指霰（xiàn），一种落地即化的小冰粒。引申指云、天空，如云霄、霄汉。

九霄指的是天空极高处（古人说天有九重）。"九宵"字面意思就是九个晚上。

霄壤（壤指大地）就是天地。霄壤之别、别如霄壤，都指好像天和地那么大的差别，用来形容相去极远或差别极大。"宵壤之别""别如宵壤"都是错词。

"云销雨霁，彩彻区明"出自王勃《滕王阁序》，意思是乌云消退，雨过天晴。销，通"消"；霁，雨雪停止，天空放晴。销是动词，云销与雨霁都是主谓结构，两者并列属绝配。通宵，指一整夜。"通霄"查无出处。

筱·莜

筱 xiāo 形声字。小篆 筱 从竹（⺮）从攸（表声）。隶定后楷书写作筱。本义为小竹子，即细竹子，亦称"箭竹"。同"小"，多用于人名。还用作姓。

莜 yóu 形声字。小篆 䕢 从艸（艹）从條省（條是条的繁体字，條省去木，表声）。隶定后楷书写作莜。是蓧的异体字。今莜和蓧（简化为莜）读音、表义有分工。本义为古代除草用的农具。此义现交给"蓧"（diào）。如今，"莜"专职于"莜麦""莜麦菜"。莜麦亦作"油麦"，一年生草本植物，是燕麦的一个品种，生长期短，籽实可磨成面供食用。莜麦菜，是莴苣的变种。也作油麦菜。

莜麦不得写作"筱麦"。同理，莜面不能写作"筱面"。

揳·楔

揳 xiē 会意兼形声字。《说文》无。楷书**揳**从手从契（切入，兼表声）。是楔的分化字。本义为塞入。

楔 xiē 会意兼形声字。小篆 𣐄 从木从契（切入，兼表声）。隶定后楷书写作**楔**。本义为楔子。

楔 ❶（~儿）名 楔子①②。❷同"揳"。

【楔子】名 ❶插在木器的榫子缝儿里的木片，可以使接榫的地方不活动。❷钉在墙上挂东西用的木钉或竹钉。❸杂剧里加在第一折前头或插在两折之间的片段；近代小说加在正文前面的片段。

从以上我们不难看出，楔子只指木片、木钉、竹钉，铁等金属制作的不能称之为楔子，可以叫作钉子，细化可叫铁钉子、钢钉子等。还有就是"楔子"有文字片段的意思。

另外，虽说楔同揳，在做动词时，尽量用揳，如"往墙上揳根楔子"。写作"往墙上楔根楔子"不好读也不好理解。

锲，读 qiè，本指镰刀一类的家具，引申指用刀刻之义。锲而不舍，形容有恒心，有毅力。

锲与揳、楔有很大区别，但只要有毅力，总是能区分开来的。

楔·禊

楔 详见本页"揳·楔"。

禊 xì 形声字。《说文》无。楷书**禊**从示从契（表声）。本义为祓祭，古人消除不祥的一种祭祀。一般于春秋两季在水边举行的一种祭礼，分为春禊和秋禊，以春禊为流行。古代民俗于农历三月上旬的巳日（三国魏以后开始固定在三月三日）或者七月十四日到水边祭祀并嬉戏，以祓除不祥，称为修禊。修在这里同"脩"，举办的意思。王羲之书写《兰亭序》便是他与友人在绍兴兰亭修禊时所作诗序，故称为禊帖、禊序。其实，存世唐摹墨迹"神龙本"写的是"永和九年，岁在癸丑，……，修稧事也"。"稧从禾，本义指插秧。"古时，稧通禊。稧事即禊事。稧，《现汉》未收。修禊，若误作"修楔"，当心被别人"揳"。

褉·褉

褉 详见 551 页"楔·褉"。

褉 xiè 后起形声字。楷书褉从衣从契（表声）。本义指短袄。《现汉》未收。

褉与褉，胳（gā）肢窝里只有一点之差，但前者从衤后者从礻，天上地下，神灵人间，来不得半点马虎。

邪·斜

邪 多音字。形声字。小篆 𨙺 从邑（阝右，城镇）从牙（表声）。隶定后楷书写作邪。又借用作"衺"（本义为古代大襟斜掩）。现在衺作为邪的异体字存在。本义为郡名。秦置琅邪郡。也作琅琊、琅玡。治所今青岛琅邪台西北。由"衺"斜掩引申出倾斜、歪斜等义。再引申指邪恶。由于邪被邪恶笼罩，地名便用琊来表示，歪斜之义则由"斜"来担当。

读 xié 时，用的是本义及引申义。

读 yé 时，同"耶"（yé），表示疑问的语气，如是邪非邪。还指莫邪（同"镆铘"），古代宝剑名，常跟"干将"并说，泛指宝剑。

斜 xié 形声字。小篆 𩰲 从斗从余（表声）。隶定后楷书写作斜。是衺的借字。本义用斗勺舀出。借作"衺"表示歪，即"跟平面或直线既不平行也不垂直"，通俗地说就是不正。

邪常有"不正当、不正派"之意，虚指、比喻意多一些；斜也有比喻，但实指相对多一些。歪门邪道，指不正当的途径、坏点子，没有"歪门斜道"这一说法。生活中有斜路（比喻错误的生活道路或途径）、斜坡（高度逐渐降低的地面），"斜道"可能让人理解为道路倾斜。"邪路"就是指邪道（不正当的门路、道路）。"斜路"与"邪路"有一定方向偏差。

胁·挟·携

胁 xié 形声字。小篆 𦙶 下从肉（月）上从劦（表声）。隶定后楷书写作脅。异体作脇。今以脅为正体并简化为胁。本义为从腋下至腰两臂所夹的部分。夹东西要用两胁部，引申出挟制等义。

挟 xié 会意兼形声字。小篆 𢫦 从手从夾（夹持，兼表声）。隶定后楷书写作挾。今简化为挟。是夹的加旁分化字。本义为用胳膊夹住，引申指挟制。

携 详见 553 页"偕·携"。

挟持，既指从两旁抓住或架住被捉住的人（多指坏人捉住好人），也指用威力强迫对方服从。

胁持，义为挟持。因而，胁持与挟持是一对不是异形词的异形词。

挟天子以令诸侯，即挟制天子，并用天子的名义号令诸侯。《三国志·诸葛亮传》："今操已拥百万之众，挟天子而令诸侯，此诚不可与争锋。"后比喻借用名义，强迫令人服从。宋严羽《沧浪诗话·诗评》："论诗以李杜为准，挟天子以令诸侯也。"没有"携天子以令诸侯"的说法。

偕 · 携

偕 xié　会意兼形声字。小篆 偕 从人从皆（同，兼表声）。隶定后楷书写作偕。本义为强壮。是皆的加旁借用分化字。偕借用作皆，义为一同、共同。

携 xié　形声字。小篆 携 从手从巂（表声）。隶定后楷书写作攜。俗省作携、擕。今以携为正体。本义为提。引申指"携带""牵引"。

偕的对象是人。偕同，表示跟别人一起（到某处去；或做某事）；偕老，共同生活到老（执子之手，与子偕老）；偕行，相伴出发；偕作，共同行动。

携的对象可以是物，如携枪出征；也可以是人，如携眷、扶老携幼。携，用于人的时候，多指主人带着家眷随从，长辈带领晚辈。如提携，专指上级对下级、前辈对后生的引导和扶植。

携强调主从关系，而偕则传达出上下级之间平等融洽、亲密无间的工作气氛。虽然两个字逻辑上都说得通，但就感情色彩而言，偕更能体现当今和谐社会的语言要求。如今表达某位首脑"xié 夫人出访"，偕胜于携。

谐 · 谑

谐 xié　会意兼形声字。小篆 谐 从言从皆（合同，兼表声）。隶定后楷书写作諧。今简化为谐。本义为和洽，配合得当。

谑 xuè　会意兼形声字。小篆 谑 从言从虐（兼表声）。隶定后楷书写作謔。今简化为谑。是虐的加旁分化字。本义为开玩笑，逗弄。

谐引申出诙谐（形容说话有风趣，引人发笑），而谑也有开玩笑的意思，谐与谑在此义上有相似之处。于是乎，就有了谐谑（语言滑稽而略带戏弄，如果写作谑谐那就不好笑了）。

和谐一词，曾有人解释为"和"指人人有饭吃，"谐"指个个能畅所欲言。其实"和"中"禾"表声、"口"指吹奏。所以说，上述解释有点牵强了。和谐也指谐和，蛮有意思。另外，谐与偕，虽有一定关联，但两字还是要分清，不然"和谐"从何而来，"偕同"又往何处去呢？

泄·泻

泄 xiè　形声字。小篆 ![img] 从水从世（表声）。隶定后楷书写作泄。异体作洩。今规范用泄。本义为水名，即安徽省六安市的汲河。引申指疏通。再引申指尽量发出感情、情绪等，如泄愤。又引申指漏出、透露，如泄密。

泻　详见 538 页"瀉·泻"。

泄，侧重指液体或气体从密闭物体中溢出或排出，如水泄不通、别泄气。泻，侧重指物大量从高处急速流到低处；也指腹泻，如一泻千里、上吐下泻。

泄受人们主观控制，泻则不能。如泄洪，指人们根据来的洪水大小进行排泄。泻肚，人为控制不了，一旦有泻的苗头，得向 WC 快跑，否则，您懂的。☺

《辞海》收录有"泄泻"：大便稀薄、次数增多的疾病。分为实泻与虚泻。实泻主要分寒泻与热泻两类，一般都兼夹湿滞。虚泻主要分脾虚与肾虚两类。

泄泻，不要写作"泻泄"。

血·雪

血　多音字。会意字。甲骨文 ![img] 象器皿中的血块。金文 ![img]。小篆 ![img]。隶定后楷书写作血。本义指祭祀用的牲畜血。引申泛指血液，再引申指有血缘关系的，如血亲。又指用鲜血涂沾，如兵不血刃，还指刚烈气质，如血性男儿。

读 xiě 时，常见词有血糊糊、血淋淋、血晕等。

读 xuè 时，指血的本义。还用作姓。

雪 xuě　会意字。甲骨文 ![img] 上从雨下从羽（象鹅毛大雪形）。小篆 ![img]。隶定后楷书写作雪。今简化为雪。本义指空气中的水蒸气在 0℃以下时凝结成的白色结晶体，多为六角形。引申指白色，如雪帆即白帆。白雪洁净无瑕，雪引申指去除（蒙受的耻辱、冤仇），如一雪前耻。

雪恨指洗刷耻辱和仇恨。雪恨、雪耻不能写作"血恨""血耻"。

泄·澥·懈

泄　详见本页"泄·泻"。

澥 xiè　形声字。小篆 ![img] 从水从解（表声）。隶定后楷书写作澥。本义为靠陆地的海湾，渤海湾是大海的一个港汊，故渤海古称渤澥。现在专指义为（糊状物、胶状物）由稠变稀。

懈 xiè　会意兼形声字。小篆 ![img] 从心从解（松开，兼表声）。隶定后楷书写作懈。是解的加旁分化字。本义为心散而懒怠。

澥，由稠变稀：一是人们主观追求，如"糨糊太稠了，加水澥一澥"。二是客观存在，如"时间长了鸡蛋澥黄了"。

懈，指精神由紧变松，与"澥"由稠变稀有着某种默契，外加两字之间高度相似，所以遇到懈或澥精神可不能松懈。另外，领子松垮应是"懈"。在北京、东北、山东等地的方言中，说衣物、鞋袜等"懈"了，是形容它们松散变形。

【泄气】❶动 泄劲：遇到困难也不要悲观～。❷形 讥讽低劣或没有本领：这点小故障排除不了，你也太～了。

【懈气】动 放松干劲：工作有了点起色，要继续努力，可不能～。

作动词时，泄气与懈气义相当，作形容词只能用泄气。

泻·亵

泻 详见 538 页"潟·泻"。

亵 xiè 形声字。金文 ![] 从衣从埶(表声)。小篆 ![]。隶定后楷书写作亵。今简化为亵。本义为家居时穿的便服。也指内衣。由内衣引申指不庄重地亲近。从而引申出轻慢、不敬。衣服穿的时间长了，加之多次洗涮，容易"亵"，如"衣服亵的不成形了"。此义同懈。

亵渎，指轻慢，不尊敬，如亵渎神灵。不能写作"泻渎""泄渎"。

另外，媟也读 xiè，也有狎和轻慢的意思，与亵大致相当。

心·芯

心 xīn 象形字。甲骨文 ![] 象心脏形。金文 ![]。小篆 ![]。隶定后楷书写作心。本义为心脏。今既可以单用，也可用作部首。作部首时，在汉字的下方(如思)、右边(如沁)常以心出现，在汉字左侧一般以忄出现，出现在汉字下方还有一种形式，那就是⺗，如恭、慕。

芯 多音字。会意兼形声字。《说文》无。宋代《集韵》始见。楷书芯从艸(艹)从心(内求，兼表声)。本义为灯心草。也指灯心草中的茎髓，俗称灯草，可放在油盏中点火照明，故又叫灯芯。

读 xīn 时，指草木的中心部分。泛指某些物体的中心部分，如岩芯、笔芯、机芯、表芯。新常用词有芯片。

读 xìn 时，芯子，指装在器物中心的捻子一类的东西，如蜡烛的捻子、爆竹的引线。也指蛇的舌头。蛇也写作蛇信。参见 556 页"芯·信"。

心，一般是自然存在的，如心脏、湖心；芯，一般是经人加工或安装进去的，如灯芯、铅笔芯。心，有具体与抽象之分，如手心就是具体，重心就是抽象的；芯，则都是具体的。凡是能产生抽象的中心，一般用"心"，如中心、核心、向心等。

心，指位置，而芯指物体。一般情况下，天然用心，人工多用芯。

灯心的历史比灯芯（新中国成立后才兴起使用）长，"芯"族词地位确定的时间并不长。《现汉》只收"岩芯""机芯""笔芯""表芯"。

心·馨

心 详见 555 页"心·芯"。

馨 xīn 会意兼形声字。小篆 󰀀 从香从殸（远传，兼表声）。隶定后楷书写作馨。本义为散布很远的香气。

心香，《辞海》称"佛教用语。谓中心虔诚，就能感通佛道，同焚香一样。……后亦用指真诚的心意"。因此可知，心香之义起初与佛教徒礼佛有关，后世随着佛教的普及而俗化。香有有形之真香与无形之心香，均可达到与法界诸佛的沟通。

馨香，多指散播很远的香气。此义古今一直沿用。馨香，既形容芳香，又指烧香的香味。

心香与馨香都与宗教有关，但馨香还包含植物等香味，需要仔细闻辨。

芯·信

芯 详见 555 页"心·芯"。

信 xìn 会意字。金文 󰀀 从人从口。小篆 󰀀 改为从人从言，会人口中所言会真实之意。隶定后楷书写作信。本义为言语真实。

蛇的舌头分叉，像芯，所以用芯为规范。一般情况下，蛇的视力不好，主要靠吐出舌头捕捉外面的信息，如食物类别、周边环境，所以人们把蛇的舌头称为蛇信子。有学者说蛇芯子与蛇信子是一对异形词，且以蛇芯子为推荐词条。但在生活中，人们却以蛇信子为首选。《现汉》干脆对"蛇芯子"与"蛇信子"不提，读者朋友你们看着办吧。

引信，也叫信管，是炮弹、炸弹等的引爆装置。鞭炮之所以能够炸响，正是源于引信的作用。汉语中没有"引芯"。

信·讯

信 详见本页"芯·信"。

讯 xùn 会意兼形声字。甲骨文 󰀀 从口从人从糸，会用绳捆缚俘虏以口审问之意。金文 󰀀 加了人足。小篆 󰀀 改为从言从卂（表声）。隶定后楷书写作訊。

今简化为讯。本义为审问，如审讯。引申出消息等。讯息，指消息、信息。

2006年，由全国科学技术名词审定委员会审定公布的规范名词是"通信"。

【通信】[动]❶用书信互通消息，反映情况等：～处｜我们几年前曾经通过信。❷利用电波、光波等信号传送文字、图像等。根据信号方式的不同，可分为模拟通信和数字通信。旧称通讯。

【通讯】❶[动]通信②的旧称。❷[名]翔实而生动地报道客观事物或典型人物的文章。

旧称，也就是说现在不能称了。通讯指新闻体裁，由此引出通讯社（如我国的新华社）、通讯网（分布各地电台或通讯员组成的整体）、通讯员（新闻机构非专业的经常为其写通讯报道的人员）。

通信，引出通信兵、通信卫星、通信员（部队、机关中担任递送公文等联络工作的人员）、通信录、通信簿。通信簿，经常会被错成"通讯簿""通讯薄"。

薪·星

薪 xīn 会意兼形声字。小篆 𦸅 从艸（艹）从新（柴火，兼表声）。隶定后楷书写作薪。本义为柴火。后"新"专职于"新旧"，于是古人另造薪。是新的加旁分化字。由柴火是生活之所必需，引申指酬劳、工资等。

星 xīng 象形兼形声字。甲骨文 ✺ 象群星形（上为生，表声）。金文 ✹ 省为三星（三表多），并且在里面加出光芒，遂论为日。小篆 曐、星。隶定后楷书写作曐、星。今以星为正体。本义为星星。

薪尽火传，喻学问经师生传授，世代不绝。典出《庄子·养生主》："穷于为薪，火传也，不知其尽也。"意思是说：柴（薪）虽烧尽，火种仍可留传，永远没有尽头。薪尽火传，也说薪火相传。

星火，古代星名，即二十八宿中的心宿。也指繁星，后也指灯光。现在主要义项：一指微小的火，如星火燎原；二指流星的光，多用于比喻，如急如星火。

薪火常与相传组合，一般不单独出现，而星火既可以词出现，也可与燎原组合。

猩·腥

猩 xīng 形声字。小篆 猩 从犬从星（表声）。隶定后楷书写作猩。异体作狌。今以猩为正体。本义为犬吠声。又指猿类哺乳动物猩猩。

腥 xīng 会意兼形声字。甲骨文 𩵋 从鱼从自（鼻子），会鼻子闻到鱼腥味之意。小篆 鮏 改为从鱼从生（活的，兼表声）。隶定后楷书写作鮏、胜、腥。今以腥为正体，胜另表它义。本义为指肉类鱼类等食物，或指鱼虾等的气味。

猩红，像猩猩血那样的红色，血红。猩红，可以用来描述双唇的颜色，也可描绘红袍等。"腥红"不成词，以"腥红"来修饰双唇，更不通。

刑·型

刑 xíng 会意字。甲骨文 ⿰ 是囚笼中拘囚一人形。金文 ⿰ 将人移到囚笼外，并变成从刀从囚笼，会拘囚处罚之意。小篆 ⿰ 从刀从井（刑法），以法治罪。隶定后楷书写作荆。异体作刑，俗作刑。今以刑为正体。本义为处罚治罪。

型 详见 559 页"形·型"。

典刑与典型是一组易错词。

典刑，即依据法律进行处罚，多指受死刑。常见词明正典刑就是指依据法律公开治罪，多指公开处以极刑。这里"明"是公开、不隐蔽；"正"指治罪；"明正"即公开治罪。"典"是法律、法规；"刑"指处罚。

在古代汉语中，"典型"有两个意思：一是指常规；二是指典范。

现代汉语中，"典型"有以下注释。

【典型】❶ 名 具有代表性的人物或事件：用～示范的方法推广先进经验。❷ 形 具有代表性的：这件事很～，可以用来教育群众。❸ 名 文学艺术作品中用艺术概括的手法，创造出的艺术形象，它既具有一定的社会特征，同时又具有鲜明的个性特征。

行·形

行 多音字。象形字。甲骨文 ⿰ 象十字路口形。金文 ⿰ 大同。小篆 ⿰。隶定后楷书写作行。本义为十字路口。

读 xíng 时，义为行走及引申义。

读 háng 时，义为行列、行业等，用于量词指成行的东西。

读 hàng 时，指树行子（排成行列的树木，小树木）。

读 héng 时，指道行（僧道修行的功夫，泛指技能本领，如道行深）。

形 xíng 形声字。汉碑形从井（表声）从彡（饰纹）。小篆 ⿰。隶定后楷书分别写作形、形。今规范用形。本义为实体。

现形与现行发音相同，词形也只有一字之差，但词性和意义均区别不小。现形是动词，其义是"显露原形""显露其真实面目"。清末李宝嘉所著的《官场现形记》，以晚清官场为描写对象，现形是使官场的种种腐败、黑暗、丑恶暴露出原形。

现行是属性词，则指正在施行的、现在有效的，如现行法令、现行制度。引申指正在进行或不久前进行犯罪活动的行为。如现行犯,即指正在预备犯罪、实行犯罪,或犯罪后即时被发现的人。如"小偷正在下手行窃,被抓了个正着,可称抓了个'现行'"。

如影随形,好像影子老是跟着身体一样,形容两个人常在一起,关系十分亲密。有的错以为影子随着身体一起行动,从而错成"如影随行"。

一犬吠形,百犬吠声,是说一只狗看见形影便吠叫起来,其他的狗听其叫声也跟着叫。喻不辨事情真相,随声附和。这里,一犬吠形不要写作"一犬吠行"。

饧·醒

饧 多音字。形声字。小篆{饧}从食从易(表声)。隶定后楷书写作锡。后因语音变化,俗遂作餳,改作昜声。今简化为饧。本义为饴加上糯米粉熬成的糖。也可以理解为糖稀的制成品。

读 xíng 时,指糖稀及引申义,如精神不振,眼睛半睁半闭,眼睛发饧。

读 táng 时,同"糖"。

醒 xǐng 会意兼形声字。小篆{醒}从酉(酒器)从星(微明,兼表声)。隶定后楷书写作醒。本义为酒醒,即酒醉后恢复常态。

熬糖所用的关键原料为小麦或大麦,还有小米、玉米、高粱米、大米等富含淀粉的粮食。还有用地瓜的。先将大麦或小麦洗泡干净,使之发芽。再把那些麦芽拌入经过蒸煮晾凉的粮食之中,使之发酵。发酵后榨出汁液,放入大锅熬制至黏稠。出锅后放在案板上反复拉抻,使之逐渐变白变硬,切成糖块。其中含水分多的即糖稀,旧称"饧"。

饧在读 xíng 时有一义项,指糖块、面剂子等变软,如糖饧、面饧了。

醒,也有一个义项,指和(huó)好面团后,放一会儿,使面团软硬适宜。

我们应该看到,"面饧"过了度不是人们想要的,届时需要掺面粉加以调和;"面醒"是人们主观追求的,可以进行下一步。

形·型

形 详见 558 页"行·形"。

型 xíng 会意兼形声字。小篆{型}从土从刑(法式,兼表声),表示铸造用沙土且有法式。隶定后楷书写作型。原本用"刑"表示,后另加义符土。本义为铸造器物时用的土模子。

形的基本义为形状、样子,如形态、图形、梯形、三角形、四边形等。

型的本义为铸造的模子,模子有不同的种类、规格,故用以表示类别、类型,如发型、血型、版型等。

　　形和型本质区别在于：形，强调的是物体外部的整体形状和样子；型，指向的是同类物体共有的特征（可以是外部形状，也可以是某种属性）。

　　按"形"分"型"。有些事物，分类的根据是其技术性能，如节能型建筑；有的则是根据其结构特征，如 A 型血、新型冠状病毒肺炎。都与形状无关。有些事物，就是根据形状特征来区分类型的。如鼠笼型电机，它的电枢像鼠笼形状。

　　局部特征与整体特征。再细分，事物外形特征还有局部特征和整体特征之分。按局部外形特征区分类型，"型"是不能错成"形"的。如型钢，其分类的依据就是局部的，是截断面的几何形状，而不是整体的，其整体是条状的。

　　如果按照整体外形特征区分类型，形和型分辨就难了。比如水管接头，有十字形的四通接头，也有丁字形、丫字形的三通接头等。那么是写成"十字形接头"，还是"十字型接头"。笔者以为，两种写法都是说得通的。"十字形接头"是说接头的外形像十字，"十字型接头"是说接头在外形上属于十字型这一类。这里，用"形"强调的是外形，用"型"强调的是种类。

　　当用形或型均可时，不同对象是有不同倾向的，具体事物倾向用形，抽象趋向用型。丁字形篮球架，因为篮球架是具体的；金字塔型社会结构，因为社会结构是抽象的。

　　变形与变型。前者指外形的改变，如动作变形、变形金刚，后者指类型的改变，如转轨变型。

　　异形与异型。前者可指不同形状，如"万物同情而异形"，也可指怪异或奇特的形状，如奇构异形；后者指不同寻常的类型，多指某些材料截面形状不同于常见的方形、圆形的形状，如异型钢、异型砖。异形词，参见698页《异形词简介》。没有"异型词"这个说法。

　　体形和体型。体形、体型多用于指人或动物的身体，一般的词典都说，前者指的是身体的形状，后者指的是身体的类型（主要指各部分之间的比例）。如"舞蹈演员体形优美""牧羊犬体型匀称"。

　　类似的还有：口形与口型、脸形与脸型、原形与原型、成形与成型、完形与完型等，不一而足，实乃一言难尽，均要视情辨别。

省・睲

　　省　多音字。会意兼形声字。甲骨文从目从生（生长，表声），会目生阴翳之意。金文稍繁。小篆受"眉"字影响分化为二形、。楷书分别写作省与睲。今表义有分工，睲（shěng）指眼睛长白翳，灾异，过错等。省本义为视察，察看。

读 shěng 时，义为节省、行政区划（如山东省）。

读 xǐng 时，指检查自己的思想行为等。

醒　详见 559 页"饧·醒"。

【省悟】xǐngwù 动 醒悟。

【醒悟】xǐngwù 动 在认识上由模糊而清楚，由错误而正确：幡然～。

从用词的精确角度考虑，两词有微妙的区别。第一，省悟强调的是"省"的过程，醒悟强调的是"醒"的结果。第二，省悟是内省，是经过自我反思而觉悟；醒悟往往是在他人点拨、启发、引导下，由模糊转向明白。

休·修

休 xiū　会意字。甲骨文 从人从木，会人在树荫下歇息之意。金文 。小篆 。隶定后楷书写作休。本义停止劳作歇息。

修 xiū　会意兼形声字。小篆 从彡（修饰）从攸（整治，兼表声），会进行修饰整治之意。隶定后楷书写作修。本义为修饰。是攸的加旁分化字。引申指修理等义。

修养有两个义项。一是指理论、知识、艺术、思想等方面的一定水平；二是指养成的正确的待人处事的态度。

休养也有两个义项。一是休息调养；二是恢复并发展国家或人民的经济力量。

休整，指休息整顿，通常指军队或队伍长时间作战，利用战争间隙进行休息调整。

修整，本指修饰容貌，后引申指修理、整治。还可用来形容齐整、严谨，或言行端正谨慎、不违规违法。

休整，多是指人；修整，现在主要指通过对某种器物、制度等进行修理、整治。

休止符。休止，指停止。休止符，指乐谱中用来表示音乐停顿时间长短的符号。如"作风建设是持久战，没有休止符"。日常中，人们常把"休止符"当作停止符，切请记住。

修·脩

修　详见本页"休·修"。

脩 xiū　金文 从食从攸（表声）。古文 改为从肉（月）从攸（表声）。小篆 承接古文并整齐化。隶定后楷书写作脩。本义为干肉。引申指送给老师的酬金（古时弟子用来送给老师当作见面礼）。后来"修"与"脩"有时相互通用。

详见 685 页《异体字简介》。

须·需

须 详见 537 页"樋·须"。

需 xū 会意字。甲骨文 󰀀 从人从水滴，会人沐浴之意。举行礼仪前，司礼者需要沐浴斋戒，以示敬畏。故后世以"需"为司礼者专名。金文 󰀀 成了雨淋湿了。小篆 󰀀 整齐化，下边人形讹为而。隶定后楷书写作需。当是濡、儒的本字。

须与需，古代都有需要之义，有时可通用，现在用法则有明确分工：须指必要、应当，是副词；需指应当有，是动词。

须要，助动词，指一定要，如"身体好，须要坚持锻炼"。需要，指一定要有（应该有或必须有），如"身体好，需要长期的锻炼"。需要，还可用作名词，指对事物的欲望或需求，如"从读者的需要出发"。

必须，指事理或情理上必要，一定要，只能修饰动词，不能修饰名词，如"三天之内，你必须写出报告来"。必须的否定是无须、不须或不必。

必需，指一定要有的，不可少，修饰名词，如必需的知识。

序·叙·绪·续

序 xù 形声字。小篆 󰀀 从广（敞屋）从予（表声）。隶定后楷书写作序。本义为隔开正室与两旁夹室的墙。引申指正房两侧的厢房。古代地方学校设在堂的两厢，故又引申指古代的学校。夏曰校，殷曰序，周曰庠。因堂与厢有位置、高低等排列，故引申指排序等。古代序在书后（现让位给了"跋"），今又移到书前面，大概受序幕等影响吧。

叙 xù 会意兼形声字。甲骨文 󰀀 从又（手）从余（茅屋，兼表声），会铺排茅草为屋之意。小篆 󰀀。隶定后楷书写作叙等多种字形，今以叙为规范字。本义为铺排茅草为屋。铺排茅草有一定顺序，因而"叙"引申出次序、次第等。也有专家说，甲骨文字形为手持器物作敲打状；敲打要一下一下地打，故"叙"字引申表次第、次序义。又因记述需要排列语词、段落，故叙引申出记述，如叙述、记叙文。

绪 xù 形声字。小篆 󰀀 从糸从者（表声）。隶定后楷书写作緒。今简化为绪。本义为丝头。引申指开端，如头绪、绪论。也引申出叙述（丝头理顺，犹如讲述条理）。

续 xù 形声字。小篆 󰀀 从糸从賣（yù）表声。隶定后楷书写作續，讹为以賣表声。今简化为续。本义为丝相连接。异体作賡从貝从庚（铃形，表示铃声，兼表声），会贝壳声连续之意。如今，賡与续表义有分工，但组成"賡续"（义为继续、连续）一词，颇为奇特。

就绪（就指趋向、赴、到；绪指丝头、头绪），本指定下头绪，引申指安排妥当，有了条理。序有次序、秩序、排列次序、开头的、在正式内容以前的等意思。"就序"说不通。

叙本义是"次第也"。叙述之"叙"用的是本义。述说一件事情来龙去脉，正是按顺序来讲。封建时代授官或奖励，也要按等级次第，因而有叙用一词。叙与用同义互补，都是任用之义。"续用"字义让人想到"继续使用"，但词典中没有其位置。

【叙述】动 把事情的前后经过记录下来或说出来：～了事故发生的过程。

【叙说】动 叙述（多指口头的）：请把事情的经过再～一遍。

由此可以看出，叙说常用于口头表达，而叙述则用于口头表达之外的。

【序文】（叙文）名 一般写在著作的正文之前的文章。有作者自己写的，多说明写书宗旨和经过。也有别人写的，多介绍或评论本书内容。

【序言】（叙言）名 序文。

【绪言】名 发端的话；绪论。

响 · 昫

响 xǔ　形声字。《说文》无。楷书响从口从句（表声）。本义为嘘气、哈气。

昫 xù　形声字。小篆昫从日从句（表声）。隶定后楷书写作昫。本义为温暖。同"煦"（温暖，如煦风、和煦、拂煦。多用于人名）。

相响以湿，语出《庄子·大宗师》：泉涸，鱼相与处于陆，相响以湿，相濡以沫，不如相忘于江湖。相响以湿，彼此用呼出的气湿润对方，比喻在遭遇困难时，以微薄的力量竭力互助。现在相濡以沫比喻夫妻恩爱，彼此相偕，共克艰难。

其实原文本意，还有不固执、以全新的自我迎接世界。相响不得写作"相昫"。

续 · 絮

续　详见562页"序·叙·绪·续"。

絮 xù　形声字。小篆絮从糸从如（表声）。隶定后楷书写作絮。本义为粗丝绵。古无棉花，凡称絮都指丝绵。

续，有添和加义项，如"给壶里再续些水""炉膛里该续煤了"。

絮，也有添加意思，如在衣服、被褥里铺棉花、丝绵等，如絮棉被。

絮棉，是名词，做棉被、棉衣等用的棉花，商业上叫作絮棉。

因此，提请大家注意区别续与絮，后者专指丝绵、棉花等，而续承担了絮之外的一切工作。

宣·渲

宣 xuān　会意兼形声字。甲骨文 ⟨图⟩ 从宀（房屋）从回（河水漩涡）。金文 ⟨图⟩ 加一横线表河岸。小篆 ⟨图⟩ 上下各一条线，表河两岸，变成从亘（xuān，兼表声），会装饰有回环水云纹的大房子之意。隶定后楷书写作宣。本义和居室有关。古时民居狭而小，而天子的宫室宽而大，故称之为宣室。宣因此可作形容词，用来泛指宽大。后引申指广、大，或使之广、大。宣布、宣扬、宣传，都是通过"宣"让有关思想、知识或信息得到传播、散发，从而扩大影响，如宣传。

渲 xuàn　形声字。《说文》无。楷书渲从水从宣（表声）。本义为小水。引申指洗。后引申用作国画的一种的技法，即渲染（用水墨或淡的色彩涂抹画面，以烘染物象，加强艺术效果）。再引申比喻夸大地形容。

宣泄，是由两个同义语素构成的合成词，意思是让蓄积于内的东西发散于外，以达到精神调节的目的。渲字一般不单用，组成的词常见有渲染。渲和泄的字义缺少某种内在联系，因而不可能构成"渲泄"一词。

　🖉　宣室殿或称宣室，汉未央宫殿名。此殿是未央宫前殿正室。为"布政教之室"，西汉皇帝每于此殿召对大臣，斋居决事，处理国家大政。

萱·楦

萱 xuān　形声字。小篆 ⟨图⟩ 从艸（艹）从憲（表声）。异体 ⟨图⟩ 从煖声或 ⟨图⟩ 从宣声。隶定后楷书分别写作藼、蕿、萱。俗也作蘐。今规范以萱为正体。本义为忘忧草。北堂为母之所在，故古称母亲居室为萱堂，遂引申指代母亲或母亲的居处，如"白发萱堂上，孩儿更共怀"。椿萱指父母。

楦 xuàn　形声字。小篆 ⟨图⟩ 从木从爰（表声）。隶定后楷书写作楥。异体作楦。今规范用楦。本义为鞋楦子，也叫楦头，即做鞋时用的木制模型。也指用东西填紧物体的中空部分。

明代，朱元璋针对贪官们制定了一些酷刑，其中有种叫剥皮楦草，就是把被处死者的皮剥下来，用草充实缝好，然后悬挂起来，以警示后人。

萱草是一种多年生的草本植物，花呈漏斗状，橘黄色或橘红色，也叫黄花菜。既可供观赏，又能供食用。宿根还能入药。"剥皮萱草"难以索解。

喧·暄

喧 xuān　会意兼形声字。《说文》无。楷书喧从口从宣（讲话，兼表声）。本义为声音大而嘈杂。引申指显赫的样子，此义古时也作"暄""咺"。异体作諠。

今规范用喧。

暄 xuān 形声字。《说文》无。楷书暄从日从宣(表声)。异体作煊。现在温暖义项上，煊同暄，其他义项分工明确。本义为温暖。方言又借以表示松软、松散，如馒头很暄腾、土很暄。其实还有一个壖字，专指松软、松散，后来壖被"暄"光芒吞没，连《现汉》都不给"壖"留位置。其实，土很壖是特别让人好理解的，馒头壖腾就有点让人觉得有土腥味了。

寒暄，指一种礼貌行为，即见面时嘘寒问暖的意思。寒暄是一正一反两个语素联合构成的词，和动静、好歹、出入、咸淡的构词方式一样。

寒冷的"寒"和喧闹的"喧"，无法搭配。

✐《负暄续话》是张中行先生的散文集《负暄琐话》的续集。负暄就是晒太阳取暖。在辑录这些忆旧之作时，张先生给书命名是取"晒太阳时谈闲话"之义。本来是太阳照在身上，偏要说身子背负着太阳，别有情味在身。季羡林先生评论张中行的散文是"负暄闲谈，冷眼静观大千世界的众生相，谈禅论佛，评儒论道，信手拈来，皆成文章"。而喧指声音大，声音则是不能背负的，硬要背那只能是背上戳脊梁骨的议论。因而"负喧续话"不可取。

玄·悬

玄 xuán 会意字。与滋、兹、丝同源。甲骨文 会在河里漂洗染丝之意，表示染黑。金文 只留下一把丝，或在丝上加点表示悬挂晾晒。小篆 。隶定后楷书写作玄。本义为染黑。由黑指高远的苍天。黑暗不易辨认，引申出深奥等义。

悬 详见540页"舷·旋·悬"。

玄有深遂奥妙，悬有距离甚远，所以有些词距离很近。

【玄乎】〈口〉形 玄虚不可捉摸：他说得也太~了，天下哪有这种事！

【悬乎】〈方〉形 危险；不保险；不牢靠：演员走钢丝时差点儿掉下来，真~！| 他太粗心，办这件事可有点儿~。

虚无缥缈的感觉用玄乎，险且不牢靠的事情用悬乎。

【玄想】动 幻想：闭目~。

【悬想】动 凭空想象：闭目~。

玄想与悬想，意思相近，且《现汉》举例一致，所以不分也罢。

钩，义为探究、探索。玄，本义是深奥、神妙。钩玄，语出韩愈《进学解》："记事者必提其要，纂言者必钩其玄。"意思是：阅读记事一类的文章必定作出提要，阅读说理一类的文章必定要探索出它的精微妙义。钩玄提要，就是说写文章或说话提纲挈领，抓住主要内容进行表达。钩玄不能写作"钩炫""钩弦"等。

炫·眩

炫 xuàn 形声字。小篆 炫 从火从玄（表声）。隶定后楷书写作炫。本义为照耀，辉映。引申指迷惑，惑乱，再指夸耀。

眩 xuàn 形声字。小篆 眩 从目从玄（表声）。隶定后楷书写作眩。本义为目光散乱不集中，即眼睛昏花。

炫有强烈的光线晃眼义项，眩有眼睛昏花，所以炫与眩经常会出错。炫目，指光彩耀眼，如装饰华丽炫目。

眩目，指人的眼睛突然受到强光照射时，本能地闭上眼睛或看不清暗处物体的生理现象。眩目分心理眩目和生理眩目两种。目眩，指眼花。

头晕目眩，不能写作"头晕目炫"（虽然在此义项上古时"眩"与"炫"相通）。

踅·蜇

踅 xué 后起会意兼形声字。楷书踅从足从折（折转，兼表声）。本义为盘旋。引申指来回走、中途折回的意思。如"没走多远他就踅回来了"。

蜇 多音字。《说文》无。楷书蜇从虫从折（表声）。本义为蜂、蝎等毒虫叮刺。

读 zhē 时，本义指蜂、蝎子用毒刺刺人，也指某些物质刺激皮肤或黏膜使发生微痛，如切洋葱蜇眼。

读 zhé 时，常见词为海蜇。海蜇，又名蛇（zhà），腔肠动物，半透明，上面有伞状部分，下面有八条口腕。海洋生物，靠伞状部分的伸缩而运动。伞状部分叫海蜇皮，口腕叫海蜇头。体表有微小刺胞，内含毒素，蜇人生痛，故名。新鲜海蜇可制作凉粉，腌制加工后可作凉拌海蜇皮、海蜇头等，皆属上佳食品。

"没走多远他就踅回来了"，可以写作"没走多远他就折回来了"，但不能写作"没走多远他就蜇回来了"。真这么写，当心海蜇回来蜇您一口。

踅摸，方言，义为寻找，如"我到新华书店踅摸到两本书"。踅摸，不要写作"踅磨"。

踅子，同茓（xué）子。茓子是用高粱秆、芦苇等的篾（mí，指苇篾等）儿编制的狭而长的粗席子，可以围起来囤粮食。因踅子也是不停地折回，大概受踅摸的影响，所以起了踅子这个名字。

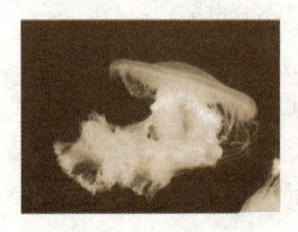

熏·窨·薰

熏 多音字。金文一 ✻（象形字）象一个烘笼形，其中的四点象征里边有烟火；金文二 ✻（会意字）在下边加一火字，以突出熏烤之意。小篆 ✻。隶定后楷书写作熏。后来熏作了偏旁，便又加义符火写作燻。今规范用熏。本义当为烘笼烤。过去农村地区烘被窝仍使用此方法。

读 xūn 时，指烟、气接触物体，使变颜色或沾上气味，引申指熏制食品。还指和暖，如熏风（和暖的南风）。

读 xùn 时，方言，煤气中毒等使人窒息。

窨 多音字。形声字。小篆 ✻ 从穴从音（表声）。隶定后楷书写作窨。本义为地窨。

读 xūn 时，同熏，用于窨茶叶。把茉莉花等放在茶叶中，使茶叶染上花的香味。

读 yìn 时，指地窨子，地下室。窨井，指上下水道或其他地下管线工程中，为便于检查或疏通而设置的井状构筑物。

薰 xūn　形声字。小篆 ✻ 从艸（艹）从熏（表声）。隶定后楷书写作薰。本义为香草名，即蕙草，又名零陵香。也指花草的芳香。还作用姓。又义同熏。

虽然，薰、窨（xūn）同熏，但各有侧重。我们在写香草名或花草的芳香、人的姓氏时，一定要用薰。写到"xūn 茶叶"时，最好写作"窨茶叶"，但一般意义上的"xūn 制"，本着节约、简明的原则写作"熏制"（因为"薰"比"熏"多一个草字头，"窨"比"熏"难认难写且多音难读准）。

旬·巡·循

旬 xún　指事字。甲骨文 ✻ 上从十下象回环形，表示一周匝。金文 ✻ 另加义符日，表示由天干甲到癸顺历十日一个循环为旬。小篆 ✻ 整齐化，十与回环形合起来讹为勹。隶定后楷书写作旬。本义为按日历顺次十天为一旬（上旬、中旬、下旬，旬刊指出版周期为十天）。兼旬为二十天。引申指十年，如年过八旬。

巡 xún　形声字。甲骨文 ✻、金文 ✻ 和小篆 ✻ 皆从辵（辶）从川（表声）。隶定后楷书写作巡。本义为来回查看。如巡查、巡逻。引申指逐个、依次。用作量词，相当于遍，如"给同桌的全体客人满酒一遍叫一巡"。酒过三巡，意思就是斟酒三遍。二人对饮，一人给对方斟酒三次，可以说酒过三巡。

循 xún　形声字。小篆 ✻ 从彳（街道）从盾（表声）。隶定后楷书写作循。本义为顺着，沿着。引申指遵守，依照，沿袭等义。

旬与巡，都有循环的意思，但旬专指十天、十年（秩、年代都指十年），酒过三巡不得写作"酒过三旬""酒过三循"。

中国人论同属相的人如果相差十二岁或十二岁的倍数，常常会说，"我大您×xún"。此 xún 有专家说是旬，笔者不太赞同。因为旬只是十日或十年，不是十二年。如果非要用旬，那相关词典要给"旬"增加一个义项。

笔者以为属相是十二年一个循环，而且循环往复直到永远；巡，作量词有遍，遍就是圈的意思（圈有轮回感觉），笔者以为写"我大您×循""我大您×巡"是否可行呢？有待大家探讨。

《咬文嚼字》2023 年第 9 期刊发了笔者撰写的《"大两旬"是"大二十四岁"？》，敬请方家指正。

寻·循

寻 xún　会意字。小篆 𢇯。初义本当从又（手）从寸（也是手），会伸展两臂量尺寸之意，即一庹（tuǒ，约合五尺）。后为了突出丈量之义，便加了一把尺子"工"；丈量时大都需要多人协调，自然需要用口招呼，遂加了义符口。再加上声符彡，遂发展成小篆 𢇯 的字形。隶定后楷书写作 𢒫。俗省作寻。今简化作寻。本义指古代长度单位，一寻等于八尺，也有说七尺、六尺的。由测量长度引申探寻，如寻思、寻问，再引申搜救，如寻找。还用作姓。

循　详见 567 页"旬·巡·循"。

寻，从作寻找之义引申出沿着的含义，如"紧跟敌人脚印去追寻"。循，有顺着、沿着之义，如"循着水流急坠的声音，我找到瀑布"。此处循不可换作寻，否则就成了先寻找水流急坠的声音，再找到瀑布。但也有例外，如白居易《琵琶行》中有"寻声暗问弹者谁"句，意思是说循着声音悄悄地询问什么人弹琵琶。这里的寻声即循声，也就是顺着声音。

有规律可循，是指已有的规律可以遵循；有规律可寻，指规律尚未发现，但可以追寻、寻求。

远遁，义为逃往远处。由于循与遁字形相近，故常有人错写成"远循"。

循·徇

循　详见 567 页"旬·巡·循"。

徇 xùn　会意兼形声字。《说文》无。楷书徇从彳（街道）从旬（循环，兼表声）。本义为巡视，巡行。引申出依从。再由巡视引申出对众宣示。还同"殉"（为维护某种事物或追求某种理想而牺牲生命）。

徇私舞弊亦作徇私作弊，意思是为谋取私利而弄虚作假，违法乱纪。

徇私舞弊的"徇"，不可以"循"替代。

训·驯

训 xùn　会意兼形声字。金文 ![字形] 从言从川（兼表声），会谆谆教导使人心思如川流般顺畅之意。小篆 ![字形] 从言从川（流畅，兼表声）。隶定后楷书写作訓。今简化为训。本义为教导，教诲。

驯 xùn　会意兼形声字。小篆 ![字形] 从馬从川（顺，兼表声）。隶定后楷书写作馴。今简化为驯。本义为马被驯服。

古时，训与驯相通，但现在分工明确。

训导，指教育训诫人；驯导，指训练动物，如驯导员、驯导警犬。

对人一般用训，对动物一般用驯。驯养鸽子，可以的；训练鸽子，也是可以的。驯养不写作"训养"，训练不写作"驯练"。

Y

丫·椏

丫 yā　象形字。《说文》无。今篆 丫 象草木分叉形。异体有枒和椏。今规范用丫。本义为草木上端分叉的部分。女孩头上梳两髻像丫，故引申指女孩（如丫头）、丫环。还用作姓。

椏 yā　形声字。楷书椏从木从亞（表声）。今简化为桠。是丫的异体字。

详见 685 页《异体字简介》。桠溪镇和桠溪街道隶属于南京市高淳区，位于高淳区东端，是全国重点镇、首批中国特色小镇、江苏省重点镇、江苏省新型小城镇，桠溪街道是中国首个国际慢城，2010 年 11 月份在苏格兰举行的国际慢城会议上，高淳桠溪生态之旅被世界慢城组织正式授予"国际慢城"的称号，这是中国首个国际慢城。"国际慢城"离我老家只有十几里地。我们老家把桠溪称为桠枝岗。

【丫杈】（椏杈）名 树枝分出的地方。

【丫鬟】名 婢女。也作丫环。

【丫枝】（椏枝）名 枝丫。

从树枝的形象，外加笔画少的优势，建议用丫杈、丫枝，但丫鬟的"鬟"上从髟（头发），与婢女发型装饰有关，建议不要怕麻烦，还是以"丫鬟"为首选词条。

压·轧

压　多音字。会意兼形声字。小篆 壓 从土从厭（覆压，兼表声）。隶定后楷书写作壓。今简化为压。本义为崩坏而覆盖。

读 yā 时，主要指对物施加压力，力的作用方向多半是从上而下，如"黑云压城城欲摧、泰山压顶不弯腰"。还同押（赌博时下注）。

读 yà 时，常见词有压板（跷跷板）、压根儿（口语，根本，从来）。

轧　多音字。形声字。小篆 軋 从車从乙（表声）。隶定后楷书写作軋。今简化为轧。本义为碾压，磙压。

读 gá 时，常用于方言，义为挤，如人轧人；结交，如轧朋友；核算、查对，如账轧完了。

读 yà 时，义为碾、滚压，如碾轧、轧棉花；排挤，如倾轧；姓。还形容机器开动时发出的声音，如机声轧轧。

读 zhá 时，义为压（钢坯），如轧钢。

轧（yà），义为碾，即用轮子旋转着对物体施加压力，力的作用方向是轮子滚动的方向。如果车子从桥面冲到地面，如果车子掉下砸着人，那只能是压着人；如果掉下后又往前冲，那只能是先压而轧。轧场（用碌碡等轧平场院或滚轧摊在场上的谷物使脱粒）、轧道车（铁路上巡查或检修用的车，多用电瓶或柴油机做动力），因都是滚动，所以用的是轧。轧道机，方言叫压路机（不写作轧路机），弄不好就压着您的脚。轧马路，通常指青年男女闲逛谈恋爱。

压·押

压 详见 570 页"压·轧"。

押 yā 后起形声字。楷书押从手从甲（表声）。本义为在公文或契约上签字或画符号作为凭信。

压与押，在从上往下使力这个义项是相通，故形成一组异形词。

【押宝】动 赌博的一种。赌博的人猜测宝上所指的方向下注。也作压宝。

【押韵】（压韵）动 诗词歌赋中，某些句子的尾字用韵母相同或相近的字，使音调和谐优美。

【押题】动 考试前猜测可能要考的试题并做重点准备。也作压题。

【压题】❶动 把与书、文内容有关的照片、图画等跟书名、文章标题排在一起：~照片。❷同"押题"。

【压队】动 跟在队伍后面保护或监督。也作押队。

要注意：押题与压题不是全等异形词。还要注意压车与押车不同。压车，指由于各种原因，火车、汽车等不能按时开出或正常运行，如"前方出车祸，高速公路上压车很严重"。押车，指随车看管车载物品等。押，可指押送、解送。押送人，一般可用押着来形容，用"压着"来描述显然不合适、不准确。

🖉 挜，读 yà，方言，义为硬把东西送给对方或卖给对方。

压、押，都有"强迫"的意思，但与"挜"还是有一定区别的。

压·哑·雅·亚

压 详见 570 页"压·轧"。

哑 多音字。形声字。小篆 啞 从口从亞（表声）。隶定后楷书写作啞。今简化为哑。本义为笑声。

读 yā 时，旧同"呀"。哑哑，形容乌鸦的叫声、小儿的学语声等。

读 yǎ 时，形容不能说话，如哑巴、哑口无言。

雅 详见 572 页"鸦·雅"。

亚 yà　象形字。甲骨文 ✤ 象古代聚族而居的一组大型建筑的平面图形。殷代的城郭、庙堂、世室以及帝王坟墓，其布局皆为此形，并沿用至近代，北京的四合院即为其遗制。金文 ✤。小篆 亞。隶定后楷书写作亞。今简化为亚。由本义大型平面建筑图形，引申出挨着，再引申出差异（如亚军）。再引申指化学上化合价较低的，如亚硫酸。又指亚洲。

唇膏里有哑光唇膏，书刊用纸中有哑光纸。它们都是色泽比较含蓄，有一种特别的气质。除了哑光的写法外，至少还有三种写法：压光、亚光、雅光。

但也专家提出：人们提到这个词时，口语中是第三声，而压是第一声，亚是第四声。更何况亚还有次一等的意思，不符合这个词的本义。亚光、压光可排除。哑光在读音上没有问题。但哑一般和声音有关，炮弹不炸是哑炮，光线用哑有点不合习惯。雅光，因为它不仅描绘了一种光泽特点，还显示出一种审美眼光。

不过，《现汉》对"压光""哑光""雅光"都没有收录，估计还要观察一段时间，看看哪道"光"更适合。

🖊 砑，指用卵石或弧形的石块碾压或摩擦皮革、布匹等，使密实而光亮，如"把牛皮砑光"。

鸦·雅

鸦 yā　形声字。鸦本作雅，雅引申指高雅之义，遂另造鸦。是乌、雅的后起形声字。

雅　多音字。形声字。小篆 雅 从隹从牙（表声）。隶定后楷书写作雅。是本义为乌鸦。乌的后起形声字。后因引申义较多，古人另造鸦（鵶）。

读 yā 时，同"鸦"。

读 yǎ 时，古时被借用以表示一种乐器，状如漆筒（黑色，与乌鸦色通）。西周朝廷上用"雅"演奏的乐歌也称雅，故遂用以指《诗经》中配以雅乐演唱的诗篇。雅乐用于朝廷，故引申指正统的，合乎规范、标准的。又引申指高尚，高洁，如高雅、优雅、文雅等。《尔雅》是我国第一部词典，尔是近（后来写作迩），雅是正，在这里专指"雅言"，即在语音、词汇和语法等方面都合乎规范的标准语。《尔雅》的意思是接近、符合雅言，即以雅正之言解释古汉语词、方言词，使之近于规范。

虽说雅读 yā 时同"鸦"，但在使用时还是要严加防范，如乌鸦不要写作"乌雅"。虽然鸦片与雅片是全等异形词，但鸦片毕竟是推荐词条，而且家喻户晓，那就不要写"雅片"。

牙·衙

牙 yá 金文 🦷、🦷 象上下交错的臼齿形。小篆 牙。隶定后楷书写作牙。本义为位于哺乳动物齿弓的最后端，俗称大牙。古人称口腔前部上下相对的两排咬嚼器官为齿（齿的甲骨文 𠚕，可与牙的金文对比学习），又称门（口腔大门也），俗称门牙或板牙。可惜后人将牙与齿混为一体了。由于齿（门牙）常以并列整齐的形象出现，因而齿有并列之义，引申为同类，如齿列。不齿于人类，就是指不能与人类并列在一起，换言之只能与禽兽为伍了。不齿于万万不可写成"不耻于"，否则就有点"恬不知耻"了。早期齿为门牙，还可从唇亡齿寒、唇齿相依、唇红齿白中找到佐证，因而唇亡齿寒不可以写作"唇亡牙寒"。

衙 yá 形声字。小篆 衙 从行从吾（表声）。隶定后楷书写作衙。本义为列队行进的样子。后引申出衙门等义。还用作姓。

牙门源于牙旗。古代军队的大旗边沿常作牙齿状，这样做既便于随风猎猎抖动，又象征撕咬敌军的强大气势，所以牙也表示牙旗。牙旗，是古代君王、将帅所设置的大旗，旗杆以象牙作为饰物。古代君主、将军统兵出征，常在军营门口设置牙旗，军中听号令，必至牙旗之下。古时，象很有争斗能力，牙旗是以旗杆上有象牙作为饰品而得名。军中用物很多都冠以牙字，如：发兵的符信称为牙璋，主将所居之城称为牙城，将帅所居的军帐称为牙帐，帝王的禁卫军及将帅的亲军都称为牙军等。所以营门也称牙门，是军中的办公之处。在南北朝时期，牙门逐渐发展为指官署之门。

牙门（其"牙"令人恐惧，再则牙门是唇枪舌剑的地方）。由于牙门常处于交通要道（衙从行，行有大道之义），于是衙门兴起而牙门渐灭。

唐朝的封演在《封氏闻见记》一书中，对牙门演变为衙门的由来做了说明：近代通谓府庭为公衙，衙本作牙。近俗崇尚武略，因此通称公府为公牙，府门为牙门。字稍讹变，转而为衙。《现汉》如今只收"衙门"，把"牙门"丢弃，满地也找不到了。

📎 牙，即牙人，旧时为买卖双方撮合从中取得佣金的人。为何将买卖双方的中间人称作牙？古代学者认为牙来源于互。近来也有研究认为牙字来源于牲畜交易，因牲畜交易时要察看动物的牙齿，故称为牙，后便用牙指买卖双方的中间人。

车船店脚牙：车夫、船夫、店家、脚夫、牙人。古代常将这五种职业并举。古代重农抑商，"车船店脚牙"以他人为谋利对象，从事这些职业的人也不乏投机取巧、坑人行骗之辈。于是慢慢有了"车船店脚牙，无罪也该杀"或类似的说法。

殷·胭·嫣

殷 多音字。会意字。甲骨文 🕉 右边从身（大腹之人），左下从殳（手持针），会一手持针给身患腹病的人治疗之意。金文 🕉。小篆 🕉。隶定后楷书写作殷。本义为手持针给大肚子病人治疗。是医的初文。由大肚子引申出大、众多、富裕等义，如殷实。由病引申指忧思、情意，如殷切。忧思、情意等，后另加心写作慇（今作殷的异体字）。殷勤与慇懃是全等异形词，殷勤是推荐词条。

读 yān 时，义为赤黑色。常见词有殷红。

读 yīn 时，为本义及引申义，如殷富。还指殷朝，也用于姓。

读 yǐn 时，书面用语，拟声词，形容雷声，如殷其雷（义为听那隆隆的雷声）。《殷其雷》出自《诗经·国风·召南》。

胭 yān 形声字。《说文》无。楷书胭从肉（月）从因（表声）。是咽的异体字。本义为咽喉，俗叫喉咙。喉咙通常是红色的，故而用作胭脂或单用，是匈奴语的译音，初也写作烟支、燕支、燕脂。本指一种植物，也叫红蓝花。花为红色，从花中提取的红色化妆品叫胭脂，也用作国画颜料。

嫣 yān 形声字。小篆 🕉 从女从焉（表声）。隶定后楷书写作嫣。本义为身材修长且美丽。引申指女子容貌美，如嫣然一笑。又表示颜色浓艳，如姹紫嫣红。

【殷红】形 带黑的红色：～的血迹｜～的鸡冠子。

【胭红】形 像胭脂那样的红色：～的野百合｜～的朝霞。

【嫣红】〈书〉形 鲜艳的红色：姹紫～。

殷红、胭红、嫣红，读音高度一致，都是对红的表述，但含义不一样，只要认真区别就不会抹错颜色。

🕉 殷红的殷读 yān，不读 yīn 或 yǐn，笔者错读了几十年，十年前才改过来。写到这，笔者脸上泛起"胭红"。

烟·煙·菸

烟 多音字。会意兼形声字。金文 🕉 上边是房子，屋内左上方是烟囱，左下方是火，右侧为示，会祭祀时烟从灶突冒出之意。小篆 🕉 改为从火从垔（表声），异体 🕉 从火从因（因为凭借，兼表声）。隶定后楷书分别写作煙与烟。今规范用烟。本义为燃烧后腾起的气体。

读 yān 时，指物质燃烧时产生的烟，也指烟草。

读 yīn 时，烟煴（yūn）同氤氲（形容烟或云气浓郁，也作细缊）。

煙　《现汉》将煙作为烟的异体字,不是繁体字。
菸　《现汉》将菸作为烟的异体字,但仅限于烟第 4 个义项"烟草"上。如烟叶、烤烟、种了几亩烟。

淹·湮·掩

淹 yān　会意兼形声字。小篆 ![字形] 从水从奄(覆盖,兼表声)。隶定后楷书写作淹。本义当为浸没,漫过。是奄的加旁分化字。后引申出深广、渊博、长久、迟延等义,如淹博、淹留。

湮　多音字。会意兼形声字。小篆 ![字形] 从水从垔(堵塞,兼表声)。隶定后楷书写作湮。本义为沉没,埋没。是垔的加旁分化字。

读 yān 时,义为埋设,也指淤塞。

读 yīn 时,同"洇"(液体落在纸上或其他物体上向四周散开或渗透)。

掩 yǎn　会意兼形声字。小篆 ![字形] 从手从奄(覆盖,兼表声)。隶定后楷书写作掩。本义为掩盖,隐蔽。是奄的加旁分化字。常用词如水来土掩。

【淹埋】yānmái 动 (淤泥、沙土)盖过;埋住:铁路被淤泥~了。

【掩埋】yǎnmái 动 用泥土等盖在上面:~尸体。

【淹没】yānmò 动 (大水)漫过;盖过:河里涨水,小桥都~了◇雷鸣般的掌声~了他的讲话。

【湮没】yānmò 动 埋没:~无闻。

淹埋、掩埋,都可指泥土盖,但前者不被人为主观控制,后者是人们自觉行为。淹没、湮没,都有埋没的意思,但前者常用于口语,后者则多用于书面语言。

淹·腌

淹　详见本页"淹·湮·掩"。

腌　多音字。会意兼形声字。小篆 ![字形] 从肉(月)从奄(覆盖,兼表声)。隶定后楷书写作腌。异体用醃。今规范用腌。本义用盐浸渍肉。

读 ā 时,腌臜,用于方言,义为脏(房子里太腌臜,快打扫一下),还形容心里别扭(这事没办成,腌臜透了),还指糟践(如别腌臜人)。

读 yān 时,指把鱼、肉、蛋、蔬菜等加上盐、酱等,放置一段时间促使其出味,如腌肉。

在古代,淹的确做过腌的通假字,但如今两字有了明确的区分。腌菜,不能写成"淹菜"。"淹菜",字面可理解为菜地被水淹了,不用为好。

延·沿

延 yán 会意兼形声字。甲骨文⿰和金文⿰皆从彳(半条街)从止(脚),会走长路之意。小篆⿰另加义符厂(表示拉引,兼表声),以强调引长之意。隶定后楷书写作延。本义为走长路。引申指延长,如蔓延、绵延。又专用于时间方面,如延缓、延迟、拖延时间、顺延、延年益寿等。延长,可以指空间,如延长行车路线;也可以指时间,如延长退休时间。

沿 yán 会意兼形声字。小篆⿰从水从㕣(水流出山谷,兼表声)。隶定后楷书写作沿。是㕣的加旁分化字。本义指顺着水流方向行走。引申指顺着。沿路就是顺着路,沿街就是顺着街,沿海就是顺着海、靠着海。把顺着走过去的老路抽象化,引申指遵循、因袭,如沿袭、相沿成习、沿用老方法、沿用原来的名称等。还指顺着衣物的边再镶上一条边,如沿鞋口。

从构词说,可以用沿来修饰用,说明用的方式,如沿用,是继续使用。延,不能用来修饰动作,后面只能带有延的对象,如延期。

简言之,沿强调方式上的延续、袭用,延着重点在长度(空间)、时间方面的伸展。汉语中只有沿用,而没有"延用"。

另外,沿着,重在方式上的继续;延着,重在长度、时间方面的延长。这是两者的本质区别。

燕·雁

燕 多音字。象形字。甲骨文⿰。小篆⿰。隶定后楷书写作燕。本义为燕子。
读 Yān 时,指周朝国名,在今河北北部和辽宁西部。也指河北北部。还用作姓。
读 yàn 时,指燕子。还同"宴"。

雁 yàn 会意兼形声字。金文⿰从人(因为大雁飞行时通常呈人字形,古人视此鸟有人之道)从隹(短尾鸟)。小篆雁、⿰误将金文⿰(人)写作厂(厂山崖形,表读音ān,传说中雁栖于山崖),于是另加亻(人),这就成了雁(难怪人们说雁字里藏着两个人)。由于厂、广在读 ān 时,通庵,于是雁的厂字头有时候也写作广字头(㢈就是例证)。雁为知时候鸟,守信,飞行时多排成人字形,古人以为贽礼,婚礼用之,故从人。隶定后楷书写作雁。本义为大雁。

有人常把身轻如燕错成"身轻如雁",把"人过留名,雁过留声"误作"人过留名,燕过留声"。其实,根据这两种鸟在生物学上的不同特点,就可避免此类差错的出现。雁的体态比较大,喜欢结伴行动,飞时会排成一字或人字形,即所谓的雁行(借指弟兄)。如果一只雁离群落单了,会很孤苦,人们常用孤雁比喻失落的人，用雁影分离比喻离群索居的状态。雁飞得又高又远，外加警惕性极强，猎手是难以捕捉到的。雁过拔毛本来是比喻人的武艺高强，身手敏捷，连在高空急速飞过的大雁也能伸手抓到，拔下它的羽毛。现主要比喻人爱占便宜，见有好处就要乘机捞一把。沉鱼落雁是鱼见之沉入水底，雁见之降落沙洲，形容女子容貌美丽。沉鱼落雁常与闭月羞花同出同进。

大雁善飞，古人把书信系在它的足上，请其传递信息。雁足即书信。苏武当年被扣留在匈奴牧羊十九年，最后正是利用大雁传信给汉使，才得以回汉。成语雁去鱼来、鸿雁传书，是说书信往来；雁杳鱼沉则是说对方音讯断绝。

燕与雁相比，体形要小巧许多，动作也会更灵巧、轻盈。一个人步履矫健、身手不凡，我们可以说其身轻如燕。燕尾部分叉像剪刀。人们常用它来摹状末端分叉的东西，如燕尾服、燕尾衫、蚕头燕尾（隶书书法名词）等。

雁过留声指群雁飞过，齐声长鸣被留下。引申说某人离开一个地方或死去，留下好的名声被传颂。人们常将雁过留声和人过留名连起来使用。燕的声音则细小、柔和。燕语呢喃形容像燕子叫声那样的轻声细语或是直接表示燕子的鸣叫声。汉语中从来没有"燕过留声"这一说法。

新婚燕尔出自《诗·邶风·谷风》：宴尔新昏（婚），如兄如弟。本指一个弃妇述说被遗弃，而丈夫再娶新欢的故事。宴是欢乐之意，尔是你的意思。后来，反转为新婚快乐。宴尔指新婚，现多写作燕尔，后演变为新婚燕尔，与燕子呢喃说不定有关系。

燕和雁在体态外形、生活特性、飞行动作、叫声等方面都存在着差异，整清了这些，就可以让燕、雁各司其职。

闫·阎

闫 yán 本是阎的异体字。

阎 yán 形声字。小篆 閻 从門从臽（表声）。隶定后楷书写作閻。异体作闫，改为从三表声。本义为里巷的门。今简化为阎、闫。阎现在主要用作姓。后用于"阎罗"是梵语 yamarāja 的译音"阎魔罗闍"的简称，佛教指主管地狱的神。阎罗，也叫阎罗王、阎王、阎王爷。

金代韩道昭著的《改并四声篇海门部》引《俗字背篇》："閆，与閻同。"可见在金代已经有了閆字。《康熙字典》谓"《说文》有'閻'无'閆'，今姓谱分为二"。说明，先有閻后有閆。1932年当时的教育部国语统一筹备委员会编的《国音常用字汇》收閻和閆。1953年出版的《新华字典》："閻（閆），姓。"把"閆"作为"閻"的异体字，但只用于姓氏。1955年文化部和文改会发布的《第一批异体字整理表》没有把闫作为异体字废止。1977年,《第二次汉字简化方案(草案)》将阎简化为闫。1986年6月24日,国家语言文字工作委员会下发《通知》明确规定,《第二次汉字简化方案(草案)》"自本通知下达之日起停止使用"。1986年10月10日,国家语言文字工作委员会发布的《简化字总表》把阎简化为阎,没有收录闫和闫。1988年3月,国家语委和新闻出版署联合发布的《现代汉语通用字表》收阎而没收闫。2013年6月5日,国务院发布《通用规范汉字表》收录闫。

这表明新中国成立以后闫字虽然没有废止,但已经很少使用。改革开放以来,用作姓氏时除了阎继续使用外,许多人也使用了闫,可能是闫笔画比较减省。我们再来看看《现汉》:

《现汉》第4版,仅列出阎,并括注在用作姓时,异体字为闫。[《现汉》第4版在"凡例"中注明"异体字(包括繁体)"]。《现汉》第5版,增加闫(闫)词条,同时将第4版阎(②闫)改为阎(闫)。《现汉》第6、7版,保留闫(闫)词条,在对阎用作姓加了括注(近年也有俗写作闫的)。

纵观前文,古时只有阎姓,后来估计是一些阎姓本族人或外族人嫌麻烦,省写或草写为闫,从而出现两个姓。目前看来,第二次汉字简化后,相当一批由阎姓改为闫姓,第二次汉字简化取消后,一部分闫姓改回,也有部分将错就错。现实生活中,百姓已认同这个闫。

现在表示里巷的门的"阎"不能用"闫";阎罗中的"阎"也不能用"闫"。

沿·檐

沿 详见576页"延·沿"。

檐 yán 形声字。小篆 ![檐] 从木从詹(表声)。隶定后楷书写作檐。异体作簷。今规范用檐。本义为屋檐,如房檐、廊檐等。由本义引申出某些器物上形状像房檐的部分,如帽檐儿。

檐是屋顶向外伸出的边沿部分,但檐与沿却分工不同。沿有边的意思,多用在名词后,如边沿、沟沿、炕沿儿、缸沿儿、前沿。檐通常有向上翘起特性,凡是边沿向上翘起的可称作××檐,平伸或向下称作×沿。

筵·宴

筵 yán 会意兼形声字。小篆 ![筵] 从竹从延(延展,兼表声)。隶定后楷书写作筵。本义为垫在座位下的竹席。后泛指古人席地而坐时铺的席,也指筵席(即酒席)。

宴 yàn 会意兼形声字。金文 ![宴] 从宀(房屋)从妟(偃息,兼表声)。小篆 ![宴]。

隶定后楷书写作宴。古也借燕表示。宴尔即形容安乐。（参见576页"燕·雁"）。本义为安闲，安乐，安居。引申指以酒食待客。再引申出宴会等义。

【筵席】名 指宴饮时陈设的座位，借指酒席。

【宴席】名 请客的酒席：承办~。

筵席，引申义与宴席相通，前者书面气重一些，后者更趋于口语化。

与几、案相配的古代坐具，就是筵和席。席从巾，本指铺垫的东西，属于高端坐垫。筵也是指铺垫之物，但从竹，一般认为是用竹子编织的席子。

古时，官宦人家一般地面先铺筵，上面铺席。自然，筵大席小。大夫以下一般只有一张铺底的筵，也就是一张宽大的席。席地而坐并不是指直接坐在地上。后来，筵与席就不太分了，自然就有了筵席一词。

俨·酽

俨 yǎn 会意兼形声字。金文借 (严字金文) 表示。小篆 另加义符人，遂成为从人从严（严肃，兼表声）。隶定后楷书写作儼。今简化为俨。本义为昂头。引申指指恭敬、庄重，如俨然、俨正。

酽 yàn 形声字。《说文》无。楷书釅从酉从严（表声）。今简化为酽。本义为酒、醋的味道浓厚，引申指味厚、汁浓。

浓，本义为露水重，引申出密、厚之义。浓酽，形容汁液黏稠，味道浓厚。浓和酽为同义语素。"浓俨"无解。

掩·堰

掩 详见575页"淹·湮·掩"。

堰 yàn 会意兼形声字。《说文》无。楷书堰从土从匽（掩藏，兼表声）。古借偃表示，后改换义符土写作堰。本义为筑堤堵水，也指用来挡水的较低的堤坝。堰主要作用是提高上游水位，或改变水流方向，以利于灌溉和航运。堰塞湖，指山体崩塌的大量岩石或火山熔岩流等堵塞山谷、挡住水流而形成的湖泊。后在地名中多有使用，如四川的都江堰。

兵来将挡，水来土掩，意即根据具体情况，采取灵活的对付办法。水来土掩，本作水来土堰，意思是洪水来了，就用泥土修筑堤坝阻挡。掩，有遮蔽的意思。在用泥土筑堰阻挡洪水义项上，掩与堰有相通之处，再加上掩比堰常用，大约从明代开始，水来土堰就被写成水来土掩了。

千万不能把水来土掩写成"水来土淹"啊。

厣·靥

厣 yǎn　形声字。《说文》无。楷书厣从厭（表声）从甲。今简化为厣。本义为蟹脐，即螃蟹腹下面的薄壳。引申指螺类介壳口圆片状的盖，由足部表皮分泌的物质形成。

靥 yè　形声字。小篆𪩲从面从厭（表声）。隶定后楷书写作靥。今简化为靥。本义酒窝。

古代妇女在面部点搽的一种妆饰称为靥。面靥又称妆靥，通常以胭脂点染，施于面颊两侧酒窝处。盛唐以前是在脸上画如黄豆大小的两个圆点，以后式样丰富许多，形如钱币称钱点，形如杏称杏靥，形如花卉称花靥等。

靥与厣完全不是一回事，点面靥若错写作"点面厣"，那岂不是画错了地方？😣

魇·靥

魇 yǎn　会意兼形声字。小篆𩵋从鬼从厭（压着，兼表声）。隶定后楷书写作魇。今简化为魇。本义为梦中惊骇、恶梦。引申指迷梦、迷惑、妖邪等义。

靥　详见本页"厣·靥"。

靥本义为面颊上的小圆窝，俗称酒窝。笑靥既可指酒窝，也可用来泛称笑脸、笑容。生活中，我们常用"笑靥如花"形容人的笑脸像花一样美丽灿烂。"笑魇"？那可能是妖怪的魔脸，想想都瘆得慌。

蝘·堰

蝘 yǎn　形声字。楷书蝘从虫从匽（表声）。蝘蜓，联绵词，读作 yǎntíng，指壁虎，古籍中多与蜥蜴、蝾螈等相混。

堰　详见 579 页"掩·堰"。

蝘蜓座是南天极附近一个暗淡的小型星座，位于船底座和南极座之间，是 16 世纪末荷兰航海家皮特·凯泽和豪特曼共同命名的。其英文原名 Chamaeleon 指的是变色龙，符合该星座暗淡、模糊、变幻特点。变色龙与壁虎同属爬行纲有鳞目，外形也比较相似，中文便用蝘蜓座来翻译这个星座名。

蝘蜓座不能写作"堰蜓座"，更不要写作"蝘蜓座"。

殃·秧·怏

殃 yāng　会意兼形声字。小篆𣨵从歺（读 è，指剔肉后残剩的骨头，后讹作歹）从央（表声）。隶定后楷书写作殃。本义指祸害、灾（歹与死亡、灾祸有关）。如遭殃。

也表示作动词，义为害，如祸国殃民、殃及池鱼。

秧 yāng 形声字。小篆 ⿰禾央 从禾从央（表声）。隶定后楷书写作秧。本义指植物的幼苗。

怏 yàng 形声字。小篆 ⿰忄央 从心从央（表声）。隶定后楷书写作怏。本义表示不服气、不满，常形容不愉快的样子。

病怏怏，因患病等而心中不愉快，整个人显得萎靡不振、精神疲乏的样子。病怏怏也写作病恹恹，但不得写作"病殃殃"。

汉语中没有"遭了秧""遭了怏"的写法。

赝·膺

赝 yàn 后起会意兼形声字。楷书赝从贝从雁（雁指似是而非，兼表声）。今简化为赝。是雁的后起分化字。（参见576页"燕·雁"）。本义为假的，伪造的。赝原写作赝，形符为火，其本义指火色。古代陶器以火色别优劣，弄虚作假者往往通过改变火色以次充好，故赝引申指伪造的东西。现在通行的赝字，则以贝为形符，寓意和价值有关。古代字书《玉篇》在释赝时说："不直也。"直通值，不直即不值钱的意思。伪造的东西当然是缺乏价值的。

膺 yīng 形声字。小篆 ⿸雁月 从肉(月)从雁(表声)。隶变后楷书写作膺。本义为胸。胸部隆起，是老鹰的一个显著特征。鹰下面的形符，看似日月的月，其实是个肉字。古人造肉字时煞费苦心，画了一块肉的轮廓，里面的两横表示肉的肌理，但几经演变以后，已和月字无异。在汉字中，从月的字多半与肉体有关，如肢、股、肺、肚、肋、肘、肥、胖等。膺本指胸部，引申指胸臆、心间，进一步引申指承受、接受。荣膺即光荣地接受或光荣地获得。

赝本作雁，原指一种外形略像鹅的鸟，也叫大雁、鸿雁。为什么雁有"假"义呢？清代吴景旭《历代诗话·赝本》解释说：雁与鹅特别相像，但德性不同，"故凡以伪乱真者曰雁"。这种说法仅是一种猜测，只能聊备一说。

雁，之所以从人（亻），说明古人对大雁的尊重。大雁具备五常，即仁义礼智信。黑龙江省五常县名源于儒教三纲五常之"五常"，五常大米享誉大江南北，不过也有一些不法之徒用别处的大米充当五常大米，与"五常"悖也。

大雁有仁：雁阵当中，总有老弱病残之辈，不能够凭借自己的能力捉食为生，其余的壮年大雁，绝不会弃之不顾，养其老送其终，此为仁者之心。

大雁有义：雌雁雄雁相配，向来是从一而终。不论是雌雁死或是雄雁亡，剩下落单的一只孤雁，到死也不会再找别的伴侣。

大雁有礼：天空中的雁阵，飞行时或为一字，或为人字，从头到尾依长幼之序而排，称作雁序。阵头都是由老雁引领，壮雁飞得再快，也不会赶超到老雁前边，这是其礼让恭谦之意。

大雁有智：落地歇息之际，群雁中会由雁放哨警戒。所谓犬为地厌、雁为天厌、鳢（黑鱼）为水厌，这三种生灵最是敏锐机警，一有什么风吹草动，群雁就会立刻飞到空中躲避。

大雁有信：大雁因时节变换南北迁徙，从不爽期，至秋而南翔，故称秋天为雁天。

正因为雁具备五常非寻常之鸟，常被用于一些重要场合。比如古人在初次拜见尊长时，要送上见面礼，称之为贽（zhì）见。雁便是六贽之一。《周礼·春官》："孤执皮帛，卿执羔，大夫执雁，士执雉，庶人执鹜，工商执鸡。"

除了雁，鹿皮、鹿茸等也是高贵礼物之代名词。送鹿皮等，是非常喜庆的事情，我们可以从慶（庆）这个汉字中感受得到。鹿比较好办，但雁不是想抓就能抓得到，更何况雁还是候鸟呢（中原以北冬季难以寻觅大雁的身影）。即便大雁来时，它具备"智"也只能望雁兴叹啊。古人挖了坑，只好自己想办法去填，一番抓耳挠腮之后，想到用鹅作雁的替身。鹅体形较一般家禽大，有雁的形态，还有鹅头有寿星突出的头部样子（中原人将鹅头称作龙头，称鸡爪为凤爪，象征意义不说您也明白，同时避免"鹅头"与"我头"尴尬相遇；老鹅脖子下悬挂着的皮囊如同老人脖子下晃动的肉皮；还有鹅不选"恶"而选"我"作声旁也是有意而为之），于是贗（从雁从贝，贝就是钱）就有充当和代替的意思。尤其是灰色雁鹅与雁外形相似度极高，从名字中也可中悟出。

古人在赠送鹅的时候，一般将其抱在胸前，以表示对受礼方的敬仰和尊重，此举与"膺"本义吻合。

扬·杨

扬 yáng 会意兼形声字。金文有多种字形，其中基本字形为 ，为双手举璧向人示展形。小篆 。隶定后楷书写作揚与敭。今扬简化为扬。敭废。本义为举玉赞赏。后引申指为举起、升起、风吹使飘、往上抛撒等。

杨 yáng 形声字。小篆 从木从昜（表声）。隶定后楷书写作楊。今简化为杨。本义指杨树。还用作姓。

杨花指柳絮。水性杨花也作杨花水性，即水性随势而流，柳絮随风飘荡，旧时用来比喻妇女作风轻浮，用情不专一。

扬花则是指水稻、小麦、高粱等作物开花时，柱头伸出，花粉飞散。

杨花和扬花虽然同音，但意思相差甚远，此"杨花"非彼"扬花"！

烟花三月下扬州中的扬州，不能写作"杨州"。

炀·烊

炀 yáng 会意兼形声字。小篆 ![] 从火从昜(兼表声)。隶定后楷书写作炀。今简化为炀。异体作烊。今二字表义有分工。本义为烘烤。现表示熔化金属，火旺。

烊 多音字。形声字。《说文》无。楷书烊从火从羊(表声)。作为炀的异体字，本义为炙烤。又表示熔化。

读 yáng 时，用于方言，可指金属熔化，还可指冰雪融化，也可指糖盐等结晶体遇水浸等溶化、膏剂等凝冻后用火烤化开来等等。

读 yàng 时，常见词打烊(商店关门停业)。

古时，炀与烊(yáng)相通，现在分工明确。"糖 yáng 掉了"的 yáng 应是烊而不是炀。炀，仅用于金属熔化或者火旺。参见 559 页"饧·醒"。

洋·漾

洋 yáng 会意兼形声字。甲骨文 ![] 从水从二羊，表示水多。小篆 ![] 从水从羊(表声)。隶定后楷书写作洋。本义为水盛大。引申指丰富等义。

漾 yàng 会意兼形声字。金文同羕(![])或另加义符水(![])。小篆 ![] 从水从羕(兼表声)。隶定后楷书写作漾。是羕的加旁分化字。本义为水流悠长。

洋与漾，都有溢的意思。洋溢是指情绪气氛等充分流露，如热情洋溢、脸上洋溢着笑容。漾，指液体太满而向外流，如漾奶(婴儿吃过奶后吐出)、"这桶水太满都漾出来了"。还用比喻，如"脸上漾出了灿烂笑容"。

洋与溢组词才行，而漾则独往独来；洋溢虚指，而漾既实指也能虚指。

腰·勒

腰 yāo 会意兼形声字。小篆 ![] 本作要，由于要为引申义所专用，俗便另加义符肉(月)写作腰，成为从肉(月)从要(兼表声)的会意字。是要的加旁分化字。本义为腰部。

勒 yào 形声字。《说文》无。楷书勒从革从幼(表声)。本义为靴子或袜子的筒。

因为腰部也有筒形，但这个筒远比靴子或袜子的筒形粗大，所以我们只能写高勒靴子或高勒袜子时，不能将勒错成"腰"。

另外，袎同勒。

🌸 崾，读 yào，崾崄(xiǎn)，方言，两山之间像马鞍子的地方，多用于地名，如陕西省延安市黄龙县崾崄乡。山腰与崾表述对象不一样。

徭·傜·猺·瑶

徭 yáo 会意兼形声字。《说文》无。楷书徭从彳从䍃(兼表声)。是䍃的加旁分化字。本义为劳役。

傜 yáo 是徭的异体字。

猺 yáo 后起形声字。楷书猺从犬从䍃(表声)。本义指黄猺一类动物。黄猺又称青鼬。不是黄鼠狼。

瑶 yáo 形声字。小篆瑶从玉从䍃(表声)。隶定后楷书写作瑶。本义为美玉。引申指美好。现在主要作用瑶族。

提起瑶族大家都知道，下面将瑶族名称由来作一简单介绍。

在工农红军经过桂北之前，统治者常称瑶人为猺人，地方史书上，也大都用猺。1934年12月，红军一、三、五等三个主力军团进入广西桂林龙胜境内。12月6日，红三军团首长在龙舌岩下与当地参加桂北瑶民起义的瑶胞首领会面，并在岩壁上题了"紅軍絕對保護傜民"标语，将猺改写为傜。为纪念此事，当地瑶民将龙舌岩改名为光明岩，后又改为红军岩。

猺民变傜民，在红军的报刊中有史料记载。中国工农红军总政治部出版的《红星报》，于1935年5月22日发表了题为《纠正沿用"犭"旁书写少数民族族名 一律改用"亻"旁》，全文如下："犭，这一狗旁，过去我们也常常沿用起来加在猺、狪、猓猓等字上，这同样是少数民族所不愿意的，也应纠正，一律改为有人旁，如傜、侗、倮倮等。"

新中国成立后，在中国共产党的民族平等政策下，少数民族族称的狗字旁用法才正式为人字旁所取代。而据瑶族同胞说，其祖先是盘王(也有说是盘瓠)，出于充分尊重少数民族人民的感情，便将傜字改为瑶。

在新中国大家庭中，瑶族、侗(旧作狪)族才把强加压在他们身上"犭"扔掉。

✐ 民族区域自治地方在中华人民共和国成立初期统称自治区，1954年依据《中华人民共和国宪法》的规定，划分和确定为自治区、自治州和自治县(旗)三级。

民族乡：中国在相当于乡的少数民族聚居区建立的基层行政单位。在一个或几个少数民族聚居的地方，少数民族人口占全乡总人口30%以上的都可建立民族乡，特殊情况可低于这个比例。

这里特别提醒大家，不要把民族乡写成"自治乡"。

我国现有五个自治区：内蒙古自治区、新疆维吾尔自治区、广西壮族自治区、宁夏回族自治区、西藏自治区。

这里要注意：一是排序，不能随意调换位置；二是名称精准，不要多字也不能漏字，尤其要注意"新疆维吾尔自治区"名称中没有族字。

我国自治县名称一般要加民族名字，如青海省互助土族自治县，有的是多个民族排列，如海南省琼中黎族苗族自治县、云南省玉溪市元江哈尼族彝族傣族自治县、云南省临沧市双江拉祜族佤族布朗族傣族自治县。这些族名称不要写错，顺序不要颠倒。

我国有两个自治县名称特殊：广西壮族自治区桂林市龙胜各族自治县、广西壮族自治区百色市隆林各族自治县。请注意"自治县"前面是"各族"，不是具体少数民族名字。

叶·页

叶 多音字。象形兼会意兼形声字。金文 ✦ 下从木上象树叶形。小篆 ✦ 另加义符艹，成为从艹（艹）从枼（兼表声）。隶定后楷书写作葉。今简化借叶来表示，从十从口会意（众人之口，叶是协的异体字。协，协同）。本义是草木之叶，也用以指像叶子似的轻飘飘的东西，还用以比喻小而轻之物。

读 yè 时，指叶子。姓。还指较长时期的分段，如清朝末叶。

读 xié 时，指和洽，相合，如叶韵（亦作谐韵、协律，诗韵术语）。

页 yè 象形字。甲骨文 ✦ 象突出了头部的人形。上为头和发，下为人身。金文 ✦。小篆 ✦。隶定后楷书写作頁。今简化为页。本义为头。每个头部都有一张面孔，故又通葉（叶）。引申作量词，旧指单面印刷的书册中的一张纸，现指双面印刷的书册中一张纸的一面，有扉页、活页、册页等词。由于页作了偏旁并借为量词，头之义便另加声符豆写作頭，今简化为头。所以不能把翻几页书理解成翻了几个头，真那样挺吓人的。☺

扁舟是小而轻的船，所以用叶来喻之十分形象，不能用"页"来计量。

曳·拽

曳 yè 会意兼形声字。小篆 ✦ 从申（闪电）从厂（拉引，兼表声），会像闪电一样掣长之意。隶定后楷书写作曳。本义为闪电一掣。引申指拖、拉、牵引。常见词有曳光弹。

拽 多音字。会意兼形声字。小篆 ✦ 从手从世（表声）。隶定后楷书写作拽。异体作拽从手从曳（兼表声）。是曳的加旁分化字。今以拽为正体。本义为拖，拉。

读 yè 时，旧同"曳"。

读 zhuāi 时，方言，义为扔，抛，如"把皮球拽得老远"。还指胳膊有毛病，活动不灵活。

读 zhuài 时，义为拉，如生拉硬拽。

拖曳，即拉着走、牵引。拖曳式脉冲定位器，由水下拖曳部分、线缆、绞车以及控制台等部分组成。其水下拖曳部分，被水面船只拖着缓慢行进。

汉语中，"拖曳"过去确实有人写成"拖拽"；但作为现代军事设备的专名，应写成"拖曳式脉冲定位器"为好。

依 · 倚

依 yī　会意兼形声字。甲骨文 ⟨字⟩ 从衣（兼表声）中有一人，会衣服为人所凭靠之意。小篆 ⟨字⟩ 将人移到衣外并整齐化。隶定后楷书写作依。本义为凭靠，倚凭。

倚 yī　会意兼形声字。小篆 ⟨字⟩ 从人从奇（一只脚站立的瘸人，兼表声）会意。隶定后楷书写作倚。是奇的加旁分化字。是依的同源字。本义为依靠在物体或人身上。

《说文》中两字互训：在解释依字时，说"依，倚也"；在解释倚字时，又说"倚，依也"。两个字本同源，使用中有微妙的区别。依，偏向于挨着，间距很小，如依附、依靠、依山傍水、白日依山尽；倚，偏向于靠着，往前为凭，如凭栏远眺，往后或往两边则为倚，如倚着门框。

依通常用于口语化，倚则侧重于书面语言。依傍与倚傍、依靠与倚靠、依赖与倚赖、依仗与倚仗，都可以相互交换使用，但倚重不要写作"依重"。

除此之外，倚老卖老、倚马可待、倚马千言等成语不得变动。倚马可待，说的是晋代的袁虎。桓温领兵北征时，命令袁虎起草公文，袁虎靠着马背挥笔写下而且文从字顺。后世便用倚马千言、倚马可待，形容文思敏捷。此处的倚是靠着，理应用倚。

依 · 以

依　详见本页"依·倚"。

以　详见 590 页"已·以"。

我国重要的治国方略之一，依法治国与以德治国相辅相成。我们从媒体中经常看到"以法治国"的说法，以法治国与依法治国怎样来区分呢？以法治国的"以"是用和拿的意思，以法就是用法律与拿法律的意思，就是说统治者要把法律作为一种工具来使用，突出强调的是人的因素，强调统治者在治理国家中的作用，体现的是统治者将法律作为个人专断和独裁以及实施人治的工具。依法治国的"依"是依从、依靠、按照的意思，依法就是依从法律、依靠法律、依照法律的意思，即要求人们依照法律来治理国家，体现的是法律至上、依法办事、法律面前人人平等的法治原则。

《辞海》收录了德法行政、依法治国、依法治军。

参见 653 页"制·治"。

夷·荑

夷 yí 象形字。甲骨文 ? 与尸同,象蹲踞的人形。东方之人喜欢蹲踞,故用以表示东方之人。金文 从大(人)从弓,人背弓弩表强悍。小篆 。隶定后楷书写作夷。本义为东方之人即我国古代对东部各民族的统称。后引申义项很多,可指平坦、平安,如化险为夷;也可指铲平、灭尽,如夷为平地。古代也泛指东方的民族,或是外国、外国人。在周朝时期,中原地区的民族自称华夏,便把华夏周围四方的人,分别称为东夷、南蛮、西戎、北狄。

荑 多音字。形声字。小篆 从艸(艹)从夷(表声)。隶定后楷书写作荑。本义为初生茅草的嫩芽。

读 tí 时,指植物初生的嫩芽,还指稗子一类的草。

读 yí 时,指芟(shān)荑田里的野草。

柔荑(tí),义为柔软而白的茅草嫩芽。汉语中没有"柔""夷"组词。

匪夷所思(不要写作"非夷所思"),形容人的思想、言谈、技艺等离奇,超出寻常,不是一般人根据常理所能想象的。出自《易·涣》。这里提请大家注意"令人匪夷所思"中"令人"是多余的,因为这里的"夷"就是指平常人,有叠床架屋之嫌。但是人们口语中常把"令人匪夷所思"挂在嘴边,对此我们应该予以宽待。

仪·怡

仪 yí 会意兼形声字。金文 用義(义)表示。小篆 另加义符人,成为从人从義(兼表声)会意。隶定后楷书写作儀。今简化为仪。是義(义)的加旁分化字。本义为人的外表。引申指礼节等。作动词时有向往之义。

怡 yí 会意兼形声字。小篆 从心从胎省(胎省去月,怀胎则为有喜,兼表声)。隶定后楷书写作怡。是台的加旁分化字。本义为快乐、喜悦。

心仪,指心中向往。心怡,指心中喜悦舒畅。

心仪已久,心旷神怡,千万不要搞错,否则心情都不会舒畅,您说呢。

饴·怡·贻

饴 yí 形声字。金文 从食从異(表声)。小篆 改为从食从台(表声)。隶定后楷书写作𩚳与飴。今以飴为正体并简化为饴。本义为糖稀。

怡 详见本页"仪·怡"。

贻 yí　形声字。小篆 ▨ 从贝从台（表声）。隶定后楷书写作贻。今简化为贻。本义为赠送，如贻赠、馈贻等。引申指遗留，如贻害、贻笑大方等。

饴糖，是用米、麦芽等含淀粉的粮食为原料制成的一种糖，主要成分是麦芽糖等。由于质地稀软，在民间又有糖稀、皮糖、牛皮糖等俗称。含饴弄孙是指含着饴糖逗弄小孙子，以此来形容老年人的闲适情趣和天伦之乐。

饴糖，万万不可写作贻糖、怡糖。

甘之如饴，就是指感到像糖一样甜，形容甘愿承受艰难、痛苦。怡，是快乐、愉快的意思。虽然饴也能带来快乐、愉快，但甘之如饴不能写作"甘之如怡"。

养怡，即保持身心和乐。养怡错成"养饴"，估计是快乐不起来了。

怡·宜·易

怡　详见 587 页"仪·怡"。

宜 yí　会意字。宜与俎同源，因表义侧重不同，分化为两个字。甲骨文 ▨ 从且（雄性生殖器）从肉，会置肉于且前进行祭祀之意。金文 ▨。小篆 ▨ 上讹为宀（在屋内祭祀也能讲得通）。隶定后楷书写作宜。本义为祭祀。引申指合理的事和办法，如因地制宜、不合时宜、事宜等。

易 yì　会意字。甲骨文 ▨ 是把一个容器里的酒水倒进另一个容器里的样子，会给予之意。当是赐的本字。金文省去甲骨文一个器皿，变成金文一形 ▨；对甲骨文进行删减并加贝，遂变成金文二形 ▨。小篆 易、賜 承接金文两个字形并整齐化。隶定后楷书写作易与赐（今简化为赐）。现在易、赐表义有分工。本义为赐。引申指交换，如移风易俗等。慢慢引申出容易等义。

也许是音近的缘故，有人经常把宜误为"易"、把不宜错为"不易"。不宜，指不适宜。不易大概是"不容易"的缩写。不易之论是指内容正确、不可更改的言论，与"不刊之论"相近。另外，不意是指没想到，如出其不意（不能错成"出其不宜""出其不易"）。还有就是，因人而异不要写成"因人而宜"。

怡人，是指使人舒适、愉快，如风景怡人。

宜人，是指适合人的心意，如风景宜人、气候宜人。

由此看来，怡人与宜人吻合度极高，但略有差别，前者"使人"后者"适合人"，大家细细体味吧。易地搬迁不写作"异地搬迁"。异地报销可以。

宜·益

宜　详见本页"怡·宜·易"。

益 yì　会意字。甲骨文 ▨ 从皿（盆）从水，会水流出盆外之意。金文 ▨

小篆 ![字形]。隶定后楷书写作益。是溢的本字。本义为水满溢出、流出。

宜，义为适合、适当。权宜，暂时适宜、临时变通的，应该说不是最佳或最理想的。权宜之策，指为了应对某种情况而采取的临时性措施。权宜之计，说的是为应付某种情况而采取的临时措施。

益，指好处、利益。权益，指应该享受的不容侵犯的权利。

权宜与权益，不是一股道上跑的车。

贻·颐

贻 详见 587 页"饴·怡·贻"。

颐 yí 会意兼形声字。籀文 ![字形] 从頁（头）从臣（笑口，兼表声）。小篆 ![字形]。隶定后楷书写作頤。今简化为颐。本义为下巴。吃饭用嘴巴，故引申指养，保养。大快朵颐，指美食把腮帮子撑得像花朵般，不说您也明白。颐和园，养生休息之地。

颐养即保养。未见"贻养"一词，也讲不通。

遗·佚·轶·逸

遗 多音字。会意兼形声字。金文 ![字形] 从彳从貴（贝从筐中漏下，兼表声）会意。小篆 ![字形] 改为从辵（辶）。隶定后楷书写作遺。今简化为遗。是貴（贵）的加旁分化字。本义为因为疏忽而丢失。

读 yí 时，由本义引申出的遗漏等义。

读 wèi 时，义为赠予，送给，如遗赠。

佚 yì 会意兼形声字。小篆 ![字形] 从人从失（丢失，兼表声）。隶定后楷书写作佚。是失的加旁分化字。本义为隐遁。引申指逃亡。再引申指失传，散失。

轶 yì 会意兼形声字。小篆 ![字形] 从車从失（失去，兼表声）。隶定后楷书写作軼。今简化为轶。是失的加旁分化字。本义为后车超过前车。由超过，引申指散失，失传。现在，轶在"散失，失传""超过一般"义项上同逸。

逸 yì 会意字。小篆 ![字形] 从辵（辶）从兔会意。隶定后楷书写作逸。本义为逃跑。引申出奔跑，再引申出超出，如飘逸。由超脱劳苦，引申出安闲，安乐，如好逸恶劳、闲情逸致、一劳永逸等。

遗、佚、轶、逸，都有散失之义。遗失，是指由于疏忽而失掉东西；轶、逸在散失义项主要有轶闻、逸闻；佚名亦称无名氏，意思指身份不明或者尚未了解姓名的人（一是散失不知其姓名，二是有意不愿透漏姓名的人）。

散逸、逸文、逸书、逸事、逸闻可写作散轶、轶文、轶书、轶事、轶闻。

疑·嶷

疑 yí 会意字。甲骨文 🈳 象一人持杖站在街上左右张望之状，表示犹豫不决之意。金文 🈳 又加上义符止（脚）和义符牛（牛兼表声），以强调因寻牛而行止不能确定。小篆 🈳 将张望之人讹为匕、矢，省去半条街，将牛改为子，保留止。隶定后楷书写作疑。本义为犹豫。后引申出疑惑等。

嶷 yí 形声字。小篆 🈳 从山从疑（表声）。隶定后楷书写作嶷。本义为山名，即九嶷山，又叫苍梧山。

南朝任昉《述异记》曰：九疑山隔湘江，跨苍梧，野连营道县界，九山相似，行者望之有疑，因名九疑山。在古代典籍中，多数记作九疑山。北魏郦道元的《水经注》：盘基苍梧之野，峰秀数郡之间，罗岩九举，各导一溪，岫壑负阻，异岭同势，游者疑焉，故曰九疑山。《太平御览》引《湘中记》《郡国志》，称"九疑山在营道县""九疑山有九峰"，用的都是疑字。

20世纪50年代末，北京农大第一任校长乐天宇教授和一批贤者踏访九嶷山，回京后乐老以一首七律赠毛主席，并随寄一截故乡的斑竹。毛主席收到后，回七律《答友人》，开头两句：九嶷山上白云飞，帝子乘风下翠微。自此，曾被人们遗忘的"嶷"又走了出来。打那，《新华字典》《现代汉语词典》逐渐收录"嶷"，作为九嶷山的山名、地名专用字。有人说这是毛主席博闻强记，救活了"嶷"。其实，早在《说文》中，许慎就著有：嶷，九嶷山也，舜所葬，在零陵营道。从山，疑声。

由此看来，九疑山与九嶷山两种写法古就有之。从山名由来用疑，从嶷的形声字特点来讲用嶷更妥。《现汉》将九嶷与九疑作为异形词，以九嶷为推荐词条。

已·以

已 详见252页"己·巳·已"。

以 yǐ 象形兼会意字。以（㠯）与巳同源。甲骨文 🈳 是 🈳 （巳，胎儿）的倒文，即头朝下的胎儿，表示已经成形，要降生了。金文 🈳 另加人旁，以强调其为胎儿。小篆 🈳 。隶定后楷书分别写作㠯与以。今以"以"为正体，㠯只作偏旁（《现汉》除"以"用作姓外，其他义项时"㠯"作为"以"的异体字），作偏旁时有的写作厶。胎儿借母体而成，由母体而生，似母体之形，故用作动词，引申指凭借，如可以。

《现汉》注明，古时"已"在"用在单纯的方位词前，组成合成的方位词或方位结构，表示时间、方位、数量的界限"时又同以。

由于种种原因，已与以有些纠葛。

以往与已往

从汉语史看，以往早于已往，前者最早见于先秦，后者最早见于晋朝。

古代汉语中，以往相当于现代汉语中的以后，指"现在或说话时刻或某个特定时刻之后的时期"，指向"将来"。

古代汉语中，已往最早相当于现代汉语中的以前，指"现在或说话时刻或某一特定时刻之前的时期"，指向"过去"。大约自南北朝时，已往也可用作以往，相当于现代汉语中的"以后"。

在古代汉语中，在表示时间时以往和已往有"量子"纠缠，它们都可以用作"以后"，但"已往"还可以用作"以前"。

在现代汉语中，以往表示以前，已往仅保留"以前"。如今，以往和已往就是一组异形词。不过，《现汉》没有承认已往和以往之间的异形词关系，看了下面两词注释，我们会忍俊不禁。

【已往】名 以前；从前：今天的农村跟～大不一样了。

【以往】名 从前；以前：产品的质量比～大有提高 | 这地方～是一片荒野。

得以与不得已

得以，意思是能够、可以，指借某事物而能做某事。如"正是凭着一股韧劲，他徒步登上泰山心愿得以实现"。"得以"的否定用法，是与"没有"搭配，如"受地震影响，原来的生产计划没有得以顺利实施"。

不得已，指无可奈何、不能不如此。如"他是不得已才把老宅子卖掉了"。不得已的常见用法有"不得已而为之""迫不得已"等。其中的"已"是停止的意思，不得已就是不能够停止，强调的是事态的发展超出了自己能力掌控范围，虽然违背了自己的意愿，却没有办法阻止，只能做出无可奈何的选择。

生死以与生死已

民族英雄林则徐有著名诗句：苟利国家生死以，岂因祸福避趋之！生死以中的"以"，有凭借、依靠义，在这里指听凭、照例。

"死生以这""生死以之"，都是指不论死活都要去做。

已，有停止、完成的意思。"生死已"，似可理解为不论死活都停止了，此言差也。

义·意

义 yì 会意字。甲骨文 从羊从我（刀锯），会用刀锯屠宰牛羊祭祀之意。金文 。小篆 。隶定后楷书写作義。俗借义来表示，后又加点作义。今以义为规范字。本义屠宰牛羊以祭祀。引申出公正合宜的事或举动，再引申指合乎伦理道德的原则。義的字形描绘的是一种宰牲场面。上古时代，祭祀可是一件大事，其中包含着深刻而神圣的道理。义代表着标准和规范。

意 yì 会意兼形声字。小篆 𢗙 从心从音（兼表声），借心音会心思之意。隶定后楷书写作意。本义为心中的想法。引申指通过用语言文字等表达出来的意思，如意义。再引申指愿望，志向，如意志。意义一词，古已有之。意、义二字若要分而析之，其难度不小。

意为心之音，义为物之宜。意具有个人性、主观性，义具有社会性、客观性。意是发之于心的想法，所谓"词不达意"，指没有把自己的想法正确地、充分地表达出来。若是外界事物和自己的想法吻合，那就可以称之为中意、满意、称心如意。义是社会推崇的、正当合宜的道理，所以我们提倡"见义勇为""仗义执言"，符合道理的行为称之为义举，为真理而献身称之为英勇就义；由道德上的正义又可泛指客观存在的义理，如疑义、定义、字义。

本意与本义

本意指心中原来的意思，本来的意图；本义为文字学用语，指字词最初的含义，如兵的本义是武器。本义是本书出镜率最高词组，没有之一。☺

情意与情义

情意指对人的感情，所指的范围要比情义大，既可以指人与人间有很深的情感，如情意绵绵，还可指对国家的感情。情意还可表示情分，如"礼品不贵，仅表一点儿情意"。情意可以拆分开来，如深情厚意。情义多指亲属、同志、朋友之间的感情。情义也可拆分开来，如无情无义。情义所指的范围，多限制在一定感情基础的人之间，一般不用于单位和单位、国家和国家之间。另外还有情谊一词。情谊多指人与人、国与国之间的相互关照、协助。情谊书面语气重一些。情谊也可拆分开来，如深情厚谊。

比较而言，情义常用于口语，使用的范围常见于人与人之间；情意、情谊书面语成分大一些，既可用于人与人，也可以用于单位与单位、国家与国家。

语意与语义

语意指词语、篇章包含的意思；语义指字词、句子包含的意思。

意志与义志

意志，意为心之所思，志为心之所向。前者是短暂的，后者是长久的；前者具有即景性，后者具有决策性。意志指决定达到某种目的而产生的心理状态，常由语言和行动表现出来。义志是指符合道义准则的意志。《现汉》未收。

意气与义气

意气，原指志向与气概，后也指由于主观或偏激而产生的情绪。如意气风发。

义气，指由于私人关系而甘于承担风险或牺牲自己利益的气概。如"这个人吃亏就吃在太讲哥们义气了"。

含意与含义

【含意】名（诗文、说话等）含有的意思：猜不透她这话的～。

【含义】名（词句等）所包含的意义：～深奥。也作涵义。

"'欲穷千里目，更上一层楼'含意深刻""'天'字里蕴藏着丰富的文化含义"。前者是古代诗人主观的立意，后者是文字符号本有的蕴藏，故前者用含意，后者用含义。含意与含义，意思非常相近，在诗文、词句方面，含意、含义都可以用，但用在平时说话的意思时，用含意比较好。

会意字，六书之一。会意是说字的整体的意义是由部分的意义合成。有人将会意字写作"会义字"，笔者以为不可取，其中的原因就是从古至今，六书中都是用会意，为了保持稳定、连续，不可改也。

意大利，原译为义大利，后改为意大利，原因至今不明。

亦·抑

亦 yì 指事字。甲骨文 从大（人），在腋下加两点，指向腋窝所在。金文 。小篆 。隶定后楷书写作亦。本义为腋窝。亦字在甲骨文中就被假借用作副词，相当于"也、又、只是、同样"等义，其本义反而不用了，如人云亦云。

抑 yì 会意兼形声字。甲骨文 上从爪（覆手）下从卩（跪人），会用手按一人使跪下之意。金文 。小篆一 为金文的反方向；小篆二 另加义符手，以突出按压之意，成了从手从印（兼表声）会意。隶定后楷书分别写作归与抑（印是印字的讹变）。是印的加旁分化字。本义为按压。后来俗又根据口语的变化，造了从手从恩（表声）的摁字。引申指压制、控制，如压抑、平抑。又引申指忧闷，如抑郁。又用作连词，表示选择，相当于或是、还是。

古代典籍中"亦或"，是亦和或两个文言虚词的组合。亦即副词也，或即表示泛指的代词"有的（人、物）、有时"，它们连用组合后的含义就是也有的、也有时。遗憾的是，现代汉语的词汇并没有给"亦或"一席之地。

抑或，相当于或者，用在疑问句中表示选择时，相当于还是。

抑或一词大约出现在清代乾嘉以后。在抑或出现之前，文言中通常单用"抑"，包括与"抑"由声训而通用的"意""噫""亿"等来表示选择关系"还是""或者"。如"抑"表示选择关系；"或"即"或者"，也可表示选择。"抑"与"或"组成双音节词，应该是不二选择。

既然选择了"抑或",那么我们还是把"亦或"忘却为好。忘却也是为了更好地纪念。

诣·脂

诣 yì　形声字。小篆 𧥺 从言从旨(表声)。隶定后楷书写作詣。今简化为诣。本义为古代到朝廷、上级或尊长处去拜访。引路泛指前往(多用于所尊敬的人),如诣府拜谒。由前往、到达,引申出学业、技术等达到的程度,如造诣、苦心孤诣。

脂 zhī　形声字。小篆 𦙽 从肉(月)从旨(表声)。隶定后楷书写作脂。本义为长角动物(如牛羊)所含的油质。泛指脂肪。

诣,主要是读音容易错读成 zhī。"造脂"大概就是增肥吧,不会受人待见。

轶·帙

轶　详见589页"遗·佚·轶·逸"。

帙 zhì　形声字。小篆 𢁥 从巾从失(表声)。隶定后楷书写作帙。本义为布帛制的书画的封套。还用作量词,用于装套的线装书。

卷帙浩繁指书籍数量浩大而繁多。"卷轶浩繁"恐怕是书读少了的缘故,也可能是想到用车装书或汗牛充栋等故事用"轶"了。

轶·秩

轶　详见589页"遗·佚·轶·逸"。

秩 zhì　形声字。小篆 𥝩 从禾从失(表声)。隶定后楷书写作秩。本义为积聚禾谷。古代官员的俸禄用粮食计算,且俸禄分等级,引申指次序,如秩序、秩序井然。古时大治之国,积九年存粮,至十年而更新,故又引申指十年,七秩寿辰即七十寿辰。

轶,由超车引申指超过、超越之义,如轶越即超越,轶伦即超出一般,轶群即超群;也可表示散失之义,如轶事(不见于正式记载的事迹)。

年逾九秩指年纪超过九十岁,写成"九轶"说不通。

弈·奕

弈 yì　形声字。小篆 𢍎 从廾(双手)从亦(表声)。隶定后楷书写作弈。本义指围棋。引申指下围棋;再引申指一般的下棋。对弈就是下棋。还用作姓。

奕 yì　形声字。小篆 𡘇 从大从亦(表声)。隶定后楷书写作奕。本义为高大盛美的样子。在现代汉语中常叠用为奕奕,形容精神饱满的样子,如神采奕奕。

还用作姓。

《现汉》中，弈与奕前后脚（弈最后一笔为竖，奕最后一笔为捺，屈居"弈"之后），外加读音一致，字形相近，容易错。古时，弈在明亮义项上通奕，如今两字分工明确，不再往来。特别遇到"yì"姓，您得搞清楚到底是"弈"还是"奕"。

因·姻

因 yīn 象形字。在甲骨文[图]中，因与席等字同形。象上有纺织花纹的方席形。金文[图]，小篆[图]。隶定后楷书写作因。本义为席子。此义后另加义符写作茵。席子是供人作垫子用于坐卧的，引申指依靠，凭借，再引申指依据，根据，如因为。

姻 yīn 会意兼形声字。小篆[图]从女从因（凭借，兼表声）。隶定后楷书写作姻。本义为婿家，即男方。古代女方的父亲叫婚，男方的父亲叫姻，后已无区别。引申指婚姻关系等。

因缘，机会、缘分之义，泛指缘分，指人与人之间由所谓命中注定的遇合机会，也指人与人或人与事物之间发生联系的可能性。

姻缘指婚姻的缘分，是结婚的事，因结婚而产生的夫妻关系。同性之间只能有因缘的可能性，异性之间既有因缘的可能性也有姻缘的可能性。二者不可等同视之。

姻缘需要因缘，因缘发展有的可能趋向姻缘，有的可能不可能。从词义上就能看出，因缘的涵盖面比姻缘来得广。

清人金缨《格言联璧》有"欲除烦恼先忘我，各有因缘莫羡人"句，指遇事超脱一些，不老想着自己，就能忘掉烦恼；世上的人，各有各的机缘，不要羡慕别人。

张恨水的《啼笑因缘》常常被人们联想错写成《啼笑姻缘》。对此，张恨水先生九泉之下是恨呢还是恨呢。

阴·荫

阴 yīn 会意兼形声字。金文[图]从阜（阝左）从今（表声）。古文一[图]下从云上从今（表声），隶定后楷书写作侌，是阴天的阴本字；古文二[图]再加义符阜（阝左），是"阴面"的阴本字。小篆承接古文，一形[图]另加义符雨写作霒，表示阴天；二形[图]另加义符阜（阝左）写作陰（侌表声），表示阴面。隶定后楷书都写作陰。今简化为阴（从月表暗，上佳的选择）。霒本义为云遮日。陰的本义为水南面，山北面，即背着太阳的一面。

荫 多音字。会意兼形声字。小篆[图]从艸（艹）从陰（遮蔽，兼表声）。隶定后楷书写作蔭。今简化为荫。本义为树荫。

读 yīn 时，表树荫。还用作姓。

读 yìn 时，指没有阳光，又凉又潮。还指荫庇，本义为大树枝叶遮蔽阳光，宜于人们休息，后引申比喻尊长照顾晚辈或祖宗保佑子孙。

1985年12月，国家语委、教委、广电部联合发布《普通话异读词审音表》（以下简称《审音表》），规定荫统读为 yìn，并对统读后荫的用法加了说明："'树荫''林荫道'应作'树阴''林阴道'。"（有人反映，"林阴道"容易让人有不雅联想）。取消荫字 yīn 的读音，即取消其名词用法，此举意在避免"树荫／树阴""林荫道／林阴道"混用的情况。这一规定，出发点不错，但实际效果并不理想。

在《审音表》出台之前，树荫与树阴并存，无疑应当看作是一组异形词；《审音表》出台之后，不少规范辞书舍树荫取树阴。但从理据性、系统性、通用性三方面考虑树荫和树阴这一组异形词的推荐词形，恐怕真的是树荫占有更大的优势。但荫统读为 yìn，而阴读 yīn，那树荫与树阴因读音有别，连异形词都做不了，岂不是笑话。

2016年6月6日，有关部门发布《普通话异读词审音表(修订稿)征求意见稿》，而这个《征求意见稿》至今尚未正式发布，也就是说新版《审音表》尚未出台。按理说，应该遵照1985年版《审音表》，但是《现汉》仍给"荫"注明两个读音，将树荫与树阴、树荫凉儿与树阴凉儿、林荫道与林阴道、荫翳与阴翳作为异形词，并以树荫、树荫凉儿、林荫道、荫翳做推荐词条。

荫·隐

荫　详见595页"阴·荫"。
隐　详见598页"隐·瘾"。
下面几组词值得关注：
【荫蔽】yīnbì 动 ❶（枝叶）遮蔽：茅屋～在树林中。❷ 隐蔽。
【隐蔽】yǐnbì ❶ 动 借旁的事物来遮掩：游击队～在高粱地里。❷ 形 被别的事物遮住不易被发现：地形～｜手法～。
【隐避】yǐnbì 动 隐藏躲避：～在外。
【隐僻】yǐnpì 形 ❶ 偏僻：～的角落。❷ 隐晦而罕见：用典～。
荫蔽包括隐蔽，草木遮蔽一般用荫蔽，除此之外建议用"隐蔽"。

茵·茵

荫　详见595页"阴·荫"。
茵 yīn 会意兼形声字。小篆 从艸（艹）从因（席子，兼表声）会意。隶定后楷书写作茵。是因的加旁分化字。参见595页"因·姻"。本义为古代车上的垫席。

引申指垫子或褥子，如绿草如茵。还用作姓。

绿树成荫（yīn）、绿草如茵，成与如、荫与茵，大家一定要分得清。

银·荧

银 yín 形声字。小篆 银 从金从艮（表声）。隶定后楷书写作銀。今简化为银。本义为一种金属元素。引申指像银子的颜色，如银色的月光。

荧 yíng 象形兼会意字。金文 下象古人穴居的洞室形，上象两个交叉的火把形（灯烛的前身，犹如现在的松明子），表示室内灯烛明亮。小篆 文字化并另加一火，变成了从焱从冂（房子）会意。隶定后楷书写作煢，作偏旁时多省作荧（如瑩、榮、螢、營）。今简化为荧，作偏旁时多省作䒑（如茔、荣、莹、营）。炏简化作艹，跨度相当大。本义为灯烛明亮。

最早的银幕，是用白色布料制成的，后来也有用橡胶或塑料为坯基，再在其上喷洒一层硫酸钡或氧化钛粉末的。现在银幕的用材及制作工艺，不断推陈出新。不管咋变，放映电影的幕布一直叫银幕，而不叫"荧幕"。

荧，由本义引申指光线微弱的样子。某些物质受光或其他射线照射所发出的可见光，称荧光，而有这种性质的物质称荧光物质。涂有荧光物质的屏，叫荧光屏。

【银幕】名 放映电影或幻灯时，用来显示影像的白色的幕。

【银屏】名 电视机的荧光屏，也借指电视节目。

【荧光屏】名 涂有荧光物质的屏，X射线、紫外线、阴极射线照射在荧光屏上能发出可见光。如示波器和电视机上都装有荧光屏，用来把阴极射线变为图像。

【荧幕】名 荧屏。

【荧屏】名 荧光屏。特指电视荧光屏，也借指电视：这部连续剧下周即可在～上和观众见面。

银屏当从银幕来的，是用仿拟的形式创造的新词。荧屏最初写作萤屏。萤让人联想到光线的微弱和闪烁，但毕竟缺乏科学支撑，不久便改称荧光。

茔·莹

茔 yíng 会意兼形声字。小篆 从土从營省（營省去呂，义为穴居，兼表声）。隶定后楷书写作塋。今简化为茔。本义是墓地，也指坟墓。

莹 yíng 会意兼形声字。小篆 从玉从熒省（熒省去火，义为光亮，兼表声）。隶定后楷书写作瑩。今简化为莹。本义是像玉的石头，也指光洁明亮的色泽，如晶莹、莹润。

茔与莹读音一致、外形相似，但意思相差甚远，前者避而远之，后者求之不得。

引·隐

引 yǐn 会意字。甲骨文字形很多，其中代表性 ⚎ 从弓从大（人），会人开弓欲射之意。金文 ⚎ 将人形繁化。小篆 引 省去人，将弓整齐化，右边加了一根箭。隶定后楷书写作引。本义为拉开弓。引申出引领等义。古还用作长度单位，10丈为1引，15引为1里。

隐 详见本页"隐·瘾"。

引是公开的，隐则相反，两者本无来往，但索引与索隐引起不少误会。《红楼梦》问世二百多年来，对它的研究大致可分为两个阶段，即旧红学和新红学。旧红学有两个重要流派：一是评点派，另一个便是索隐派。

曹雪芹说，他写这部书的时候已将真事隐去。索隐派力求将《红楼梦》中隐去的真背景、真事件探寻出来。蔡元培可称为索隐派大师。

索引是检寻图书资料的工具。索隐指求索隐微，索隐派切勿写成"索引派"。《史记索隐》是唐代司马贞所撰写的，是对《史记》的注释、考证。

除此之外，引而不发也常被人误写。引而不发出自《孟子·尽心上》："君子引而不发，跃如也。中道而立，能者从之。"引：拉引，拉弓；发：射箭。射箭时拉开弓却不把箭放出去，比喻善于引导或控制，也比喻做好准备伺机而动。

汉语中没有"隐而不发"的说法，但有隐忍不发（意即克制忍耐不向人发泄、透露）。

引·迎

引 详见本页"引·隐"。

迎 yíng 会意兼形声字。小篆 ⚎ 从辵（辶）从卬（对望，兼表声），会对着走来之意。隶定后楷书写作迎。本义为对面相逢、相遇。

引枕，一种圆墩形的枕头，古代常见家居用品。《辞海》第六版解释：一种枕头。当中有方洞，侧卧时好放耳朵。《红楼梦》第六回："炕上大红条毡，靠东边板壁立着一个锁子锦的靠背和一个引枕。"《辞海》第七版：一种圆墩形的倚枕。例子同第六版。为何改了注释，原因不明。

迎枕，中医大夫会通过切脉的办法来判断病情。切脉时病人手心朝上，且一般会在手背处垫着一个小枕，这就是迎枕，也称迎手、脉枕。

隐·瘾

隐 yǐn 会意兼形声字。小篆 ⚎ 从阜（阝左，地穴墙上的脚窝）从㥯（筑捣，兼表声），会筑墙掩蔽之意。隶定后楷书写作隱。今简化为隐。由本义引申指隐蔽、掩藏等义。

瘾 yǐn　形声字。《说文》无。楷书瘾从疒从隐(表声)。今简化为瘾。本义为内病。现在指特别嗜好。一指由于神经中枢经常接受某种外界刺激而形成的习惯性或依赖性(如酒瘾、烟瘾)，通常指不好习惯。还指深厚的兴趣，如戏瘾。

《现汉》第4版，只有"隐君子"词条：原指隐居的人，后来借以嘲讽吸毒成瘾的人(隐、瘾谐音)。《现汉》第5版，在保留"隐君子"词条和原注释前提下，新增加"瘾君子"并注释：指吸烟或吸毒上瘾的人。《现汉》第6版，对"隐君子"词条注释作了修改：原指隐居的人，后来借以嘲讽吸烟或吸毒成瘾的人(隐、瘾谐音)。"瘾君子"词条注释：指吸烟或吸毒成瘾的人。《现汉》第7版与第6版相同。

从以上我们不难看出，当语言文字学家发现人们普遍将隐君子写作瘾君子时，积极采纳并在第5版增加"瘾君子"词条。对此我们广大读者要积极参与进来，把《现汉》越办越好。

隐·影·映

隐　详见598页"隐·瘾"。

影 yǐng　会意兼形声字。《说文》无。楷书影从彡从景(高大，兼表声)。是景的加旁分化字。本义为影子。

映　详见本页"印·映"。

【隐射】动 暗射；影射。

【影射】动 借甲指乙；暗指(某人某事)：小说的主角～作者的一个同学。

【映射】动 照射：阳光～在江面上。

隐射、影射，往往带有攻击性；映射是一种物理现象，属中性词，继而引申出文学艺术手段，如脱贫攻坚题材的电视剧映射出农村时代的变迁。

印·映

印 yìn　会意字。甲骨文 𓂈 上从爪(覆手)下从卩(跪人)，会用手按一人使其跪下之意。金文 𓂈。小篆 𓂈。隶定后楷书写作印。是抑、摁的本字。参见593页"亦·抑"。本义为按压。玺章使用时需要按压，故引申指图章。再引申指印刷等义也就非常自然了。

映 yìng　形声字。小篆 映 从日从央(表声)。隶定后楷书写作映。本义为照耀，照射。

印、映可与相组成相印、相映，但词义有别，这里的印为印证，映为照射。

心心相印，原为佛教禅宗语，本义为不凭借语言，可以心印证佛法。后引申指彼此契合，情意相投。心心相印从"以心印心"转变而来。

相映,相互辉映,两者存有距离,不能表现出"相印"的契合无间的意思。

【印象】名 客观事物在人的头脑里留下的迹象:深刻的~|他给我的~很好。

【映象】名 因光线的反射作用而显现的物象:岛上白塔的~随着湖水荡漾。

印象作用于人脑,看不见摸不着;映象作用于自然,具体存在、可观。

另外,印证是通过对照比较,证明彼此相符,与照射、显现无关,所以印证不能错写成"映证"。

应 · 映

应　多音字。会意兼形声字。金文 𤼵（胳膊上架鱼鹰）,表示适合心意。小篆 𤼵 另加义符心,以突出合于心意,𤼵也兼表声。隶定后楷书写作應。今简化为应。

读 yīng 时,本义及引申出答应等义。还用作姓。

读 yìng 时,义指回答,满足要求,顺应,应付等义。

映　详见 599 页"印·映"。

反应,指受外在的影响而产生的反射,指机体受到体内或体外的刺激而引起相应的活动或变化。还指化学反应,原子核受到外力作用而发生变化（如热核反应）。又指事情所引起的意见、态度或行动,《××》电影上映后在社会上引起强烈反应。

反映,指反照,比喻把客观事物的原形、本质表现出来,如反映了事物本质;也指把情况、意见向媒体反映。

反应是反射,反映是反照,两者不同。反应堆（核反应堆的简称）、反映论（唯物主义的认识论）,都不要写错。不然,您的反应被反映出去,您会咋反应。😊

【相应】xiāngyìng 动 互相呼应或照应;相适应:这篇文章前后不~|环境改变了,工作方法也要~地改变。

【相映】xiāngyìng 动 互相衬托:~生辉|湖光塔影,~成趣。

请参考 599 页"印·映"中的"相印"。

荧 · 萤

荧　详见 597 页"银·荧"。

萤 yíng　会意兼形声字。《说文》无。楷书萤从虫从熒省（熒省去下方火,兼表声）。今简化为萤。本义为萤火虫。

荧,引申泛指光亮,如荧光、荧屏,尤指微弱的光亮,如荧烛,即微弱的烛光。由光亮闪烁不定,又引申指眩惑、迷惑,如荧惑,即使人迷惑。

萤火虫,黄褐色,尾部有发光器,夜晚从草丛中飞出来,古人因此认为"腐草为萤"。也指萤石，有玻璃光泽，受光或受热后常变色，亦称氟石。

古汉语中"荧""萤"多混用，如今两者分得清清楚楚。

盈·营·赢

盈 yíng 会意字。甲骨文🔲与浴同源，是两人（也有甲骨文为一人，或一只脚）在盆中洗浴，水溢出形。金文🔲。小篆🔲从皿（盆）从及（人足上移到胸前的讹变，成了奶水充盈了），会器满之意。隶定后楷书写作盈。本义为器皿充满水。引申指多出来，如盈余。还用作姓。

营 yíng 形声字。小篆🔲从宫（原始环形穴居房屋透视轮廓形）从荧省（荧省去火，表声）。隶定后楷书写作營。今简化为营。本义为四周垒土围绕而居。引申出营造，经营等义。营还引申指东西方向，如经（南北）营原野。

赢 yíng 会意兼形声字。金文🔲从贝从𦋹（兼表声），会经商有盈利之意。小篆🔲。隶定后楷书写作赢。本义为经商有盈利。

【盈利】名 扣除成本后获得的利润。也作赢利。

【赢利】❶动 获得利润：今年由亏损转为～。❷同"盈利"。

【营利】动 谋求利润。

【盈余】（赢余）❶动 收入中除去开支后剩余：～两千元。❷名 收入中除去开支后剩余的财物：有两千元的～。

赢利在作名词时，与盈利是异形词关系，且以盈利为推荐词条；赢利在作动词时，与盈利没有半毛钱的关系。因而，我们不能简单地称赢利与盈利是异形词关系。

盈余与赢余是全等异形词，且以盈余为推荐词条。

营利、盈利是一对同音词，而词义是有区别的。营利只作动词，是个人或单位主观上通过经营赚取利润的整个过程。盈利只作名词，扣除成本后获得的利润，是努力的结果。

2004年财政部发布《民间非营利组织会计制度》明确规定：非营利组织，首先必须符合的条件是不以营利为目的，通常指学校、医院、科研机构、图书馆以及社会福利机构等，其得名是由其性质决定的。如果说成"非盈（赢）利机构"，那就是指该机构最后未获得利润，这就与非营利机构性质截然不同了。

带𦋹的常用汉字有：赢、羸、蠃、𦉥。除此之外还有很多，但都不太常用。

颍·颖

颍 yǐng 形声字。小篆🔲从水从顷（表声）。隶定后楷书写作潁。今简化为颍。本义为水名，即颍河。它发源于河南省登封市嵩山西南，东南流至安徽省寿县正阳关入淮河,全长619公里,是淮河最大的支流。

颍 yǐng 形声字。小篆 從 从禾从頃(表声)。隶定后楷书写作颍。今简化为颍。本义为禾穗的尖端,借指带芒的禾穗。

颍字就是古人专门为颍水(今称颍河)创制出来的。颍河流域古代属于中原和邻近中原的地区,人口聚居的密度较大,在颍河两岸形成了不少城邑,有些就以颍字命名,如颍川、颍州、颍昌、颍阳、颍阴、临颍、颍上等。颍川,古郡名,治所在今河南省许昌市。颍州,古州名,北魏时已经设置,治所在今天的安徽阜阳,辖境还包括太和、界首等地,后多有变更。清代升格为府。颍上县,位于颍河下游,以地处颍河之滨而得名。秦置慎县,隋改称颍上县,相沿至今。华夏第一相管仲为颍上人。颍还作姓氏。如颍考叔,春秋初郑国人。他提出"掘地及泉、隧而相见"的办法,谏劝郑庄公与生母和好。

颖指带芒的谷穗。引申为尖头,也指锥芒。《史记·平原君虞卿列传》中有毛遂自荐的故事,其中的脱颖而出即用此义。后由尖头引申出才能出众,如颖悟、颖异、聪颖、颖慧、新颖等。颖果指某些禾本科植物子实的带芒的外壳。

颍与颖,区别在形旁,颍为水旁,颖为禾旁,二字的含义、写法、用法不同,必须分辨清楚。凡是相关地名用字,一般写作颍,有地名专家说在中国所有的古今地名中是没有带颖字的。如果遇到人名,颍和颖都有可能。

拥·涌

拥 yōng 会意兼形声字。小篆 擁 从手从雝(雍,环绕,兼表声)会意。隶定后楷书写作擁。俗作拥。后以擁为正体,今简化为拥。是雍的加旁分化字。本义为抱,搂抱。

涌 多音字。会意兼形声字。小篆 涌 从水从甬(表甬洞,兼表声),会水向上冒出意。隶定后楷书写作涌。本义为水向上冒出。引申指云气升腾,如风起云涌。

读 yǒng 时,指本义以及引申义。

读 chōng 时,方言,义为河汊(多用于广东、香港一带地名)。

拥与涌,都有动的感觉。拥入与涌入值得分辨。

拥入教室和涌入教室,两者都讲得通,但侧重点不同。拥入,是指人群拥挤着往里冲,强调的是争先恐后的情形。涌入,是一个比喻的说法,把学生比作了快速流动的水流,强调的是整体上的气势和速度,形象感强。

蜂拥指像蜂群一样拥挤着走或跑,如蜂拥而上。虽然"涌"有比喻义,但蜂拥而上不得写作"蜂涌而上",真那样,蜂群大概会被冲散甚至有淹死的危险。

育·哟·唷

育 多音字。会意字。育与毓同源。甲骨文 🖼 从每（戴头饰的妇女），从倒子，并在子周边加上血水滴，突出孩子出生时血水淋漓的样子，会妇女生孩子之意。金文 🖼。小篆承接甲骨文和金文，分为 🖼、🖼、🖼、🖼 繁简不同的四个字。隶定后楷书分别写作 毓、育、㐬、亠。今毓、育有分工，㐬、亠 专作偏旁。育本义为生子。

读 yō 时，用作杭育，叹词，指集体劳动唱号子时发出的呼喊声，如杭育杭育把土挑。

读 yù 时，指本义以及引申义，如养活（育儿）、教育等。还用作姓。

哟 多音字。后起形声字。楷书 哟 从口从約（表声）。今简化为哟。本义为叹词和语气词。

读 yō 时，表示轻微的惊异（有时带玩笑的语气），如"哟，你踩到我的脚丫子了"。

读·yo 时，用在句末表示祈使的语气，如"大家加把劲哟！"还用在歌词中做衬字，如"呼儿嗨哟！"

唷 yō 形声字。《说文》无。楷书 唷 从口从育（表声）。本义为惊讶或疑问声。另有哼唷（见下文）。

【嗨哟】hāiyō 叹 多人一起从事重体力劳动时，为协调彼此的动作而发出的有节奏的声音：加油干呐，～！

【杭育】hángyō 叹 多人一起从事重体力劳动时，为协调彼此的动作而发出的声音。

【哼唷】hēngyō 叹 多人一起从事重体力劳动时，为协调彼此的动作而发出的有节奏的声音。

嗨哟、杭育、哼唷，都是清一色叹词，而且表达意思高度一致（《现汉》将"杭育"省掉了"有节奏的"），何时选何词，只能通过读音来选择。虽然，嗨在读 hēi 时，同"嘿"，但嗨哟不能写作"嘿哟"，因为嗨哟的"嗨"读 hāi。

佣·用

佣 多音字。会意兼形声字。小篆 🖼 从人从庸（用义，兼表声），会被人雇佣之意。隶定后楷书写作 傭。今简化借佣来表示。是庸的加旁分化字。本义为被雇为人出力干活并接受相应的酬劳。

读 yōng 时，义指雇用，仆人。

读 yòng 时，义指佣金。

用 yòng　会意字。甲骨文 ⿴ 从卜从占卜用的骨版，表示骨版上已有卜兆，可据之行事。金文 ⿴。小篆 ⿴。隶定后楷书写作用。本义为可据卜兆行事。引申指作用等义。

雇佣的对象必须是人，如雇佣兵、雇佣军。而雇用的对象可以是人，如雇用临时工；还可以是人之外的事物，如雇用车船等。

出钱请人做事，雇佣保姆和雇用保姆意思一样。但是，雇佣另有两种特殊含义。一是作为政治经济学用语，特指资本对劳动力的支配关系。比如，雇佣劳动特指受雇于资本家的雇佣劳动者的劳动。马克思写成《雇佣劳动与资本》一书，书名中的雇佣不能写成"雇用"；二是构成名词性结构，特指受雇、被雇。雇既可指雇用，如雇主，也可指受雇，如雇员、雇农。最复杂的词是雇工，如果把它理解为动词性结构，是指雇用了工人；如果把它理解为名词性结构，则是指受雇用的工人。

《现汉》释：雇佣指用货币购买劳动力；雇用指出钱让人为自己做事。很难分清二者的区别。

其实，第2版及之前的《现汉》，词条有"雇佣"无"雇用"，但在"雇工""东家"等释义中一直用"雇用"。第3版之后才收"雇用"和"雇主"。

为什么佣金的"佣"念 yòng，不念 yōng？回答是：此佣（yòng）非彼佣（yōng）。这个"佣"来自"用"。《汉语大字典》"用"字第19个义项的解释：旧称买卖时给中间人的报酬为"用钱"。后作"佣"。

雇佣的佣是傭的简化字，作"被雇用、雇用"解时，《广韵》注音为余封切，今天的读音就是 yōng。

《现汉》有两个"用人"。

【用人】yòng // rén 动 ❶ 选择与使用人员：～不当 | 善于～。❷ 需要人手：现在正是～的时候。

【用人】yòng·ren 名 仆人；女～。

但根据用字习惯，总觉得"用人"是动词，如用人单位。如果指称仆人，"佣人"更顺眼。《汉语大词典》里的"佣人"却读 yōngrén。2016年向社会发布征求意见的《普通话异读词审音表（修订稿）》审订佣人的"佣"读 yòng，至今未正式发布，耐心等等吧。

邕·甬

邕 yōng　会意字。金文 ⿴ 从川从邑（城镇），会环城积水成池之意。小篆 ⿴ 将水移到邑上。隶定后楷书写作邕。本义为四方被水环绕的都邑。

甬 yǒng　象形字。金文 象古钟形。小篆 讹变，上边误为马（花含苞欲放的样子），下边误为用。隶定后楷书写作甬。本义为钟柄，也指乐钟。本义钟柄后来另造鏞（镛）。后又借指量器，此义后来写作桶。由桶两耳引申指两旁有墙垣遮蔽的通道，如甬道。也叫甬路。

邕江，水名，在广西南宁。又用作南宁的别称。南宁在唐代叫邕州，因邕江而得名。邕剧，广西地方戏曲剧种之一，流行于广西说粤语的地区。

甬江，水名，在浙江，流经宁波入东海。又用作宁波的别称。

邕与甬，都用于水名，且一个为南宁别称，一个为宁波别称（两个地名都带宁，巧合还是天意），读音前者一声后者三声，千万不要混淆啊。

🔔 㴩与邕区别，㴩湖，古湖名，在今湖南岳阳。

镛·牖

镛 yōng　会意兼形声字。小篆 从金从庸（大钟，兼表声）。隶定后楷书写作鏞。今简化为镛。本义为大钟，古代一种打击乐器，悬吊、敲击发声，庙堂祭祀、奏乐时用来表示节拍。是甬的后起形声字，是庸的加旁分化字。

墉 yōng　象形兼形声字。甲骨文 。金文 。小篆 从土从庸（表声）。隶定后楷书写作墉。本义为城墙。

牖 yǒu　会意兼形声字。小篆 从片从户从甫（表声）。隶定后楷书写作牖。是囱的后起会意兼形声分化字，是窗的同源字。本义指窗户（区别于天窗）。户本指单扇门，后泛指门。因此户牖即为门窗。

从上可见，牖与镛音义迥异。乐器"镛"与窗子"牖"风马牛不相及，不过没有窗户，那美妙乐声是传递不出去的。另外，墉与牖有些纠缠，但本义及引申义相差太远，稍加留心，就不会为了找窗户撞到南墙上。

✏️ 中国文字博物馆（请注意不是中国汉字博物馆，馆内除汉字外，还有我国各少数民族文字等方面资料展览）位于甲骨文故乡——河南安阳。建筑设计者为中国社会科学院考古研究所研究员、中国建筑学会史学分会会长、国家一级注册建筑师杨鸿勋教授。该建筑

设计方案包含殷商时期高级宫殿建筑形象的基本要素，并采用殷商时期的饕餮纹、蟠螭纹图案浮雕金顶，引自殷商宫殿"四阿重屋"联想，还采用红黑图案的雕墙和雕柱，以产生殷商文化辉煌的装饰艺术效果。其造型定位采取殷商甲骨文、金文所概括的最富有哲理，最经典，最神圣的建筑形象——象形文字的墉字进行设计，整体建筑布局充分体现了中国传统建筑的艺术风格。

咏·泳

咏 yǒng　会意兼形声字。小篆 [字形] 从言从永（水流长，兼表声），会长声而歌之意。小篆异体 [字形] 改为从口。隶定后楷书分别写作詠与咏。今规范用咏。本义为依照一定的韵调拉长声调抑扬顿挫地诵读。

泳 yǒng　会意兼形声字。小篆 [字形] 从水从永（兼表声）会意。隶定后楷书写作泳。是永的加旁分化字。本义为潜行水中。引申泛指在水里游。

咏与泳，读音一致，字形相近，但一从口一从水，从形旁可以分得清楚，只要稍加用心就不会"跑调"。

涌·踊

涌　详见602页"拥·涌"。

踊 yǒng　形声字。小篆 [字形] 从足从甬（表声）。隶定后楷书写作踊。异体作踴。今规范用踊。本义为身子往上或往前跳跃。

踊，古时通涌，今分工明确。涌有向上的行为，踊更是，但涌常用于从水或云气中冒出，而踊则指跳跃，引申指踊跃。日出、月升时，太阳、月亮从海面上也是一跳一跳地上升，但只能用涌，如"海面上涌出一轮明月"。写作"海面上踊出一轮明月"恐怕是不会得到嫦娥青睐的。

优·悠

优 yōu　会意兼形声字。小篆 [字形] 从人从忧（猿猴，兼表声），会猴子表演人之意。隶定后楷书写作優。今简化为优。是忧的加旁分化字。本义为古代的乐舞杂戏演员，即俳优。由演员引申悠闲，逐渐引申出上等的，非常好的，如优秀。

悠 yōu　会意兼形声字。小篆 [字形] 从心从攸（长，兼表声）会意。隶定后楷书写作悠。是攸的同源字。本义为长长的忧思。引申指久远等义。

【优游】〈书〉❶ 形 生活悠闲：～岁月｜～自得。❷ 动 悠闲游乐：～林下。

【悠游】❶ 动 从容移动：小艇在荡漾的春波中～。❷ 形 悠闲：～自在｜～从容的态度。

说实在话，优游与悠游都能做动词与形容词，在做形容词时两者不分伯仲；在做动词时，强调移动时用悠游，其他交给优游好了。

优·忧

优　详见606页"优·悠"。
忧　详见608页"忧·尤"。

优可指充足、富裕，如优裕、优渥。引申指宽厚、宽容，如优薄、优纵。优柔指宽和温厚，如优柔温润，又指犹豫不决，如性格优柔。

忧本义指担心、发愁。

优柔指做事犹豫，易让人想到忧虑、发愁，但不能写成"忧柔"。

优·幽

优　详见606页"优·悠"。
幽 yōu　会意兼形声字。甲骨文 🔣 从火从𢆶（细丝），用火照细微丝线会隐暗之意。金文 🔣 将火讹变为山，就成了山谷隐暗。小篆 🔣 文字化，成了从山从𢆶会意，𢆶也兼表声。隶定后楷书写作幽。是𢆶的加旁分化字。本义为隐蔽不显。引申，可指深远、隐秘、僻静等，如幽深、幽怨、幽静、幽谷。

幽雅是个常用词语，意思是幽静而雅致，常用于描述环境。

优雅之优即优美，雅即雅致、高雅。优雅既可以用于描述音乐、环境的优美雅致，还可以用来赞美人的行为举止优美高雅。

赞美环境，幽雅、优雅皆可，歌颂人只能用优雅。

优·攸·悠·游

优　详见606页"优·悠"。
攸 yōu　会意字。甲骨文 🔣 从攴（操持）从人，会修治之意。金文 🔣 另加义符水，以突出洗沐修治之意。近似于今少数民族泼水节。小篆 🔣 。隶定后楷书写作攸。本义为洗沐修治。后用作助词，相当于所，如性命攸关。由于攸为借义所专用，修治之义便用修来表示，洗沐之义便用滌（今简化为涤）。

悠　详见606页"优·悠"。
游 yóu　会意兼形声字。甲骨文 🔣 从㫃（𤼤，旗帜）从子，会古代旌旗末端直幅飘带之类的下垂饰物之意。金文 🔣 。小篆 🔣 。隶定后楷书承接甲骨文和小篆分别写作斿与游。异体作遊。今以游为正体。本义为古代缀于旗帜正幅下沿的垂饰。

悠哉悠哉，出自《诗经·周南·关雎》。《关雎》第三章写男子追求女子未成时的苦闷心情："求之不得，寤寐思服；悠哉悠哉，辗转反侧。"此处的悠表示忧思；而悠哉悠哉形容思虑深长。

优哉游哉，出于《诗经·小雅·采菽》："乐只君子，福禄膍之。优哉游哉，亦是戾矣。"优哉游哉指一种从容不迫、怡然自得的精神状态。

悠哉悠哉与优哉游哉，前者抑郁，后者怡然，既不要用错地方，也不要写错了字。搭配不妥，那恐怕就是"灾"了。

忧·尤

忧 yōu　会意兼形声字。小篆 从心从頁（头），会忧愁形于颜面之意。隶定后楷书写作惪，后又用憂来表示。由于憂作了偏旁，便另加义符心写作懮来表示，是憂的加旁分化字。今懮简化借忧（忧，小篆 从心从尤，尤表声）表示。惪废而不用。

尤 yóu　指事字。甲骨文 从又（手），一斜画指示手上有赘疣。金文 。小篆 讹为从乙从又（表声）。隶定后楷书写作尤。本义为赘疣。引申指突出等。由于尤为引申义所专用，赘疣之义便另加义符肉（月）写作肬。今规范用疣，更符合形声字。

怨天尤人是指遇到不顺心的事时，就怨恨天命，责怪别人，形容老是埋怨或归罪于客观，而不是从自身找原因。这里，尤是责怪、归罪的意思。

忧人，为他人担忧、忧虑，与尤人差别很大。与怨天的怨恨命运之义毫无关联。汉语中没有"怨天忧人"这一说法。

🖋 杞人忧天。语出《列子·天瑞》："杞国有人，忧天地崩坠，身亡所寄，废寝食者。"后用以比喻不必要的或无根据的忧虑。

2013年3月5日，国务院印发了《关于核定并公布第七批全国重点文物保护单位的通知》，位于潍坊市坊子区黄旗堡镇"杞国故城"榜上有名。

杞国是中国历史上自夏代到战国初年的一个诸侯国，国祚延绵1500多年，国君为姒姓，是大禹的后裔。杞国最初大致在今河南省杞县一带，后因宋国、郑国等所逼，举国迁到今山东省新泰，再迁至昌乐、安丘一带，也就是现在的遗址处。这正是"杞人忧天"成语的历史背景。由此，我们可能不会再笑话杞人了。

幽·黝

幽　详见607页"优·幽"。

黝 yǒu　形声字。小篆 从黑从幼（表声）。隶定后楷书写作黝。本义为微青的黑色，淡黑。

幽暗，形容昏暗，如光线幽暗。
黝暗，是黝黯的异形词（黝黯是推荐词条），形容没有光亮，指黑暗。
幽暗与黝暗，义相近，前者易认好写，属于口语用语，后者多用于书面语言。

幽·悠

幽 详见 607 页 "优·幽"。

悠 详见 606 页 "优·悠"。

【幽闲】❶同"幽娴"。❷同"悠闲"。

【幽娴】形（女子）安详文雅：气度~。也作幽闲。

【悠闲】形 闲适自得：神态~｜他退休后过着~的生活。也作幽闲。

形容女子文雅，考虑到古时女子居住幽僻，外加"娴"从女，最好用幽娴；形容一个人闲逸生活，用悠闲最为合适。

【幽远】形 深远；远而幽静：意境~｜~的夜空。

【悠远】形 ❶离现在时间长：~的青铜时代。❷距离远：山川~。

幽远常用于空间，悠远既可用于时间也可用于空间。

【幽幽】形 ❶形容声音、光线等微弱：~啜泣｜~的灯光。❷〈书〉形容深远：~南山。

【悠悠】形 ❶形容长久，遥远：~长夜｜~岁月｜山川~。❷〈书〉形容众多：~万事。❸形容从容不迫，自在：乐~｜~自得。❹〈书〉形容荒谬：~之谈｜~之论。

幽幽用于空间，声音、光线都因空间变化而变化；悠悠，多用于时间，以及因时间延长引申出来的形容义。在与山川组词时，幽幽与悠悠都能组合，幽幽是近在眼前，而悠悠指遥远，可用于想象。

由·有

由 yóu 象形字。甲骨文 ⿳、金文 ⿳ 皆象竹木编的盛器形。小篆 ⿳。隶定后楷书写作 甾。俗作由。今甾、由二字表义有分工。本义为竹木编的盛器。由于这种盛器多用于过滤，故引申指原因，如理由、事由等。后引申主要用于介词。

有 多音字。象形兼会意字。甲骨文 ⿳ 象牛头形，用牛头表示占有财富；或借 ⿳ 又（手）表示。金文 ⿳ 改为从又（手）从肉（月），用手中有肉会持有之意，成了会意字。小篆 ⿳。隶定后楷书写作 有。本义为持有。

读 yǒu 时，由本义引申出的意义，如表示领有，表示存在，表示达到一定的数量或某种程度等。

读 yòu 时，同"又"（表示整数之外再加零数，如一又二分之一，也可以写作一有二分之一）。

【由得】yóu·de 动 能依从；能由……做主：辛辛苦苦种出来的粮食，～你这么糟蹋吗！

【有得】yǒudé 动 有心得；有所领会：学习～｜读书～。

【有的】yǒu·de 代 指示代词。人或事物中的一部分（多重复使用）～人记性真好｜十个指头～长，～短。

注意有得是"有心得"的缩写，自然就能与由得区分开来，同时也要区分有得与有的。

另外，不由得、由不得都是固定搭配，不得让"的""地"进来干扰。

尤·犹

尤　详见608页"忧·尤"。

犹 yóu　形声字。甲骨文 ⿰ 从犬从酋（表声）。金文 ⿰ 。小篆 ⿰ 将偏旁位置调换，其义不变。隶定后楷书写作猶。异体作猷，现猷表计划，谋划。今猶借犹来表示。猶本义为猿类动物，犹本义为狗叫声。由于猶猢似猴，故猶引申出好像的意思，此义被犹所用。

尤，由本义借用指特异的、突出的，如无耻之尤；又引申为副词，义为更加、格外。

犹如猛虎下山，即如同猛虎下山，这是一种比喻用法，指出两者状态的相似，而没有程度的比较，故犹如不能写作"尤如"。自然，尤其也不能错写作"犹其"。另外要注意，尤异形容优异，优秀。面对"政绩尤异"不要断然视错，更不要改为"政绩优异"。

邮·油·游

邮 yóu　会意兼形声字。小篆 ⿰ 从邑(⻏右，城)从垂(边境)，会古代供给传递文书的人食宿、换车马的驿站之意。隶定后楷书写作郵。今借邮(小篆 ⿰)来表示。郵本义为驿站。邮本义为亭名。

油 yóu　形声字。小篆 ⿰ 从水从由(表声)。隶定后楷书写作油。本义为古水名。又表示植物、动物的脂肪。引申出圆滑，光润等义。

游　详见607页"优·攸·悠·游"。

邮轮，即邮船，是海洋上定线、定期航行的大型客运轮船。因为过去水运邮件总是委托这种大型客轮运载，所以把这种船通称为邮船或邮轮。

油轮也叫油船，设有装液体的货舱、专用于运输散装油类的轮船。

游轮指载客游览的轮船。游轮一般大于游船，游船通常大于游艇。

请各位认真比对好"船票"，千万不要搭错了船，以免耽误您的旅程。

游·䍃

游 详见607页"优·攸·悠·游"。

䍃 yóu 会意字。楷书䍃从囗（围墙）从䍃会意。䍃，甲骨文䍃从言，右边是以手引导大象，会手牵大象以言教喻之意，是古代驯象令其顺从的写照。金文䍃。小篆䍃手讹为肉，象讹为系，言又讹为缶。隶定后楷书写作䍃。䍃本义引申泛指引诱，此类含义后由诱表示。䍃常以䍃子面貌出现。

䍃子，即用已捕到的鸟把同类的鸟引来，这种起引诱作用的鸟。也作游子（yóu·zi）。

为何选用游子（yóu·zi），而不用诱子呢？

《汉语大字典》，在"游"第7义项注释：鸟媒，猎人驯养用以招引野鸟的家鸟。也作"䍃"。《文选·潘岳〈射雉赋〉》："恐吾游之晏起，虑原禽之罕至。"李善注引徐爰曰："游，雉媒名，江淮音谓之游。游者，言可与游也。"

这里游子（yóu·zi），千万不要想当然写作"诱子"。另外注意，游子读yóuzǐ时是指离家在外或久居外乡的人，如海外游子、"慈母手中线，游子身上衣"。

囿·宥

囿 yòu 会意兼形声字。甲骨文囿从囗（围墙），内有草木，会有围墙的园林之意。金文囿改为从囗从有（表声）。小篆囿。隶定后楷书写作囿。本义为筑有围墙、畜养禽兽、以供君主游猎的园地。作为有围墙的园林，汉代称苑。在现代汉语里有园囿、苑囿、囿苑等。引申指局限、拘泥，如囿于一隅、囿于成见、囿于习俗、拘囿等。

宥 yòu 形声字。金文宥从宀（院子）从有（表声）。小篆宥。隶定后楷书写作宥。本义为宽仁，宽待。除表示姓氏外，引申义是宽容、饶恕、赦免、原谅。常见的语词有宽宥、谅宥、宥其罪责、尚希见宥等。

囿与宥，距离挺远，但是稍不注意写出"谅囿"不好理解，同理"宥于爱情"也说不通。

於·于

於 多音字。象形字。於与乌是同一个字的不同变体，都是乌鸦的形象。金文於象鸣叫中的乌鸦形。小篆於文字化。隶定后楷书写作於。用作介词后合并为于。本义为乌鸦。

读Yū时，只作姓氏用。

读 yú 时，同于（於、于都可用作姓）。《现汉》并没有把"於"作为"于"的繁体字对待。

读 wū 时，仍写为於，表示感叹。如古汉语中的叹词於乎（wūhū）、於戏（wūhū）都同呜呼（表示叹息），还有先秦楚人称老虎为於菟（wūtú）。另外，呜呼也可以写作乌呼。参见 480 页"纡·紆"。

于 yú　指事字。甲骨文 ![] 左边象一种吹奏乐器形，或许是最早的简单竽形，右边象征乐声，与兮、乎造字法相同，皆与吹奏乐器有关。金文 ![]。小篆 ![] 大概是甲骨文的讹变。隶定后楷书承接金文和小篆分别写作于和亏。本义为吹竽。当是竽的初文。于除用作姓外，现在主要承担"於"作介词等义。

战国时期有个人叫樊於期（fánwūjī），某电视剧里演员把他读成"樊于（yú）期"。某报将其大名写成"樊于期"。

另外，古时圣旨等公文中，常有於戏字样，千万不要简化为"于戏"，真那样这"戏"就会"呜呼哀哉"了。

于归，义为出嫁。语出《诗经·周南·桃夭》：桃之夭夭，灼灼其华。之子于归，宜其室家。这几句诗翻译过来：桃花开得灿烂，色彩艳丽，这位姑娘很快就要出嫁了，夫家美满又和顺。于归宴，不同地区有不同叫法，但都是指女子出嫁时由女方家长宴请亲朋。于归，不得写作"迂归"。

淤·瘀

淤 yū　形声字。小篆 ![] 从水从於（表声）。隶定后楷书写作淤。本义为血液凝滞不通。

瘀 yū　后起形声字。楷书瘀从疒从於（表声）。本义为血液不流通。

《现汉》第 6 版之前，将瘀作为淤的繁体字，不出条。《现汉》第 6 版，则恢复"瘀"身份，并列词条：

【淤血】yū // xiě 同"瘀血"（yū // xiě）。

【淤血】yūxuè 同"瘀血"（yūxuè）。

【瘀血】yū // xiě 动 因静脉血液回流受阻，机体的器官或组织内血液淤积。也作淤血。

【瘀血】yūxuè 名 淤积的血液：清除颅内～。也作淤血。

【淤滞】yūzhì ❶ 动（水道）因泥沙沉积而不能畅通：疏通～的河道。❷ 同"瘀滞"。

【瘀滞】yūzhì 动 中医指经络血脉等阻塞不通。也作淤滞。

《现汉》第 7 版（淤滞与瘀滞的注释同第 6 版）：

【淤血】yūxuè ❶（－//－）动 因静脉血液回流受阻，机体的器官或组织内血液淤积。❷ 名 淤积的血液：清除颅内～。

【瘀血】yūxuè ❶(-//-)动 中医指跌打损伤、寒凝气滞、痰热内结等引起血液瘀滞。❷ 名 中医指体内血液瘀滞的病变，也指所瘀滞的血液。

通过比较我们不难看出，第 6 版时，淤血与瘀血是作为异形词处理的，第 7 版淤血与瘀血所表达意思不尽相同了。瘀血专用于中医，而淤血使用范围并不局限于中医。第 6 版淤血、瘀血均有两个读音，现在省去 yūxiě。

于·与·予

于　详见 611 页 "於·于"。

与　多音字。会意字。金文 当是两手相拉形，表示握手相交，后另加舁（众人四手共举）和口（表结好），用手拉口说以强调握手结交之意。小篆一 （省去一口）、小篆二 。隶定后楷书分别写作 與、异、与。今规范用与。本义为党与，即门徒。

读 yú 时，书面语言，同欤（表疑问或反问，也表示感叹）。常用于古文。

读 yǔ 时，指给，交往，赞许等义。还用作姓。

读 yù 时，指参与，如与会。

予　多音字。会意字。小篆 象上下两个织布梭子尖端交错之状，其中一只还有线引出，用以会梭子推来推去之意。隶定后楷书写作 予。本义是梭子来回织布。是杼（古代指梭子）的本字。由梭子来回，引申指给，给予。又借第一人称代词，义为我。

读 yú 时，人称代词，即我。还作用姓。

读 yǔ 时，义为给，如请予批准。

授是动词，常用义项有两个，一是交付、给予，二是传授、教。授后加介词 "于" 可引出地点或时间，如授于山东礼堂等；也可以引出动作的发出者，表示被动，如授于二年级三班。

予，读 yǔ 时是动词，意思是给。予可以和动词授等连用，构成合成词授予。授予是含有褒义色彩的词语，常与带有奖励性质的宾语搭配，如授予勋章。

授予，也作授与。给予也作给与。赐予也作赐与，生杀予夺也作生杀与夺。生活中，没有 "授于" "给于" "赐于" "生杀于夺"。

玉汝于成，指像珍惜美玉一样爱护你，并帮助你，直到成功。也可简作玉成，常用作敬语，成全之义，如 "还望玉成此事"。而 "玉汝与成" "玉汝予成" 都讲不通。

参和与，都指参加、加入，两者并列，构成参与，也作与参。予，多音字，都没有参加的意思，故参与不能写成 "参予"。

迂·遇

迂 yū　会意兼形声字。金文🔲从走从于（弯曲，兼表声）。小篆🔲改为从辵从于。隶定后楷书写作迂。是于的加旁分化字。本义为曲折。后引申出迂腐，如"某人迂得很"。

遇 yù　形声字。小篆🔲从辵从禺（表声）。隶定后楷书写作遇。本义为相逢，事先未约定而碰到。

《第二次汉字简化方案（草案）》中将遇简化为迂，并特别附注：迂回的迂仍读 yū。我们知道，很快"二简"宣告退出。

1986 年 10 月 10 日，《简化字总表》没规定遇可以简化为迂，因而把遇写作"迂"，是别字。

余·馀

余 yú　象形字。甲骨文🔲象初民构木为巢所搭的简易茅草屋形。金文🔲增加两根支撑。小篆🔲。隶定后楷书写作余。如今又作了馀的简化字。本义为茅屋。

馀 yú　会意兼形声字。小篆🔲从食从余（房舍，兼表声），会有房住有饭吃之意。隶定后楷书写作馀。今简化为馀。本义为宽裕，丰足。引申出多余等义。

在用繁体字书写时代，馀和余本是两个不同的字，前者表示多余、剩余等意思，后者是第一人称代词，相当于我。1964 年 5 月，《简化字总表》颁布实施，馀简化成余。这样一来，余一身兼二职，既继续用作第一人称代词，也表示原来馀的各个意思。不过，在实际运用中可能出现混淆。如余年无多，意思是"剩余下的日子不多"还是"我的日子不多"？可能有不同的理解。因此，《简化字总表》做了一个脚注："在余和馀意义可能混淆时，仍用馀。如文言句'馀年无多'。"根据这个注释，馀并未完全简化成余，在容易混淆时，馀（未类推简化为"馀"）保留使用。《简化字总表》的这条注释，与毛泽东主席有关。有一年，《咬文嚼字》原社长郝铭鉴先生在北京，拜访人民文学出版社老总编屠岸先生，屠先生说：20 世纪 50 年代末，人民文学出版社准备出版毛泽东诗词。在《沁园春·雪》中，有这样两句："望长城内外，惟馀莽莽；大河上下，顿失滔滔。"毛主席用的是繁体字馀，出版社排的是简化字余。因为余在文言文中可用作第一人称，出版社担心"惟余莽莽"会引起误解，为此当时的社领导通过田家英同志向毛泽东主席作了请示，毛主席同意保留繁体字馀。正是因为有这样一个背景，《简化字总表》发布时，多了一条注释。1977 年，中国文字改革委员会发布《简化字总表（第二版）》，对 1964 年颁布实施的《简化字总表》中余（馀）

的脚注内容做了调整,原脚注改成:"在余和馀意义可能混淆时,馀仍用馀。"这里餘已经换成了馀。意思是:余是餘的简化字,在余和馀意义可能混淆时仍用餘,但要类推简化成馀。1986年10月10日,国家语言文字工作委员会重新发布《简化字总表》,其中保留了1977年《简化字总表(第二版)》对余(餘)脚注的调整。

其实,余和馀一般不会产生混淆。原因:首先在现代人的语言实践中,作为人称代词的余已极为罕见。其次,即使偶尔使用,在特定的语境中,也能确定余字的实际意义。如长城内外、大河上下,都是望的对象,望的结果分别是惟余莽莽、顿失滔滔,不可能把"余"误解为作者本人。2013年6月5日,国务院正式发布《通用规范汉字表》。该表是在整合《第一批异体字整理表》(1955年)、《简化字总表》(1986年)、《现代汉语常用字表》(1988年)、《现代汉语通用字表》(1988年)的基础上制定而成。《通用规范汉字表》发布时,原来的《现代汉语通用字表》7000个字中,有38个字未收入该表,馀字便是其中之一。《现汉》另列馀,注释为:图姓。也就是说《现汉》支持作姓时,馀不得简化为余。另外,秦末人陈馀,笔者建议也得保留馀。《草堂诗馀》,词总集名,分前集二卷,后集二卷,以宋词为主,间有唐、五代作品,分春景、夏景、节序、天文、地理、人物等类排列。明、清间词人将它与《花间集》并推为填词典范。《辞海》将《草堂诗餘》作为词条,请大家注意餘用的是繁体字,而诗为简化字。

祁县古称昭馀。因昭馀祁泽薮而得名。古时代,晋中盆地一带水丰草茂,是中华九大沼泽地之一,史称昭馀薮。几经沧海桑田,逐渐变成晋中盆地。据祁县人民政府官网介绍,昭馀镇是撤并乡镇组成的新镇。因此,不管语言文字如何规范,只要昭馀镇不改名,馀在这块土地上肯定会生存下去。

鱼·渔

鱼 yú 象形字。甲骨文象鱼形。金文。小篆。隶定后楷书写作魚。今简化为鱼。本义为常见水生动物。

渔 yú 会意字。甲骨文象水中有多鱼之状。金文另加手,表示捉鱼。小篆。隶定后楷书写作漁。今简化为渔。本义为捕鱼。在捕鱼义项上,渔的异体字为斁(从虍从魚从攵,攵为攴,即手持器物)。斁字确有捕鱼的感觉,而渔是由水和鱼的组合,难怪人们看不到捕的动作。

鱼和渔的最大区别是,前者是名词,鲤鱼、鲢鱼、鱼鳍、鱼鳞中的鱼不能写成渔;后者是动词,渔港、渔业、农林牧副渔里的渔不能写成鱼。打鱼就是捕鱼,也不能写成"打渔"。竭泽而渔即排尽湖泊或池塘中的水捕鱼,比喻贪图眼前利益而缺乏长远眼光。古时候，鱼通渔，故而造成一组异形词。

【鱼汛】名 某些鱼类由于越冬等原因在一定时期内高度集中在一定水域，适于捕捞的时期。也作渔汛。

【渔具】（鱼具）名 捕鱼或钓鱼的器具。

【渔网】（鱼网）名 捕鱼用的网。

【渔鼓】名 ❶ 打击乐器，在长竹筒的一头蒙上薄皮，用手敲打。是演唱道情的主要伴奏乐器。❷ 指道情，因用渔鼓伴奏而得名。‖也作鱼鼓。

【渔鼓道情】道情。也作鱼鼓道情。

【道情】名 以唱为主的一种曲艺，用渔鼓和简板伴奏，原为道士演唱的道教故事的曲子，后来用一般民间故事做题材。也叫渔鼓（鱼鼓）、渔鼓道情（鱼鼓道情）。

竽·芋

竽 yú　会意兼形声字。小篆 竽 从竹从于（吹竽，兼表声）。隶定后楷书写作竽。是于的后起加旁分化字。本义是一种古乐器，形状像现在的笙。

芋 yù　形声字。小篆 芋 从艸（艹）从于（表声）。隶定后楷书写作芋。本义为芋艿，可供食用，亦可作药用。芋还可泛指薯类植物，如山芋、洋芋等。

滥竽充数，见于《韩非子》，说的是一位南郭先生，本不擅长吹竽，也装模作样成了乐队里的演奏员，比喻没有真才实学的人混在行家里面充数混口饭吃。

大家注意：南郭先生吹的是竽而不是"芋"，如果拿"芋头"来吹奏，那么南郭先生应该叫作南"锅"先生了。☺

瑜·玉

瑜 yú　形声字。小篆 瑜 从玉从俞（表声）。隶定后楷书写作瑜。本义为美玉。引申指玉的光彩等。

玉 yù　象形字。甲骨文 玉 象一串璧形，中间一竖是绳索。金文 玉 和小篆 玉 省作三片玉（三表多，三横间距均等）并整齐化。隶定后楷书写作王（三横等长），以与帝王的王（篆文 王，上面两横距离近）字相区别。但是人们手写时还是容易混淆，于是加点写作玉。本义为玉石。请注意：玉在汉字左侧做部首时常写作斜玉旁（也叫王字旁），如环、珍；在汉字右侧时，一般写作王，如班、斑，也有写作玉，如珏；在汉字下方时常写作玉，如玺、璧；在汉字上方时，常写作王，如弄、瑟、琴。

瑕指玉上面的斑点，比喻缺点。瑕不掩瑜，比喻缺点掩盖不了优点，优点是主要的，缺点是次要的，指整体值得肯定。

瑕不掩瑜错写成"瑕不掩玉"，原因在于瑜和玉读音相近外加都与玉有关。

浴·欲

浴 yù　会意兼形声字。甲骨文 ![字形] 上从人，身上有水点；下从皿，会人在盆中洗身之意。金文 ![字形]。小篆 ![字形] 改为从水从谷（山谷引申出洼，这里也指凹形盆，兼表声）会意，成了在溪谷沐浴了。隶定后楷书写作浴。本义为洗澡。

欲 yù　会意兼形声字。小篆 ![字形] 从欠（人张口，表示不足）从谷（空谷，兼表声），会贪求如空谷纳物之意。俗所谓欲壑也。隶定后楷书写作欲。本义为欲望。

浴火与欲火值得一辨。

涅槃，原是佛教用语，义为圆寂或灭度。佛经故事中说，垂死的凤凰投身火中，燃为灰烬，再从灰烬中重生，成为美丽永生的火凤凰。后来人们用凤凰涅槃来比喻经历巨大的痛苦与艰苦的磨炼后获得成功。浴火是说鸟儿在火焰中上下飞翔（颉颃，读 xiéháng，也指鸟儿上下飞）。"凤凰涅槃，浴火重生"是说凤凰在烈火中上下飞翔，经历了死亡的考验，获得了重生，现在多用来比喻历经劫难重获新生或发现了新的生命契机。欲火是佛教语，指尘世间如火般炽热的欲望，多指情欲。可能是人们联想错误继而写出"欲火重生"，那这个"重生"之火苗还是掐灭为好。☺

参见 385 页"沐·栉"。

育·誉

育　详见 603 页"育·哟·唷"。

誉　详见 503 页"誊·誉"。

美育与美誉是一组易混的词。

美育即以培养审美的能力、美的情操和对艺术的兴趣为主要任务的教育，音乐和美术是美育的重要内容。我国现在执行的"德智体美劳"的五字教育方针，其中"美"就是指美育。美誉即美好的名誉，如"教师享有辛勤园丁的美誉"。

预·愈

预 yù　会意兼形声字。小篆 ![字形] 从页（头）从予（送出，兼表声），会头伸向前之意。隶定后楷书写作預。今简化为预。本义当为头伸向前。引申泛指事先。

愈 yù　形声字。金文 ![字形] 从心从俞（表声）。小篆 ![字形] 整齐化。隶定后楷书写作愈。异体作愈。后来二字表义有分工。愈本义为病好转。后来愈虚化为副词，如越发、更加，如愈战愈勇。于是病愈之义便另加义符广写作瘉，今简化为愈。

愈后，即病好之后。预后，医疗术语，即对于某种疾病发展过程和后果的估计，由病期、病人的体质和精神状态、致病因素、治疗情况，以及其他有关情况决定。愈后，皆大欢喜，但预后的后面之事难料啊。因此预后与愈后得好好诊断！

域·阈

域 yù 会意字。甲骨文⿰同"或"。金文一⿰同"或"；金文二⿰另加义符邑（阝右）。小篆⿰同或，异体⿰则另加义符土。隶定后楷书分别写作或与域。今规范化，域表区域之义，也是或的加旁分化字。

阈 yù 形声字。小篆⿰从門（门）从或（表声）。隶定后楷书写作閾。今简化为阈。本义为门槛。引申泛指门，再引申指界限或范围。

域与阈都有范围的意思，但"阈"主要用于书面语言，如视阈、听阈；而域则于口语。《现汉》第1、2版只收视阈，注释同为：能产生视觉的最高限度和最低限度的刺激强度。《现汉》第3、4版，也只收视阈，但注释内容有所增加：❶能产生视觉的最高限度和最低限度的刺激程度。❷指视野：丰富游人的～。也作视域。《现汉》第5版，视阈注释同第4版，同时增设视域，且注释：同"视阈"②。《现汉》第6、7版：

【视域】名 指视野：具有国际～｜社会考察使大家的～开阔了不少。也作视阈。

【视阈】❶名 能产生视觉的最高限度和最低限度的刺激强度。❷同"视域"。

《现汉》从第1版开始只收录"听阈"，没有"听域"的身影。

【听阈】名 能产生听觉的最高限度和最低限度的刺激强度。

从这里可以看出，听阈与视阈①跨度相同，但不能随意互换。

愈·越

愈 详见617页"预·愈"。

越 yuè 形声字。小篆⿰从走从戉（表声）。隶定后楷书写作越。本义为跨过，跳过。

愈与越，各自在重复使用时，表示程度随着条件的变化而变化，此时是相同的。"愈……愈……"用于书面语音，而"越……越……"常用于口语。

冤·怨

冤 yuān 会意字。小篆⿰从兔从冖（蒙盖），会兔被蒙盖身体不得舒展之意。异体寃、寃。隶定后楷书写作冤。引申指受到不公平对待的冤屈。

怨 yuàn 会意兼形声字。古文⿰从心从令，会怒喝之意。小篆⿰改为从心从夗（蜷曲，兼表声）会意。隶定后楷书写人怨。是冤的同源字。本义为愠怒。

古时，冤与怨相通，但今日两者分工明确。

冤仇，是由受人侵害或侮辱而产生的仇恨。怨恨，对人或事物强烈地引发的不满或仇恨。冤仇是因被冤结下的，怨恨则不受冤的限制。结冤与结怨，区别也在于有没有被冤，如是因冤那就用结冤，否则就用结怨吧。

渊·源

渊 yuān 象形兼会意兼形声字。甲骨文 象一潭深水形。金文 因其形表义不够明显，便将潭的轮廓变为亞形并另加义符水。小篆承接金文分为简繁二体 、 。隶定后楷书分别写作 㶜、淵。㶜只作偏旁。淵今简化为渊。本义为泉眼形成的洄水。水流盘旋回转之处，其水必深，因此渊引申指深水池，常见成语有如临深渊等。再引申指深邃，如知识渊博等。

源 yuán 会意兼形声字。小篆 本作原。由于"原"为引申义所专用，俗便另加义符水写作 ，成为从水从原（兼表声）会意。隶定后楷书写作源。是原的加旁分化字。本义为泉水等开始流出的地方，如源头。引申泛指事物的根由，如根源、来源。

渊源、源远中的源，都指本原。源远流长，义为源头很远，水流很长，如"长江是一条源远流长的大河"。源远流长还比喻历史悠久。源远和流长均为主谓结构，两者构成联合式成语，两者之间还有因果关系。渊源为名词，本指水源，也可泛指事物根源，如历史渊源等，和流长不能搭配。源远流长，以源、流对举，指河流的源头遥远，水流距离很长，常比喻历史悠久，这是用空间的远比喻时间的久。

渊指水深，强调的是深度，不是长度，不能与远搭配，不能与流对举。

源远流长，不能写成渊源流长。

元·园·圆·圜

元 yuán 指事字。元与兀同源。甲骨文 从兀（削去人头发），又用短横指出头之所在。金文 。小篆 。隶定后楷书写作元。本义为人头。引申出开头，如元始、元旦等。其引申义非常广泛。

园 yuán 形声字。小篆 从囗从袁（表声）。隶定后楷书写作園。今简化为园。本义为种植蔬菜花木而通常加以围护的场所，如菜园、花园、园丁等。引申泛指供人休息、浏览、娱乐的地方，如公园、戏园。

圆 yuán 会意兼形声字。小篆 从囗从員（圓的本字，兼表声）。隶定后楷书写作圓。今简化为圆。本义为圆形，和方相对应。引申指周全、完整的意思，如破镜重圆。今天还作为货币单位。

圜 多音字。会意兼形声字。小篆 从囗从睘（圜转，兼表声）。隶定后楷书写作圜。本义为天体。

读 yuán 时，同"圆"。

读 huán 时，常见词转（zhuǎn）圜，动词，义一：挽回，如"事已至此难转圜了"；义二，从中调停，如"这件事你出面转圜效果会更好一些"。

人民币单位，在实际运用中有时写作圆，有时写作元，究竟应该是哪一个？从货币发展史上看，虽然出现过铲形币、刀形币，但主流还是圆形币。我国的圆形方孔钱出现于战国晚期，被称为圜钱。圜有圆形的意思，但首要义项是天，说明当时对这种流通物的重视。古人以为天圆地方，所以圜也是圆的意思。圜在先秦时不仅是指圆形货币，而且也是货币的统称。货币上方孔除了体现天圆地方的"地方"外，主要作用在于铸币后期加工。最初，铸币工艺较低，单个加工费时费工费力，方孔出现后，一根长方体金属棍可以一次穿过数十枚，如此这般省时省工省力。妙也。

在圆形这个义项上，圜与圆通假，圜钱也有写作圆钱的。秦朝统一货币后，方孔圆体的钱币成为历代王朝沿用的主要铸币形式，一直被称为铜圆。后来晚清出现银质铸币，便相应称为银圆。圆以其通俗简便几乎取代了圜。

15世纪末，欧洲出现了机制圆形银币，很快传播到世界各地。明代万历年间，这种银币开始流入中国，在我国台湾、福建等地小范围内流通。此钱所用的单位不再是传统的钱、两、贯，而是角、圆，十角为一圆。由于是圆形的，也称银圆。光绪十四年（1888），广东开始铸造中国自己的银圆，货币单位也是角和圆。

元，既非圆的通假字，也非圆的简化字，它是怎样具备货币单位的义项的呢？

有人认为，元就是圆的通俗用法。但作为货币单位却另有起源。古代我国铜质铸币有一种名叫元宝，因唐开元通宝而得名。自宋以后皇帝改元，多更铸新币，用年号标名。据《辞源》举证，当时一个元宝被称为一元，这便是元作为货币单位的开始。元代至元三年（1266），朝廷用库银熔铸成重量为五十两的银锭，并名曰元宝，意思是大元之宝货。当时马蹄银一枚常称一锭，也可称一元。而伴随着元宝这种货币的存在，元这个货币单位也一直使用着。

1935年11月3日，国民党政府颁布币制改革方案，决定由中央、中国、交通（后又加入中国农民银行）发行纸币（法币），禁止白银流通，银圆因此退出交易市场。但法币仍用圆作为单位名称。1948年12月1日，中国人民银行发行第一套人民币，也采用圆为单位。

目前圆和元表示同一个货币单位，两种写法也是通用的。而在社会实际使用中人们偏向于笔画简单的元。

虽然我们国家并没有明文规定圆作为货币单位的用法，但在正规场合，还是以用圆为主。如国家正式发行的纸币，角上一级的货币单位都写作圆。只有一元面值的金属币上用的是元，这也是官方对民间约定俗成的一种认同。

《现汉》第6版相关注释如下：

【B股】指我国大陆公司发行的特种股票，在国内证券交易所上市，供投资者以美圆（沪市）或港币（深市）认购和交易。

【美元】名 美国的本位货币。也作美圆。也叫美金。

【美圆】同"美元"。

笔者以为，根据【美元】与【美圆】注释可知，【美元】是推荐词条。我向《现汉》建议将【B股】注释中美圆改为美元。《现汉》第7版真的作了变动，由此看出《现汉》真是开门办词典。

园与圆，本来没有什么交叉，但是在繁体字环境下，园（園）与圆（圓）两者的繁体字容易张冠李戴。

2015年12月中下旬，《咬文嚼字》原社长郝铭鉴指出在新版的一百元人民币上存在错字。"壹佰圆"的"圆"字系错用。

郝铭鉴表示："我们有《中国人民银行法》，明确规定人民币的单位是元，辅币是角、分。我们的规范用字就是元。过去用圆是历史造成的，因为过去有银圆，但是现在我们已经有法了，在这个情况下，你新发行的人民币怎么能用字不规范呢？你这个圆字从法的角度来看有根据吗？"

中国印钞造币总公司在其官方微信公众号"中国印钞造币"上作出回应。文章从元、圆汉字演变，货币上汉字变迁，古币中天圆地方寓意等多方面给予了正面回答，归根结底就是圆字出现在人民币上没有错。事已至此，慢慢地人们也就接受了。

第二次汉字简化时，将圆合并到元中，将蛋合并到旦中，从而造成混乱，如元旦是指"圆蛋"还是指元月1日的元旦。好在第二次汉字简化很快退出历史舞台。

员·原·圆

员 多音字。指事字。甲骨文 从鼎，上边象征鼎口之圆形。金文 稍变。小篆 下边省略。隶定后楷书写作員。今简化为员。本义为圆形。是圆的本字。

读yuán时，指工作或学习的人（如教员），还指团体或组织的成员（如党员），用作量词，用于武将（如一员大将）。

读yún时，用于人名，伍员（即伍子胥），春秋时人。

读Yùn时，姓。

原yuán 会意字。金文一 从厂（山崖）下有穴形，从泉，用山崖下有泉水从穴中流出形会水源之意；金文二 ▨ 上从足从田，中间似一个动物，左边与下边合起来是辵（辶），表示动物出没的原野。小篆分为繁简三体 ▨、▨、▨。隶定后楷书写作 厵、原、邍。今规范用原。本义为水流源头。

圆　详见619页"元·园·圆·圜"。

下列词组值得关注比对。

【复员】动❶武装力量和一切经济、政治、文化等部门从战时状态转入和平状态。❷军人因服役期满或战争结束等原因退出现役：～军人｜～回乡｜他去年从部队复了员。

【复原】动❶病后恢复健康：身体已经～。也作复元。❷恢复原状：被破坏的壁画已无法～。

【复圆】名日食或月食的过程中，月球阴影和太阳圆面或地球阴影和月球圆面第二次外切时的位置关系，也指发生这种位置关系的时刻。复圆是日食或月食过程的结束。

原·源

原　详见621页"员·原·圆"。

源　详见619页"渊·源"。

在医学术语中，常见以原为词尾的词，如抗原、热原、丝裂原等。

抗原，是指能够诱导免疫应答并能与相应抗体或T细胞受体发生特异反应的物质（《细胞生物学名词》第二版）。

热原，指引入或释放到体内后能引起恒温动物体温升高的物质（《核医学名词》）。

丝裂原，指诱导细胞发生有丝分裂的物质（《免疫学名词》）。

从这些词的词义中可以看出，其中的原取最初、原始义，指可以引发某种情况的原初物质。

过敏原，即变应原，是能诱导Ⅰ型超敏反应的抗原（《免疫学名词》）。

源与原，在字义上有联系，但两字区别也是明显的，在医学术语中不能想当然地用"源"替代原。

园·源

园　详见619页"元·园·圆·圜"。

源　详见619页"渊·源"。

"桃源"其实是"桃花源"的简称，典出陶渊明的千古名作《桃花源记》。桃花源一名因"夹岸数百步"的"桃花林"而来。这是作者虚构的一个丰衣足食、温馨康宁的美好世界。桃源误作"桃园",世外桃源误作"世外桃园",理想之国便成了种植桃树的园林,世外桃源最终会形成"世外陶怨"。

缘·源

缘 yuán　形声字。小篆 从糸从彖(表声)。隶定后楷书写作缘。今简化为缘。本义为衣服的饰边。引申指边缘、地缘等。再引申指缘分,如因缘、姻缘、投缘等。进而引申出原因,如无缘无故。用作介词,表示原因,相当于因为、由于,如"不畏浮云遮望眼,只缘身在最高层"。

源　详见619页"渊·源"。

缘与源本无因缘,但因缘于与源于有时纠缠不清。两者主要区别在于:源于即来源于、源出于、源自于的意思,如"文学艺术源于生活高于生活"。缘于即起因于、鉴于、原因在于、原因是的意思。如"有的科学家说,恐龙灭绝缘于小行星冲撞地球"。源于和缘于都表示因果关系,源于强调起源和发展历程,而缘于则更多强调因素和结果。

源于有"发源于"的意思,缘于,则没有这个意思。如"长江源于青海省唐古拉山脉的各拉丹东峰"。源于与缘于,有时可以混用,如"这一切皆源于 / 缘于爱"。这时候,就要根据所要表达的意思来判断用哪一个更准确些。

怨·愿

怨　详见618页"冤·怨"。

愿 yuàn　会意兼形声字。金文 ,从心从元(头,兼表声)。小篆一 改为从心从原(表声);小篆二 从頁(头)从原(表声)。隶定后楷书写作愿与願。今规范以愿为正体。本义为大头。引申指希望。

宿怨,旧有的怨恨,旧有的嫌怨。宿愿,指一向怀着的愿望。

宿怨和宿愿,第一个字和整词读音相同,但意思南辕北辙,千万要瞪大眼睛才行。

云·芸·纭

云 yún　象形字。甲骨文 、金文 皆象天空中舒展的云层形。小篆 线条化。云被用作曰后,便另加义符雨造雲,表示云与雨相关联。隶定后楷书分别写作云和雲。今雲简化为云。本义为云气。也就是说天上的云、云南的云有繁体字雲,用作说话用的云没有繁体字,如不知所云不能写作不知所雲。另外请注意,云和雲都是姓。

芸 yún　形声字。小篆 从艸(艹)从云(表声)。隶定后楷书写作芸。本义为芸香。后借用蕓的简化字。蕓本义为油菜。芸薹,指油料植物,即油菜。

纭 yún　会意兼形声字。《说文》无。楷书紜从糸从云(乱,兼表声)。今简化为纭。本义为多而杂乱。

【芸豆】(云豆)名 菜豆的通称。

【云云】〈书〉助 如此;这样(引用文句或谈话时,表示结束或有所省略):他来信说读了不少新书,很有心得~。

【芸芸】〈书〉形 形容众多:万物~|~众生。

【纭纭】〈书〉形 形容多而乱。

从以上我们知道,芸豆与云豆是异形词,且前者为推荐词条。云云、芸芸、纭纭都是用于书面语言,但云云仅作助词,相当于等等;芸芸与纭纭,都是形容词,前者形容多但不乱,后者形容多但乱。

🔴 莘莘读 shēnshēn 时,形容众多,如莘莘学子。这里提请大家注意,莘莘前后不能再加众多、无数、们等词,如众多莘莘学子、无数莘莘学子,但芸芸众生是个特例。

扎·挓·奓·揸

扎 多音字。形声字。小篆 ▨ 从手从匨（表声）。隶定后楷书写作揠。本义为拔。俗作扎从手从乚（乙），表示拔。此义后仍用揠。又用作札的俗字，表示书札，此义后用札。又借作劄、剳，表示刺。今又作了紥、紮的异体字，表示驻扎。

读 zā 时，义为捆、束，还用于量词，如一扎干草。

读 zhā 时，义为驻扎等义。

读 zhá 时，用于方言（扎挣，义为勉强支持，如"病人扎挣着站了起来"）。还用于姓。

挓 zhā 后起形声字。楷书挓从手从宅（表声）。常见词有挓挱（手、头发、树枝等张开）。挓挱也作扎煞。

奓 多音字。后起会意兼形声字。楷书奓从大（兼表声）从多。

读 zhā 时，奓山，山名，又地名，都在湖北。

读 zhà 时，方言用字，义为张开，如"小张紧张得头发奓了起来"。

揸 zhā 形声字。甲骨文 ▨ 和金文 ▨ 皆从又（右手）从虘（表声）。小篆 ▨ 整齐化。隶定后楷书写作䰣。异体作摣。俗也作揸。今以揸为正体。本义为从上向下抓取。现在主要用于方言，义为用手指撮东西，还指手指伸张开，如揸开五指。

奓读 zhà 时，用于方言，义为张开（小鸟奓翅）；挓挱也有张开之意；揸，也有张开的意思。前者自己单蹦，中者组词以挓挱面目出现，后者专指手指张开（从扌）。

扎与奓、挓、揸最大区别在于，扎是向内收紧，后者是向外张开。

扎·拃

扎 详见本页"扎·挓·奓·揸"。

拃 zhǎ 形声字。《说文》无。楷书拃从手从乍（表声）。是撑的俗字。异体作搩。今规范用拃。本义指张开大拇指和中指（或小指）来量长度。

拃还用作量词，义为表示张开的大拇指和中指（或小指）两端间的距离，如"这条鱼三拃长"。报刊上，经常将拃写作"扎"，这是很不应该的。

咂·咋·乍

咂 zā 后起会意兼形声字。楷书咂从口从匝（倒回，兼表声）。本义为用嘴吸、呷，如咂指头。引申指咂嘴，再引申指仔细辨别滋味。也有品辨、体味的意思。

咋　多音字。形声字。小篆 🔣 从齿从昔（表声）。隶定后楷书写作齰。小篆异体 🔣，隶定后楷书写作齱。由于齰、齱较繁杂，俗便简作咋。由于"怎么"在方言里急声合音为zǎ，于是便另加义符口写作喳，现简化为咋。今规范统一用咋。

读 zǎ 时，方言，疑问代词，义为怎，怎么，如咋样、咋办。

读 zé 时，义为咬住，常见词咋舌。

读 zhā 时，方言，咋呼，指吆喝。也作咋唬。传世文献中咋意思是大声。

乍 zhà　会意字。甲骨文 🔣 和金文 🔣 下边皆从刀，上边从卜。正是占卜之人用刀钻刻龟甲，然后灼烧之，视其裂纹进行占卜之意。小篆 🔣 整齐化。隶定后楷书写作乍。本义为制作卜龟。是作的初文。

咋舌的字面意思就是咬住舌头。因为咬住舌头就没办法说话了，自然咋舌就有了说不出话的意思。咋舌可以表示因害怕而不敢说话，后来又可以表示因吃惊、震撼而说不出话，于是就有了令人咋舌。

咂有咬、吮的意思，古代文献里不见咂舌的例子。《现汉》从第5版开始增设咂舌（动词，义为咂嘴，如"这里的发展速度之快令人咂舌"）。令人咋舌与令人咂舌，都有惊喜的成分，所以需要我们注意分辨。

乍，其常用的义项是忽然，如乍冷乍热的意思就是忽冷忽热。乍与舌搭配是根本说不通的。"乍舌"是咋舌的误写。

仔·崽

仔　多音字。会意兼形声字。甲骨文 🔣 从人从子（孩子，兼表声），会人背子之意。金文 🔣。小篆 🔣。隶定后楷书写作仔。本义为人背子。

读 zǎi 时，同"崽"，还用于方言，义为男青年，如肥仔、打工仔。

读 zī 时，仔肩，书面用语，义为责任，负担。

读 zǐ 时，义为幼小的牲畜、家禽等，如仔猪、仔鸡。

崽 zǎi　形声字。《说文》无。楷书崽从山从思（表声）。方言用字，是子的音变。本义为儿子。

仔和崽，是一组方言味较浓的通用字，在实际运用上有不少差别。仔除了在某些地区特指儿子之外，多为一种类似家伙、小子的实义不强的后缀；而崽因可指幼小的动物，在特定语境中可能带有侮辱、鄙视的意味，如小兔崽子等。由于仔读 zǎi 时，同崽，也就是说小仔子可以写作小崽子，但是人们受狗崽子等影响，一般还是写小仔子为好。

此外，仔还可特指细小物品，如今大小餐馆菜单上都有的煲仔、锅仔，即小煲、小火锅是也。

再·在

再 zài　会意字。甲骨文 ▨ 上下组合起来为二，中间是一简鱼形，会提两条鱼之意。金文 ▨。小篆 ▨。隶定后楷书写作再。本义为第二次，即再次。

在 zài　会意字。甲骨文 ▨（在与才同形），借用草木初生表示存在。金文 ▨ 始另加义符土，以强调存在于地上。小篆 ▨。隶定后楷书写作在。本义为生存，引申存在。

如今，再常用作副词，表示事情或行为重复、继续，如再议论、再思考。再还能表示更加，如"水平要是再高一点更棒了"。请注意：表示已经重复的动作用又，表示将要重复的动作用再。如"这篇小说，前天我又读了一遍，我准备过几天再读一遍"。

在，现常作介词，用于时间、地点之前，如在中午、在礼堂里，没有更加的意思。再世，指来世，也指再次在世上出现（即死而复生），如华佗再世。在世，指活在世上。再世与在世，前者死也，后者健在。整错了，可不得了。

臧·藏

臧 zāng　会意兼形声字。甲骨文 ▨ 从戈从臣（侧目），表示用戈刺目。古代抓到俘虏后，通常刺瞎一目以罚为奴仆，所以臧常指被俘为奴仆的人。金文 ▨。小篆 ▨ 另加爿表声，成了从臣从戕（兼表声）会意。隶定后楷书写作臧。本义为由被俘转为奴仆的人。奴仆之人，必须顺从，顺从即为善良，继而引申为好，如臧否（pǐ，坏，恶）。臧由残忍转化为好，极少的例子。臧还用作姓。

藏　多音字。会意兼形声字。小篆 ▨ 从艸（艹）从臧（隐藏，兼表声）。隶定后楷书写作藏。本义为隐匿。

读 zàng 时，指储存大量东西的地方，如宝藏；还指佛教或道教经典的总集。

读 cáng 时，指躲藏，收藏等。

虽然说臧古又同藏（cáng），那是很久以前的事了，现在不通用。

赃·脏

赃 zāng　会意兼形声字。《说文》无。楷书臟从貝从藏（藏纳，兼表声）。今简化为赃。异体作賍（今为赃的异体字）。本义指盗窃的财物，引申指一切"非理所得"的财贿。赃款，即通过非法手段牟取的钱财。

脏　多音字。会意兼形声字。《说文》无。楷书臟从肉（月）从藏（隐藏，兼表声）。今简化为脏。脏又用作髒的简化字。本义为胸腔内部器官的总称。

读 zāng 时，指有尘土、污渍、污垢等，繁体写作髒。

读 zàng 时，指内脏，繁体写作臟。

虽然赃款来历不正，属于肮脏行为所得，但从来没有"脏款"一说。

凿·灼

凿 záo（在明确和真实义项上旧读 zuò） 象形兼会意字。甲骨文 ⿳ 象手持凿在山里凿玉形。金文 ⿳。小篆 ⿳ 整齐化。隶定后楷书写作鑿。今简化为凿。本义为穿孔。引申指明确，真实。

灼 zhuó 形声字。小篆 ⿳ 从火从勺（表声）。隶定后楷书写作灼。本义为烧，炙烤。引申指明亮。

凿凿：确切，确凿，确实，真实。言之凿凿，即说得非常确凿。指话说得有根有据，真实可信。灼灼：形容明亮的样子。目光灼灼指眼睛明亮的样子。

灼灼和凿凿，词义和用法有别。灼灼与"言"不能搭配。

凿·黹

凿 详见本页"凿·灼"。

黹 zhǐ 象形字。金文 ⿳ 象用绷子把布撑起来在上面绣出的花纹形。小篆 ⿳。隶定后楷书写作黹。本义为缝纫、刺绣。工针黹，意思就是善于做针线活。

由于凿与黹字形相近，前者需要用铁、铜等工具，后者一般用木、布、线即可，稍加留意，就不会绣错了地方。

噪·燥·躁

噪 zào 会意兼形声字。小篆 ⿳ 从言从喿（兼表声）。隶定后楷书写作譟。俗作噪。是喿的加旁分化字。本义人声喧哗。名噪一时，即声名煊赫，人所共知。

燥 zào 形声字。小篆 ⿳ 从火从喿（表声）。隶定后楷书写作燥。本义为干燥。

躁 zào 会意兼形声字。小篆 ⿳ 从走从喿（疾叫，兼表声）。隶定后楷书写作趮。俗作躁。今规范用躁。本义为疾速。引申指性急气浮，如急躁、骄躁、浮躁等。

粗与糙，都是形声字，形符均为米，本义均指没有经过精碾的粗米。粗糙，连用则泛指不光滑、不细致，如皮肤粗糙、做工太粗糙等。粗糙（cāo）之"糙"常被误读为 zào，"粗燥"之误，与此有关。

急躁，常被人联想到脾气火辣而写为"急燥"，也有人觉得急躁之人嗓门大、语速快，错写成"急噪"。但只要想到着急的人好来回踱步，用急躁就对了。

则·责

则 zé　会意字。金文[图]从刀从鼎，会按规范宰割鼎内之肉意，所谓割不正不食。因鼎与贝在古文中形近，小篆[图]遂将鼎讹变为贝。隶定后楷书写作則。今简化为则。本义按规范切割鼎内之肉。引申出规则等。也有专家说，金文[图]就是将法律规范（规则）等刻在宝鼎之上，让各地来人拓回去学习贯彻，也可以理解为刻在宝鼎的文字永存、传续给后代。笔者以为后种说法也是很有道理的。则引申出榜样或以什么为榜样的意思，如武则天、林则徐等名字中的则耐人寻味。

责 zé　会意兼形声字。甲骨文[图]从贝从朿（用尖木刺物，兼表声），会用尖木刺取贝中肉而食之意。金文[图]。小篆[图]。隶定后楷书写作責。今简化为责。本义为用针刺挑出贝中肉而食之。引申泛指求取，索取。又引申指要求，质问，责任等。由责任引申出债务，责其承担债的任务。后为了减轻责的压力，另造债，因而古时责又通债（zhài）。

则声，就是作声，如不敢则声。不得写作"责声"（像是"责骂之声"的缩写，不可取）。则与责，音同，且都有贝，在拼音打字环境中，有可能出现责任不分的"责任"事故。

择·摘

择　多音字。会意兼形声字。金文[图]从双手从睪（侦察，兼表声）。小篆[图]省去一手并整齐化。隶定后楷书写作擇。今简化为择。本义为挑选。
读 zé 时，指挑选。还用作姓。
读 zhái 时，也指挑选。同时还指分解并理清混乱的线、绳等。主要用于口语。

摘 zhāi　形声字。小篆[图]从手从商（表声）。隶定后楷书写作摘。本义为采摘。
择与摘有混淆的地方，如摘菜是指摘取蔬菜（也有选择的意思，将成熟的摘下来，如摘丝瓜）；择菜，这个就不用多说了吧。

摘菜，是择菜的前提，择菜是摘菜的后续工作。至于择菜怎么读，那就根据个人喜好来选择吧，没有强行规定。

仄·辙

仄 zè　会意字。古文[图]从大（正面立人）歪头在厂（山崖）下，会倾侧不能伸直之意。小篆[图]改为侧面立人。隶定后楷书写作仄。本义为倾斜。引申指狭窄、心中不安、仄声等。

辙 zhé　会意兼形声字。小篆[图]从车从敵（兼表声）。隶定后楷书写作轍。今简化为辙。本义为车轮轧出的痕迹。

平仄，是平声和仄声的合称。平，指汉语古四声中的平声，仄，指汉语古四声中的上、去、入三声。旧诗赋、骈文及对联等所用的字音，平声与仄声相互调节，使声调谐协，谓之调平仄。

在诗词戏曲中，合辙表示押韵。在北方戏曲中，韵又叫辙，故押韵又叫合辙。合辙和押韵可以并用。戏曲、歌词讲究押韵合辙，就是将之比喻为车轮前进时，与地上原先轧出来的痕迹相吻合，这就叫合辙。合辙与押韵大致相同，细分起来，辙宽韵窄，如发、花、乜、斜，辙里可通押，韵中则不能。"合仄押韵"不通，只强调"合仄"，把"合平"给落下了，至少"合仄"应改为合平仄。快板书要讲究的是押韵合辙，旧诗赋等中需求的是调平仄，都没有"合仄"这一说法。

奓·炸

奓 详见 625 页"扎·扡·奓·揸"。

炸 多音字。后起会意兼形声字。楷书炸从火从乍（灼烧后猛烈裂开，兼表声）。本义为把食物放进油或汤中一沸而出。由于油加热后，遇食物等都会引起轻微爆裂声，所以引申指爆炸等义。

读 zhá 时，烹调方法，如炸丸子。

读 zhà 时，指炸药以及引发出的效果。

奓读 zhà 时为方言动词，有张开的意思，多指由集中或整齐到分散或散乱开来之状。如小鸟奓翅、头发奓开、衣服下摆太奓。

炸读 zhà 时，义指突然爆裂，破坏性极强，而奓的行为小几无损害性，所以别让奓与炸相碰啊，否则"衣服下摆太炸"，轻者春光乍泄，重者小命不保。

甑·甄

甑 zèng 会意兼形声字。籀文象蒸锅中蒸汽升腾形。小篆从瓦从曾（表声）。隶定后楷书写作䰝和甑。是曾的加旁分化字。古代蒸食炊器，形似深盆或钵，底有孔，置于鬲上蒸食，作用相当于蒸笼。

甄 zhēn 会意兼形声字。金文从宀（房屋）从土从支（手持工具）从缶，会手持工具在房屋内制作陶器之意。小篆改为从瓦从垔（表声）。隶定后楷书写作甄。本义为制作陶器。陶器烧制前后都要进行辨别，继而引申出鉴别、选取。

甄别，审查辨别优劣真伪。不存在"甑别"的说法。

诈·榨

诈 zhà 形声字。金文䜣从言从乍（表声）。小篆䜣。隶定后楷书写作詐。今简化为诈。本义为欺骗。

榨 zhà 会意兼形声字。《说文》无。楷书榨从木从窄（挤压变窄，兼表声）。本义为挤压出物体里汁液的器具。常见词有榨油、挤榨。

诈取，通过欺骗手段以夺取他人的权利或财产。

榨取，通过压榨而取得，如榨取油料；比喻残酷剥削或搜刮，如榨取民财。

在掠夺他人财产义项上，诈取和榨取有相近地方，但是前者是通过欺骗手段，后者更多是直接公开、明目张胆地进行抢夺（也许带有部分欺骗手法）。

沾·粘

沾 zhān 形声字。小篆沾从水从占（表声）。隶定后楷书写作沾。异体作霑（凡遇到姓名中带霑字的，尽量保留）。本义为水增加（本义沾读 tiān，此义后作添）。引申指充足，充溢。又引申指浸湿，打湿等义（此义读 zhān）。

粘 详见 390 页"粘·黏"。

粘，读 zhān 时，指黏的东西附着在物体上或者互相连接，或指用黏的东西使物件连接起来，如"把邮票粘在信封上"。沾的对象是水（干净或不清洁），不具备黏性，短时间可以粘在一起，时长一长干了就两张皮了。

沾·黵

沾 详见本页"沾·粘"。

黵 zhǎn 后起形声字。楷书黵从黑从詹（表声）。方言用字，义为沾染弄脏，如"墨水把纸黵了""黑布襟（jīn）黵"。

沾水，如沾了干净水，那就是沾湿，晾晾就干了；如果沾的是污水，那就是沾染，需要清洗后晾晒。黵，若遇到污水或其他带颜色的水了，结果只能是弄脏。

沾·蘸

沾 详见本页"沾·粘"。

蘸 zhàn 会意兼形声字。小篆蘸从艸（艹）从醮（手沾酒水祭祀，兼表声）。隶定后楷书写作蘸。本义为将物体没入水中。引申指在液体、粉末或糊状的东西里沾一下就拿出来，如蘸水钢笔、蘸糖吃、大葱蘸酱卷煎饼。

沾的对象通常为液体，蘸的对象既有液体又有粉状等；沾一般为被动的不小心，不是主观想要的行为，蘸一般是主动有意行为，时间短促。书法家书写时袖口不小心被墨汁污染了，用沾比较好。

沾·玷

沾 详见 631 页"沾·粘"。

玷 diàn　形声字。《说文》无。楷书玷从玉从占（表声）。本义为白玉上的斑点。引申泛指污点，缺点等。

【玷辱】动 使蒙受耻辱：～祖先｜～门户。

【玷污】动 弄脏；使有污点。多用于比喻：～名声｜～光荣称号。

【沾染】动 ❶ 指因接触而被不好的东西附着上：创口～了细菌。❷ 因接触而受到不良的影响：不要～坏习气。

通过以上我们可以看出，玷辱与玷污有很多相通之处，几乎可通用，但前者强调辱，后者侧重污。

沾，可能使污，但没有"沾污"这个词，但有沾染义。把玷污写作"沾污"，很可能是将"玷"误读作 zhān 的缘故。

斩·崭

斩 zhǎn　会意字。小篆斩从车从斤（斧），会伐木做车之意。隶定后楷书写作斬。今简化为斩。引申指砍伐，斩断等。

崭 zhǎn　后起形声字。楷书崭从山从斩（表声）。今简化为崭。本义为高峻的样子。引申泛指高出一般、优异等义。再引申用作副词，表示程度，相当于很，如崭新。

崭新与斩新是全等异形词，且以崭新为推荐词条。但崭露头角不能写作"斩露头角"，否则那就大了：头角刚刚露出一点就被斩去，那不血淋淋的让人恐惧啊。但是有个展露值得关注，意思是展现，显露，如展露才华。

斩获，原指战争中斩首与俘获。现在泛指收获，多指在竞赛中获得奖章、奖牌、好名次等。世上无"崭获"。

展·辗

展 zhǎn　会意兼形声字。小篆展从尸（坐人形）从𧝓（展开，兼表声），会人展衣而坐之意。隶定后楷书写作展。本义当是展衣而坐，即舒张开衣裳坐下。古人跪坐时，要把衣裳先铺开，以免裹压住。第二次汉字简化时，将展简化为尸，遭到许多人反对，尤其是展姓家族表示强烈不满，原因是辗成了一具尸体整合。好在第二次汉字简化很快夭折了。

辗　多音字。会意兼形声字。《说文》无。楷书辗从车从展（展开，兼表声）。今简化为辗。是展的加旁分化字。本义为卧不安席，指翻来覆去睡不着。

读 zhǎn 时，有辗转、辗转反侧。

读 niǎn 时，同"碾"。

辗转与展转是全等异形词，且以辗转为推荐词条。但辗转反侧、辗转不眠不要写作"展转反侧""展转不眠"，因为毕竟前面的写法大家已熟悉且认同。

战·颤

战 zhàn　会意兼形声字。金文 ![字] 从戈从兽，表示用戈搏击野兽。小篆 ![字] 将兽讹为單。隶定后楷书写作戰。今简化为战。本义为用戈搏杀野兽。古人常把狩猎作为战争的演习，自然"战"就引申出战斗、战争等义。

颤　多音字。形声字。小篆 ![字] 从頁（头）从亶（表声）。隶定后楷书写作顫。今简化为颤。本义为头摇动不定。

读 zhàn 时，义指发抖。

读 chàn 时，义指颤抖，发抖。

战，也有发抖的义项，如寒战、打战、胆战心惊。在发抖义项上，战常用于书面语言，颤多用于口头语言。战动作较大，而颤幅度较小，如颤巍巍。

颤(zhàn)栗与战栗是全等异形词，且以战栗为推荐词条，这是一般人想不到的，请务必重视。

张·章

张 zhāng　形声字。小篆 ![字] 从弓从長（表声）。隶定后楷书写作張。今简化为张。本义为上紧弓弦。引申指张开等。

章 zhāng　会意字。金文 ![字] 上从辛（錾凿）下为玉璧，会用錾凿雕玉璧呈现花纹之意。小篆 ![字]。隶定后楷书写作章。本义雕刻玉璧上的花纹。引申指花纹。音乐与文章是声音同文字构成的花纹，故又引申指乐曲的一节，也指诗文的一节或一篇，于是就有了乐章、文章等。

张姓是中国大姓之一。章姓知名度也不低。

人们在介绍 zhāng 姓时，常常会附一上句弓长张还是立早章。其实，章严格意义上讲是音十章（十表完整，音十即一个乐章），只不过几千年来叫立早章已成习惯，那就不要太较真儿了。

张·涨·胀

张 详见633页"张·章"。

涨 多音字。会意兼形声字。《说文》无。楷书涨从水从張（张大，兼表声）。今简化为涨。本义为水位升高。

读 zhǎng 时，指水位升高，以及物价等提高。

读 zhàng 时，大致有以下几个义项：表示（固体）吸收水分后体积增大，如"木耳泡涨了"；表示充满，特指（头部）充血，如"脸上涨得通红"；表示超出（原来的数目），如"钱花涨了"。

胀 zhàng 会意兼形声字。《说文》无。楷书脹从肉（月）从長（张大，兼表声）。今简化为胀。本义为体内充塞难受的感受。是张的加旁分化字，其义原用张来表示。引申指膨胀。还形容身体内壁受到压迫而产生不舒服的感觉，如肚子发胀。胀库，指仓库库存饱和。

虽说胀是张的分化字，但如今分工明确，不得搅和。胀从肉（月），因而凡是与身体（除头部）有关的用胀；头部不适用涨，如"脑袋瓜子涨得慌"。

涨从水，因而固体吸收液体后体积增大，要用涨，如"豆子泡涨了"；胀也有扩大的意思，膨胀（不要写作膨涨或澎涨）指由于温度升高或其他因素，物体的长度增加（热胀冷缩）或体积增大。请细细琢磨下面这句：黄豆泡了一晚上大都涨开了皮，其体积膨胀了许多。

长·掌

长 详见74页"长·常"。

掌 zhǎng 形声字。小篆𠭖从手从尚(表声)。隶定后楷书写作掌。本义为手掌。引申指掌握等义。

长（zhǎng）眼是提请注意、当心的意思。"你要多长眼"，是一句提醒的话。"你长眼了没有"，那就有点不客气，甚至是撅人的话了。

掌眼，本是收藏圈的行话，藏品在甄选、买卖过程中，对实物的真伪、珍贵程度、价值等要通过手掌改变藏品角度，同时凭"眼"辨识，这个鉴定过程被称为掌眼。

仗·杖

仗 zhàng 会意兼形声字。《说文》无。楷书仗从人从丈（棍，兼表声）。是丈的加旁分化字。本义为古代人所执持的刀戟等器杖的总称。引申出凭借、倚执，再引申出战争等。

杖 zhàng　会意兼形声字。小篆 ![杖] 从木从丈（棍棒，兼表声）。隶定后楷书写作杖。本义为手持棍棒。

本来仗和杖打不了仗的，但明火执仗常常被错写成"明火执杖"。原因可能是想着杖可执，而打仗的仗咋举起来？其实，若了解了仗原为兵器，那就好办了。

当然，执杖而行就是手持拐杖行走，千万不要写作"执仗而行"。

帐・账

帐 zhàng　会意兼形声字。小篆 ![帐] 从巾从長（长条形，兼表声）。隶定后楷书写作帳。今简化为帐。帐本作张，本义就是张挂在床上的帷幄。后改弓为巾，遂分化为小篆的 ![帳]（从巾表义，从長表声兼表长条幅之形），如今简化为帐。帐引申指用布帛、丝绸等制作的能遮蔽的东西，如蚊帐、帐篷。再引申特指军帐、营帐，自然就有了"运筹于帷幄之中，决胜于千里之外"。夏秋季节高大而稠密的高粱、玉米地被称作为青纱帐，极富诗情画意。由于古代游牧民族每户住一顶帐篷，常按帐篷计算人数，因此帐字便引申出"计算人户的单位"义。再引申出"关于钱财物出入的记载""债务"等义。

账 zhàng　会意兼形声字。《说文》无。楷书账从貝（钱财）从長（长条，兼表声）。今简化为账。古人把账目记在布帛上而后挂起来，其目的大致有以下几条：一是书写后墨汁需要晾干；二是防止老鼠等啃咬；三是提醒自己不要忘记；四是似乎还有点张扬的感觉；五是给被借者来家时一个提醒。

账字产生得较晚，《说文》中未见，《中华大字典》和《辞源》收有这个字。《辞源》中对它有这样的解释："登记出入款数的簿册。古作'帐'……后人因避免与帷帐之义相混，另造账字以代之，如账单、账簿等。"古人本来想造账来分担帐的压力，没想到制造出账与帐的"账目不清"。

从清代开始，把有关货币、货物出入记载、账簿、债等有关的字改为账。

新中国成立之后，《新华字典》《现汉》一直采取帐与账相通的办法。因而，经常会出现帐簿与账簿同在，欠帐与欠账同行。

1955年公布了《第一批异体字整理表》，并未将账作为异体字淘汰，因此1964年公布《简化字总表》时，对账字和帐字的繁体賬、帳都作为正体字进行了类推简化。1965年公布《印刷通用汉字字形表》时，也收入了账字，在1977年公布的《第二次汉字简化方案（草案）》中，将账并入帐字，但这个"二简"草案已在1986年宣布废止。1988年公布的《现代汉语通用字表》把账和帐都作为规范字收入其中。

《现汉》第5版，"帐"①……。②同"账"。

《现汉》第 6 版,"帐"①……。② 旧同"账"。

由此看出,从《现汉》第 6 版开始,帐与账彻底分开(旧同,就是说现在不同了),再写帐簿、欠帐、帐号,恐怕是要还汉字规范的账了。

混账一词的来历。东北人冬天睡炕。为了节约,全家几代人都睡在大炕通铺上。为避免尴尬,分别用帐帏遮蔽,形成一个个相对独立的小空间。而草原上的牧民更是以帐篷为家,夫妻俩在自家的帐篷里其乐融融。了解了这种生存状态,混帐为何成了骂人的话也就不言自明了。如今《现汉》只认混账(主要从经济的角度说事),没有"混帐"一说。

从古今使用上看,账字一般都与钱财有关,而且字义与字的形符(贝)关系明显。据此而论,与之相关的词语中理应使用账字,如账本、账簿等。账号不要写作"帐号"。

帐字本身只用来表示帐子、帐篷等义,现在常用于幔帐、蚊帐、营帐、青纱帐等。

帐·幛

帐 详见 635 页"帐·账"。

幛 zhàng 后起形声字。楷书幛从巾从章(表声)。原作障。后改换义符作幛。是障的换旁后起分化字。本义为幛子。

幛子,是题上词句的整幅绸布。用作祝贺的礼物,如寿幛、喜幛;用作吊唁的礼物,如挽幛。

帐子,用布、纱或绸子等做成的张挂在床上或屋子里的东西。

在古汉语中,帐有时可用幛,如帐子、帐词,但现在分工明确了。

招·召

招 zhāo 会意兼形声字。小篆 从手从召(召唤,兼表声)。隶定后楷书写作招。本义为举手叫人。是召的加旁分化字。

召 多音字。会意兼形声字。甲骨文 是两手捧起放在座基上的酒樽形,上边是双手持匕,表示挹取,中间加口,表示召请他人来饮;或简化 ,只留匕和口。金文 。小篆 讹为从口从刀(表声)。本义就是请人来饮酒。

读 zhào 时,由本义引申泛指召唤等。

读 Shào 时,周朝国名,在今陕西凤翔一带。召还用作姓。召公,亦作邵公。西周开国重臣。姬姓,名奭。周文王庶子。采邑在召(今陕西岐山西南),故称召公。

由于招是召的加旁分化字,所以古时候二者能换用。如招之即来,也可以写作召之即来,但现在只能写作招之即来。

【招集】zhāojí 动 招呼人们聚集；召集。

【召集】zhàojí 动 通知人们聚集起来：~人｜队长~全体队员开会。

招集，口语化一些；召集，书面语言重。两者意思非常接近。

另外，招呼与召唤意思也比较相近，但招呼用于具体事情，而召唤多用于抽象事物，如"听从党召唤"。

✎ 河南省漯河市召陵区是东汉《说文解字》作者许慎的老家。战国七雄之一的魏国在此境内建立了召(zhào)陵邑。召：号召，召呼（召唤、召至）。陵：大而隆起者（大土山）。召陵取"号召天下之高地"。秦代召(zhào)陵为县。两晋时，召(zhào)陵县因避晋太祖文帝司马昭之讳，召(zhào)陵改为邵陵。南北朝时，邵陵又改为召陵，但召仍沿袭旧时发音读 shào。

招·诏

招 详见 636 页"招·召"。

诏 zhào 会意兼形声字。小篆 𧨱 从言从召（兼表声）会意。隶定后楷书写作詔。今简化为诏。本义为告，告诉。引申指宣告等义。也可指诏书。

明诏，就是公告宣告。

明招寺又名惠安寺、智觉寺，位于浙江省武义县城以东 3 公里处的明招山麓，始建于东晋咸和初年。诏安县，在福建省南部。

招，有招抚、招收之义。招安，即旧时统治者诱使武装反抗的人或盗匪归降。招安，常用诏书形式来完成，因而招安常被误为"诏安"。

招·着

招 详见 636 页"招·召"。

着 多音字。会意字。小篆 𦱿 本从竹从者（烧火燎柴），会用竹棍拨火使明之意。隶定后楷书写作箸。本义为接触，贴近。为了分化字义，后俗将竹头改为艸作著。宋代又由著的草体楷化，分化出着字。所以，着是由箸演变来的分化字，专用以表示箸的原入声字义。

读 zhāo 时，指下棋时下一子或走一步叫一着，还用于方言（如"菜里着点儿盐"）。

读 zháo 时，即本义，指接触，挨上，如"上不着天，下不着地"。

读·zhe 时，主要用于助词，如顺着。

读 zhuó 时，指穿衣（如穿着），派遣（如着人前来）等义。

当着读 zhāo 时，与招过上"招数"。

【招数】zhāoshù ❶名 武术的动作。❷名 借指手段或计策。‖也作着数。

❸ 同"着数"①。

【着数】zhāoshù ❶ 名 下棋的步子。也作招数。❷ 同"招数"①②。

从上面，我们看得有些头晕，其实是这样的：当作"武术的动作""借指手段或计策"义项时，招数为推荐词条，而着数成为非推荐词条；当作"下棋的步子"义项时，着数为推荐词条，而"招数"由为非推荐词条。

着·著

着　详见637页"招·着"。

著　多音字。会意字。小篆 𦾔 本从竹从者（烧火燎柴），会用竹棍拨火使明之意。隶定后楷书写作箸。为了分化字义，后俗将竹头改为艸写作著。本义为拨火棍。

读·zhe 时，著旧同着，也就是说现在不同了。

读 zhù 时，义为显著，写作，著作等。

读 zhuó 时，同"着"。虽然同，但一般还是写作着，如把着装写成著装，总有点让人复古的感觉。

《现汉》第1、2版，均只收执著，注释都为：原为佛教用语，指对某一事物坚持不放，不能超脱，后来泛指固执或拘泥。

《现汉》第3，4版，均在执著基础上增设执着，且注释如下：

【执著】原为佛教用语，指对某事物坚持不放，不能超脱。后来指固执或拘泥，也指坚持不懈：性情古板~｜不要~于生活琐事｜~地献身于祖国的教育事业。也作执着。

【执着】同"执著"。

《现汉》第5版，对执著和执着注释同第4版，只不过在执著注释内容前加形，将执着后注释改为：同执著（第3、4版为单引号，第5版起改为双引号）。

《现汉》第6，7版，将执著与执着词条注释对调。也就是说执着为推荐词条，执著则为非推荐词条。

几乎所有的古汉语词典都认为，执著是佛教语。执、著二字义近而并列，都是固定、固著的意思。执著意思是不知变通；后来由贬转褒，义改为坚持不懈。

到了元代，小说、戏曲等通俗白话文学作品中，出现了大量的着字。著实、著意、著落、著恼，逐渐有了着实、着意、着落、着恼。

着是著的俗字，宋代以后着兴著渐退，著除了读 zhù 保持原貌外，其他都改为着：著力成了着力，著急成了着急，著重成了着重，听著成了听着……可见，俗字往往有后来者居上的能力。

土著，是指古代游牧民族定居某地后，不再迁徙。通俗地讲就是和那块土地有着特殊关系的原住民，这个著就是黏着的意思。土著的著，读音本是 zhuó，随着著、着分家，土著本应该写作土着。为何土著保持原貌没变呢？原来土著不读土 zhuó 而读土 zhù，和著名、显著、著述的著同音。

折·斫

折 多音字。会意字。甲骨文 从斤（斧）从断木，会用斤砍断树木之意。金文变为断草。小篆 承接金文并整齐化。由于金文断草 上下叠放之形与小篆 手形相近，故讹为手。隶定后楷书写作折。本义为断，弄断，拗断。

读 shé 时，义为断，常于口语，如折本儿。还用作姓。

读 zhē 时，义为翻转，如折跟头、折腾。

读 zhé 时，本义及引申义。

斫 zhuó 会意兼形声字。甲骨文 从斤（斧）从石（石头，兼表声）。金文缺。小篆 。隶定后楷书写作斫。本义为用刀斧砍削。

我们知道，神话说月宫上有蟾蜍和桂树，吴刚被谪令砍伐桂树，但此树砍斫后会立刻愈合，怎么也砍不倒。这便是吴刚斫桂的故事，也有说吴刚伐桂。

因月宫有蟾有桂，唐以来将科举及第称为蟾宫折桂。

由此可知，折桂是应试考生，斫桂是吴刚个人行为。

蜇·蛰

蜇 详见 566 页"蜇·蛰"。

蛰 zhé 会意兼形声字。小篆 从虫从执（捆缚，兼表声）。隶定后楷书写作蟄。今简化为蛰。本义为动物冬眠，藏在一处不吃不动。引申为蛰伏、惊蛰等义，如蛰如冬蛇、久蛰乡间。

惊蛰（二十四节气之一），在每年的 3 月 5 日左右，此时气温回暖，春雷萌动，惊醒蛰伏地下冬眠的动物。蛰伏是形容冬眠的一种状态，也可引申指像冬眠一样巧妙隐身。由于蜇与蛰音形相近，常会把海蜇错成"海蛰"而"蛰伏"在菜谱等文字里。

惊蛰，原称启蛰（启，开启也），因避汉景帝刘启讳，便改为惊蛰。不过说实在的，惊蛰比启蛰更有冲击力，可谓一改传百世。

帧·祯

帧 zhēn（旧读 zhèng） 后起形声字。楷书帧从巾从贞（表声）。今简化为帧。本义为画幅。绢常张于竹格之上，犹如油画布张于木框之中，由此帧可引申作量词，一幅画可称一帧画。

祯 zhēn　会意兼形声字。小篆祯从示从贞（卜问吉祥，兼表声）。隶定后楷书写作禎。今简化为祯。本义为吉利的征兆。是贞的加旁分化字。现多用于人名。

装帧一词当和书画有关，但现已成为出版的专门用语，指对出版物形式的一种总体设计。从语法角度分析，装帧是动宾结构，祯显然不能作为装的对象。

桢，本义指坚硬之木。也为木名，桢木，即女贞树。

古时候，筑墙用的木柱，竖在两端的叫桢，竖在两旁的叫干，因此桢干比喻骨干人员。装帧，不可写作"装桢"。

珍·胗

珍 zhēn　形声字。小篆珍从玉从㐱（表声）。隶定后楷书写作珍。本义指珠玉等宝物。引申指宝贵、珍奇。

胗 zhēn　形声字。小篆胗从肉（月）从㐱（表声）。隶定后楷书写作胗。本义指鸟类的胃，如鸽胗、鸡胗、鸭胗、鹅胗等。胗还称作肫（zhūn），鸡的胃壁里那层内膜叫鸡内金，俗称鸡肫皮，是一味中药，可治食积腹满等症。笔者小时候，偶尔家里杀鸡，眼睛会钉着那块鸡肫皮，因为它能换来几分钱。

有的饭店将鸡胗、鸭胗错写成"鸡珍""鸭珍"，可能是同音致误，也可能受此类物品稀罕、味道珍美而有意写之。

真·箴

真 zhēn　会意兼形声字。甲骨文真从鼎从人（人，兼表声），会人持匕（匙）就鼎取食美味之意。金文真。小篆真进而讹为一个朝下的头，就看不出原来的意思了。隶定后楷书写作眞。俗作真。今规范用真。本义为美食美味。由美食原汁原味，引申出纯真等义。

箴 zhēn　形声字。小篆箴从竹从咸（表声），说明最初针是竹做的。隶定后楷书写作箴。后改为鍼，成了金属针。后俗又省作针从金从十（象针形）会意。今简化为针。今针与箴分工明确。箴本义为竹针，也指中医用来刺入一定穴位进行治疗。引申专用来表示由针砭治病引申出的抽象意义，如箴言。

真言，《汉语大词典》有三解：①佛教经典的要言秘语；②咒语；③口诀、要语。箴言，劝诫的话。用于书面语言。可见，真言少有劝诫、劝告义。

蒇·箴

蒇 zhēn　后起形声字。楷书蒇从艸（艹）从咸（表声）。指酸浆草或马蓝，可入药。

箴　详见本页"真·箴"。

箴可组成双音节词箴言、箴铭等。官箴，本指百官对帝王进行劝诫，后也指做官的戒规。官箴不能错写成"官葳"。

阵·镇

阵 zhèn　会意兼形声字。《说文》无。楷书陣从車从陳省（陳省去東，兼表声），会陈列之间。今简化为阵。本义为军队队列。引申出阵形、阵地等。

镇 zhèn　形声字。小篆鎮从金从眞（表声）。隶定后楷书写作鎮，俗写作鎮。今简化为镇。本义为覆压，重压。引申指镇守，重镇等义。

坐镇，本指军事长官在某地亲自守卫，后泛指领导者或主事者亲临现场指挥或压阵。如"总工程师坐镇施工现场""董事长坐镇训练营地"。

词林中无"坐阵"一词。"坐阵"字面意思是坐于阵地之中，果真如此，除了坐以待毙还能干吗呢。☺

振·震

振 zhèn　会意兼形声字。小篆振从手从辰（举动，兼表声）。隶定后楷书写作振。本义为挽救。引申指举起，抖动，再引申指奋起，奋发等义。

震 zhèn　会意兼形声字。小篆震从雨从辰（兼表声），会春雷一声蛰虫苏醒之意。隶定后楷书写作震。本义为霹雳，即疾雷。

振动是指物体通过一个中心位置，不断作往返运动，这种运动是有规律的，也叫振荡，其结果通常没有破坏性；震动，意即颤动、使颤动，是无规则的，其结果往往是消极的，甚至是破坏性的，还指重大的事情、消息等使人心不平静（震动全国）。振动一般只用于物理世界，震动既用于物理世界，也用于心理世界。这一区别在现代汉语中才形成，过去两者混用，原因在于当时没有现在这种严格的学科分类。振动有常，可以预测，甚至可以有效利用；震动无常难预防，如地震。

手机 zhèndòng，目的是提示主人有来电或短信（防止声音影响他人），对手机本身无疑是没有破坏性结果的，且 zhèndòng 频率是有规律的，故而应写作振动。

【振聋发聩】发出很大的声响，使耳聋的人也能听见，比喻用语言文字唤醒糊涂的人。也说发聋振聩。

【震耳欲聋】耳朵都快震聋了，形容声音很大。

震耳欲聋，单独描写声音大；振聋发聩，通常不用于形容声音。

减振，通常是减少各类机械中不需要的机械振动的措施。

减震，通常是指超高建筑物要采取的措施。

在《辞海》中减振器亦称减震器，指车辆悬架装置或飞机起落架上的一个部件。

阻尼振动，是指振动（振荡）系统受到阻尼作用，造成能量损失而使振幅逐渐减小的振动（振荡）。阻尼振动，不写作"阻尼震动"。

由于古汉语中，振与震常通用，所以名震（振）天下、名震（振）四海、名震（振）寰宇等说法古已有之，两种写法皆可，但以震效果更佳。名声大振与名声大震，在今天语境中，前者要比后者完整，因为震后面没有跟宾语，总让人感觉缺少点什么。

共振，指当振作系统受迫振动，而外界作用的频率与其固有频率接近或相等时，振幅急剧增大的现象。发生共振时的频率称共振频率。这也是部队通过大桥，不采用统一整齐步伐的原因。《现汉》中，只有共振，没有"共震"。

征·徵

征 zhēng　会意兼形声字。甲骨文 ![字形] 从彳（道路）从正（一只脚对着城池前进，兼表声），会向某地进发之意。金文 ![字形]。小篆分为 ![字形]、![字形] 二体。隶定后楷书分别写作延和征。今规范用征。是正的加旁分化字。

徵　详见 233 页"徵·微·徵"。

征和徵古已有之，本是不同的字。《说文》均收录。征字只读 zhēng，本义是正行也。徵字有三个读音：读 zhēng 时，其本义是召也；读 zhǐ 时，是古代五音宫、商、角、徵、羽之一；读 chéng 时，通惩字。在现代汉语中，徵只保留了 zhēng 和 zhǐ 读音。读 zhǐ 时，没有简体字；而读 zhēng 时，已简化为征。《现汉》处理如下：征的义项为走远路（多指军队），征途、长征或征讨（如出征、南征北战）时，征没有繁体字。其他义项均可繁化为徵。徵，作为古代五音之一不得简化，另出词条。

📌 徴，古时同"徵"。《现汉》《辞海》未收录。

《龙龛手鉴·彳部》："徴，召也，明也，成也，虚也，证也，又姓。"

正·政

正　多音字。会意字。甲骨文 ![字形] 从止（脚）从口（城），会直对着城池进发之意，是征的本字。金文 ![字形] 将口填实。小篆 ![字形] 将口变为一横。隶定后楷书写作正。本义向着城池进发。

读 zhēng 时，常见词为正月（农历每年的第一个月）。

读 zhèng 时，由直对着本义引申出正确等义。

政 zhèng　会意兼形声字。甲骨文 ![字形]、金文 ![字形] 和小篆 ![字形] 皆从攴（手持棍）从正（兼表声），会采取措施使正确之意。隶定后楷书写作政。本义为采取措施使其走上正确道路。

清正，即清廉公正的意思，指人廉洁公正，清白正直。与之相类似的词语还有清廉、廉正。词典里并没有"清政"一词。

【正旦】zhēngdàn〈书〉名 农历正月初一日。

【正旦】zhèngdàn 名 戏曲角色行当,青衣的旧称,有些地方剧种里还用这个名称。

正·整

正　详见642页"正·政"。

整 zhěng　会意兼形声字。小篆 𢾭 从攴从束从正(兼表声),会以手整理捆束使其齐正意。隶定后楷书写作整。本义为通过治理使其归整。引申指秩序、整齐等义。

由于正与整读音相近,有一组词需要大家斟酌,要不然正确率就会下降。

整点与正点。整点:一指整理和清点。二指以小时为单位表示整数的钟点,如整点新闻。正点:车船飞机等开出、运行或到达符合规定时间,如正点发出、正点到达。在以小时为单位表示整数的钟点义项上,正点同整点,也就是说整点新闻写作正点新闻也是正确的。

整风与正风。整风指整顿思想作风和工作作风。正风指正派的作风,好的风气。

整体与正体。整体,指整个集体或整个事物的全部(对各个成员或各个部分而言),如整体规划。正体,指规范的汉字字形,也指楷书,还指拼音文字的印刷体。

整装与正装。整装:一指整理衣装,整理行李,如整装待发。二指整体装配好的,如整装车。正装,指在正式场合穿的服装(区别于休闲装)。

还有一点,在生活中,人们常将整简化为正,目的就是图省事。在第二次汉字简化时,曾将整简化为"㐃",不过早就恢复原貌了。

征·症

征　详见642页"征·徵"。

症　多音字。后起形声字。楷书症是證的分化字。證如今简化为证,本义为证言,作为病的验证,即病象、症候,后俗遂改作症,从疒从正(表声)。今症又作了癥的简化字。

读 zhēng 时,中醫指腹腔内结块的病。常见词症结,引申比喻事情弄坏或不能解决的关键。此义,症有繁体字癥。

读 zhèng 时,指疾病。常见词有症候、症候群、症状等。此义证有异体字證。

症,更多的是用于疾病的名称;征,既包括自诉的症状,也包括医学检测发现的体征。当身体出现异常表现,一时难以判断是哪个系统产生的疾病时,仅仅从征的角度加以描述概括,称之为综合征,符合科学的态度。

征读 zhēng 时,意思是征象、表征等;症读 zhèng 时,意思是疾病、病症。

在指某种具体的疾病时，用症，如炎症、神经官能症等。这些症不能写成征。而要表示某些疾病的征象、症状时，却应当用征而不用症。医学专家说，凡病名都作症；不是具体病名而属于疾病表现出的征象的，则用征。

《现汉》对综合征的解释是：因某些有病的器官相互关联的变化而同时出现的一系列症状。也叫症候群。

节后综合征，假期之后出现的（特别是春节黄金周和国庆黄金周）的各种生理或心理的表现。如在节后的两三天里感觉厌倦，提不起精神，甚至有不明原因的恶心、眩晕、焦虑等。节后综合征的征字当然不宜写作病字头的"症"。

征·证

征 详见642页"征·徵"。

证 zhèng 会意兼形声字。小篆本是两个字，一个 ![字] 从言从正（正直，兼表声）会意，表示以正言相谏，隶定后楷书写作证；另一个 ![字] 从言从登（表声），表示以言作证，隶定后楷书写作證。后来证成为證的俗字。今简化作证。作为病的验证，由證又分化出一个症字。参见643页"征·症"。

旁征博引，指说话或作文时广泛地引用材料。就构词角度来说，这是征引一词通过镶嵌的手法扩充而成。如仇恨镶嵌成深仇大恨。征引一词不作"证引"，故旁征博引也不能写作"旁证博引"。

怔·症

怔 多音字。形声字。《说文》无。楷书怔从心从正（表声）。本义为恐慌，惊惧的样子。

读 zhēng 时，有怔忡（心悸），怔营（惶恐不安），怔忪（惊恐）。

读 zhèng 时，方言用字，义为发愣，发呆等。

症 详见643页"征·症"。

魔怔指举动异常，像被妖魔控制一样。魔怔不是病症，所以不能写作"魔症"。

✍ 撒呓挣是指熟睡时说话或动作，俗称梦游。不要写作"撒瘾怔"。

挣揣（zhèngchuài），书面用词，义为挣扎。也作阐闼。不要错写成"挣踹"。

癔症，精神疾病，也叫歇斯底里。旧称癔病。不要写作"癔怔"。

铮·诤

铮 多音字。形声字。小篆 ![字] 从金从争（表声）。隶定后楷书写作铮。今简化为铮。本义为金玉相击的声音。引申出刚正不阿，坚贞刚强等义。

读 zhēng 时，常用词有铮铮，铮铮铁骨。

读 zhèng 时，方言用字，义为器物表面光亮耀眼，如"铝锅擦得铮亮"。当然，铮亮也可以写作锃（zèng）亮或锃光瓦亮。"皮鞋擦得锃亮"是对的。

诤 zhèng 会意兼形声字。小篆 𧩈 从言从争（相争，兼表声）。隶定后楷书写作諍。今简化为诤。本义为直言劝告、规劝。就是照直说出人的过错，叫人改正。一般谓之诤言。如诤友（能够直言规劝的朋友）、诤谏等。

古有谏议大夫，专以诤谏为职责，历史上也尊重直言进谏的诤臣。

汉语中没有"诤诤"连在一起的用法，而铮铮连用却是屡见不鲜的。用铮铮来比喻誓言的坚定响亮，是很形象的。"诤诤誓言"当是铮铮誓言。

诤言、诤友，要是错写成"铮言、铮友"，估计做不了好友，更说不出真言了。

之·知

之 zhī 指事字。甲骨文 𡳿 从止（脚）从一（表示此地），指出人足从这里出发。金文 𡳿。小篆 𡳿。隶定后楷书写屮。俗作之。本义为前往。引申出人称代词等义。

知 zhī 会意字。知与智同源。甲骨文 𢇲 从口从于（同亏，表声气）从矢，用开口吐词如矢，从而会言词敏捷之意。金文一 𢇲；金文二 𣉻 另加曰旁，突出言词之义。小篆分为 𥳑、𢇲 二体。隶定后楷书分别写作智与知。二者古本一字，可以通用，今表义有了明确分工。知本义为言辞敏捷。引申出知晓等义。

"告之"不是一个词语，而是一个临时组合，经常出现在"广而告之"中。这时的之，是一个指示代词，它的后面不能接宾语。类似的短语还有姑妄言之、听之任之等。

"告之出版集团全体成员"不通，要改成告知出版集团全体成员。告知是一个词语，意思是告诉使其知道，后头接表示人或事的词语作宾语，如"把年终考试成绩告知父母"。

知·智

知 详见本页"之·知"。

智 详见本页"之·知"。

古时，知与智同源。今表义有分工。知主要指知道、知识、相知，旧时指主管（如知县、知府）等。智，指智慧，见识。还用作姓。

请注意古文与现代文中，知与智区别，这是需要一点智慧的。

知·执·挚

知 详见本页"知·智"。

执 详见648页"执·值"。

挚 zhì　会意兼形声字。小篆 𦠆 从手从执（握，兼表声）。隶定后楷书写作挚。今简化为挚。本义为握持。

【知友】名 相互了解的朋友。

【执友】〈书〉名 志同道合的朋友。

【挚友】名 亲密的朋友。

以上三组，区别是微妙的，敬请把握。

支·只·枝

支 zhī　会意字。古文 𢽾 从又（手）持半竹形，表示劈下的一个竹枝。小篆 𢂖。隶定后楷书写作支。本义是去竹之枝，竹去枝后便是竹竿，可用来作支撑物，古代陶文中的支，便是手持竹竿顶着上面的覆盖物。这便是大厦将倾，独木难支的支的词义来源。

只　多音字。有两个来源。一是甲骨文 𩁹（隻），会意字，从又（手）持佳（短尾鸟），会捕获一只鸟之意；金文 𩁹，小篆 隻；隶定后楷书写作隻，今简化为只。二是小篆 只，是指事字，从口中似气向下引形，是语气助词，隶定后楷书写作只。隻（只）本义为鸟一只，只本义为语气助词。

读 zhī 时，指单独的（如只身、只言片语），还用于量词，如两只耳朵等。

读 zhǐ 时，用于祇的简化字，义为表示仅限于某个范围，如"他只会打排球"；还指只有，仅有等。还用于姓。请注意，只姓没有繁体字、异体字。

枝 zhī　会意兼形声字。小篆 𣏟 从木从支（兼表声）。隶定后楷书写作枝。是支的加旁分化字。本义为树木和其他植物主干上旁生的细条。现在主要用作枝子（如树枝、柳枝）；还用于量词，用于带枝子的花朵，如一枝梅花。还用于姓。

虽然说枝是由支加旁分化出来的，但在现代汉语中，树枝不能写成"树支"。

支、只、枝都可用作量词，所以务必要小心，尤其是支与枝。支作量词，依然和竹竿有关。凡是和竹竿一样细长的杆状物，皆可用支计量，如一支长矛、两支船篙。甚至队伍透迤如蛇，可称一支队伍；歌声蔓延如线，可称一支歌曲。这里我们不难看出，支更接近于通用量词，适用面比较广；而枝更近于专用量词，主要用于树枝和带枝的花朵。用于杆状的东西时，支与枝相通，如一支枪、二支钢笔，也可写作一枝枪、二枝钢笔。不过，枪写作几枝蛮有原始味道，但铅笔、蜡烛，笔者建议还是写作支为好，写作"枝"就有点笨拙了。

支·吱

支　详见本页"支·只·枝"。

吱　多音字。形声字。《说文》无。楷书吱从口从支（表声）。本义为形容人语声或小动物的叫声。

读 zhī 时，形容某些尖细的声音，如嘎吱、咯吱、"车子吱的一声停下了"。

读 zī，形容小动物的叫声，如"老鼠吱吱地叫着"。吱声，方言，义为作声，如"问了三遍，她都没吱声"。

支吾，也作枝梧、枝捂，指说话含混躲闪，或用含混的话搪塞，如支吾其词。

🛎 不能想当然认为支吾是口的行为，于是就错写成"吱唔"。

只·止

只 详见 646 页"支·只·枝"。

止 zhǐ 象形字。甲骨文 🦶 象脚的轮廓形。金文 𣥂。小篆 ⺌。隶定后楷书写作止。本义指人的脚。是趾的本字。由脚为人的站立支撑引申指停止。

不止，义为不停止，本来用作动词。如"生命不息，战斗不止"等。也虚化为副词，表示超出某个数目或范围。如"《××》电影我不止看过两遍"等。

不只，义为不但、不仅，作连词，常和也、还、而且等词搭配使用，连接分句，表示递进关系。"不只"所在的分句指出一层意思，"也""还""而且"所在的分句引出更进一层的意思。如"师傅对我的雕塑作品，不只指出了立意、结构上的问题，连人物眼角等细节也逐一改正"等。

一般情况下，作动词、副词用不止，作连词用不只。

织·黹

织 zhī 形声字。小篆 織 从糸从戠(表声)。隶定后楷书写作織。今简化为织。本义为制作布帛。

黹 详见 628 页"黹·黹"。

针黹，就是做缝纫、刺绣等针线活儿。是旧时女孩必习的功课。

针织，指利用钩针或棒针把绳线织成衣物。针织品既可以手工编织，也可以机织。

脂·酯

脂 zhī 形声字。小篆 脂 从肉(月)从旨(表声)。隶定后楷书写作脂。本义为角动物(如牛羊)所含的油质(猪鸡等无角动物的油质称膏)。后来把动植物体内的油质(俗称的猪油、牛油、羊油和花生油、菜籽油、豆油、棉籽油等)统称油脂，人们把常温下呈液态者称作油(大多是植物油脂)，呈固态者称作脂(大多是动物油脂)。不过在日常生活中，呈固态的动物脂肪也叫油，如羊油、牛油等，理由是动物油脂加热也可得到液态的油。

酯 zhǐ　近代新造形声字。楷书酯从酉从旨（表声）。化学用字，本义为有机化合物的一类。

酯类化合物既可从自然界得到，也可以通过化学途径进行合成，如α-葡萄糖酸内酯是一种合成的酯类化合物，用它代替石膏、卤水作凝固剂生产出的豆腐，商界美其名曰内脂豆腐，实际上与脂肪的脂没有一分钱的关系。"聚脂家具"也是错的。分析原因，估计是一般人只知有脂，不知有酯，或者想象脂带月（肉）字旁，富有营养成分。

酯与脂，从有机物的构成看，它们都是酸与醇的化合物。

一般说来，脂大多与描述动植物体内、体表存在的脂质或类脂物质有关，或与脂肪连用的其他物质名称（如脂肪酸、脂肪酸钠等）；酯是指由酸与醇所构成的化学产品名称，或形成酯类物质时的学术词语。甘油三酯不要错成"甘油三脂"。

执·值

执 zhí　会意兼形声字。甲骨文 𓎨 从丮（跪人）从手铐形（兼表声），会捕捉罪人之意。金文 𓎨。小篆 𓎨。隶定后楷书写作執。今简化为执。本义为捕捉罪人。引申指拿着，握着，如执笔。

值 zhí　会意兼形声字。小篆 𓎨 从人从直（兼表声）。隶定后楷书写作值。是直的加旁分化字。本义为措置，即处置，安排，料理。引申特指承担执行轮到的应负责的工作任务。

在古汉语中，查不到"值勤"，但执勤很多，意思是从事、劳作。

在现代汉语中，执勤和值勤是一对动宾结构的近义词。勤指勤务，即组织或领导分派给的某些事务，这是执勤和值勤共同的名词性宾语语素。区别在动词性构词语素上，一个是执一个是值，而这正是这对近义词词义细微区别产生的主要缘由。

执，即执行、从事。执勤，即执行勤务。值，即在轮到的时间内从事某项工作（轮值即轮流值班，如欧盟轮值主席）。值勤，指在轮到的时间里处理勤务（即值班）。

生活中，用值勤的地方，基本上都可以用执勤来替换，只是语义侧重点略有区别；但用执勤的地方，一般不能用"值勤"来替换。

值·殖

值　详见本页"执·值"。

殖　多音字。形声字。小篆 𓎨 从歹（残骨）从直（表声）。隶定后楷书写作殖。本义为脂膏存久后腐败。又表示生育，生长。

读·shi 时，由本义引申出尸骨，如骨殖（即尸骨）。

读 zhí 时，指繁殖。

值，指价格、数值。殖指繁殖、孳生、生殖，如牲畜增殖计划。值是与事物本身的价值有关，而殖则侧重于繁殖即个体增多。因此增值是指物体价值本身增加变大，而增殖是指物体因多了新的个体而使其价值扩大。

国家征收的增值税，写作"增殖税"是错误的。

另外，骨殖除了读音容易错外，还要注意骨殖是指人的尸骨，如果遗体火化后安葬墓穴里就不存在骨殖了。

植·殖

植 zhí　会意兼形声字。小篆 𣖔 从木从直（直立，兼表声）。隶定后楷书写作植。本义为从外面闭门后用以加锁的中立直木。引申指木柱，再引申指种植等义。

殖　详见 648 页"值·殖"。

《现汉》第 4 版：

【养殖】培植和繁殖（水产动植物）：～业｜～海带。

《现汉》第 5～7 版：

【养殖】动 培育和繁殖：～业｜～海带。

从上可以看到养殖词义变化过程：养殖最初主要指水产养殖，包括水产动植物；而近年来，养殖搭配对象有所扩大，不仅包括水产还包括陆生动物，继而包括家畜家禽养殖、水产养殖、特种养殖几大类。如蜗牛养殖等。

但无论如何扩大词义，养殖不能与陆生植物名词进行搭配。"养殖桃树"别扭，还是种植桃树的说法比较妥当。

种植，耕种田地，即植物栽培，包括各种农作物、林木、果树、药用和观赏等植物的栽培，如种植甜瓜。"种殖"在现代汉语语林鲜见其身影。

止·至

止　详见 647 页"只·止"。止由本义引申指停下不动，引申出停止、止步，后来止的引申义起来越多，先人只好另造趾分担止的压力。

至 zhì　指事字。甲骨文作 𢓊，是箭触地，义为到。金文 𢓊。小篆 𢓊。隶定后楷书写作至。本义为箭从远方射到自己跟前。

截，会意兼形声字。小篆 𢧵 从雀（鸟，兼表声）从戈（刀类兵器）。隶变后楷书讹作截。本义为割断，如截断、截取、直截了当、斩钉截铁等。

止、截组成截止表示停止。截止与截至，都是动词，都有"到（某个时间）为止"

的意思，因而人们常常误用这两个词，其区别在于：

一是读音不同。至读去声，止读上声。

二是用法不同。截至可能是中点，后面还要继续；截止是终点，到此为止。截止是一个不及物动词，不能带宾语。表时间的词语一般都出现在截止的前面，如"活动到今年 5 月 31 日截止""优惠活动已于昨天截止"。截止后的时间必须是抽象的，而不能是具体的，如截止时间、截止日期等。倘若要让截止出现在时间词语的前面，必须具备一定条件：或者是后加介词于，如"截止于某月某日"；或者是后加名词性词语，如"截止日期：×月×日"。截至不能用在时间词语的后边，如"6 月 30 日截至"。不过"截至＋时间词语"之后倒还可以再用一个"止"，如"截至 3 月 15 日止"。

三是表意也不尽相同。截止表示"到××为止"。这个止表示终止、结束的意思，如"此次培训班报名时间已于昨天截止"。截至也表示"到××为止"，可是这个止却不一定是终止、结束，它只指事情暂告一段落。"截至今天下午三点，某银行存款额为 30 亿元人民币"。因为过了下午三点，存款数额还会发生变化。

截止，中心义在止；截至，中心义在至，截至等于截止到。两者有联系，也有区别，不可混淆。

截止到，可以这么用，但"截至到"是不行的，因为"至"就有"到"的含义。

止·制

止　详见 649 页"止·至"。

制　详见 653 页"制·治"。

"制"与"止"可组"制止"一词，义为强迫使停止，不允许继续行动，如制止战争。抑止与抑制有相同之处，也有不同之点。

【抑止】动 抑制②。

【抑制】动 ❶ 大脑皮质的两种基本神经活动过程之一，是在外部或内部刺激下产生的，作用是阻止皮质的兴奋，减弱器官的活动。睡眠就是大脑皮质全部处于抑制的现象。❷ 压下去；控制：他~不住内心的喜悦。

纸·字

纸 zhǐ　形声字。小篆 紙 从糸从氏（表声）。古代常用破布、树皮等造纸，故从糸。隶定后楷书写作 紙。今简化为纸。异体为帋。今规范用纸。本义为纸张。

字 zì　会意兼形声字。金文 𡥉 从子（孩子，兼表声）从宀（房屋），会生养孩子之意。小篆 字。隶定后楷书写作 字。本义为生育、养育孩子。后引申给了汉字的字了。

古代把依照实物形象所造的独体象形字叫文，在此基础上滋生出来的合体字叫字。秦以后才合起来泛称文字，即汉字，是汉语言的书写符号或书面形式。

纸条，一般指裁切整齐的长方形纸片，用于记事等。字条，指写上简单话语的纸条。纸条，纸上可以无字，也可以有字；字条，纸上肯定是有字的。所以具体问题具体分析。

祗·祉

祗 详见411页"祗·衹·袛·祇"。

祉 zhǐ 会意兼形声字。小篆 从示从止（到来，兼表声），会神来到为福之意。隶定后楷书写作祉。本义为福、喜。福祉即福气、幸福。

福祉，不得写作"福祇"，否则幸福不会来敲门的。

至·致

至 详见649页"止·至"。

致 zhì 会意兼形声字。甲骨文 从人从至（到，兼表声），会人送到之意。金文 大同，突出了人脚。小篆 省去人，只留下脚（夊），进一步强调送到之意。隶定后楷书写作致，脚讹为攵。今又为緻（精密，精细）的简化字。本义献出，送给，送到。

围绕极致、极至，一直争论不休。《现汉》有极致：最高境界；最大程度；极限：追求～｜～的视觉享受｜语到～是平常。但查不到"极至"。

《汉语大词典》第4卷第1136页收有极至：顶点。多谓达到最佳境界或最高、最深的程度。

极致与极至，可视为近义词或异形词。从构词方法来说，极至是联合式，极、至都可指顶点；极致则是偏正式，致可当情趣、意境解释。

【以至】连❶直到。表示在时间、数量、程度、范围上的延伸：实践、认识、再实践、再认识，这种形式，循环往复～无穷，而实践和认识之每一循环的内容，都比较地进到了高一级的程度。❷用在下半句话的开头，表示由于上文所说的动作、情况的程度很深而形成的结果：他非常专心地写生，～刮起大风来也不理会｜形势的发展十分迅速，～使很多人感到惊奇。‖也说以至于。

【以至于】连 以至。

【以致】连 用在下半句话的开头，表示下文是上述原因所形成的结果（多指不好的结果）：他事先没有充分调查研究，～做出了错误的结论。

以至可以写作以至于，但以致不能写作"以致于"。

以至与以致，都是连词，都用于下半句开头，都表示下文是因为上述原因出现的后果，以至的后果趋于中性或褒义，但以致的后果一般为不好的结果。

志·致

志 zhì 会意兼形声字。小篆 从心从之（前往，兼表声），用心所向往会意向、意念之意。隶定后楷书写作志，上边讹为士声。志在记住、文字记录、记号等义项上，后来另加义符言写作誌（现为志的异体字）。本义为意向。引申指志向等义。

致 详见651页"至·致"。

志哀和致哀，区别在于志和致。我们不妨先从这两个字说起。志哀的志，在古籍中常写作誌。1955年公布的《第一批异体字整理表》中，誌作为志的异体字淘汰了。蒲松龄的《聊斋志异》（《聊齋誌異》），文学史上的志怪小说，其中的志都是记录的意思。这里的志是动词，但也可用作名词，指记事的文章或书籍，如《三国志》（《三國誌》）。

志哀和致哀，使用中有着不同的侧重点的。志哀强调的是方式。铭记哀伤、哀痛，可以是真的用笔记录（他写下一万多字回忆文章，以示对战友的志哀），也可以通过一定的形式，留下刻骨铭心的记忆（如下半旗志哀等）。致哀可以用于上述场合，但它强调的是对逝者的直接表达，如"向英烈致哀"。"下半旗志哀"，说的是方式，以用志哀为宜；但如果是"下半旗向孟良崮战役中烈士zhì哀"，出现了明确的哀悼对象，则应改用致哀。志哀重在主体表白，书面语气重，在表白中显示出对逝者的尊重和思念；致哀重在与对象沟通，口头语言成分大，在睹物、想象等进行沟通从而表现出一往情深。在修辞效果上，前者显得庄重，后者显得真切。在一些场合下，志哀与致哀可以互换。如肃立志哀与肃立致哀。

标志，名词，指显示事物的特征便于识别的记号；用作动词，指标明或显示某种特征。标致，形容词，指相貌、姿态秀丽（多用于女子）。

标志与标致，音同义不同，使用时应能避免混淆。

志·识

志 详见本页"志·致"。

识 详见471页"识·式"。

标识与标志，值得大家标注下来仔细辨析。

【标识】biāoshí ❶ 动 标示识别：秘密等级是~公文保密程度的标志。❷ 名 用来识别的记号：商标~｜发文机关~。

【标志】（标识）biāozhì ❶ 名 表明特征的记号或事物：地图上有各种形式的~｜这篇作品是作者在创作上日趋成熟的~。❷ 动 表明某种特征：这条生产线的建成投产，~着工厂的生产能力提高到了一个新的水平。

这里要注意，一是识有两个读音，区别标识的不同义项来选取识的读音；二是当识读zhì时，标志与标识是全等异形词，且以标志为推荐词条。另外，博闻强识、款识中识读zhì。博闻强识通常写作博闻强记。

制・治

制 zhì 会意字。甲骨文 🜨 从未（枝条繁茂之树）从刀，会用刀修剪树枝之意。小篆 🜨。隶定后楷书写作制。今又作了製（製义为裁剪衣服，引申指裁制、制裁）的简化字。制本义为修剪枝条。逐渐引申到制度、制定等义。

治 zhì 形声字。小篆 🜨 从水从台（表声）。隶定后楷书写作治。本义为治理水，即疏浚整理水道使其畅通。引申指治理，再引申指政治、法治等义。

法制与法治

【法制】名 法律制度体系，包括一个国家的全部法律、法规以及立法、执法、司法、守法和法律监督等。

【法治】❶ 名 先秦时期法家的政治思想，主张以法为准则，统治人民，处理国事。❷ 动 指根据法律治理国家和社会。

法制为名词，法治既为名词又为动词。法制是法律制度的简称，法治是主张严格依照法律治理国家的原则，与"人治"相对。前者的核心是强调社会治理规则（主要是法律形式的规则）的普适性、稳定性和权威性；后者的核心是强调社会治理主体的自觉性、能动性和权变性。近几年来，随着法治观念逐渐被人们吸纳，《法制日报》《浙江法制报》等纷纷改名为《法治日报》《浙江法治报》。

防治与防制

防治意指预防与治疗，如防治艾滋病。防制，也可以理解为防治和控制，但为了减轻人们记忆负担，笔者建议不要让"防制"出现为好。参见586页"依・以"。

制・置

制 详见本页"制・治"。

置 详见654页"质・置"。

建制，在现代汉语中是一个名词，指机关、军队的组织编制和行政区划等制度的总称，是指制度。

建置，作动词时，指建立、设置。作名词时，指所建立、设置的设施、机构等。

在行政村的建立方面如果侧重制度的变化，可用建制；如果侧重设施、机构设置的变化，用建置更好一些。

质·置

质 zhì 会意字。小篆 ☒ 从贝（财物）从所（相抵），会以财物相抵之意。隶定后楷书写作質。今简化为质。是所的加旁分化字。本义为以财、物、人相抵作保证。人质就是用的本义。引申出相当，质量等义。

置 zhì 会意兼形声字。小篆 ☒ 从网（罒，法网）从直（搁放，兼表声），用放弃刑罚会释放之意。隶定后楷书写作置。本义为释放，赦免。引申出废弃，再引申出放置等义。

【质疑】动 提出疑问：～问难。

【置疑】动 怀疑（多用于否定式）：不容～｜无可～。

【质疑问难】提出疑难问题来讨论；提出疑问以求解答。

【毋庸】（无庸）副 无须：～讳言｜～置疑。

质疑与置疑，都是动词，但前者是提出疑问，后者表示怀疑（既可口中说出，也可在心里默念）。质疑问难，是提出疑难问题或疑问，只能用"质疑"。

毋庸与无庸是全等异形词，以毋庸为推荐词条。毋庸，即无须，常见成语有毋庸讳言、毋庸置疑。尤其是毋庸置疑，不能写成"无容质疑"，也不能写成"勿容置疑"。

参见 532 页"无·毋·勿"。

骘·骘

骘 详见 535 页"鸷·骘"。

骘 zhì 形声字。小篆 ☒ 从马从陟（表声）。隶定后楷书写作骘。今简化为骘。本义为公马。后引申为安定。

【阴骘】〈书〉形 阴险凶狠。

【阴骘】〈书〉❶动 暗中使安定：～下民。❷名 阴德：积～。

阴骘与阴骘，音同形近，但词义一个地上一个地下，差距不小，务请分清。

痔·痣

痔 zhì 形声字。小篆 ☒ 从广从寺（表声）。隶定后楷书写作痔。本义为痔疮，是一种常见的肛门疾病，根据痔的部位可分为内痔、外痔、混合痔等。

痣 zhì 会意兼形声字。《说文》无。楷书痣从广从志（标志，兼表声）。本义皮肤上长有色斑点，也叫痦子（隆起的痣，半球形，红色或黑褐色）。还用于姓。

痔是长在肛门处。痣是长在皮肤上，在医学上称作痣细胞或黑素细胞痣，是表皮、真皮内黑素细胞增多引起的皮肤表现。分清这些，就可以区别开来，不会写错。

中·终

中 多音字。象形字。甲骨文 ▲ 象旗帜形，上下为斿，方框为立中之处。金文 ▲。小篆 中。隶定后楷书写作中。本义是氏族社会的一种徽帜。古人有大事，先在旷地立"中"旗帜，族人望见则从四面八方会聚于此，引申指中心。继而引申内部等义。

读 zhōng 时，指本义以及引申义。

读 zhòng 时，指正对上，如猜中了。还指受到，如中毒。

终 zhōng 象形兼会意兼形声字。甲骨文 ▲ 表示纺线的结束。金文 ▲ 将丝结简化为点。小篆 ▲、▲ 整齐化。隶定后楷书写作冬、终。后者成为从糸从冬（冬季是一年最后一季，义指年终）会意。今冬废止，終简化为终。是冬的加旁分化字。本义为纺线到头打结。

由于"中"引申出的时间处于中间意思，"终"表示结束时间，因而出现一批音义近且有联系的词。试举几例：

中场：指足球比赛中的一个位置概念，大都位于球场的中间地带。中场也可指整场比赛中间阶段。

终场：指文娱节目等演完，球赛等结束。

中盘：指围棋中指布局以后，终盘之前的阶段，泛指一定时期的中间阶段。

终盘：收盘。也指围棋等最后的阶段。

中点：一段路程的中间节点。

终点：一段路程结束的地方，如"列车到达终点"；还特指径赛中终止的地点。

中端：属形词，等级、档次、价位等在同类中处于中等的，如中端产品。

终端：一指狭长东西的头或指绳索的终端；二指终端设备的简称。

中年：指四五十岁的年纪。

终年：一指全年，一年到头；二指人去世时的年龄。

期中：一学期中间的一段时间，如期中考试。

期终：期末，如期终考试。

年中：一年里中间的一段，多指六七月间，如年中考核。

年终：一年的末了，如年终考核。

中止：做事中途停止，使中途停止。如中止比赛。

终止：指结束，停止。终止活动。

中止，指中间停止，分为人为的和因不可抗阻原因造成的；终止，既可以指活动结束，也可以活动开始前就停止举办。

中・仲

中 详见 655 页"中・终"。

仲 zhòng 会意兼形声字。甲骨文、金文均用中来表示。小篆 仲 另加义符人，成为从人从中（居中，兼表声）会意。隶定后楷书写作仲。是中的加旁分化字。本义为居中。引申指仲裁。再引申指农历每季的第二个月，也指兄弟姊妹排行第二的。还用作姓。

中秋与仲秋是不同的概念。农历八月十五，是我国传统佳节，这一天叫中（zhōng）秋、中（zhōng）秋节。

仲秋则是指秋季的第二个月。又因为仲的古字写作中（读作 zhòng），故而仲秋又可写成中秋。

放在当下，表示八月十五传统节日时，只能写成中秋；表示月份时，写作仲秋。

忠・衷

忠 zhōng 形声字。小篆 忠 从心从中（表声）。隶定后楷书写作忠。本义为严肃认真，尽心尽力。

衷 zhōng 会意兼形声字。小篆 衷 从衣从中（内里，兼表声）。隶定后楷书写作衷。本义为贴身的内衣。引申指内心等。

【忠心】 名 忠诚的心：～耿耿｜赤胆～。

【衷心】 形 出于内心的：～拥护｜～的感谢。

忠心，为名词；衷心，为形容词。前者是靠一言一行表现出来的，后者是个人或集体的一种态度，要靠口头或书面表达出来。

📎 折中与折衷是全等异形词，以折中为推荐词条。

钟・衷

钟 详见 657 页"鐘・鍾・锺・钟"。

衷 详见本页"忠・衷"。

衷情与钟情，前者是名词，指内心的情感，如"久别重逢，互诉衷情"；后者则是动词，指感情专注，如一见钟情。

鐘·鍾·锤·钟

鐘 zhōng　形声字。小篆 𨰻 从金从童(表声)。隶定后楷书写作鐘。今简化为钟。本义为响器,指打击乐器,中空,用铜或铁制成。也指寺院或其他地方悬挂用以报时、报警的器具。后多指计时器具。如钟表、编钟等。

鍾 zhōng　形声字。小篆 𨰻 从金从重(表声)。隶定后楷书写作鍾。今简化为钟。本义为盛酒的容器,腹大,颈细,口小。引申指(情感等)专注、集中。还用作姓。

锺 zhōng　鍾类推简化为锺。

钟 zhōng　汉字简化时,将鐘与鍾合并简化为钟。

鍾、種、腫、踵,前三个字依次简化为钟、种、肿,但踵依然脚步很沉重(按理讲踵应简化为趾)。第二次汉字简化时,确定将踵简化为趾,不过是昙花一现。

为何将鍾简化为锺,说来话长。据说,钱老先生一岁生日抓周,首先抓的是一本书,因而家长就给起名钱鍾书,寓意其钟爱读书,前途似锦。第一次汉字简化后,据说钱老对钟非常不感冒。1999年版《辞海》无奈之下采用"钱钟(鍾)书",让人诧异。2009年版《辞海》改立为钱锺书。

2013年6月5日,国务院颁布《通用规范汉字表》将鍾救活,并按类推简化为锺。但又强调,锺只能用于姓氏人名。于是钱锺书终于名正言顺地走进报刊书籍。姓钟的读者可选择锺和钟了,不过笔者建议一般情况下不改为好。因此,从2013年6月5日开始,"钱钟书"要写作钱锺书,否则质检不愿意,后果很严重。

终·踪

终　详见655页"中·终"。

踪 zōng　会意兼形声字。《说文》无。楷书原作蹤从足从從(随从,兼表声)。后省作蹤。再后俗作踪,改为从宗表声。本义为足迹,即走过后留下的脚印或行动留下的痕迹。

汉语中的"所字结构"要求"所"后跟动词,如所思、所想、所见、所闻。"终"有终了、结束的意思,不知所终是说不知道最后的下落或结局。类似的四字结构有不知所措、不知所云、不知所言、不知所出、不知所为等,措、云、言、出、为,均为动词。

"不知所踪"之所以有误,是因为它违背了汉语的结构规律。踪指踪迹、足迹,是名词,不能用在"不知所~"的结构之中。

不知所踪与不知所终音近,外加受无影无踪的干扰,因此欺骗了很多人。但愿这一误用早日了绝踪迹。

种·宗

种 多音字。形声字。小篆一 🈶 从禾从童（表声），表示种植；小篆二 🈶 从禾从重（表声），表示早种晚熟的禾类。隶定后楷书分别写作種与種。隶书 种 从禾从中（表声）。本义为姓。现在穜、種皆简化为种。

读 zhǒng 时，指物种的简称等义。还用作姓。

读 zhòng 时，用作动词，指种植、接种等。

读 Chóng 时，专用作姓。

当遇到姓"种"的同志，要搞清楚是读 Chóng 还是读 Zhǒng。

宗 zōng　会意字。甲骨文 🈶 从宀（房屋）从示（祭坛牌位），会立神主以祭的房子之意。金文 🈶，小篆 🈶。隶定后楷书写作宗。本义为祭祀祖先的庙。

传种和传宗，都有繁殖延续的意思，但使用范围不同。前者多用于动植物，后者多用于人类。传宗接代为联合式结构，宗指宗族，指同一父系的家族；代义为世系，如上代下代。传宗义同接代，即旧时生儿子以承接香火的封建意识。传种则不能和接代搭配。

州·洲

州 zhōu　象形字。甲骨文 🈶 象河水中有一孤岛形。金文 🈶。小篆 🈶 就成三个（三表多）小岛。隶定后楷书写作州。本义为江、河、湖泊中由沙石积成的陆地，如大家熟知的"关关雎鸠，在河之州"。后引申指划分的地理区域。相传大禹治水时，将中国划分为冀、兖、青、徐等九州（不可写作九洲），后九州成为中国的代称。当然，也有用神州指代中国。汉代以后，州成为地方行政区划单位，辖境大小各代不同，明、清改州为府，如今一些地名仍保留州，如山东省兖州、青州、莱州等。

洲 zhōu　会意兼形声字。《说文》无。楷书洲从水从州（兼表声）。由于州承载太多的引申义，于是古人另加义符氵写作洲来分担州字义上的压力，也就是说州是洲的本字，还可以说洲是州的加旁分化字。

《诗经》的用字变化，也许可以看出州、洲的演变过程。《说文》州字字头下引的便是在河之州；洲字出现以后，逐渐以洲代州，现在《诗经》的通行版本均为在河之洲。洲字指称的对象可大可小，大的如欧洲、亚洲（被海水包围），小的如鹦鹉洲、橘子洲（被江水、河水环绕）。海洋环绕的大陆及附近岛屿的总称为洲。过去把地球陆地分为五大洲，现在定为七大洲（即亚洲、欧洲、非洲、北美洲、南美洲、大洋洲和南极洲）。

在出版物中，九州误为"九洲"是常有的事。漫步街头，九洲商厦、九洲餐厅、九洲公司更是随处可见。甚至有一家出版社曾以九洲命名。四川绵阳九洲体育馆，曾在汶川地震中作为接纳伤员救治的场所闻名中外。对此，笔者以为不可硬性将九洲改为"九州"，因为命名"九洲"并没有指向古时的九州。

九州一词是怎么来的呢？"禹分九州"是一个流传很久的传说，说是大禹治水时走遍千山万水，治水的同时把中国分成了九部分。还有一种说法，说是远古时代民众择水而居，我们的祖先想来最初聚居在被水包围着的九块陆地上，故统称为九州。从此以后，九州成了中国的代名词。《书·禹贡》中记载的是：冀州、兖州、青州、徐州、扬州、荆州、豫州、梁州、雍州。《吕氏春秋·有始览》《周礼·夏官·职方氏》《尔雅·释地》等古籍中表述都不一致。这些州本是以水文为标志的地理区划名称；秦、汉统一中国以后，实行了郡县制，则成了行政区划名称。今天不少地名中的州字，无疑是历史上行政区划的遗存。

绿洲，比喻沙漠中有水和草的地方。

三角洲，指河口地区的冲积平原，大致成三角形，如长江三角洲、黄河三角洲。

州与洲易混淆主要在于地名。州作地名非常之多，这里不加赘述。洲作地名，仅限橘子洲、株洲、满洲里、江心洲、沙洲等少数几个。这里特别提请大家注意湖南株洲和郴州不同。湖南省株洲，古称建宁，炎黄文化的重要发祥地。中华民族的始祖、农耕文化的创始人——炎帝神农氏，就长眠在株洲境内炎陵县鹿原坡。株洲地处湘江两岸，湘江流经这里形成许多沙洲。古代在这一片沙洲上生长着茂密的楮树，于是此地就被称为楮洲。由于楮、株同音，至南宋绍熙元年（1190），这里被正式定名株洲，沿用至今。由于株洲的洲取自沙洲之洲，所以株洲不能写成"株州"。

沧州与沧洲

沧州是古代州名，在今河北东南一带，是古代主要产盐区，著名的长芦盐即产于此。《水浒传》林教头刺配沧州，此沧州是也。沧洲是水边之地，常用以指隐者所居处。陆游晚年住在绍兴南面镜湖边，词曰："胡未灭，鬓先秋，泪空流。此生谁料，心在天山，身老沧洲。"这"心在天山，身老沧洲"，道尽了他空怀报国壮志，而不得不终老林泉的无奈和愤懑，令人叹惋。

沙州与沙洲

沙州，古代行政区划，几多变化，大致在今甘肃西部与青海一带。敦煌市下属有沙州镇。四川省青川县有沙州镇。沙洲是河湖、海洋等水体中形成的小面积沙质地的总称。1962年，常熟划出14个公社和常阴沙农场，江阴划出9个公社，建立沙洲县，隶属于苏州地区。1986年9月，经国务院批准，撤销沙洲县，以天然良港——张家港命名设立张家港市，隶属于苏州市。

长州与长洲

长州，古地名。长洲，也是古地名，1912年已经并入江苏吴县，因长洲苑而得名。长洲苑是春秋时吴王阖闾的游猎之处，原是水中的一块陆地，后辟为园林。因是水中陆地，理当用洲而不用州。长洲，也是香港的一所岛名。

滨州与滨洲

滨州市，隶属于山东省，地级市。滨洲铁路，是哈尔滨到满洲里的铁路名称。该名称打破常规，有点让人莫名其妙。

瓜州与瓜洲

瓜州县隶属甘肃省酒泉市，地处甘肃省河西走廊西端，因瓜得名，自古以来就是东进西出的交通枢纽，古丝绸之路的商贾重镇。唐高祖武德五年(622)置瓜州。1949年10月，安西县人民政府成立。2006年8月更名为瓜州县。瓜洲镇属于今江苏省扬州市邗（hán）江区。

王安石在《泊船瓜洲》写道："京口瓜洲一水间，钟山只隔数重山。春风又绿江南岸，明月何时照我还。"

九州大地的读者朋友和身处世界七大洲的华夏儿女，州与洲之间要是理索不清楚，恐怕就会乱成一锅粥。

最后再说一下满洲。满洲为清代满族的自称。满族原为女真人后裔。16世纪末17世纪初，以建州女真、海西女真为主体，融合汉、蒙古等其他族而形成。后金天聪九年（1635），皇太极废除诸申（女真）旧号，定族名为满洲。辛亥革命后通称为满族。旧时指我国东北一带，清末日俄势力入侵，称东三省为满洲（满洲国）。

满洲二字是记音的，既然如此，洲为什么不写成州呢？这要从中国古代王朝五行五德轮替的理论来分析。按照五行五德的说法，明朝为火德，清朝要取代明朝，就必须以水灭火。皇太极用"满洲"两个水字旁的汉字为其部族命名，可见其用心良苦。懂得了这一点，我们就不难知道，满洲的洲为什么要写成有水旁的洲，清朝的清为何用清而不用青了。

舟·州

舟 zhōu　象形字。甲骨文 象小船形。金文 。小篆 。隶定后楷书写作舟。本义为船。

州　详见658页"州·洲"。

神舟。据中国航天科技集团公司透露：我国载人航天工程肇始于20世纪90年代初期。当年给飞船命名，有关部门曾提出过好几个方案，集团公司、中科院等单位反复征求意见，最后选定了神舟二字。主要有两点考虑——一是船在汉语里又称舟，用"神舟"来命名遨游神秘太空的宇宙飞船，既形象又贴切；二是神舟谐音神州大地的"神州"，一语双关，寓意中国的腾飞。

神州。专有名词，是中国的别称。战国时代的齐人邹衍创立"大九州"学说，谓"中国名曰赤县神州，赤县神州内自有九州"。后来人们就用赤县或神州来代称中国。毛泽东主席诗中就有"六亿神州尽舜尧"的句子。

从神舟一号到神舟十九号，标志着中国载人航天事业的蓬勃发展。神舟，是中华民族的骄傲，我们应该记住这个名字。

天舟货运飞船是载人空间站工程的重要组成部分，在充分继承天宫一号目标飞行器和载人飞船技术的基础上研制，主要任务是为载人空间站运输货物和补加推进剂，并将空间站废弃物带回大气层烧毁。天舟俗称"快递小哥"。

通常，神舟从酒泉卫星发射中心送航天员飞天，天舟从海南文昌航天发射场升空给空间站送去补给。

绉·皱

绉 zhòu　形声字。小篆 从糸从刍（表声）。隶定后楷书写作绉。今简化为绉。本义为细葛布。

皱 zhòu　《说文》无。楷书皱从皮从刍（表声）。今简化为皱。本义为脸上起的皱纹。

绉后引申指一种有皱纹的丝织品，如绉纱、碧绉。原来还读 zhōu（现在统读 zhòu），用于文绉绉，形容人谈吐、举止温文儒雅。

绉纱带有皱纹，注意此处绉与皱。另外还要注意，文绉绉不能联想是人的谈吐就错写成"文诌诌"。

诛·株

诛 zhū　形声字。金文 从戈从朱（表声）。小篆 从言从朱（表声）。隶定后楷书写作诛。今简化为诛。本义为谴责、责备（如口诛笔伐）。引申出杀（有罪的人），如诛杀、罪不容诛。

株　参见306页"棵·稞·颗"。

诛本义是指责、责备，后引申出讨伐、杀戮义。从秦始皇开始有了族诛法，先是夷三族，后由三族、五族一直到九族。夷和诛，都是灭杀的意思。另外注意，不能想当然认为杀需要金属刀，就把诛错写成"铢"。铢是古代重量单位。

株，植株。株连，是用植株茎蔓间的缠绕纠结，比喻一人有罪，牵连多人。

株连，不能写作"诛连"。株连九族，落脚点在"连"，可能杀，也可能只罚不杀，意在受到牵连。诛九族，动词是诛，即杀，那就是必杀无疑了。

潴·渚

潴 zhū　形声字。小篆 从水从豬（表声）。隶定后楷书写作潴。今简化为潴。本义为水聚停的地方。用作潴留，医学上指液体聚集停留，如尿潴留。

渚 zhǔ　形声字。小篆 从水从者（表声）。隶定后楷书写作渚。本义为水中的小块陆地。江浙一带地名常见渚，如浙江良渚。

古时，渚通潴，今分工明确，故请大家在使用时注意区分。

主·住

主 zhǔ　象形字。古文 和小篆 上从点（象灯焰）下象灯碗灯座形。隶定后楷书写作主。本义为灯头火焰。由于火焰是灯的中心主体，故引申指最重要、最基本的，再引申君主、主张也就很自然了。

住 zhù　形声字。《说文》无。楷书住从亻（人）从主（停立，兼表声）。本义停下。住持，佛教僧职，又称住职。原为久住护持佛法之意，是掌管一个寺院的主僧。主持，指负责掌握或处理某些工作的人。如"××老师主持班主任工作"。住持可以主持一场活动，但主持人想做住持，有点困难。

住·驻

住　详见本页"主·住"。

驻 zhù　会意兼形声字。小篆 从马从住省（住省去亻，义为停立，兼表声）。隶定后楷书写作駐。今简化为驻。本义指马停在那儿。引申指停留，如青春永驻。由于马常与军队相配，故引申指军队停留。又由于军队移动性强，故引申出时间不长的意思，如驻扎、驻守、驻防。又由军队引申指政权、机构等，如驻外使节。

驻指军队或执行公务的人员暂时停留在某处；住指长期定居，或泛指停留、居住。驻具有庄重、法律，住则表现出自由、移动。

【住地】名 居住的地方。

【驻地】名 ❶部队或外勤工作人员所驱的地方。❷地方行政机关的所在地。

由以上可以看出，驻用于政府机关、军队以及部门或单位，以及这些部门或单位派出人员到某地任职、执行公务，总而言之是组织行为。住一般是指个人及家庭行为，如"我住甸柳小区，小学同学来我家住几天"。

驻节为高级官员在外地执行公务，在当地住下。节是符节，为古时用以证明身份之凭证。汉代苏武被匈奴扣留十九年,他牧羊时就是手持汉节表明身份。驻节不得写成"住节"。

中央巡视组进入某地或某单位,是为执行公务而驻扎,用入驻;个人搬进公寓属于普通的居住,用入住。

《人民日报》曾刊登过一篇文章,标题是《驻村干部要住村》,说的是下派干部一定要与百姓同吃同住同劳动,这样才能真正与人民打成一片。猛一看这个标题,的确有点绕口令的感觉。驻村是组织选派指令的,住不住村是个人行为,因而这个标题是正确的。

🖇 驻跸(bì),意思是皇帝、后妃外出,途中暂停小住或帝王出行时,开路清道,禁止通行。泛指跟帝王行止有关的事情。

有的同志用拼音输入,结果把驻跸错成了"住毙",大不敬了。

柱·炷

柱 zhù　会意兼形声字。小篆 𣏂 从木从主(主要,兼表声)。隶定后楷书写作柱。本义是支撑房屋的柱子。引申指像柱子的东西,如水柱、花柱、脊柱、顶梁柱、擎天柱、偷梁换柱等。也指弹拨乐器上的系弦木,如胶柱鼓瑟。

炷 zhù　会意兼形声字。《说文》无。楷书炷从火从主(灯头,兼表声)。本义指灯芯。是主的加旁分化字。借指灯、烛。引申指可以燃烧的柱状物。再借用作量词,用于点燃的线香。还用于表示时间长短,如一炷香工夫。

炷用作量词时,专门用来计量线香的数量。

媒体上常见一炷香错成"一柱香",大不敬也。

灯柱,指灯的柱子。灯炷,指灯芯(也作灯心)。

著·箸

著　详见 638 页"着·著"。

箸　详见 446 页"箸·筯"。箸,引申指吃饭的筷子。南方多水乡,行舟为主要交通方式,因而忌"箸"(住),改为"筷"(快)。

著本是箸所派生,但如今字义分工明确,因此在使用时要格外小心。

铸·筑

铸 zhù　会意兼形声字。甲骨文 𦥑 上从两手持一锅熔化了的金属汁液,倒入下边器皿模子里,会铸造器物之意。金文 𨥓 另加声符。小篆 鑄 改为从金从壽(表声)。隶定后楷书写作鑄。今简化为铸。本指把金属加热熔化后倒入砂型模子里,冷却后凝固成铸件。

筑 zhù　会意兼形声字。小篆 ![筑] 从竹（兼表声）从巩（持杵击捣），会竹子做的击打乐器之意。隶定后楷书写作筑。本义为古代的弦乐器。今又作了築的简化字。築本指捣土的杵，引申指捣土使坚实，进一步引申指修建、建造。

就，本指靠近、凑近，引申指完成。筑就，即建造成。铸就，即铸造成。

筑就与铸就是含义完全不同的两个词。

筑就搭配的对象，多是楼台、营寨等土木建筑物，而与铸就搭配的对象，多是"金刀""虎头牌"等金属器具。

筑就侧重于具体事物搭配，铸就更倾向与抽象概念组合。

如果与辉煌、伟业、信念、品质、忠魂等抽象概念搭配，选用筑就、铸就似乎都通；但我们更倾向选铸就，因为铸就有表达坚不可摧、牢不可破、不可撼动等意思，在语义上更有表现力。

🖋 筑是贵阳市的别称。

古代贵阳是竹子丛生的地方，是盛产美竹的胜地。早在五代至北宋初年，贵阳被称为黑羊箐（彝语），箐指的就是山间的大竹林。

清初康熙二十六年（1687）裁撤卫、所，以贵州卫、贵州前卫辖地设贵筑县，这是贵阳历史上筑字第一次在县名中出现。1913年贵筑县移治扎佐，后又移治息烽，改名息烽县，此后数十年贵筑县的名字就不存在了。1914年1月，废贵阳府设贵阳县。1941年7月贵阳市成立，废除贵阳县，另设贵筑县治于花溪，这是贵阳历史上筑字第二次在县名中出现。1957年11月，撤销贵筑县，将该县大部分辖区划入贵阳市。此后，筑字在贵阳所属县名中彻底消失。

特别提醒大家，筑指乐器和贵阳别称、姓，旧读 zhú（与竹音同），现在统读 zhù。贵阳别称、姓用的筑没有繁体字築。

拽・转・跩

拽　多音字。会意兼形声字。小篆 ![拽] 从手从世（表声）。隶定后楷书写作拽。异体作曳，从手从曳（兼表声）会意。是曳的加旁分化字。本义为拖，拉。

读 zhuāi 时，方言用字，义为扔，抛，如"把手榴弹拽得很远"。

读 zhuài 时，义指拉，如生拉硬拽。

读 yè 时，旧同曳。

转　多音字。会意兼形声字。小篆 ![转] 从车从专（转动纺砖，兼表声），会车转动之意。隶定后楷书写作轉。今简化为转。是专（专）的加旁分化字。本义回旋。

读 zhuǎi 时，指转文（指说话时不用口语，而用文言的字眼儿，以显示有学问），转文也读 zhuǎnwén。

读 zhuǎn 时，义为改变方向等，如转动、转变等。

读 zhuàn 时，指旋转，方言也用作量词，如绕一圈儿叫绕一转。

跩 zhuǎi　后起形声字。楷书跩从足从曳（表声）。方言用字。本义为由于人或动物因身体肥胖不灵活，走路摇晃。

跩，原为四川方言词。四川的芦山花灯已有千年历史，芦山人常说花灯表演是跩花灯。一个跩字，道出了芦山花灯的绝活——扭鸭子步。《现汉》举例：鸭子一跩一跩地走着。人"跩"是指迈起了四方步，活像个鸭子似的，主要指故意做作，自以为是，贬义浓浓。

拽（zhuāi）用于方言，指胳膊有毛病，活动不灵便，一般指人；跩，也用方言，可指人也可指物；转（zhuǎi）文，指用人不讲口语，好引经据典，显摆自己有学识。

说一个人有点钱或势，就 zhuǎi 得不像人样。笔者建议此处用跩比较好，不要用转。如果说一个人有点钱或势，就 zhuāi 得不像人样，那就用拽。如果一个人走路时，胳膊好一甩一甩，用拽；如果一个人走路时，脚一撇一撇的，那就用跩；如果一个人走路胳膊往外甩同时脚往外撇，用拽还是跩呢？这就考验描写者文字功底了。

妆·装

妆 zhuāng　形声字。甲骨文从女从爿（表声）。金文。小篆。隶定后楷书写作妝。今简化为妆。本义是指女子脸部的化妆。妆，有一个异体字粧，指用粉对脸部进行粉饰。先秦女子化妆用米粉，粉饰之粉从米就是一个例证。古时常用粉来指代女子，说女子的眼泪是粉泪。

装 zhuāng　形声字。小篆从衣从壯（表声）。隶定后楷书写作裝。今简化为装。本义指包裹、行囊。打点行装源于此。包装、装束等词便由此而来。装不仅表示人体的装饰打扮，还可以表示物体的装饰，如装潢。

从上面可以看出，妆与装本义区别是很大的。后来，妆与装在字义引申出现了交叉，部分义项还有混用现象。妆的范围从脸部扩展到了全身，如《木兰诗》中"当户理红妆"，这里红妆就是指妇女盛装。

装，也从包裹引申指为服装，再引申为全身的打扮装束。因此，妆与装也都可以表示修饰、打扮、装饰、装点。装束、装扮、装梳中的装都可以写作妆。嫁妆、红妆也可以写作嫁装、红装。装，可大可小，但妆通常适用小的范围，特别指女性有关的事物，一般用妆。妆泪、妆楼是不能用装。否则就有点假装了。

由动词演变为名词以后，装可指行囊、包裹本身，如轻装简从、整装待发。

行李中最为重要的物品当推衣服，由此派生出：中装、西装、军装、便装……俗话说"佛靠金装，人靠衣装"，于是，装又引申出修饰、打扮的意思。由修饰还可以引申指扮演，如装腔作势、装疯卖傻、装模作样、装神弄鬼……

装，其修饰、打扮义，本来男女皆可，但因为女性最爱修饰又更具特点，于是古人又另造妆字。妆开始也是动词，后来可指女子身上的妆饰或妆饰用品，还可指打扮出来的式样，如新娘妆之类。红妆干脆成了女子的代称。

由于妆是由装分化出来的，化妆和化装就有点说不清理还乱，两者既可以指用化妆品和各种妆饰手段来修饰容貌；又可以指艺术化装，即演员在戏剧、电影、小品等表演中，运用脸涂油彩、身穿戏服、手持道具等等手段，来塑造作品中人物的外部形象。但仔细辨析一下，可发现有以下两点不同：一是范围，化妆是局部的，主要是在头发和脸部上做文章；化装可以涉及身体局部，如头发、面容等，也可以是全身装扮。二是目的，化妆追求的是漂亮，通过技术手段扬长避短；化装是为了顺利完成某项任务，目的是改变自己的面目，如"二十五岁演员通过化装变成七十多岁的老人"。

演员是化妆还是化装呢？答案可分为两种情况：如是演员以自己的本色形象出现在舞台，应该首选化妆；如是以角色形象出现于舞台，应该首选化装。因此，综艺晚会多是化妆，戏剧、电影等多是化装。

妆饰与装饰，都有装饰、打扮之义。差别在于，妆饰常用于人（她出门前妆饰了一番），装饰多用于事物（把房间装饰一新）。

奘·壮

奘 多音字。会意兼形声字。小篆 奘 从大从壮（粗壮，兼表声），会壮大、粗大之意。隶定后楷书写作奘。是壮的加旁分化字。本义为壮大，粗大。

读 zhuǎng 时，方言，形容粗而大，如"小张身高腰奘""这棵树很奘"。

读 zàng 时，书面用语，义指壮大。常用于人名，如唐代和尚玄奘。还用于方言，形容说话粗鲁，态度生硬，如"他这个人说话可奘了"。

壮 zhuàng 会意兼形声字。小篆 壯 从士（雄性生殖器，象征男人）从爿（版筑，象征建筑劳动，兼表声），表示男子已经可以参加建筑劳动，说明已经长大成人。隶定后楷书写作壯。今简化为壮。本义为人体高大。

由于奘是壮的加旁分化字，所以两字之间有些纠葛是再自然不过了。说一个人身体高粗，既可以说奘，也可以说壮，具体用那个字，可根据读音来定。读 zhuǎng 就用奘，读 zhuàng 就用壮。

状，一种文体，指向上陈述意见或事实的文书。状词，就是诉讼的呈文。

椎·锥

椎 多音字。形声字。小篆 ![椎] 从木从隹（表声）。隶定后楷书写作椎。本义为用于敲打的木棒。

读 chuí 时，是一种捶打用的工具，也是一种兵器。用作动词，即为用椎打击之意。此义，一般写作槌、捶。但椎心泣血（捶打胸膛，哭得眼中出血，形容极度悲痛的样子，此成语需要注意"椎"的读音）是固定成语，不得写作"槌心泣血"或"捶心泣血"。

读 zhuī 时，是指椎骨，即构成脊柱的短骨，中间有空，叫椎空，脊髓从中穿过。

锥 zhuī 形声字。小篆 ![錐] 从金从隹（表声）。隶定后楷书写作錐。今简化为锥。本义是锥子，一种尖端锐利、用来钻孔的工具。用作动词时，是用锥子刺的意思。

椎牛就是击杀牛。一般不会用锥子杀牛，不然恐怕需要庖丁闪亮登场了。

逐·涿

逐 zhú 会意字。甲骨文 ![逐] （上为鹿下为止，止即脚）、![逐] （上从豕下为止，止即脚），会追赶野兽之意。金文 ![逐] 另加上半条路，以突出追赶。小篆 ![逐] 。隶定后楷书写作逐。本义为追赶野兽。

涿 zhuō 会意兼形声字。甲骨文 ![涿] 左从水右从豕（刣猪后血滴）。小篆 ![涿] 。隶定后楷书写作涿。本义为流下的水滴。

涿鹿，地名，故城在今河北省张家口市涿鹿县南。有涿鹿山，在今涿鹿东南。相传，蚩尤与黄帝战于涿鹿之野，战败被杀。

逐鹿，《史记·淮阴侯列传》：秦失其鹿，天下共逐之，于是高材疾足者先得焉。鹿比喻为帝位，逐鹿比喻群雄并起，争夺天下，如逐鹿中原。

逐鹿说的是目标，涿鹿是地名，两者不能混为一谈。

📌 1986 年 9 月 24 日，经国务院批准撤销涿县，设立涿州市（县级市），隶属保定市。

灼·卓

灼 详见 628 页"凿·灼"。

卓 zhuó 会意字。甲骨文 ![卓] 下边是带把的网，上边是鸟的简形，会以网罩鸟之意。金文 ![卓] 。小篆 ![卓] 将带把的网讹为早。隶定后楷书写作卓。当是罩的本字。本义以网罩鸟。我们知道，罩鸟必须高举，并且要有机巧，故引申泛指高而直立。

又进而引申指超过一般。如功勋卓著、卓越等。由于卓被引申义所用，古人另造罩。

【灼见】 名 透切的见解：真知~。

【卓见】 名 高明的见解。

由此可见，灼见因火而透，讲究的是明了；卓见因卓本义引申出高，而指高明。另外，还要注意拙见是谦辞，不能用在别人身上。

姿·恣

姿 zī 形声字。小篆 𡰥 从女从次（表声）。隶定后楷书写作姿。本义为姿态。姿态是两个同义语素联合成词。也可特指容貌，多用于女性，如国色天姿。

恣 zì 会意兼形声字。小篆 𢗢 从心从次（连打喷嚏，兼表声）。隶定后楷书写作恣。本义指主观上不加约束，如暴戾恣睢。恣还用于方言，形容舒服，自在，如恣得很。

恣意妄为的"恣意"，意思也是由着性子乱来。姿是名词，恣是动词，只有"恣意"才会导致"妄为"。

兹·资

兹 多音字。会意字。甲骨文 𢆶 象在水流中漂洗染丝之状，以此表示水又黑又浑。因为越洗东西水会越脏。金文 𢆶 省去水流。小篆 𤣥、𢆶、兹、玄、幺，分为繁简不一的多个字。隶定后楷书分别写作滋、兹、兹、玄、幺。后各自分工明确。兹本义指水污黑。

兹本读 xuán，后来与兹（zī）易混，楷书于是都写作兹，这样兹便有了两个读音及污黑、滋生两个含义。后来又借作代词，表示"此"义，污黑、滋生二义便由滋来表示。今兹的读音 xuán 消失，增加读音 cí。

读 cí，龟（Qiū）兹，古代西域国名，在今新疆库车一带。

读 zī，为指示代词，义指这个，现在，年等。常用于书面语言，如念兹在兹等。

资 zī 形声字。小篆 𧵒 从貝（货贝）从次（表声）。隶定后楷书写作資。今简化为资。本义为钱财。引申出资本、资金等义。

唐代李翱祖父讳楚金，因今与金谐音应避之，古人为文时皆以今为兹（《中国汉字的故事》164页）。在公文用语中，兹多用作通知、邀请函、请柬、介绍信等文本的开头语，如兹定于、兹因、兹有、兹派等，其"兹"均作今、现在解，而非指示代词。

资由本义引申指提供。资鼓励即提供鼓励。以，连词，连接前后两项，表示前项是后项的手段，后项是前项的目的，可释为来、用来。"特颁此状，以资鼓励"，即特别颁发此奖状，用来提供鼓励。也有认为，"以"为介词，其后省略了一个指示代词"此"（指代"特颁此状"）。

特颁此状，以兹鼓励。即特此颁发此奖状，用此来鼓励。也能说得通。但是文献中鲜见有"以兹鼓励"。不管咋说，最规范的用法还是以资鼓励。

子·仔

子 zǐ 象形字。甲骨文象有头发、囟门和身子的初生婴儿形。金文。小篆。隶定后楷书写作子。本义指婴儿。后引申指动物的幼儿或卵，如虎子、雁子、鱼子等。也可以指植物的果实或种子，如松子、莲子等。

仔 详见 626 页"仔·崽"。

仔读 zǐ 时，与子组成的词存有异形词关系，原因在于仔指幼小的（多指牲畜、家禽等），子本义为幼小婴儿的意思。具体如下：

【仔畜】名 幼小的牲畜。也作子畜。
【仔鸡】名 刚孵化出来的小鸡。也作子鸡。
【仔兽】名 初生的幼兽。也作子兽。
【仔细】（子细）形 ❶ 细心：他做事很~｜~领会文件的精神。❷ 小心；当心：路很滑，~点儿。❸〈方〉俭省：日子过得~。
【仔鱼】名 刚孵化出来的小鱼。也作子鱼。也叫稚鱼。
【仔猪】名 初生的小猪。也作子猪。

子·籽

子 详见本页"子·仔"。

籽 zǐ 后起会意兼形声字。楷书籽从米从子（细小，兼表声）。本义指植物的种子，如菜籽、花籽、籽棉。

【籽粒】名 籽实。也作子粒。
【籽棉】名 摘下来以后还没有去掉种子的棉花。也作子棉。
【籽实】名 稻、麦、谷子、高粱等农作物穗上的种子；大豆、小豆、绿豆等豆类作物豆荚内的豆粒。也作子实。也叫籽粒。

鱼只会产"子"，不能产"籽"。

堫·椶

堫 zōng 后起形声字。楷书堫从土从从（表声）。今简化为堫。本义一种真菌。
椶 多音字。后起形声字。楷书椶从木从从（表声）。今简化为椶。本义冷杉。

读 cōng 时，木名，冷杉。

读 zōng 时，地名用字，安徽省有枞阳县。"天宫二号"总设计师朱枞鹏院士，从名字中我们大概能猜出他出生在枞阳。

【鸡㙡】名 真菌的一种，菌盖圆锥形，中央凸起，熟时微黄，可以吃。也作鸡枞。

【鸡枞】同"鸡㙡"。

《现汉》从第 3 版开始增加鸡㙡词条，注释：蕈的一种，菌盖圆锥形，中央凸起，熟时微黄色，可食用。第 4 版注释同第 3 版。第 5 版开始，注释将"蕈（xùn）的一种"改为"真菌的一种"至今。《现汉》第 7 版开始，增加"也作鸡枞"。《汉字文化》2014 年第 5 期刊发文章，从古籍运用中，鸡㙡可作：鸡葼、鸡堫、鸡㯶、鸡棕、鸡宗、鸡踪、鸡纵、鸡枞。

广西称鸡㙡为挑担菌。只要在一个地方发现一簇鸡枞菌，通常在附近肯定还会有一簇鸡枞菌。两个地方的鸡枞菌生长位置一前一后，就像挑着担子一前一后，故名挑担菌。

诹·陬

诹 zōu 会意兼形声字。小篆 从言从取（择取，兼表声）。隶定后楷书写作諏。今简化为诹。本义为咨询，商量。

陬 zōu 形声字。小篆 从阜（阝左）从取（表声）。隶定后楷书写作陬。本义为山的角落。

陬，由角落引申出很多义项，其中还作为农历正月的别称。正月称作孟春月，也称孟陬、陬月。夏历以建寅之月为正月。段玉裁《说文解字注》曰："正月为陬，亦谓寅方在东北隅也。"意思是正月为陬月，是因为寅方在东北角。

息陬镇，隶属于山东省济宁市曲阜市，地处曲阜高铁东站西侧，东与尼山镇毗邻。春秋时期，孔子曾在此作《春秋》。

孟陬、息陬，不能错写成"孟诹""息诹"。

另外还要注意，绉（黑里带红的颜色）、鲰（小鱼，形容小）都读 zōu，长得模样与诹、陬差不多，提请大家注意加以区分。

咀·嘴

咀 多音字。形声字。小篆 咀 从口从且（表声）。隶定后楷书写作咀。本义为含在嘴里细嚼。

读 jǔ 时，义指细嚼，仔细品味，如咀嚼。

读 zuǐ 时，是嘴的俗字，现多用于地名，如香港的尖沙咀。

嘴 zuǐ 会意兼形声字。《说文》无。楷书嘴从口从觜（毛角，兼表声）。是觜的加旁分化字。本义为鸱鸺类（猫头鹰类）头上的毛角。毛角与鸟喙有相似之处，故又转指鸟嘴。后泛指人或动物的进食器官。人的嘴文雅一点称作口。

由于第二次汉字时，将嘴简化为咀，虽然二次汉字简化被取消，但部分人笔下还是有将嘴简化为咀的现象，尤其在用到地名时要值得关注。如宁夏石嘴山市沟口邮政所到 1992 年 3 月 26 日日戳尚未改为石嘴山，这是很不应该。但要注意香港尖沙咀不得写作"尖沙嘴"。

嘬·撮

嘬 多音字。会意兼形声字。《说文》无。楷书嘬从口从最（聚集，兼表声）。本义为叮咬。

读 zuō 时，义为吮吸，如小孩儿嘬奶、嘬瘪子（方言，比喻受窘为难）。

读 chuài 时，常用于书面语言，义为咬，吃。

撮 多音字。会意兼形声字。小篆𢱧从手从最（聚合，兼表声）。隶定后楷书写作撮。本义为用三个指头或爪子抓取。引申指撮合等义。

读 zuǒ 时，量词，用于成丛的毛发，如一撮胡子。

读 cuō 时，由聚合引申指用簸箕等把散碎的东西收集起来，如撮了一筐土。常用于方言，义为吃，请同学上馆子撮了一顿。

嘬与撮，本来没有"咬合"的地方，但在"cuō 一顿"时，很多人联想到吃饭要用口，常把"嘬一顿"挂在嘴边落在纸上，其实应该写作撮一顿。

作·做

作 多音字。会意字。甲骨文ᘯ和金文ᘰ原本作乍，下从刀上从卜。此字正是卜人用刀刮削、钻刻龟甲，然后燃烧，视其裂兆进行占卜之意。由于乍为引申义所专用，小篆ᘱ便另加义符人写作"作"。本义为开始治理龟甲。

读 zuō 时，义为作坊。

读 zuò 时，指做某事、写作、作品等义。

做 zuò 会意字。《说文》无。楷书做从人从故（表示前人所做之事）会意。宋元时代才出现做，是作的后起分化俗字。

古代作是入声，做是去声，二字不同音，现在有些方言里仍不同音。

作，书面色彩重，偏抽象，动作性较弱；抽象意义的动词，如作废、作对、作画；书面色彩重的动词词语，如作罢、作怪、振作；成语，如装模作样、弄虚作假、作奸犯科；多音节名词的构成成分，如作用、合作、著作。

做，口语色彩浓，偏具体，动作性较强的动词，如做饭、做衣服、做板凳；口语色彩较通俗的动词，如做工、做事、做生日。带做的成语很多，如白日做梦、小题大做等，总体趋贬。

在"充当、当成"这个义项上，作与做的分工至今还没有完成，两者混用在所难免。作为是介词，常用来引进人的某种身份或事物的某种性质，如"作为一个公交司机，必须遵守交通规则"等，无疑表示的是抽象语义，所以是作为而非做为。对待作客与做客，有争议。

《咬文嚼字》杂志意见：作客与做客是局部异形词。作客他乡不能写作"做客他乡"（早在"做"产生之前，"作客他乡"之类的用法就已经固定），但"去亲戚家作客"和"去亲戚家做客"都可以。在表示"到亲友家去拜访"时，作客与做客是异形词。

《现汉》对此却作为如下注释：

【作客】zuòkè〈书〉动 指寄居在别处：~他乡。

【做客】zuòkè 动 访问别人，自己当客人：到亲戚家~。

《现汉》中将作声与做声、作秀与做秀、做证与作证列为异形词，且以前者为推荐词条。

【作法】zuòfǎ 动 旧时指道士施行法术。

【作法】zuò·fǎ 名 ❶ 作文的方法：文章~。❷ 做法。

【做法】zuò·fǎ 名 制作物品或处理事情的方法：掌握紫砂壶的~｜说服教育，这种~很好。

在读 zuò·fǎ 时，作法与做法有相通之处，但指作文的方法，建议用作法，制作或处理某件时，用做法比较好。

左·佐

左 zuǒ 会意字。金文 ![字形], ![字形] 从ナ（左手）从言或口，会手口相助之意。金文 ![字形] 也有的从工（筑杵），就成了左手帮助右手操持筑杵筑墙了。小篆 ![字形] 承之并整齐化。隶定后楷书写作左。本义为帮助、辅助。后左被借用义所用，古人另造佐。

佐 zuǒ 会意兼形声字。《说文》无。楷书佐从人从左（辅助，兼表声）。是左的加旁分化字。本义为帮助、辅助。

佐证与左证是全等异形词，以佐证为推荐词条。

相佐义为辅佐、辅助，相在这里"表示一方对另一方的动作"。相佐强调的是甲对乙在动作行为上帮助、支持的关系,而非矛盾、冲突的关系。

相左,书面用语,一指不相遇,彼此错过;二指相反,相互不一致,如意见相左。

相佐与相左,虽然形近音同,意义和用法却根本不同,二者绝不能混用。

佐·作

佐 详见672页"左·佐"。

作 详见671页"作·做"。

佐与作,本来分得很清爽,但由于料的掺合,变得复杂起来了。

《现汉》第5版只收"作料",没有"佐料"一词,但在调料一词注释为作料。

【作料】名 烹调时用来增加滋味的油、盐、酱、醋和葱、蒜、生姜、花椒、大料等。

【调料】名 作料。

《现汉》第6版在保留"作料""调料"及注释之外,增加"佐料"。

【佐料】名 面食、菜肴做成后或临吃时所加的调味配料。

从注释中,我们不难看出,作料是进入锅内参与炒作的,佐料不进入锅。这是两者的区别。但遭到许多人不待见,于是《现汉》第7版作了如下调整:

【作料】名 ①烹调时用来增加滋味的油、盐、酱、醋和葱、蒜、生姜、花椒、大料等。②面食、菜肴做成后或临吃时所加的醋、酱油、香油和葱、蒜、生姜等调味配料。

【佐料】名 作料②。

【调料】名 作料。

按《现汉》第7版注释,作料包含"佐料",但"佐料"还是指不进锅。

坐·座

坐 zuò 会意字。甲骨文 是人跪坐在一张席子上。小篆 会两人相对坐于地上。隶定后楷书写作坐。本义当为对神互相辩讼。后引申出搭乘交通工具,如坐高铁;又引申指房屋等建筑物背对着某一方向,如"我国房子大都坐北朝南";还引申出把锅、壶等放在炉火上,如"把锅坐在灶上";还引申出植物结果,如"苹果树上坐了很多果子"(当然果子有苦也有涩,如坐下老寒腿);还能引申出吃喝义来,如"今天晚上有空吗,我们一起坐坐"。

座 zuò 会意兼形声字。《说文》无。楷书座从广(房屋)从坐(兼表声)。是坐的加旁分化字。本义为坐具,即供人坐的器具。

坐,主打动词,兼顾副词、介词;座,担当名词,还兼挑量词。

坐落、坐标是容易出错的,座谈、座机也要写对。

座次、座驾、座位、座椅也可以写作坐次、坐驾、坐位、坐椅,只不过前者是首选。坐席与座席并非全等异形词。

【坐席】❶ 动 坐到筵席的座位上，泛指参加宴会。❷ 同"座席"。

【座席】名 座位①；席位。也作坐席。

【座位】名 ❶ 供人坐的地方（多用于公共场所）：票已经卖完，一个~也没有了。❷（~儿）指椅子、凳子等可以坐的东西：搬个~儿来。‖ 也作坐位。

🖉 我国自殷商至南北朝，人们大都采用两膝着席，臀部压着脚后跟的坐姿。这样坐姿叫跽坐，使臀部远离潮湿地面（但两膝遭罪啊），同时与他人相向，兼表谦恭之意。从主席、筵席、席位等词中，我们不难看出席在古人心目中的地位。自打椅、凳问世，席才渐渐"退席"。在古人眼里，坐在地上既不卫生也不利健康，更不符合礼节，只有遇到丧事或打官司的时候才能如此这般。从打官司引申出与法律相关的事项，坐牢、连坐、坐法都逃不开法律惩治范畴。坐地分赃、坐账这些词，听听您就坐不太住。

坐·做

坐　详见 673 页"坐·座"。

做　详见 671 页"作·做"。

坐月子，是指妇女在生下孩子后一个月里休息和调养。坐是一种止息方式。坐，是这一个月的主要任务。坐月子不得写作"做月子"。

附录一 /《国家通用语言文字法》简介

《国家通用语言文字法》全称《中华人民共和国国家通用语言文字法》，是为推动国家通用语言文字的规范化、标准化及其健康发展，使国家通用语言文字在社会生活中更好地发挥作用，促进各民族、各地区经济文化交流，根据宪法，制定的法规。2000年10月31日第九届全国人民代表大会常务委员会第十八次会议通过，2001年1月1日起施行。

此法确立了普通话和规范汉字的"国家通用语言文字"的法定地位。

《国家通用语言文字法》，每一位公民特别是从事新闻出版、广播电视、网络编辑等工作者都应该认真学习，自觉遵守。

《国家通用语言文字法》内容丰富，最值得关注是关于繁体字、异体字运用的有关规定。

对此，《国家通用语言文字法》有如下规定，值得我们逐字琢磨，并在使用过程中贯彻执行。

第十七条　本章有关规定中，有下列情形的，可以保留或使用繁体字、异体字：

（一）文物古迹；

（二）姓氏中的异体字；

（三）书法、篆刻等艺术作品；

（四）题词和招牌的手书字；

（五）出版、教学、研究中需要使用的；

（六）经国务院有关部门批准的特殊情况。

据有关专家解释说，第十七条，可以理解为"姓氏人名中的异体字保留，但姓氏人名中繁体字要类推简化"。

其实，异体字不仅在姓氏中被保留，更多是在"名字"中得以保存，如于非闇（暗）、华嵒（岩）。

照此，一位 páng 姓书法家说，他们家祖祖辈辈都写作厐，查《现汉》可知，厐是庞的异体字。按照第十七条规定，这位 páng 姓书法家想出一本书，全书中可以出现厐，但不要写作庞。

《辞海》对姓氏人名中的繁体字，并没有完全简化，如文徵明、魏徵，还是立在《辞海》中。徵在读 zhēng 时，简化为征；在读 zhǐ 时，义为古代五音之一，相当于简谱的"5"，此时不得简化。

因此，期待已经发布二十多年的《国家通用语言文字法》早日修订，并对姓氏人名中的繁体字、异体字，做出更为精准的规定，以便广大读者掌握和使用。

2022 年 3 月 10 日，我有幸参加新华社组织的关于语言文字规范的小型座谈会。会上获悉，国家有关部门正在做前期调研工作，《国家通用语言文字法》修订工作正在紧锣密鼓、有条不紊地加以推行。让我们拭目以待吧。

2024 年，《咬文嚼字》第 4 期刊发我撰写的《对〈国家通用语言文字法〉第十七条的修订意见》，希望引起有关方面的重视。

附录二 / 新中国汉字简化简介

第一次汉字简化

1949年10月10日,中国文字改革协会宣告成立。

新中国成立之初,一方面,百业待举,百废待兴;另一方面当时全国80%以上的人口是文盲。面对非常低下的文化水平,毛主席等党和国家领导人心急如焚,迫切需要在最短时间内把扣在中国人民头上的文盲帽子扔到太平洋中去。扫除文盲,普及教育,提高全民的科学文化素质,是摆在毛泽东主席等党和国家领导人面前的重要课题。

当时有关部门设定了一个小目标,就是把常用字的笔画减少到10画以下。一个字减少一笔,6亿人口就可以少写6亿笔。

1955年2月2日,在中央一级报刊上将《汉字简化方案〔草案〕》全文发表,把其中的261个字分3批在全国50多种报刊上试用。

1956年1月28日,《汉字简化方案》由国务院全体会议第23次会议通过。1月31日,《人民日报》全文发表了国务院《关于公布〈汉字简化方案〉的决议》和《汉字简化方案》,在全国推行。2月1日起全国通用。

1962年,为了解决《汉字简化方案》在推行过程中发现的某些不妥之处,中国文字改革委员会成立了总结、修订《汉字简化方案》小组。1963年2月完成了对《汉字简化方案》的修订工作。

1964年5月,中国文字改革委员会在长期实施和多次修改的基础上,编辑出版了《简化字总表》,作为使用简化字的统一规范。共分三表:第一表是352个不做偏旁用的简化字,第二表是132个可作偏旁用的简化字和14个简化偏旁,第三表是经过偏旁类推而成的1754个简化字;共2238字(因"签""须"两字重复,实际为2236字。两个字能够在这么多专家学者眼皮底下出现两次，令人无语）。

至此，新中国第一次汉字简化告一段落。

第二次汉字简化

1966年，中国文字改革委员会（以下简称文改会）编印《简化字总表》发布两年后，"文革"开始，文改机构受到冲击。正是这一次的中断，文改出现了前后两个阶段，也就产生了"一简""二简"之分。

回过头来看，一简确定公布实施，就意味着二简的孕育。当时，群众性"俗体字"不断涌现，也就意味着二简在群众中开始酝酿。

文字改革办公室是在1972年3月设立的。第二年，经周恩来批示，文字改革办公室恢复了"中国文字改革委员会"的名称。

相关部门着手拟订《第二次汉字简化方案（草案）》的工作。当时受极左思想影响，人们普遍认为文字应该为广大人民群众服务，于是二简压根就没征求知识分子的意见，甚至没有通过文字改革委员会的表决。由此可见，从一开始，二简就有点不对路子。

1975年5月，文改会经过三年的整理研究，拟出《第二次汉字简化方案（草案）》，确定了111个简化字，报送国务院审阅。

1977年5月，文改会修订后的草案再次报送国务院审阅，此时草案光第一表就有了248个字。

1977年12月20日，《人民日报》等报纸发表了该草案，第二天就开始试用第一表的字。

由于第二次汉字简化的幅度过大，使得许多识字者要重新学习，令大多数人都立刻产生了极不适应的感觉。"二简"步子迈得有点急，字形变化忒大，如展变成"尸"。

字形夸张是其一，还有就是由于一些字简化采用同音相替，顾此失彼，因而容易产生误解。如年龄、军龄的"龄"，二简变成了"令"。于是"军龄"就成了"军令"。如果看到"军令"，是"军令如山"还是从军年限的"军龄"，只能瞻前顾后去猜猜看了。

1978年3月4日，胡愈之、王力、周有光等23位语言学家和著名人士，联名给全国政协第五届秘书处和第五届全国人大第一次会议秘书处写信，建议全国政协第五届和第五届全国人大的主要文件不采用草案第一表的简化字。

于是，相关部门组成了《二简》修订委员会，对《二简》进行了多次征求意见和修订。

在这之前，教育部早于1978年3月2日发出通知，要求全国统编的中小学各科教材从当年秋季一律试用第一表的二简字，各省区市当年秋季自编的教材，应全部试用草案第一表的二简字。可到了4月17日，教育部又发了一个补充通知，说当年秋季供应的教材，凡未发排的，不再使用新简化字，使用了的可不再改动，但仍用原字进行教学，再版时改用原字。朝令夕改，难为执行者了。

1978年7月，中宣部通知《人民日报》、新华社、《红旗》杂志、《光明日报》以及有关的出版社，停止试用新简化字。8月以后，全国的图书、报刊也不再使用二简草案第一表的简化字。

1985年12月，国务院发出通知，决定将中国文字改革委员会改名为国家语言文字工作委员会（简称国家语委），强调国家语委要"促进语言文字的规范化、标准化"。机构名称中由文字改革变为文字工作，其内涵不言而喻。

1986年1月，全国语言文字工作会议召开。《大众日报》首任社长，国家语委第一任主任刘导生在会上说，以后对汉字简化应持谨慎态度，要在一个时期内使汉字的形体保持相对的稳定。他建议国务院正式宣布废止二简字草案。

1986年6月24日，国务院正式发出《批转国家语言文字工作委员会〈关于废止《第二次汉字简化方案（草案）》和纠正社会用字混乱现象的请示〉的通知》，决定自通知下达之日起，停止使用"二简"方案（草案）中的简化字。

1986年10月10日，国家语言文字工作委员会重新发表《简化字总表》。

附录三 /《通用规范汉字表》简介

《通用规范汉字表》是《国家通用语言文字法》的配套规范，是现代记录汉语的通用规范字集，体现着现代通用汉字在字量、字级和字形等方面的规范。

我国现行的汉字规范是20世纪50年代以来陆续制定的，主要有《第一批异体字整理表》（文化部、中国文字改革委员会1955年12月22日发布）、《简化字总表》（经国务院批准，国家语言文字工作委员会1986年10月10日重新发表）、《现代汉语常用字表》（国家语言文字工作委员会、国家教育委员会1988年1月26日发布）、《现代汉语通用字表》（国家语言文字工作委员会、新闻出版署1988年3月25日发布）等。

由于这些字表发表的时间较长，且因研制的指导思想、技术手段、面对的社会用字状况不同，存在一些疏漏和相互矛盾之处，于是在整合现行汉字规范的基础上研制《通用规范汉字表》，提高汉字规范的科学性和实用性，已成为汉字规范发展的必然要求。

2001年4月，教育部、国家语委在广泛听取社会意见的基础上，启动了《规范汉字表》（当初定的名称）研制工作。

字表研制经过四个阶段，其中前三个阶段使用的名称为《规范汉字表》，第四个阶段定名为《通用规范汉字表》。

2009年7月，成立了公开征求意见工作领导小组。征求意见采取"先内部座谈后面向全社会"的方式进行。7月14～17日，在京连续召开四个座谈会。后根据座谈会意见将字表改以《通用规范汉字表》的名称向社会征求意见。8月

12~31日，教育部、国家语委在教育部门户网站、《中国教育报》发布公告，通过电子邮件、信函、传真等渠道向社会公开征求意见。

反馈意见中，尤以44个汉字字形微调引起了社会广泛关注。本来是专家学者一片好心，想把同一部件的汉字字形调为一致，可是大多数意见认为字形微调会改变长期以来形成的使用习惯，将给大众用字造成麻烦，担心影响学生学习、考试和增加社会成本，认为不宜轻易改动。

征求意见稿中，有以下字形调整方案。

有的媒体将表格进行重新设计，以便读者一目了然。

如瞥、鳖、憋、弊、蹩，都是以"敝"为声旁的形声字，但瞥、弊、憋的第四笔带钩，鳖、蹩第四笔却不带钩，建议将瞥、弊、憋第四笔与鳖、蹩调整为一致。这些现象在用铜模浇铸铅字的"前电脑时代"，还不太容易觉察到。但在进入"电脑时代"后，工业标准化对汉字字形标准的要求也越来越细致，这就使字形中不规范现象逐渐暴露出来，给人们用字带来越来越大的影响。

面对全国一片质疑甚至反对声，教育部新闻发布会上，教育部语言文字信息管理司司长表示，在对《通用规范汉字表》公开征求意见后发现，对44个汉字字形的调整存在不同意

见。因这些字形微调目前未得到社会的普遍认同，加上这一问题的彻底解决涉及宋体、仿宋体、楷体、黑体等多种常用印刷字体字形的规范，暂时不做调整，字表仍沿用这 44 个汉字的原有字形规范，这 44 个汉字包括"琴、瑟、琵、琶、徵、魅、籴、汆、褰、衾、巽（撰、馔、噀同）、亲（榇同）、杀（刹、脎、铩、弑同）、条（涤、绦、鲦同）、荼（搽同）、新（薪同）、杂、寨、恿、瞥（弊、憋同）、蓐、溽、缛、褥、耨、薅、唇、厣、縠"等字。

　　归根结底一句话，《通用汉字规范表》对字形方案中止，有待今后条件成熟之后再进行微调。

　　最终，2011 年 2 月，完成字表定稿工作。

　　字表历时 8 年有余，先后召开学术会、审议会、征求意见会等大型会议 120 余次，参与讨论的海内外专家学者 4000 多人次，前后修改 90 余稿。

　　2013 年 6 月 5 日，国务院发出关于公布《通用规范汉字表》的通知，国务院同意教育部、国家语言文字工作委员会组织制定的《通用规范汉字表》，并予公布。《通用规范汉字表》公布后，社会一般应用领域的汉字使用以《通用规范汉字表》为准，原有相关字表停止使用。

　　《通用规范汉字表》共收字 8105 个，分为三级。

　　一级字表为常用字集，收字 3500 个，主要满足基础教育和文化普及的基本用字需要。

　　二级字表收字 3000 个，使用度仅次于一级字表。

　　一、二级字表合计 6500 字，主要满足出版印刷、辞书编纂和信息处理等方面的一般用字需要，其作用相当于原《现代汉语通用字表》。

　　三级字表收字 1605 个，是姓氏人名、地名、科学技术术语和中小学语文教材文言文等四个方面用字中未进入一、二级字表的较通用的字，主要满足信息化时代与大众生活密切相关的专门领域的用字需要。四个方面用字合并去掉重复的，逐一甄别，得到 1605 字。

　　下面简要介绍三级字表最初收字情况。

　　姓氏人名用字 651 字，主要来源于 1982 年全国人口普查 18 省市抽样统计姓氏人名用字、公安部提供的姓氏用字及部分人名用字、群众提供的姓氏人名用字、一些古代姓氏用字和有影响古代人名用字。

　　地名用字 404 字，主要来源于民政部和国家测绘局提供的乡镇以上地名用字、部分村级地名和部分自然实体名称的用字、主要汉语工具书中标明为"地名"的用字。就拿"鉅"来说吧。近几年，"鉅"频频出现在广告上，如年终大鉅献等。其实"鉅"早在新中国成立之初作为"巨"的异体字被淘汰了。这次将"鉅"救活并类推简化为"钜",主要是用于人名(如清文学家梁章钜)、地名(如安徽钜兴),也就是说除了用于人名、地名外,"钜"没有别的用场。不过,奇怪的是《现汉》第7版对"钜"却只字不提姓名、地名,而是解释如下:❶〈书〉坚硬的铁。❷〈书〉钩子。❸ 名 姓。这里要说一下钜鹿之战,以前我们写作巨鹿之战,从今往后要改为钜鹿之战。钜鹿之战是秦末大起义中,项羽率领数万楚军(后期各诸侯派军参战),同秦名将章邯所率四十万秦军主力在钜鹿(今河北平乡)进行的一场重大决战性战役,也是中国历史上著名的以少胜多的战役之一。项羽破釜沉舟故事也发生在此。经此一战,秦朝主力尽丧,名存实亡。

科学技术术语用字280字,主要来源于全国科学技术名词审定委员会提供的56个门类(组织学等)、中国社会科学院语言研究所提供的33个门类(数学等)的科学技术与人文社会科学的术语用字。

中小学语文教材的文言文用字357字,主要来源于中小学语文教材文言文语料库(收录1949~2008年中小学语文教材中的文言文和普及性文言文的语料)。

需要掌握《通用规范汉字表》几个问题:

一是关于汉字简繁问题。

《通用规范汉字表》研制过程中,对繁体字恢复和类推简化问题,曾进行过反复的研讨。拟订过恢复个别繁体字的方案,在不同层面征求意见,做了一些社会调查。研制组最终得出的结论是:为了维护社会用字的稳定,《通用规范汉字表》原则上不恢复繁体字;将类推简化的范围严格限定在《通用规范汉字表》以内,以保持通用层面用字的系统性和稳定性;允许《通用规范汉字表》以外的字有条件使用,但不类推简化。

类推简化,就是凡用简化字或简化偏旁作为偏旁的,一般应该同样简化。如賓、車、龍、爲,简化为宾、车、龙、为,则濱、軍、籠、僞,类推简化为滨、军、笼、伪;偏旁言、金、糹、飠,简化为讠、钅、纟、饣,则話、銅、紅、飲,类推简化为话、铜、红、饮。类推简化的好处是提高了汉字简化的效率,使简化字更具有系统性,更便于人们学习和掌握。

表外字不类推,是指《通用规范汉字表》以内汉字可以类推简化,而《通用规范汉字表》以外的汉字则不享受这个待遇,这样就会造成一篇文章中或一本书,同属一个部首的汉字有的简化有的不简化怪现象。如:湖面上游弋着一群水鸟,有鸳鸯、鸥鹭,还有几只鸊鷉。因为"鸊鷉"两字不在《通用规范汉字表》内,因而不得简化。

不过,有人提出,2013年6月5日,国务院发出关于公布《通用规范汉字表》的通知中只字未提"表外字不类推"。但是,教育部、工业和信息化部、国家民族事务委员会、公安部、民政部、文化部、国家工商行政管理总局、国家质量监督检验检疫总局、国家新闻出版广电总局、国家语言文字工作委员会、中国科学院、中国社会科学院等十二部门关于贯彻实施《通用规范汉字表》的通知中明确指出：收入《通用规范汉字表》以外的字一般应采用历史通行的字形，不应自造未曾使用过的新的简化字。

于是，许多人提出是以国务院通知为准，还是以教育部等十二部门通知作数？

北京大学中文系教授苏培成在《中国教育报》发表《表外字不类推简化不可行》，文章指出，说它行不通有三条理由：第一，如果执行"表外字不再类推"的原则，《简化字总表》里将有31个繁体字被恢复。这样做将公然违反现行的国家语文政策。第二，执行"表外字不再类推"的做法，在辞书里和文本里必然要出现同一个偏旁的字有的简化有的不简化的"怪胎"，几十年汉字规范化的成果将丧失殆尽。第三，广大的汉字学习者和使用者，包括国内的和国外的，根本无法记住哪些字是表内的哪些字是表外的。这将给广大民众和对外汉语教学增加极大的负担和混乱。

对此，制订《通用规范汉字表》专家强调：字表对类推简化采用了尊重现实和严格限制的原则。所谓尊重现实，是对在《现代汉语通用字表》范围内已经有限类推的字仍然保留。由于姓氏人名、科技用字和用简化字印刷的语文课本中的文言文用字多数也已经类推，因此，三级字表也采用有限类推的办法，实行类推简化，与一、二级字表保持一致。其具体细则是：（1）按《简化字总表》第二表规定的132字与14个偏旁的范围类推，不扩大范围。（2）尽量只在第一层次构字时类推，以保持原字的结构不受影响。（3）采用以上原则产生难以识别的怪异字或产生同形字时，为保持字与字的区别，作个别变通处理。不予类推简化。

目前看来，两方意见相左。现实中，执行起来很不规范。反正，《现汉》第7版未执行"表外字不类推"之规定。

附录四 / 异体字简介

一、异体字的界定与分类

（一）异体字的界定

何为异体字？我们首先看一些权威工具书的解释。《现汉》将异体字界定为："跟规定的正体字同音同义而写法不同的字，如'攷'是考的异体字，'隄'是堤的异体字。"《辞海》（第七版）对异体字的界定为："与正体字相对。与正体字音同义同而形体构造不同的字，即俗字、古文、或体之类。如琴的异体字'琹'，棋的异体字'棊''碁'等。"《大辞海》对异体字的界定为："音同义同而形体不同的字。即俗体、古体、或体、帖体之类。如嘆、歎，迹、跡、蹟等。汉字简化后，有的用简化字来代替，如用'叹'；有的选用一个，如用'迹'。"三种权威的工具书，虽然对异体字的定义有所不同，但不难看出，它们对异体字的定义中在"跟正体字相对"上保持高度一致，只不过《大辞海》中"音同义同而形体不同的字"考虑不够周全，因为没有明确表示异体字是与正体字相对应的关系。一言以蔽之，异体字就是一个字的多个不同的写法。

《现汉》《辞海》的定义在汉字没有简化的时候是说得过去的，但对于既有繁简又有异体字的情况，上面的定义就很难说是十分准确了，如鸡与鷄、雞这种情况就不便于套用。第一次汉字简化时，面对鷄、雞这种情形，专家们左右为难，如果对"雞"进行简化的话，将其左边改为"又"，那么，"雞"简化后便与"难"等同；无奈之下，便把简化之刀砍向"鷄"。于是"鷄"就成为"鸡"的繁体字，"雞"则成为"鷄（鸡）"的异体字。要不是"难"字出来作难，有可能"雞"就是正体的繁体字，而"鷄"则会成为"鸡"的异体字。由此看出，正体字、异体字，是由人为确定的。

就目前的实际情形来看，存在着正体字、规范字混用的现象。依据于《通用规范汉字表》所附录的《规范字与繁体字、异体字对照表》，我们建议，相关工具书中还是将"正体字"改为"规范字"为好。

（二）异体字的分类

从对应角度来看，异体字的表现形式主要有四种情况。第一，一个正体字与一个异体字相对应。又可以细分为：全义项正异体，如考与攷、堤与隄；个别义项正异体，如彩的义项较多，但只在"彩色的丝绸"这一义项中才有异体字綵。第二，一个正体字与两个或两个以上异体字相对应，如迹与跡、蹟。需要指出的是，这种类型中还存在着只在某些义项具有异体字，如烟（读 yān 时）与煙、菸，前者为正体字，后两者为异体字；煙在"烟"所有义项中充当其异体字，但菸只在"烟草"一个义项上是烟的异体字。烟在读 yīn 时，则没有异体字。第三，一个正体字与一个繁体字、一个或多个异体字相对应，如鉴与鑒（繁体字）、鑑、鑑（异体字）。第四，一个正体字与多个繁体字相对应。如坛在"天坛、讲坛、花坛、文坛"等义项上，对应的繁体字是壇，没有异体字；在"坛子"义项上，它对应的繁体字是罈，异体字是墰、罎、壜。

从组字的构成方式来看，异体字可划分为三种类型。第一，构件相同而构件位置不同，如峰—峯、鞍—鞌、岸—垳、群—羣、婀—婭、槁—槀、够—夠、和—咊，等等。第二，构件部分相同，部分不同，如咏—詠、庵—菴、刨—鉋、膀—髈、杯—盃、钵—缽、鳖—鼈、锄—耡、睹—覩，等等。第三，构字方式不同，如泪是形声字，泪是会意字，但泪与泪都表示眼泪，类似的还有草—艸、粗—觕—麤、奸—姦、梅—楳、伞—繖，等等。

需要指出的是，繁体字、异体字一定要认真对照《通用规范汉字表》附表以及《现汉》。在《现汉》中，异体字的左上角标注星号（*），其中，带一个星号的是《通用规范汉字表》里附列的异体字，带两个星号的是该表以外的异体字，如辉（輝、*煇）、为（爲、*為）。

二、异体字产生原因分析

我们认为，异体字的产生大致有以下方面的原因：

（一）古人在以文字记录语言时，往往会因为"仓猝无其字"而采用同音字代替。如写早晨的"早"时，由于"早"尚未问世，于是就将"蚤"借来使用。所以，《现汉》在"蚤"字条下特别标注：〈古〉又同"早"。

（二）最初造字时并没有统一的标准和规范，至春秋战国时期，仍然是"言语异声，文字异形"，出现了各自为政的局面。如"马"在齐国有三种写法，在楚国、燕国、晋国分别至少有两种写法。常用字"者、市"在秦、楚、齐、燕、三晋等地写法也是千差万别，具体见下表所示：

	秦	楚	齐	燕	三晋
者	耆	耆	旹	旹	旹旹
市	巿	巿	巿	巿	巿巿

以上两个字的异体字够复杂了吧，但要是遇到"拜"的异体字，那只能甘拜下风。拜的异体字有"拝、犇、挚"等32个字，国也存在着"國、囯、圀、蠢"等30多种写法。公元前221年，秦始皇下令"书同文"，由李斯、赵高、胡毋敬等人整理文字，以简化秦文"小篆"作为标准字体，用于公文法令，通行全国，废除了一大批异体文字。

（三）古时候，人们对汉字结构要求不严，上下左右内外都可随时替换，如够与夠、峰与峯等。司与后就是司朝左开口、后朝右咧嘴，其实是一个字。因此，国之重器"司母戊鼎"从2011年开始改称后母戊鼎，也就见怪不怪了。

（四）随着社会的进步、时代的发展，往往会出现原先的字不能代表当下的含义的情况，只好另造新字，于是原先的字就成了新字的异体字。如炮的异体字是砲、礮，早期的"炮"主要是抛石机，故从部首"石"，后来有了火药，于是"炮"就取代了砲、礮。

三、《第一批异体字整理表》简介

中华人民共和国成立以来，在汉字规范上主要做了三个方面的工作。第一，最大限度消除异体字，从每组同音同义字中选出一个正体字来，其他则予以废除，以减轻广大群众认字识字的负担。第二，简化汉字，1956年1月31日，《人民日报》全文发表了国务院的《关于公布〈汉字简化方案〉的决议》和《汉字简化方案》，2月1日起全国通用；1964年5月，中国文字改革委员会在长期实施和多次修改的基础上，编辑出版了《简化字总表》。第三，给汉字注拼音，1955年2月，中国文字改革委员会设立了"拼音方案委员会"，开始设计汉语拼音方案；1958年秋季开始，《汉语拼音方案》作为小学生的必修课程而进入全国小学的课堂。

下面，本文将着重分析异体字的整理情况。在一定意义上说，异体字的出现，是汉字使用中的冗余现象，对于社会应用来讲，它的存在其实是一种干扰，必须加以全面系统的整理。整理异体字，可以精简汉字字数，优化汉字系统，方便大家学习使用。整理之后，留下选用的是正体字（规范字），其他对应的字形则为异体字。

1955年12月22日，中华人民共和国文化部和中国文字改革委员会联合发布了《第一批异体字整理表》(本文以下简称《整理表》)，两部门的"联合通知"如下：

> 中国文字改革委员会根据全国文字改革会议讨论的意见，已经把第一批异体字整理完毕，我们现在随文发布，并且决定从1956年2月1日起在全国实施。从实施日起，全国出版的报纸、杂志、图书一律停止使用表中括弧内的异体字。但翻印古书须用原文原字的，可作例外。一般图书已经制成版的或全部中分册尚未出完的可不再修改，等重排再版时改正。机关、团体、企业、学校用的打字机字盘中的异体字应当逐步改正。商店原有牌号不受限制。停止使用的异体字中，有用作姓氏的，在报刊图书中可以保留原字，不加变更，但只限于作为姓用。

《整理表》根据从简从俗的原则，从中选出810个作为正体，淘汰了1055个异体字。也就是说，"攷"是考的异体字，那么，在写到考时，则不能写作"攷"。该表发布后，不仅精简了汉字的字数，使汉字系统向规范化方向大大迈进了一步，而且有效遏制了汉字使用中的字体混乱现象。

四、《整理表》之后异体字的调整情况

由于《整理表》是在旧形字和繁体字的基础上淘汰异体字的，因此，它只能作为淘汰异体字的主要标准，而不能作为书写新字形和简化字的规范性标准。同时，因为《整理表》出台时间紧迫，考虑不够周全，加之异体字本身十分复杂，所以《整理表》也存在着不尽如人意的地方。在该表颁布后，又曾做过一些调整，这主要体现在三个方面：恢复了部分异体字、调整了部分正体字和异体字的关系、解除了部分正体字和异体字的关系。

（一）恢复部分异体字

1. 1956年3月23日，文化部、中国文字改革委员会发出《修正〈第一批异体字整理表〉内"阪、挫"二字的通知》，恢复了阪、挫二字。

2. 1986年10月10日，重新发表《简化字总表》，此表是在原来1964年编印的《简化字总表》基础上修订后再次发表的，共恢复11字：䜣、谳、晔、詟、诃、鳝、紬、刬、鲙、诓、雏。

3. 1988年3月25日，国家语言文字工作委员会与新闻出版署《关于发布〈现代汉语通用字表〉的联合通知》中规定，确认《印刷通用汉字字形表》收入的鞾、邱、於、澹、骼、彷、菰、澜、溦、薰、黏、桉、愣、晖、涠等15个字为规范字，收入《现代汉语通用字表》，不再作为淘汰的异体字。

它们放到异体字栏没有实际意义，《通用规范汉字表》解除了这类字的正异关系。

1.将挫、晔、奢、诃、刬、鲙、诓、蒇、邱、扵、澹、骼、彷、菰、涠、徽、薰、黏、桉、愣、晖、涧、镕认定为规范字，不再作为异体字。

2.《整理表》中的呆[騃]、挪[挼、捼]、趟[跐]、拈[撚]、婀[媕]等5个异体字组中的騃、挼、捼、跐、撚、媕6个字，由于与原正体字音义无关，又很少使用，因此，《通用规范汉字表》将它们从异体字栏中删除。

3.《整理表》中，跐、踹、蹚是"趟"的异体字，《通用规范汉字表》解除了它们之间的正异关系。字表确认蹚为规范字，并将踹作为蹚的异体字而不是"趟"的异体字。这是因为蹚、踹多用于蹚水、蹚地等词，与"趟"有明确分工。

4.《通用规范汉字表》将《整理表》中的鹻[鹼]、碱[堿]两组异体字合并为碱[堿、鹼、鹻]，因为鹻[鹼]实际上也是"碱"的异体字。

五、《整理表》发布后异体字恢复为规范字辨析

1.阪 阪、岅为坂的异体字。调整后，阪作为规范字，但仅限用于地名；除此之外，阪仍是坂的异体字。岅还是坂的异体字。

2.挫 剉、挫为锉的异体字。调整后，挫作为规范字；剉不仅至今仍是锉的异体字，而且还是"挫"在"挫折"这个义项中的异体字。

3.䜣 䜣为欣的异体字。调整后，䜣作为规范字并类推简化为䜣，但仅限用于姓氏人名，表示其他意义时，仍作为欣的异体字处理。

4.讌 《整理表》将讌、醼作为宴的异体字。《简化字总表》将讌作为规范字并类推简化为讌，意思是"相聚叙谈"。《通用规范汉字表》认为，没有必要因"相聚叙谈"而恢复讌为规范字，又将其作为宴的异体字。

5.晔 爗、曄为烨的异体字。调整后，爗简化为烨，爗仍是烨的异体字；曄则作为规范字并类推简化为晔。

6.奢 慴、謺为慑的异体字。调整后，慴简化为慑，慴仍是慑的异体字；謺则作为规范字并类推简化为奢。

7.诃 訶为呵的异体字。调整后，訶为规范字并类推为诃。诃，现在主要担任音译作用，如俄国作家契诃夫、古印度史诗《摩诃婆罗多》等。

8.鳅 鰌为鳅的异体字。《简化字总表》将鰌作为规范字并类推简化为鳅，增加一个读音 qiú，用于文言词，义为"逼迫，践踏"。鳅读 qiū 时，仍作为鳅的异体字处理。《通用规范汉字表》认为，没有必要因"逼迫、践踏"义项而恢复鳅为规范字，又将其作为鳅的异体字。

9.绌 綢为綢的异体字。《简化字总表》将綢作为规范字并类推简化为绌，增

4. 1993年9月3日，国家语言文字工作委员会文字应用管理司发出《关于"镕"字使用问题的批复》，恢复了镕，并类推简化为镕。

5. 2013年6月5日，《通用规范汉字表》颁布，对以下异体字作了调整：

一是对以往调整的29个异体字进行复查和处理。①将挫、愣、邱、彷、讠、讠、桉、凋、菰、涵、骼、徽、澹、薰、黏、划、於、晔、晖、奢、鲙、镕、甯23个字确认为规范字；②将阪、䜣、雠3个字在特定意义上（限定使用范围）恢复为规范字；③将譁、紬、鳅3个字仍确认为宴、绸、鳅的异体字。根据专家意见，这三组字在现代没有区分的必要。也就是说，1955年将譁、紬、鳅3个字作为异体字处理，1986年被恢复，2013年再次被列入异体字。

二是将晢、瞋、噘、蹚、溧、勩6个字确定为规范字。

三是将洒、桠、峃、钜、昇、陞、甯、飏、袷、麴、仝、甦、邨、汜、堃、犇、猋、迳、铲、线、耆、佾、絜、扞、喆、祕、頫、赀、叚、勋、菉、蒐、淼、椀、黲、笂、澂、剞、吒39个字在特定意义上（限定使用范围）调整为规范字。

（二）正体字和异体字关系的调整

由于《整理表》是1955年发布的，早于1956年公布的《汉字简化方案》，因此《整理表》中的字形存有大量繁体字。可是，有些《整理表》中作为异体字的，在《汉字简化方案》及后来的《简化字总表》中又作为被简化的繁体字的字形出现了。例如，在《整理表》中，寶为正体字，寳为异体字；而在《简化字总表》中，宝对应的繁体字是寳。这是因为《简化字总表》考虑到"寳"中的"缶"起表音作用，更有理据性，并且与甲骨文、金文和小篆字形一脉相承。

《通用规范汉字表》对下列10组的正体字与异体字关系位置进行了调整：

祇 [祗祇] → 祇 [祗祇]

污 [汙污] → 污 [汙污]

兔 [兎兔] → 兔 [兎兔]

閙 [閗] → 閗 [閙]

寳 [寶] → 寶 [寳]

牆 [墙] → 墙 [牆]

厄 [戹] → 戹 [厄]

伫 [竚伫] → 伫 [竚伫]

栀 [梔] → 栀 [梔]

谥 [謚] → 謚 [諡]

（三）正体字和异体字关系的解除

在《整理表》中，有些异体字与所对应的正体字音义无关或者非常生僻，将

37. 桠　枒、桠为丫的异体字。调整后，桠为规范字并类推简化为桠，可用于姓氏人名、地名和科学技术术语；枒在"上端分叉的东西（如枝丫）"义项中，仍是丫的异体字。

38. 耑　耑为專（专）的异体字。调整后，耑为规范字，读 duān 时，可用于姓氏人名；读 zhuān 时，仍是专（除姓氏外）的异体字。

39. 鉅　鉅为巨的异体字。调整后，鉅为规范字并类推简化为钜，可用于姓氏人名、地名。

40. 昇　陞、昇为升的异体字。调整后，昇为规范字，可用于姓氏人名，如毕昇。

41. 陞　陞、昇为升的异体字。调整后，陞为规范字，可用于姓氏人名、地名。

42. 甯　寧、甯为宁（宁、níng、nìng）的异体字。调整后，甯（Nìng）为规范字，可用于姓氏人名；寧仍作为宁的异体字。

43. 颺　颺、敭为揚（扬）的异体字。调整后，颺为规范字并类推简化为飏，可用于姓氏人名；敭仍作为扬的异体字。

44. 袷　袷、袷为夹（夹）的异体字。调整后，袷为规范字，读 qiā 时，用于袷袢（pàn）；读 jiá 时，还是夹（夹袄、夹被）的异体字。袷仍是夹的异体字。袷袢，维吾尔、塔吉克等民族常穿的对襟长袍。

45. 麹　麹为麯（曲）的异体字。调整后，麹为规范字并类推简化为麹，可用于姓氏人名。麹本是酿酒的主要原料，西周时成为掌管酿酒业的官名，世袭此职的人便以麹为姓。此外，汉代鞠谭的儿子因避难改姓麹，他的后世子孙亦称麹氏。

46. 仝　仝、衕为同的异体字。调整后，仝为规范字，可用于姓氏人名；衕仍作为胡同（衕衕）的同（tòng）的异体字。

47. 甦　甦、蘓为蘇（苏）的异体字。调整后，甦为规范字，可用于姓氏人名；蘓仍是苏的异体字。

48. 邨　邨为村的异体字。调整后，邨为规范字，可用于姓氏人名；除此之外，仍是村的异体字。

49. 氾　汎、氾为泛的异体字。调整后，氾为规范字，读 fán 时，可用于姓氏人名；读 fàn 时，仍是泛的异体字。汎仍是泛的异体字。

50. 堃　堃为坤的异体字。调整后，堃为规范字，可用于姓氏人名；除此之外，堃仍是坤的异体字。

51. 犇　犇、奔、逩为奔的异体字。调整后，犇为规范字，可用于姓氏人名；逩是奔（读 bèn）时的异体字。奔（下面那横不连）仍是奔的异体字。

52. 龢　龢、咊为和的异体字。调整后，龢为规范字，可用于姓氏人名。咊仍是和在某些义项中的异体字。

53. 迳　迳为俓（径）的异体字。调整后，迳为规范字并类推简化为迳，可用于姓氏人名、地名。

54. 鑪　鑪为爐（炉）的异体字。调整后，鑪为规范字并类推简化为铲，用于科学技术术语，指一种人造的放射性元素（符号为 Rf）。

55. 線　線为綫（线）的异体字。调整后，線为规范字并类推简化为缐，可用于姓氏人名。

56. 釐　釐为厘的异体字。调整后，釐为规范字，读 xī 时，可用于姓氏人名；读 lí 时，仍是厘的异体字。

57. 脩　脩为修的异体字。调整后，脩为规范字，用于表示干肉，如束脩；其他义项时仍是修的异体字。

58. 絜　絜为潔（洁）的异体字。调整后，絜为规范字，读 xié 或 jié 时，均可用于姓氏人名。

59. 扞　扞为捍的异体字。调整后，扞为规范字，可用于表示相互抵触，如扞格（互相抵触）；其他义项时仍是捍的异体字。

60. 喆　喆为哲的异体字。调整后，喆为规范字，只用于姓氏人名。

61. 祕　祕为秘的异体字。调整后，祕为规范字，读 mì 时，可用于姓氏人名；除此之外，祕仍是秘的异体字。

62. 頫　俛、頫为俯的异体字。调整后，頫为规范字并类推简化为頫，可用于姓氏人名，如赵孟頫；俛仍是俯的异体字。

63. 貲　貲为資（资）的异体字。调整后，貲为规范字并类推简化为赀，可用于姓氏人名和表示计量义。"所费不赀"意思是花费的钱财不计其数。

64. 叚　叚为假的异体字。调整后，叚为规范字，读 xiá 时，可用于姓氏人名；读 jiǎ 时，仍是假的异体字。

65. 勣　勣为績（绩）的异体字。调整后，勣为规范字并类推简化为勣，可用于姓氏人名。

66. 菉　菉为綠（绿）的异体字。调整后，菉为规范字，读 lù 时，可用于姓氏人名、地名；读 lǜ 时，菉豆与绿豆是全等异形词，且以绿豆为推荐词条。

67. 蒐　蒐为搜的异体字。调整后，蒐为规范字，用于表示草名和春天打猎；其他义项时仍是搜的异体字。

68. 淼　淼为渺的异体字。调整后，淼为规范字，可用于姓氏人名、地名；渺仍是渺的异体字。

69. 椀　盌、椀、䀠为碗的异体字。调整后，椀为规范字，可用于科学技术术语，如橡椀；其他义项仍是碗的异体字。盌、䀠仍是碗的异体字。

70. 谿　谿为溪的异体字。调整后，谿为规范字，可用于姓氏人名。

71. 筦　筦为管的异体字。调整后，筦为规范字，可用于姓氏人名。

72. 澂　澂为澄的异体字。调整后，澂为规范字，可用于姓氏人名；除此之外，澂仍是澄（chéng）异体字。澄读 dèng 时没有异体字。

73. 剳　剳、劄为札的异体字。调整后，剳为规范字，可用于科学技术术语，如中医学中的目剳（常指儿童眨眼的毛病）；在其他义项中仍是札的异体字。劄仍是札的异体字。

74. 吒　吒为咤的异体字。调整后，吒为规范字，可用于姓氏人名、地名。吒读 zhā 时，常用于神话传说中的人名，如金吒、木吒、哪吒；读 zhà 时，仍是咤的异体字。

六、异体字恢复为规范字探析

《整理表》发布后所恢复的异体字，一开始主要是考虑到字词的准确运用而将部分异体字恢复为规范字，如挫、划、雠等。后来恢复为规范字的异体字，主要包括三种情况：一是姓名用字；二是地名用字；三是科技术语用字。

（一）姓名用字

人名用字主要是古代名人，如毕昇、李勣、吴大澂等。笔者无意中在《辞海》（第七版）主要编写人名单中看到一个名字：朱启鎔，这里的"鎔"不知为何没有用简化字。《通用规范汉字表》三级字表专门收录了 651 个姓氏人名用字。在姓氏用字方面，对于两代以上、符合规范的姓氏用字，《通用规范汉字表》尽可能全部收录。在人名用字方面，《通用规范汉字表》收录了适合取名的、音义俱全的、较为通用的、规范的人名用字；不过，那些生僻的、罕用的、不规范的人名用字则未予收录。

（二）地名用字

《通用规范汉字表》对乡镇以上的地名用字（排除繁体字、异体字等）做到了全部收录，村级地名和部分自然实体名称的用字只是部分收录。村级地名和部分自然实体名称的用字之所以未能全部收录，主要是因为这些用字还未经整理，其中，有不少字的形、音、义都需要进一步核查，以免收入字形有错讹或者普通话读音待定的字。地名用字收录的主要原则是：第一，必须有文献出处，或由相关职能部门提供用例；第二，音、义俱全；第三，在现代语言生活中确有使用需求，具有一定的使用频度。

（三）科技术语用字

《通用规范汉字表》收录了那些与人们学习和生活密切相关的字，像医疗、卫生、环境、气象预报等日常生活用字；没有进入社会一般生活领域的科学技术术语用字，则不予收录。

七、如何正确对待异体字

关于如何正确对待异体字这一问题，可从以下几方面着手：

（一）认真学习相关法规制度

我们应认真学习《中华人民共和国国家通用语言文字法》，尤其是要真正理解第十七条的相关规定。

第十七条　本章有关规定中，有下列情形的，可以保留或使用繁体字、异体字：（详见675页）

第十七条其字面意思可以理解为：下列六条均应可以保留或使用繁体字、异体字。需要指出的是，"（二）姓氏中的异体字"，前后似乎有些矛盾。有专家解释说，姓氏中的异体字可以保留，如屆是届的异体字，作姓时屆可以保留；但姓氏中的繁体字应该简化，如齊姓必须简化为齐。

（二）姓氏用字

经公安部确认为传承姓氏的用字，如果未收入《通用规范汉字表》，可以收集这些字的字形、读音、来源、用途等详细属性信息，然后报请国家语委在适当时候补入《通用规范汉字表》。人名用字问题主要由公安部制定相关政策予以处理。

（三）地名用字

乡镇以上地名用字一般应遵循规范，可以使用《通用规范汉字表》以外的字，同时，应由各地语委、民委负责收集，并可报请国家语委在适当时候补入《通用规范汉字表》。

（四）教材用字

中小学教材文言文中所使用的异体字是否需要改成规范汉字？《通用规范汉字表》在研制过程中，建立了中小学语文教材文言文语料库，囊括了目前使用的多个重要版本的中小学语文教材，其中，适用的文言文用字都已收进字表，基本能够满足实际需要。教材文言文正文中所涉及的异体字，无论是依据哪个版本，原则上应改为规范字；在注释这些字词时，正、异体关系需要与《通用规范汉字表》附表1《规范字与繁体字、异体字对照表》保持一致。不过，一些特殊领域（如人名、地名），或具有特殊意义的字，如果改为规范字会导致指向不明确或意义发生变化，这时可以使用原字形，但应以注释的方式说明与规范字的对应关系。下面，试举三例予以说明。

1. 士匄。古代人名。士匄（？～前548），春秋时期晋国政治家、军事家。祁姓，士氏，封地为范氏，谥号宣，故又称范宣子。需要说明的是，匄是丐的异体字，按说士匄本应写作士丐；由于是古代人名，所以教材中可继续保留士匄，同时，应注明匄是丐的异体字。

2.交阯。古代地名。又名交趾。秦朝以后，设交趾郡。汉朝之后，其地域范围历经演变，东汉时将交趾更名为交州。交趾这一名称来源于《礼记·王制》"南方曰蛮，雕题交趾"。后将交趾改为交阯。需要说明的是，阯是址的异体字。由于是古代地名，所以教材中可继续保留交阯，同时，应注明阯是址的异体字。

3.呿而不唫。出自《吕氏春秋·重言》，汉代高诱注："呿，开；唫，闭。"需要说明的是，唫是吟的异体字。由于唫在这里具有特殊的意义，所以在引用呿而不唫时，需要保持原貌，而不能写作"呿而不吟"。同时，应注明唫是吟的异体字。

综上所述，在《第一批异体字整理表》发布之后，相关部门根据语言生活的发展变化和实际需要，适时做出了必要的补充和调整，将一部分异体字恢复为规范字，收到了很好的效果。随着时间的推移与社会文化生活的日益丰富，我们推测，今后还会有一些异体字被恢复为规范字，当然也可能会有恢复为规范字的再次被纳入异体字，让我们拭目以待吧。

附录五 / 异形词简介

《第一批异形词整理表》对异形词定义为：普通话书面语中并存并用的同音（本规范中指声、韵、调完全相同）、同义（本规范中指理性意义、色彩意义和语法意义完全相同）而书写形式不同的词语。

请大家注意，同音，必须一组词中，所有字的声、韵、调完全相同，其中一个字的声、韵、调有异，那就不能称之为异形词。如《现汉》对"名不副实"注释：名称或名声与实际不相符；有名无实。也说名不符实。

《现汉》称作异形词以"也作"形式出现。按理说，名不副实与名不符实同义，应该属于异形词，为何称"也说"而不是"也作"。原因在于副（fù）与符（fú）声调不同，前者为四声，后者为二声。就这微小差别，两者都不能称之为异形词。

《现汉》除了"也作""也说"，还有一种称"也叫"，如仔鱼（zǐyú）：刚孵化出来的小鱼。也作子鱼（zǐyú）。也叫稚鱼（zhìyú）。

另外，笔者通过观察发现，异形词一般有相同的字，如蜡梅与腊梅、雪里蕻与雪里红、再接再厉与再接再砺。个别时，异形词中的字都不相同，如挓挲（手、头发、树枝等张开）与扎煞。

异形词来源极为复杂。从文字角度看，可分为古今字、异体字、正俗字等演变而来；从语言角度看，可分为通假字、古今音变、听音为字、联绵词、外来词等演变形成。

异形词之利在于能为广大写作者提供多种选择，但总体是弊大于利，给人们书写、理解带来不必要的烦恼。

为了对异形词进行规范，教育部、国家语言文字工作委员会历时多年，组织专家学者从海量资料库进行抽样复查，同时参考《现代汉语词典》《汉语大词典》《新华词典》《现代汉语规范字典》等工具书和有关讨论异形词的文章，按照通用性、理据性、系统性三项原则，最终选取了普通话书面语中经常使用、公众的取舍倾向比较明显的338组（不含附录中的44组）异形词（包括词和固定短语）作为第一批进行整理，给出了每组异形词的推荐使用词形（也称推荐词形、首选词形）。《第一批异形词整理表》于2001年12月19日发布，2002年3月31日试行。请注意，《第一批异形词整理表》属于"语言文字规范"，不是国家标准，采用是"试行"，而不像国家标准《标点符号用法》（GB/T 15834—2011）那样"实施"。由于《通用规范汉字表》于2013年6月5日发布，该表对部分异体字（请注意不是异形词）进行了调整，所以《第一批异形词整理表》附录中44组异形词迫切需要进行调整，如撅嘴与噘嘴。因《通用规范汉字表》将噘从撅的异体字中给解救出来并成为规范汉字，噘嘴就不能写作"撅嘴"，再写就是错误，所以不能把撅嘴与噘嘴当作异形词对待。

因《第一批异形词整理表》仅对338组异形词进行规范，远远不能满足语文教学、报刊编辑、书籍出版、信息处理等实际工作的需要，中国版协校对研究委员会、中国语文报刊协会、国家语委异形词研究课题组、《咬文嚼字》编委会等四单位，制订出《264组异形词整理表（草案）》，先作为行业规范，从2004年1月起，在各自系统内试用。

两次异形词整理，作为我们个人不必要去查询，可从《现汉》对异形词处理中选择使用。

异形词可分为全等、非全等两种情况：

一、全等异形词

（一）已有国家试行标准的，以推荐词形立目并做注解，非推荐词形加括号附列于推荐词形之后；在同一大字头下的非推荐词形不再出条，不在同一大字头下的非推荐词形如果出条，只注明见推荐词形。

【含糊】（含胡）。注：含胡不再出条。

【嘉宾】（佳宾）。注：因佳与嘉字不相同，所以佳宾出条，但只注：见【嘉宾】。

（二）国家标准未做规定的，以推荐词形立目并做注解，注解后加"也作某某"。

【辞藻】……也作词藻。

非推荐词形如果出条，只注同推荐词形，如：【词藻】……同辞藻。

二、非全等异形词

非全等异形词是指两个词只在某些义项上互为异形词。

【士女】❶ 名 古代指未婚的男女，后来泛指男女。❷ 同仕女③。

【仕女】 名❶ 宫女。❷ 旧时指官宦人家的女子。❸ 指以美女为题材的中国画。也作士女。

在"指以美女为题材的中国画"这个义项上，士女与仕女是异形词，且以仕女为推荐词形，其他义项上士女与仕女不属于异形词。

【红装】 名❶ 妇女的红色装饰，泛指妇女的艳丽装束。❷ 指青年妇女。‖也作红妆。

请大家注意，"也作"前面是句号（见前面【仕女】），是指"仅在前面这个义项上"有异形词；"也作"前面是‖，表明该词所有义项都有异形词。这里还得提醒大家，"也作"可能出现一个词多项义项的中间，而不是最后一个义项之后。

【疙瘩】❶ 名 皮肤上突起的或肌肉上结成的硬块。❷ 名 小球形或块状的东西：面~｜芥菜~｜线结成~了。也作纥繨。❸ 名 比喻不易解决的问题：心上的~早去掉了｜解开他们俩人中间的~。❹〈方〉量 用于球形或块状的东西：一~石头｜一~糕。❺〈方〉形 麻烦；别扭。‖也作疙疸、圪垯。

从"疙瘩"一词注释我们能看到中间既有"也作"，最后还有‖，说明"疙瘩"在❷义项时，有异形词纥繨，所以义项时（包括❷）有异形词疙疸、圪垯。

另外，异形词推荐与非推荐位置有时会发生变化，如执著与执着。参见638页"着·著"。

最后，一篇文章或一本书稿中，尽量保持异形词选择相对统一，不要一会儿用推荐词形，一会儿又用非推荐词形。当然，在引用文章时，可以保持原文中的非推荐词形，但要加以注释。

主要参考资料

1.《现代汉语词典》（第1至7版）
2.《辞海》（第3至7版）
3.《辞源》（建国60周年纪念版）
4.《汉语大字典》（第2版） 四川出版集团·四川辞书出版社 湖北长江出版集团·崇文书局 2010年4月
5.《通用规范汉字字典》 商务印书馆 2013年7月第1版
6.《〈通用规范汉字表〉七十问》 语文出版社 王敏 陈双新编著 2016年1月第1版
7.《〈通用规范汉字表〉解读》 商务印书馆 王宁主编 2013年7月第1版
8.《汉字源流字典》 语文出版社 谷衍奎编 2008年1月第1版
9.《字理——汉字部件通解》 东方出版社 叶昌元著 2008年8月第1版
10.《说文部首书注》 中国书店 赵宏编著 2008年1月第1版
11.《细说汉字部首》 九州出版社 左民安 王尽忠著 2005年9月第1版
12.《细说汉字——1000个汉字的起源与演变》 九州出版社 左民安著 2005年3月第1版
13.《汉字简史》 中国友谊出版公司 李梵编著 2005年9月第1版
14.《汉字源流》 中山大学出版社 曾宪通 林志强著 2011年3月第1版
15.《汉字寻根300例》 山东美术出版社 景德 崇圣编著 2005年1月第1版
16.《趣味语文》 山东人民出版社 师为公著 2014年5月第1版
17.《中华字源》 万卷出版公司 骈宇骞著 2007年4月第1版
18.《中国消失的文字》 山东画报出版社 周晓陆主编 2014年3月第1版
19.《汉字解说》 吉林文史出版社 窦文宇 窦勇著 2008年3月第1版

20.《语林趣话》 四川出版集团四川辞书出版社　2007年1月第1版
21.《汉字的故事》 陕西师范大学出版社　李梵编著　2009年4月第1版
22.《中华词源》 新世界出版社　雅瑟 青萍编著　2011年12月第1版
23.《新说文解词》 新世界出版社　郭灿金 许晖编著　2008年1月第1版
24.《字源谈趣》 新世界出版社　陈政著　2006年7月第1版
25.《中华汉字智慧金典》 中国时代经济出版社　上官紫微 王艳编著　2009年1月第1版
26.《汉字五千年》 新星出版社　国家汉办/孔子学院总部　2009年4月第1版
27.《汉字应用辨误手册》 上海教育出版社　贺师尧著　2008年1月第1版
28.《吴老师说文解字》 当代世界出版社　吴桐祯主编　2008年6月第1版
29.《文字的味道》 上海人民出版社　郝铭鉴著　2006年8月第1版
30.《跟着部首去认字》 济南出版社　吴永亮著　2017年4月第4版
31.《我是小仓颉》 山东画报出版社　吴永亮著　2022年7月第1版
32.《有趣的会意字》 济南出版社　吴永亮著　2018年7月第1版
33.《汉字最近有点儿烦》 商务印书馆　一清著　2019年7月第1版
34.《汉字简化之旅》 上海锦绣文章出版社　范子靖著　2016年1月第1版
35.《话说甲骨文》 山东友谊出版社　刘佳著　2009年11月第1版
36.《百种语文小丛书》 语文出版社　曹先擢主编
37.《汉字文化》杂志　北京国际汉字研究会主办
38.《咬文嚼字》杂志　上海咬文嚼字文化传播有限公司主办
39.《集邮》杂志　中华全国集邮联合会主办

参考：

人民日报、光明日报、齐鲁晚报、新华网、人民网、中新网等媒体。
部分甲骨文、金文、籀文、小篆、古文选自：
Uncle Hanzi（汉字叔叔）http://www.chineseetymology.org
象形字典 http://www.vividict.com/
字海网 http://www.yedict.com/
汉典 https://www.zdic.net/

在此一并表示深深感谢！